# FORMALE UND TRANSZENDENTALE LOGIK

# HUSSERLIANA

EDMUND HUSSERL

GESAMMELTE WERKE

BAND XVII

FORMALE UND TRANSZENDENTALE LOGIK

AUF GRUND DES NACHLASSES VERÖFFENTLICHT IN
GEMEINSCHAFT MIT DEM HUSSERL-ARCHIV AN DER
UNIVERSITÄT KÖLN VOM HUSSERL-ARCHIV (LEUVEN)
UNTER LEITUNG VON

H. L. VAN BREDA

# EDMUND HUSSERL
## FORMALE UND TRANSZENDENTALE LOGIK

Versuch einer Kritik der
logischen Vernunft

MIT ERGÄNZENDEN TEXTEN
HERAUSGEGEBEN
VON
PAUL JANSSEN

Die Vorbereitung dieses Bandes stand unter den Auspizien
des Conseil International de la Philosophie et des Sciences Humaines (C.I.P.S.H.)
sowie der Fédération Internationale des Sociétés de Philosophie (F.I.S.P.)
und wurde durch die Rheinisch-Westfälische Akademie der Wissenschaften
unterstützt.

DEN HAAG
MARTINUS NIJHOFF
1974

© 1974 by Martinus Nijhoff, The Hague, Netherlands
All rights reserved, including the right to translate or to
reproduce this book or parts thereof in any form

ISBN 90 247 5115 2

PRINTED IN THE NETHERLANDS

# INHALT

Einleitung des Herausgebers . . . . . . . . . . . . . XVII

## FORMALE UND TRANSZENDENTALE LOGIK

Vorbemerkung des Herausgebers zum Haupttext . . . . . . . . 3

Einleitung . . . . . . . . . . . . . . . . . . . . . . . 5

Vorbereitende Betrachtungen . . . . . . . . . . . . . . . 22

    § 1. Ausgang von den Bedeutungen des Wortes Logos: Reden, Denken, Gedachtes . . . . . . . . . . . . . . . . 22
    § 2. Die Idealität des Sprachlichen. Ausschaltung der zugehörigen Probleme . . . . . . . . . . . . . . . . . 23
    § 3. Sprache als Ausdruck des „Denkens". Denken im weitesten Sinn als sinnkonstituierendes Erlebnis . . . . . . 26
    § 4. Das Problem der Wesensumgrenzung des zur Bedeutungsfunktion befähigten „Denkens" . . . . . . . . . . . 29
    § 5. Vorläufige Umgrenzung der Logik als apriorische Wissenschaftslehre . . . . . . . . . . . . . . . . . . . 30
    § 6. Der formale Charakter der Logik. Formales und kontingentes Apriori . . . . . . . . . . . . . . . . . 32
    § 7. Die normative und die praktische Funktion der Logik . 34
    § 8. Die Doppelseitigkeit der Logik; die subjektive und die objektive Richtung ihrer Thematik . . . . . . . . . 36
    § 9. Die gerade Thematik der „objektiven" oder „positiven" Wissenschaften. Die Idee doppelseitiger Wissenschaften. 39
    § 10. Die historische Psychologie und die subjektiv gerichtete Thematik der Wissenschaften . . . . . . . . . . . 41
    § 11. Die thematischen Tendenzen der traditionellen Logik . 43
        a) Die Logik ursprünglich auf die objektiven theoretischen Denkgebilde gerichtet . . . . . . . . . . . 43
        b) Die Richtung der Logik auf Wahrheit und die dadurch bedingte subjektive Reflexion auf Einsicht . . . . 46
        c) Ergebnis: Die Zwitterhaftigkeit der historischen Logik als theoretischer und normativ-praktischer Disziplin. 48

## I. Abschnitt

### Die Strukturen und der Umfang der objektiven formalen Logik . . . . . . . . . . . . . . . . . . . . . . . . . . 51

#### A. Der Weg von der Tradition zur vollen Idee der formalen Logik . . . . . . . . . . . . . . . . . . . . . . . . . . 53

*1. Kapitel.* Die formale Logik als apophantische Analytik . . . . 53
- § 12. Die Entdeckung der Idee der reinen Urteilsform . . . . 53
- § 13. Die reine Formenlehre der Urteile als erste formal-logische Disziplin . . . . . . . . . . . . . . . . . . . . . 54
  - a) Die Idee der Formenlehre . . . . . . . . . . . . 54
  - b) Die Allgemeinheit der Urteilsform; die Grundformen und ihre Abwandlungen . . . . . . . . . . . . . . 55
  - c) Der Begriff der Operation als Leitbegriff der Formenforschung . . . . . . . . . . . . . . . . . . . 57
- § 14. Die Konsequenzlogik (Logik der Widerspruchslosigkeit) als zweite Stufe der formalen Logik . . . . . . . . . 58
- § 15. Wahrheitslogik und Konsequenzlogik . . . . . . . . . 60
- § 16. Die die Stufenscheidung der Apophantik begründenden Evidenzunterschiede. Evidenz der Klarheit und Evidenz der Deutlichkeit . . . . . . . . . . . . . . . . . . 61
  - a) Die Vollzugsmodi des Urteils. Deutlichkeit und Verworrenheit . . . . . . . . . . . . . . . . . . . 61
  - b) Deutlichkeit und Klarheit . . . . . . . . . . . . 65
  - c) Klarheit der Selbsthabe und Klarheit der Antizipation 66
- § 17. Die Wesensgattung ,,deutliches Urteil'' als Thema der ,,puren Analytik'' . . . . . . . . . . . . . . . . . 67
- § 18. Die Grundfrage der puren Analytik . . . . . . . . . 68
- § 19. Die pure Analytik als Grundlage der formalen Logik der Wahrheit. Widerspruchslosigkeit als Bedingung möglicher Wahrheit . . . . . . . . . . . . . . . . . . . . . 70
- § 20. Die logischen Prinzipien und ihre Analoga in der puren Analytik . . . . . . . . . . . . . . . . . . . . . 71
- § 21. Die Evidenz in der Deckung ,,desselben'' verworrenen und deutlichen Urteils. Der weiteste Urteilsbegriff . . . . . 73
- § 22. Der Gebietsbegriff der apophantischen Formenlehre als rein-logischer Grammatik ist das Urteil im weitesten Sinne 75

*2. Kapitel.* Formale Apophantik, formale Mathematik . . . . . . 76
- § 23. Die innere Einheit der traditionellen Logik und das Problem ihrer Stellung zur formalen Mathematik . . . . . 76
  - a) Die begriffliche Abgeschlossenheit der traditionellen Logik als apophantischer Analytik . . . . . . . . 76
  - b) Das Auftauchen der Idee einer erweiterten Analytik, Leibniz' *,,mathesis universalis''*, und die methodisch-

technische Vereinheitlichung der traditionellen Syllogistik und der formalen Mathematik. . . . . . . . 78
§ 24. Das neue Problem einer formalen Ontologie. Charakteristik der überlieferten formalen Mathematik als formaler Ontologie . . . . . . . . . . . . . . . . . . . . . 80
§ 25. Thematische Unterschiedenheit und doch sachliche Zusammengehörigkeit von formaler Apophantik und formaler Ontologie . . . . . . . . . . . . . . . . . . 82
§ 26. Die historischen Gründe der Verdeckung des Problems der Einheit von formaler Apophantik und formaler Mathematik . . . . . . . . . . . . . . . . . . . . . . 84
    a) Der Mangel des Begriffes der reinen Leerform . . . 84
    b) Der Mangel der Erkenntnis der Idealität von apophantischen Gebilden . . . . . . . . . . . . . . . . 85
    c) Weitere Gründe, insbesondere der Mangel an echten Ursprungsforschungen . . . . . . . . . . . . . . 87
    d) Anmerkung über Bolzanos Stellung zur Idee der formalen Ontologie . . . . . . . . . . . . . . . 88
§ 27. Die Einführung der Idee der formalen Ontologie in den *„Logischen Untersuchungen"* . . . . . . . . . . . . 90
    a) Die ersten konstitutiven Untersuchungen kategorialer Gegenständlichkeiten in der *Philosophie der Arithmetik* 90
    b) Der Weg der *Prolegomena* von der formalen Apophantik zur formalen Ontologie . . . . . . . . . . . 92

*3. Kapitel.* Theorie der deduktiven Systeme und Mannigfaltigkeitslehre . . . . . . . . . . . . . . . . . . . . . . . . . . . . 93
§ 28. Die höchste Stufe der formalen Logik: die Theorie der deduktiven Systeme bzw. die Mannigfaltigkeitslehre . . 93
§ 29. Die formalisierende Reduktion der nomologischen Wissenschaften und die Mannigfaltigkeitslehre . . . . . . 96
§ 30. Die Mannigfaltigkeitslehre seit Riemann . . . . . . . 97
§ 31. Der prägnante Begriff einer Mannigfaltigkeit bzw. der eines „deduktiven", „nomologischen Systems" geklärt durch den Begriff der „Definitheit" . . . . . . . . 98
§ 32. Die oberste Idee einer Mannigfaltigkeitslehre als einer universalen nomologischen Wissenschaft von den Mannigfaltigkeitsformen. . . . . . . . . . . . . . . . . . 102
§ 33. Wirkliche formale Mathematik und Mathematik der Spielregeln . . . . . . . . . . . . . . . . . . . . . . . 102
§ 34. Die vollständige formale Mathematik identisch mit der vollständigen logischen Analytik . . . . . . . . . . . 104
§ 35. Warum in dem Bereich der *mathesis universalis* als universaler Analytik nur deduktive Theorienformen thematisch werden können . . . . . . . . . . . . . . . . . . 105
    a) Nur deduktive Theorie hat eine rein analytische Systemform . . . . . . . . . . . . . . . . . . 105

b) Die Fragestellung: wann ein System von Sätzen eine analytisch zu charakterisierende Systemform hat . . 107
§ 36. Rückblick und Vordeutung auf die weiteren Aufgaben. . 109

B. PHÄNOMENOLOGISCHE AUFKLÄRUNG DER DOPPELSEITIGKEIT DER FORMALEN LOGIK ALS FORMALER APOPHANTIK UND FORMALER ONTOLOGIE . . . . . . . . . . . . . . . . . . . . . 110

*4. Kapitel.* Einstellung auf Gegenstände und Einstellung auf Urteile 110
§ 37. Die Frage nach dem Verhältnis von formaler Apophantik und formaler Ontologie; das Ungenügende der bisherigen Klärungen . . . . . . . . . . . . . . . . . . . . 110
§ 38. Urteilsgegenstände als solche und syntaktische Gebilde . 111
§ 39. Erweiterung des Urteilsbegriffs auf alle Gebilde syntaktischer Aktionen . . . . . . . . . . . . . . . . . 112
§ 40. Formale Analytik als Gedankenspiel und logische Analytik. Die Beziehung auf mögliche Anwendung gehört zum logischen Sinn der formalen Mathesis . . . . . . 113
§ 41. Der Unterschied zwischen apophantischer und ontologischer Einstellung und die Aufgabe seiner Klärung . . . 115
§ 42. Die Lösung dieser Aufgabe . . . . . . . . . . . . 116
    a) Das Urteilen nicht auf das Urteil, sondern auf die thematische Gegenständlichkeit gerichtet . . . . . . . 116
    b) Die Identität des thematischen Gegenstandes im Wandel der syntaktischen Operationen . . . . . . . . 117
    c) Die Typik der syntaktischen Gegenstandsformen als die der Modi des Etwas . . . . . . . . . . . . 119
    d) Die doppelte Funktion der syntaktischen Operationen 119
    e) Zusammenhang des Urteilens in der Einheit der sich bestimmenden Substratgegenständlichkeit. Konstitution ihres bestimmenden „Begriffes" . . . . . . 120
    f) Die im Bestimmen erwachsenden kategorialen Gebilde als habitueller und intersubjektiver Besitz . . . . . 122
    g) Dem Denken schon vorgegebene Gegenständlichkeit gegenüber der kategorialen Denkgegenständlichkeit — erläutert an der Natur. . . . . . . . . . . . . 123
§ 43. Die Analytik als formale Wissenschaftslehre ist formale Ontologie und als solche gegenständlich gerichtet . . . 124
§ 44. Wendung von der Analytik als formaler Ontologie zur Analytik als formaler Apophantik . . . . . . . . . . 125
    a) Thematische Umstellung von den Gegenstandsgebieten auf die Urteile im Sinne der Logik. . . . . . . 125
    b) Phänomenologische Aufklärung dieser Umstellung. . 126
        α) Die Einstellung des naiv-geradehin Urteilenden . 126
        β) In der kritischen Einstellung des erkennen Wollenden scheiden sich vermeinte Gegenständlichkeit als solche und wirkliche . . . . . . . . . . . . 127

γ) Die Einstellung des Wissenschaftlers; das Vermeinte als solches Gegenstand seiner Erkenntniskritik . . . . . . . . . . . . . . . . . . 129
§ 45. Das Urteil im Sinne der apophantischen Logik. . . . . 131
§ 46. Wahrheit und Falschheit als Ergebnis der Kritik. Doppelsinn von Wahrheit und Evidenz . . . . . . . . . . . 132

5. *Kapitel.* Apophantik als Sinneslehre und Wahrheitslogik. . . . 135
§ 47. Aus der Orientierung der traditionellen Logik an der kritischen Haltung der Wissenschaft folgt ihre apophantische Einstellung . . . . . . . . . . . . . . . . . . 135
§ 48. Urteile als bloße Vermeintheiten gehören der Region der Sinne an. Phänomenologische Charakteristik der Einstellung auf Sinne. . . . . . . . . . . . . . . . . . 136
§ 49. Der Doppelsinn von Urteil (Satz) . . . . . . . . . . 139
§ 50. Die Erweiterung des Begriffes Sinn auf die gesamte positionale Sphäre und die Erweiterung der formalen Logik um eine formale Axiologie und Praktik . . . . . . . . 140
§ 51. Die pure Konsequenzlogik als reine Sinneslehre. Die Gliederung in Konsequenzlogik und Wahrheitslogik gilt auch für die Mannigfaltigkeitslehre als oberste Stufe der Logik 142
§ 52. Eigentlich logische und außerlogische *„mathesis pura"*. Die „Mathematik der Mathematiker". . . . . . . . . 144
§ 53. Erläuterungen am Beispiel der E u k l i d i s c h e n Mannigfaltigkeit . . . . . . . . . . . . . . . . . . . . . 146
§ 54. Abschließende Feststellung des Verhältnisses zwischen formaler Logik und formaler Ontologie . . . . . . . . 148
a) Die Fragestellung. . . . . . . . . . . . . . . 148
b) Der korrelative Doppelsinn der formalen Logik . . . 149
c) Die Idee der formalen Ontologie abzulösen von der Idee der Wissenschaftslehre . . . . . . . . . . . 153

## II. ABSCHNITT

VON DER FORMALEN ZUR TRANSZENDENTALEN LOGIK . . . . . . 155

*1. Kapitel.* Psychologismus und transzendentale Grundlegung der Logik . . . . . . . . . . . . . . . . . . . . . . . . . 157
§ 55. Ob mit der Ausbildung der Logik als objektiv-formaler schon der Idee einer auch nur formalen Wissenschaftslehre genuggetan ist. . . . . . . . . . . . . . . . . . 157
§ 56. Der Vorwurf des Psychologismus gegen jede subjektiv gerichtete Betrachtung der logischen Gebilde. . . . . . 159
§ 57. Logischer Psychologismus und logischer Idealismus. . . 161
a) Die Beweggründe für diesen Psychologismus . . . . 161
b) Die Idealität der logischen Gebilde als irreales Auftreten in der logisch-psychischen Sphäre . . . . . . . 162

## INHALT

§ 58. Die Evidenz der idealen Gegenstände analog der der individuellen .................. 163
§ 59. Allgemeines über Evidenz als Selbstgebung ...... 165
§ 60. Die Grundgesetzlichkeit der Intentionalität und die universale Funktion der Evidenz ............ 168
§ 61. Evidenz überhaupt in der Funktion aller, ob realen oder irrealen Gegenstände als synthetischer Einheiten. . . . 171
§ 62. Die Idealität aller Arten von Gegenständlichkeiten gegenüber dem konstituierenden Bewußtsein. Die positivistische Mißdeutung der Natur als eine Art Psychologismus 174
§ 63. Ursprünglich erzeugende Aktivität als die Selbstgebung der logischen Gebilde und der Sinn der Rede von ihrer Erzeugung .................. 175
§ 64. Der Seinsvorzug der realen vor den irrealen Gegenständen 177
§ 65. Ein allgemeinerer Begriff von Psychologismus ..... 177
§ 66. Psychologistischer und phänomenologischer Idealismus. Analytische und transzendentale Kritik der Erkenntnis . 178
§ 67. Der Einwand des Psychologismus als Unverständnis der notwendigen logischen Funktion der transzendentalen Erkenntniskritik. ............... 180
§ 68. Vorblick auf die weiteren Aufgaben ........ 182

*2. Kapitel.* Ausgangsfragen der transzendental-logischen Problematik: Die Grundbegriffsprobleme. ............. 184

§ 69. Die logischen Gebilde in gerader Evidenz gegeben. Die Aufgabe der reflektiven Thematisierung dieser Evidenz . 184
§ 70. Der Sinn der geforderten Klärungen als konstitutiver Ursprungsforschung ................ 185
   a) Verschiebung der intentionalen Abzielungen und Äquivokation. ................... 185
   b) Klärung der zu scheidenden Grundbegriffe der logischen Disziplinen als Enthüllung der verborgenen subjektiven Bildungsmethode und als Kritik derselben . 187
§ 71. Grundlagenprobleme der Wissenschaften und konstitutive Ursprungsforschung. Die Logik zur Führung berufen. 189
§ 72. Die subjektiven Strukturen als ein dem objektiven korrelatives Apriori. Übergang zu einer neuen Stufe der Kritik 190

*3. Kapitel.* Die idealisierenden Voraussetzungen der Logik und ihre konstitutive Kritik ................. 191

§ 73. Idealisierende Voraussetzungen der mathematischen Analytik als Themen konstitutiver Kritik. Die ideale Identität der Urteilsgebilde als konstitutives Problem ...... 191
§ 74. Die Idealitäten des Undsoweiter, der konstruktiven Unendlichkeiten und ihr subjektives Korrelat ...... 195
§ 75. Das analytische Widerspruchsgesetz und seine subjektive Wendung .................... 196

§ 76. Übergang zur subjektiven Problematik der Wahrheitslogik . . . . . . . . . . . . . . . . . . . . . 198
§ 77. Die im Satz vom Widerspruch und vom ausgeschlossenen Dritten enthaltenen idealisierenden Voraussetzungen . . 200
§ 78. Die Umwendung der Gesetze des „*modus ponens* und *tollens*" in subjektive Evidenzgesetze. . . . . . . . 203
§ 79. Die Voraussetzungen der Wahrheit und Falschheit an sich und der Entscheidbarkeit aller Urteile . . . . . . 203
§ 80. Die Evidenz der Wahrheitsvoraussetzung und die Aufgabe ihrer Kritik . . . . . . . . . . . . . . . . 205
§ 81. Formulierung weiterer Probleme . . . . . . . . . . 208

*4. Kapitel.* Rückführung der Evidenzkritik der logischen Prinzipien auf die Evidenzkritik der Erfahrung . . . . . . . . . . . . . 209

§ 82. Die Reduktion der Urteile auf letzte Urteile. Die kategorialen Urabwandlungen des Etwas und das Ursubstrat Individuum . . . . . . . . . . . . . . . . . . . . 209
§ 83. Parallele Reduktion der Wahrheiten. Rückbeziehung aller Wahrheiten auf eine Welt von Individuen. . . . . . . 212
§ 84. Stufenfolge der Evidenzen; die an sich erste die der Erfahrung. Der prägnante Begriff der Erfahrung . . . . . 213
§ 85. Die echten Aufgaben der sogenannten Urteilstheorie. Die Sinnesgenesis der Urteile als Leitfaden zur Aufsuchung der Stufenordnung der Evidenzen . . . . . . . . . . 214
§ 86. Die Evidenz der vorprädikativen Erfahrung als an sich erstes Thema der transzendentalen Urteilstheorie. Das Erfahrungsurteil als das Urteil des Ursprungs . . . . . 216
§ 87. Übergang zu den höherstufigen Evidenzen. Die Frage nach der Relevanz der Kerne für die Evidenz der sachhaltigen und der formalen Allgemeinheiten . . . . . . 220
§ 88. Die implizierte Voraussetzung des analytischen Widerspruchsgesetzes: jedes Urteil ist zur Deutlichkeitsevidenz zu bringen . . . . . . . . . . . . . . . . . . . . 222
§ 89. Die Möglichkeit der Deutlichkeitsevidenz . . . . . . . 223
a) Sinn als Urteil und als „Urteilsinhalt". Ideale Existenz des Urteils setzt ideale Existenz des Urteilsinhalts voraus . . . . . . . . . . . . . . . . . . . . . . . 223
b) Die ideale Existenz des Urteilsinhaltes ist an die Bedingungen der Einheit möglicher Erfahrung geknüpft . . . . . . . . . . . . . . . . . . . . . 225
§ 90. Anwendung auf die Prinzipien der Wahrheitslogik: sie gelten nur für inhaltlich sinnvolle Urteile . . . . . . . 228
§ 91. Überleitung zu neuen Fragen . . . . . . . . . . . . 229

*5. Kapitel.* Die subjektive Begründung der Logik als transzendentalphilosophisches Problem . . . . . . . . . . . . . . . . . . 230
    § 92. Aufklärung des Sinnes der Positivität der objektiven Logik. . . . . . . . . . . . . . . . . . . . . . . . . 230
        a) Die Bezogenheit der historischen Logik auf eine reale Welt . . . . . . . . . . . . . . . . . . . . 230
        b) Die naive Voraussetzung einer Welt reiht die Logik in die positiven Wissenschaften ein . . . . . . . . . 232
    § 93. Das Ungenügen der Versuche der Erfahrungskritik seit Descartes . . . . . . . . . . . . . . . . . . . 234
        a) Die naive Voraussetzung der Gültigkeit der objektiven Logik . . . . . . . . . . . . . . . . . . . . 234
        b) Das Verfehlen des transzendentalen Sinnes der Cartesianischen Reduktion auf das Ego. . . . . . 236
        c) Die Begründung der Logik führt in das universale Problem der transzendentalen Phänomenologie . . . 237

*6. Kapitel.* Transzendentale Phänomenologie und intentionale Psychologie. Das Problem des transzendentalen Psychologismus . . 239
    § 94. Alles Seiende konstituiert in der Bewußtseinssubjektivität 239
    § 95. Notwendigkeit des Ausgangs von der je-eigenen Subjektivität. . . . . . . . . . . . . . . . . . . . . . . 243
    § 96. Die transzendentale Problematik der Intersubjektivität und der intersubjektiven Welt. . . . . . . . . . . . 244
        a) Intersubjektivität und Welt der reinen Erfahrung. . 244
        b) Der Schein des transzendentalen Solipsismus . . . . 248
        c) Höherstufige Probleme der objektiven Welt . . . . 249
        d) Abschließende Betrachtung . . . . . . . . . . . 250
    § 97. Die Methode der Enthüllung der Bewußtseinskonstitution in ihrer universalen philosophischen Bedeutung . . 251
    § 98. Die konstitutiven Untersuchungen als apriorische . . . 252
    § 99. Psychologische und transzendentale Subjektivität. Das Problem des transzendentalen Psychologismus. . . . . 257
    § 100. Historisch-kritische Bemerkungen zur Entwicklung der Transzendentalphilosophie und insbesondere zur transzendentalen Problematik der formalen Logik . . . . . 262

*7. Kapitel.* Objektive Logik und Phänomenologie der Vernunft . . 273
    § 101. Die subjektive Grundlegung der Logik als transzendentale Phänomenologie der Vernunft . . . . . . . . . . . . 273
    § 102. Die Weltbezogenheit der überlieferten Logik und die Frage nach dem Charakter der ihre transzendentale Aufklärung selbst normierenden „letzten" Logik . . . . . . . . . 274
    § 103. Absolute Erkenntnisbegründung ist nur in der universalen Wissenschaft von der transzendentalen Subjektivität als dem einzigen absolut Seienden möglich . . . . . . . . 278

## INHALT

§ 104. Die transzendentale Phänomenologie als die Selbstauslegung der transzendentalen Subjektivität . . . . . . . 280
§ 105. Vorbereitungen zum Abschluß der transzendentalen Kritik der Logik. Die üblichen Evidenztheorien mißleitet von der Voraussetzung absoluter Wahrheit . . . . . . . . 283
§ 106. Weiteres zur Kritik der Voraussetzung absoluter Wahrheit und der dogmatistischen Theorien der Evidenz . . 286
§ 107. Vorzeichnung einer transzendentalen Theorie der Evidenz als intentionaler Leistung. . . . . . . . . . . . . 289
    a) Die Evidenz der äußeren (sinnlichen) Erfahrung . . 289
    b) Die Evidenz der „inneren" Erfahrung. . . . . . . 290
    c) Hyletische Daten und intentionale Funktionen. Die Evidenz der immanenten Zeitdaten . . . . . . . 291
    d) Evidenz als apriorische Strukturform des Bewußtseins 295
SCHLUSSWORT . . . . . . . . . . . . . . . . . . . . . . . . . 296

### BEILAGE I

SYNTAKTISCHE FORMEN UND SYNTAKTISCHE STOFFE, KERNFORMEN UND KERNSTOFFE. . . . . . . . . . . . . . . . . . . . . . 299

§ 1. Gliederung der prädikativen Urteile . . . . . . . . . 299
§ 2. Die Sachbezüglichkeit in den Urteilen . . . . . . . . 301
§ 3. Reine Formen und Stoffe . . . . . . . . . . . . . . 301
§ 4. Niedere und höhere Formen. Ihre Sinnbeziehung aufeinander. . . . . . . . . . . . . . . . . . . . . . . . 302
§ 5. Die abgeschlossene Funktionseinheit der selbständigen Apophansis. Scheidung der ganzheitlichen Verbindungsformen in Kopulation und Konjunktion. . . . . . . . 303
§ 6. Übergang in die weiteste kategoriale Sphäre . . . . . 304
    a) Universalität der unterschiedenen Verbindungsformen 304
    b) Erstreckung der mit der Gliederung zusammenhängenden Unterscheidungen auf die gesamte kategoriale Sphäre . . . . . . . . . . . . . . . . . . . . 304
    c) Der erweiterte kategoriale Satzbegriff gegenüber dem der alten apophantischen Analytik . . . . . . . . 305
§ 7. Syntaktische Formen, syntaktische Stoffe, Syntaxe. . . 306
§ 8. Syntagma und Glied. Selbständige Urteile als Syntagmen, desgleichen Urteile im erweiterten Sinn . . . . . . . 307
§ 9. „Urteilsinhalt" als syntaktischer Stoff des Urteils als Syntagma. . . . . . . . . . . . . . . . . . . . . 307
§ 10. Stufen syntaktischer Formung. . . . . . . . . . . . 308
§ 11. Nicht-syntaktische Formen und Stoffe — innerhalb der reinen syntaktischen Stoffe aufgewiesen. . . . . . . . 309
§ 12. Das Kerngebilde mit Kernstoff und Kernform . . . . 310
§ 13. Die Bevorzugung der substantivischen Kategorie. Die Substantivierung . . . . . . . . . . . . . . . . 311

§ 14. Übergang zu den Komplikationen . . . . . . . . . . 311
§ 15. Der Begriff des „Terminus" der traditionellen formalen Logik . . . . . . . . . . . . . . . . . . . . . 312

BEILAGE II

ZUR PHÄNOMENOLOGISCHEN KONSTITUTION DES URTEILS. DAS URSPRÜNGLICH-AKTIVE URTEILEN UND SEINE SEKUNDÄREN MODIFIKATIONEN . . . . . . . . . . . . . . . . . . . . . . 314

§ 1. Aktives als selbsterzeugendes Urteilen gegenüber seinen sekundären Modifikationen . . . . . . . . . . . . 314
§ 2. Aus der allgemeinen Theorie der Intentionalität . . . . 315
  a) Ursprüngliches Bewußtsein und intentionale Modifikation. Statische intentionale Auslegung. Auslegung der „Meinung" und des Gemeinten „selbst". Die Mannigfaltigkeit möglicher Bewußtseinsweisen von Demselben . . . . . . . . . . . . . . . . . . . . 315
  b) Intentionale Auslegung der Genesis. Genetische sowie statische Ursprünglichkeit der erfahrenden Gegebenheitsweise. „Urstiftung" der „Apperzeption" für jede Gegenstandskategorie . . . . . . . . . . . . . 316
  c) Die Zeitform der intentionalen Genesis und ihre Konstitution. Retentionale Abwandlung. Sedimentierung im Untergrund der Unabgehobenheit (Unbewußtsein) 318
§ 3. Die nicht-originalen Gegebenheitsweisen des Urteils . . 319
  a) Die retentionale, als an sich erste Form „sekundärer Sinnlichkeit". Die lebendig sich wandelnde Konstitution eines vielgliedrigen Urteils . . . . . . . . . . 319
  b) Die passive Wiedererinnerung und deren konstitutive Leistung für das Urteil als bleibende Einheit . . . . 320
  c) Das Auftauchen als apperzeptiver Einfall ein Analogon des Einfalls der passiven Wiedererinnerung. . . 321
§ 4. Die Wesensmöglichkeiten der Aktivierung der passiven Gegebenheitsweisen . . . . . . . . . . . . . . . 321
§ 5. Die Grundgestalten ursprünglich erzeugenden Urteilens und des Urteilens überhaupt . . . . . . . . . . . 322
§ 6. Über das undeutliche sprachliche Urteilen und seine Funktion . . . . . . . . . . . . . . . . . . . . 324
§ 7. Vorzug der retentionalen und wiedererinnerungsmäßigen Verworrenheit gegenüber der apperzeptiven: sekundäre Evidenz in der Verworrenheit . . . . . . . . . . . 325

INHALT  XV

BEILAGE III

ZUR IDEE EINER „LOGIK BLOSSER WIDERSPRUCHSLOSIGKEIT" ODER
„LOGIK BLOSSER KONSEQUENZ" . . . . . . . . . . . . . . . 327

§ 1. Das Ziel der formalen Widerspruchslosigkeit und der formalen Konsequenz. Weitere und engere Fassung dieser Begriffe . . . . . . . . . . . . . . . . . . . . . 327
§ 2. Rückbeziehung des systematischen und radikalen Aufbaus einer reinen Analytik auf die Lehre von den Syntaxen . . . . . . . . . . . . . . . . . . . . . 330
§ 3. Die Charakteristik der analytischen Urteile als „erkenntniserläuternde" und als „Tautologien" . . . . . . . . 332
§ 4. Bemerkungen über Tautologie im Sinne der Logistik von O. Becker. (Zu §§ 14–18 des Haupttextes.) . . . . . 333

ERGÄNZENDE TEXTE

ERGÄNZENDER TEXT I: Selbstanzeige des Verfassers . . . . . . 339

ERGÄNZENDER TEXT II: Kennzeichnung der *Formalen und Transzendentalen Logik* im Philosophen-Lexikon . . . . . . . . 342

ERGÄNZENDER TEXT III: Weg der *Formalen und Transzendentalen Logik* . . . . . . . . . . . . . . . . . . . . . 343

ERGÄNZENDER TEXT IV: Vorbereitende Betrachtungen zur Vorlesung über Transzendentale Logik . . . . . . . . . . . . 351

    I. Einleitung . . . . . . . . . . . . . . . . . . . . 351
   II. Das „Denken" als Thema der Logik. Reden, Denken, Gedachtes . . . . . . . . . . . . . . . . . . . 356
  III. Die Idealität des Sprachlichen . . . . . . . . . . 358
  IV. Das Denken ein Sinn konstituierendes Erlebnis . . . . 360
   V. Die sinnkonstituierenden Erlebnisse als Ichakte . . . . 362
  VI. Vordergrunderlebnisse und Hintergrunderlebnisse . . . 364
 VII. Der Zusammenhang von Ausdrücken und Bedeuten als Einheit eines Ichaktes . . . . . . . . . . . . . . 366
VIII. Thema, Interesse, Hinweisung . . . . . . . . . . 368
  IX. Rückgang vom theoretischen Logos auf das vortheoretische, sinngebende Bewußtseinsleben . . . . . . . . 370
   X. Wahrnehmung und Wahrnehmungssinn . . . . . . . 374

ERGÄNZENDER TEXT V: Das ideale Erkenntnissubjekt der formalen Logik und die formale Apriorität rein rationaler Gegenstände. Kontingent-Materiales und formales Apriori . . . . . . . . 379

    I. Das kontingente und das formal notwendige Apriori der Konstitution der Natur . . . . . . . . . . . . . 379

INHALT

    II. Das ideale Erkenntnissubjekt . . . . . . . . . . . . 383
   III. Versuche zu einer systematischen Einteilung der Gegenstände . . . . . . . . . . . . . . . . . . . . . . 387

ERGÄNZENDER TEXT VI: Formale Logik und Erkenntnislehre 1925. Zur eventuellen Ergänzung oder Nachprüfung der „*formalen und transzendentalen Logik*" von 1929 . . . . . . . . . . 394

     I. Formale Logik als Logik der Formen bestimmender Sätze . . . . . . . . . . . . . . . . . . . . . . 394
    II. Reines Urteilen über Gegenstände und über Sinne . . . 400
   III. Kategoriale Denkakte . . . . . . . . . . . . . . . 403
   IV. Deutliches Urteil und analytischer Sinn . . . . . . . 407
    V. Verschiedene Begriffe von Widersinn . . . . . . . . 412

ERGÄNZENDER TEXT VII: Zur Kritik der formalen Logik und ihre Reform zu einer vollen universalen Ontologie . . . . . . . 415

     I. Formale Ontologie als Problem . . . . . . . . . . . 415
    II. Formale Analytik und formale Seinslogik . . . . . . 425
   III. Zu den Problemen: Verhältnis Sinn-Gegenstand, letzte Substrate, Apodiktizität . . . . . . . . . . . . . . 432

ERGÄNZENDER TEXT VIII: Übergang von der Welt des praktischen Lebens und ihren okkasionellen Urteilen zur wissenschaftlichen Enthüllung ihrer Horizonte . . . . . . . . . . . . . . 437

ERGÄNZENDER TEXT IX: Die protologische Funktion der transzendentalen Ästhetik . . . . . . . . . . . . . . . . . 447

ERGÄNZENDER TEXT X: Versuch, die Idee der transzendentalen Ästhetik zu umgrenzen . . . . . . . . . . . . . . . . 454

## TEXTKRITISCHER ANHANG

TEXTKRITISCHE ANMERKUNGEN . . . . . . . . . . . . . . . 461

  Allgemeine Vorbemerkung . . . . . . . . . . . . . . . . 461
  Textkritische Anmerkungen zum Haupttext . . . . . . . . 463
    Vorbemerkung . . . . . . . . . . . . . . . . . . . . 463
    Textkritische Anmerkungen . . . . . . . . . . . . . . 464
  Textkritische Anmerkungen zu den Ergänzenden Texten . . . 465
    Vorbemerkung . . . . . . . . . . . . . . . . . . . . 465
    Textkritische Anmerkungen . . . . . . . . . . . . . . 466

NACHWEIS DER ORIGINALSEITEN . . . . . . . . . . . . . . 511

NAMENREGISTER . . . . . . . . . . . . . . . . . . . . . 512

# EINLEITUNG DES HERAUSGEBERS

## I

Husserl hat die *Formale und Transzendentale Logik* Ende 1928/ Anfang 1929 in einem Zuge niedergeschrieben.[1] Das Werk wurde im Jahre 1929 im Verlag M. Niemeyer (Halle/Saale) gedruckt und publiziert. Es ist seit geraumer Zeit im Buchhandel vergriffen gewesen und wird in diesem Band im Rahmen der Gesammelten Werke Edmund Husserls der Öffentlichkeit wieder zugänglich gemacht.[2] Da die *Formale und Transzendentale Logik* innerhalb weniger Monate abgefaßt worden ist, ohne daß Husserl später noch Zeit und Möglichkeit zur Bearbeitung und Veränderung gefunden hätte, hat ihr Text seine ursprüngliche Gestalt bewahrt. Es ist selbstverständlich gewesen, daß die vorliegende Neuausgabe

---

[1] Husserl schreibt unter dem Datum vom 2.XII.1929 an Ingarden: ,,Es freut mich sehr, daß Ihnen meine log[ische] Schrift etwas zu sagen hat. Sie ist in wenigen Monaten in Einem Zuge hingeschrieben und gedruckt worden — nachdem ich Jahrzehnte über diese Probleme nachgedacht habe." (Vgl. Edmund Husserl, *Briefe an Roman Ingarden*. Hrsg. v. R. Ingarden. Den Haag 1968 (Phaenomenologica 25), S. 56; im folgenden abgekürzt als Husserl, *Briefe an Ingarden*)
Vgl. die Vorbemerkung der Textkritischen Anmerkungen zum Haupttext S. 463. Husserl verzeichnet als Schlußtag der Niederschrift des Haupttextes ohne Beilagen den 23. Januar 1929. Die Korrektur der Druckproben erfolgte von der 3. Maiwoche an in Tremezzo. Hier wurden ebenfalls die beiden ersten Beilagen dem Text zugefügt. Der Abschluß der Korrektur und die Zulage der dritten Beilage ist in Freiburg etwa Ende Juni erfolgt. Vgl. auch die beiden Briefe an Ingarden vom 24.3.1929 aus Freiburg und vom 26.5.1929 aus Tremezzo. (Husserl, *Briefe an Ingarden*, S. 53 u. 55) Vgl. ebenfalls die Einleitung des Herausgebers zum Husserliana-Band XV, Zur Phänomenologie der Intersubjektivität (Den Haag 1973), S. XVI f., XX f.

[2] Es sind in den letzten Jahrzehnten einige Übersetzungen der *Formalen und Transzendentalen Logik* erschienen. S. Bachelard hat das Werk ins Französische übersetzt: E. Husserl, *Logique Formelle et Logique Transcendentale*. Paris 1957. (Vgl. dazu auch den Kommentar von S. Bachelard, *La Logique de Husserl*. Étude sur Logique Formelle et Logique Transcendentale. Paris 1957.) Eine italienische Übersetzung ist von G. D. Neri besorgt worden: E. Husserl, *Logica formale e trascendentale*. Bari 1966. D. Cairns hat die Übersetzung ins Englische vorgenommen: E. Husserl, *Formal and Transcendental Logic*. Den Haag 1969.

diesem Umstand Rechnung trägt und das Werk unberührt in der Gestalt von 1929 wiedergibt.

Die *Formale und Transzendentale Logik* ist das erste der großen Spätwerke, die Husserl, hochbetagt, im Laufe weniger Jahre in angespannter Arbeit vollendet hat.[1] Dieser Publikationsperiode ist eine lange Zeit unermüdlicher, stiller Tätigkeit vorausgegangen. Während dieser ,,Zeit der literarischen Zurückhaltung" wurde das Bild, das die Öffentlichkeit von der Philosophie Husserls hatte, vor allem durch die 1913 erschienenen *Ideen I* bestimmt.[2] Sie zeigten die Phänomenologie als einen neuen transzendentalen Idealismus, der für die philosophisch interessierte Umwelt überraschend gekommen war. Das hatte seinen Grund weitgehend in der zeitgenössischen Auffassung und der Wirkungsgeschichte der *Logischen Untersuchungen*, die als Überwindung des Psychologismus und gleichzeitig als Abwendung von jeder Art Subjektivismus aufgefaßt worden waren. Als etwa eineinhalb Jahrzehnt nach den *Ideen I* ein neues logisches Werk Husserls erschien, blieb die geläufige Auffassung der Phänomenologie als Idealismus in Kraft, ohne daß man sich sonderlich der Mühe unterzogen hätte, die Neuartigkeit dieses Idealismus in concreto zu studieren. Die abstrakte und spezielle Thematik des Werkes stellten und stellen einem derartigen Studium außerdem nicht unbeträchtliche Hindernisse in den Weg. Später ist die Bedeutung

---

[1] Zu dieser Schaffensperiode zählen vor allem folgende Werke: *Cartesianische Meditationen und Pariser Vorträge* (Husserliana Bd. I. 2. Aufl. Den Haag 1963); *Die Krisis der europäischen Wissenschaften und die transzendentale Phänomenologie* (Husserliana Bd. VI. 2. Aufl. Den Haag 1962; im folgenden zitiert als *Krisis-Abhandlung*). Die *Krisis-Abhandlung* ist bekanntlich nicht mehr vollendet worden. Außer auf diese beiden Grundwerke ist auf das *Nachwort zu meinen 'Ideen zu einer reinen Phänomenologie und phänomenologischen Philosophie'* hinzuweisen, dessen Abfassung im Zusammenhang mit der englischen Übersetzung des 1. Bandes der *Ideen zu einer reinen Phänomenologie und phänomenologischen Philosophie* durch Gibson erfolgt ist. Das '*Nachwort*' ist 1930 im XI. Band des Jahrbuches für Philosophie und phänomenologische Forschung erschienen und ist jetzt im 3. Buch der *Ideen zu einer reinen Phänomenologie und phänomenologischen Philosophie* (Husserliana Bd. V. Den Haag 1952) abgedruckt. — Im Jahre vor dem Erscheinen der *Formalen und Transzendentalen Logik* waren im Jahrbuch für Philosophie und phänomenologische Forschung (Bd. IX. 1928) Stücke einer Vorlesung Husserls aus dem Wintersemester 1904/05 unter dem Titel *Edmund Husserls Vorlesungen zur Phänomenologie des inneren Zeitbewußtseins* erschienen; jetzt abgedruckt in: *Zur Phänomenologie des inneren Zeitbewußtseins* (1893–1917). Husserliana Bd. X. Den Haag 1966. S. 3 ff.

[2] *Ideen zu einer reinen Phänomenologie und phänomenologischen Philosophie;* erschienen im Jahrbuch für Philosophie und phänomenologische Forschung. 1. Bd. Teil 1. Halle a.d. Saale 1913. S. 1 ff.; jetzt vorliegend in: Husserliana Bd. III. Den Haag 1950 (im folgenden abgekürzt als *Ideen I*).

der *Formalen und Transzendentalen Logik* durch das systematische Gewicht der allgemeinen Einleitungen in die Phänomenologie, wie sie in den *Cartesianischen Meditationen* und der *Krisis-Abhandlung* vorliegen, in den Schatten gestellt worden. Hinzu kam, daß vornehmlich Husserls letztes Werk, die *Krisis-Abhandlung*, in einer gewandelten Situation in einer Weise aufgenommen worden ist, die der logischen wie der transzendental-logischen Problematik weder viel Raum ließ noch überhaupt zuträglich war. Die *Krisis-Abhandlung* wurde vom übrigen Werk Husserls abgerückt und isoliert als Ausdruck einer veränderten, der Krisensituation der Zeit gemäßen Phänomenologie verstanden. Eine solche Sicht der Dinge ließ die Kontinuität, die im Gesamtwerk Husserls waltet, allzusehr aus dem Blick geraten. Sie verhinderte es vor allem, daß sachlicher Zusammenhang, Fortschritt und Wandlung des Gesamtwerkes in ihrer Einheit genügend berücksichtigt wurden.[1] Inzwischen ist in den Husserliana schon eine Reihe wichtiger Texte Husserls veröffentlicht worden, die ein konkreteres Verständnis der transzendentalen Phänomenologie in der Gestalt, die sie im späteren Denken Husserls angenommen hat, ermöglichen.[2] Die *Formale und Transzendentale Logik* kann zur Vertiefung eines solchen Verständnisses beitragen.

Die *Formale und Transzendentale Logik* samt drei Beilagen, die Husserl ihr bereits 1929 mit auf den Weg gegeben hat, bilden den Haupttext des vorliegenden Bandes, der in einem nachfolgenden Teil — Ergänzende Texte, S. 337–458 — von anderen Arbeiten Husserls ergänzt wird.[3] Diese sind von Husserl in verschiedenen Jahren, vornehmlich während der Zeitspanne von 1920/21–1926,

---

[1] Es mag sein, daß gewichtige Gründe dafür auch in der Entstehungsgeschichte des Husserlschen Werkes selber liegen. Von den Fortschritten des phänomenologischen Denkens nach den *Ideen I* konnten die meisten Interessenten zum größten Teil bis ins hohe Alter des „Meisters" hinein nur aus Vorlesungen und Gesprächen erfahren. Aber wie sollte ein so schwieriger und spröder, befremdlich neuartiger Stoff in seinem systematischen Zusammenhang und seiner Bedeutung aufgrund bloßer mündlicher Mitteilung ausreichend deutlich werden können?

[2] Ein Themenbereich, der mit dem der *Formalen und Transzendentalen Logik* zusammenhängt, findet sich vor allem in den *Analysen zur passiven Synthesis*. Aus Vorlesungs- und Forschungsmanuskripten 1918–1926. Husserliana Bd. XI. Den Haag 1966.

[3] Husserl vermerkt (S. 299), daß der Inhalt der I. Beilage auf seine Göttinger Vorlesung über formal-logische Themen aus dem Wintersemester 1910/11 zurückgeht.
§ 4 der III. Beilage „über Tautologie im Sinne der Logistik" stammt von Oskar Becker.

niedergeschrieben worden. Ihr Zusammenhang besteht nur in ihrer Beziehung auf Themen des Haupttextes. Über die Eigenart dieser Texte und die Gesichtspunkte, die für ihre Auswahl maßgebend gewesen sind, sei bereits vorweg ein Wort gesagt.[1]

Die meisten der Ergänzenden Texte entstammen Forschungsmanuskripten, in denen sich Husserl selber über bestimmte Fragen aus dem Themenumkreis der *Formalen und Transzendentalen Logik* Klarheit zu verschaffen sucht. In einigen der Texte bezieht sich Husserl ausdrücklich auf das logische Hauptwerk seiner Spätzeit. Endgültigkeit der Darstellung ist hier nicht beansprucht. Abschließende Stellungnahmen sollte man hier nicht suchen. Gleichwohl vermögen die abgedruckten Manuskriptpassagen manche Ausführungen des Haupttextes zu verdeutlichen und zu konkretisieren oder sogar Lücken zu schließen. Einige der Ergänzenden Texte zeigen darüber hinaus auch, wie Husserl zu einem Zeitpunkt, der der Abfassung der *Formalen und Transzendentalen Logik* vorausliegt, an zentralen Problemen des späteren Werkes gearbeitet hat. All dies trifft vornehmlich auf die Ergänzenden Texte zu, die den Vorbereitenden Betrachtungen und dem ersten Abschnitt der *Formalen und Transzendentalen Logik* beigefügt worden sind. Die der Einleitung und dem zweiten Abschnitt zugegebenen Texte sind anderen Charakters. Sie werfen zum einen ein Licht auf die Eigenart und die Anlage des gesamten Werks, zum anderen betreffen sie vor allem das Verhältnis der vorwissenschaftlichen-vorlogischen Lebenswelt zur objektiven (Welt-)Logik. Irgendein Anspruch auf Vollständigkeit der Wiedergabe aller Texte Husserls aus dem genannten Zeitraum, die dem Problemkreis der *Formalen und Transzendentalen Logik* zugehören, wird nicht erhoben. Dasselbe gilt erst recht für das Gesamt der logischen Arbeiten Husserls aus jener Zeit. Alle Ergänzenden Texte sind vom Haupttext her zu beurteilen und einzuordnen. Sie dienen nicht der Aufgabe, Einblick in eigenständige Gedankengänge Husserls zu vermitteln, die vom Gedankengang des Buches abweichen oder über ihn hinausgehen.

---

[1] Vgl. zur näheren Kennzeichnung die Vorbemerkung des Herausgebers zu den Ergänzenden Texten S. 464 ff.

## II

Briefliche Äußerungen Husserls gewähren einen guten Einblick in die unmittelbare Entstehungsgeschichte der *Formalen und Transzendentalen Logik*.¹ Von ihrer Vorgeschichte wissen wir jedoch recht wenig. Husserl selber betont, daß das Buch von ihm erst verfaßt worden sei, ,,nachdem er Jahrzehnte über diese Probleme nachgedacht habe".² Er versichert zur Zeit der Abfassung, es sei ihm vor 10 Jahren noch nicht möglich gewesen, die *Formale und Transzendentale Logik* zu schreiben.³ Später spricht er von seinen letzten Schriften, in die er die ,,Logik" einbezieht, als den ,,gereiftesten"seines Lebens.⁴ Diese Äußerungen besagen nicht, daß Husserl in den zwanziger Jahren ausführliche schriftliche Vorarbeiten für ein Werk geleistet hätte, welches schließlich 1928/29 nur noch niedergeschrieben zu werden brauchte. Husserl beklagt sich vielmehr sehr, daß die Zeit seiner intensiven Beschäftigung mit Logischem weit zurückliege.⁵ Viel-

---

¹ Mitten im Arbeitsfieber am 24.12.1928 schreibt Husserl z.B. an W. R. B. Gibson, den Übersetzer der *Ideen I*: ,,Vielen Dank für Ihr schönes Werk, in dem ich wiederholt gelesen habe, mit besonderem Interesse, da wo Sie über die allgemeinsten Fragen sprechen. ... Ich muß doch wieder und an der Hand Ihrer klaren und selbständigen Darstellungen die traditionellen logischen Themen durchdenken. Doch jetzt bin ich in fieberhafter Arbeit: Intentionale Auslegung der Idee ,,Logik als universale Wissenschaftslehre". Ich hatte Lust, Ihnen den Titel Ihres Werkes, der für mich wirklich passte, zu stehlen!: Logik als Problem oder das Problem der Logik, formale Apophantik, formale Ontologie, formale *mathesis universalis* — materiale Ontologie, transzendentale (phänomenologische) Logik und absolute (totale, 2-seitige) Ontologie. ... Das muss Sie, möchte ich meinen, interessieren. Ob Sie zustimmen werden? In Kürze — bis 15.I. muss das Msc. in Halle sein und dann die Vorbereitung für Paris!!" (Zitiert aus den Briefen Husserls an W. R. B. Gibson, die sich im Husserl-Archiv in Löwen finden; Brief vom 24.12.1928 (2. Seite).) Der Untertitel der *Formalen und Transzendentalen Logik*, ,,Versuch einer Kritik der logischen Vernunft", deutet darauf hin, daß die *Formale und Transzendentale Logik* ein Stück der Auflösung jener Aufgabe enthält, die Husserl im Jahre 1906 formuliert hat. Vgl. E. Husserl, ,,Persönliche Aufzeichnungen". Hrsg. v. W. Biemel, in: Philosophie and Phenomenological Research. Vol. XVI. 1956. S. 297.
² Vgl. Husserl, *Briefe an Ingarden*, S. 56 (Brief vom 2.12.1929). Vgl. auch den Erg. Text II auf Seite 342 dieses Bandes.
³ Vgl. Husserl, *Briefe an Ingarden*, S. 55 (Brief vom 26.5.1929): ,,Ich glaube aber, diese b e i d e n Schriften (sc. die *Formale und Transzendentale Logik* und die *Cartesianischen Meditationen*) werden gerade Ihnen viel zu sagen haben u. S. erfreuen. Ich hätte sie noch vor 10 Jahren so nicht schreiben können."
⁴ Vgl. z.B. Brief an Ingarden vom 11.6.1932 (Husserl, *Briefe an Ingarden*, S. 78).
⁵ Vgl. Brief Husserls an Ingarden vom 19.3.1930, S. 59. Husserl bemerkt anläßlich der Arbeit am ,,2. logischen Buch": ,,(die log[ischen] Studien liegen weit zurück, seit langem habe ich mich nicht mehr mit log[ischen] Problemen beschäftigt — daher geht es jetzt langsam, ich muß mich erst hineinfinden)."

leicht lassen sich die Jahre vor der Niederschrift mit einer „Inkubationszeit" vergleichen, in der Husserls universale philosophische Konzeption der formalen Logik und Mathematik langsam herangereift ist, ohne daß der Denker noch zu größeren konkreten Studien über das Formal-Logische und Mathematische Zeit gefunden hätte.[1] Daß er gleichwohl immer wieder, auch in den zwanziger Jahren, an logischen Problemen gearbeitet hat, beweisen einige der Ergänzenden Texte dieses Bandes sowie eine Reihe von (zum Teil ausführlichen) Texten, die im Husserl-Archiv aufbewahrt werden, die aber keinen direkten Bezug auf Ausführungen der *Formalen und Transzendentalen Logik* nehmen.[2]

Mit Sicherheit läßt sich allerdings ausmachen, daß Husserl lange Zeit vor der Abfassung der *Formalen und Transzendentalen Logik* den Wunsch hatte, ältere logische Studien auf Publikationsmöglichkeiten hin bearbeitet zu sehen.[3] L. Landgrebe war als Privatassistent Husserls damit beauftragt, Forschungs- und Vorlesungsmanuskripte zur Logik durchzuarbeiten und für eine Publikation vorzubereiten. Aus Husserls Beschäftigung mit dieser Arbeit ist der Anstoß zur Abfassung eines neuen, eigenständigen logischen Werkes erwachsen, das wir in der *Formalen und Transzendentalen Logik* vor uns haben.[4] Der Zwang, für das X. Jahrbuch für Philosophie und phänomenologische Forschung einen eigenen Beitrag möglichst schnell fertigzustellen, damit das Jahrbuch ohne allzu große Verzögerung erscheinen konnte,

---

[1] Husserl erwähnt mehrmals in seinen Briefen an Ingarden seine alten logischen Manuskripte aus den Göttinger Jahren 1908–11 als Resultate seiner letzten Beschäftigung mit logischen Problemen. Vgl. Husserl, *Briefe an Ingarden*, Brief v. 2.12.1929, S. 56, Brief v. 19.3.1930, S. 59, Brief vom 21.12.1930, S. 62. Vgl. ebenfalls Anmerkung 1 und Randbemerkung aus dem Handexemplar auf S. 299 dieses Bandes; siehe ferner die Mitteilungen von R. Ingarden in seinen „Erinnerungen an Edmund Husserl", in: Husserl, *Briefe an Ingarden*, S. 107 f.

[2] Vgl. die Erg. Texte III, V, VI, VII. Im Husserl-Archiv werden die Möglichkeiten, weitere logische Studien Husserls zu publizieren, geprüft.

[3] Husserl erwähnt Ende 1929, daß die Dinge, die für das noch ausstehende, geplante logische Buch zu bearbeiten seien, so weit hinter ihm lägen: „(Haupt-Msc. aus Göttingen 1908-11, aber auf das philosophisch gereifte Niveau von 1929 zu bringen!)". Vgl. Husserl, *Briefe an Ingarden*, Brief vom 2.12.1929, S. 56. Diese Briefstelle verrät, daß Husserl gegen Ende der zwanziger Jahre auf Manuskripte aus den früheren Jahren des Jahrhunderts zurückgreift, um sein neues logisches Werk zu gestalten.

[4] Vgl. das Vorwort des Herausgebers zu: Edmund Husserl, *Erfahrung und Urteil*. Untersuchungen zur Genealogie der Logik. Redigiert und herausgegeben von Ludwig Landgrebe. Mit einem Nachwort und Register von Lothar Eley. 4. Aufl. Meiner Verlag, Hamburg 1972. — Dieses Werk ist zuerst im Jahre 1939 nach dem Tode Husserls im Academia Verlag in Prag erschienen. Vgl. das Vorwort des Herausgebers S. XX ff.

hat zweifellos dazu beigetragen, daß Husserl sein logisches Spätwerk zügig zu Ende gebracht hat.[1]

Vielleicht ermutigt durch die schnelle Fertigstellung der *Formalen und Transzendentalen Logik*, wollte Husserl unter Verwendung der Landgrebeschen Vorarbeiten im unmittelbaren Anschluß noch ein weiteres logisches Buch schreiben.[2] An diesem Plan hat er bis ins Jahr 1930 hinein festgehalten. Dann sah er ein, daß es ihm unmöglich sein würde, das „2. logische Buch" in absehbarer Zeit abschließen zu können, ohne wichtigere Arbeiten zurückstellen zu müssen.[3] Er verzichtete deswegen darauf, dieses

---

[1] Vgl. den Brief von Frau Husserl an Ingarden vom 9.1.1929 (Husserl, *Briefe an Ingarden*, S. 51). Allerdings gleicht die Zeit der Niederschrift der *Formalen und Transzendentalen Logik* einem der nicht gerade häufig auftretenden Momente in Husserls langem Forscherleben, in denen er eine Materie so im Griff hatte, daß er sie ohne Unterbrechung in kürzester Zeit zu einem Werk gestalten konnte. Diesen Moment erhoffte er auch für das später geplante Grundwerk. Vgl. den Brief vom 22.12. 1931 an Gustav Albrecht, der sich im Husserl-Archiv in Löwen findet: „Das systematische Grundwerk, an dem ich arbeite, wird günstigenfalls gegen Ende 1932 fertig werden. Zunächst muß das gesamte Material, d.h. müssen alle fundamentierenden Feststellungen und der ganze Bau der Problematik und Methode nach allen Seiten beherrscht und gereinigt vorbereitet sein und das ganze System im Kopf fertig sein. Dann wird die eigentliche literarische Ausarbeitung schnell vonstatten gehen (so ist das Logikbuch ja in einem Zuge in etwa zwei Monaten hingeschrieben worden, ebenso die Ideen in sechs bis acht Wochen)."

[2] Frau Husserl berichtet Ingarden Anfang Dezember 1929, daß ihr Mann über den logischen Studien „sitze und schwitze". „Da er diese Untersuchungen in einen größeren systematischen Zusammenhang eingliedern u. auch sonst bereichern will, ist es eine harte u. im Moment noch nicht ganz absehbare Sache. Jedenfalls wird der Druck des Jahrbuches nicht vor März beginnen. Für diesen Band liegen z.Th. schon seit mehr als einem Jahr Arbeiten da, u. die „Logischen Studien" sollen programmäßig ebenfalls hinein." (Husserl, *Briefe an Ingarden*, Brief von Frau Husserl vom 2.12.1929, S. 57) Für dieses Werk scheint zunächst der Titel „Logische Studien" geplant gewesen zu sein. Husserl gebraucht diesen Namen häufiger. Vgl. z.B. S. 163 u. 220 dieses Bandes. Am 21.12.1930 schreibt Husserl an Ingarden, „den Namen 'log[ische] Studien' werde ich nicht festhalten." (Husserl, *Briefe an Ingarden*, S. 62)

Das Manuskript A I 33 enthält z.B. Studien Husserls zu dem ins Auge gefaßten zweiten logischen Buch. Husserl hat in diesem Manuskript mehrere kleine Sonderkonvolute vereinigt, die nicht alle aus der gleichen Zeit stammen. Das Manuskript trägt die Aufschrift: „Oct.–Nov. 29. Logische Studien. Zur Einleitung und zur Besinnung über die Aufgabe."

[3] Am 19.3.1930 schreibt Husserl an Ingarden: „Ihr Brief war mir eine große Freude, es ist die einzige Reaction auf meine F[ormale] u. tr[anszendentale] L[ogik], die ich e r n s t nehmen konnte und mir wirklich Wertvolles sagte. Ihren dringenden Wunsch, erst das 2-te log[ische] Buch fertig zu machen, war ich sehr bereit, mir zu Herzen zu nehmen. Ich war eigentlich schon Monate lang dabei, war aber in Kiel schwankend geworden, da es viel langsamer zu Form kommen wollte, als ich gehofft. Im Januar ging ich also nochmals daran. Aber nach etwa 3–4 Wochen harter Arbeit ließ ich es wieder fahren. Es war mir aus den Msc. (bzw. dem daraus einheitlich verknüpften Entwurf von Dr. Landgrebe) plötzlich klar geworden, daß im Verborgenen ein sehr wichtiger einheitlicher Gedanke in den losen Bruchstücken zu Tage dränge, und daß nun eine völlig neue system. Ausarbeitung unter seiner principiellen Leitung

Werk selber zu vollenden, und überließ seine Ausarbeitung Landgrebe, der später, von Husserl autorisiert, wichtige Teile der dafür ausgearbeiteten Manuskripte unter dem Titel *Erfahrung und Urteil* veröffentlichte.[1]

Einer der Gründe, aus denen Husserl seinen Plan, ältere logische Arbeiten zu einem Buch auszugestalten, aufgegeben hat, war sein Wunsch, endlich über die Grundzüge der Phänomenologie im ganzen Rechenschaft zu geben. Das „systematische Grundwerk der Phänomenologie", das zu schreiben ihm angesichts seines hohen Alters als vordringlich erschien, nahm ihn in der Folgezeit meistens in Anspruch. Ihm galt die ungeheure Arbeitsenergie seiner letzten Lebensjahre. Jener große Plan einer endgültigen Darstellung der Phänomenologie aber, von dem die Ausführungen der *Cartesianischen Meditationen* und der *Krisis-Abhandlung* als „Abschläge" zeugen, war seinerseits im Sinne der Philosophie als universaler und erster Wissenschaft gedacht.[2] Dies Werk mußte daher eine Grundlegung und Methodologie der Wissenschaften enthalten. Die *Formale und Transzendentale Logik* ist von seiner Idee aus gesehen in weiten Teilen als ein Stück konkret ausgeführter Arbeit zu kennzeichnen, dem sein systematischer Ort innerhalb des Grundwerkes der Phänomenologie anzuweisen gewesen wäre. Innerhalb derart übergreifender Zusammenhänge sind wiederum die logischen Studien zur Urteilstheorie, deren Ausarbeitung und Publikation wir Landgrebe verdanken, zu situieren. Auf diese Weise erhellt das allgemein Dargestellte durch das detailliert Ausgearbeitete und umgekehrt. Ohne die *Formale und Transzendentale Logik* aber würde es schwerfallen, die in der späten Phänomenologie implizierte

---

notwendig sei, mit noch einzuarbeitenden Ergänzungsstücken aus anderen alten Entwürfen. ... Ich sah, daß ich noch 4–6 Monate Arbeit brauchen würde, und solange durfte ich die deutsche Bearbeitung der *Cartes[ianischen] Med[itationen]* nicht aufschieben." (Husserl, *Briefe an Ingarden*, Brief vom 19.3.1930, S. 58 f. Vgl. auch den Brief vom 21.12.1930, S. 62)

[1] Vgl. das Vorwort des Herausgebers zu *Erfahrung und Urteil* S. XX ff.

[2] Husserls Plan des Grundwerkes der Phänomenologie hat in keinem der zustandegekommenen Spätwerke seine Realisierung gefunden. Der Plan selber ist im Fluß geblieben. Die Hoffnung auf seine Realisierung hat sich für Husserl mit verschiedenen Werken und in Manuskriptgestalt verbleibenden Entwürfen verbunden. Am ehesten kommt noch die *Krisis-Abhandlung* einer Verwirklichung von Stücken des Planes nahe. Zur Darstellung des Husserlschen Ringens um die endgültige Gestaltung der Phänomenologie in den dreißiger Jahren vgl. die Einleitung des Herausgebers zu Husserliana Bd. XV. S. XXII ff.

Wissenschaftslehre hinreichend konkret zu verstehen. Vielleicht ist es kein Zufall, daß Husserl sich die *Formale und Transzendentale Logik* ein Jahr vor seinem Tode noch einmal angeeignet hat, nachdem er die universalen Konzeptionen der Spätphänomenologie in den *Cartesianischen Meditationen* und in den zentralen Abschnitten der *Krisis-Abhandlung* geschaffen hatte.[1] Wollte er aus dem logischen Werk Anregungen und Gedankenstützen schöpfen, um die Arbeit am Komplex der *Krisis-Abhandlung* besser fortsetzen zu können? Aus seinen Anmerkungen zur *Formalen und Transzendentalen Logik* im Jahr 1937 läßt sich ersehen, daß er an den wissenschaftsgrundlegenden Ausführungen des Werkes keine grundsätzliche Kritik angemeldet hat, die Rückschlüsse auf eine gewandelte Konzeption von Phänomenologie erlauben würde. Man gewinnt viel eher den Eindruck, daß Husserl das Werk an seinem Lebensende durchaus noch gebilligt hat.

### III

Im Dezember 1928 während intensivster Arbeit an seinem logischen Buch schreibt Husserl an Ingarden: ,,Ich bereitete und bereite eine Schrift vor — ... Entfaltung der Idee der Logik als Wissenschaftslehre. Zunächst in Anknüpfung an die L[ogischen] U[ntersuchungen] I. form[ale] Logik u. f[ormale] Ontologie, mit tiefen phänom[enologischen] Analysen, dann Übergang ins Psychol[ogische] u. Transzendentale, sowie Erweiterung z. Idee einer

---

[1] Vgl. S. 463 des Textkritischen Anhanges zum Haupttext. Husserl hat 1937 in seinem Handexemplar des Werkes notiert: ,,Zum ersten Male neu durchdacht und wieder mir zu eigen gemacht März 1937 (Abschluß der Depressionsperiode)." Es scheint, daß Husserl im Frühjahr 1937 nach längerer Erschöpfung wieder einen neuen Anlauf zur Fortsetzung seines Schaffens genommen hat. Er schreibt am 14. April an R. Pannwitz, nachdem er seine vorausliegende Unfähigkeit zum produktiven Denken beklagt hat: ,,Jetzt bedarf es eines neuen Trainings, ich muß meine Entwürfe und Stücke regelrecht mit saurer Mühe studieren." (Aus einem Brief Husserls an Rudolf Pannwitz vom 14.4.1937 aus Freiburg, der sich im Husserl-Archiv in Löwen befindet; vgl. auch den Brief von Fr. M. Husserl vom 15.4.37 in: Husserl, *Briefe an Ingarden*, S. 102.) Diese Daten erlauben wohl den für uns wichtigen Rückschluß, daß sich aus den Anmerkungen Husserls zur *Formalen und Transzendentalen Logik* von 1937 eine (positive) Stellungnahme Husserls zu seinem Werk herauslesen läßt. Es sei zur Bekräftigung auch noch darauf verwiesen, daß Husserl im Schlußwort des Werkes (vgl. S. 297) zu seinen Ausführungen über die transzendentale Ästhetik als fundierende Unterstufe aller höherstufigen logischen Disziplinen das Wort ,,Lebenswelt" vermerkt hat, das eins der terminologischen Zentren der *Krisis-Abhandlung* darstellt.

realen (universalen) Ontol[ogie] u. Phän[omenologie]."[1] Dem in diesen Worten angedeuteten weitgespannten inhaltlichen Umkreis des Werkes entsprechend ist die Logik in der *Formalen und Transzendentalen Logik* thematisch. Zugleich aber steht Logisches eines engeren Sinnes im Vordergrund des Interesses. Dies aber wird so gefaßt, daß es mit den weiteren Horizonten der Phänomenologie harmoniert. Da in der *Formalen und Transzendentalen Logik* die Behandlung eines engeren Themas mit einer weit ausgreifenden Darstellung von Grundzügen der transzendentalen Phänomenologie unter dem Blickpunkt des Logischen verknüpft ist, sind die Bedeutungen des Logischen, von denen im vorliegenden Band gehandelt wird, und ihr Zusammenhang kurz zu erläutern.

In der Einleitung legt Husserl dar, daß er den Begriff der Logik im Sinne einer universellen Wissenschaftslehre fassen will. Den modernen verselbständigten Spezialwissenschaften fehlt die Einsicht in ihre Einseitigkeit. Sie sehen nicht die Notwendigkeit, ihre „methodischen Scheuklappen" abzulegen und ihre Forschungen hineinzulenken „in die Universalität des Seins und seine prinzipielle Einheit".[2] „An dieser Lage ist, wie gesagt, die Logik selbst mitschuldig, weil sie, wie wir hier auch ergänzen können, statt ihren historischen Beruf fest im Auge zu behalten und sich als reine und universale Wissenschaftslehre auszuwirken, vielmehr selbst zu einer Spezialwissenschaft geworden ist. Ihr eigener Zwecksinn forderte es, daß sie reflektiv auch diesen Zwecksinn zum Thema radikaler Erwägungen machte und sich der prinzipiell unterschiedenen Schichten wissenschaftstheoretischer Problematik bemächtigte, mit denen die Stufenfolge von logischen Disziplinen vorgezeichnet war, in der allein die Idee einer Wissenschaftslehre und Wissenschaft selbst sich ver-

---

[1] Husserl, *Briefe an Ingarden*, S. 49 (Brief vom 23.12.1928). In einem Brief an W.R.B. Gibson vom 23.10.1929 schreibt Husserl: „Vielleicht finden Sie in Ihren Ferien noch Zeit, mein logisches Buch einmal durchzuwandern und seinen einheitlichen Sinn zu übersehen, in dem ja zugleich eine Emporleitung von der traditionellen form. Logik zu der tr. Phänomenologie beschlossen ist — es ist einer „der im Vorwort" angedeuteten „Wege". Ich freute mich, dass in Ihnen, wie Sie in Ihrem gütigen Brief v. 9.9. schrieben, der Anfang Interesse weckte. Sehr viel Wert lege ich übrigens auf die Beilagen am Schluss, als Bruchstücke zu einer concreten phänom. Logik." (Zitiert aus den im Husserl-Archiv in Löwen befindlichen Briefen Husserls an W.R.B Gibson) Vgl. auch S. 277 dieses Bandes. — Im folgenden sind alle Zitate und Hinweise, die sich auf den vorliegenden Band der Husserliana beziehen, an der bloßen Seitenangabe ohne nähere Werkbezeichnung kenntlich.

[2] Vgl. S. 8.

wirklichen konnte. Diesem ihr eigenwesentlichen Sinn hat sie aber nicht genuggetan."[1] Die *Formale und Transzendentale Logik* thematisiert das Logische so, daß es universalen philosophischen Ansprüchen genugzutun vermag.

Der Titel des Werkes deutet das engere Hauptthema seiner Darlegungen präzis an. Es geht um Unterschied und Zusammenhang von formaler und transzendentaler Logik. Das Wort Logik taucht also in zweifacher Bedeutung auf. Ausgangspunkt des Werkes ist die formale Logik. Sie liegt als geleistete Wissenschaft vor und ist in ihren wesentlichen Erkenntnisgehalten von der philosophischen Besinnung aufzunehmen. Die positive-objektive Wissenschaft der formalen Logik ist nach Husserl unzulänglich. Sie muß selber allererst fundiert, begründet werden. Das ist bisher noch nicht geschehen. Diese Aufgabe wird durch die Rückbeziehung der formalen auf die transzendentale Logik geleistet. Die transzendentale Logik ist der Zielpunkt der Analysen. Was sie ist, wird durch die Untersuchungen der *Formalen und Transzendentalen Logik* herausgebracht.

Aus den Ausführungen des Werkes geht auf den ersten Blick nicht eindeutig hervor, wie die transzendentale Logik genau zu bestimmen ist. Das kann die folgende Überlegung verdeutlichen. Zum Formal-Logischen im traditionellen Verstande gehört die Seite des subjektiven Bildens und Leistens der formalen Gebilde und der sie beherrschenden Gesetzmäßigkeiten sicherlich nicht. Husserl dagegen fordert eine konsequente Berücksichtigung des subjektiv-erzeugenden Lebens für die gesamte Sphäre der formalen Erkenntnisgebilde. Diese Forderung Husserls ist nur eine Konkretisierung der allgemeinen phänomenologischen Grundthese, der gemäß jeder Gegenständlichkeit das erfahrend-leistende subjektive Leben zugehörig ist, in dem sie sich bildet, aus dem sie evident zu machen und in ihrem Seinssinn zu begründen ist. Bekanntlich hat Husserl diesen Gesichtspunkt der Korrelativität von gegenständlichen Gebilden und subjektivem Bilden für das Logische bereits in den *Logischen Untersuchungen* zur Sprache gebracht. Wieweit er sich dort über die konstitutive objektivierende Funktion des Subjektiven im klaren gewesen ist, braucht hier nicht diskutiert zu werden. Diese Frage ist für ihn in der

---

[1] S. 8 f.

*Formalen und Transzendentalen Logik* längst entschieden. Das subjektive Erleben fungiert konstitutiv für den Seinssinn jedes Gegenständlichen, auch jedes wissenschaftlich Erkannten und Hervorgebrachten. Aber ist mit dieser Entscheidung schon ausgemacht, daß in der Einbeziehung des zum Formal-Logischen gehörenden subjektiven Bildens und Leistens die spezifisch transzendental-logische Betrachtungsweise liegt? Husserl hält Kant vor, er habe die formale Logik im Übersubjektiven schweben lassen und sei gar nicht auf den Gedanken gekommen, auch die formale Logik nach der subjektiven Seite zu betrachten. Dieser Vorwurf scheint zu besagen, Kant habe das Formal-Logische der transzendentalen-subjektiven Analyse entzogen.[1] Also liegt das Transzendental-Logische in der konstitutiv subjektiven Betrachtung?

Aber so eindeutig, wie dieser Schluß zu sein scheint, ist er nicht. Das zeigt sich, wenn ein anderer Grundgedanke der späten Phänomenologie herangezogen wird. Dieser ist spezifischer als die oben erwähnte allgemeine These von der im transzendentalen Sinn verstandenen Korrelativität des Gegenständlich-Noematischen und Subjektiv-Noetischen. Er betrifft den genetischen Stufen-Aufbau und Fundierungszusammenhang des Seienden im ganzen. Unter dem Blickpunkt dieses Gedankens ist das Formal-Logische ein hochstufiges Produkt spontaner subjektiver Leistungen von ebenfalls hochstufigem Charakter — fundiert in elementaren Erfahrungsleistungen nicht formal-logischer Art.[2] Diese Leistungen sind die der sinnlichen Erfahrung von individuell Gegenständlichem und ihrer Evidenzen. Aus ihnen ist das Formal-Logische hervorgebildet, durch sie hat es Bestand. Die vorwissenschaftliche Erfahrung stellt in ihrer Einheit von subjektivem Erfahren und erfahrenem Seienden das ontologische

---

[1] Das scheint Husserl an einigen Stellen zu meinen. Vgl. S. 265 ff. Es heißt auf S. 267: „Den Worten nach, von der Definition angefangen und bis in die Ausführungen hinein, gibt sich die Logik Kants als eine subjektiv gerichtete Wissenschaft — eine Wissenschaft vom Denken, die jedoch als apriorische getrennt wird von der empirischen Psychologie des Denkens. In Wirklichkeit geht aber seine rein formale Logik ihrem Sinn nach auf die idealen Denkgebilde. Eigentlich transzendentale Fragen der Möglichkeit der Erkenntnis an diese zu stellen, unterläßt er."

[2] Hinter dieser Differenzierung steckt die von Husserl später stärker herausgestellte Unterscheidung von statischer und genetischer Phänomenologie. Vgl. dazu S. 256 f., aber auch schon die Abhandlung „Statische und genetische phänomenologische Methode" aus 1921 in den *Analysen zur passiven Synthesis* S. 336 ff.

Fundament des Formal-Logischen dar. Die „genetisch auf die Erfahrung reduzierende" Analyse herrscht in der letzten Hälfte des zweiten Abschnittes des Logik-Buches vor, wo Husserl die formale Logik auf ihren Ursprungsgrund hin zurückverfolgt. Eben dies leistet eine Berücksichtigung der subjektiven Leistungen, die den formal-logischen Erkenntnisgebilden in ihrer hochstufigen Objektivität korrespondieren, noch keineswegs. Sollte nicht erst die Reflexion, welche den das Formal-Logische in seiner idealen Seinsweise ermöglichenden und tragenden Seinsgrund aufweist, transzendental-logisch heißen? Nur dieser Aufweis erklärt doch letztlich, warum das Formal-Logische „teleologisch" auf Real-Seiendes im weitesten Sinn bezogen ist und Anwendung verstattet. Unter anderem legt die Bezeichnung der Vorlesung von 1920/21 als transzendentale Logik durch Husserl selber eine solche Annahme nahe.[1] Wir können diese Frage, die sich vielleicht gar nicht eindeutig beantworten läßt, hier nicht entscheiden. Es ist im Rahmen dieser Einleitung nur wichtig, die beiden für Husserl zusammengehörigen subjektiven Betrachtungsweisen zu unterscheiden — und festzuhalten, daß auch die genetische für Husserl den Titel „logisch" trägt.[2] Mit dieser Unterscheidung ist ein Hauptgesichtspunkt für die Gliederung und den Aufbau der *Formalen und Transzendentalen Logik* gewonnen.

Mit den angedeuteten Verwendungsweisen des Wortes logisch sind die in der *Formalen und Transzendentalen Logik* auftretenden Redemöglichkeiten vom Logischen noch nicht erschöpft, aber sie sind für das Verständnis der Ausführungen des Werkes am wichtigsten. Es darf nicht übersehen werden, daß und warum in die *Formale und Transzendentale Logik* auch andere, weitere Bedeutungen des Logischen hineinspielen.[3] Den späten Husserl

---

[1] Diese Vorlesung liegt jetzt unter dem Titel *Analysen zur passiven Synthesis* gedruckt vor. — Vgl. Husserls Brief an Ingarden vom 30.12.1920. „Ich lese 'Logik', in Wahrheit ist es transzend[entale] Logik, allgemeinste Theorie der Constitution, anfangend v. einer Theorie des ursp[rünglichen] Zeitbewußtseins, Urteilstheorie etc." (Husserl, *Briefe an Ingarden*, S. 17) Vgl. auch die Einleitung des Herausgebers zu den *Analysen zur passiven Synthesis* S. XIV ff.

[2] Vgl. S. XXXVI ff. dieser Einleitung.

[3] Logik tritt als universale Wissenschaftslehre auf, die zur formalen Logik und ihrer Art von Universalität in einem erst näher zu bestimmenden Verhältnis steht. Dementsprechend unterscheidet Husserl auch zwischen zwei grundverschiedenen Arten von formaler Ontologie. Die Frage nach der Differenz und nach dem Verhältnis

drängt die Sorge, endlich das systematische Grundwerk der Phänomenologie zustande zu bringen.¹ Dieses Streben wirkt sich in allen Alterswerken Husserls aus.² Die *Formale und Transzendentale Logik* ist bereits eines jener Bücher, in denen dieses Streben trotz des begrenzten thematischen Rahmens zum Durchbruch kommt. Ein Durchblick durch das Werk wird das bestätigen.

## IV

Husserl setzt nach den Vorbereitenden Betrachtungen, deren letzte Paragraphen die Doppelseitigkeit der Logik (nach der subjektiven und objektiven Richtung ihrer Thematik) herausstellen (§ 8 ff.), mit einer knappen Skizze der Entstehung und der Eigenart der Idee der reinen Urteilsform ein (§ 12). Sie dient ihm als Übergang zur Darstellung seiner ersten großen Entdekkung in der *Formalen und Transzendentalen Logik*: der wesensmäßigen Dreischichtung der formalen Logik. Die erste, äußerlichste und weiteste der formal-logischen Disziplinen ist die ,,reine Formenlehre der Urteile" (die ,,rein logische Grammatik" der *Logischen Untersuchungen*). Als nächste formal-logische Disziplin wird die Konsequenzlogik (Logik der Widerspruchslosigkeit) gekennzeichnet. Sie wird von der dritten Stufe der formalen Logik, der eigentlichen Wahrheitslogik, der Logik im engsten Sinne unterschieden. Den drei verschiedenen formal-logischen Disziplinen sind die Evidenzweisen der Verworrenheit, Deutlichkeit und Klarheit zugeordnet. Die den drei Disziplinen entsprechenden Urteilsbegriffe verengen sich von der Formenlehre zur

---

der beiden formalen Ontologien zueinander führt auf eines der Spannungszentren der *Formalen und Transzendentalen Logik*. Vgl. S. 277 f., 296, 396 ff., 422 ff.

¹ Vgl. schon den Brief an Ingarden vom 25.11.1921 (Husserl, *Briefe an Ingarden*, S. 22; siehe dazu auch die Bemerkungen von Ingarden auf S. 144 f.). Vgl. ferner die Passage aus einem Brief Husserls an Pfänder vom 6.1.1931, die auf S. XXXI f. der Einleitung des Herausgebers zum Husserliana-Band XIV abgedruckt ist.

² Vgl. Husserl, *Briefe an Ingarden* (Brief vom 21.12.1930), S. 62 f.: ,,Der von Dr. Landgrebe vor 1 Jahr abgelieferte Entwurf — Verknüpfung meiner alten log[ischen] Msc. aus der Göttinger Zeit und den Kriegsjahren (später habe ich nicht mehr über logische Probleme gearbeitet) — mußte zurückgestellt werden, da ich sah, daß die Ausarbeitung f. den Druck unter notwendiger Rücksichtnahme auf meine sonstigen Fortschritte viel Zeit kosten würde. Mir liegt aber das systematische Grundwerk der Ph[änomenologie], das ich eigentlich seit einem Jahrzehnt innerlich vorbereite u. jetzt ausarbeite, natürlich u. bei meinem Alter zunächst am Herzen."

Wahrheitslogik zunehmend. „In der Verworrenheit ist jedes Urteil möglich, das in der Deutlichkeit unmöglich ist, und in der Deutlichkeit wieder ist jedes Urteil möglich, das als einsichtige Erkenntnis unmöglich ist."[1]

Die grammatisch-logische Formenlehre enthält weder Kriterien der Konsequenz und Inkonsequenz noch des wahren Seins.[2] Für die Konsequenzlogik, auf die das verworrene Urteilen in der Sphäre der bloßen Formen abzielt, verhält es sich anders. Denn Widerspruchslosigkeit, der Zentralbegriff der Konsequenzlogik, stellt eine „Wesensbedingung möglicher Wahrheit" dar, wenn hier auch „jeder sachliche Widersinn und jede sonstige Unwahrheit" offen und zugelassen bleiben.[3] Erst wenn in der Erkenntniseinstellung, der Einstellung auf die urteilend zu erkennenden Sachverhalte bzw. auf bewährende Adäquation, „Seinswahrheit" thematisch wird, erkennt man, „daß, was in der Einheit eines deutlichen Urteils unverträglich ist, auch unverträglich ist in der Wahrheit, oder daß ein Widerspruch in den bloßen Urteilen die Möglichkeit der Adäquation selbstverständlich ausschließt."[4] Unsere Aufmerksamkeit soll vor allem dem Verhältnis von Konsequenzlogik und Wahrheitslogik gelten. Zuvor aber ist der Umkreis und die Wesenart der Konsequenzlogik deutlich zu machen, damit die Weite des phänomenologischen Anspruches sichtbar wird.

Für die universale Thematisierung des Bereichs der formalen Logik im Sinne der Husserlschen Philosophie ist die Frage nach dem Verhältnis von Logik und Mathematik unausweichlich. Husserl gelingt die Einbeziehung der Mathematik in die logische Problematik durch den Nachweis, daß die Mathematik den Charakter einer formalen Gegenstandslehre (Ontologie) hat, indem sie auf das „Leeruniversum Gegenstand-überhaupt oder Etwas-überhaupt" in formaler Allgemeinheit gerichtet ist.[5] Ist aber Urteilen ein Urteilen über Gegenstände, so müssen alle Formen von Gegenständen samt allen ihren Abwandlungsge-

---

[1] S. 75.
[2] Vgl. S. 74.
[3] Vgl. S. 60 und 70 f.
[4] S. 70.
[5] Vgl. S. 81 f.

stalten auch in einer formalen Apophantik auftreten.¹ Von dieser Ausgangsposition aus bahnt sich Husserl seinen Weg zur Lösung der Frage nach dem Verhältnis von formaler Apophantik und formaler Mathematik.² Bevor das Verhältnis von formaler Apophantik und formaler Mathematik (Ontologie) endgültig geklärt wird, kommt die höchste Stufe der formalen Logik in der Gestalt einer universalen Mannigfaltigkeitslehre (einer *mathesis universalis*) zur Sprache (§ 28 ff.). Auf dieser Stufe stehen die logischen Ganzheitsprobleme zur Diskussion. Hier findet sich Husserls letzte ausführliche philosophische Bestimmung der Mathematik. Sie gehört sowohl aus wissenschaftlicher wie aus wissenschaftstheoretischer Perspektive zu den problematischsten Teilen der *Formalen und Transzendentalen Logik*.

Husserl greift zur Klärung der allgemeinsten Idee einer Mannigfaltigkeitslehre auf den ersten Band der *Logischen Untersuchungen* zurück. Die Mannigfaltigkeitslehre befaßt sich mit den Typen möglicher deduktiver Theorien und zuhöchst mit der ,,obersten Idee einer Theorienform überhaupt, eines deduktiven Systems überhaupt''.³ Die Entwicklung der ,,Mannigfaltigkeitslehre der modernen Mathematik (und schließlich der ganzen modernen formalen Analysis)'' kann Husserl zufolge als eine ,,freilich nur partielle, aber in lebendiger Fortentwicklung begriffene Realisierung dieser Idee einer Wissenschaft von den möglichen deduktiven Systemen'' verstanden werden.⁴ Sie soll einem ausgezeichneten Begriff von Mannigfaltigkeit zustreben, welcher als ,,Ideal'' dem Streben der Mathematik vorleuchtet: dem Begriff der definiten Mannigfaltigkeit. Definite Mannigfaltigkeiten sind dadurch bestimmt, daß sie von vollständigen,

---

[1] Vgl. S. 83.
[2] Vgl. S. 84: ,,Den Alten konnte das vorliegende Problem noch nicht entgegentreten und anfangende Logik und Mathematik mußten als fraglos getrennte Wissenschaften erscheinen, weil sie noch nicht so weit waren, irgendeine mathematische Disziplin auf reine Form zu bringen. Die Arithmetik ist bei ihnen von Geometrie und Mechanik noch nicht prinzipiell unterschieden (wie uns, gemäß unserem prinzipiellen Kontrast von formaler und sachhaltiger Mathematik).'' ... ,,Indem war ja auch auf der anderen Seite die antike Apophantik (...), bei ihrer gegenständlichen Beziehung auf Realität noch nicht letztlich formalisiert.'' Apophantische Logik und Mathematik als formale Gegenstandslehre bilden nach Husserl eine Einheit, die sich nach zwei Seiten darstellt. Vgl. *Erfahrung und Urteil* S. 1 f.
[3] Vgl. S. 96; siehe *Logische Untersuchungen* I. Bd. *Prolegomena zur reinen Logik.* Halle a.d. Saale 1900; vor allem § 64 ff.
[4] Vgl. S. 96

abgeschlossenen Axiomensystemen aus konstruktiv beherrschbar, daß alle ihre Wahreiten vollständig nomologisch erklärbar sind; denn: ,,Die Formidee 'theoretisch erklärbares Gebiet' (Gebiet einer deduktiven Wissenschaft) und 'definites Axiomsystem' sind äquivalent."[1] Aber Husserl begnügt sich nicht damit, die Eigenart ausgezeichneter Axiomensysteme und Mannigfaltigkeiten herauszuarbeiten. Ihn interessiert vielmehr darüber hinaus der Zusammenschluß von Formen deduktiver Systeme zu deduktiven Systemen. ,,Es erwächst hier also die I d e e einer universalen Aufgabe: nach einer obersten Theorie zu streben, die alle möglichen Theorienformen, bzw. alle möglichen Mannigfaltigkeitsformen als mathematische Besonderungen, also ableitbar, in sich fassen würden."[2] Sie ist als ,,Theorie der möglichen Formen von Mannigfaltigkeiten" die ,,oberste Stufe der logischen Analytik".[3] In dieser obersten Stufe vollendet sich die logische Analytik als *mathesis universalis*. Bekanntlich hat Gödel 1931 die Grenzen der formal-deduktiven Entscheidbarkeit in der Mathematik aufgezeigt.[4] Husserl hat die Entdeckung Gödels offenbar nicht mehr zur Kenntnis genommen.[5]

Im Teil B des ersten Abschnittes der *Formalen und Transzendentalen Logik* erfolgt die endgültige Aufklärung der Doppelseitigkeit der formalen Logik als formaler Apophantik, in der man auf Urteile überhaupt eingestellt ist, und als formaler Ontologie, in der man auf Gegenstände überhaupt gerichtet ist. Apophantik und Ontologie stehen nach Husserl in durchgängiger Korrelation. Urteilend mit Gegenständen beschäftigt, stehen wir innerhalb des Bewußtseins.[6] Wir sind im Urteilen allerdings zunächst nicht auf das (subjektive) Urteilen, sondern auf die jeweiligen Gegenstände, über die geurteilt wird, und die sie

---

[1] S. 100. — Hinweise auf weitere Stellungnahmen Husserls zum Begriff der definiten Mannigfaltigkeit finden sich in der Einleitung des Herausgebers zur *Philosophie der Arithmetik*. S. XVI f.

[2] S. 102.

[3] Vgl. S. 103.

[4] Vgl. H. Gödel, *Über formal unentscheidbare Sätze der Principia Mathematica und verwandte Systeme*, in: Monatshefte für Mathematik und Physik. Bd. 38 (1931) S. 173 ff. — Vgl. hierzu die Einleitung des Herausgebers zur *Philosophie der Arithmetik* S. XIV ff.

[5] Auch in der *Krisis-Abhandlung* hält Husserl noch an seiner Konzeption der *mathesis universalis* und einer ,,finiten" Grundlegung der Mathematik fest. Vgl. z.B. *Krisis-Abhandlung* S. 45.

[6] Vgl. S. 116.

bestimmenden Prädikate gerichtet.¹ Es läßt sich aber jederzeit eine Einstellungsänderung vollziehen, ,,in der wir unsere U r t e i - l e, ... z u m T h e m a m a c h e n; das geschieht in einem neuen U r t e i l e n z w e i t e r S t u f e, in einem Urteilen über Urteile, in dem Urteile zu Gegenständen der Bestimmung werden."²

Die Unterscheidung zwischen den Gegenständen, auf die man wesensmäßig zuerst im Urteilen gerichtet ist, und den Urteilen, in denen die Gegenstände (nur) vermeint sind, sieht Husserl in der kritischen Erkenntniseinstellung der Wissenschaft vorbereitet, da diese nicht geradehin urteilt, sondern als Urteilslogik kritisch prüft, ob und wie Urteile als Vermeinungen von Seiendem ,,die wesensgesetzlichen Bedingungen möglicher Adäquation an Seiendes selbst sind".³ Erst in einer Reflexion, in der Gleichartigkeit und Unterschied eines Urteilens erster und zweiter Stufe geklärt werden, zeigt sich in voller Deutlichkeit: ,,Nicht nur ein Substratgegenstand, eine Beschaffenheit, ein Sachverhalt usw. kann gegenständlich sein, sondern auch ein v e r m e i n t e s S u b s t r a t a l s v e r m e i n t e s, eine vermeinte Beschaffenheit als vermeinte usw., und das sind, sagten wir oben, G e g e n - s t ä n d l i c h k e i t e n, die, ..., trotz dieser Rückbeziehung in der Tat eine e i g e n e R e g i o n bezeichnen."⁴ Solche Vermeintheiten gehören als Gegenständlichkeiten (eigener Art) durchaus der Universal-Region Gegenständlichkeit überhaupt an. Sie bilden die besondere Region der Sinne (der Meinungen, der Bedeutungen).⁵ ,,Sind die Gegenstände, die da Sinne heißen, wirklich andere als die schlichten Gegenstände, so sagt das, daß ein zusammenhängendes und als das identifizierend auf die schon gesetzten Gegenstände zurückkommendes Urteilen und dann insbesondere auch, daß ein e r k e n n e n d e s U r t e i l e n für die e i n e u n d a n d e r e f o r m a l e R e g i o n v e r s c h i e d e n e W e g e g e h t und verschiedene Identifizierungen vollzieht, bzw. verschiedene Unterscheidungen und verschiedene Ausscheidungen durch Durchstreichungen."⁶ So kommt es z.B., ,,daß das wirk-

---

¹ Vgl. S. 117.
² S. 117.
³ Vgl. S. 136; vgl. auch S. 129, 131.
⁴ S. 137.
⁵ S. 138.
⁶ S. 139.

liche Sein des Urteils als Sinnes nicht leidet, wenn $S$ nicht ist oder $S$ nicht $p$ ist, mit einem Wort, wenn der Sachverhalt, der für den Urteilenden seiende, nicht besteht. Das Urteil ist dann unrichtig, aber **als Urteil ist es Seiendes der Sinnesregion**."[1] Aber das ergibt sich erst aufgrund des genannten Urteilens zweiter Stufe, denn nur in ihm wird Husserl zufolge ,,der Satz im Sinne der Logik — der Satz als Sinn, ... — zum Gegenstand".[2]

Husserl kennzeichnet die pure Konsequenzlogik jetzt als reine Sinneslehre, der die erste Schicht der Logik, die reine Formenlehre, zugehört und die die Mannigfaltigkeitslehre in sich einschließt. Sie ist dann um Wahrheits- und Seinsfragen unbekümmerte ,,pure Analytik der Widerspruchslosigkeit".[3] Die formale Mathematik braucht nach Husserl über diese Möglichkeit nicht hinauszugehen. ,,Freilich geht damit, wie für die niedere Stufe der logischen Analytik, so für diese höhere und schließlich für die voll umfassende Analytik — die *mathesis universalis* — das wesentliche Stück ihres eigentlich logischen, ihres wissenschaftstheoretischen Sinnes verloren."[4]

Aber dabei kann es nicht bleiben, wenn die Erkenntnisintention ins Spiel tritt. ,,Obschon in ihnen (sc. den Gesetzen der Konsequenz und Widerspruchslosigkeit) die Sachgehalte (die Kerne) Indeterminaten bleiben, sind sie nun in dieser Allgemeinheit doch auf mögliche Gegenständlichkeit bezogen gedacht. Mögliche Wahrheit als Richtigkeit besagt ja Möglichkeit der Adäquation an mögliche Sachen selbst. ... So gewinnt also das ganze mathematische System der Logik Beziehung auf mögliche Gegenständlichkeit überhaupt."[5] Nur wenn das geschieht, nimmt die formale Mathematik (der Urteile als Sinne) eine formal-ontologische Bedeutung an.[6]

---

[1] S. 139.
[2] S. 140. Husserl fährt fort: ,,In jedem Urteilen 'liegt' zwar sein Sinn, und wir sagen auch in Evidenz, daß die in ihm geradehin vermeinte Gegenständlichkeit nicht immer zu sein braucht — aber dergleichen können wir eben nur evident aussagen vermöge der Urteile und Evidenzen zweiter Stufe, in denen wir den schlichten Urteilen ihre Vermeintheiten 'entnehmen', sie zu **Gegenständen** machend."
[3] Vgl. S. 142f.
[4] S. 144.
[5] S. 149.
[6] Formale Ontologie im vollen Sinne wird sie, ,,wenn sie die möglichen Formen kategorialer Gegenständlichkeiten (nicht die entsprechenden gegenständlichen Sinne) bewußt zum Endthema macht". (S. 152) — Nur sofern die formale Analytik das tut.

Es ist demnach die formale Analytik als bloße Mathematik von der ihr äquivalenten formalen Analytik in logisch-erkenntnistheoretischer Einstellung zu unterscheiden. Nur die letztere ist weiterhin Thema (§ 54). Damit wird die formale Analytik der Widerspruchslosigkeit durch den Gedanken ihrer Beziehung und Anwendung auf Gegenständlichkeiten im weitesten Sinn als formale-analytische Ontologie in den Themenbereich der philosophischen Logik einbehalten. Diese Einbeziehung ermöglicht es Husserl im letzten Abschnitt des Werkes, den Gegenstand Etwasüberhaupt, mit dessen Ableitungsgestalten es die formale Ontologie zu tun hat, als Resultat einer Formalisierung zum Thema zu machen und seine Herkunft aus einem gegenständlichen Etwas von ganz anderer Art zu bedenken.

Im zweiten Abschnitt der *Formalen und Transzendentalen Logik* wird das Formal-Logische nach seiner subjektiven Seite zum Thema. Ohne Voraussetzung der phänomenologischen Konzeption des Bewußtseinslebens als eines intentionalen, auf Objektivierung und Evidenz gerichteten, kann das Subjektive seine konstitutive Funktion für das formal-logisch Gegenständliche nicht erfüllen.[1] Eine solche Fassung des Bewußtseinslebens macht es erforderlich, einige Begriffe, die üblicherweise in einem engeren (psychologischen) Sinn verwandt werden, ins Universale auszuweiten, so daß sie fähig werden, als (konstitutive) Korrelate von ideal Gegenständlichem zu fungieren. So werden Intentionalität, Evidenz (Selbstgebung), Erfahrung von Husserl als Gegenständlichkeiten aller Art zugehörige Eigentümlichkeiten des Bewußtseinslebens genommen. Werden diese Grundbegriffe nicht so bestimmt, daß sie dem eigenwesentlichen Seinssinn jeder Art von Gegenständlichkeit gerecht werden können, so ist der Psychologismus als ein schlechter subjektiver Idealismus unentrinnbar. Ein solcher Psychologismus ist eben dadurch zu kennzeichnen, ,,daß irgendeine Art evident zu machender Gegenständlichkeiten — oder gar alle Arten, ... — psychologisiert werden, weil sie

---

verdient sie nach Husserl den Namen Logik. Andernfalls ist sie ein um Erkenntnisabsichten unbekümmertes Spiel mit Symbolen, eine bloß technisch-formale Mathematik. Vgl. S. 114 f., 144 ff. Daß es möglich ist, die formale Mathematik in dieser ,,außerlogischen'' Weise als bloße ,,Mathematik der Mathematiker'' zu betreiben, wird von Husserl nicht bestritten.
[1] Vgl. z.B. S. 257 ff.

sich wie selbstverständlich, bewußtseinsmäßig konstituieren, also durch Erfahrung oder damit sich verflechtende andere Bewußtseinsweisen ihren Seinssinn in der Subjektivität und für sie aufbauen. Sie werden ,,psychologisiert", besagt, es wird ihr gegenständlicher Sinn, ihr Sinn als eine Art von Gegenständen eigentümlichen Wesens negiert zugunsten der subjektiven Erlebnisse, der Daten in der immanenten bzw. psychologischen Zeitlichkeit."[1] Ein in der rechten Weise intentionalsubjektiv gerichtetes Vorgehen setzt dagegen voraus — und dies wird Husserl zu betonen nicht müde —, daß die Gegenständlichkeiten in ihrer eigentümlichen Wesenart rein erfaßt und herausgestellt sind, wie es in den *Prolegomena* im Rahmen der *Logischen Untersuchungen* für den Bereich des Formal-Logischen geschehen ist.[2]

Erst nach der Verdeutlichung der unerläßlichen Voraussetzungen einer phänomenologischen Rede vom Subjektiven macht sich Husserl an ,,die Klärung der für diese Analytik geforderten subjektiven Untersuchungen"[3], welche sich auf die allen objektiven Gesetzen und Strukturen des Formal-Logischen entsprechenden subjektiven Apriotitäten der das Objektive konstituierenden Subjektivität beziehen (§ 72). Bezieht sich die formale Logik auf ideal identisch verbleibende Gebilde, so muß sich auch das logische Denken der bleibenden Identität seiner ,,Urteilsmeinungen" gewiß sein oder gewiß werden können. Der idealen, objektiven Identität entsprechen konstitutive subjektive Bestimmungsmomente. Alle logischen Sätze wollen — auf das erkennende Subjekt gesehen — ,,ein für allemal" und für ,,jedermann"gelten. Bekanntlich sind Irrealität und Allzeitlichkeit Ausdrücke, durch die Husserl die logischen Wahrheiten als in spontanem Erzeugen hervorgebrachte kennzeichnet.[4] Es wird auf die für die formale Analytik wichtige, einer Idealisierung entsprungene Grundform des ,,Und so weiter", der ,,iterativen Unendlichkeit" verwiesen. Ihr gehört als subjektives Korrelat das ,,Man kann immer wieder" zu. Auch das analytische Widerspruchsgesetz hat eine seiner objektiven Idealität entsprechende

---

[1] S. 177 f.
[2] Vgl. S. 180 f.
[3] S. 183.
[4] Vgl. S. 129 f., 192 ff. u. *Erfahrung und Urteil* S. 299 ff. (§§ 63, 64 u. 65), 382 ff.

subjektive Wendung.¹ Darüber hinaus liegt der objektiven Logik im Stande der Positivität eine allgemeine Grundüberzeugung objektiver Art voran: die Grundüberzeugung von „der Wahrheit an sich und Falschheit an sich". Auch sie muß ihr konstitutiv-subjektives Pendant haben. „... wir als Logiker fußen auf der Gewißheit verfügbarer identischer Urteile. Aber nun sollen sie „an sich entschieden" sein. Das heißt doch d u r c h e i n e „M e - t h o d e", durch einen an sich seienden und gangbaren Weg e r k e n n e n d e n  D e n k e n s, der unmittelbar oder mittelbar zu einer Adäquation, zu einer Evidentmachung der Wahrheit oder Falschheit jedes Urteils führt. Mit all dem ist ein erstaunliches Apriori jedem Subjekt möglichen Urteilens, also auch jedem Menschen und jedem erdenklichen, auferlegt;"² Die Charaktere subjektiven Leistens und Bildens, die den objektiven Seinscharakteren der logischen Wahrheiten als Konstitutiva entsprechen, werden von Husserl in der *Formalen und Transzendentalen Logik* nur knapp skizziert. Die Richtung des Gedankenganges wird deutlich, manche die Ausführung und den Beweisgang betreffende Fragen bleiben offen.³

Der Rückgang in die vorprädikative Erfahrungssphäre erfolgt in den letzten Kapiteln des zweiten Abschnittes der *Formalen und Transzendentalen Logik,* um die Rückbezogenheit der Logik der Widerspruchslosigkeit auf die Struktur des vorprädikativen Erfahrens zu klären. Diesen für die philosophischen Intentionen Husserls bezüglich der formalen Logik entscheidenden Rückgang vollzieht der Denker im Ausgang von den „syntaktischen Stoffen" oder „Kernen", die in der formal-analytischen Sphäre als „bloße Etwas-überhaupt" in unbestimmter Allgemeinheit gedacht worden sind. Eine Besinnung auf diese syntaktischen Kerne zeigt folgendes: Wenn man den Syntaxen nachgeht, so wird man auf letzte Kerne geführt, die keine Syntaxen mehr enthalten. Solche elementaren, absoluten Kerne sind für die formale Analytik ohne Interesse. Sie operiert nur mit ihnen als Material, ohne sie zum Thema und Problem zu machen. Das definiert sie als formal-

---

[1] Vgl. S. 196 f.
[2] S. 205.
[3] Wie macht es z.B. die konstituierende Subjektivität, deren tiefste Strukturen die der Zeitlichkeit und des sinnlichen Erfahrens sind, daß sie Formal-Analytisches von irreal-allzeitlicher, unanschaulich-intellektueller Seinsart bildet? Daß sie dies

analytische Disziplin. Für die Wahrheitslogik dagegen sind sie Ausgangs- und Mittelpunkt der Besinnung: ,,denn letzte Substratgegenstände sind Individuen, von denen in formaler Wahrheit sehr viel zu sagen ist und auf die sich schließlich alle Wahrheit zurückbezieht. Bleibt man im Formalen der puren Analytik, bezieht sich also die Evidenz, die ihr dient, nur auf die puren Urteilssinne in der Deutlichkeit, so kann man den zuletzt ausgesprochenen Satz nicht begründen, er ist keineswegs ein ,,analytischer" Satz. Ihn einzusehen muß man sich letzte Kerne anschaulich machen, statt aus der Evidenz der Sinne, aus der Evidenz der ihnen entsprechenden ,,Sachen" Fülle der Adäquation schöpfen."[1] Zu diesem Zweck muß man letztlich auf individuelle Gegenstände im Wahrnehmungsbereich zurückgreifen.[2]

Husserl weist in einigen sehr wichtigen Paragraphen (§§ 89, 90) nach, daß die ,,ideale Existenz des Urteilsinhaltes an die Bedingungen der Einheit möglicher Erfahrung geknüpft"ist. Die

---

vermag, beweist die als Wissenschaft ausgebildete formale Analytik. Also muß die Subjektivität auch so verfaßt sein, daß sie dies vermag. In der *Krisis-Abhandlung* depotenziert Husserl das objektive Ansichsein, zu dem auch das Formal-Analytische zählt, seinem Seinssinn nach zu einem Methodenprodukt, das komplizierten Denkleistungen entsprungen ist, aber der Seinsweise der Welt und des Subjektes nicht ,,angemessen" ist. Vgl. z.B. *Krisis-Abhandlung* § 9.

[1] S. 211; vgl. auch S. 396 f. u. S. 423.

[2] Diese liegen allem Urteilen voraus und zugrunde. Daher ist eine Logik der Individuation erforderlich. Vgl. S. 213, 220 f., 229; vgl. ebenfalls *Erfahrung und Urteil* S. 18 ff.

Es sei folgender Hinweis erlaubt. Husserl hat sich bereits 1917/18 in den sogenannten Bernauer Manuskripten mit dem Problem der formalen Logik und der Logik der Individuation beschäftigt. Vgl. Brief an Ingarden vom 5.4.1918 (Husserl, *Briefe an Ingarden*, S. 9 f.). Ingarden bemerkt dazu, es sei wichtig, die hier unter dem Titel ,,Urteilstheorie" erwähnten Manuskripte zu studieren, ,,weil man auf diesem Wege die ersten Anfänge der erst in der ,,*Formalen und Transzendentalen Logik*" dargestellten Auffassung der logischen Gebilde finden und das Datum ihrer Entstehung bestimmen könnte." (S. 140) Vgl. dazu auch die Einleitung des Herausgebers zu Band XV der Husserliana S. XXVI u. L.

Der Erg. Text VII entstammt einem Manuskript (A III 6), das überwiegend im Frühjahr 1918 in Bernau geschrieben sein dürfte. Vgl. textkritische Anmerkungen S. 497 f. — Der Herausgeber hat auch ein anderes Manuskript, das zum größten Teil wohl April 1918 in Bernau entstanden ist, durchgearbeitet. Seine Signatur ist: A III 13. Es trägt die Aufschrift: ,,Individuation und formale Logik. 'Abschließende Darstellung'. Freilich ausgereift <?> Von der Analytik zur Logik der Individuation." Auf Blatt 2 findet sich noch einmal eine Inhaltsangabe zum Manuskript: ,,Stufenfolge von der formalen Logik und Ontologie zur Ontologie der Individuation, Ontologie der Realität, Ontologie der Natur unter Beistellung der parallelen Phänomenologien."

A III 13 hat zentrale Probleme der *Formalen und Transzendentalen Logik* zum Gegenstand. Hier finden sich erste tastende Versuche Husserls, über die anstehenden Probleme mit sich ins reine zu kommen. Das Manuskript enthält allerdings keine größeren Stücke, die für eine Publikation geeignet sind. Nichtsdestoweniger finden sich in ihm erhellende Formulierungen.

Prinzipien der Wahrheitslogik gelten nur für inhaltlich sinnvolle Urteile, die sich auf Sachzusammenhänge in der Welt beziehen. Die Welt selber bleibt in aller formalen Logik als ein Feld möglicher Anwendung ihrer vorausgesetzt. Also reiht sich die formale Logik in die Reihe der positiven Wissenschaften (von der Welt) ein. ,,Birgt das Etwas-überhaupt der formalen Logik, in ihrer Fassung als objektiver Logik letztlich auch den Sinn weltlichen Seins in sich, so gehört dieser eben mit zu den Fundamentalbegriffen der Logik, zu denen, die den ganzen Sinn der Logik bestimmen."[1] So schlägt Husserl den Bogen von der formalen Analytik zur spezifisch transzendental-phänomenologischen Fragestellung nach der Konstitution der Welt aus den Erfahrungsleistungen der Bewußtseinssubjektivität. Die Welt, die ihren Seinssinn primär und zuunterst aus der vorprädikativen sinnlichen Erfahrung gewinnt, wird zum Thema.[2] Das geschieht in den Schlußausführungen der *Formalen und Transzendentalen Logik*, ohne daß die spezifischen Charaktere der Konstitution des Formal-Logischen in concreto und im Detail noch ausführlich zur Sprache kämen. Dies stärker zu verdeutlichen, können die logischen Studien behilflich sein, die sich in den *Analysen zur passiven Synthesis* und in *Erfahrung und Urteil* finden. Es ist noch mit einem Blick zu streifen, wie Husserl die Einheit so verschieden gearteter logischer Studien gedacht hat. Sie erhellt am besten aus den Schlußpartien des zweiten Abschnittes der *Formalen und Transzendentalen Logik*.[3]

V

Der Rückgang vom Formal-Analytischen in die Sphäre der Erfahrung von individuell Seiendem ist ein Rückgang auf etwas, das der formalen Logik als ein an sich früheres vorausliegt. So kommt Husserl unmittelbar im Anschluß an die allgemeine Kennzeichnung des Verhältnisses von formal-analytischer Urteilsform und vorprädikativer Erfahrungsstruktur in folgender Weise

---

[1] S. 237. Vgl. auch *Erfahrung und Urteil* S. 36 f.
[2] Vgl. S. 230 ff.
[3] Von ihnen aus läßt sich allerdings die unterschiedliche Bedeutung des verschieden gearteten Logischen für die Philosophie nicht ebensogut erkennen.

auf eine genetische Urteilstheorie als Aufgabe zu sprechen. ,,Danach ist unter Gesichtspunkten dieser Genesis die an sich erste Urteilstheorie die Theorie der evidenten Urteile, und das an sich erste in einer Theorie der evidenten Urteile (und damit in einer Urteilstheorie überhaupt) ist die genetische Rückführung der prädikativen Evidenzen auf die nichtprädikative Evidenz, die da Erfahrung heißt."[1]

Für die Urteile als Sinne, von denen zuvor gehandelt worden ist, bedeutet dies, daß sie ihre intentionale Sinnesgenesis (Sinnesgeschichte) haben.[2] ,,Das betrifft aber, ..., nicht bloß die syntaktischen Implikationen, sondern auch die tieferliegende Genesis, die schon zu den letzten ,,Kernen" gehört und die auf die Ursprünge aus Erfahrungen zurückweist. Ohne daß wir über all das Klarheit haben, können wir auch nicht über die logischen Prinzipien wirklich verfügen, wir wissen nicht, was in ihnen an verborgenen Voraussetzungen liegen mag."[3] An diesem Punkt des Gedankenweges kehrt sich die Bewegungsrichtung, die in der *Formalen und Transzendentalen Logik* vorherrscht, um. Der Ausgangspunkt der formal-logischen Analyse hat sich als Endpunkt einer konstitutiven Schrittfolge erwiesen. Als an sich erster Anfang aber ist eine Art von ,,Erfahrungsurteil" ans Licht getreten, das vom Blickpunkt der grammatischen Formenlehre und der formalen Analytik aus überhaupt nicht zum Logischen zu gehören scheint.[4] Auch alle nicht-evidenten und selbst alle widersinnigen Urteile weisen auf diesen Ursprung zurück.[5]

Indem die *Formale und Transzendentale Logik* den Rückgang vom Reich des Formal-Analytischen in die lebensweltlichen Erfahrungsevidenzen skizziert, weist sie eine Verbindung zwischen Bereichen auf, die ihrer Seinsart nach weit auseinanderliegen. Die Differenz ihrer Seinsweisen wird von Husserl nicht geleugnet. Er muß so Unterschiedliches in eine Einheit der Fundierung zusammenbringen, weil er die formale Logik einem universalen

---

[1] S. 217; vgl. die §§ 84, 85, 86 S. 213 ff. — Daß Husserl selber sich in der Zeit nach der Niederschrift der *Formalen und Transzendentalen Logik* mit dem in ihr gekennzeichneten Problem einer genetischen Urteilstheorie, wie sie später in *Erfahrung und Urteil* ausführlich zum Thema geworden ist, abgemüht hat, bestätigt sein Brief an Ingarden vom 2.12.1929. (Husserl, *Briefe an Ingarden*, S. 56)
[2] Vgl. S. 215.
[3] S. 216.
[4] Vgl. S. 219.
[5] Vgl. S. 218.

philosophischen Begründungsanspruch unterstellt. „Hat nun die formale Analytik nach Gebiet und Theorie es nur mit den Formen möglicher Urteile und Wahrheiten zu tun und kommt darin nichts von Evidenz und Erfahrung vor, so muß sie doch in ihren subjektiven, „erkenntniskritischen", auf die radikale Methode der intentionalen Leistungen gerichteten Forschungen den kategorialen Mittelbarkeiten der Evidenz, bzw. Bewährung nachgehen, und demgemäß die Leistung der Urteile des Ursprungs aufklären. Durch sie ist alle Wahrheit und alle Urteilsevidenz, wie wir sehen, zurückbezogen auf den Urboden der Erfahrung, und da diese selbst in den ursprünglichen Urteilen und nicht neben ihnen fungiert, so bedarf die Logik — wenn sie für die Rechtsgründe und Rechtsgrenzen ihres Apriori und somit für ihren rechtmäßigen Sinn soll wissenschaftliche Auskunft geben können — einer Theorie der Erfahrung."[1] Die Fundierungsbeziehung, die ein Abhängigkeitsverhältnis zwischen vorprädikativer Erfahrung und Formal-Analytischem impliziert, kann nur unter Voraussetzung einer gewissen „strukturellen" Verwandschaft zwischen den beiden Regionen hergestellt werden. Eine philosophische Fundierung der formalen Analytik insgesamt, wie sie Husserl im Auge hat, kann nicht gelingen, ohne daß der eng begrenzte Charakter solcher Disziplinen wie Mathematik und Logik hinterschritten wird auf anders Geartetes. Mathematik und Logik haben, phänomenologisch-philosophisch gesehen, keinen Bestand und keine Eigenständigkeit. Teile der *Logischen Untersuchungen* konnten noch den Anschein erwecken, als sei das der Fall.[2] Die *Formale und Transzendentale Logik* duldet eine solche Beschränkung und Isolierung des Logischen nicht. Sie holt es zurück in seine vielstufige komplizierte Genesis aus dem lebensweltlich-subjektiven Erfahren.

In der Logik-Vorlesung von 1920/21 hat Husserl Wahrnehmungsanalysen in fundierender Funktion für das Formal-Logische durchgeführt.[3] Er schreibt, nachdem er von der Konstitu-

---

[1] S. 219; vgl. auch S. 212. — Vgl. ferner dazu die Aufgabenstellung und die Analysen des von Landgrebe redigierten Werkes *Erfahrung und Urteil*.
[2] Das ist besonders durch die *Prolegomena* nahegelegt worden, sofern diese isoliert gelesen wurden.
[3] Vgl. *Analysen zur passiven Synthesis*, Einleitung des Herausgebers S. XV ff. — Aufgrund eines derartig philosophischen Vorhabens wird verständlich, warum Husserl

tion des Wahrnehmungsgegenstandes gehandelt hat: „Es ist dabei die absolute Notwendigkeit zu verstehen, daß ein Gegenstand für das Ich wahrnehmungsmäßig gar nicht anders „da"‹sein›, daß er nur in einem solchen Werden als konstituierter ihm erscheinen kann." Zu diesem Satz hat Husserl folgendes notiert: „Nur durch eine solche, das innerste Wesen durchleuchtende Aufklärung der Erkenntnis und ihrer Leistungen können wir, ..., eine wirklich philosophische Logik gewinnen. Nach unserer Methode lassen wir die Idee der Logik und ihre notwendige Problematik in uns natürlich werden und wachsen, und zwar dadurch, daß wir sie selbst in systematisch geordneten Grundstücken aufbauen. Dem Wachstum logischer Früchte zuschauend, zeigen wir in den nachfolgenden Besinnungen, was logische Frucht selbst ist. An einzelnen Leistungen soll gezeigt werden, was überhaupt geleistet werden kann und was zu leisten die Aufgabe einer eigenen Wissenschaft werden muß, einer Wissenschaft von beispielloser Bedeutung, einer Wissenschaft vom Logos im universalsten und zugleich tiefsten Sinn. Die Wahrnehmung und ihre parallelen Bewußtseinsweisen der Anschauung sind aber die ersten Grundgestalten des Bewußtseins, die für den Aufbau des spezifisch logischen Bewußtseins in Frage kommen, sie sind erste Grundlagen im logischen Bau, die gelegt und verstanden werden müssen. Wir schweifen also nicht etwa ab, sondern wir sind dabei schon Logiker, ohne es zu wissen. In unserer Methode aber müssen wir es vorher sein, um es wissen zu können."[1] Das Formal-Analytische ist als Gebilde konstituierenden intentionalen Bewußtseins. Aber: „Während die entsprechende Intentionalität in Vollzug ist, während sie als in dieser Art objektivierendes leistendes Leben verläuft, ist sie „unbewußt", d.h. sie macht thematisch, aber ist eben darum und wesensmäßig nicht selbst thematisch."[2] Die *Formale und Transszendentale Logik* macht das intentionale Leben thematisch; aufgrund des thematisch begrenzten Ausgangspunktes vornehmlich nur, sofern es Formal-Analytisches konstituiert. Diese Konstitution ist jedoch nur eine Möglichkeit des intentionalen Lebens, die

---

auch die Ausführungen der *Analysen zur passiven Synthesis*, die er 1920/21, 1923 und 1925/26 in Freiburg gehalten hat, als „Logik" bezeichnet.
[1] *Analysen zur passiven Synthesis* S. 319.
[2] S. 38.

sich in sehr speziellen spontanen Aktionen realisiert.[1] Das intentionale Bewußtseinsleben selber ist, was es ist, auch ohne daß es diese Möglichkeit der Konstitution realisiert und Formal-Analytisches erzeugt. Es ist aber nicht, ohne daß es im sinnlichen Erfahren und in seinen Zusammenhängen lebt. In dieser Erfahrung bildet sich für es die Welt — zuunterst in einem passiven Leisten, das alsbald in elementare aktive Leistungen übergeht und mit ihnen eine Einheit der vorprädikativen Welterfahrung bildet. Nur im Rückbezug auf ein derartiges Erfahren können Gegenstände überhaupt erscheinen. Nur in einem derartigen Erfahren hat das Bewußtseinsleben selber Bestand, denn: „Die Gesetzlichkeit, die wir im Bau der Wahrnehmungen kennengelernt haben, erweist leicht ihre universale Bedeutung als eine Urgesetzlichkeit des Bewußtseinslebens überhaupt."[2] Das intentionale Bewußtseinsleben ist also in ganz anderer Weise mit der sinnlichen Welterfahrung verbunden als mit dem Formal-Analytischen. Das Formal-Logische ist als konstituiertes Produkt von Leistungen des Subjektes, die sein eigenes Sein, das es in der vorprädikativen Erfahrung der Welt hat, nicht berühren, die durch die Weise seines weltkonstituierenden Lebens allerdings ermöglicht werden und in ihr ihren Seinsgrund haben. Weil das der Fall ist, können die Darlegungen der *Analysen zur passiven Synthesis*, auch wenn sie die Wahrnehmung zum Thema haben, in fundierender Funktion für das Formal-Logische durchgeführt werden und rechtmäßig als transzendentale Logik bezeichnet werden. Der Rückgang auf sie als das an sich Erste des Formal-Analytischen ist notwendig, wenn die Seinsgründe des Formal-Analytischen im Rahmen einer transzendental-subjektiven Universalphilosophie gesucht werden.

\* \* \*

---

[1] Vgl. z.B. S. 383 ff.
[2] *Analysen zur passiven Synthesis* S. 320.

Es bleibt mir noch übrig, an diesem Ort all denen zu danken, die mir bei der Edition dieses Bandes mit Rat und Tat zur Seite gestanden haben. Hier sind an erster Stelle die Herren Direktoren der Husserl-Archive in Löwen und Köln zu erwähnen: Professor Dr. Pater H. L. Van Breda(†), Professor Dr. L. Landgrebe, Professor Dr. K.-H. Volkmann-Schluck. Sie haben meine Arbeit vom Anfang bis zum Ende befürwortet und gefördert.

Alle Mitarbeiter der Husserl-Archive zu Löwen und Köln, die mir behilflich gewesen sind, namentlich zu nennen, ist nicht möglich. Ich möchte Ihnen allen meinen Dank aussprechen. Für das Lesen der Korrekturen möchte ich mich noch besonders bei Frau Dr. U. Panzer, Frau I. Strohmeyer, Herrn P. Bellinghausen und Herrn Dr. M. Lang bedanken.

Die Deutsche Forschungsgemeinschaft hat das Erscheinen dieses Bandes durch eine mehrjährige Sachbeihilfe ermöglicht. Ihr sei dafür gedankt.

Köln, Februar 1974 PAUL JANSSEN

# FORMALE UND TRANSZENDENTALE LOGIK

VORBEMERKUNG DES HERAUSGEBERS ZUM HAUPTTEXT

Dem folgenden Text der *Formalen und Transzendentalen Logik* liegt die ursprüngliche, unveränderte Fassung des Werkes zugrunde, die im Jahre 1929 im Jahrbuch für Philosophie und phänomenologische Forschung und in einem Sonderdruck aus dem Jahrbuch bei M. Niemeyer (Halle/Saale) erschienen ist.

Alle Adnotationen, die Husserl im Jahre 1937 anläßlich einer Wiederaneignung der *Formalen und Transzendentalen Logik* mit Bleistift in sein eigenes „Handexemplar" eingetragen hat, sind zu diesem Text in einem Apparat vermerkt. Dieser befindet sich jeweils unten auf den Seiten, zu denen Husserl 1937 seine Anmerkungen gemacht hat.

Der Apparat enthält vorab die Angabe der Zeile oder der Zeilen, auf die sich Husserls Bemerkungen beziehen. Er enthält ferner die nähere Kennzeichnung der Art des Husserlschen Texteingriffes. Der von Husserl selber stammende Text steht im Normaldruck, vom Herausgeber stammende Worte sind kursiv gesetzt.

Alle für den Sinn des Textes belanglosen Eingriffe Husserls aus dem Jahre 1937 sind in einen Anhang zum Haupttext aufgenommen.

Die Seitenzahlen der Ausgabe von 1929 werden im folgenden Text in eckigen Klammern am Rand beigefügt.

# FORMALE UND TRANSZENDENTALE LOGIK

### EINLEITUNG

Was wir heute in unserem prägnanten Sinne Wissenschaft nennen, ist nicht Wissenschaft im historisch ältesten Sinne einer naiv geradehin sich vollziehenden Auswirkung der theoretischen Vernunft. Nur noch in einem laxen Sinne nennen wir die Philosophien der vorplatonischen Epoche, nennen wir ähnliche Kulturgestaltungen anderer Völker und Zeiten Wissenschaften. Nur als Vorformen, Vorstufen der Wissenschaft lassen wir sie gelten. Wissenschaft in einem neuen Sinne erwächst zunächst aus der platonischen Begründung der Logik, als einer Stätte der Erforschung der Wesenserfordernisse „echten" Wissens und „echter" Wissenschaft und damit der Herausstellung von Normen, denen gemäß eine bewußt auf durchgängige Normgerechtigkeit abzielende Wissenschaft, eine ihre Methode und Theorie bewußt rechtfertigende aufgebaut werden könne. Der Intention nach ist diese logische Rechtfertigung durchaus eine solche aus reinen Prinzipien. Wissenschaft im platonischen Sinne will also nicht mehr bloß naive Betätigung aus rein theoretischem Interesse sein. Jeden Schritt, den sie tut, beansprucht sie auch prinzipiell in seiner Echtheit, in seiner notwendigen Gültigkeit zu rechtfertigen. Also der ursprüngliche Sinn ist dabei der, daß prinzipielle logische Einsicht, die aus der reinen Idee möglicher Erkenntnis und Erkenntnismethode überhaupt geschöpfte, der faktisch betätigten Methode und faktischen Wissenschaftsgestaltung vorangeht und sie praktisch leitet, nicht aber, daß das Faktum einer irgendwie in Naivität erwachsenen Methode und Wissenschaft sich als Norm ausgeben dürfte, um wissenschaftliches Leisten rechtmäßig zu gestalten.

Die Logik Platons erwuchs aus der Reaktion gegen die universelle Wissenschaftleugnung der sophistischen Skepsis. Leugnete die Skepsis die prinzipielle Möglichkeit von so etwas wie

"Philosophie", wie Wissenschaft überhaupt, so mußte Platon eben die prinzipielle Möglichkeit von dergleichen erwägen und kritisch begründen. War Wissenschaft überhaupt in Frage gestellt, so konnte natürlich kein Faktum Wissenschaft vorausgesetzt werden. So wurde Platon auf den Weg der reinen Idee geführt. Seine nicht den faktischen Wissenschaften abgelesene, sondern rein ideale, reine Normen gestaltende Dialektik, in unserer Rede seine Logik oder Wissenschaftslehre, hatte den Beruf, nun erst faktische Wissenschaft möglich zu machen, sie praktisch zu leiten. Und eben in der Erfüllung dieses Berufes half sie wirklich, Wissenschaften im prägnanten Sinne zu schaffen, die bewußt von der Idee logischer Wissenschaft getragen waren und sie nach Möglichkeit zu verwirklichen suchten: so die strenge Mathematik und Naturwissenschaft, deren Fortentwicklungen in höheren Stufen unsere neuzeitlichen Wissenschaften sind.

Indessen das ursprüngliche Verhältnis zwischen Logik und Wissenschaft hat sich in der Neuzeit in merkwürdiger Weise umgekehrt. Die Wissenschaften verselbständigten sich, sie bildeten, ohne dem Geist kritischer Selbstrechtfertigung voll genugtun zu können, höchst differenzierte Methoden aus, deren Fruchtbarkeit zwar praktisch gewiß, deren Leistung aber nicht letztlich einsichtig wurde. Sie bildeten diese Methoden aus, zwar nicht in der Naivität des Alltagsmenschen, aber doch in einer Naivität höherer Stufe, einer Naivität, die darauf verzichtete, die Methode aus reinen Prinzipien, unter Rekurs auf die reine Idee, nach letzten apriorischen Möglichkeiten und Notwendigkeiten zu rechtfertigen. Mit anderen Worten: die Logik, die ursprünglich Fackelträgerin der Methode war und den Anspruch erhob, die reine Prinzipienlehre möglicher Erkenntnis und Wissenschaft zu sein, verlor diesen historischen Beruf und blieb in ihrer Entwicklung weit zurück. Noch die großartige Neugestaltung der Naturwissenschaften des 17. Jahrhunderts war durch logische Reflexionen bestimmt über Wesen und Erfordernis echter Naturerkenntnis, über ihre prinzipiellen Ziele und Methoden. Diese Reflexionen stellten sich selbst in den Zusammenhang der für diese Zeit so charakteristischen Bestrebungen um die Begründung einer neuen, der wahren Logik. Hierher gehört nicht nur Galilei, sondern, wie zu betonen ist, auch Descartes. Bezeichnend ist schon der Titel *Discours de la Méthode*, und die

„Erste Philosophie" seiner Meditationes ist selbst nur Ausdruck für eine völlig radikale und dabei universale Wissenschaftstheorie. Geht also die Logik noch in diesen neuzeitlichen Anfängen den Wissenschaften voran, so ändert sich dieses wesentliche Verhältnis in der nachfolgenden Epoche, eben als der Epoche der Verselbständigung der Wissenschaften zu Fachwissenschaften, die sich um eine Logik nicht mehr kümmern, ja sie fast verächtlich beiseite schieben. Aber diese selbst irrt in der neuesten Zeit von ihrem eigenen Sinn und ihrer unveräußerlichen Aufgabe ganz und gar ab. Statt die reinen Wesensnormen der Wissenschaft nach allen ihren Wesensgestaltungen zu verfolgen, um dadurch den Wissenschaften prinzipielle Leitung geben und ihnen Echtheit der Methodengestaltung und der Rechenschaftsabgabe in allen Schritten ermöglichen zu können, gefällt sie sich vielmehr darin, sich von den faktischen Wissenschaften, insbesondere den vielbewunderten Naturwissenschaften in ihrem Wissenschaftsideal und ihren Problemstellungen leiten zu lassen.

Vielleicht bekundet sich darin eine tiefere und folgenreichere Tragik der modernen wissenschaftlichen Kultur, als welche man in wissenschaftlichen Kreisen gewöhnlich zu beklagen pflegt: so groß sei die Reihe der Fachwissenschaften geworden, daß niemand mehr imstande sein könne, von all diesem Reichtum vollen Nutzen zu ziehen, all diese Erkenntnisschätze überschauend zu genießen. Der Mangel unserer wissenschaftlichen Lage scheint ein viel wesentlicherer, ein im wörtlichen Sinne radikalerer zu sein. Er betrifft nicht die kollektive Vereinheitlichung und Zueignung, sondern die **prinzipielle Verwurzelung** der Wissenschaften und die Vereinheitlichung derselben aus diesen Wurzeln. Es ist ein Mangel, der bestehen bliebe, selbst wenn eine unerhörte Mnemotechnik und eine von ihr geleitete Pädagogik uns ein enzyklopädisches Wissen des in sämtlichen Wissenschaften jeweils theoretisch-objektiv Festgestellten ermöglichte. Die Wissenschaft ist in der spezialwissenschaftlichen Form zu einer Art theoretischer Technik geworden, die, wie die Technik im gewöhnlichen Sinne, viel mehr auf einer in der vielseitigen und vielgeübten praktischen Betätigung selbst erwachsenden „praktischen Erfahrung" beruht (was man in der Praxis auch „Intuition", praktischen Takt und Blick nennt) als auf Einsicht in die ratio der vollzogenen Leistung.

Damit hat die moderne Wissenschaft das seit Platon in den Wissenschaften lebendig wirkende Ideal echter Wissenschaft und praktisch den Radikalismus wissenschaftlicher Selbstverantwortung preisgegeben. Also nicht mehr ist jener Radikalismus die
5 innerste Triebkraft, der an sich beständig die Forderung stellt, kein Wissen gelten zu lassen, für das nicht Rechenschaft gegeben werden kann aus ursprünglich ersten und dabei vollkommen einsichtigen Prinzipien, hinter die zurückzufragen keinen [4] Sinn mehr gibt. Die aktuell werdende Wissenschaft mochte in
10 dieser Hinsicht sehr unvollkommen sein. Aber das Wesentliche war, daß jene radikale Forderung ein entsprechendes praktisches Vollkommenheitsstreben leitete, und daß somit der Logik die große Funktion übertragen blieb, in Wesensallgemeinheit die möglichen Wege zu den letzten Prinzipien zu erforschen und so
15 durch Entfaltung des Wesens echter Wissenschaft überhaupt (also seiner reinen Möglichkeit) wirklicher Wissenschaft Norm und Leitung zu geben. Nichts lag also ferner als das Absehen auf eine Art bloß technischer Leistung, deren Naivität im äußersten Kontrast steht zur Leistung einer radikalen Selbstnormierung
20 aus Prinzipien.

Dieses Prinzipielle aber, das haben von Platon an alle Großen der Vergangenheit gesehen, gewinnt seine volle Kraft, seine Fülle allseitiger Einsichtigkeit aus der Universalität, die alle Wissenschaften als Zweige einer *sapientia universalis* (Des-
25 cartes) untrennbar verknüpft. Den verselbständigten Spezialwissenschaften fehlt das Verständnis für die prinzipielle Einseitigkeit ihrer Leistungen; es fehlt ihnen das Verständnis dafür, daß sie erst den vollen Seinssinn ihres jeweiligen Gebietes theoretisch umgreifen, wenn sie die methodische Scheuklappe wieder
30 ablegen, die durch die ausschließliche Einstellung auf ihr besonderes Gebiet unvermeidlich wurde; mit anderen Worten: wenn sie ihre Forschungen hineinlenken in die Universalität des Seins und seine prinzipielle Einheit. An dieser Lage ist, wie gesagt, die Logik selbst mitschuldig, weil sie, wie wir hier auch ergänzen können,
35 statt ihren historischen Beruf fest im Auge zu behalten und sich als reine und universale Wissenschaftslehre auszuwirken, vielmehr selbst zu einer Spezialwissenschaft geworden ist. Ihr eigener Zwecksinn forderte es, daß sie reflektiv auch diesen Zwecksinn zum Thema radikaler Erwägungen machte und sich

der prinzipiell unterschiedenen Schichten wissenschaftstheoretischer Problematik bemächtigte, mit denen die Stufenfolge von logischen Disziplinen vorgezeichnet war, in der allein die Idee einer Wissenschaftslehre und Wissenschaft selbst sich verwirklichen konnte. Diesem ihr eigenwesentlichen Sinn hat sie aber nicht genuggetan.

Die gegenwärtige Lage der europäischen Wissenschaften nötigt zu radikalen Besinnungen. Sie haben im Grunde den großen Glauben an sich selbst, an ihre absolute Bedeutung verloren. Der moderne Mensch von heute sieht nicht wie der „moderne" der Aufklärungsepoche in der Wissenschaft und der durch sie geformten neuen Kultur die Selbstobjektivierung der menschlichen Vernunft oder die universale Funktion, die die Menschheit sich geschaffen hat, um sich ein wahrhaft befriedigendes Leben, [5] ein individuelles und soziales Leben aus praktischer Vernunft zu ermöglichen. Dieser große Glaube, dereinst der Ersatz für den religiösen Glauben, der Glaube, daß Wissenschaft zur Weisheit führe — zu einer wirklich rationalen Selbsterkenntnis, Welt- und Gotteserkenntnis, durch sie hindurch zu einem wie immer vollkommener zu gestaltenden, einem wahrhaft lebenswerten Leben in „Glück", Zufriedenheit, Wohlfahrt usw. —, hat jedenfalls in weiten Kreisen seine Kraft verloren. Man lebt so überhaupt in einer unverständlich gewordenen Welt, in der man vergeblich nach dem Wozu, dem dereinst so zweifellosen, vom Verstand wie vom Willen anerkannten Sinn fragt.

Wir mögen uns nun zu der historisch gewordenen wissenschaftlichen Kultur noch so kritisch und skeptisch stellen; ohne weiteres preisgeben können wir sie nicht schon darum, weil wir sie nicht letztlich verstehen und aus solchem Verständnis dirigieren können; mit anderen Worten: weil wir unfähig sind, ihren Sinn rational auszulegen, seine wahre Tragweite zu bestimmen, innerhalb deren wir ihn selbst verantwortlich rechtfertigen und in fortgehender Arbeit verwirklichen können. Genügt uns nicht die Freudigkeit der Schöpfung einer theoretischen Technik, der Erfindung von Theorien, mit denen man so viel Nützliches machen und die Bewunderung der Welt gewinnen kann — können wir echtes Menschentum und Leben in radikaler Selbstverantwortung nicht trennen und somit auch wissenschaftliche Selbstverantwortung nicht trennen von dem Ganzen der Ver-

antwortungen des Menschenlebens überhaupt —, so müssen wir
uns über dieses ganze Leben und diese gesamte Kulturtradition
stellen und durch radikale Besinnungen für uns, einzeln und in
Gemeinschaft, die letzten Möglichkeiten und Notwendigkeiten
suchen, von denen aus wir zu den Wirklichkeiten urteilend,
wertend, handelnd Stellung nehmen können. Freilich gewinnen
wir so nur letztzuverantwortende Allgemeinheiten, „Prinzipien",
wo doch das Leben in Entscheidungen des „Augenblicks" besteht, der für Begründungen in wissenschaftlicher Rationalität
nie Zeit hat. Aber wenn Wissenschaft aus prinzipieller Verantwortlichkeit Entscheidungen getroffen hat, können sie ja dem
Leben habituelle Normen als Willensrichtungen einprägen, als
vorgezeichnete Formen, innerhalb deren die individuellen Entscheidungen jedenfalls sich halten müssen und sich halten können, soweit sie zu wirklicher Zueignung gekommen sind. Für
eine Vernunftpraxis kann Theorie apriori nur eine begrenzende
Form sein, sie kann nur Zäune herstellen, deren Überschreitung
Widersinn oder Verirrung besagt. Welche Probleme sich da [6]
weiter ergeben für die Selbst- und Menschheitserziehung, das ist
eine Sache für sich und ist übrigens in Allgemeinheit selbst Sache
einer alle Möglichkeiten und Wahrheiten bedenkenden universalen Wissenschaft. Doch darüber haben wir hier nicht weiter zu
sprechen, sondern uns nur aus unserer gegenwärtigen Wissenschafts- und Kulturlage die Notwendigkeit einer radikalen und
universalen Besinnung klar zu machen. Diese Besinnungen, auf
möglichen Sinn und mögliche Methode echter Wissenschaft überhaupt gehend, sind natürlich in erster Linie auf das allen möglichen Wissenschaften wesensmäßig Gemeinsame gerichtet. In
zweiter Linie hätten ihnen entsprechende Besinnungen für
besondere Wissenschaftsgruppen und Einzelwissenschaften zu
folgen.

Wissenschaftstheoretische Probleme sind ein Hauptthema der
Philosophie unserer Epoche, und so liegt der Gedanke nahe, die
Besinnungen in Form einer Kritik der zeitgenössischen philosophischen Versuche zu führen. Aber das wäre in der verwirrten
Lage unserer Philosophie ein völlig hoffnungsloses Unternehmen,
wo ja die philosophische Literatur ins Ungemessene angeschwollen ist, aber so sehr der Einheitlichkeit der Methode entbehrt, daß
es fast so viele Philosophien gibt als Philosophen. Eine universale

Besinnung kann, nachdem die Wissenschaftslage in der Tat derjenigen ähnlich geworden ist, wie sie Descartes in seiner Jugendzeit vorfand, den kühnen Weg der Cartesianischen Meditationen versuchen. In einem nicht mehr zu übersteigenden und gerade darum philosophisch vorbildlichen Radikalismus wird die Idee echter Wissenschaft aus absoluter Begründung — die alte platonische Idee — ganz ernstlich erneuert und nach dem an sich ersten Boden gefragt, den alle Erkenntnis, und so die der positiven Wissenschaften schon voraussetzt. Der erste Versuch solcher radikalsten Wissenschaftsbegründung — der des *Descartes* selbst — mißlang. Der feste Wille, keine Erkenntnis gelten zu lassen, es sei denn aus absoluter Rechtfertigung, genügt noch nicht zur Verwirklichung; ein absolut gutes Gewissen und so im besonderen ein absolut gutes intellektuelles Gewissen ist eine unendliche Idee. Aber selbst ein bestmögliches Gewissen und eine rationale Methode praktischer Approximation an diese Idee ist ein Thema viel größerer und schwierigerer Meditationen, als wie Descartes gemeint hatte. Unvermerkte Vorurteile dirigieren seine Meditationen, so daß sie, als Ganzes angesehen, schon für die Zeitgenossen der Überzeugungskraft entbehrten. So gewaltige Wirkung sein Rückgang auf das *ego cogito* für die ganze neuzeitliche Philosophie übte, der Stil dieser Meditationen, von der absoluten erkennenden Subjektivität her eine absolute Begründung der Wissenschaften in ihrer Alleinheit, oder was für ihn dasselbe ist, eine absolute Begründung der Philosophie zu unternehmen, ist — bis zur transzendentalen Phänomenologie hin[1] — nie wieder aufgenommen worden.

Es sind noch andere Wege auf das Radikale gerichteter Besinnungen möglich, und einen, gerade durch die historische Rückbeziehung der Idee echter Wissenschaft auf die Logik als

[7]

---

[1] Vgl. meine *Ideen*, sowie die neue im Herbst erscheinende Schrift *Cartesianische Meditationen*, eine Einleitung in die transzendentale Phänomenologie (Halle a.d.S., M. Niemeyer).

Anm. d. Hrsg.: Mit den von Husserl in der *Formalen und Transzendentalen Logik* zitierten *Ideen* sind stets die „*Ideen zu einer reinen Phänomenologie und phänomenologischen Philosophie*. Erstes Buch. Allgemeine Einführung in die reine Phänomenologie" gemeint, die jetzt als Husserliana Bd. III (Den Haag 1950) vorliegen. Die Seitenangaben beziehen sich auf die (in dieser Ausgabe am Rand vermerkte) Paginierung der Originalausgabe. — Die *Cartesianischen Meditationen* liegen jetzt vor in: E. Husserl, *Cartesianische Meditationen und Pariser Vorträge*. 2. Aufl. Den Haag 1963 (Husserliana Bd. I)

ihre Norm nahegelegten, versucht die vorliegende Schrift wenigstens in Hauptstücken zu bahnen.

Die Logik, die im Ringen der Platonischen Dialektik ihren Ursprung nimmt, kristallisiert in sich schon mit der Aristotelischen Analytik eine festgeformte systematische Theorie ab, die den Jahrtausenden fast ebenso trotzt, wie die Geometrie Euklids. Es braucht hier nicht an das bekannte Urteil Kants erinnert zu werden, das in der Bewertung der Vollendung dieser Logik viel zu weit geht; aber jeder Blick auf die philosophische Weltliteratur und selbst auf das Durcheinander der modernen logischen Versuche zeigt, daß die „formale Logik" eine unüberwindliche Kraft hat. Selbst durch so weit voneinander abweichende Darstellungen, ja entstellende Karikaturen setzt sie sich mit einem wesentlich identischen Kerngehalt als ein unverlierbarer Bestand durch. Diese formale Logik, mochte auch der spezifische Sinn des Formalen unabgehoben bleiben, war dem Sinne nach der erste historische Anschlag einer allgemeinen Wissenschaftslehre, einer auf die Wesensbedingungen möglicher Wissenschaft überhaupt bezogenen Theorie. Freilich hält sie sich in einer naturgemäßen, ja sogar in Wesensgründen wurzelnden Einseitigkeit, während ein anderseitiges wissenschaftstheoretisches Apriori wohl immer berührt wurde, aber nach seinen dem natürlichen Denken verborgenen Tiefen jahrtausendelang einer systematisch theoretischen Arbeit unzugänglich blieb, ja nicht einmal in ihre Sichtweite tritt.

Halten wir uns aber an das, was eben dank dieser, natürlich motivierten, Einseitigkeit als feste geistige Gestalt in unsere Erfahrung tritt, also an den in den verschiedenen zeitweiligen Zueignungsformen und Weisen der Deutung doch immer sichtlich und fest bleibenden Kern von Theorien, so können wir den Versuch wagen, seinen wissenschaftstheoretischen Sinn schrittweise auszulegen, indem wir dabei beständig unseren Blick richten auf die Entwürfe alter und neuer positiver Wissenschaften, auf welche dieser Sinn in alten und neuen Zeiten zurückbezogen war und noch ist. Die Wissenschaften setzen wir also voraus, wie die Logik selbst, auf Grund der sie vorgebenden „Erfahrung". Insofern scheint unser Vorgehen gar nicht radikal zu sein; da doch der echte Sinn von Wissenschaften überhaupt — oder was dasselbe, die Wesensmöglichkeit ihres Seins als echte und nicht

bloß vermeintliche Wissenschaften — gerade in Frage ist. Und dasselbe gilt für die Logik selbst, die Wissenschaft von der Wissenschaft überhaupt sein und in ihren Theorien eben diese Wesensmöglichkeit herausstellen, bzw. als historisch vorliegende angeb-
5 lich herausgestellt haben soll. Indessen, ob echt oder nicht, wir haben Erfahrung von Wissenschaften und Logik als uns vorgegebenen Kulturgestalten, die in sich ihre Meinung, ihren „Sinn" tragen, da sie ja praktische Gebilde der sie aufbauenden Wissenschaftler und Generationen von Wissenschaftlern sind.
10 Als das haben sie einen Zwecksinn, auf den da beständig hinausgestrebt, hinausgewollt ist. Mit den Wissenschaftlern in Einfühlungsgemeinschaft stehend oder tretend, können wir nachverstehen — und uns selbst „besinnen".

B e s i n n u n g besagt nichts anderes als Versuch der wirklichen
15 Herstellung des Sinnes „selbst", der in der bloßen Meinung gemeinter, vorausgesetzter ist; oder den Versuch, den „intendierenden Sinn" (wie es in den *Logischen Untersuchungen* hieß) [1], den im unklaren Abzielen „vage vorschwebenden" in den erfüllten Sinn, den klaren überzuführen, ihm also die Evidenz der
20 klaren Möglichkeit zu verschaffen. Eben diese Möglichkeit ist Echtheit des Sinnes, also Ziel des besinnlichen Suchens und Findens. Besinnung, können wir auch sagen, ist, radikal verstanden, u r s p r ü n g l i c h e  S i n n e s a u s l e g u n g, die Sinn im Modus unklarer Meinung in Sinn im Modus der Klarheitsfülle
25 oder Wesensmöglichkeit überführt und zunächst überzuführen strebt.

Danach können wir uns zu Zwecken radikaler Besinnung von der einfühlungsmäßigen Erfahrung der Wissenschaften leiten lassen, indem wir sie als Leistungsgebilde nehmen, durch die
30 hindurch Einheit einer abzielenden „Meinung" geht. Desgleichen können wir uns leiten lassen von ebensolcher Erfahrung der traditionellen Logik in ihrer Beziehung auf die erfahrungsmäßig

---

[1] *Logische Untersuchungen*, 2. Aufl., II. Bd./1. Teil, S. 50 ff. –
Anm. d. Hrsg.: H u s s e r l s *Logische Untersuchungen* (abgekürzt: *Log. Unters.*) werden nach folgenden Auflagen zitiert:
I. Bd. Prolegomena zur reinen Logik. Halle a.d.S. 1900 (zitiert als: *Prolegomena*)
II. Bd./1. Teil. Untersuchungen zur Phänomenologie und Theorie der Erkenntnis.
2. Aufl. Halle a.d.S. 1913
II. Bd./2. Teil. Elemente einer phänomenologischen Aufklärung der Erkenntnis.
2. Aufl. Halle a.d.S. 1921

gegebenen Wissenschaften. Unser Absehen geht dabei in erster Linie **auf den echten Sinn einer Logik als Wissenschaftstheorie**, deren Aufgabe selbst es sein müßte, den echten Sinn von Wissenschaft überhaupt klarzulegen und in der Klarheit theoretisch zu explizieren. Was wir vorweg im Erfahrungsblick haben, ist jener „Kern" formaler Logik, und im korrelativen Blick auf die vorgegebenen Wissenschaften, das an ihnen, was diese Logik — vermeintlich — als Wesensmöglichkeit und Norm faßt. Von da aus geht die Besinnung zunächst in der mit dieser Rückbeziehung und Blickrichtung bedingten **Einseitigkeit** vor sich, die den spezifischen Sinn der traditionellen Logik als wesentlich „objektiver" bestimmt.

Radikale Besinnung ist *eo ipso* zugleich Kritik, die ursprünglicher Klärung dient. Diese Klärung hat hier den Charakter einer neuen Sinngestaltung und nicht den einer bloßen Ausfüllung einer vorweg schon bestimmten und gegliederten Vorzeichnung. Eine derart ganz bestimmte Sinnesvorzeichnung ist ja überall und wesensmäßig nur möglich als eine sekundäre Folge einer schon gewonnenen Klarheit. Ist deren lebendige Evidenz verflossen, so verbleibt ihre habituelle Leistung, mit der Möglichkeit einer zunächst leeren Restitution, die dann in der Leergestalt die bestimmte Sinnesvorzeichnung enthält. Diese führt dann die Gewißheit möglicher klarer Restitution als Wiederholung der Evidenz mit sich. Ist, wie für uns, dieser Fall nicht in Frage, so bedeutet ursprüngliche Besinnung ineins Näherbestimmung der bloß vage unbestimmten Vorzeichnung, Abhebung der aus assoziativen Überschiebungen herstammenden Vorurteile, und Durchstreichung der mit der besinnlichen Erfüllung streitenden; also mit einem Wort Kritik der Echtheit und Unechtheit.

Dies zur allgemeinsten Charakteristik der in dieser Schrift versuchten Zielstellung und befolgten Methode. Es ist also eine **intentionale Explikation des eigentlichen Sinnes der formalen Logik**. Sie geht aus von den **theoretischen Gebilden**, die uns in der Überschau die historische Erfahrung an die Hand gibt, also von dem, was ihren traditionellen objektiven Gehalt ausmacht, und versetzt sie zurück **in die lebendige Intention der Logiker**, aus der sie als Sinngebilde entsprangen. Und was davon untrennbar ist, sie geht zurück auf die Intentionalität der **Wissenschaftler**, aus denen die ob-

jektiven Bestände konkreter wissenschaftlicher Theorie entsprangen — da ja der Logiker sich nach den vorgegebenen Wissenschaften orientiert. Die in jedem wirklichen Nachverstehen sich verlebendigende Intentionalität wird befragt, worauf
5 sie eigentlich hinauswill. Die besinnliche Auslegung als kritische Klärung muß die Antwort geben.

In der systematischen Ausführung werden wir ganz primitiv anfangen und nicht gleich mit der Betrachtung der vorgegebenen Logik; vielmehr werden wir die ersten allgemeinen Unterschei- [10]
10 dungen an die Wortbedeutungen von Logos anknüpfen und an die Frage, wiefern dadurch theoretische Themen bezeichnet sein können. Durch solche „vorbereitende Betrachtungen" gewinnen wir ein Vorverständnis dessen, worauf die historische Logik ihr thematisches Interesse richtet; somit die Blickrichtung für unsere
15 weiteren Sinnesanalysen.

Sie führen im I. Abschnitt zunächst auf eine in meinen *Logischen Untersuchungen* noch nicht vollständig erkannte **Dreischichtung der formal-logischen Grundbegrifflichkeit** und damit der logischen **Disziplinen**, die
20 nicht nur für das wirkliche Verständnis des echten Sinnes der Logik als einer besonderen Wissenschaft, sondern für die ganze Philosophie von größter Bedeutung ist. Die begründenden Untersuchungen als notwendig auf die noetische Intentionalität zurückgehende — da ja die logischen Gebilde aus kategorialer
25 Aktivität entspringen — sind subjektiv gerichtet. Ob sie als psychologische anzusprechen und wie immer sie zu charakterisieren sind, das ist bei ihrer zunächst bloß dienenden Bedeutung ganz außer Frage.

Im Zusammenhang mit der nachgewiesenen Dreischichtung
30 stehen aber weitere große Probleme. Sie betreffen eine radikale **Klärung des Verhältnisses von formaler Logik und formaler Mathematik** und die tiefere (schon in meinen *Logischen Untersuchungen* in einer ersten Stufe vollzogene) Rechtfertigung der untrennbaren Einheit beider in der
35 Idee einer **formalen** *mathesis universalis*. Hierbei aber ergibt sich als wesentlicher Fortschritt die endliche und, wie ich hoffe, **endgültige Klärung des Sinnes der puren formalen Mathematik** (die formale Syllogistik in einer entsprechenden Reinigung eingeschlossen), den sie in der herrschen-

den Intention der Mathematiker hat, nämlich als einer **reinen Analytik der Widerspruchslosigkeit**, in der der Wahrheitsbegriff außerthematisch bleibt.

Wieder steht im Zusammenhang damit der echte Sinn einer
5 **formalen Ontologie**, deren Begriff in den *Logischen Untersuchungen* eingeführt worden war innerhalb der grundwesentlichen Scheidung zwischen formaler und materialer (sachhaltiger) Ontologie, bzw. zwischen den Reichen eines „analytischen" und „synthetischen" (materialen) Apriori.

10 Es will mir scheinen, daß diese im I. Abschnitt durchgeführten Sinnesklärungen den Philosophen von dauerndem Nutzen sein müßten, wie denn die genannten Probleme mich durch Jahrzehnte beunruhigt und viel beschäftigt haben.

Für diejenigen, die an meinen diesbezüglichen näheren Dar- [11]
15 stellungen Interesse nehmen, möchte ich noch bemerken, daß mein ursprüngliches Leitproblem für die Sinnbestimmung und Abscheidung einer puren Logik der „Widerspruchslosigkeit" ein Evidenzproblem war, nämlich das der **Evidenz der formal-mathematischen Wissenschaften**. Es fiel mir auf, daß
20 die Evidenz der formal mathematischen Wahrheiten (auch der syllogistischen) eine ganz andere sei als die sonstiger apriorischer Wahrheiten, nämlich, daß sie keiner konkreten exemplarischen Anschauung von irgendwelchen Gegenständen und Sachverhalten bedürfen, auf die sie sich, obschon in leer-formaler Allgemeinheit
25 doch beziehen. Schien es selbstverständlich, daß eine Wissenschaft, die sich in dieser Allgemeinheit auf alles und jedes, auf alles Mögliche, Erdenkliche bezieht, den Namen einer formalen **Ontologie** verdiene, so mußte, wenn sie das wirklich sein sollte, die **Möglichkeit** von Gegenständlichkeiten ihres
30 Umfangs durch Anschauung begründet sein. Es ist jetzt leicht, von der im I. Abschnitt begründeten Abscheidung einer puren „Logik der Konsequenz" oder „Widerspruchslosigkeit" her diese Frage entscheidend zu beantworten, obschon die im Text durchgeführten Untersuchungen selbst nicht an diese Fragestellung
35 anknüpfen.

Im II. Abschnitt dieser Schrift wird das **Subjektiv-Logi-**

---

*14 ff. Handexemplar Randbemerkung* schon in meinen ersten Anfängen bei der Ausarbeitung meiner Habilitationsschrift

s c h e zum Hauptthema, und zwar immer im Zusammenhang der fortgehenden Besinnungen über eine formale Logik als eine Wissenschaftslehre. Es wird der natürliche Weg von formaler zu transzendentaler Logik gezeichnet. Das Gespenst des Psychologismus taucht gleich anfangs auf, und der besondere Sinn des vielberedeten Kampfes gegen den Psychologismus im I. Band der *Logischen Untersuchungen* wird zunächst von neuem und in Verschärfung geklärt, womit zugleich der erst viel später gegebenen Klärung des „transzendentalen Psychologismus" wesentlich vorgearbeitet ist. Eine Reihe von V o r a u s s e t z u n g e n der logischen Erkenntnis, auf die die logische Thematik zurückweist, wird dann enthüllt und dadurch allmählich die Einsicht geweckt, daß alle s u b j e k t i v g e r i c h t e t e n S i n n p r o b l e m e, die für Wissenschaft und Logik in Frage sind und in Frage sein müssen, nicht P r o b l e m e d e r n a t ü r l i c h e n m e n s c h l i c h e n S u b j e k t i v i t ä t, also p s y c h o l o g i s c h e Probleme sind, sondern Probleme d e r t r a n s z e n d e n t a l e n S u b j e k t i v i t ä t, und zwar in dem (von mir eingeführten) Sinne der t r a n s z e n d e n t a l e n P h ä n o m e n o l o g i e. In fortgehender Vertiefung eröffnet sich die Einsicht, daß eine w i r k l i c h p h i l o s o p h i s c h e L o g i k, eine Wissenschaftslehre, welche die Wesensmöglichkeit echter Wissenschaft überhaupt zu allseitiger [12] Auslegung bringt, und damit das Werden echter Wissenschaft leiten kann, a u s s c h l i e ß l i c h im Z u s a m m e n h a n g e i n e r t r a n s z e n d e n t a l e n P h ä n o m e n o l o g i e e r w a c h s e n k a n n. Die historische Logik in ihrer naiven Positivität, in ihrer Weise naiv geradehin evidente Wahrheiten zu schöpfen, erweist sich als eine Art philosophischer Kinderei. Eine e i g e n s t ä n d i g a u s g e b i l d e t e L o g i k der idealen Bedeutungsgebilde ist ebenso u n p h i l o s o p h i s c h wie die positiven Wissenschaften überhaupt, sie entbehrt selbst derjenigen Ursprungsechtheit, durch die sie letzte Selbstverständigung und Selbstrechtfertigung vollziehen könnte; sie hat also auch keine Normen, um den positiven Wissenschaften über ihre Positivität hinauszuhelfen. Das U n p h i l o s o p h i s c h e d i e s e r P o s i t i v i t ä t besteht in nichts anderem als darin, daß die Wissenschaften durch Unverständnis ihrer eigenen Leistungen, als solcher einer ihnen unthematisch bleibenden leistenden Intentionalität, unfähig sind, den echten Seinssinn ihrer Gebiete und der sie fassenden Begriffe zu klären — also im eigentlichen und letzten Sinne zu sagen, welchen Sinn das Seiende hat, von dem sie reden, und welche Sinneshorizonte es voraussetzt, von denen sie nicht reden, und die doch den Sinn mitbestimmende sind.

5 Im Zusammenhang mit der dogmatischen Naivität einer angeblich eigenständigen, auf zureichender Evidenz beruhenden formalen Logik steht die Naivität einer äußerlich beigefügten, nachkommenden Erkenntnistheorie, in einer Weise für sie allgemeine Ursprungs- und Geltungsfragen
10 stellend und angeblich beantwortend, die an der Absolutheit der Geltung der objektiven Logik nichts mehr ändern könne. Die wahre Erkenntnistheorie ist ja die Aufklärung des „echten" Sinnes der logischen Begriffe und der Logik selbst — nicht eines vorangehenden und schon daseienden, sondern eines
15 durch die Erkenntnistheorie erst zu schaffenden, in den Horizonten seiner Tragweite erst zu durchforschenden Sinnes; das aber unter Leitung des vordem bloß vermeinten Sinnes. Es ist wie mit den positiven Wissenschaften sonst; sind sie schon historisch da, so sind sie Entwürfe, Ansprüche und als das
20 Leitfäden für transzendentale Forschungen, deren Ziel es ist, sie, die Wissenschaften, als echte überhaupt erst zu schaffen.

Durch unsere Untersuchungen wird sich in immer neuen Stufen der radikale Mangel der historischen Logik und insbesondere derjenigen der Neuzeit herausstellen: daß sie
25 den großen Aufgaben in keiner Weise genugtun konnte, welche durch die Idee der Wissenschaft in subjektiver Hinsicht [13] gestellt sind, nämlich in Hinsicht auf das urteilende, erkennende, forschende Denken. Die Psychologie der Erkenntnis seit Locke hat völlig versagt, durch ihren widersinnigen Sensualismus —
30 schon als eigentlich psychologische Forschung. Aber sie hat, was für eine philosophische Wissenschaftslehre (d.h. eine solche, welche den historisch ursprünglichen und allein echten Sinn einer Wissenschaftslehre innehält) von besonderer Wichtigkeit ist, auch aus dem Grunde versagt, weil Locke und alle späteren
35 psychologisierenden Logiker und Erkenntnistheoretiker zwischen psychologischer und transzendentaler Erkenntnisforschung nicht zu scheiden vermochten. Prinzipielle Probleme, die mit der offenbaren Intention auf eine radikale Wissenschaftstheorie, also als spezifisch philosophische auftraten, wurden auf

das Niveau einer anthropologischen Psychologie, und zudem einer empirischen herabgedrückt. Nehmen wir dazu, daß K a n t s transzendentale Erkenntnisforschung in einer Weise nachwirkte, die aller wirklich und konkret auslegenden Erkenntnisanalyse fern blieb, so ergibt sich der gewaltige Mangel der neuzeitlichen objektiven Wissenschaftslehre, daß sie die tiefste Aufklärung und Begründung der Möglichkeit echter Wissenschaften (und damit einer an sich wahren Objektivität selbst) aus der Universalität des in sich selbst objektiven Sinn konstituierenden Bewußtseins nicht einmal als A u f g a b e verständlich machen, geschweige denn die Methode der Lösung ausbilden und diese selbst in Gang bringen konnte.

Was Wissenschaft als Gebiet vor sich hat, der theoretischen Arbeit vorgegeben, ist nach Sinn und Sein Gebiet für die Forschenden (in Einzelheit und Gemeinschaft) aus Quellen ihrer eigenen Bewußtseinsleistung (wieder der einzelnen und vergemeinschafteten); was ferner als Theorie dieses Gebietes jeweils fertiges Ergebnis geworden ist, ist Ergebnis aus einer ihren ganzen Sinn und auch Wahrheitssinn herstellenden Aktleistung. Eine Theorie kann naiv-geradehin aus Evidenz, aus wiederholter kritischer Bewährung für uns ,,sein" (eine ,,wirkliche" Theorie), so gut ein Ding aus Erfahrung und Erfahrungsbewährung in naiver Selbstverständlichkeit für uns seiende Wirklichkeit ist. Aber darum ist das Für-uns-sein der Theorie nicht transzendental verständlich, so wenig als das Für-uns-sein des Dinges in solcher Hinsicht verständlich ist — nämlich als aus Quellen der einzelnen Subjektivität und Intersubjektivität konstituiertes, als das, was es für uns, für ,,jedermann" ist — als das einzige, das für uns Sinn hat. Jeder Sinn, in dem wir Philosophen nach einem Sinn der Welt (der realen und welcher idealen immer) fragen, setzt die Aufklärung des transzendentalen Ursprungs voraus und bewegt sich selbst auf dem Boden der transzendentalen Wissenschaft.

Wenn L o t z e in einem berühmten Worte es als die höchste Erkenntnisaufgabe bezeichnete, den Weltlauf nicht nur zu berechnen, sondern ihn zu verstehen, so müssen wir uns dieses Wort *mutatis mutandis* auch für die Logik, für das Reich der logischen Gebilde zueignen, nämlich in dem Sinne, daß es damit nicht sein Bewenden haben kann, daß die Logik in der Weise der positiven Wissenschaften objektive Theorien methodisch gestalte und die

Formen möglicher echter Theorie auf Prinzipien und Normen bringe. Wir müssen uns über die Selbstvergessenheit des Theoretikers erheben, der im theoretischen Leisten den Sachen, den Theorien und Methoden hingegeben, von der Innerlichkeit seines Leistens nichts weiß, der in ihnen lebt, aber dieses leistende Leben selbst nicht im thematischen Blick hat. Nur durch eine prinzipielle Klärung, die in die Tiefen der Erkenntnis und Theorie leistenden Innerlichkeit, der **transzendentalen** Innerlichkeit, hinabsteigt, wird, was als echte Theorie und echte Wissenschaft geleistet ist, verständlich. Nur dadurch wird aber auch der wahre Sinn jenes Seins verständlich, den die Wissenschaft als wahres Sein, als wahre Natur, als wahre Geisteswelt in ihren Theorien herausarbeiten wollte. Also **nur eine im phänomenologischen Sinne transzendental aufgeklärte und gerechtfertigte Wissenschaft kann letzte Wissenschaft sein, nur eine transzendental-phänomenologisch aufgeklärte Welt kann letztverstandene Welt sein, nur eine transzendentale Logik kann eine letzte Wissenschaftslehre, eine letzte, tiefste und universalste Prinzipien- und Normenlehre aller Wissenschaften sein.**

Fassen wir die Idee der Logik also wieder so groß, so weitherzig, wie sie ihrer ursprünglichen Intention nach gefaßt sein will, und beseelen wir sie mit dem transzendentalen Geist, dann werden wir sagen müssen: Was den modernen Wissenschaften fehlt, ist die wahre Logik, die alle im weitesten und doch prinzipiell einheitlichen Sinn wissenschaftstheoretischen Probleme und Disziplinen befaßt, eine Logik, die als transzendentale den Wissenschaften mit einer tiefsten Selbsterkenntnis der Erkenntnis voranleuchtet und sie in allem Tun verständlich macht. Diese Logik will also nicht eine bloße reine und formale Logik, weitest gefaßt im **Leibnizschen** Sinne eine *mathesis universalis* sein, eine logische Idealwissenschaft und doch nur eine „positive" Wissenschaft. Andererseits will sie erst recht nicht eine bloß empirische Technologie sein für eine Sorte praktisch höchst nützlicher Geistesleistungen, die man Wissenschaft nennt, eine Technologie, die man an den praktischen Erfolgen empirisch orientiert. Sondern als höchste Funktion des sich auswirkenden rein theoretischen Interesses will sie das System der transzendentalen Prinzipien

[15]

herausstellen, das Wissenschaften den möglichen Sinn als echten Wissenschaften gibt.

Wie sehr den Wissenschaften eine solche Logik nottut, bzw. wie wenig sie befähigt sind, in der naiven Positivität als selbstgenügsame Wissenschaften aufzutreten und in solcher Selbstgenügsamkeit zu verharren, das zeigt der in keiner noch so exakten Wissenschaft fehlende Streit um den wahren Sinn ihrer Grundbegriffe. Er ist ein Symptom dafür, daß sie in Wahrheit über ihren eigenen Sinn durchaus im Unklaren sind. Aber freilich erst die transzendentale Logik läßt es ganz verstehen, daß die positiven Wissenschaften nur eine relative, einseitige Rationalität zustande bringen können, die eine völlige Irrationalität nach notwendigen Gegenseiten übrig läßt, und daß durch eine bloße systematische Verknüpfung aller einzelnen Wissenschaften eine universale Seinserkenntnis im höchsten Sinne niemals erwachsen kann, wie es die alte Philosophie ursprünglich erstrebte.

Soviel über den Sinn der im weiteren zur Darstellung kommenden Untersuchungen. Es liegt in der Natur der Sache, daß die des I. Abschnittes eine gewisse Vollständigkeit und Geschlossenheit haben, die dem zweiten, mehr anregenden als letztlich ausführenden Abschnitt abgehen mußte. Denn in ihm werden wir in die ungeheuren Weiten der intentionalen Phänomenologie hineingezogen, die auch nach dem schon von ihr Vorliegenden keineswegs Gemeingut ist. Zudem bereite ich eine Darstellung einer Reihe sehr umfassender, auf viele Jahre zurückgehender Untersuchungen vor, welche diejenigen der formalen Wissenschaftslehre durch die ganz anders gearteten einer materialen zu ergänzen bestimmt sind — wie anderseits von vorzeichnenden und konkret fundamentierenden Untersuchungen, welche neben dem oben geschilderten ersten Weg radikaler Besinnung, sozusagen dem Cartesianischen, die sonst möglichen Wege systematisch vorzubereiten und durchzuführen versuchen.

Schließlich sei noch an dieser Stelle und mit warmem Danke der werktätigen Mithilfe des Herrn Dr. Ludwig L a n d g r e b e gedacht (der für solche Zwecke durch die Munifizenz der deutschen Notgemeinschaft mit einem Stipendium ausgestattet wurde). Unermüdlich stand er mir bei der literarischen Fertigstellung dieser Schrift zur Seite.

## § 1. *Ausgang von den Bedeutungen des Wortes Logos: Reden, Denken, Gedachtes*

Das Wort Logos, von dem der Name Logik abgeleitet ist, hat eine große Vielheit von Bedeutungen, die durch wohlverständliche Übertragungen aus den ursprünglicheren Bedeutungen von λέγειν entsprungen sind, also den Bedeutungen „zusammenlegen", „darlegen", dann mittels des Wortes, der Rede darlegen.

1. In der entwickelten Sprache heißt λόγος bald Wort und R e d e selbst, bald das, wovon die Rede ist, der i n R e d e s t e h e n d e S a c h v e r h a l t, dann aber auch der vom Redenden zu Zwecken der Mitteilung oder auch für sich selbst erzeugte Satzgedanke, also sozusagen der geistige S i n n des sprachlichen Behauptungsatzes, das, was mit dem Ausdruck gemeint ist. Weiter weist Logos in manchen Wendungen hin auch auf den g e i s t i g e n A k t selbst, das Aussagen, Behaupten oder sonstige Denken, in dem solch ein Sinngehalt in betreff der jeweiligen Gegenstände oder Sachverhalte erzeugt wird.

2. Alle diese Bedeutungen des Wortes Logos nehmen aber, insbesondere dort, wo wissenschaftliches Interesse im Spiele ist, einen prägnanten Sinn dadurch an, daß in sie die Idee einer V e r n u n f t n o r m eintritt. Logos heißt dann bald V e r n u n f t selbst, als Vermögen, dann aber vernünftiges, nämlich einsichtiges oder auf einsichtige Wahrheit gerichtetes Denken. Logos heißt auch spezieller das Vermögen, rechtmäßige Begriffe zu bilden, und heißt auch diese vernünftige Begriffsbildung sowie dieser richtige Begriff selbst.

Nehmen wir nun diese Mannigfaltigkeit sichtlich zusammengehöriger Bedeutungen des Wortes Logos als Leitung für die Bildung der ersten Vorstellung einer Wissenschaft vom Logos, so eröffnen sich damit reiche und zusammenhängende Themata für eine theoretische Forschung und normative Verwendung. Dabei ist ein natürlicher Forschungsgang leicht zu finden.

Knüpfen wir an die zweite Bedeutungsgruppe an, so führt uns das Thema der Vernunft als Vermögen richtigen und einsichtig zu
5 rechtfertigenden Denkens, und speziell als wissenschaftlichen, über die allgemeine Frage, wie die vorübergehenden Akte eines [17] Ich entsprechende habituelle Vermögen begründen, alsbald auf die Frage, was für Akte die hier fraglichen „vernünftigen" Denkakte sind. Bevor nun aber das Spezifische dieser Vernünftig-
10 keit zur Erwägung kommen kann, muß natürlich das Spezifische des Denkens selbst zum Thema werden, v o r aller Unterscheidung von Vernünftigem und Unvernünftigem.

Geleitet werden wir durch den Sinn der Rede von Logos vorwiegend auf behauptendes, im gewöhnlichen Wortsinn urteilendes
15 Denken, bzw. auf Urteile als Gedanken. Das aber umspannt nicht alles „Denken" überhaupt, mindest bei dem weitest zu fassenden Sinn dieses Wortes. Also kommen wir auf D e n k e n i m w e i t e s t e n S i n n e als das vorerst zu Erwägende zurück. Da nun das menschliche Denken sich normalerweise sprachlich
20 vollzieht und alle Betätigungen der Vernunft so gut wie ganz an die Rede gebunden sind, da alle Kritik, aus der das vernünftig Wahre hervorgehen soll, als intersubjektive Kritik sich der Sprache bedient, im Ergebnis immer zu Aussagen führt, so kommen zunächst nicht bloße Denkakte und Gedanken in Frage,
25 sondern vor allem Aussagen, ausgesagte Gedanken. Wir werden damit auf die erste Gruppe von Bedeutungen des Wortes Logos zurückgeführt. Danach betreffen die auszuführenden Forschungen drei Titel: R e d e n, D e n k e n, G e d a c h t e s. Natürlich müssen dann auch die ihnen entsprechenden Vermögen thema-
30 tisch werden, das Vermögen des Redens, mit dem Reden in eins zu denken und sich denkend auf ein Gedachtes zu beziehen.

§ 2. *Die Idealität des Sprachlichen. Ausschaltung der zugehörigen Probleme*

Die drei aufgestellten Titel sind aber noch sehr vielfältig, sie
35 bedürfen weiterer Unterscheidung und, vermöge der fließenden Unklarheit der gebrauchten Worte, der Klärung. Fürs Erste bemerken wir für den Titel R e d e, daß wir hier eine gewisse

Unterscheidung nicht übersehen dürfen. Das ausgesprochene Wort, die aktuell geredete Rede, genommen als ein sinnliches, speziell als ein akustisches Phänomen, unterscheiden wir doch von dem Worte und Aussagesatze selbst oder der eine größere
5 Rede ausmachenden Satzfolge selbst. Nicht umsonst sprechen wir — im Falle, daß wir nicht verstanden worden sind und wiederholen, — eben von einer Wiederholung d e r s e l b e n Worte und Sätze. In einer Abhandlung, in einem Roman ist jedes Wort, jeder Satz ein Einmaliges, das sich nicht vervielfältigt
10 durch ein wiederholtes, erläuterndes oder stilles Lesen. Dabei [18] kommt es auch nicht darauf an, wer immer da vorliest; wobei jeder seine Stimme hat, seine Klangfarben usw. Die Abhandlung selbst (und jetzt nur grammatisch nach dem Wort- und Sprachbestand genommen) unterscheiden wir nicht nur von den Mannig-
15 faltigkeiten der erläuternden Reproduktion, sondern auch ebenso von den Mannigfaltigkeiten der bleibenden Dokumentierungen durch Papier und Druck oder durch Pergament und Tintenschrift usw. Der eine, einzige sprachliche Bestand ist tausendfach reproduziert, etwa in Buchform; wir sprechen geradezu von
20 d e m s e l b e n Buch, mit demselben Roman, derselben Abhandlung, und zwar gilt diese Selbigkeit schon i n  r e i n  s p r a c h l i c h e r  H i n s i c h t, während sie in anderer Weise wiederum gilt in reiner Herauslösung des Bedeutungsgehaltes, den wir alsbald in Rechnung ziehen werden.
25 Die Sprache als ein in einer Volksgemeinschaft erwachsendes, sich umbildendes, in der Weise der Tradition verharrendes System von habituellen Zeichen, mit denen sich im Gegensatz zu anderen Arten von Zeichen ein Ausdrücken von Gedanken vollzieht, bietet überhaupt ihre eigenen Probleme. Eines davon ist
30 die uns soeben entgegengetretene I d e a l i t ä t  d e r  S p r a c h e, die völlig übersehen zu werden pflegt. Wir können sie auch so charakterisieren: d i e  S p r a c h e  h a t  d i e  O b j e k t i v i t ä t  d e r  G e g e n s t ä n d l i c h k e i t e n  d e r  s o g e n a n n t e n  g e i s t i g e n  W e l t  o d e r  K u l t u r w e l t  u n d  n i c h t  d i e  d e r  b l o ß e n
35 p h y s i s c h e n  N a t u r. Als objektives geistiges Gebilde hat die Sprache dieselben Eigenschaften wie geistige Gebilde sonst: so scheiden wir ja auch von den tausenden Reproduktionen eines Stichs den Stich selbst, und dieser Stich, das gestochene Bild selbst, wird aus jeder Reproduktion herausgeschaut und ist in

jeder in gleicher Weise als ein identisches Ideales gegeben. Anderseits nur in der Form der Reproduktion hat er Dasein in der realen Welt. Ebenso wenn wir von der Kreutzer-Sonate sprechen gegenüber ihren beliebigen Reproduktionen. So sehr sie selbst aus Tönen besteht, ist sie eine ideale Einheit und ihre Töne sind es nicht minder. Sie sind nicht etwa die physikalischen Töne oder auch die Töne der sinnlichen akustischen Wahrnehmung, die sinnen-dinglichen Töne, die eben nur in einer wirklichen Reproduktion und ihrem Anschauen real vorhanden sind. Wie die eine Sonate sich in den realen Reproduktionen vielfältig reproduziert, so reproduziert sich jeder einzelne Ton der Sonate vielfältig in den entsprechenden Tönen der Reproduktion. Wie das Ganze, so ist sein Teil ein Ideales, das nur in der Weise realer Vereinzelung zum Realen *hic et nunc* wird. Ebenso verhält es sich nun mit allen sprachlichen Gebilden, und zwar ist [19] diese Idealität nicht nur eine solche des in ihnen Ausgedrückten — eine wie große Rolle dieses auch mitspielen mag. Denn sicherlich betreffen unsere Feststellungen die sprachlichen Gebilde a u c h als sinnerfüllte Reden, als konkrete Einheiten von sprachlichem Leib und ausgedrücktem Sinn. Aber sie betreffen sie schon hinsichtlich der sprachlichen Leiblichkeit selbst, die sozusagen eine g e i s t i g e L e i b l i c h k e i t ist. Das Wort selbst, der grammatische Satz selbst ist eine ideale Einheit, die sich mit ihren tausendfältigen Reproduktionen nicht vervielfältigt.

Die prinzipielle Erörterung der großen Probleme, welche die Klärung des Sinnes und der Konstitution der Objektivitäten der Geisteswelt nach allen ihren Grundgestalten und darunter die Sprache betreffen, bildet ein Reich für sich. Hier ist nur zu bemerken, daß die Sprache für den Logiker in erster Linie nur in ihrer Idealität, als das gegenüber den wirklichen oder möglichen Realisierungen identische grammatische Wort, als identischer grammatischer Satz und Satzzusammenhang in Frage kommt: ganz ähnlich wie das Thema des Ästhetikers das jeweilige Kunstwerk, die jeweilige Sonate, das jeweilige Bild nicht als der vorübergehende physische Tonkomplex oder als das physische Bildding ist, sondern eben das Bild selbst, die Sonate selbst — der eigentlich ästhetische Gegenstand, wie im parallelen Falle der eigentlich grammatische.

Diese ganze Problemgruppe werden wir in den weiteren Untersuchungen außer Betracht lassen, was sich aus ihrem eigenen Inhalt und Zusammenhang hinreichend rechtfertigen wird.

§ 3. *Sprache als Ausdruck des „Denkens". Denken im weitesten Sinn als sinnkonstituierendes Erlebnis*

Wir betrachten nun den zweiten der genannten Titel: das D e n k e n, ein Wort, dessen Sinn aus der so oft genannten Verbindung „die Sprache und das Denken" entnommen werden muß. Dann hat das Wort einen ungeheuer weiten Sinn, der, wie es fast scheinen möchte, das gesamte Seelenleben des Menschen umspannt: denn man pflegt ja auch zu sagen, „in der Sprache drücke der Mensch sein Seelenleben aus". Doch müssen wir hier vorsichtiger sein. Nicht a l l e s Seelenleben „drückt" der Mensch wirklich in der Sprache aus und kann er je durch sie ausdrücken. Wenn die häufige Rede anders lautet, so kommt dies von der Vieldeutigkeit der Rede vom „Ausdrücken" und der mangelhaften Klärung der hier bestehenden Verhältnisse. Vorweg können wir diese Rede vom „Ausdrücken" dadurch begrenzen, daß wir darauf achten, daß mit jedem Worte und mit jeder zur Einheit einer Rede zusammengeordneten Wortverbindung etwas gemeint ist. Genauer gesagt, wo die Rede in natürlicher Funktion verläuft, wirklich als Rede, in der „das und das ausgesprochen ist", da ist die praktische Intention des Sprechenden offenbar nicht letztlich auf die bloßen Worte gerichtet, sondern „durch" die Worte auf deren Bedeutung; die Worte tragen signitive Intentionen, sie dienen als Brücken, um zu den Bedeutungen, zu dem „mit" ihnen Gemeinten überzuleiten. Das gilt, wo immer die Rede normal fungierende und überhaupt wirkliche Rede ist. Ein Papagei redet in Wahrheit natürlich nicht. Wir schließen jetzt auch die lügende Rede aus, die anderes meint, als was sie sagt. Der E i n h e i t  d e r  R e d e entspricht eine E i n h e i t  d e r  M e i n u n g, und den sprachlichen Gliederungen und Formen der Rede entsprechen Gliederungen und Formungen der Meinung. Diese aber liegt nicht äußerlich neben den Worten; sondern redend vollziehen wir fortlaufend ein inneres, sich mit Worten verschmelzendes, sie gleichsam beseelendes Meinen. Der Erfolg dieser Beseelung ist, daß die Worte und die ganzen Reden in sich

[20]

eine Meinung gleichsam v e r l e i b l i c h e n und verleiblicht in sich als Sinn tragen[1].

Wir brauchen nicht weiter zu gehen und können als vorläufigen e r s t e n und w e i t e s t e n B e g r i f f v o n D e n k e n den begrenzen, der alle die seelischen Erlebnisse umspannen soll, in denen dieses Meinen besteht; dieses M e i n e n, worin für das redende Subjekt (bzw. parallel für das hörend verstehende Subjekt) eben die M e i n u n g, also die B e d e u t u n g, der Sinn, konstituiert ist, der sich in der Rede ausdrückt. Sprechen wir z.B. ein Urteil aus, so haben wir ineins mit den Worten der behauptenden Aussage eben Einheit des Urteilens, des innerlich „denkenden" Behauptens vollzogen. Welche psychischen Leistungen immer und sonst noch vollzogen sein mögen, damit die Worte selbst zustande kommen, und welche ihre Rolle spielen mögen für die den „Ausdruck" erzeugende Verschmelzung: wir achten nur auf das Angeschmolzene, auf die Akte des Urteilens, die als sinngebende fungieren, also die in sich die Urteilsmeinung tragen, die in dem Behauptungssatz ihren Ausdruck findet.

Außer Betracht bleiben die zu den Worten, wie zu allen Zeichen gehörigen H i n w e i s t e n d e n z e n, die Phänomene des von sich weg und in die Meinung Hineindeutens. Außer Betracht bleiben auch andere sich mitverflechtende psychische Erlebnisse, wie z.B. diejenigen, in denen wir uns an den Mitunterredner wenden, ihm unser Urteil bekunden wollen usw. Aber natürlich nur soweit in der Rede nicht selbst der Charakter der Anrede ausgedrückt ist, z.B. in der Form „ich sage Dir ...". [21]

Was wir am Beispiel der behauptenden Aussage gelernt haben, gilt allgemein. Sprechen wir einen Wunsch aus, wie „Gott stehe mir bei!" so haben wir mit dem gegliederten Erzeugen der Worte ineins ein gewisses, in eben der Wortgliederung sich ausdrückendes Wünschen, das seinerseits einen parallel gegliederten Gehalt hat. Ebenso, wenn wir einen Befehl, eine Frage aussprechen usw. Soweit gefaßt, heißt D e n k e n jedes in dieser Art zur Hauptfunktion des Ausdrucks (eben der, etwas auszudrücken) gehörige Erlebnis während des Sprechens, also jedes Erlebnis, in dem sich bewußtseinsmäßig der Sinn konstituiert, der zum ausgedrückten werden soll, und wenn er es wird, die Bedeutung des

---

[1] Vgl. dazu und zum Folgenden *Log. Unters.* II. Bd./1. Teil – I. Unters. S. 23 ff.: Ausdruck und Bedeutung.

Ausdrucks, insbesondere der jeweiligen Rede heißt. Es heißt Denken, möge es ein Urteilen sein oder ein Wünschen, Wollen, Fragen, Vermuten.

Es ist hier aber nicht die Einstellungsänderung zu übersehen, die es jederzeit ermöglicht, Wünschen und Wunsch, Fragen und Frage usw. statt unmittelbar vielmehr urteilsmäßig-mittelbar zum Ausdruck zu bringen, also dadurch, daß eine Urteilssetzung vermittelt, durch die sich z.B. der direkte Wunsch wandelt in eine Urteilsaussage über diesen Wunsch. Dieser ist nun in dem modifizierten Ausdruck, der die Vermittlung andeutet, Moment in einem Urteilsausdruck, wie wenn wir statt $S$ möge $p$ sein sagen: ich wünsche, daß $S$ $p$ sein möge. Wichtig wird diese Modifikation, welche die Rede vom Wunschausdruck oft zweideutig macht, dadurch, daß das Reich der Urteilsbedeutungen in dieser Vermittlung alle anderen Bedeutungsarten in sich aufnimmt, und daß in weiterer Folge die Urteilslogik die Logik aller anderen Bedeutungen in gewisser Weise in sich einzubeziehen vermag. Aber für uns hier ist nicht zu verkennen, daß jene Einstellungsänderungen Aussagen ergeben, die nicht mehr im ersten und eigentlichen Sinn die Wünsche, die Fragen, die Vermutungen usw. zum Ausdruck bringen, sondern immer nur Urteile. Aus schlichten und eigentlichen Wunschaussagen, fragenden Aussagen usw. sind Urteilsaussagen besonderen Sinnes geworden. Mit Rücksicht darauf bleibt es also bei der Vielfältigkeit der Akte, die im eigentlichen Sinne zur Ausdrucksfunktion befähigt sind und bei dem nach der Allgemeinheit dieser Funktion orientierten Begriff des „Denkens".

Damit halten wir zugleich die Universalität der Deckung von [22] Sprache und Denken fest. Das bezeichnet jetzt also für uns zwei parallele Reiche, einander entsprechend als Reich möglicher sprachlicher Ausdrücke (Reden) und Reich möglicher Sinne, möglicherweise ausdrückbarer Meinungen. Sie ergeben in ihrer intentional verflochtenen Einheit das zweiseitige Reich der aktuellen und konkreten, der sinnerfüllten Reden. So ist ja jede Behauptung ineins Rede und aktuelle Meinung, näher Urteilsmeinung, jeder ausgesagte Wunsch ineins Wunschrede und aktueller Wunsch selbst, aktuelle Wunschmeinung usw. Es ist aber bei genauerer Betrachtung sichtbar, daß es sich um mehr als um eine Doppelheit handelt. Es muß zwischen Meinen und Meinung,

Urteilen und Urteil, Wünschen und Wunsch usw. scharf unterschieden werden, so daß eigentlich eine Dreifaltigkeit resultiert, worauf auch schon die Unterscheidung von Denken und Gedachtem (Gedanke) hinwies.

§ 4. *Das Problem der Wesensumgrenzung des zur Bedeutungsfunktion befähigten ,,Denkens"*

Der weiteste Begriff von Denken hat nicht seine zufällige Umgrenzung als empirischer Umfang von Bewußtseinserlebnissen, die in den Sprachen in eine Bedeutungsfunktion eintreten können. Auch nicht die schon wesentliche, aber noch viel zu weite Umgrenzung, die darin liegt, daß selbstverständlich nur Psychisches, nur Bewußtseinserlebnisse sinngebend sein können. Denn nicht alle haben diese Fähigkeit. Erlebnisse ursprünglicher Passivität, fungierende Assoziationen, die Bewußtseinserlebnisse, in denen sich das ursprüngliche Zeitbewußtsein, die Konstitution der immanenten Zeitlichkeit abspielt, und dgl. sind dazu unfähig. Es eröffnet sich hier also das bedeutsame und schwierige **Problem einer wesensmäßigen Umgrenzung dieses allgemeinsten ,,Denkens"**, einer Umgrenzung, die aus exemplarischen Anschauungen unter Wesensverallgemeinerung gewonnen eine Wesensgattung ergeben soll, und zwar mit der Einsicht, daß generell für alle Besonderungen dieses ,,Denkens" Ausdrücke zu bilden sind, für welche sie bedeutungsgebend wären.

Welchen allgemeinen Wesenstypus, so ist die Frage, muß ein Bewußtseinserlebnis haben, um in Bedeutungsfunktion eintreten zu können? Muß es nicht den Typus Ichakt im spezifischen Sinne haben (stellungnehmender Akt) oder einen zu all solchen Akten gehörigen Abwandlungsmodus (sekundäre Passivität, etwa passiv auftauchendes Urteil als ,,Einfall")? Und des weiteren, wie differenziert sich wesensmäßig der hierbei herauszustellende Wesensbegriff des ,,Denkens" in seine Artungen? Auf ihre untersuchende Beantwortung können wir hier nicht eingehen. Wir begnügen uns mit dem Hinweis auf die in exemplarischer Überschau merkliche Einheit und nehmen den weitesten Begriff von Denken als den Rahmen, in dem sich das spezifisch Logische abscheiden muß.

[23]

## § 5. *Vorläufige Umgrenzung der Logik als apriorische Wissenschaftslehre*

Wir versuchen eine erste Umgrenzung des Gebietes zu zeichnen, das der Logik zufallen soll, indem wir uns an das Allgemeinste ihres ursprünglichen historischen Sinnes halten, der im Ganzen bis in unsere Zeit hinein der leitende war. Es sind sichtlich verschiedenartige Klassen von Bedeutungen und bedeutunggebenden Akten zu unterscheiden, nach denen die konkreten „sinnvollen" Reden sich gruppieren: Aussagen (im speziellen Sinne von behauptenden) als Ausdrücke von Urteilen und ihren Modalitäten, Ausdrücke von Gemütsakten, wie die Wünsche, von Willensakten (wie Befehle). Offenbar hängt mit diesen verschiedenartigen Akten die Unterscheidung von Vernunftarten zusammen: urteilende (darunter die spezifisch theoretische) Vernunft, wertende und praktische Vernunft.

Wenn wir der inhaltsreichsten und sozusagen potenzierten Bedeutung des Wortes Logos folgen, der der Vernunft und zudem in Bevorzugung der **wissenschaftlichen Vernunft**, so ist damit zugleich ein ausgezeichneter Akt- und Bedeutungskreis umgrenzt als ein solcher, auf den eben die Wissenschaft als Vernunftbetätigung besonders bezogen ist. Das wissenschaftliche Denken, die beständige Betätigung des Wissenschaftlers ist **urteilendes Denken**; nicht urteilendes überhaupt, sondern ein in gewissen Weisen geformtes, geordnetes, verknüpftes, und zwar nach Zweckideen der Vernunft. Die dabei erzeugten **Gebilde**, in der Wissenschaft sprachlich ausgedrückte und bleibend dokumentierte Gebilde, haben im spezifisch theoretischen Vernunftsinn „logischen" Zusammenhang, den der Theorie und in höherer Stufe des „Systems". Sie bauen sich in bestimmten Formen auf, aus Grundsätzen, Lehrsätzen, Schlüssen, Beweisen usw., sprachlich in vielgliedrigen Reden, die in **einer** Wissenschaft alle zusammengehören zur Einheit einer Rede, die innerlich verknüpft ist durch den Vernunftsinn aller Bedeutungen. Vermöge der objektiven Dokumentierung dieser Bedeutungseinheit und ihrer Nacherzeugbarkeit für jedermann werden sie zu einem Gemeingut der Menschheit. Eine jede Wissenschaft hat es in ihrer theoretischen Arbeit ausschließlich auf „logische" Gebilde abgesehen, Gebilde des theoretischen Logos. In diesem

Sinne ist sie selbst eine „Logik". Aber Logik im üblichen Sinne ist die Wissenschaft vom Logischen überhaupt, zunächst im Sinne derartiger Gebilde der urteilenden Vernunft überhaupt — anderseits aber auch der Wissenschaft von dieser selbst, also von der urteilenden Subjektivität überhaupt, als solche Gebilde erzeugender.

Die Sprache kommt hier sekundär in Betracht, insofern als mit den primären Zwecken der theoretischen Vernunft, die auf der Bedeutungsseite, in der Erzielung von Wahrheiten liegen, sich in der Wissenschaft ein erkenntnis-technischer Zweck verbindet, nämlich der der Förderung der Urteilsarbeit durch eine geeignete wissenschaftliche Sprache. Dazu gehört auch eine möglichst haltbare Dokumentierung der Ergebnisse in der objektiven Kulturwelt.

In unseren weiteren Betrachtungen zur systematischen Klärung der Idee der Logik werden wir uns ausschließlich der Bedeutungsseite der wissenschaftlichen Reden, also rein der urteilenden Vernunft selbst und ihren Gebilden zuwenden. Daß in dieser das primäre und eigentliche Absehen des Erkennenden liegt, zeigt sich darin, daß zwar als erstes im Bewußtseinsfeld und seinen Abgehobenheiten (im sogenannten Blickfeld der Aufmerksamkeit) die Aussagegebilde auftreten, daß aber der thematische Blick immerzu nicht auf die Reden als sinnliche Phänomene, sondern „durch sie hindurch" auf das Gemeinte geht. Sie sind nicht thematische Enden, sondern thematische Zeiger, hinüberweisend zu den eigentlichen logischen Themen.

Den Begriff der Logik haben wir, ihrer historischen Tradition folgend, als Wissenschaft vom Logos in einem prägnanten Sinne gefaßt: als Wissenschaft vom Logos in Form der Wissenschaft, oder als Wissenschaft von den Wesensstücken, die echte Wissenschaft als solche ausmachen. Wir hätten aber den Begriff einer Wissenschaft vom Logos von vornherein in der weiteren Allgemeinheit belassen, bzw. ihn fassen können als Wissenschaft, die in prinzipieller Allgemeinheit das urteilende Denken überhaupt und dessen Gebilde erforscht; darin also beschlossen: das vernünftig urteilende Denken und dessen Vernunftgebilde (darunter also auch diejenigen der unterwissenschaftlichen Stufe). Indessen da die wissenschaftlich urteilende Vernunft in der Weise einer höchsten Stufe alle unteren Stufen von Denkleistungen

voraussetzt und in konkreter Thematik in sich schließt, so liegt
in der Beziehung auf die Wissenschaft, also in der Fassung der [25]
Logik als Wissenschaftslehre, keine Beschränkung, sondern nur der Vorzug der Hinrichtung des Blickes auf die oberste
5 Zweckidee der urteilenden Vernunft.

Als prinzipielle Wissenschaftslehre will die Logik „reine",
„apriorische" Allgemeinheiten herausstellen. Sie will,
wie schon in der Einleitung gesagt wurde, nicht den vorgegebenen
sogenannten Wissenschaften, den faktisch gewordenen Kultur-
10 gestalten dieses Namens, empirisch nachgehen und an ihnen
empirische Typen abstrahieren; sondern frei von aller Bindung
an die Faktizität, die für sie nur die Ausgangspunkte exemplarischer Kritik liefert, will sie die in aller Auswirkung eines rein
theoretischen Interesses dunkel vorschwebenden Zweckideen zu
15 vollendeter Klarheit bringen. Immerfort den reinen Möglichkeiten
eines erkennenden Lebens überhaupt und in ihm erzielter Erkenntnisgebilde überhaupt nachgehend, will sie die Wesensformen der echten Erkenntnis und Wissenschaft in allen ihren
Grundgestalten zutage bringen und die Wesensvoraussetzungen,
20 an die sie gebunden sind, die Wesensformen der rechten Methoden, die zu ihnen hinleiten.

Wir sprachen von echter Erkenntnis, echter Wissenschaft,
echter Methode. Die logischen Ideen sind durchaus Ideen der
„Echtheit". Das Echte ist das, worauf die Vernunft letztlich
25 hinaus will, selbst in ihrem Verfallsmodus der Unvernunft. Es ist
das, was in der Unklarheit und Verworrenheit „verfehlt" wird,
während es in der Ziel- und Wegklarheit und den ihr zugehörigen
Wesensformen erzielt wird.

*§ 6. Der formale Charakter der Logik. Formales und kontingentes*
30 *Apriori*

Die prinzipielle Allgemeinheit der Logik ist nicht nur überhaupt apriorische oder Wesensallgemeinheit, sondern formale.
Nicht nur die enge und unklar umsteckte Disziplin, die gewöhnlich formale Logik heißt, und die an einen besonderen Begriff
35 des Formalen gebunden ist — mit dem wir uns viel werden beschäftigen müssen —, sondern die Logik überhaupt in ihrem
universalen und erst dann philosophischen Sinne ist, und in allen

ihren Disziplinen, „formal". Wir könnten ebensogut sagen: **Vernunft selbst** und im besonderen auch theoretische Vernunft **ist ein Formbegriff.**
  Zur Kennzeichnung dieses allgemeinsten und höchst wichtigen Begriffes von Form sei folgendes ausgeführt. In gewissem Sinne ist jede Wesenserkenntnis ein Gebilde „reiner" Vernunft — **rein von aller Empirie** (was von anderer Seite auch das Wort apriori anzeigt); aber nicht jede ist in einem **zweiten** [26] **Sinne**, dem der **prinzipiellen Form**, rein. Ein apriorischer Satz über **Töne** überhaupt, also in ‚reiner' Allgemeinheit gedachte, ist nur rein im ersten Sinne, er ist, wie wir es aus gewissen Gründen nennen können, ein „**kontingentes**" **Apriori**. Er hat in dem Eidos Ton einen sachhaltigen Kern, der das Reich der im radikalsten Sinne „prinzipiellen" Allgemeinheiten überschreitet und den Satz an das „kontingente" Gebiet der ideal möglichen Töne bindet. **Die „reine" Vernunft ist nicht nur über alles empirisch Faktische, sondern auch über alle hyletisch-sachhaltigen Wesenssphären erhaben.** Sie ist der Titel für das in sich geschlossene System reiner Prinzipien, die noch vor allem hyletisch-sachhaltigen Apriori und allen damit beschäftigten Wissenschaften vorangehen und andererseits doch sie selbst als Vernunftgebilde — das ist der Form nach — beherrschen.
  Um uns den Begriff des kontingenten Apriori näherzubringen, wird es im Rahmen unserer jetzigen bloß vordeutenden Betrachtungen genügen, folgendes auszuführen: eine Subjektivität überhaupt (einzelne oder kommunikative) ist nur denkbar in einer Wesensform, die wir in ihren sehr vielfältigen Gehalten in fortschreitender Evidenz gewinnen, indem wir unsere eigene konkrete Subjektivität anschaulich enthüllen und, durch freie Abwandlung ihrer Wirklichkeit in Möglichkeiten einer konkreten Subjektivität überhaupt, unseren Blick auf das dabei erschaubare Invariable, also das Wesensnotwendige richten. Halten wir bei dieser freien Abwandlung von vornherein fest, daß die Subjektivität immerzu „vernünftige", insbesondere immerzu urteilend-erkennende soll sein und bleiben können, so stoßen wir auf bindende Wesensstrukturen, die unter dem Titel reiner Vernunft stehen und im besonderen reiner urteilender Vernunft. Zu ihr gehört als Voraussetzung auch eine beständige und wesensnot-

wendige Bezogenheit auf irgendwelche hyletischen Bestände, nämlich als apperzeptive Grundlagen der für das Urteilen notwendig vorauszusetzenden möglichen Erfahrungen [1]. Bestimmen wir also den Begriff der prinzipiellen Form durch die wesensnotwendigen Bestände einer vernünftigen Subjektivität überhaupt, so ist der Begriff Hyle (durch jedes „Empfindungsdatum" exemplifiziert) ein Formbegriff, und nicht, was sein Kontrast sein soll, ein kontingenter Begriff. Anderseits ist es für eine urteilend-erkennende Subjektivität (und so ähnlich für eine vernünftige überhaupt) keine Wesensforderung, daß sie gerade Farben oder Töne, daß sie sinnliche Gefühle gerade der und der Differenz und dgl. muß empfinden können — obschon auch solche Begriffe als apriorische (von allem Empirisch-Faktischen befreite) zu bilden sind. Auch sie haben also ihr Apriori, das aber kontingent und kein Apriori der reinen Vernunft ist, oder wie wir auch durch Hereinziehung eines alten Wortes, das dunkel in dieselbe Richtung hinstrebt, sagen können: kein „eingeborenes" Apriori.

Beschränken wir uns auf die urteilende Vernunft, so bezeichnet sie als reine Vernunft, als vollständiges System dieses im **prinzipiellsten Sinne formalen Apriori** zugleich das denkbar höchste und weiteste Thema der Logik, der „Wissenschaftslehre". Die Logik, können wir danach sagen, ist die **Selbstauslegung der reinen Vernunft** selbst, oder, ideal gesprochen, die Wissenschaft, in der die reine theoretische Vernunft vollkommene Selbstbesinnung durchführt und sich in einem Prinzipiensystem vollkommen objektiviert. Darin ist die reine Vernunft, bzw. die Logik auf sich selbst zurückbezogen, die Selbstauslegung der reinen Vernunft ist selbst rein-vernünftige Betätigung und steht eben unter den Prinzipien, die dabei zur Auslegung kommen.

## § 7. *Die normative und die praktische Funktion der Logik*

Selbstverständlich ist die ausgezeichnete normative Funktion der Logik. Jede apriorische Wissenschaft ist zu normativen Funktionen berufen, nämlich in Hinsicht auf die unter ihr stehen-

---

[1] Zur Bezogenheit alles Urteilens auf Erfahrung vgl. unten II. Abschnitt, 4. Kapitel, §§ 83–87. Zum Begriff der Hyle vgl. auch meine *Ideen*, S. 171 ff.

den Tatsachenwissenschaften. Aber universale Norm im höchsten Sinne und in denkbar größter Universalität ist allein die Logik. Sie normiert aus den Prinzipien der reinen Vernunft selbst und normiert die Vernünftigkeit als solche. An ihren formalen
5 Erkenntnissen ist zu messen, inwieweit prätendierte Wissenschaft der Idee der echten Wissenschaft gemäß ist, inwieweit ihre Einzelerkenntnisse echte Erkenntnisse, die Methoden echte Methoden sind, also Methoden, die ihrer prinzipiellen Form nach den formal allgemeinen Normen der reinen Vernunft genugtun.
10  Ineins damit, daß die Logik normative Funktionen übernimmt, tritt sie auch ein in Funktionen praktischer Wissenschaftsgestaltung und ist dann auch einbeziehbar in eine logisch-praktische Technologie, sich evtl. mit Empirisch-Anthropologischem verflechtend. Dabei ist sie wie als Wissenschaft so auch normativ
15 auf sich selbst zurückbezogen. Das erste, weil sie, wie schon gesagt worden, apriorische Wissenschaft von der Wissenschaft [28] überhaupt ist und zugleich selbst Wissenschaft; das andere, weil sie in ihrer fortschreitenden praktischen Arbeit die schon gewonnenen Ergebnisse als Normen verwerten muß, evtl. normativ
20 zurückgehend auf das schon in naiver Evidenz Gestaltete.
 Die Logik wird normativ, wird praktisch, sie kann in entsprechender Änderung der Einstellung in eine normativ-technologische Disziplin umgewendet werden. Aber sie selbst ist an sich nicht normative Disziplin, sondern eben Wissenschaft im präg-
25 nanten Sinne, in dem sich auswirkender rein theoretischer Vernunft — wie alle Wissenschaften sonst. Apriorische Wissenschaften, sagten wir, fungieren *eo ipso* beständig normativ-technologisch, aber sie sind darum Wissenschaften und nicht Technologien. Die Einstellung des Technologen (nicht des Tech-
30 nikers, sondern des eine Technologie Entwerfenden) ist eine wesentlich andere als die des Wissenschaftlers. Sie ist, selbst wenn er auf wissenschaftliche Probleme dabei stößt und sie in technologischem Interesse löst, eine praktische und nicht eine theoretische. Sein Theoretisieren ist hier Mittel für eine (außer-
35 theoretische) Praxis. Es macht keinen wesentlichen Unterschied, daß hier nicht eine individuelle Einzelpraxis in Frage ist, sondern eine allgemeine Art Praxis, die in praktischer Vernunft allgemein erwogen, geregelt und gefördert werden soll. Ebenso verhält es sich, wenn wir das bloße Normieren, noch vor den Fragen

einer entsprechenden Neugestaltung der Praxis, für sich nehmen. Das Ziel ist, sich oder anderen in gewisser Weise „praktisch" zu nützen und nicht rein theoretische Interessen zu befriedigen.

Freilich ist der Unterschied insofern doch wieder ein relativer, als auch die rein theoretische Betätigung eben Betätigung, also bei naturgemäßer Weite des Begriffes eine Praxis ist, und als solche im universalen Zusammenhang praktischer Betätigungen überhaupt unter formalen Regeln der universalen praktischen Vernunft (den ethischen Prinzipien) steht, Regeln mit denen eine *science pour science* kaum verträglich sein wird. Aber es bleibt dann der wesentliche Unterschied bestehen, daß alle Wissenschaften unter der I d e e eines ins Unendliche sich auswirkenden Interesses der theoretischen Vernunft stehen. Diese Idee ist dabei bezogen gedacht auf die Idee einer ins Unendliche fortarbeitenden Forschergemeinschaft, vergemeinschaftet in Hinsicht auf Betätigungen und Habitualitäten der theoretischen Vernunft. Es sei hier nur erinnert an das füreinander und miteinander Arbeiten der Forscher unter wechselseitiger Kritik der Ergebnisse, wobei die der einen in der Übernahme Vorarbeiten für die anderen sind usw. Ein Leben der Einzelnen und Vielen gemäß dieser Idee verträgt sich aber z.B. mit der Überzeugung, [29] daß alle so in Gemeinschaft gewonnenen theoretischen Ergebnisse, und die unendliche Wissenschaft selbst, übertheoretische Menschheitsfunktion haben; so wie sich auch für den Einzelnen der bleibende wissenschaftliche Beruf, in der immer nur zeitweiligen Berufsübung, verträgt mit seinen sonstigen außertheoretischen Zwecken als Familienvater, als Bürger usw., und sich ethisch einordnen muß in die oberste praktische Idee eines universalen ethischen Lebens, des individuell eigenen und dessen der offenen Menschengemeinschaft.

### § 8. *Die Doppelseitigkeit der Logik; die subjektive und die objektive Richtung ihrer Thematik*

Die Logik als Wissenschaft vom Logischen überhaupt und in der obersten, alle anderen Formen des Logischen umspannenden Gestalt, als Wissenschaft von der Wissenschaft überhaupt, ist z w e i s e i t i g gerichtet. Überall handelt es sich um Vernunftleistungen, und zwar in dem doppelten Sinne der l e i s t e n d e n

Tätigkeiten und Habitualitäten, anderseits der dadurch geleisteten und hinfort verharrenden Ergebnisse.

In der letzteren Hinsicht sind also das Thema der Logik die mannigfaltigen Formen von Urteils- und Erkenntnisgebilden, die den Erkennenden während des Vollzuges ihrer Denktätigkeiten erwachsen, und zwar in der besonderen Weise des „Themas". Die jeweiligen Gebilde sind eben das, worauf der Denkende als zu einem bleibenden Erwerbe hinaus will, und das ihm zugleich als Mittel dienen soll, um neue solche Erwerbe zu gewinnen. Es ist jeweils nicht nur überhaupt etwas geworden, sondern geworden als Abgezieltes der Denkhandlung; in besonderer Weise ist der Denkende darauf „gerichtet", er hat es „objektiv" vor sich. In ihren höher gebauten Formen überschreiten diese Gebilde allerdings die jeweilige Sphäre der Bewußtseinspräsenz. Sie bleiben dabei aber doch Bestandstücke eines sich forterstreckenden, thematisch umspannten „Feldes", eines eigenen Reiches praktischer Erzeugnisse, auf die man immer wieder „zurückkommen", mittels deren man immer wieder neue Gebilde erzeugen kann, Begriffe, Urteile, Schlüsse, Beweise, Theorien. In der Einheit einer Wissenschaft sind alle solche Gebilde und ist das gesamte Feld der Erzeugnisse, die in der Einheit eines theoretischen Interesses entsprungen sind, alleinheitlich verbunden zu einer universalen Theorie, deren systematisch ins Unendliche fortlaufende Ausgestaltung das Gemeinschaftsziel der in offener Gemeinschaft miteinander und füreinander arbeitenden Wissenschaftler ist. Durch sie soll das jeweilige Wissenschafts„gebiet" zur systematischen Erkenntnis gebracht werden in einer Alleinheit von Erkenntnisgebilden, genannt theoretische Wahrheiten, die sich aufeinander bauen zur Einheitsform eines Wahrheitssystems.

All dieses Objektive hat nicht nur das flüchtige Dasein des im thematischen Feld als aktuelle Bildung Auftretenden und Vergehenden. Es hat auch den Seinssinn bleibender Fortgeltung, ja sogar den objektiver Gültigkeit in besonderem Sinn, über die aktuell erkennende Subjektivität und ihre Akte hinausreichend. Es bleibt Identisches in der Wiederholung, wird in der Weise eines bleibend Seienden wieder erkannt; es hat in der dokumentierten Form objektives Dasein, ebenso wie die sonstigen Gegenständlichkeiten der Kulturwelt: es ist so in einer objektiven Dauer für

[30]

jedermann vorfindlich, in selbem Sinne nachverstehbar, intersubjektiv identifizierbar, daseiend, auch wenn niemand es denkt.
Die Gegenrichtung logischer Thematik ist die **subjektive**. Sie geht auf die tief verborgenen subjektiven Formen, in denen die
5 theoretische „Vernunft" ihre Leistungen zustande bringt. Zunächst ist hier in Frage die **Vernunft in der Aktualität**, nämlich die in lebendigem Vollzug verlaufende Intentionalität, in der jene objektiven Gebilde ihren „Ursprung" haben. Mit anderen Worten: es ist deren Leistung, daß im thematischen
10 Felde des vollziehenden Subjektes die jeweiligen Gebilde, die jeweiligen Urteils- und Erkenntnisgegenständlichkeiten im Charakter von Erzeugnissen „objektiv" auftreten. Während die entsprechende Intentionalität in Vollzug ist, während sie als in dieser Art objektivierend leistendes Leben verläuft, ist sie „unbewußt",
15 d.h. sie **macht** thematisch, aber ist eben darum und wesensmäßig nicht selbst thematisch. Sie ist verborgen, solange sie nicht durch eine Reflexion enthüllt und damit selbst zum Thema geworden ist, und zum theoretischen Thema in der subjektiv gerichteten logischen Forschung. Der geradehin Urteilende und in
20 welcher Weise immer Denkende (z.B. begriffliche Gestalten beliebiger Komplexion Erzeugende) hat „bewußt", hat thematisch vor sich ausschließlich die jeweiligen Gebilde. Jedes in diesem Sinne objektiv Logische für sich hat sein „subjektives" Korrelat in seinen konstituierenden Intentionalitäten, und wesensmäßig
25 entspricht jeder Form der Gebilde ein als subjektive Form anzusprechendes System leistender Intentionalität. Doch kommt auch mit in Frage die **weitere subjektive Leistung**, vermöge deren das aktuell Konstituierte für die Erkennenden aus Quellen ihrer Habitualität mehr ist als dieses momentan The- [31]
30 matische der aktuellen Gegenwart. Diese Leistung macht es, daß das Konstituierte wirklich **als Objektives** bewußt werden kann, als der Subjektivität bleibend Geltendes, und daß es in der Erkenntnisgemeinschaft, bzw. für sie, den Sinn einer „**an sich**" seienden idealen Objektivität annimmt.
35   Die Doppelseitigkeit alles Logischen bietet für die Auslegung des rechten Sinnes und der rechten Gestaltung der ihr gemäß sich scheidenden und wieder verflechtenden Problemgruppen ganz außerordentliche Schwierigkeiten. Man kann sagen, an ihnen liegt es, daß die Logik nach Jahrtausenden noch nicht auf die

feste Bahn einer wahrhaft rationalen Entwicklung gekommen ist, daß sie nicht, was doch ihr eigentümlicher Beruf unbedingt forderte, zu einer Wissenschaft geworden ist, die zum klaren Bewußtsein ihrer Ziele vorgedrungen wäre und diese in sicherem Fortschreiten von Stufe zu Stufe verwirklicht hätte. Nahezu alles, was den Grundsinn der Logik, ihrer Problematik, ihrer Methode betrifft, ist aus dieser trüben Quelle, aus der unverständlich gebliebenen und nie in rechter Weise befragten Objektivität aus subjektiver Leistung, mit Unverständlichkeiten behaftet. Alles ist daher umstritten und doch nie im Streite geklärt. Selbst die ideale Objektivität der logischen Gebilde und der apriorische Charakter der auf sie speziell bezüglichen logischen Doktrinen und dann auch der Sinn dieses Apriori ist von eben dieser Unklarheit betroffen, da ja das Ideale in die subjektive Sphäre hineingestellt erscheint, aus ihr als Gebilde entspringt.

Was wir bisher über die Logik gesagt haben, ist also in einer vorläufigen Überschau und in einer Einsicht gesprochen, die sich erst durch konkretere Auslegungen und, soweit es uns nützlich erscheint, durch Verständigung mit den historischen Motivationen und den aus ihnen entsprungenen Interpretationen der Logik zu bewähren hat.

§ 9. *Die gerade Thematik der „objektiven" oder „positiven" Wissenschaften. Die Idee doppelseitiger Wissenschaften*

Die Zweiseitigkeit, die zu allem Logischen gehört, besagt, wie schon aus unseren ersten Erläuterungen hervorgeht, **nicht eine Gleichordnung der beiden Seiten**, der objektiven und der subjektiven. In schlichter Hingabe an die Sachen denken heißt ein zusammenhängendes thematisches Feld schaffen, in dem ausschließlich die jeweiligen Denkgebilde liegen. Auf sie geht das Absehen der Denkenden; sie sind Denkergebnisse und zugleich Unterstufen für neue Denkhandlungen. Das Denken selbst, konkret verstanden als die, unbekannt wie, beschaffene Intentionalität, in deren „Synthesis" sich die Denkgebilde als „Sinneseinheiten" konstituieren, bedarf erst der Enthüllung, was in einem neuen Denken statthaben würde.

Das Denken der Wissenschaftler ist — aktuell und habituell, einzelsubjektiv und intersubjektiv — zusammenhängendes Den-

[32]

ken. Es hat Zusammenhang durch die Einheit eines theoretischen Interesses, bzw. durch die Einheit des Wissenschaftsgebietes, das konsequent durchforscht und erkannt werden soll. Was an Urteils- und Erkenntnisergebnissen für dieses Gebiet im wissen-
5 schaftlichen Denken erwächst, bildet ein offen endlos **thematisches Feld für sich**, die sich fortbauende Einheit der **Wissenschaft als Theorie**, eine Mannigfaltigkeit zusammengehöriger, miteinander thematisch verflochtener Themen.

Dieses thematische Feld wird durch subjektiv gewandte Re-
10 flexionen **überschritten**. Im allgemeinen wird also der Wissenschaftler in der Ausschließlichkeit seines theoretischen Interesses für sein besonderes Gebiet keine subjektive Thematik in die Forschung einbeziehen. So wird z.B. der Geometer nicht daran denken, neben der Erforschung der geometrischen Gestalten auch
15 das geometrische Denken zu erforschen. Es mag sein, daß Übergänge in die subjektive Einstellung für das eigentliche Absehen auf die Theorie des Gebietes gelegentlich dienlich ja, notwendig sind; wie bei sonstigen weit ausschauenden Handlungen kann auch bei den theoretischen das Bedürfnis erwachsen, in reflek-
20 tiver Besinnung zu fragen: „welche Methode schlage ich nun ein, welche Prämissen können mir dienen"? Aber das Subjektive, das dabei in den Blick tritt, gehört nicht selbst zu dem, worauf die Wissenschaft hinaus will, zu ihrem eigentlichen Thema, das als universale Theorie alle Sonderthemen in sich faßt.
25 Ebenso steht es mit dem sonstigen Hineinziehen der Subjekte und ihrer Akte in die wissenschaftliche Rede; das Subjektive des Denkens und der denkenden Subjekte selbst wird damit nicht selbst ins Thema, in das jeweilige wissenschaftliche Gebiet und seine Theorie, einbezogen. So in allen „**objektiven**" oder
30 „**positiven**" **Wissenschaften**, an die in der Regel allein gedacht wird, wenn schlechthin von Wissenschaften die Rede ist. Das liegt daran, daß die Idee von **Wissenschaften einer konsequent doppelseitigen Thematik**, einer die Theorie des wissenschaftlichen Gebietes konsequent mit einer Theorie
35 der Erkenntnis dieser Theorie verbindenden, erst in der Neuzeit, und zudem so unklar durchgebrochen ist, daß sie erst um ihren eigentümlichen Sinn und ihr Recht zu ringen hat.

Die positiven Wissenschaften wirken sich ausschließlich in der [33] **Ebene der Theorie**, der geradehin in thematischer Richtung

auf das Erkenntnisgebiet zu gestaltenden, aus; also in der fortlaufenden kategorialen Ausgestaltung der in das bestimmende Denken aufgenommenen Erfahrungsgegenständlichkeiten des Gebietes und in der systematischen Verknüpfung der dabei ge-
5 wonnenen Gestalten zu immer höherstufigen Erkenntnisgebilden, zum offen endlosen und doch systematisch einheitlichen Bau der wissenschaftlichen Theorie des Gebietes.

Diese theoretische Ebene schließt die wissenschaftliche Thematik ab, und so sehr, daß die positiven Wissenschaften bewußt
10 bestrebt sind, den Begriff der theoretischen Objektivität noch strenger zu fassen, nämlich so, daß sie vieles von dem, was der vorwissenschaftlich Erfahrende und Denkende als objektives Thema vorfindet, noch als bloß subjektiv ausschalten, wie der Naturforscher die „sinnlichen Qualitäten". Das erfahrende Ein-
15 zelsubjekt findet die Naturobjekte als sinnlich Qualifiziertes vor, aber als Objekt, als an und für sich seiend, in diesem Sein nicht durch die reflektiv zu fassenden Akte des Erfahrens und Erfahrungsdenkens betroffen, nicht durch deren Gehalte bestimmt und zu bestimmen. Jedoch in der intersubjektiven Vergemeinschaf-
20 tung des Erfahrens und Denkens zeigt sich eine Abhängigkeit der Gehalte sinnlich erfahrener Objektivität und der ihnen sich anmessenden deskriptiven Begriffe von den erfahrenden Subjekten, während doch die Identität der jeweiligen Objekte intersubjektiv erkennbar und bestimmbar bleibt. Eine rein objektive Wissen-
25 schaft will die Objekte statt in solchen subjektiv-relativen Bestimmungen, wie sie aus direkter sinnlicher Erfahrung zu schöpfen sind, vielmehr in streng und rein objektiven Bestimmungen theoretisch erkennen, Bestimmungen, die für jedermann und jederzeit gelten, bzw. in denen theoretische Wahrheiten nach
30 einer von jedermann zu übenden Methode erwachsen, die den Charakter von „Wahrheiten an sich" haben — im Kontrast zu den bloß subjektiv-relativen Wahrheiten.

§ 10. *Die historische Psychologie und die subjektiv gerichtete Thematik der Wissenschaften*

35 Schließen sich danach die positiven Wissenschaften gegen alles ab, was zum bloß Subjektiven des Erfahrens und Denkens der Sachen gehört, um der Idee des reinen Objektes als ausschließ-

lichen Themas genugzutun, so tritt doch in ihrem Kreis eine eigene positive Wissenschaft von den Subjekten auf, die Wissenschaft von den Menschen und Tieren, bzw. die **Psychologie**, [34] die an diesen das Psychische, das spezifisch Subjektive zum
5 Hauptthema macht. Wäre diese Psychologie in der Tat die Wissenschaft von allem Subjektiven, so würde sie zu allen Wissenschaften in einem merkwürdigen Korrelationsverhältnis stehen. Alle sind subjektive Gebilde, alle haben ihre objektive Thematik aus verborgenen Leistungen her. Schon ihre Gegen-
10 standsgebiete sind vortheoretisch für die Forschenden da aus subjektiven Quellen, aus denen der vorgebenden einstimmigen Erfahrung; als Erfahrenheiten und Erfahrbarkeiten bewegen sie das theoretische Interesse und nehmen sie kategoriale Gestalten an, darunter die der wissenschaftlichen Wahrheit in wissen-
15 schaftlicher Evidenz. Die universale Wissenschaft vom Subjektiven würde danach alles erdenkliche Seiende eben als Erfahrbares und theoretisch Wahres befassen. Sie wäre Wissenschaft von der universalen Subjektivität, in der alles, was Wahrheit ist, aus einem wirklichen und möglichen Leben her, mit den in ihm
20 selbst sich vorzeichnenden Möglichkeiten der Erfahrung und Theorie, den Sinn wahren Seins empfangen würde. Für eine jede Wissenschaft als gewordene und fortwerdende Leistung würde sie die korrelative Wissenschaft von eben dieser Leistung sein. Da diese Psychologie selbst Wissenschaft wäre, würde sie auf sich
25 selbst reflektiv zurückbezogen sein; als Wissenschaft von allem Subjektiven wäre sie auch Wissenschaft von demjenigen Subjektiven, aus dessen Quellen sie ihre Leistungen vollbringt. Das wiederholte sich bei ihr in einer Unendlichkeit von Stufen.

Es ist offenbar, daß keine der historisch gewordenen Psycholo-
30 gien alter und neuer Zeit je dieser Universalität genuggetan, ja sie auch nur als Problem ernstlich durchdacht hat. Unbestritten ist, daß eine Anthropologie und Zoologie, darin beschlossen eine Psychologie und Psychophysik der Menschen und Tiere einen guten Sinn hat. Wiefern sie aber zu jenen universalen Korre-
35 lationsaufgaben hinsichtlich aller Wissenschaften und alles für uns je Seienden befähigt sei, das kann man als das große Rätsel der Neuzeit bezeichnen, mit den ihr eigentümlichen und in immer neuen Anhieben versuchten Transzendentalphilosophien, Erkenntniskritiken, Erkenntnistheorien, Verstandes- und Ver-

nunftlehren, oder wie immer die gewählten Titel lauten mochten. Darüber werden wir selbst von unseren Strukturforschungen zur Idee der Logik aus genauere Erwägungen anstellen müssen[1].
Hier an dieser Stelle kommt es nur auf die scharfe Beleuchtung
5 des Kontrastes an: zwischen der „geraden" Thematik der positiven Wissenschaften, die bestimmt ist durch ein jeweiliges, [35] durch (intersubjektive) Erfahrung vorgegebenes Gegenstandsgebiet, dem sie sich in ausschließlichem Interesse hingibt, und anderseits der eben dadurch ausgeschlossenen, aber nun offen
10 möglichen Reflexionsthematik, nämlich in Hinsicht auf die erfahrend-erkennend-leistende Subjektivität.

### § 11. *Die thematischen Tendenzen der traditionellen Logik*

a) Die Logik ursprünglich auf die objektiven theoretischen Denkgebilde gerichtet.

15 Von der Betrachtung der Wissenschaften gehen wir nun über zur Logik, die ja als Wissenschaftslehre an den Wissenschaften sich exemplarisch orientierte, und fragen, wie sich die beschriebenen Wesensverhältnisse von Objektivem und Subjektivem in ihrer historischen Ausbildung auswirken.

20 Selbstverständlich hatte sie von Anfang an und eigentlich auch bis in unsere Zeit hinein keine anderen als objektive, „positive" Wissenschaften, obschon in sehr verschiedener Entwicklungsstufe, vor Augen und als ihre Leitung. Demgemäß konnte sie als **ihr erstes universales Thema** nichts anderes finden als
25 **das Reich der thematischen Gebilde** des wissenschaftlichen Denkens in bezug auf irgendwelche, wie immer vorgegebenen objektiven Gebiete — also Urteile mit den in ihnen auftretenden „Begriffen", Schlüsse, Beweise, geschlossene Theorien, mit den zugehörigen Modalitäten und den normativen Unter-
30 schieden der Wahrheit und Falschheit. Alle diese wirklichen und prätendierten Wissensgebilde nach ihrer Formtypik und den mit dieser verflochtenen Bedingungen möglicher Wahrheit zu erforschen, war die zunächst sich darbietende Aufgabe.

Allerdings, das in natürlicher Weise vorwiegend erkenntnis-
35 praktische Interesse der Logiker, das Absehen auf eine vernünftige

---

[1] Vgl. II. Abschnitt, § 79.

Leistung der Erkenntnisstrebungen und Erkenntnishandlungen dirigiert den Blick eben auf diese. Aber dabei kam es keineswegs auf eine enthüllende Versenkung in die konstitutive Intentionalität an, die sich in den erkennend Strebenden und Handelnden verborgen abspielt, sondern nur auf das, was hier wie bei jeder wollenden Abzielung und Handlung ineins mit der Zielstellung und dem realisierenden Werden der Ergebnisse im Bewußtseinsfeld selbst sozusagen sichtlich und abgehoben vorgeht unter dem Titel „ich erstrebe das und das, ich erzeuge es, es wird willentlich von meinem Ich her". Daran sind wie überall die Gebilde in ihren vielgestaltigen Gehalten und Gliederungen und in den Stufen von Zwischengebilden das eigentlich zu Beschreibende, gegenüber dem einförmigen und immer gleichen „ich ziele darauf und realisiere Glied für Glied".

Wir werden diesen wichtigen Punkt noch näher erörtern. Hier weisen wir zunächst auf folgenden wesentlichen Unterschied hin. Die theoretischen Gebilde bieten sich nicht wie die Ichakte als vorübergehende und nur zu wiederholende dar, sondern wie Objekte, und das heißt als sozusagen greifbare, der Betrachtung standhaltende, immer wieder identifizierbare und als der wiederholenden Betrachtung, Analyse, Beschreibung zugängliche Gegenständlichkeiten — nicht viel anders als die der äußeren Erfahrung. Nur daß sie nicht wie diese passive Vorgegebenheiten, sondern als kategoriale erst durch die theoretische Aktion gegeben sind[1]. Aber dann sind sie eben auch da, zunächst vorgangsmäßig sich aufbauend und dann in Wiederholung der Tätigkeit eben identifizierbar. So sind sie aus jedem eigenen Urteilen als Ergebnis zu entnehmen, in allen Stufen der Komplikation, bzw. aus jedem nachvollzogenen fremden Urteil, wirklichem oder gedachtem, und dann je nachdem als die wirklich „gefällten" Urteile oder als mögliche Urteile. So wie in einem sonstigen Erfahren die Erfahrungsgegenstände, so sind also hier in der „kategorialen Erfahrung" die kategorialen Gebilde (der Ausdruck hier recht weit gefaßt) ursprünglich anschaulich, evident gegeben. Wir werden allerdings noch hören, daß hier bei verschiedener Blickstellung verschiedene Gegenständlichkeiten identifizierbar, in entsprechenden Evidenzen erfahrbar werden können und für den Logiker werden müssen.

---
[1] Vgl. dazu I. Abschnitt, § 46.

So hatte der Logiker also standhaltende Gegenstände als exemplarische Substrate für „Ideationen"; es ergab sich die Möglichkeit für jene „reinen Formalisierungen", durch die die Begriffe der analytisch-logischen „Formen" erwachsen. Diese Formen waren dann ihrerseits erst recht ein derart Festes und Standhaltendes, das nach seinen elementaren Formelementen beschrieben, aber auch unter operativen Gesichtspunkten betrachtet werden konnte. Es waren Weisen konstruktiver Formenabwandlung, Formenverknüpfung in iterativer Wiederholbarkeit als offene Möglichkeiten gegeben, durch die man aus vorgegebenen immer neue Formen erzeugen konnte: wie bei der kombinatorischen Bildung von komplexen Urteilsformen aus einfacheren oder der freien Bildung von Schlußformen aus Urteilsformen. In der formalen Allgemeinheit wurden so im voraus die erdenklichen Möglichkeiten entworfen für die in allen [37] erdenklichen Erkenntnisgebieten konkret zu vollziehenden Formen von Urteilen und Erkenntnissen.

In verständlicher Weise war also schon die anfangende Logik in ihren Besinnungen über Wissen und Wissenschaft vorwiegend von den objektiven theoretischen Gestalten gefesselt, obschon man zunächst und noch langehin nicht daran dachte, das Thema vollbewußt und ausdrücklich auf die puren Urteils- und Erkenntnisgebilde einzuschränken, die doch das eigentliche Feld logischer Arbeit waren. Hatte diese einmal so angefangen, so trieb die innere Konsequenz der Sachen von selbst weiter. Es ist ja im wesentlichen nicht anders wie in den Forschungsgebieten aus jeder Art der Erfahrung. Ist das theoretische Interesse einmal auf ihre Gegebenheiten in irgendeiner Sphäre fixiert, so lebt es sich in Konsequenz aus. Die logischen Gegebenheiten waren eben, wie wir wiederholt betonen, in ihrer Art a u c h Erfahrungsgegebenheiten, identifizierbare und betrachtbare Gegenstände, mochte es hier üblich sein von Erfahrung zu sprechen oder nicht, ja mochte man auch nie der Wesensanalogie ihrer ursprünglichen Gegebenheitsweise mit der der allgemeinen Erfahrung innegeworden sein. Und diese „Erfahrung" (mit ihren Abwandlungen als Erinnerung, als „mögliche" Erfahrung usw.) fungiert wie jede andere als Grundlage für die Bildung deskriptiver Begriffe und den Vollzug von deskriptiven Erkenntnissen, darunter insbesondere Wesenserkenntnissen.

b) **Die Richtung der Logik auf Wahrheit und die dadurch bedingte subjektive Reflexion auf Einsicht.**

Die Einstellung der Logik war nun nicht die auf Urteile überhaupt, auf vermeintes Wissen, sondern letztlich auf **echtes Wissen** und seine typischen Gestalten. Das ergab zunächst unvermeidlich so etwas wie eine **subjektive Wendung**. Man sagte sich etwa, echtes Wissen, Wahrheit, wird in den Betätigungen der „**Vernunft**", in der **Einsicht** erfaßt, die, einmal geübt, wiederholbar und auch von jedem anderen Vernünftigen wiederholbar ist und als geistiger Besitz verbleibt. Sätze, die unmittelbar einsichtig sind, führen in einsichtigen Elementarschlüssen zu Sätzen, die dabei als Folgewahrheiten einsichtig werden. Eine deduktive Theorie, eine echte, ist ein Zusammenhang von Elementarschritten, aus lauter Schritten der **Einsicht** aufgebaut und so eine Einheit der Wahrheit herstellend. Ebenso für die „konkreten" Schlüsse aus uneinsichtigen Prämissen, mit ihrem hypothetischen Erkenntniswert. Es ist dabei ja einsichtig das Als-Folge-Beschlossensein der Schlußurteile in den [38] Prämissen und zugleich einsichtig, daß die Folgen zu Wahrheiten werden müßten, **wenn** sich die Prämissen in der Einsicht als Wahrheiten herausstellen würden. So tritt also in der echten Wissenschaft auf objektiver Seite nichts an Sätzen und Satzzusammenhängen auf, das nicht aus **Einsichten** seinen „Erkenntniswert", seinen Geltungscharakter der Wahrheit, der hypothetischen Folge usw. erworben hätte.

In solchen Reflexionen, die offenbar ja alle anfangende Logik ursprünglich bestimmen, ist also unvermeidlich von **Subjektivem**, vor allem von **Vernunft** und **Einsicht** beständig die Rede: unter welchem Wort sprachüblich übrigens mitgemeint ist auch die bleibende Einsehbarkeit, obschon ursprünglich erworben durch das aktuell tätige Einsehen. Aber wie sehr diese subjektive Rede eine Blickwendung auf das Psychische voraussetzt, so ist doch alles, was in der Wissenschaft als **Ergebnis** zur Feststellung kommt, rein auf objektiver Seite gelegen, und so ist auch das, was der Logiker in jenen Reflexionen thematisch herausstellen und als Theorie der Theorie behandeln will, nur objektiv Logisches.

Es ist hier besonders zu beachten, daß **das in der Einsicht erworbene** „**Wahre**", „**Erfolgende**", „**Widerspruchs-**

lose" als Charakter und Prädikat an den Urteilsgebilden selbst, also auf der objektiven Seite auftritt und somit in den von einer reinen Logik der Bedeutungen zu behandelnden formalen Theorien Thema ist. Alles im prägnanten
5 Sinne „Logische", das „Vernünftige", hat diese Charaktere als objektive an sich, und die Logik muß sie ausdrücklich nennen und nach den Bedingungen ihres rechtmäßigen Zugehörens erforschen. Wahrheit ist die objektive Rede, Einsicht, Vernunft die subjektive und dabei korrelative. So für jeden besonderen
10 Modus von Gültigkeitsprädikaten. Jede einheitlich abgeschlossene und schlechthin aufgestellte wissenschaftliche Aussage hat oder prätendiert zu haben dieses aus Einsicht geschöpfte Prädikat der Wahrheit. In den Wissenschaften wird es als unnütze Selbstverständlichkeit und als lästig in der Wiederholung nicht
15 ausgesprochen, außer etwa in bezug auf vorangegangenen Zweifel und Streit. In der Logik aber ist es in seiner Beziehung zu den bloßen Urteilsformen eben das thematisch Hauptsächliche.

Im übrigen ist die häufige Reflexion auf das subjektive Tun den Wissenschaften gemein mit den sonstigen Gebieten kunstmäßigen
20 Handelns. Im Sinne der Denkgebilde selbst, als aus Denkhandlungen entsprungener, liegt die Anweisung auf die zugehörigen Akte in ihrer Ordnung und Verknüpfung. So kann man die [39] Gebilde auch vom Handelnden und seinem Tun her beschreiben. Statt z.B. zu sagen $a - b + b = a$, kann man auch sagen, man
25 subtrahiere von $a\ b$ und addiere dann wieder $b$ usw., oder statt zu sagen, aus den Prämissen $M$ und $N$ folgt $Q$, sagt man, aus den Urteilen $M$ und $N$ ist zu schließen $Q$. Aber man hat damit nichts Wesentliches gewonnen; es ist zwar auf den mehr oder minder komplexen Rhythmus der Ichakte (der Schritte des *ego*
30 *cogito*) verwiesen, aber für diese Akte selbst ist eigentlich keine Deskription geleistet. Zählen ist Zahlen erzeugen, subtrahieren ist Differenzen erzeugen, multiplizieren Produkte usw., ebenso ist Schließen aus Urteilen Urteilskonsequenzen erzeugen. Man hat die Erzeugnisse im Blick, das, worauf man hinstrebt und was man
35 erzeugt, und hier liegt das Kernhafte und Faßbare, während das leere Ich-zähle, Ich-schließe nichts weiter besagt als das strebende Hinzielen und die Erzeugnisse in ihrem Werden ablaufen lassen. Das soll natürlich nicht sagen, daß es keine subjektiven Analysen und Deskriptionen gibt, sondern nur, daß über die Erzeugnisse

hinaus und ihr subjektives Ablaufen im Modus schrittweiser Verwirklichung, eine intentionale Subjektivität zu erforschen ist, in der die werdenden und gewordenen Erzeugnisse als synthetische Einheiten sich konstituieren — eine Subjektivität, die durch solche bloße Wendung auf das „Ich denke" noch gar nicht erschlossen wird.

c) Ergebnis: Die Zwitterhaftigkeit der historischen Logik als theoretischer und normativ-praktischer Disziplin.

Nach all dem verstehen wir, warum die Logik in ihrer ganzen Entwicklung bis in die neueste Zeit hinein (solange tranzendental-philosophische Motive auf sie nicht radikal wirksam wurden) ihre wesentliche thematische Sphäre im Felde der Theorie, in dem der mannigfaltigen Urteils- und Erkenntnisgebilde haben mußte, und warum die äußerlich stark hervortretende Thematik der subjektiven Denkhandlungen doch nur einen völlig sekundären Charakter hatte.

Doch wir dürfen auch folgendes nicht übersehen. Indem wir die thematischen Tendenzen der traditionellen Logik beschrieben, wie sie von der Leitung durch die positiven Wissenschaften motiviert waren, mußten wir in eigenen Reflexionen die intentionalen Zusammenhänge in einer Bewußtheit und Schärfe zergliedern, die der Logik selbst, bzw. den sie behandelnden Logikern noch fremd war. Worauf wir vorzüglich den Blick gerichtet hatten, die Objektivität der theoretischen Gebilde als Gegebenheiten einer eigenen „Erfahrung" (der „kategorialen", [40] wie wir sie nannten), das ist durchaus nicht in der Tradition zur Geltung gekommen und muß auch heute noch sein Recht erkämpfen. Man wird sich der unentbehrlichen Erweiterung des Objektbegriffes nicht entziehen dürfen, wonach nicht nur reale, sondern auch irreale („ideale") Objekte ihm unterstehen; dem entspricht die Erweiterung des Begriffes der Erfahrung, der in dieser Erweiterung gerade das Wesentliche der Selbsterfassung (Selbsthabe, Selbstgebung) festhält [1].

Die natürlicherweise bevorzugte normative und erkenntnistechnische Einstellung der Logiker rückte, sagten wir oben, für sie das Denken als geistiges Tun in den Vordergrund und damit

---

[1] Vgl. dazu unten II. Abschnitt, 1. Kap., §§ 57–59, auch die Einführung des Begriffs der kategorialen Anschauung *Log. Unters.* II. Bd./2. Teil, S. 142 ff.

das reale Psychische, in dem das Irreale, das ideale Denkgebilde jeweils auftritt. Dieses Tun, bzw. das psychische Subjekt als denkend tätiges, sollte geregelt werden. Das sich vordrängende normative Interesse tendierte begreiflicherweise dahin, die **ideale Objektivität der Gebilde selbst zu verdecken** und desgleichen eine bewußt und **rein** auf sie bezügliche theoretische Thematik nicht aufkommen zu lassen. Das aber, obschon die Arbeit des Logikers es, wie wir oben sahen, doch beständig mit diesen idealen Gebilden zu tun hatte, sie identifizierte, auf Formbegriffe brachte usw. Sie blieben darum doch vom Subjektiven nicht thematisch gelöst. Hier liegen — wir werden noch davon zu sprechen haben — auch sachliche Schwierigkeiten, da es sich nicht um äußere Erzeugnisse, sondern ⟨um⟩ innerhalb der psychischen Sphäre selbst Erzeugtes handelt.

Jetzt kommt es aber für uns nur darauf an, durch Entfaltung der ursprünglichsten für die Logik sinnbestimmenden Intentionalität den wesentlichen Charakter der historischen Logik zu verstehen. Kurz zusammengefaßt, galt es also zunächst sie in ihrer Zwitterhaftigkeit als theoretischer und normativ-praktischer Disziplin zu verstehen und in der damit gegebenen Zwitterhaftigkeit der Thematik, einerseits als der idealen Bedeutungen (der kategorialen Gebilde) und anderseits als Thematik der Denkhandlungen und ihrer normativen Regelung. Weiter aber galt es zu verstehen, daß das theoretisch Greifbare und Kernhafte in dieser Zwitterhaftigkeit, das, was in den historischen syllogistischen Theorien vorlag, im Wesen nichts anderes war, obschon nicht in Reinheit erfaßt, als **Theorie der Theorie**, Theorie also der **Urteils- und Erkenntnisgebilde** des ideal-objektiven Feldes. Was darüber hinausging in subjektiv gerichteten Reden und Gedanken, brachte, so zeigten wir, keine wesentlich neuen Gehalte, sondern nur selbstverständliche subjektive Wendungen. Daran schlossen sich erst sehr spät — mit Einsetzen der psychologistischen oder antipsychologistischen Transzendentalphilosophie — wirklich neue und gehaltreiche subjektive Forschungen, über denen freilich kein guter Stern waltete und die jedenfalls noch um ihren rechten Sinn zu kämpfen haben. Sie ließen und lassen wir vorläufig noch außer Betracht, um, geleitet von unserer selbsterworbenen Einsicht über die rein objektive Thematik der Logik und zunächst in An-

knüpfung an die ursprüngliche logische Apophantik, die wesensmäßigen Strukturen einer objektiven, apophantischen Logik, einer „analytischen", „formalen" zu erforschen und dann die Probleme ihrer wesensmäßigen Um-
5 grenzung zu behandeln. In letzterer Hinsicht unter Anknüpfung an die neuzeitlichen ebenfalls als „analytisch" und „formal" zu bezeichnenden mathematischen Disziplinen, und in der Blickrichtung auf die dunklen Fragen des Verhältnisses dieser „analytischen" Mathematik zur traditionellen formalen Logik, und in
10 weiterer Folge des Verhältnisses der Ideen formale Ontologie und formale Apophantik.

ERSTER ABSCHNITT

# DIE STRUKTUREN UND DER UMFANG DER OBJEKTIVEN FORMALEN LOGIK

## A. DER WEG VON DER TRADITION ZUR VOLLEN IDEE DER FORMALEN LOGIK

### 1. KAPITEL
#### DIE FORMALE LOGIK ALS APOPHANTISCHE ANALYTIK

§ 12. *Die Entdeckung der Idee der reinen Urteilsform*

Nach unseren allgemeinen Ausführungen ist es vorweg verständlich, daß als historisch erstes Stück einer systematisch ausgeführten Logik die Aristotelische Analytik erwuchs, ein erster Anhieb einer Logik theoretischer Gebilde. Es war innerhalb dieser thematischen Einstellung eine „formale" Logik in einem besonderen Sinne, obschon als solche doch nicht zur wesensmäßig vollen Reinheit und Weite sich spannend. In der Überschau über die jeweils sachlich bestimmten Urteile des Lebens und der Wissenschaft trat sofort die allgemeinste Urteilstypik hervor, die Formgleichheiten selbst heterogenen Gebieten angehöriger Urteile. Aristoteles zuerst stellte diejenige Formidee heraus, welche dazu berufen war, den Grundsinn einer „formalen Logik" zu bestimmen, so wie wir sie in der Gegenwart verstehen und wie sie schon Leibniz in seiner Synthese von formaler Logik (als apophantischer) und formaler Analysis zur Einheit einer *mathesis universalis* verstanden hat. Aristoteles zuerst, können wir sagen, vollzog in der apophantischen Sphäre — der der behauptenden Aussagen („Urteile" im traditionell logischen Sinn) — jene „Formalisierung" oder Algebraisierung, welche in der neuzeitlichen Algebra mit Vieta auftritt und welche die seitherige formale „Analysis" von allen materialen mathematischen Disziplinen (Geometrie, Mechanik usw.) unterscheidet. Er ersetzte in den exemplarischen, sachhaltig bestimmten Aussagen die Worte (Termini), in denen sich das Sachliche

bekundet, das, wovon in den Aussagen die Rede ist, das, was die
Urteile als die auf die oder jene Sachgebiete oder Einzelsachen [43]
bezüglichen bestimmt, durch algebraische Buchstaben. Für den
Sinn besagte das, er ersetzte in den Urteilen jeden sachhaltigen
,Kern' durch das Moment ,beliebiges Etwas', wobei die übrigen
Urteilsmomente festgehalten blieben als Momente der Form, als
solche, die im beliebigen Wechsel der Sachbezüglichkeit, bzw.
von Urteilen verschiedener Sachsphären, in Gleichheit verharren.
Ineins mit dieser Fassung der sachhaltigen Kerne als unbestimmter Beliebigkeiten, sprachlich als unbestimmter Termini, $S$, $p$
und dgl., verwandelt sich das exemplarisch bestimmte Urteil in
die allgemeine und reine Formidee, in den reinen Begriff eines
Urteils überhaupt, und zwar je nachdem der bestimmten Urteilsform „$S$ ist $p$", oder der Form „*wenn $S$ $p$ ist, so ist $Q$ $r$*" und dgl.[1]
Allerdings völlig frei ist bei Aristoteles die Variabilität der
Termini und damit die Reinheit der Idee der Form insofern nicht,
als er seine Analytik von vornherein auf die reale Welt bezieht
und somit noch nicht die Kategorien der Realität von ihr ausschließt. Für die Neueren hat erst der Durchbruch der Algebra
den Fortschritt zu einer rein formalen Logik ermöglicht, doch
scheint schon das Mittelalter in der dem Duns Scotus zugeschriebenen Schrift *de modis significandi* die Konzeption des rein
Formalen erreicht zu haben[2], ohne mit dieser Einsicht freilich
durchzudringen.

### § 13. *Die reine Formenlehre der Urteile als erste formallogische Disziplin*

a) Die Idee der Formenlehre.

Die Möglichkeit, alle Urteile unter reine Begriffe der Gestalt
oder Form zu bringen, legte sofort den Gedanken einer deskriptiven Klassenscheidung der Urteile ausschließlich unter diesem

---

[1] Vgl. dazu Beilage I, S. 311 f.
[2] Vgl. M. Heidegger, *Die Kategorien- und Bedeutungslehre des Duns Scotus*, Tübingen 1916, insbes. S. 34. Dazu ferner: M. Grabmann, *Die Entwicklung der mittelalterlichen Sprachlogik* (*Tractatus de modis significandi*). Philosophisches Jahrbuch der Görresgesellschaft 1922, S. 121 ff., 199 ff. – Dasselbe erweitert und neubearbeitet in: Mittelalterliches Geistesleben. Abhandlung zur Geschichte der Scholastik und Mystik. München 1926, S. 104–146; über die bisher dem Duns Scotus zugeschriebene *Grammatica speculativa* als ein Werk des Thomas von Erfurt vgl. bes. S. 118–125.

Gesichtspunkt der Form nahe, also abgesehen von allen sonstigen Unterscheidungen und Fragestellungen, wie der nach Wahrheit oder Widerspruchslosigkeit. Man unterschied so der Form nach einfache und zusammengesetzte Urteile, unter den einfachen die [44]
5 des singulären, partikulären, universellen Urteils, ging zu den komplexen Gestalten des konjunktiven, disjunktiven, hypothetischen und kausalen Urteils über, wohin auch Urteilskomplexe gehörten, die Schlüsse genannt werden. Man zog weiter auch die Modalisierungen der Urteile als Gewißheiten in Be-
10 tracht und die daraus erwachsenden Urteilsformen.

Bei systematisch konsequenter und reinlicher Durchführung solcher Deskription hätte sich eine eigene Disziplin scharf abscheiden lassen, die zuerst in den *Logischen Untersuchungen* definiert und als **reine Formenlehre der Bedeutungen**
15 (oder **rein logische Grammatik**) bezeichnet wurde. Diese reine Formenlehre der Urteile ist die an sich erste formal-logische Disziplin, keimhaft in der alten Analytik angelegt, doch noch nicht zur Auswirkung gekommen. Sie betrifft nach unseren Ausführungen die **bloße Möglichkeit von Urteilen als**
20 **Urteilen**, ohne Frage, ob sie wahr oder falsch, ob sie auch nur bloß als Urteile verträglich oder widerspruchsvoll sind[1].

b) **Die Allgemeinheit der Urteilsform; die Grundformen und ihre Abwandlungen.**

Um die Idee dieser reinen Formenlehre zu erfassen, hätte man
25 sich klar machen müssen, daß im Absehen auf eine Klassifikation möglicher Urteile überhaupt hinsichtlich ihrer Form ,,Grundformen" hervorgehen bzw. ein geschlossenes System von Grundformen, aus denen vermöge einer eigenen Wesensgesetzlichkeit immer neue, immer reicher differenzierte Formen und schließlich
30 das System aller erdenklichen Urteilsformen überhaupt in der Unendlichkeit ihrer differenzierten und sich immer wieder differenzierenden Gestalten konstruktiv erzeugt werden können. Merkwürdigerweise hat man das und damit auch die hierin liegende logische Fundamentalaufgabe nie gesehen.
35 Genauer gesprochen hätte man sich zunächst klar machen müssen, daß eine jede, wie immer gewonnene Urteilsform eine

---

[1] Für die eingehende Begründung der Idee dieser ,,rein-logischen Grammatik" ⟨vgl.⟩ in *Log. Unters.* II. Bd./I. Teil, IV. Unters. S. 294 ff.

Gattungsallgemeinheit ist, nicht nur hinsichtlich möglicher bestimmter Urteile, sondern auch hinsichtlich ihr unterzuordnender reiner Formen. So ist z.B. der Form *S ist p* untergeordnet die Form *Sp ist q* und dieser wieder die Form *(Sp)q ist r*. Aber jede Urteilsform trägt auch eine Allgemeinheit eines ganz anderen Sinnes in sich, nämlich sofern sie eine Mannigfaltigkeit möglicher Formen als ihre „Modifikationen" in sich birgt, z.B. die Form *S ist p* die Modifikationen *„wenn S p ist"*, *„also ist S p"* usw., die dann als Bestandstücke ganzer Urteilsformen auftreten können. Dergleichen gilt für alle und jede Formen. Man hätte ausdrücklich darauf achten müssen, daß die in dieser Art als Differenzen unter einer allgemeinen Form stehenden Formen aus dieser durch K o n s t r u k t i o n abzuleiten sind. Ferner daß nicht jede Form als solche konstruktive Differenzierung anderer Formen anzusehen ist, sondern daß wir überall auf U r f o r m e n zurückkommen. So ist die Form des bestimmenden Urteils *S ist p* (wo *p* eine Beschaffenheit und *S* ihr Substrat bezeichnet) eine Urform, von der aus Besonderungen und Modifikationen abzuleiten sind. Sie ist Urform, genauer besehen ist sie es innerhalb der obersten Gattung „Apophansis" der apophantischen Logik, wenn diese Gattung ausschließlich auf prädikative Urteilsgewißheiten bezogen wird, während die Urteilsmodalitäten, die an sich nicht unter diese Gattung fallen, dadurch in sie einbezogen werden, daß sie eine Umwandlung erfahren in Urteilsgewißheiten geänderten Inhaltes: in Gewißheiten über Möglichkeiten, Wahrscheinlichkeiten usw.

Man kann natürlich die Gattung Apophansis, in ihrer nach besonderen Formen undifferenziert belassenen Allgemeinheit, ebenfalls als Form bezeichnen und in dieser Allgemeinheit in Formbildungen einbeziehen. So können wir, wenn die Buchstabenzeichen abgeschlossene behauptende Aussagen bezeichnen, etwa bilden *A und A'* (als Bildung eines konjunktiven Urteils, also *in forma* als Typus entsprechender Formenerzeugung); ebenso *wenn A, so A'* usw. Die unbestimmten Formen *A* und *A'* können wir dann etwa zunächst durch Urformen von Besonderungen näher bestimmen und von diesen nach irgendwelchen Prinzipien der Formbildung fortschreiten zu immer neuen Formen. Derartige allgemeine Bildungsformen wie die konjunktive und hypothetische sind dann ebenfalls Grundformen zu nennen, sofern sie Grundarten von „Operationen" bezeichnen, die wir mit zwei beliebigen Urteilen vornehmen können, bzw. auch mit zwei beliebigen Urteilsformen.

c) Der Begriff der Operation als Leitbegriff der Formenforschung.

Sind wir auf den Gesichtspunkt der „Operation" (mit Operationsgesetzen, in denen mathematisch gesprochen „Existenzialsätze" liegen) aufmerksam geworden, so werden wir naturgemäß diesen Begriff als Leitbegriff der Formenforschung wählen; wir werden diese Forschung in der Weise einer Aufweisung der Grundoperationen und ihrer Gesetze, sowie der ideellen Konstruktion der Unendlichkeit der Formen diesen gemäß durchführen müssen. Die Grundformen werden dann nicht nebeneinander stehen, sondern auch aufeinander gestuft sein. So ist z.B. die Form $S$ ist $p$ ursprünglicher als die Form $Sp$ ist $q$, die schon eine operative Umgestaltung der ersteren ist, nämlich durch die Operation der Verwandlung eines Prädikates in ein Attribut. Aber diese Form $Sp$ ist $q$ tritt in der Definition dieser Operation auf, sogleich ein neues Prinzip für Formenbildungen in sich tragend. [46]

Schließlich wird man dazu übergehen können, den Gesichtspunkt der Operation so weit zu fassen, daß er schon die Grundform $S$ ist $p$ als eine Operation ansieht, die der Bestimmung eines Bestimmungssubstrates $S$; ebenso jede Modalisierung als eine formbildende und zwar in gewisser Weise sinnumwandelnde Operation, derart daß hinsichtlich der Reihe der Modalitäten aus wesentlichen Gründen die Form der Apophansis (im ursprünglichen Sinn behauptende Gewißheit) als Urform charakterisiert ist und die anderen Formen als ihre Abwandlungen. Man sieht dabei freilich sogleich, daß Operation, in dem Sinne einer freitätig an jedem Urteil zu erzeugenden Wandlung in ein anderes Urteil, einen engeren Begriff abgibt, sofern ja Modalisierung nicht Sache der willkürlichen Umwandlung ist.

Ausdrücklich ist nun noch folgendes hervorzuheben: jede operative Gestaltung einer Form aus Formen hat ihr Gesetz, und dieses ist bei den eigentlichen Operationen von einer Art, daß das Erzeugte abermals derselben Operation unterzogen werden kann. Jedes Operationsgesetz trägt also in sich ein Gesetz der Iteration. Diese Gesetzmäßigkeit iterierbarer Operation geht durch das ganze Urteilsgebiet hindurch und ermöglicht es, mittels aufzustellender Grundformen und Grundoperationen iterativ die Unendlichkeit der möglichen Urteilsformen zu konstruieren.

### § 14. *Die Konsequenzlogik* (*Logik der Widerspruchslosigkeit*) *als zweite Stufe der formalen Logik*

Von der reinen Formenlehre der Urteile unterscheidet sich als eine höhere Stufe der formalen Urteilslogik die Wissenschaft von den **möglichen Formen wahrer Urteile**. Sie ist, wenn auch nicht in solchem systematischen Zusammenhang und in Reinheit, historisch mindestens als ein Stück entwickelt worden. [47] In der Tat lag es nahe, die bloßen Urteilsformen daraufhin zu betrachten, wiefern sie, einzeln oder zu komplexen Formen ausgestaltet, in Wesensallgemeinheit Bedingungen der möglichen Wahrheit und Falschheit für alle erdenklichen Urteile entsprechender Formen in sich bergen. Insbesondere bei den Schlußformen (komplexen Satzformen, in denen sich richtige und falsche Schlüsse bewegen) war es evident, daß nicht beliebige Satzformen zu Formen von echten Schlüssen verbindbar sind, von **wirklich "konsequenten"**. Es ist einsehbar, daß gewisse Schlußformen zugleich den Wert von formalen **Wesensgesetzen** haben, nämlich als generelle Wahrheiten **über Urteilskonsequenz**: über das ("analytische") **Beschlossensein** von Urteilen der und der Form in Prämissenurteilen entsprechender Form. Ebenso: daß andere Schlußformen den Wert von Wesensgesetzen **analytischer Widerfolgen, analytischer "Widersprüche"** haben, daß sie nicht eigentlich Formen von "Schlüssen", sondern sozusagen von "Ausschlüssen" sind.

Bei tieferer Erwägung des Sinnes dieses analytischen Beschlossen- und Ausgeschlossenseins hätte die logische Forschung zur Erkenntnis kommen können, daß die **traditionelle formale Logik keine reine "Logik der Widerspruchslosigkeit"** sei, und daß mit der Herausstellung dieser Reinheit sich eine höchst bedeutsame **innere Scheidung in der Problematik und Theorie der Logik** vollziehen müßte.

Es ist ein eigenes Problem, systematisch die Wesensgesetze aufzusuchen, welche rein das analytische Beschlossensein und Ausgeschlossensein, rein die innere und äußere analytische Widerspruchslosigkeit von
5 Urteilen, den einzelnen oder in Verbindung tretenden, beherrschen. Die Rede ist dann noch nicht von der Wahrheit der Urteile, sondern bloß davon, ob die in der Einheit eines ganzen, ob einfachen oder noch so komplexen, Urteils beschlossenen Urteilsglieder sich miteinander „vertragen" oder
10 einander widersprechen, und damit das betreffende Urteil selbst zu einem widersprechenden, zu einem „eigentlich" nicht vollziehbaren machen. Dementsprechend ist die Rede von logischen Gesetzen, die auf Grund der Form die bloße Widerspruchslosigkeit der Urteile regeln, zu verstehen. Es
15 ist eine wichtige Einsicht, daß Fragen der Konsequenz und Inkonsequenz sich an Urteile *in forma* stellen lassen, ohne dabei im mindesten nach Wahrheit und Falschheit zu fragen, also ohne diese Begriffe und ihre Derivate je in das Thema zu ziehen. Demgemäß nennen wir diese Stufe der formalen Logik auch [48]
20 Konsequenzlogik oder Logik der Widerspruchslosigkeit.

Das Problem der Widerspruchslosigkeit befaßt natürlich auch die Kompossibilität ganz beliebig hergestellter Urteilskollektionen, sofern damit normalerweise mitgedacht ist die Verknüp-
25 fung der Urteile zur Einheit eines kollektiven Urteils — das also von einem urteilenden Subjekt in einem urteilenden Meinen gemeint ist. Ebenso betrifft es die widerspruchslose Vereinbarkeit der Urteile in sonstigen Urteilszusammensetzungen, wie z.B. der Urteile, die als Urteilsglieder in irgendeiner prätendierten
30 Theorie Einheit haben, als welche ja Einheit eines einzigen, nur sehr kompliziert fundierten Urteils höherer Stufenordnung ist. Das gleiche gilt, wenn wir von den komplexen zu den einfachen Urteilen in dem gewöhnlichen Sinne herabsteigen. Als ein einfaches Urteil gilt dann jede für sich abgeschlossene Apophansis,
35 die sich nicht mehr in Urteile gliedert, welche selbst eine solche apophantische Abgeschlossenheit haben. Aber Glieder, die noch als urteilsmäßige, obschon unselbständige Einheiten anzusprechen sind, hat in diesem Sinne auch eine einfache Apophansis, und so erstreckt sich der Unterschied widerspruchsloser Verein-

barkeit und des Widerspruchs auch auf sie und desgleichen erstreckt sich darauf die formale analytische Gesetzmäßigkeit.

Das macht also einen prägnanten, in sich abgeschlossenen Begriff einer „puren apophantischen Analytik" aus, in die dem wesentlichen Gehalt nach die ganze Syllogistik, aber auch, wie wir zeigen werden, viele andere Disziplinen, die der formal-mathematischen „Analysis", hineingehören. Doch wird sich, wie sogleich betont werden mag, auch der ursprüngliche Begriff der Analytik als Analytik im weiteren Sinne nicht entbehren und sich in seinem eigentümlichen Sinne gerade auf Grund des engeren Begriffes im Fortgang unserer Untersuchung zu strenger Bestimmtheit bringen lassen.

Zu den Grundbegriffen der prägnant gefaßten puren Analytik gehören als Grundbegriffe der Geltung (als Normbegriffe) ausschließlich analytische Konsequenz und Widerspruch; dagegen kommen, wie schon gesagt, nicht vor Wahrheit und Falschheit nebst deren Modalitäten. Das ist recht zu verstehen: als zur thematischen Sphäre gehörige Grundbegriffe kommen sie nicht vor. Sie spielen also in dieser puren Analytik nur die Rolle, die sie in allen Wissenschaften spielen, sofern alle Wissenschaften nach Wahrheiten streben, also auch von Wahrheit und Falschheit sprechen: das sagt aber nicht, daß Wahrheit und Falschheit zu ihren „Grundbegriffen" gehören, d.i. Begriffen, die dem jeweiligen Wissenschaftsgebiet eigenwesentlich sind. [49]

### § 15. *Wahrheitslogik und Konsequenzlogik*

Eine höherstufige logische Frage wäre also, nach Abscheidung der puren Analytik, die nach formalen Gesetzen möglicher Wahrheit und ihrer Modalitäten. Welche Mittel hat eine sich an bloße Bedeutungsformen der Aussagen, also an die Urteilsformen bindende Logik, zu einer eigentlichen Logik der Wahrheit zu werden? Es ist sofort sichtlich, daß Widerspruchslosigkeit eine Wesensbedingung möglicher Wahrheit ist, daß aber erst durch einen wesensgesetzlichen und in einer Logik eigens zu formulierenden Zusammenhang dieser an sich zu unterscheidenden Begriffe sich die bloße Analytik in eine formale Wahrheitslogik verwandelt. Darüber später mehr.

Zunächst halten wir uns noch an den Bereich der puren apophantischen Analytik.

### § 16. *Die die Stufenscheidung der Apophantik begründenden Evidenzunterschiede. Evidenz der Klarheit und Evidenz der Deutlichkeit*

a) **Die Vollzugsmodi des Urteils. Deutlichkeit und Verworrenheit.**

Bei der bloßen Vorzeichnung der in einer formalen Logik notwendig vorzunehmenden Scheidungen, mit der die letzten Paragraphen beschäftigt waren, kann es nicht sein Bewenden haben. Es bedarf tiefer dringender, die entsprechend unterschiedenen Evidenzen auslegender Begründungen, mit denen auch erst eine wirkliche Einsicht in die Notwendigkeit und Tragweite dieser Scheidungen sich eröffnen kann.

Ein Urteil kann als dasselbe Urteil evident gegeben sein in sehr verschiedenen subjektiven Gegebenheitsweisen. Es kann auftreten als ein völlig vager Einfall oder auch als völlig vage Bedeutung eines gelesenen, verstandenen und gläubig übernommenen Aussagesatzes. Dabei braucht nicht das mindeste von einem **expliziten Vollzug der urteilenden Spontaneität**, von einem expliziten Subjektsetzen, als Prädikat Daraufhinsetzen, beziehend zu einem anderen, für sich gesetzten Objekt Übergehen usw. statthaben. Schließt sich an das „vage", „**verworren**" urteilende Meinen eines Einfalls ein solcher Prozeß **expliziten Urteilens** an, so sagen wir auf Grund [50] der Synthesis erfüllender Identifikation, die nun eintritt, die verworrene Meinung „**verdeutliche**" sich, jetzt erst sei „**eigentlich geurteilt**" und das **Urteil eigentlich** und selbst **gegeben**, das vorher nur vorgemeint war.

Ebenso in dem Falle des **Lesens** oder **Hörens**. Hier haben wir zwar eine **sinnliche Einheit** und Zusammengehörigkeit der gesehenen oder gehörten **Wortzeichen** in ihrer **sinnlichen Konfiguration** gegeben; aber im gewöhnlichen Lesen **keineswegs ineins damit eine mitgehende Artikulation des wirklichen Denkens, in synthetischer Aktivität Glied für Glied vom Ich her erzeugt**. Vielmehr ist dieser Gang eigentlichen Denkens durch die passiv

verlaufende Synthesis der sinnlichen Wortlaute **nur indiziert**
als **zu vollziehender**.

Bringen wir uns hier die Sachlage etwas näher.

Die Wortlaute haben ihre Indikationen, die in sich unselbständig aufeinander verweisen und aufeinander gebaut sind. Sie schließen sich zusammen zur Einheit eines Wortgebildes, das wieder aus relativ abgeschlossenen Gebilden besteht; jedes ist Träger einer Einheit der Indikation und das Ganze ist eine abgeschlossene Einheit, die noetisch den phänomenologischen Charakter der assoziativen Abgeschlossenheit und parallel (noematisch) der Abgeschlossenheit einer indizierten und entsprechend aus indizierten Gebilden gebauten „Bedeutungs"einheit hat.

Nun können auf der Bedeutungsseite die indizierten Gebilde, **die Urteile selbst**, auftreten in der „**Evidenz**" **fortlaufender Erfüllung der indizierenden Intentionen**, also in der Weise eigentlicher, in **ursprünglicher Aktivität miterzeugter Urteile**; oder sie können wie im passiven Lesen **in leerer Weise indiziert** sein.

Es handelt sich hier um einen Sonderfall einer ganz allgemeinen Gesetzmäßigkeit. In jeder Art **Leerbewußtsein** kann dieser Unterschied des Leervorschwebens auftreten, es kann einerseits in einer innerlich ungeschiedenen, **nicht** in besondere Leermeinungen gegliederten Weise verlaufen, und demgegenüber in der Weise eines gegliederten, gegliedert betätigten Leerbewußtseins. Wie wenn ich einmal in unanschaulicher Weise „verworren-ineins" die Straße vor meinem Haus vorstellig habe und sogar auf sie gerichtet bin, oder aber, und evtl. darauf folgend, im expliziten Durchlaufen und artikulierend die Straßenwindungen, die gepflanzten Bäume, Häuser, die ihr zugehören — immer aber unanschaulich, evtl. mit einigen Punkten momentan durchstoßender Anschaulichkeiten. So kann ein ungegliedertes Leerbewußtsein übergeführt werden in ein „entsprechendes" gegliedertes, wobei der verworren gemeinte Sinngehalt (unter identifizierender Deckung von der Art der „Explikation") sich „auseinanderlegt" als das **Explikat**, als die eigentliche Meinung des vordem verworrenen einheitlichen Gehaltes.

Das gleiche gilt im besonderen Falle von indizierten Urteilsbedeutungen, seien es Bedeutungen von wirklich gegebenen eigenen oder fremden Urteilen oder von in der Phantasie als

[51]

möglich vorstelligen. Dazu ist zu bemerken: die fremden verstehe ich „nach", und dieser Modus des Nachverstehens (und evtl. Miturteilens) ist sorgsam zu unterscheiden vom ursprünglich eigenen Urteilen und seinen verschiedenen Modis — dem jetzt aktuell betätigten Urteilen und wieder dem eigenen vergangenen, aber verworren „wiedererweckten" und nur „noch geltenden" Urteilen usw.

Danach haben wir durch diese Unterschiede in gewisser Weise hindurchgehend zu unterscheiden ein nicht-explizites Urteil, indiziert durch einen explizit auftretenden sprachlichen Satz, und ein entsprechendes explizites, bzw. eine nachträgliche Auseinanderlegung unter Identifikation des Gemeinten.

Bei der Verdeutlichung haben wir aber zwei Fälle zu unterscheiden, neben dem bisher allein beachteten der schlicht-identifizierbaren, der widerspruchslosen Verdeutlichung auch den der widersprechenden. Im Erleben der widerspruchslosen Deckung sehe ich, daß das Explizierte dasselbe ist wie das Unexplizierte, oder daß bloß verdeutlicht ist, was vom Urteilenden in jener verworrenen Meinung gemeint war. Im Gegenfalle des Widerspruchs ist die Einheit der verworrenen Gesamtmeinung als einheitlicher Glaube vorausgesetzt. Im Fortschreiten der Explikation kann nun dieser oder jener neu auftretende Sonderglaube durch den vorher explizit betätigten und in fester Geltung verbleibenden Durchstreichung, Aufhebung erfahren. Damit ineins nimmt alsbald und notwendig der zugrundeliegende Gesamtglaube, der in Explikation begriffene, den Nichtigkeitscharakter an. Wie steht es jetzt mit der Identitätsdeckung von Gesamtexplikanden und Gesamtexplikat? Wir müssen offenbar sagen: in der Durchstreichung ist der Glaube, der diese Modifikation der Durchstreichung über sich ergehen ließ, in gewisser Weise noch da als Glaube dieses Sinnes, allerdings nicht mehr vom Ich her aktuell betätigt oder in ihm als seine fortgeltende Überzeugung verwurzelt, aber ihm noch bewußt als sein früherer Glaube, mit dem ganzen Sinn in seinen Sinnesgliederungen und zugehörigen Glaubensthesen.

Handelt es sich um das Urteilen eines Anderen, so habe ich, [52] wenn ich nicht mitglaube, die „bloße Vorstellung" vom Glauben des Anderen, des und des Inhaltes, eine Vergegenwärtigung analog einer Erinnerung an einen eigenen vergangenen Glauben, den

ich jetzt „nicht mehr mitmache", aber doch jetzt als meinen
früher betätigten Glauben in Erinnerungsgeltung habe. Mein
Urteil — das ich s o e b e n gefällt hatte, aber in der Explikation
verwerfen muß, das also von dem Moment an nicht mehr mein
5 jetziges Urteil, sondern mein soeben gewesenes ist — hat jetzt
gemäß der Explikation den und den expliziten Sinn, ebenso mein
f r ü h e r vergangenes Urteil und in ähnlicher Weise das appräsentierte Urteil des Anderen. Dabei ist zu beachten, daß durch die
Wandlung der Durchstreichung hindurch eine Identitätsdek-
10 kung geht, die die bloße Urteils-„materie" betrifft. Die Durchstreichung ändert nichts an dem retentional oder wiedererinnerungsmäßig oder in der Weise der Einfühlung vergegenwärtigten Urteil; und expliziere ich, was darin liegt, so deckt sich
dieses so Vergegenwärtigte mit dem Explikat, mag ich auch, ex-
15 plizierend, meine Durchstreichung vollziehen. Natürlich sagt
das nicht, daß der Andere im voraus weiß, oder ich früher wußte,
was die Explikation als deutlichen Satz ergeben würde, sonst
könnte ja niemand Widersprüche übersehen, unmittelbare und
mittelbare.
20   Nach diesen Klärungen verstehen wir den wesentlichen Unterschied der v a g e n o d e r „v e r w o r r e n e n" Urteilsweisen
gegenüber den „d e u t l i c h e n", wobei es von vornherein sichtlich ist, daß hier n i c h t in Frage kommt, ob Urteile h i n s i c h t -
l i c h i h r e r S a c h v e r h a l t e E v i d e n z (Anschaulichkeit)
25 haben oder nicht. Auf der einen Seite trat uns der in bezug auf
das sprachliche Denken so wichtige U n t e r s c h i e d i n n e r h a l b
d e r V a g h e i t s e l b s t hervor: nämlich vage kann schon die
Sinnlichkeit der Wortlaute und ihrer Gliederungen sein; es kann
aber auch in dieser Hinsicht scharfe Artikulation statthaben und
30 ineins damit eine A r t i k u l a t i o n d e r I n d i k a t i o n e n.
Aber es f e h l t dann doch die so wichtige D e u t l i c h k e i t d e r
u r t e i l e n d e n M e i n u n g e n s e l b s t, bei denen zwar geglaubt
und insofern geurteilt und doch „eigentlich" nicht geurteilt ist.
   Im sprachlichen Urteilen heißt ein mit den Indikationen mit-
35 gehender expliziter Vollzug des Urteilens mit gutem Grund
„wirklich und e i g e n t l i c h U r t e i l e n"; denn er allein hat
den Wesenscharakter der Ursprünglichkeit, in der das Urteil
*originaliter*, als es selbst, gegeben ist, indem es, was hier dasselbe,
in wirklicher und eigentlicher Aktion des Urteilenden „syntak-

tisch" aufgebaut wird. Nur ein anderer Ausdruck ist: das explizite, das „deutliche" Urteilen ist die Evidenz für das „deutliche Urteil", als die ideale Gegenständlichkeit, die sich in solcher synthetischen Aktion eben ursprünglich konstituiert und in deren Wiederholung identifiziert.

Diese Evidenz ist ursprüngliches Auftreten als es selbst, aber noch nicht ein evident erfahrendes Erfassen und thematisch Betrachten des Urteils: was sich in ihr als einer polythetischen Aktion konstituiert hat, wird hinterher in einem erfassenden Strahl „monothetisch" erfaßbar, das polythetische Gebilde wird zu einem Gegenstand[1].

Natürlich können sich Verworrenheit und Deutlichkeit des Urteilens miteinander mischen, wie wenn wir lesend einige Urteilsschritte und Strecken wirklich und eigentlich vollziehen und dann uns streckenweise von den bloßen Indikationen der Wortgebilde tragen lassen, die, wie gesagt, auch wieder ihre ganz andersartige Deutlichkeit oder Undeutlichkeit haben können[2].

b) Deutlichkeit und Klarheit.

Es kommt aber noch eine andersartige Mischung und sonach bei entsprechender Reinigung ein anderer wichtiger Kontrast für uns in Betracht, nämlich die Mischung bzw. der rein gefaßte Unterschied zwischen „Deutlichkeit" und „Klarheit".

Es scheiden sich hier zwei Evidenzen, diejenige, in der das Urteil selbst als Urteil zur Selbstgegebenheit kommt, das dann auch deutliches Urteil, aus dem wirklichen und eigentlichen Urteilsvollzug entnommenes heißt. Fürs Zweite diejenige Evidenz, in der das zur Selbstgegebenheit kommt, worauf der Urteilende „durch" sein Urteil hindurch will, nämlich als erkennen Wollender — so wie ihn die Logik sich immer denkt.

Explizit urteilen ist noch nicht in „Klarheit" urteilen, als welches in dem Vollzug der Urteilsschritte zugleich Klarheit der Sachen und im ganzen Urteil Klarheit des Sachverhaltes hat. Unklares Urteilen und klares können ein und dasselbe Urteil urteilen, die Evidenz der Selbigkeit des Urteils kann so durch wesentlich verschiedene Gegebenheitsmodi hindurch-

---

[1] Vgl. dazu *Ideen*, S. 247 f.
[2] Vgl. zu diesen ganzen Ausführungen auch Beilage II, S. 314 ff.

gehen; aber nur ein **Urteilen in der Fülle der Klarheit**
kann **aktuelle Erkenntnis** sein und ist dann die **neue
Evidenz** einer Selbstgegebenheit der Sachen selbst, des Sach- [54]
verhaltes selbst, worauf in dem auf Erkenntnis hinstrebenden
5 Urteilen hingezielt ist; auch dort, wo das Urteilen noch völlig
unklar, anschaulich unerfüllt war.

c) **Klarheit der Selbsthabe und Klarheit der Antizipation.**
Doch hier verzweigen sich noch die Unterschiede, insofern als
die „Klarheit" bezeichnen kann das Urteilen in dem Modus des
10 seinen vermeinten Sachverhalt **selbst** gebenden, also das, was
man gewöhnlich als **evidentes Urteilen** im Auge hat, und
wieder das Urteilen im Modus eines sich den vermeinten Sachverhalt **vor-verbildlichenden**, anschaulich machenden
Urteilens. Im letzteren Fall ist nicht der Sachverhalt selbst gegeben,
15 sondern eben ein Vor-bild, eine **anschauliche Antizipation**,
die sich erst zu bestätigen hat in der Selbsthabe. Vollkommene
Klarheit besagt einmal Klarheit des „Sehens", des
„Erfassens" im wirklichen und eigentlichen Sinn, in dem der
Sachverhalt und die in ihn eingehenden Sachen, sie selbst,
20 erfaßt sind; das andere Mal vollkommen verbildlichende Klarheit
des — erst zu verwirklichenden — Zieles, auf das urteilend
hingestrebt ist. Das Erkenntnisstreben geht hier **von der
„Verworrenheit" zur Deutlichkeit**, und ergibt diese
ein noch unvollkommen anschauliches oder gar völlig anschau-
25 ungsleeres, obschon explizit konstituiertes Urteil, so geht sie
**durch dieses hindurch, evtl. zunächst nur zu einer Vor-
verbildlichung** des Erkenntniszieles. Das Übergangsphänomen
synthetischer Deckung heißt dann im gewöhnlichen Wortsinn
**Klärung** des Urteils als Meinung (sich seine Meinung klar
30 machen). Das Erkenntnisstreben ist dadurch aber nicht ans Ziel
gekommen, es geht weiter zu jener **anderen Klarheit**, zur
**Evidenz der Selbsthabe** des Vermeinten, des Endzieles.
Diese beiden Modi der Klarheit haben ihre Gradualitäten der
Vollkommenheit mit den zugehörigen Ideen vollkommener
35 Unklarheit und vollkommener Klarheit[1]. Zudem scheiden sich

---

[1] Die Rede von einem „**Grenzpunkt**" statt von einer Idee der Klarheit, die hier
zunächst sich bietet, wäre nicht immer passend. Nicht immer ist an so etwas wie einen
**Limes** zu denken. So ist vollkommene Evidenz der äußeren Erfahrung eine regula-

im Übergang zur Klarheit, also in den „Klärungen", die Fälle ab, [55]
wo nur einzelne Stücke des zur Setzung Gekommenen Klarheit
gewinnen und gewinnen können, sofern sie sich zwar zu einem
klaren Bilde oder einem evident gegebenen Sachverhalt „selbst"
zusammenschließen, aber so, daß dies anschaulich Gewordene
nicht die urteilende Intention erfüllt, sondern sie aufhebt — in
der Weise der evident werdenden Unmöglichkeit und im anderen
Falle der evident werdenden „Unwahrheit".

§ 17. *Die Wesensgattung „deutliches Urteil" als Thema der
„puren Analytik"*

Die pure apophantische Analytik in unserem prägnanten Sinne
hat als den ihr Gebiet bestimmenden Oberbegriff den des U r -
t e i l s: des e i g e n t l i c h e n, das seinen Seinssinn aus der expliziten Eigentlichkeit des Urteilsvollzuges ursprünglich schöpft,
und nur aus ihr. Das Erkenntnisstreben, das durch solch ein
Urteilen öfter h i n d u r c h geht, und das der Logiker in seinem
Interesse für wissenschaftliches Urteilen, bzw. wissenschaftliche
Urteile, als auf Wahrheit als Erkenntnis gerichtete, vorzüglich
im Auge hat, bleibt in der Sphäre der puren Analytik ganz außer
Frage; es wird davon abstrahiert. Dasselbe Urteil — ob geklärt
und überhaupt zu klären, ob in Erkenntnis überzuführen oder
nicht, nur wirklich a u s d e r E v i d e n z d e r D e u t l i c h k e i t
geschöpft und zu schöpfen — das ist das Thema.

Wie die Logik überhaupt als apriorische Wissenschaft, so hat
es die pure Analytik nicht mit wirklichen Urteilen, also irgend-
wann und -wo wirklich gefällten, sondern mit apriorischen Möglichkeiten zu tun, Möglichkeiten, denen sich alle entsprechenden

---

tive Idee im K a n t i s c h e n Sinne. Äußere Erfahrung ist apriori nie vollkommen
selbstgebend, sie trägt aber, solange sie in konsequenter Einstimmigkeit verläuft, in
sich als intentionale Implikation die Idee unendlichen, in sich geschlossenen
Systems möglicher Erfahrungen, die wir von der faktischen Erfahrung aus hätten
durchlaufen können oder jetzt oder in Zukunft durchlaufen könnten, derart, daß sie
als einstimmige Fortführungen der faktischen Erfahrung gezeigt hätten oder zeigen
würden, wie das Ding über das, was sich von ihm schon zeigte, hinaus „an und für
sich selbst" ist. Als Korrelat dieser phänomenologisch aufzuklärenden unendlichen
Antizipation (die als solche eine eigene Evidenz hat) ist das an sich seiende Ding seinerseits eine Idee, die das naturwissenschaftliche Denken rechtmäßig leitet und ihm
ein Fortschreiten in Approximationsstufen ermöglicht mit zugehörigen relativen Evidenzen. Für unsere Zwecke können wir uns mit einer ersten rohen Umschreibung der
„Klarheit" begnügen. (Zum Begriff des Dinges als Idee im K a n t i s c h e n Sinne
vgl. *Ideen,* S. 309 ff.)

Wirklichkeiten in leicht verständlichem Sinne unterordnen. Wenn der Logiker der puren Analytik, um die Wesensallgemeinheit zu gewinnen, von Exempeln ausgehen muß, an ihnen die Wesensschau zu üben, so kann er eigene wirkliche Urteile nehmen, er kann auch Urteile Anderer nehmen, die er vielleicht ganz ablehnt, aber nachverstehend und in der Weise eines eigentlichen Quasivollzuges doch als mögliche Urteile evident erfaßt; er kann sich aber auch in eine Phantasiewelt hineinleben und in ein darin Urteilen (eigenes oder fremdes) — nur daß er die Abwandlung der [56] Evidenz der Deutlichkeit herstellt, die die Bedeutung der Evidenz möglicher Urteile als solcher hat. So hat der **rein analytische Logiker die Wesensgattung deutliches Urteil** mit ihrem Umfang möglicher Urteile **als sein Gebiet**.

## § 18. *Die Grundfrage der puren Analytik*

Die Frage ist nun, was kann man, **rein innerhalb** dieses Gebietes verbleibend, von Urteilen (dieses Sinnes) *in forma* aussagen, nachdem die vorangegangene logische Disziplin, die reine Formenlehre — die jedenfalls zugleich die Formen deutlicher Urteile enthält —, die Mannigfaltigkeit möglicher Formen konstruiert und für uns verfügbar gemacht hat?

Gebunden an das Eigenwesentliche der Urteile, das ist an die konstitutiven Eigenschaften, die sie als Urteile haben, können wir, über das Eigenwesentliche hinaus, das die Formenlehre entfaltet, nur auf Relationen gefaßt sein, die durch das Eigenwesentliche der Urteile apriori fundiert sind. Und in der Tat stoßen wir hier auf bekannte, rein zu den deutlichen Urteilen als solchen apriori gehörige Relationen: auf **Konsequenz** (Beschlossensein), auf **Inkonsequenz** (analytischen Widerspruch, Ausgeschlossensein) und auf das *tertium*, die Urteilsverträglichkeit, die weder das eine noch das andere ist, die **leere Widerspruchslosigkeit** als Vereinbarkeit von Urteilen, die „miteinander nichts zu tun haben".

Genau besehen betrifft das Gesagte schon die **Urteilsglieder** der apophantischen Ganzheiten — nämlich als in Deutlichkeit gesetzte und zu setzende. Sie sind, wie wir vorweg schon angedeutet haben[1], **im weiteren Sinne auch „Urteile",**

---
[1] Vgl. oben § 14.

nur unselbstständige, sofern sie in der Erkenntniseinstellung dazu bestimmt sind, zu Urteilsgliedern apophantischer Ganzheiten (der Urteile im prägnanten Sinne) zu werden, und nur so Erkenntnisbedeutung gewinnen. Auch diese **Urteile des gegenüber dem üblichen erweiterten Sinnes** — ein Urteilsbegriff, den wir hinfort festhalten werden — stehen in den oben bezeichneten analytischen Grundverhältnissen, sie können sich in Konsequenz fordern oder ausschließen und im letzteren Falle in der Einheit eines ganzen Urteils unverträglich sein.

Da alle puren analytischen Verhältnisse, näher überlegt, Verhältnisse sind, in denen, ausschließlich bezogen auf den Begriff des deutlichen oder eigentlichen Urteils, verschiedene Urteile zur Einheit eines Urteils zusammengehen oder in der Einheit eines Urteils unmöglich sind, so kann man die pure **analytische Grundfrage** auch folgendermaßen fassen: [57]

**Wann sind beliebige Urteile als solche, und der bloßen Form nach, in der Einheit eines Urteils möglich, und in welchen Beziehungen sind sie möglich?**

Sie sind es natürlich nur in Konsequenz oder in Beziehungslosigkeit hinsichtlich einer möglichen Konsequenz.

Die „**Widerspruchslosigkeit**" besagt also von der Seite des Urteilenden die Möglichkeit, deutliche Urteile **in der Einheit eines in Deutlichkeit zu vollziehenden Urteils** urteilen zu können. Dabei ist wohl zu beachten, daß das bloße **Zusammenurteilen** schon eine Urteilseinheit, Einheit der Zusammengeltung besagt.

In der formalen und puren Analytik betrifft die Frage die **Urteilsformen**: welche Formen sind **überhaupt** als Vollzugsformen deutlichen Urteilens zu erkennen und welche nicht, und zwar apriori; darin beschlossen: welche Formen von Urteilskomplexionen beliebiger Stufe sind apriori Formen von einheitlichen Urteilen, die als eigentlich vollziehbare die Evidenz der Deutlichkeit haben?

## § 19. *Die pure Analytik als Grundlage der formalen Logik der Wahrheit. Widerspruchslosigkeit als Bedingung möglicher Wahrheit*

In diesen Forschungen hat man also nie über das Eigenwesen der Urteile, bzw. der Urteilsformen hinauszugehen, nie die Evidenz der Deutlichkeit zu überschreiten. Sofort überschreiten wir aber diese apriorische Sphäre, wenn wir F r a g e n  d e r  W a h r h e i t, bzw. für die zunächst nur als deutliche Urteile gefaßten Gegenstände Fragen ihrer Adäquation an die Sachen selbst stellen, sowie wir also den Wahrheitsbegriff ins Thema mit hereinziehen. Das Prädikat Wahrheit ist zwar auf Urteile und nur auf Urteile bezogen, ob wir den oben bezeichneten engeren Urteilsbegriff (Apophansis) oder den weiteren zugrunde legen. Aber solange wir uns an die bloße Evidenz der Deutlichkeit binden und das in ihr unter dem Titel Urteil Identifizierbare, bleibt zwar jeder Widerspruch ausgeschlossen (jeder a n a l y t i s c h e  W i d e r s i n n), dafür aber jeder s a c h l i c h e  W i d e r s i n n und jede sonstige Unwahrheit offen. Von aller Leistung der Klärung, des Rückgangs zu der sachlichen Möglichkeit und Wahrheit ist ja abstrahiert, oder mit anderen Worten: von allen Fragen der Bewährung.

Was liegt nun darin: in formaler Allgemeinheit über mögliche Urteilswahrheit Wesenseinsicht zu suchen? Es heißt offenbar, sich mögliche Urteile in möglicher Bewährung denken, in möglicher Adäquation an die entsprechenden, die vermeinten Sachen selbstgebenden Urteile. Jetzt sind von vornherein die Urteile nicht als bloße Urteile gedacht, sondern als von einem E r k e n n t n i s s t r e b e n durchherrschte, als Meinungen, die sich zu e r f ü l l e n haben, die nicht Gegenstände für sich sind im Sinne der Gegebenheiten aus bloßer Deutlichkeit, sondern Durchgang zu den erzielenden „Wahrheiten" selbst.

Vertauscht man in dieser Weise die theoretische Einstellung auf die bloßen Urteile mit der E r k e n n t n i s e i n s t e l l u n g, der Einstellung auf die urteilend zu erkennenden Sachverhalte, bzw. auf bewährende Adäquation, so erfaßt man sofort als Wesenseinsicht, daß, was in der Einheit eines deutlichen Urteils unverträglich ist, auch unverträglich ist in der Wahrheit, oder daß ein Widerspruch in den bloßen Urteilen die Möglichkeit der Adäquation selbstverständlich ausschließt. W a h r h e i t und Falsch-

heit sind Prädikate, die nur einem deutlichen, bzw. zu verdeutlichenden, einem wirklich und eigentlich vollziehbaren Urteil zukommen können. Die Logik hat sich nie klar gemacht, daß dieser Urteilsbegriff dem alten Satz
5 zugrunde liegt, Wahrheit und Falschheit (im ursprünglichen Sinne) seien Prädikate von Urteilen. So vermittelt ist also eine pure Analytik wesensmäßig zugleich ein Grundstück einer formalen Logik der Wahrheit. Die auf das Universum der Urteilsformen bezogene Scheidung in die-
10 jenigen, welche Gesetzesformen der Konsequenz, diejenigen, welche Gesetzesformen der Inkonsequenz, und diejenigen, die als außerhalb stehend im „trivialen" Sinne (wie es der Mathematiker ausdrücken würde) widerspruchslos sind, gewinnt für die Möglichkeit der Adäquation oder Wahrheit unmittelbare Bedeutung.
15 Jede Urteilskonsequenz wird, wenn sie in Anschaulichkeit zu vollziehen ist, zu einer Konsequenz der Wahrheiten bzw. der sachlichen Möglichkeiten. Jeder Widerspruch aber schließt von vornherein Fragen der Adäquation aus, er ist *a limine* eine Falschheit.

20 § 20. *Die logischen Prinzipien und ihre Analoga in der puren Analytik*

Die Abscheidung einer puren Konsequenzlogik von der Wahrheitslogik bedingt auch hinsichtlich der sogenannten Prinzipien der traditionellen Logik, das ist der die Begriffe Wahrheit und [59]
25 Falschheit auslegenden Prinzipien, eine Doppelseitigkeit.

Das Doppelprinzip vom Widerspruch und vom ausgeschlossenen Dritten als Prinzip der Wahrheitslogik besagt folgendes:

„Ist ein Urteil wahr, so ist sein kontradiktorisches Gegenteil
30 falsch" und „von zwei kontradiktorischen Urteilen ist notwendig eines wahr"; beides ineins genommen: „jedes Urteil ist eines von beiden, wahr oder falsch".

Das Analogon dieser Sätze in der Konsequenzlogik ist ein Prinzip, das zum Wesen der eigentlichen (in der Evidenz der
35 Deutlichkeit selbstgegebenen) Urteile gehört. Es lautet:

Von zwei kontradiktorischen Urteilen sind nicht beide als eigentliche Urteile möglich, nicht beide zur Evidenz der Deutlichkeit zu bringen, es haben nicht beide ideale „mathematische Existenz". Jedoch eines von beiden hat sie, ist zur Evidenz der Deutlichkeit zu bringen.

Zu den obersten Wahrheitsprinzipien der apophantischen Lo-
5 gik müssen ferner auch die **Prinzipien** gerechnet werden, **die Wahrheit und Konsequenz ursprünglich verbinden**. Die traditionelle Logik bringt diese Prinzipien in der unreinen Gestalt des *modus ponens* und *tollens*. Auch hier haben wir dieselbe Analogie. Es gibt schon in der Sphäre der bloßen
10 analytischen Konsequenz einen *modus ponens* und *tollens*, der natürlich thematisch nichts von Wahrheit und Falschheit besagt, sondern bloß zum Wesen der eigentlichen Urteile und zu ihren eigentümlichen Verhältnissen analytischer Konsequenz gehört als ein besonderes Konsequenzgesetz. Allein in dieser
15 Form ist er ein echtes logisches **Prinzip**. Dieses lautet:

Aus zwei Urteilen der Form, „*wenn M so N*" und „*M*" folgt analytisch „*N*". Ebenso aus zwei Urteilen der Form „*wenn M so N*" und „*non N*" folgt „*non M*".

Das entsprechende **Wahrheitsprinzip** lautet dann:
20 Besteht zwischen zwei beliebigen Urteilen *M* und *N* ein unmittelbares Verhältnis von totalem analytischem Grund und totaler analytischer Folge, so zieht die Wahrheit des Grundes die Wahrheit der Folge und die Falschheit der Folge die Falschheit des Grundes nach sich.

25 Wir haben die Worte totaler Grund und totale Folge eingeführt, um auf die **Unmittelbarkeit** des Verhältnisses hinzuweisen. Wir verstehen unter diesen Worten nichts anderes als die wirklichen, wie immer nachher teilbaren Glieder eines Verhältnisses unmittelbarer Konsequenz. Die partialen Prämissen [60]
30 und Folgen bedingen dann nur als Teile der Totalgründe und -folgen Konsequenzverhältnisse, die also schon **mittelbare** sind. Wenn in einem der Folgekomplexe (der nur als voller Komplex Totalfolge ist) eine Einzelfolge falsch ist, bedingt sie unmittelbar die Falschheit der Totalfolge und so erst die Falsch-
35 heit der Totalprämisse.

Das von uns aufgestellte Prinzip ergibt unmittelbar in Anwendung auf den obigen *modus ponens* und *tollens* — als Prinzip unmittelbarer purer Konsequenz verstanden — die richtigen Modi der Wahrheitslogik:

Ist der Vordersatz eines hypothetischen Urteils wahr, so ist der Nachsatz wahr, ist der Nachsatz falsch, so auch der Vordersatz. Oder formelhaft gefaßt:
Ist zugleich wahr „*wenn M so N*" und „*M*" („gelten" sie zugleich), so ist „*N*" wahr. Ist zugleich wahr „*wenn M so N*" und „*non N*", so ist „*non M*" wahr (oder in Äquivalenz „*M*" falsch).
Was die **Mittelbarkeiten** analytischer Folge anlangt, so ist es zunächst ein pures Gesetz analytischer Konsequenz (also zu den bloßen, aber deutlichen Urteilen gehörig und vor allen Fragen nach ihrer möglichen Wahrheit), daß **eine unmittelbare analytische Folge einer unmittelbaren analytischen Folge selbst wieder eine analytische Folge des jeweiligen Grundes** ist, woraus sich selbst als Konsequenz ergibt, daß eine Folge beliebiger Mittelbarkeit selbst auch Folge dieses Grundes ist. Verbinden wir dieses Gesetz mit unserem Wahrheitsprinzip für unmittelbare analytische Konsequenz, so ergibt sich daraus — und zwar in bloßer analytischer Konsequenz —, daß dieses Prinzip erweitert auch Gültigkeit behält für analytische Konsequenzen von beliebiger Mittelbarkeit.

§ 21. *Die Evidenz in der Deckung „desselben" verworrenen und deutlichen Urteils. Der weiteste Urteilsbegriff*

Werfen wir nun noch einen Blick zurück auf die „**verworrenen**" **Urteile**, die wir den Urteilen im prägnanten Sinne der Analytik als deutlichen gegenübergestellt haben, so liegt in der Identifizierung derselben mit je entsprechenden deutlichen offenbar noch eine **dritte Evidenz** verborgen, durch die ein **dritter Urteilsbegriff** Seinssinn erhält. Im Übergang, in dem Sichdeutlichmachen dessen, was man im vagen urteilenden Meinen eigentlich meinte, was man oder der Andere eigentlich sagte, was im vagen Einfall eigentlich gedacht war — in diesem Übergang gibt sich das deutliche Urteil als **evidente bloße Auslegung der wahren Meinung**. Es vollzieht sich eine Identitätsdeckung ursprünglich eigener Gestalt, die **eine Grundgestalt der „Evidenz"** bezeichnet, wie jede Evidenz (jede im weitesten Sinne zu fassende „Erfahrung") hat sie ihre Vollkommenheitsgrade und ihre Idee, ja hier einen idealen

[61]

Limes der Vollkommenheit, in dem die synthetische Deckung in der Tat eine schlechthin vollkommene wäre.

Diese beiden Urteilsweisen und ihre Korrelate, das **verworrene und deutliche Urteil** selbst, haben offenbar ein ähnliches **Verhältnis wie das deutliche, aber leere** (oder unvollkommen anschauliche,) und **das deutliche, aber einsichtige** — einsichtig selbstgebend für mögliches oder wahres Sein der Sachen, auf die im erkennenden Urteilen abgezielt ist. Das verworrene Urteilen trägt, nicht immer, aber, wie oben schon gesagt, im Zusammenhang eines theoretischen Interesses, in sich eine **Abzielung**, die auf das deutliche Urteil gerichtet ist, und wo es dazu kommt, sich in ihm **erfüllt**. So wie nun in der vorigen Erfüllungssynthesis eine Blickstellung und Identifizierung möglich ist, wodurch **leeres und volles Urteil bloß als Urteile** zur Identität kommen und als **dasselbe** Urteil eigene Gegenständlichkeit gewinnen, so auch in der parallelen Erfüllungssynthesis, die **verworrenes und deutliches** Urteil zur Deckung bringt. Oder, so wie die Erkenntnis, die Selbsthabe des Sachverhaltes, in sich **auch** deutliches Urteil ist, so gut wie das entsprechende leere Urteil, ebenso ist das Urteil in der Vagheit und das in der Deutlichkeit „dasselbe Urteil". Damit ist nicht gesagt, daß jedes verworrene Urteil sich überführen läßt in „dasselbe", aber deutliche Urteil, ebensowenig, als sich jedes deutliche Urteil überführen läßt in eine sachliche Einsicht, sei es als Möglichkeit, sei es als Wahrheit.

**Der weiteste Urteilsbegriff** ist also derjenige, der gegen die Unterschiede der Verworrenheit, Deutlichkeit und Klarheit unempfindlich ist, bzw. von diesen Unterschieden bewußt abstrahiert. Da unter Zugrundelegung dieses Begriffes jedem einsichtig erkennenden und jedem deutlichen Urteil bei der Wesensmöglichkeit — ja in der Genesis der steten Notwendigkeit — des Verworrenwerdens ein gleiches oder vielmehr dasselbe Urteil entspricht im Modus der Verworrenheit, so umfaßt der Begriff des verworrenen Urteils in gewisser Weise alle Urteile des weitesten Sinnes, auch die zur Deutlichkeit und zur Klarheit zu bringenden.

§ 22. *Der Gebietsbegriff der apophantischen Formenlehre als* [62]
*rein-logischer Grammatik ist das Urteil im weitesten Sinne*

Die Wichtigkeit dieser Abscheidung der dritten Evidenz und ihres Korrelates, des neuen und weitesten Urteilsbegriffes, liegt darin, daß wir nun auch den Boden des Verständnisses für das Gebiet der reinen Formenlehre der Urteile gewonnen haben. Offenbar ist ihr Gebietsbegriff das Urteil im weitesten Sinne, und die ganze konstitutive Formgesetzlichkeit ist eine Gesetzlichkeit, die an das Eigenwesen d i e s e r Urteile gebunden ist. In der Verworrenheit ist jedes Urteil möglich, das in der Deutlichkeit unmöglich ist, und in der Deutlichkeit wieder ist jedes Urteil möglich, das als einsichtige Erkenntnis unmöglich ist. Die freie Formenbildung der Formenlehre kennt noch keine sie hemmenden Widersprüche. Der ganze Halt der Formenbildung ist die R e d e mit ihren an die sinnlich abgehobenen Zeichen und ihre sinnlichen Konfigurationen sich heftenden und wohl unterschiedenen Indikationen, Sinnverweisungen. Und es ist danach nicht ohne Grund, daß die Formenlehre der Bedeutungen in meinen *Logischen Untersuchungen* als „rein logische Grammatik" bezeichnet wurde. In gewisser Weise ist es ferner auch nicht ohne Grund, wenn öfters gesagt wurde, daß sich die formale Logik von der Grammatik habe leiten lassen. Das ist für die Formenlehre aber kein Vorwurf, sondern eine Notwendigkeit, wofern der Leitung durch die Grammatik (was an historisch faktische Sprachen und ihre grammatische Deskription erinnern soll) substituiert wird die Leitung durch das Grammatische selbst. Einen Aussagesatz deutlich verstehen und ihn als mögliches Urteil vollziehen, das kann besagen und besagt oft ein deutliches Erfassen der W o r t verläufe (unter innerem expliziten Quasi-nachsprechen) und der zu ihnen gehörigen V e r w e i s u n g s a r t i k u l a t i o n, mit der die Einheit eines verworrenen Urteils und doch eines in bestimmter Form gegliederten erwächst. So können wir ganz bestimmt und artikuliert verstehen: *„kein Viereck hat vier Ecken"*, oder *„alle A sind B, darunter einige, die nicht B sind"* und dgl. Solche Beispiele gelten in der „rein logischen Grammatik" mit, und so gehören in das Formensystem alle Formen von widersprechenden Urteilen. Ohne die bestimmte Artikulation der vagen Urteile mittels der sinnlichen Artikulation der Wortzeichen wäre eine

Formenlehre und eine Logik überhaupt nicht möglich, wie selbstverständlich auch keine Wissenschaft.

Durch diese Analysen ist der Sinn der in den §§ 13–15 in kurzer Charakteristik angeführten Dreischichtung der formalen Logik aus den ursprünglichsten Quellen geklärt und die Wesensnotwendigkeit dieser Schichtung begründet worden. Der bisherigen Logik ist sie fremd geblieben, nur die Abscheidung einer reinen Formenlehre ist schon in den *Logischen Untersuchungen* vollzogen worden, hat aber in dem jetzigen Zusammenhang eine ungleich tiefere Begründung erfahren. Es braucht nicht gesagt zu werden, daß unsere Scheidung zwischen formaler Logik der Widerspruchslosigkeit und der Wahrheit ein grundwesentlich Neues ist, so sehr sie den Worten nach allbekannt ist. Denn diese Worte meinten etwas ganz anderes, nämlich den Unterschied zwischen der formal-logischen Problematik überhaupt, die als solche alle sachhaltige „Materie der Erkenntnis" außer Spiel lasse, und den in irgendeinem weiteren (freilich nicht eben klar gefaßten) Sinn von seiten einer Logik zu stellenden Problemen, welche eben diese sachhaltige Materie in Rechnung ziehen, wie die Fragen nach der Möglichkeit einer Erkenntnis realer Wirklichkeit, bzw. der Gestaltung von Wahrheiten über die reale Welt.

[63]

## 2. KAPITEL
### FORMALE APOPHANTIK, FORMALE MATHEMATIK

§ 23. *Die innere Einheit der traditionellen Logik und das Problem ihrer Stellung zur formalen Mathematik*

a) Die begriffliche Abgeschlossenheit der traditionellen Logik als apophantischer Analytik.

Die formale Logik in der bisherigen Begrenzung als apophantische Analytik im weiteren Sinn verdankt die apriorische Geschlossenheit ihrem (dem Aristotelischen) Begriff der Urteilsform. Man kann diesen Begriff auch definieren als Bestimmung von Urteilen überhaupt ausschließlich durch ihre „syntaktischen Formen", die sie als Gebilde „syntaktischer

Operationen" apriori haben müssen. Die syntaktische Form läßt sich an jedem Urteil in Wesensbegriffe rein fassen. Die Reinheit der Fassung sagt, daß die jeweils in die Syntaxen eingehenden „syntaktischen Stoffe" als unbestimmt-beliebige gedacht werden. So entspringt der reine Formbegriff eines Urteils überhaupt als ausschließlich bestimmt durch jeweils angegebene und begrifflich bestimmte syntaktische Formen[1]. Als mitbestimmend und somit dem analytisch-logischen Formbegriff zugehörig, dürfen nur noch hereingezogen werden die allgemeinsten „modalen" Abwandlungen, die jedwedes Urteil erfahren kann, unangesehen aller es aufbauenden und daran zu vollziehenden syntaktischen Operationen. Dieser Begriff der modalen Abwandlung erschöpft sich keineswegs bloß in den sogenannten Urteilsmodalitäten. Unter ihn gehört z.B. auch die kaum je verstandene Abwandlung, die Subjekte von Existenzialsätzen und Sätze als Subjekte von Wahrheitsprädikationen darstellen gegenüber den entsprechenden unmodalisierten Subjekten und apophantischen Sätzen. Alle diese Modalitäten müssen in einer systematischen Logik besonders definiert sein als formale Urbegriffe.

[64]

Solange die Logik nun an diesen Begriff des Formalen gebunden bleibt, solange sie also in den apophantischen Grundformen und den daraus zu konstruierenden alle „Termini" als unbestimmte Variable beläßt, kann sie keine anderen Erkenntnisse über mögliche Wahrheit gewinnen als solche, die unmittelbar an die pure Analytik der Widerspruchslosigkeit angeschlossen sind, die also bis auf wenige Sätze sozusagen nur triviale Wendungen der ernstlich die Erkenntnis bereichernden formalen Theorien dieser puren Analytik sind. Denn wenn die formale Logik wirklich in jener radikalen Reinheit durchgeführt wird, die sie allein philosophisch nutzbar und sogar höchst wichtig macht, fehlt ihr alles, was die Wahrheiten bzw. die Evidenzen zu scheiden gestattet. So wie ihr Gegenstandsbegriff der allgemeinste ist (der eines Substrates überhaupt in möglichen bestimmenden Prädikationen), so auch ihr Sachverhaltsbegriff und ihr Begriff der Evidenz. Sie kann demnach selbst so allgemeine Scheidungen wie die zwischen individuellen Gegenständen und kategorialen, von „bloßen Sachen", Werten, Gütern usw. nicht machen, keine Scheidung zwischen

---
[1] Vgl. dazu die Beilage I, S. 299 ff.

den Allgemeinheiten, die aus individuellen Gegenständen geschöpft, im gewöhnlichen Sinne Gattungen und Arten heißen gegenüber anderen Allgemeinheiten. Es ist damit schon fühlbar, daß diese formale Logik nicht die Logik überhaupt sein kann, die volle und in einem neuen reicheren Sinne formale Wissenschaftslehre.

b) Das Auftauchen der Idee einer erweiterten Analytik, Leibniz' *„mathesis universalis"*, und die methodisch-technische Vereinheitlichung der traditionellen Syllogistik und der formalen Mathematik.

Aber wir dürfen hier nicht daran gehen, die Idee der Logik in dieser Richtung intentional zu entfalten. Denn so sicher wir der Geschlossenheit der analytischen formalen Logik geworden sind, so bietet sie selbst uns noch große Probleme. Die strukturellen Scheidungen, die wir in ihr durchgeführt haben, nehmen keine Rücksicht auf die großen Erweiterungen, welche seit Leibniz [65] für die traditionelle Logik gefordert werden in der Überzeugung, daß sie nur dadurch der Idee einer formalen Analytik mit dem ihr eigentümlichen Sinn des Formalen voll genug tun könne. Es ist nun an der Zeit, diese Erweiterung in Erwägung zu ziehen, nämlich die schon erwähnte Synthese der traditionellen Syllogistik und der formalen Analysis in der Leibnizschen Idee einer *mathesis universalis*.

Außer Kontinuität mit Leibniz, dessen genialer Intuition die historische Wirkung versagt war, vollzieht sich eine Einverleibung der Syllogistik in die formale Mathematik, ineins mit der Ausbildung einer syllogistischen Algebra. Sie ist nicht erwachsen aus philosophischen Reflexionen über den prinzipiellen Sinn und die Notwendigkeit einer *mathesis universalis*, sondern aus den Bedürfnissen der deduktiven theoretischen Technik der mathematischen Wissenschaft, zuerst in der englischen Mathematik seit Anfang des 19. Jahrhunderts (de Morgan, Boole). Hierbei mußte sich die Syllogistik von vornherein eine bedenkliche Umdeutung in eine „Umfangslogik" gefallen lassen, die in ihrer prinzipiellen Unklarheit manchen Widersinn mit sich geführt hat und allerlei Künste, sie für die Praxis mathematischer Theoretisierung unschädlich zu machen. Anderseits enthält sie aber einen gedanklichen Kern, der sein ursprüngliches Recht hat, und der es auch allein ermöglicht hat, daß die gedankliche Kontinuität mit der traditionellen Analytik nicht verloren ging. Die Mathematiker, durch solche Unklarheiten in ihrer deduktive Theorien gestaltenden Arbeit wenig behindert, haben sich inzwischen allgemein die Einheit der „Logik" und „Mathematik" (genauer der formalen Analysis[1]) zu eigen gemacht.

Wenn wir hier auf das Problem dieser Einheit näher eingehen, so handelt es sich für uns natürlich nicht um spezialwissenschaftliche Interessen, weder solche der formalen Mathematik noch solche der formalen Syllogistik, noch der evtl. anzuerkennenden positiven Wissenschaft, welche die beiden zur Einheit bringt. Also nicht bloß darum handelt es sich, die beiderseits in historischer Sonderung erwachsenen Theorien im systematischen Aufbau der einen deduktiven Wissenschaft, in der sie zusammengehören sollen, in der rechten Weise theoretisch zu verknüpfen, den zwischen ihnen bestehenden deduktiven Verhältnissen genugzutun und durch solche Einsicht in ihre Funktionen im theoretischen Ganzen ihnen selbst erst die rechte theoretische Gestalt zu verschaffen. [66] So groß ein solches Interesse auch sein mag, es steht weit zurück hinter dem philosophischen Interesse: die Zweckidee einer Wissenschaftslehre nach den ihr immanenten teleologischen Strukturen zu enthüllen, die in ihrem intentionalen Sinn mitbeschlossenen Ideen — Ideen logischer Partialdisziplinen — in ursprünglicher Evidenz zu entwickeln, mit der einer jeden eigentümlichen, wesensmäßig in sich einigen Problematik. Inwiefern hier wirklich höchste philosophische Interessen in Bewegung gesetzt werden, kann allerdings erst später sichtlich werden. Immerhin, man wird im voraus schon zugestehen, daß zur Philosophie die Wissenschaft von den Prinzipien gehört, und dazu wieder das Prinzipielle der Wissenschaft überhaupt, also die logischen Prinzipienfragen. Das kann hier genügen.

Wir haben bisher schon die Methode systematischer Auslegung der teleologischen Struktur der Idee der Logik befolgt, und mindest e i n e solche Struktur haben wir durch sie entwickelt und zu einiger Reinheit gebracht, nämlich die Idee der ausschließlich auf Urteile (als reine Bedeutungen) bezogenen formalen Analytik. In gewisser Weise war diese, und nicht als bloße Idee, sondern als

---

[1] Disziplinen wie die reine Geometrie, die reine Mechanik, auch die „analytische" Geometrie und Mechanik sind also ausgeschlossen, solange sie sich wirklich auf R a u m und K r ä f t e beziehen.

ausgearbeitete Theorie schon längst, schon seit Jahrtausenden da. Aber wie sie von Anfang an in einer embryonalen Unentwickeltheit ihres eigentümlichen Sinnes und ihrer wesensnotwendigen Umgrenzung und Schichtung sich zeigte und in allen Neugestaltungen in dieser Unklarheit verblieb, kann sie nicht genügen. Nun sind wir allerdings in dieser Hinsicht mit unserer intentionalen Entfaltung ein gutes Stück weiter gekommen. Den der historischen Logik sozusagen eingeborenen Sinn konnten wir, der Struktur der idealen Bedeutungen folgend, dreifältig schichten und danach die drei in der reinen Analytik der Urteile aufeinander fundierten Disziplinen auslegen. Aber wie Wichtiges zu einer prinzipiellen Einsicht noch fehlt, wie viel tiefer wir die intentionale Klärung noch treiben müssen, wird die Behandlung der Aufgabe zeigen, die uns durch Leibniz und die neue Mathematik gestellt ist.

### § 24. *Das neue Problem einer formalen Ontologie. Charakteristik der überlieferten formalen Mathematik als formaler Ontologie*

Das wesentlich neue Problem, auf das wir, zunächst geleitet von der syllogistischen Logik der Tradition, bisher nicht aufmerksam werden konnten, taucht nämlich auf, sowie wir uns statt von der Unklarheit der traditionellen Logik vielmehr von derjenigen der neuen Mathematik — der die syllogistische Algebra mit der sonstigen „Analysis" verbindenden — leiten lassen. [67] Auch diese erweiterte formale Mathematik ist für uns vorweg schon da und doch wieder noch nicht da. Sie ist es noch nicht, sofern für sie der in prinzipieller Klärung herausgestellte Einheitssinn fehlt, die in Evidenz entfaltete Zweckidee einer einheitlichen Wissenschaft, aus der es zu verstehen wäre, daß, was sie theoretisch-technisch einigt, in Notwendigkeit zusammengehört als in dieser geklärten Idee begründete Zusammengehörigkeit des Sinnes. Sowie wir diese Idee zu gewinnen suchen (sei es von der uns schon klar gewordenen Idee einer formalen Analytik hinstrebend zu den alten, dabei allererst zu klärenden formal-mathematischen Disziplinen oder umgekehrt), tritt uns das neue Problem — das einer formalen Ontologie — in den Weg.

Um es im voraus zu entwickeln, sei zunächst daran angeknüpft, daß die Aristotelische Analytik als apophantische be-

gründet war, also als den ihr Gebiet umgrenzenden thematischen Grundbegriff den der Apophansis hatte: des (in Gewißheit behauptenden) Aussagesatzes, bzw. das prädikative Urteil. Die methodisch vollkommene Ausgestaltung dieser Analytik (sobald
5 sie rein auf die Urteilsbedeutungen bezogen wird) führt notwendig auf eine formale apophantische „Mathematik". Denn jeder, der einmal an der modernen Mathematik und mathematischen Analysis überhaupt die deduktive Technik kennengelernt hat, muß ohne weiteres sehen (wie das zuerst Leibniz gesehen hat), daß
10 sich Satzformen ebenso behandeln lassen, und daß man mit ihnen ebenso „rechnen" kann wie mit Zahlen, Größen usw.; ja noch mehr, daß dies die einzige Weise ist, wie eine universale Theorie der Sätze, als eine im Wesen deduktive Theorie aufgebaut werden muß. Das gilt schon, wie oben nachgewiesen worden,
15 für eine bloße Formenlehre der Sätze.

Gegenüber der Apophantik, in diesem methodischen Stil einer apophantischen Mathematik, haben wir nun die nicht-apophantische Mathematik, die traditionelle formale „Analysis" der Mathematiker, die Mathematik der Mengen, der Kombi-
20 nationen und Permutationen, der Anzahlen (der Modi des Wieviel), der Ordinalzahlen verschiedener Stufe, der Mannigfaltigkeiten — mit den bekannten zu den letzteren zugehörigen Formen, die ebenfalls Zahlen heißen, aber keineswegs mit den erstgenannten Zahlen verwechselt werden dürfen, da sie aus den je-
25 weiligen Definitionen der Mannigfaltigkeiten ihren Sinn ableiten. In diesem Gebiet kommen offenbar prädikative Sätze, „Urteile" im Sinne der traditionellen Logik, als thematische Grundbegriffe überhaupt nicht vor.

Fragt man nach dem Universalbegriff, der das einheitliche [68]
30 Gebiet dieser offenbar zusammengehörigen Disziplinen umgrenzen soll, so ist man zunächst in Verlegenheit. Aber wenn man[1] die naturgemäß weiteste Allgemeinheit der Begriffe Menge und Zahl erwägt und die ihren Sinn bestimmenden Begriffe Element bzw. Einheit, so erkennt man, daß die Mengen- und Anzahlen-
35 lehre bezogen ist auf das Leeruniversum Gegenstand-über-

---

[1] Wie es schon in meiner *Philosophie der Arithmetik* geschehen ist.
Anm. d. Hrsg.: Husserls Frühwerk *Philosophie der Arithmetik* von 1891 liegt jetzt im Bd. XII der Husserliana vor (S. 5–283). – E. Husserl, *Philosophie der Arithmetik* mit Ergänzenden Texten (1890–1901). Den Haag 1970.

haupt oder Etwas-überhaupt, in einer formalen Allgemeinheit, die jede sachhaltige Bestimmung von Gegenständen prinzipiell außer Betracht läßt; ferner daß diese Disziplinen speziell für gewisse Ableitungsgestalten des Etwas-überhaupt interessiert
5 sind; die eine, nämlich die Mengenlehre für Mengen als aus beliebigen Gegenständen zusammengefaßte Inbegriffe, und ähnlich die Anzahlenlehre für Anzahlen, als gewisse systematisch zu erzeugende Differenzierungen von Mengenformen. Von hier aus weitergehend erkennt man, daß wie die Mengenlehre und Anzah-
10 lenlehre, so auch die übrigen formalen mathematischen Disziplinen in dem Sinne formal sind, daß sie als Grundbegriffe gewisse Ableitungsgestalten des Etwas-überhaupt haben. Hieraus erwächst eine universale Wissenschaftsidee, die einer formalen Mathematik im voll umfassenden Sinne,
15 deren Universalgebiet sich fest umgrenzt als Umfang des obersten Formbegriffes Gegenstand-überhaupt oder des in leerster Allgemeinheit gedachten Etwas-überhaupt, mit allen in diesem Feld apriori erzeugbaren und daher erdenkbaren Ableitungsgestalten, die in immer neuer iterativer Konstruktion immer neue Gestalten
20 ergeben. Solche Ableitungen sind neben Menge und Anzahl (endliche und unendliche), Kombination, Relation, Reihe, Verbindung, Ganzes und Teil usw. So liegt es nahe, diese ganze Mathematik als eine Ontologie (apriorische Gegenstandslehre), aber als eine formale, auf die reinen Modi des Etwas-überhaupt
25 bezogene anzusehen. Damit wäre also auch die Leitidee gewonnen, um die Sondergebiete dieser Ontologie, dieser Mathematik der Gegenständlichkeiten überhaupt in apriorischen Strukturerwägungen zu bestimmen.

§ 25. *Thematische Unterschiedenheit und doch sachliche Zusam-*
30 *mengehörigkeit von formaler Apophantik und formaler Ontologie*

Nach diesen Überlegungen scheint das Gebiet dieser formalen Ontologie, als der zu wesensmäßiger Universalität erweiterten formalen Mathematik, scharf unterschieden zu sein von dem der Analytik der Urteile — diese selbst rein gefaßt von aller [69]
35 subjektiv gerichteten Thematik, die ja auch der Mengenlehre, der Arithmetik usw. von vornherein fern bleibt. Wir dürfen uns, scheint es, dadurch nicht täuschen lassen, daß sich auch die Syllo-

gistik algebraisch behandeln läßt und dann ein ähnliches theoretisches Aussehen hat wie eine Algebra der Größen und Zahlen, ja daß nach einer genialen Bemerkung G. Booles der Kalkül der Arithmetik sich (formal betrachtet) reduziert auf den „Logik-
5 kalkül", wenn man sich die Anzahlenreihe auf $o$ und $1$ beschränkt denkt. Die apophantische Analytik und die formal-ontologische wären also zwei verschiedene Wissenschaften, getrennt durch ihre Gebiete.

Indessen man braucht sich nur daran zu erinnern, daß Urteilen
10 soviel heißt wie über Gegenstände urteilen, von ihnen Eigenschaften aussagen oder relative Bestimmungen; so muß man merken, daß formale Ontologie und formale Apophantik trotz ihrer ausdrücklich verschiedenen Thematik doch sehr nahe zusammengehören müssen und vielleicht untrennbar
15 sind. Schließlich treten doch alle Formen von Gegenständen, alle Abwandlungsgestalten des Etwas-überhaupt in der formalen Apophantik selbst auf, wie ja wesensmäßig Beschaffenheiten (Eigenschaften und relative Bestimmungen), Sachverhalte, Verbindungen, Beziehungen, Ganze und Teile,
20 Mengen, Anzahlen und welche Modi der Gegenständlichkeit sonst, *in concreto* und ursprünglich expliziert, für uns als wahrhaft seiende oder möglicherweise seiende nur sind als in Urteilen auftretende. Demgemäß liegen in allen formalen Urteilsunterscheidungen auch Unterschiede der Gegenstandsformen mitbeschlossen
25 (wie immer dieses „Beschlossensein" und „Auftreten" sich näher klären mag[1]). Im pluralen Urteil z.B. kommt ja der Plural vor, im allgemeinen Urteil das Allgemeine. Freilich ist der Plural in jenem nicht Gegenstand im prägnanten Sinne dessen, „worüber" geurteilt wird, also des Substrates von Bestimmungen und eben-
30 so im anderen Beispiel nicht das Allgemeine. Aber in der formalen Urteilslehre, und zwar als reiner Formenlehre, kommen auch diejenigen „Operationen" vor, durch die die plurale Urteilsform umgewandelt werden kann in die Form der singulären Prädikation über die Kollektion und die Form des Überhaupt-Urteils
35 in die Form eines Urteils über das Allgemeine als Gattung. Sachverhalt und Beschaffenheit sind gegenständliche Kategorien, aber jedes Urteil, etwa *S ist p*, das über *S* urteilt und von ihm

---

[1] Worüber das 4. Kap. d. I. Abschnittes Aufschlüsse geben wird.

das $p$ aussagt, kann durch „Nominalisierung" verwandelt werden in ein Urteil über den Sachverhalt $S$ ist $p$ oder in das Urteil über die Beschaffenheit $p$, in der Form $p$ *kommt dem S zu*[1]. Mit Rücksicht darauf kann man also das Problem der Einheit oder Verschiedenheit von formaler logischer Analytik und formaler Mathematik keineswegs schon für erledigt halten, und der Einheitsgedanke bekommt von daher sogar schon einige Kraft. Aber es bedarf sehr tiefdringender Überlegungen, um wirkliche Einsicht zu gewinnen.

§ 26. *Die historischen Gründe der Verdeckung des Problems der Einheit von formaler Apophantik und formaler Mathematik*

a) Der Mangel des Begriffes der reinen Leerform.

Den Alten konnte das vorliegende Problem noch nicht entgegentreten und anfangende Logik und Mathematik mußten als fraglos getrennte Wissenschaften erscheinen, weil sie noch nicht so weit waren, irgendeine mathematische Disziplin auf reine Form zu bringen. Die Arithmetik ist bei ihnen von Geometrie und Mechanik noch nicht prinzipiell unterschieden (wie uns, gemäß unserem prinzipiellen Kontrast von formaler und sachhaltiger Mathematik). Denn nicht einmal der Anzahlbegriff ist bei den Alten von aller sachhaltigen Materie entleert, noch nicht in den gezählt gedachten Einheiten auf das Reich des leeren Etwasüberhaupt bezogen. Zudem war ja auch auf der anderen Seite die antike Apophantik (wie wir früher schon bemerkt hatten[2]), bei ihrer gegenständlichen Beziehung auf Realität noch nicht letztlich formalisiert. Daher hatte Aristoteles nur eine allgemeine Realontologie und galt ihm diese als „erste Philosophie". Ihm fehlte die formale Ontologie und somit auch die Erkenntnis, daß sie an sich der realen vorangehe.

Die eigentliche Entdeckung des Formalen vollzieht sich erst zu Beginn der Neuzeit auf dem Wege über die Begründung der Algebra durch Vieta, also über die deduktive Technisierung der Zahlen- und Größenlehre, und erreicht dann ihren reinen Sinn durch Leibniz, dessen *mathesis universalis* alle Ge-

---

[1] Vgl. dazu *Ideen*, S. 248 f. und *Log. Unters*. II. Bd./1. Teil, V. Unters., §§ 34–36, II. Bd./2. Teil, VI. Unters., § 49.
[2] Vgl. oben § 12, Schlußabsatz S. 54.

bundenheit an irgendeine und sei es die höchste sachhaltige Allgemeinheit offenbar völlig abgestoßen hat.

Die philosophischen Logiker der Neuzeit — ich meine also nicht die mit den Mathematikern in der technischen Ausbildung der logischen Algebra wetteifernden und wie sie in philosophischer [71] Naivität verbleibenden Logiker — überwanden in dem hier Fraglichen nicht den Bann der Aristotelisch-scholastischen Tradition. Sie verstanden nicht den allerdings aus den kurzen Andeutungen Leibnizens schwer zu erfassenden Sinn der *mathesis universalis*. Sie sahen nicht das von der neuen Mathematik her gestellte Problem, und zwar aus tiefliegenden anderen Gründen.

b) Der Mangel der Erkenntnis der Idealität von apophantischen Gebilden.

Hemmend erwies sich zunächst die Aristotelische Begründung der Analytik als Apophantik, als Logik der prädikativen Aussage bzw. als Logik des prädikativen Urteils. Wie sehr das ein notwendiger Anfang war, so lag in ihm doch eine tief begründete Schwierigkeit, von der urteilenden Aktivität thematisch zu abstrahieren und, darin konsequent bleibend, die Urteilssphäre als ein eigenes objektives Feld der apriorischen Idealität theoretisch ebenso anzusehen, wie es die Geometer hinsichtlich der rein geometrischen Gestalten, die Arithmetiker hinsichtlich der Zahlen tun.

In der eigenen Natur der Sachen selbst gründet es, daß sich die ideale Objektivität der Urteilsgebilde nicht zur Anerkennung durchdringen konnte und daß sie selbst, nachdem sie in neuester Zeit systematisch herausgestellt und kritisch gegen den empiristischen Psychologismus durchgekämpft wurde, noch nicht zu allgemeiner Geltung gekommen ist. Urteile sind ursprünglich für uns da in urteilenden Tätigkeiten. Alle Erkenntnisarbeit ist eine mannigfaltig-einheitliche psychische Tätigkeit, in der die Erkenntnisgebilde entspringen. Nun sind freilich auch äußere Objekte für uns ursprünglich da nur in subjektivem Erfahren. Aber sie treten darin auf als schon im voraus daseiende („vorhandene") und nur in das Erfahren eingehende. Sie sind nicht wie die Denkgebilde (die Urteile, Beweise usw.) für uns da aus unserer eigenen Denkaktivität und rein aus ihr (nicht etwa aus schon vorhandenen, ihr äußeren Materialien) gebildet. Mit andern Worten: Dinge sind dem tätigen Leben ursprünglich ichfremd vorgegeben, von außen her gegeben. Die logischen Gebilde hingegen sind a u s s c h l i e ß - l i c h  v o n  i n n e n  h e r gegeben, ausschließlich durch die spontanen Tätigkeiten und i n ihnen. Anderseits werden sie freilich nach der faktischen Erzeugung noch als seiend angesprochen, man „kommt auf sie zurück", und beliebig wiederholt, als auf dieselben, man verwendet sie in einer Art Praxis, verknüpft sie (etwa als Prämissen), erzeugt Neues, Schlüsse, Beweise usw. Also man geht doch mit ihnen um wie mit realen Dingen, obschon von [72] Realitäten hier keine Rede sein kann. So schweben sie unklar zwischen Subjektivität und Objektivität. Sie als irreale Objekte ernstlich gelten zu lassen, den b e i d e r s e i t i g e n, vielleicht doch unrechtmäßig gegeneinander ausgespielten Evidenzen genug zu tun und, was hier ernstlich problematisch ist, ernstlich als solches ins Auge zu fassen — das wagt man nicht, durch altererbte Ängste vor dem Platonismus blind gemacht für dessen rein zu fassenden Sinn und sein echtes Problem.

Die Sachlage ist freilich prinzipiell dieselbe auch für die sonstigen apriorischen Wissenschaften, die historisch unter dem Titel Mathematik überliefert waren; prinzipiell dieselbe also für die Geometrie, die Arithmetik usw., Wissenschaften, die doch auf ihnen zugehörige Objektsphären ganz unfraglich bezogen erscheinen, auf geometrische Gestalten, auf Anzahlen oder Ordinalzahlen usw., obschon auch diese Gegenständlichkeiten den Forschenden in subjektiven Aktionen zuwachsen durch das Ziehen von Linien, durch geometrische Erzeugung von Flächen usw., bzw. durch Kolligieren, Zählen, Ordnen, Kombinieren. Und doch dachte man hier kaum daran, die Gebilde selbst zu subjektivieren. Denn hier hatte man den beständigen exemplarischen Anhalt an den sinnlichen Raum- und Zeitgestalten, die den Blick von vornherein objektiv dirigierten, aber freilich zugleich die Irrealität der mathematischen Gestalten verdeckten. Die mit den realen Gegenständen als exemplarischen Repräsentanten vollzogenen Konstruktionen, Mengen-, Zahlbildungen usw. lieferten Gebilde, die als reale (reale Figuren, Körper, Mengen, Zahlen) anzusprechen waren, während dergleichen bei Gebilden der urteilenden Aktionen nicht ebenso der Fall ist.

Hieraus versteht es sich, daß im Altertum die schon sehr vor-

geschrittene Einsicht der stoischen Lehre vom λεκτόν nicht durchdrang und daß in der Neuzeit die meisten Logiker, selbst nach der Ausbildung einer formalen Mathematik und ihrer Erweiterung durch den Logikkalkül, einen inneren Zusammenhang zwischen
5 der mathematischen und logischen Thematik nicht zu sehen vermochten. Ein solcher konnte erst hervortreten, wenn als Parallele zu den formal-mathematischen Gebilden und in derselben objektiv-idealen Einstellung die formal-logischen Gebilde thematisch wurden. In der Mathematik war diese abstraktive Ein-
10 stellung feste Tradition, sie bestimmte von jeher und ausschließlich das theoretische Absehen der mathematischen Theoretisierung. In der Logik mußte sie erst errungen werden.

c) Weitere Gründe, insbesondere der Mangel an echten [73]
Ursprungsforschungen.

15 Zudem wirkten die gewagten „umfangslogischen" Interpretationen der Urteile, die sich als für eine Einbeziehung der apophantischen Sphäre in die Mathematik notwendig ausgaben, für die philosophisch denkenden Logiker keineswegs empfehlend. Nur ganz vereinzelte Logiker standen daher auf seiten der These
20 der Mathematiker, aber im Grunde folgten sie dabei mehr einem Gefühl für das Richtige — wie Lotze[1], oder dem Vorurteil für die Überlegenheit der Einsicht der Mathematiker, wie offenbar A. Riehl[2] — als der Gründung ihrer Stellungnahme auf wirkliche Untersuchung. Hinsichtlich der Mathematik empfanden die
25 Logiker nicht das Vorhandensein von in der Tat völlig parallelen Schwierigkeiten des Ineinander oder des Miteinander der idealen Objektivität der Gebilde und der sie subjektiv konstituierenden Aktivität (des Zählens, des Kombinierens usw.), weil es eigentlich nie zu einer ernstlichen philosophischen Erforschung des
30 Ursprungs der formal-mathematischen Grundbegriffe eben als Begriffe von subjektiv konstituierten Gebilden gekommen war. Es hätte dann offenbar werden müssen, daß das Urteilen und Zählen nahe verwandte aktive Spontaneitäten sind, die in ähnli-

---
[1] Vgl. die Äußerungen in H. Lotzes *Logik* (Leipzig 1912. – Philos. Bibl. Bd. 141), 1. Buch, 1. Kap. § 18, S. 33 f., 3. Kap. § 111, S. 37 f., die um so weniger als volldurchdachte gelten können, als er in ihnen von Mathematik überhaupt spricht und, wie aus dem Zusammenhang hervorgeht, nicht die materiale Mathematik ausschließt.
[2] Vgl. *Der philosophische Kritizismus*. Geschichte und System. 2. Bd. Die sinnlichen und logischen Grundlagen der Erkenntnis. 1879, S. 228.

cher Weise ihre idealen Korrelate, Urteil und Zahl, konstituieren[1]; in weiterer Folge, daß eine konsequent einseitige Einstellung beiderseits in gleichem Sinne objektive Theorie — mathematische Theorie — möglich mache und fordere[2].

Es ist überhaupt verständlich, daß eine radikale prinzipielle Besinnung über den sozusagen eingeborenen Sinn der beiderseitigen Disziplinen gleich notwendig war und immerfort ist, um den Bann der Tradition zu brechen und zum inneren Verständnis der Einheit ihrer Thematik durchzudringen — statt sich wie die Mathematiker mit einer Einheit aus theoretischer Technik zu begnügen oder wie die meisten Philosophen mit einer angeblichen Sonderung, die durch keine prinzipielle Einsicht verständlich zu machen ist.

d) **Anmerkung über Bolzanos Stellung zur Idee der formalen Ontologie.** [74]

Wie schwer es ist, zu Ende zu denken und auf diese Weise, sei es von der logischen Analytik in die formale Mathematik, oder umgekehrt von dieser zu jener durchzudringen, und wie hoch daher die Leistung L e i b n i z e n s in dieser Hinsicht zu schätzen ist, sieht man an B. B o l z a n o. In seiner bewunderungswürdigen *Wissenschaftslehre* vom Jahr 1837 war er schon so weit, eine Lehre von den Sätzen und Wahrheiten an sich systematisch zu entwerfen als eine in sich abgeschlossene apophantische Analytik. Anderseits stellt er sogar schon 1810 in seinen *Beiträgen zu einer begründeteren Darstellung der Mathematik* den Versuch einer prinzipiellen Definition der Mathematik an, der bereits der Idee einer formalen apriorischen Gegenstandslehre zustrebt, freilich ohne zu ihrem wirklichen Sinn durchzudringen (wie ich alsbald am Schlusse des Paragraphen zeigen werde)[3]. Und doch gelangt Bolzano nicht soweit, die beiden Ideen, die einer Analytik der Sätze und einer formalen mathematischen Analytik, zu Ende zu denken und ihre innere Äquivalenz zu entdecken, ja auch nur soweit, die Möglichkeit einer algebraischen Theoretisierung der

---

[1] Vgl. meine *Philosophie der Arithmetik* 1891, z.B. S. 91 (kategoriale Gegenstände als Gebilde). <= Husserliana Bd. XII S. 84 f.>

[2] Das herauszustellen, war das Hauptthema des I. Bandes meiner *Log. Unters.*

[3] Anm. d. Hrsg.: Die von Husserl erwähnte Schrift B. Bolzanos aus dem Jahre 1810 trägt den Titel *Philosophie der Mathematik oder Beiträge zu einer begründeteren Darstellung der Mathematik.* Hrsg. H. Fals. Paderborn 1926 (Schöninghs Sammlung philosophischer Lesestoffe Bd. 9).

logischen Gebilde in Parallele zu derjenigen der im gewöhnlichen Sinne formal-mathematischen in Erwägung zu ziehen. Kurzum, so viel er von Leibniz gelernt hat, er bleibt weit hinter dessen Einsichten zurück.

5 Man liest zunächst mit Überraschung in der verdienstlichen Neuausgabe der früher so gut wie unzugänglichen Jugendschrift Bolzanos, die wir H. Fals verdanken (9. Bändchen von F. Schöninghs Sammlung philosophischer Lesestoffe, Paderborn 1926), die den § 8 (a. a. O. S. 17) einleitenden Sätze, die, wie sehr sie im einzelnen eine
10 Kritik herausfordern, eine Definition der formalen Ontologie zu versprechen scheinen: „Ich denke, daß man die Mathematik als eine Wissenschaft erklären könnte, die von den allgemeinen Gesetzen (Formen) handelt, nach welchen sich die Dinge in ihrem Dasein richten müssen. Unter dem Worte Ding begreife ich hier nicht bloß solche,
15 welche objektives, von unserem Bewußtsein unabhängiges Dasein besitzen, sondern auch solche, die bloß in unserer Vorstellung existieren und dieses zwar wieder entweder als Individuen (das heißt Anschauungen) oder als bloße Allgemeinbegriffe, mit einem Worte also – alles, was überhaupt ein Gegenstand unseres Vorstellungsvermögens
20 sein kann." Genau besehen gibt hier Bolzano eine (allerdings verbesserungsbedürftige) Definition einer allgemeinen apriorischen Ontologie, die in sich ungeschieden materiale und leer-formale Ontologie beschließt. Er versucht dann zwar die Abscheidung einer „allgemeinen Mathematik", zu der als Disziplinen die „Zahlenlehre,
25 Kombinationslehre usw." zu rechnen seien, betont, daß diesen gegenüber Disziplinen wie Geometrie, Chronometrie usw. nicht als koordinierte, sondern als subordinierte gelten müßten, und findet die Auszeichnung der ersteren darin, daß ihre Gesetze „auf alle Dinge ohne Ausnahme anwendbar seien", die der anderen nicht. Wenn er aber
30 Ding überhaupt als oberste Gattung denkt, unter welcher als besondere durch Einteilung sich ergebende Gattungen die Oberbegriffe der Geo- [75] metrie und der ihr koordinierten Disziplinen stehen, so wird es sichtlich, daß er den Unterschied zwischen der **Leerform des Etwas überhaupt** als oberster Gattung, die sich als **leer-formale** dif-
35 **ferenziert**, und der **universalen Region des möglicherweise Daseienden** (des im weitesten Sinne Realen), die sich **in besondere Regionen differenziert**, nicht gesehen hat, also auch nicht den Unterschied gesehen hat der Subsumtionen der formalen Besonderungen unter formale Allgemeinheiten und der Subsumtionen
40 regionaler Besonderungen (material mathematischer) wieder unter formale Allgemeinheiten. Die letzteren halten sich keineswegs innerhalb der formalen Mathematik, die anderen erwachsen durch Formalisierung der materialen Mathematik. Mit einem Worte, Bolzano hat den eigentlichen Begriff des Formalen, der die formale Ontologie
45 bestimmt, nicht erreicht, obschon er ihn in gewisser Weise berührt hat.

## § 27. *Die Einführung der Idee der formalen Ontologie in den "Logischen Untersuchungen"*

Die Idee einer formalen Ontologie tritt m. W. literarisch zuerst auf im I. Band meiner *Logischen Untersuchungen*[1], und zwar im Versuch einer systematischen Entfaltung der Idee einer reinen Logik, jedoch noch nicht unter dem erst später von mir eingeführten N a m e n einer formalen Ontologie. Überhaupt haben es die *Logischen Untersuchungen*, und vor allem auch die des II. Bandes, wieder gewagt, die alte durch den Kantianismus und Empirismus so sehr verpönte Idee einer apriorischen Ontologie in neuer Gestalt aufzunehmen, und sie als eine für die Philosophie notwendige in konkret durchgeführten Stücken zu begründen versucht.

Das f o r m a l - o n t o l o g i s c h e A p r i o r i ergibt sich (a. a. O. im Schlußkapitel des I. Bandes) als ein untrennbar verbundenes mit dem a p o p h a n t i s c h e n A p r i o r i (dem der Aussagebedeutungen), und eben damit mußte das Problem empfindlich werden, wie diese Untrennbarkeit zu verstehen sei. Dieses Problem des Verhältnisses von formaler Ontologie und apophantischer Logik, das den Gang unserer jetzigen Untersuchung bestimmt hat, ist in den *Logischen Untersuchungen* noch nicht aufgeworfen worden. Es dürfte von Nutzen sein, der Motivation zu folgen, die zu den Aufstellungen jenes Kapitels geführt hatte, und diese dann auch selbst zu Worte kommen zu lassen. Ineins mit der erneuten Klarlegung des dort allzu knapp Dargestellten werden sich kritische Begrenzungen und wesentliche Fortbildungen ergeben, die uns dem Ziele unserer jetziger Untersuchung wesentlich näher bringen werden.

a) D i e  e r s t e n  k o n s t i t u t i v e n  U n t e r s u c h u n g e n  k a t e g o - [76]
r i a l e r  G e g e n s t ä n d l i c h k e i t e n  i n  d e r  P h i l o s o p h i e  d e r
A r i t h m e t i k.

Die bestimmte Blickrichtung auf das Formale und ein erstes Verständnis seines Sinnes gewann ich schon durch meine *Philosophie der Arithmetik* (1891)[2], die, so unreif sie als Erstlingsschrift war, doch einen ersten Versuch darstellte, durch Rück-

---

[1] *Log. Unters.*, I. Bd. *Prolegomena zur reinen Logik* (1. Aufl. 1900)
[2] Sie ist eine bloße literarische Ausarbeitung meiner Hallenser Habilitationsschrift

gang auf die spontanen Tätigkeiten des Kolligierens und Zählens, in denen Kollektionen („Inbegriffe", „Mengen") und Anzahlen in ursprünglich erzeugender Weise gegeben sind, Klarheit über den eigentlichen, den ursprungsechten Sinn der Grundbegriffe
5 der Mengen- und Anzahlenlehre zu gewinnen. Es war also, in meiner späteren Redeweise ausgedrückt, eine phänomenologisch-konstitutive Untersuchung und es war zugleich die erste, die „kategoriale Gegenständlichkeiten" erster und höherer Stufe (Mengen und Anzahlen höherer Ordnungsstufe[1]) verständlich zu
10 machen suchte aus der „konstituierenden" intentionalen Aktivität, als deren Leistungen sie *originaliter* auftreten, also in der vollen Ursprünglichkeit ihres Sinnes. Es ist apriori einzusehen, daß, so oft die Form dieser spontanen Aktionen die gleiche bleibt, korrelativ auch ihre Gebilde eine gleiche Form haben müssen.
15 Werden also die Begriffsbildungen Menge und Anzahl in reiner und weitester Allgemeinheit vollzogen, so kann von dem Sachgehalt (dem Wasgehalt) kolligierter Elemente und gezählter Einheiten nichts in diese Allgemeinheit mit eintreten, er muß absolut frei variabel bleiben, was offenbar durchaus der Intention
20 der Mengen- und Anzahlenlehre entspricht. Das Formale dieser Disziplinen liegt also in dieser Beziehung auf „Gegenständlichkeit-überhaupt", Etwas-überhaupt, in einer leersten Allgemeinheit, die alle sachliche Bestimmung unbestimmt beliebig sein läßt. Ihre Grundbegriffe aber sind (in meiner spä-
25 teren Redeweise) syntaktische Gebilde *in forma*, syntaktische Ableitungsformen des leeren Etwas.

Es war selbstverständlich, daß ich in meinen fortgeführten und die gesamte formale Mathematik umspannenden Untersuchungen[2], die schließlich auf eine „Theorie der deduktiven Systeme",
30 auf die Formen deduktiver Wissenschaften als solcher abzielten, alsbald dazu überging, die formale Mathematik überhaupt unter dem Einheitsgesichtspunkt einer Wissenschaft anzusehen, die es

---

von 1887, von der ein Bruchstück *Über den Begriff der Zahl* für den akademischen Zweck (nicht im Buchhandel) erschienen ist.
Anm. d. Hrsg.: Die Arbeit *Über den Begriff der Zahl* findet sich jetzt in Husserliana Bd. XII, S. 289–338. Vgl. ebda. Einleitung des Hrsg. S. XIII f.
[1] In ausdrücklicher Beziehung darauf und unter Hereinziehung der juristischen Person als anderen Beispiels hat B. Erdmann in seiner *Logik*, I[1] (1892) S. 101 den Terminus „Gegenstände höherer Ordnung" eingeführt.
[2] Vgl. das Vorwort der *Philosophie der Arithmetik*.

prinzipiell mit Ableitungsgestalten des Etwas-überhaupt zu tun hat und die somit in allen ihren, dadurch wesensmäßig zusammenhängenden Disziplinen den gemeinsamen Boden in der Leerregion des Etwas-überhaupt hat.

b) Der Weg der *Prolegomena* von der formalen Apophantik zur formalen Ontologie.

Wir betrachten nun den Weg, der in dem bezeichneten Kapitel der *Prolegomena zur reinen Logik* von der konsequenten Entfaltung des Sinnes einer formalen apophantischen Logik zur formalen Ontologie geführt hat. Als Leitidee für die erstere diente die der apriorischen Wissenschaftslehre mit ihrer ausschließlichen Forschungsrichtung auf den objektiv-idealen Gehalt der Wissenschaften, der, wie immer er aus subjektiven Leistungen her geworden ist, als ein System wahrer Sätze, als Einheit der Theorie vorliegt. Des näheren wird von vornherein der bevorzugende Blick gerichtet auf die **theoretisch erklärenden (nomologischen, deduktiven)** Wissenschaften und auf die **„Einheit der systematisch vollendeten Theorie"**[1] — der **„Theorie im strengen Sinne"**. Es handelt sich also um das Apriori der **so verstandenen** Theorie als solcher, in formaler Allgemeinheit, die alle sachliche Besonderheit der Gegenstände oder Gegenstandsgebiete, auf die sich eine Theorie bezieht, unbestimmt läßt. Als Aufgabe einer solchen formalen Logik ergab sich nun zunächst die Herausstellung der konstitutiven Begriffe, die zum Wesen einer Theorie als solcher gehören. Dies führt[2] auf die Begriffe: Satz (Urteil), Begriff, und überhaupt auf alle die Begriffe, die den Bau der Urteile, der schlichten und der komplizierten, betreffen und natürlich auch auf den Begriff der Wahrheit. Diese Gruppe von Begriffen wird die der **„Bedeutungskategorien"** genannt. Ihnen werden als korrelative Begriffe der logischen Wissenschaft die der **„formalen gegenständlichen Kategorien"** gegenübergestellt, die Begriffe: **Gegenstand**, Sachverhalt, Einheit, Vielheit, Anzahl, Beziehung, Verknüpfung usw. — alle diese Begriffe

---

[1] *Prolegomena* § 64.
[2] A.a.O. § 67, S. 243 f. (1. Aufl.), S. 242 f. in der zweiten, nur in einigen Wendungen geänderten Auflage.

von der Besonderheit der Erkenntnismaterie frei gehalten[1]. Im [78]
Anschluß daran wird[2] von der Aufgabe der Bestimmung der zugehörigen Gesetze gesprochen, und es werden die Gesetze
eben nach diesen zwei Gruppen von Kategorien, den Be-
5 deutungskategorien und den gegenständlichen Kategorien unterschieden. Eben damit ist in aller Schärfe die formale
Logik zugleich als eine Apophantik und als eine apriorische formale Gegenstandslehre charakterisiert. Zu
ihr gehören, wie aus den weiteren Ausführungen hervorgeht,
10 nicht nur die auf das Feld idealer Bedeutungen reduzierte Syllogistik, sondern auch die Anzahlenlehre, die Ordinalzahlen- und
Größenzahlenlehre[3] und ebenso natürlich die formale Größenlehre überhaupt, die Lehre von den Kombinationen und Permutationen usw.

15 3. KAPITEL
THEORIE DER DEDUKTIVEN SYSTEME UND
MANNIGFALTIGKEITSLEHRE

*§ 28. Die höchste Stufe der formalen Logik: die Theorie der
deduktiven Systeme, bzw. die Mannigfaltigkeitslehre*

20 Im Hinblick auf den völlig neuartigen Typus der mathematischen Analysis, der in einer gewaltigen theoretisch-technischen Entwicklung im 19. Jahrhundert aufgeschossen war,
und aus dem Bedürfnis, den in völliger Verworrenheit verbliebenen logischen Sinn dieser Analysis zur Klarheit zu bringen,
25 erwuchs mir aber noch eine dritte und höchste Aufgabe einer
formalen Logik oder formalen Wissenschaftslehre. Sie kündigt
sich an im Titel des § 69[4] als Theorie der möglichen

---

[1] Auf den Begriff der Kategorie und die damit zusammenhängenden Begriffe der „analytischen" oder formalen Gesetze gegenüber den synthetischen oder materialen, auf den Unterschied sinnlicher und kategorialer Anschauung usw. beziehen sich umfassende Untersuchungen des II. Bandes der *Log. Unters.*, insbesondere II. Bd./1. Teil. III. Unters., § 11 und der ganze zweite Abschnitt über „Sinnlichkeit und Verstand" in II Bd./2. Teil, S. 128 ff.
[2] *Prolegomena* § 68.
[3] A.a.O. S. 251 (2. Aufl. S. 251 f.)
[4] A.a.O. S. 247 f.

Theorienformen, oder (korrelativ) als Mannigfaltigkeitslehre.

Da der Begriff der Theorie (nach dem im vorigen Paragraph Gesagten) im prägnanten Sinne verstanden sein sollte — gemäß den nomologischen oder deduktiven Wissenschaften — somit als eine systematische Verknüpfung von Sätzen in der Form einer systematisch einheitlichen Deduktion, so war hier ein erster Anfang gewonnen für eine Theorie der deduktiven Systeme, oder, was dasselbe, einer logischen Disziplin von den deduktiven Wissenschaften als solchen und betrachtet als theoretische Ganzheiten. Waren auf der früheren Stufe der Logik der reinen Form nach thematisch geworden alle Bedeutungsgebilde, die innerhalb einer Wissenschaft apriori auftreten können, also Urteilsformen (und die Formen ihrer Elemente), Schlußformen, Beweisformen, korrelativ auf der gegenständlichen Seite Gegenstände überhaupt, Menge und Mengenverhältnis überhaupt, Kombinationen, Ordnungen, Größen überhaupt usw. mit den zugehörigen formalen Wesensverhältnissen und Verknüpfungen, so werden jetzt zum Thema die Urteilssysteme in ihrer Ganzheit, welche die Einheit einer möglichen deduktiven Theorie ausmachen, die einer „Theorie im strengen Sinne"[1]. Als gegenständlicher Totalbegriff (und immer in formaler Allgemeinheit verstanden) tritt hier das auf, was die Mathematik, ohne jede entfaltende Sinnbestimmung, unter dem Titel „Mannigfaltigkeit" im Auge hat. Es ist der Formbegriff des Gebietes einer deduktiven Wissenschaft, diese gedacht als systematische oder totale Einheit der Theorie: Ich wiederhole hier die strenge Charakteristik der Idee einer formalen Theorienformen- bzw. Mannigfaltigkeitslehre, an der ich nichts zu ändern wüßte, deren Inhalt wir hier aber vor Augen haben müssen.

„Das gegenständliche Korrelat des Begriffes der möglichen, nur der Form nach bestimmten Theorie ist der Begriff eines möglichen, durch eine Theorie solcher Form zu beherrschenden Erkenntnisgebietes überhaupt. Ein solches Gebiet nennt aber der Mathematiker (in seinem Kreise) eine Mannigfaltigkeit. Es ist also ein Gebiet, welches einzig und allein dadurch bestimmt ist, daß es einer Theorie

---

[1] Die von der Einführung (<Prolegomena> § 64) an immerfort mit dem Worte „Theorie" gemeint ist.

solcher **Form** untersteht, d.h. daß für seine Objekte **gewisse** Verknüpfungen möglich sind, die unter **gewissen** Grundgesetzen der und der **bestimmten Form** (hier das einzig Bestimmende) stehen. Ihrer Materie nach bleiben die Objekte völlig unbestimmt — der Mathematiker spricht, dies anzudeuten, mit Vorliebe von „**Denkobjekten**". Sie sind eben weder direkt als individuelle oder spezifische Einzelheiten, noch indirekt durch ihre inneren Arten oder Gattungen bestimmt, sondern ausschließlich durch die **Form** ihnen zugeschriebener Verknüpfungen. [80] Diese selbst sind also inhaltlich ebensowenig bestimmt wie ihre Objekte; bestimmt ist nur ihre Form, nämlich durch die Form für sie als gültig angenommener Elementargesetze. Und diese bestimmen dann, wie das Gebiet, so die aufzubauende Theorie oder, richtiger gesprochen, die **Theorienform**. In der Mannigfaltigkeitslehre ist z.B. $+$ nicht das Zeichen der Zahlenaddition, sondern einer Verknüpfung überhaupt, für welche Gesetze der **Form** $a + b = b + a$ usw. gelten. Die Mannigfaltigkeit ist dadurch bestimmt, daß ihre Denkobjekte diese (und andere damit als apriori verträglich nachzuweisende) „Operationen" ermöglichen.

**Die allgemeinste Idee einer Mannigfaltigkeitslehre** ist es, eine Wissenschaft zu sein, welche die wesentlichen Typen möglicher Theorien bestimmt ausgestaltet und ihre gesetzmäßigen Beziehungen zueinander erforscht. Alle wirklichen Theorien sind dann Spezialisierungen, bzw. Singularisierungen ihnen entsprechender Theorienformen, sowie alle theoretisch bearbeiteten Erkenntnisgebiete **einzelne** Mannigfaltigkeiten sind. Ist in der Mannigfaltigkeitslehre die betreffende formale Theorie wirklich durchgeführt, so ist damit alle deduktive theoretische Arbeit für den Aufbau aller wirklichen Theorien derselben Form erledigt." (Soweit die *Prolegomena* S. 249 f.)

Der neue Oberbegriff der hier fraglichen Disziplin wäre also **Form einer deduktiven Theorie** oder eines „deduktiven Systems"; er ist natürlich fundiert in den kategorialen Begriffen der unteren Stufe. Neben der Aufgabe seiner formalen Definition besteht nun die in Unendlichkeiten greifende, ihn zu differenzieren, mögliche Formen solcher Theorien in expliziter systematischer Ausgestaltung zu entwerfen, aber auch mannigfaltige Theoformen dieser Art theoretisch als Einzelheiten höherer Formallgemeinheiten zu erkennen, diese selbst — und zuhöchst eben die oberste Idee einer Theorienform überhaupt, eines deduktiven Systems überhaupt — in einer systematischen Theorie in ihren besonderen und bestimmten Formen zu differenzieren.

### § 29. *Die formalisierende Reduktion der nomologischen Wissenschaften und die Mannigfaltigkeitslehre*

Der Sinn dieser Aufgabenstellung wurde näher geklärt[1] durch den Nachweis, daß die Mannigfaltigkeitslehre der modernen Mathematik (und schließlich die ganze moderne formale Analysis) [81] schon eine, freilich nur partielle, aber in lebendiger Fortentwicklung begriffene Realisierung dieser Idee einer Wissenschaft von den möglichen deduktiven Systemen ist. Eben damit war zum ersten Male eine verständliche und prinzipiell einsichtige Auslegung des Sinnes dieser Analysis gewonnen, die — in ihrer vollen Weite genommen — die L e i b n i z sche Idee einer *mathesis univeralis* verwirklicht, so wie der entfaltete Sinn der höchststufigen universalen Logik deduktiver Systeme zugleich eine notwendige Entfaltung des L e i b n i z vorschwebenden Sinnes ist.

In freier Wiederholung der „Erläuterungen" jenes § 70 sei hier schon darauf hingewiesen, daß jede nomologisch erklärende theoretische Wissenschaft, z.B. die E u k l i d i s c h e Geometrie — so wie sie E u k l i d selbst verstanden hat als Theorie des anschaulichen Weltraumes — sich auf Theorienform bringen läßt. Das geschieht natürlich durch jene der Logik eigentümliche Verallgemeinerung der „Formalisierung", in der alle sachhaltigen Wasgehalte der Begriffe, also hier alles spezifisch Räumliche in Indeterminaten verwandelt werden, in Modi des leeren „Etwas-überhaupt". Dann wandelt sich das sachhaltige System der Geometrie in eine exemplarische S y s t e m f o r m, jeder geometrischen Wahrheit entspricht eine Wahrheits f o r m; jedem geometrischen Schluß oder Beweis eine Schluß f o r m, Beweis f o r m. Aus dem bestimmten G e g e n s t a n d s g e b i e t räumlicher Gegebenheiten wird die

---

[1] <*Prolegomena*> § 70.

*21 f. Handexemplar* freilich nicht ganz so wie *Verbesserung für* so wie
*22 Handexemplar* sondern als Idee der totalen Theorie *Verbesserung für* als Theorie

Form eines Gebietes, oder wie der Mathematiker sagt, eine Mannigfaltigkeit. Es ist nicht schlechthin eine Mannigfaltigkeit überhaupt, was so viel wäre wie eine Menge überhaupt, auch nicht die Form „unendliche Menge überhaupt", sondern es ist eine Menge, die nur ihre Besonderheit darin hat, daß sie in leerformaler Allgemeinheit gedacht ist als „ein" Gebiet, das bestimmt sei durch den vollständigen Inbegriff Euklidischer Postulatformen, also in einer deduktiven Disziplin von der aus der Euklidischen Raumgeometrie durch jene Formalisierung hergeleiteten Form.

## § 30. *Die Mannigfaltigkeitslehre seit Riemann*

Der große Schritt der neuzeitlichen Mathematik insbesondere seit Riemann besteht darin, daß sie nicht nur diese Möglichkeit eines Rückgangs auf die Form eines deduktiven Systems (also auf die jeweilige Form deduktiver Wissenschaften) von der Geometrie und dann von sonstigen faktischen Wissenschaften her sich klar gemacht hat, sondern daß sie auch dazu überging, solche Systemformen selbst als mathematische Objekte anzusehen, sie frei zu wandeln, sie mathematisch zu verallgemeinern und die Allgemeinheiten zu besondern; das aber nicht in Bindung an die hier bedeutungslosen Differenzierungen nach Gattung und Art im Sinne der Aristotelischen Tradition, sondern im Sinne der im Gebiet des Formalen sich darbietenden formal-mathematischen Über- und Unterordnungen. Die üblichen Reden waren und sind freilich unklar, man spricht nicht von der kategorialen Form Raum, sondern vom „Euklidischen Raum"[1]. In der Verallgemeinerung spricht man von Räumen n-ter Dimension, von Riemannschen, Lo-

[82]

---

[1] Man wird sich hier nicht durch den Kantischen Begriff der Raumform beirren lassen, der die regionale Form der wirklichen und jeder möglichen Natur betrifft, während wir es hier mit rein analytischen Formen, mit „kategorialen", den Gegenständen und Urteilen durch völlige Entleerung von allem Sachgehalt zugehörigen Formen zu tun haben. Die Form Raum im Kantischen Sinne ist der Raum der Geometrie Euklids, der Raumgeometrie schlechthin. Diese „Raumform" ist selbst Einzelheit der analytischen Form „Euklidische Mannigfaltigkeit".

*11 Handexemplar Randbemerkung* Dieser § bedarf der Vertiefung
*26 Handexemplar* dem Raum, den die Geometrie Euklids theoretisch-nomologisch thematisiert *Einfügung hinter* Raum,

batschewskijschen, statt von Verallgemeinerungen jener
kategorialen Form „drei-dimensionale Euklidische Mannigfaltigkeit" in Formen von n-dimensionalen, so und so der Form
nach noch näher definierten Arten von „Mannigfaltigkeiten".
Ebenso unklar sprechen die Mathematiker von Axiomen statt
von Axiomenformen und sprechen dann weiter von Lehrsätzen,
Beweisen usw., wo es sich um eine formal allgemeine Deduktion
handelt, in der aus den vorausgesetzten Grundsatzformen die
darin beschlossenen Formen von Lehrsätzen in Formen von
Schlüssen und Beweisen abgeleitet werden. Dieser Mangel an
Scheidung, der erst durch die evidenten (aber nicht überall beachteten) Nachweisungen der bezeichneten Paragraphen der
Prolegomena beseitigt wurde, hat bei den Mathematikern und
selbst den von ihnen mißleiteten Logikern viel Verwirrung gestiftet und auch falsche Reaktionen auf philosophischer Seite
hervorgerufen — denn in den Sachen hatte das mathematische
Genie wie immer recht, wenn auch die logische Selbstverständigung versagte.

### § 31. *Der prägnante Begriff einer Mannigfaltigkeit, bzw. der eines „deduktiven", „nomologischen Systems" geklärt durch den Begriff der „Definitheit"*

Die Mathematiker gingen in der bezeichneten Richtung schran-
kenlos weiter. Unbekümmert um vorgegebene theoretische
Wissenschaften vollzogen sie freie Konstruktionen von „Mannig- [83]
faltigkeiten" (Mannigfaltigkeitsformen) oder korrelativ von
Formen deduktiver Wissenschaften. Freilich letztlich war doch,
wie für die ganze Entwicklung der Mathematik seit dem Altertum,
die Geometrie und das sich in ihr bekundende Euklidische Ideal
leitend. Die Tendenz auf eine ausgezeichnete Prägung des mathematischen Begriffes der Mannigfaltigkeit (und somit auf eine
besondere Zielstellung der Mannigfaltigkeitslehre) ging von diesem
Ideal aus. Ich versuchte sie konkret zu fassen im Begriff der
definiten Mannigfaltigkeit.

---

*19 Handexemplar* also verengerte *Ergänzung über* prägnante

Der verborgene Ursprung dieses die Mathematik, wie mir scheint, beständig innerlich leitenden Begriffes ist folgender. Denken wir das **Euklidische Ideal** verwirklicht[1], so wäre aus einem irreduktiblen endlichen System von Axiomen in rein syllogistischer Deduktion (also nach den Prinzipien der logischen Unterstufe) das ganze unendliche System der Raumgeometrie abzuleiten, also **das apriorische Wesen des Raumes theoretisch vollständig zu enthüllen.** Im Übergang zur Form ergibt sich also die Formidee einer Mannigfaltigkeit überhaupt, die, gedacht als unter einem Axiomensystem der aus dem **Euklidischen** durch Formalisierung abgeleiteten **Form** stehend, **vollständig nomologisch erklärbar** wäre; und zwar in einer mit der Geometrie (wie ich es in meinen Göttinger Vorlesungen zu nennen pflegte) „äquiformen" deduktiven Theorie. Denken wir uns von vornherein eine in unbestimmter Allgemeinheit gedachte Mannigfaltigkeit durch ein solches System von Axiomenformen definiert — ausschließlich dadurch als bestimmt gedacht —, so ist in reiner Deduktion das ganz bestimmte Formensystem der Lehrsätze, der Partialtheorien und schließlich die ganze für eine solche Mannigfaltigkeit notwendig geltende **Form der Wissenschaft** in reiner Deduktion abzuleiten. Natürlich haben alle sachhaltig konkret vorzulegenden Mannigfaltigkeiten, deren Axiomensysteme sich bei der Formalisierung als äquiform herausstellen, dieselbe deduktive Wissenschaftsform gemein, sie sind in Beziehung auf sie selbst äquiform.

In diesem Zusammenhang tritt uns das **Problem** entgegen, was eigentlich **rein formal** ein in sich abgeschlossenes Axiomensystem als „**definit**" charakterisiert, durch das wirklich eine „**Mannigfaltigkeit" im prägnanten Sinne** definiert wäre. Denn wie ich erkannte, lag in der Intention dieses Begriffes ein verborgener intentionaler Sinn. Mannigfaltigkeit meinte eigentlich die **Formidee eines unendlichen Gegenstandsgebietes, für das es Einheit einer**

[84]

---

[1] Sc. das durch die Systemform der „Elemente" den Mathematikern nahegelegte, obschon von Euklid selbst nicht formulierte Ideal.

*Handexemplar Fortzetzung der Anmerkung* einer Theorie, die universal den als exakt idealisierten Raum universal nomologisch beherrscht

theoretischen Erklärung, oder was dasselbe, Einheit einer nomologischen Wissenschaft gibt. Die Formidee „theoretisch erklärbares Gebiet" (Gebiet einer deduktiven Wissenschaft) und „definites Axiomensystem" sind äquivalent.

Es ist dabei zu beachten, daß allerdings jedes beliebige formal definierte Axiomensystem seine Unendlichkeit von deduktiven Konsequenzen hat. Aber zur Idee einer „nomologischen Wissenschaft" oder korrelativ gesprochen eines unendlichen Gebietes (in der mathematisch-logischen Rede einer Mannigfaltigkeit), das durch eine erklärende Nomologie zu beherrschen ist, gehört, daß es keine für dieses Gebiet gültige Wahrheit gibt, die nicht in den „Grundgesetzen" der nomologischen Wissenschaft deduktiv beschlossen ist — wie im idealen Euklid für den Raum in dem „vollständigen" System der Raumaxiome. Indem ich von solchen Überlegungen der Eigenart eines nomologischen Gebietes zur Formalisierung überging, ergab sich das Ausgezeichnete einer Mannigfaltigkeitsform im prägnanten Sinne, eben dem einer nomologisch erklärenden. Sie ist nicht nur überhaupt durch ein formales Axiomensystem definiert, sondern durch ein „vollständiges". Darin liegt, auf die präzise Form des Begriffes der definiten Mannigfaltigkeit gebracht:

Das eine solche Mannigfaltigkeit formal definierende Axiomensystem ist dadurch ausgezeichnet, daß jeder aus den in diesem auftretenden Begriffen (Begriffsformen natürlich) rein-logisch-grammatisch zu konstruierende Satz (Satzform) entweder „wahr", nämlich eine analytische (rein deduktive) Konsequenz der Axiome, oder „falsch" ist, nämlich ein analytischer Widerspruch: *tertium non datur.*

Natürlich knüpfen sich hieran höchst bedeutsame Probleme. Wie kann man apriori wissen, daß ein Gebiet ein nomologisches ist, z.B. der Raum in seinen Raumgestalten, und daß die Reihe unmittelbar einsichtiger Raumaxiome, die man hergestellt hat, das Wesen des Raumes vollständig befaßt, also zu einer Nomologie ausreicht? Und dann erst recht in reiner Formalisierung oder in der freien Konstruktion von Mannigfaltigkeitsformen: wie kann man wissen, wie beweisen, daß ein Axiomensystem ein definites ist, ein „vollständiges"?

Ich habe hier überall den mir ursprünglich fremden Ausdruck

„vollständiges Axiomensystem" verwendet, der von Hilbert
herstammt. Ohne von den philosophisch-logischen Erwägungen [85]
geleitet zu sein, die meine Studien bestimmten, gelangt auch er
(natürlich völlig unabhängig von meinen unpubliziert gebliebenen Untersuchungen) zu seinem Begriff der Vollständigkeit;
nämlich er versucht, ein Axiomensystem zu ergänzen durch ein
eigenes „Axiom der Vollständigkeit". Die oben gegebenen Analysen dürften evident machen, daß die innersten Motive, die ihn
mathematisch leiteten, wenn auch inexplizit, doch im wesentlichen in dieselbe Richtung gingen, wie diejenigen, die den Begriff der definiten Mannigfaltigkeit bestimmten. Jedenfalls ist es,
wie mir scheint, auch heute, und nicht zum mindesten für den
philosophischen Logiker, nicht unwichtig, sich nach den oben
versuchten Gedankengängen den tiefen Sinn einer Nomologie
und einer definiten (nomologischen) Mannigfaltigkeit klarzumachen.

Der Begriff der definiten Mannigfaltigkeit diente mir ursprünglich
zu einem anderen Zwecke, nämlich zur Klärung des logischen Sinnes
des rechnerischen Durchgangs durch „Imaginäres" und im Zusammenhang damit zur Herausstellung des gesunden Kernes des vielgerühm-
ten, aber logisch unbegründeten und unklaren H. Hankelschen
„Prinzips der Permanenz der formalen Gesetze". Meine Fragen waren:
an welchen Bedingungen hängt die Möglichkeit, in einem formal definierten deduktiven System (in einer formal definierten „Mannigfaltigkeit") mit Begriffen frei zu operieren, die gemäß seiner Definition
imaginär sind? Wann kann man sicher sein, daß Deduktionen, die bei
solchem Operieren von dem Imaginären freie Sätze liefern, in der Tat
„richtig" sind, das ist korrekte Konsequenzen der definierenden Axiomenformen? Wie weit reicht die Möglichkeit,
eine „Mannigfaltigkeit", ein wohldefiniertes deduktives System zu
„erweitern" in ein neues, das das alte als „Teil" enthält? Die Antwort
lautet: wenn die Systeme „definit" sind, dann kann das Rechnen mit
imaginären Begriffen nie zu Widersprüchen führen. Ausführlich beschrieben (ohne Beziehung auf diese Probleme) habe ich den Begriff
des Definiten in meinen *Ideen*, S. 135 (nach einem Doppelvortrag in
der Göttinger Mathematischen Gesellschaft W.-S. 1901/2)[1]. Im
I. Band der *Logischen Untersuchungen*, den ich eigentlich nur als Ein-

---

[1] Anm. d. Hrsg.: Der von Husserl erwähnte Doppelvortrag in der Göttinger
Mathematischen Gesellschaft vom W.-S. 1901/2 ist im Nachlaß nicht aufzufinden.
(Vgl. Einleitung des Hrsg. in Husserliana Bd. XII, S. XVIII.) In der neuen Ausgabe
der *Philosophie der Arithmetik* ist Husserls Vorlage zu diesem Vortrag jetzt abgedruckt. (Vgl. Husserliana Bd. XII, S. 430 ff. und S. 548 ff.)

leitung zu den phänomenologischen Untersuchungen des II. Bandes entworfen hatte, unterließ ich es, Fragen der Mannigfaltigkeitslehre weiter zu verfolgen, und so fehlen die Beziehungen auf den Begriff des Definiten und auf das Imaginäre, das Abschlußthema meiner alten philosophisch-mathematischen Studien.

### § 32. *Die oberste Idee einer Mannigfaltigkeitslehre als einer universalen nomologischen Wissenschaft von den Mannigfaltigkeitsformen*

Indem die Mathematiker dazu übergingen in mathematischer Freiheit Formen von Mannigfaltigkeiten zu definieren, und ausschließlich durch F o r m e n für sie als gültig gedachter Sätze, so gerieten sie in eine Unendlichkeit von solchen Formen. Für jede [86] durch ein System von Axiomenformen definierte Mannigfaltigkeit ergab sich die Aufgabe, die Form zugehöriger deduktiver Wissenschaft selbst explizit zu konstruieren, was in der Ausführung genau dieselbe Arbeit konstruktiver Deduktionen ergab, wie sie in einer konkreten deduktiven Wissenschaft mit sachhaltigen Begriffen durchgeführt wird. Es war unmöglich und zwecklos, verschiedene solche Formen wahllos zu konstruieren, da sofort an den von den faktisch bestehenden Wissenschaften her gebildeten Formen zu sehen war, daß Formen deduktiver Systeme sich selbst zu deduktiven Systemen zusammenschließen. Es erwächst hier also die I d e e einer universalen Aufgabe: nach einer obersten Theorie zu streben, die alle möglichen Theorienformen bzw. alle möglichen Mannigfaltigkeitsformen als mathematische Besonderungen, also a b l e i t b a r, in sich fassen würde.

### § 33. *Wirkliche formale Mathematik und Mathematik der Spielregeln*

Die Gefahr des Sichverlierens in einen sich übersteigernden Symbolismus, der die Herausstellung des eigentlich logischen

---

*25 Handexemplar* nomologischen *Einfügung hinter* möglichen
*27 Handexemplar Einfügung hinter dem letzten Satz von § 32* Selbstverständlich ist, daß die nicht-mathematischen, nicht-nomologischen Mannigfaltigkeiten ein solches oberstes System nicht bilden können. Erst wenn das leere Etwas überschritten wird, eine Welt zum Thema wird...

Sinnes der neuen formalen Mathematik sehr gehemmt hat und es zu einer Entwicklung der sie im Verborgenen treibenden Gesamtintention in Form einer begriffenen Aufgabe nicht kommen ließ, kann nur vermieden werden, wenn die Idee dieser Mathematik im Gesamtzusammenhang der Idee einer L o g i k — in der Art der Darstellungen der *Logischen Untersuchungen* — aufgebaut wird. Sie wird dann erkannt als eine universale Theorie der (je als Systeme geschlossenen) Theorienformen, korrelativ als eine universale Theorie der möglichen Formen von Mannigfaltigkeiten. So erscheint sie als o b e r s t e  S t u f e  d e r  l o g i s c h e n  A n a l y t i k, fundiert in der wesensmäßig vorausgehenden Unterstufe, die (mit Rücksicht auf die Ergebnisse der 4. Logischen Untersuchung) sich in reine Formenlehre und Geltungslehre (Konsequenzlogik) teilt.

Die Mathematiker waren zunächst, befangen von ihren jeweiligen theoretisch-technischen Interessen und Sorgen, für die prinzipiellen logischen Analysen, wie sie in den *Logischen Untersuchungen* angestellt sind, wenig empfänglich, und beginnen erst seit kurzem in ihrer Weise etwas von dieser Stufenscheidung zu merken; sie sehen allmählich, das durch eine formale Mathematik der höheren Mannigfaltigkeitsstufe niemals die spezifisch logischen Kategorien (Bedeutungskategorien und gegenständliche Kategorien) und die auf sie bezüglichen wirklichen Axiome erspart werden können. Freilich die meisten sehen auch jetzt noch nicht, daß, logisch betrachtet, Anzahlenarithmetik ihr eigenes Dasein hat, und wieder Ordinalzahlenarithmetik, Größenzahlenarithmetik usw.[1]. Und anderseits sehen sie nicht, daß eine Theorie der ,,reellen Zahlen" (die in die formale Mathematik der höheren Stufe gehört) keine jener eigenständig aufzubauenden Disziplinen aus sich herzugeben vermag. Natürlich ist hier das Täuschende, daß es sich um äquiforme deduktive Disziplinen handelt, daß es also technisch zwecklos wäre, jede solche Disziplin explizit für sich aufzubauen, statt ein für allemal, in einer höheren Stufe der Formalisierung, die betreffende Theorienform systematisch aus den gemeinsamen Axiomenformen herzu-

---

[1] Vgl. das Vorwort meiner *Philosophie der Arithmetik.*

*31 Handexemplar Ergänzung am Rande* isomorphe

leiten. Nur daß man doch, wie gesagt, nie die eigene Herausstellung der betreffenden **Grundbegriffe** im Zusammenhang der logischen Kategorien und der auf sie bezüglichen **wirklichen Axiome** ersparen kann.

Das gilt sogar, wenn man statt einer mathematischen Analysis **selbst** bzw. einer ernstlichen Mannigfaltigkeitslehre selbst, vielmehr eine bloße **Disziplin deduktiver Spiele mit Symbolen** aufbaut, die erst zu einer wirklichen Mannigfaltigkeitslehre wird, wenn man die Spielsymbole als Zeichen für wirkliche Denkobjekte, Einheiten, Mengen, Mannigfaltigkeiten ansieht, und den Spielregeln die Bedeutung gibt von **Gesetzesformen** für diese Mannigfaltigkeiten. Selbst im Spiel urteilt man, kolligiert und zählt man wirklich, zieht man wirkliche Schlüsse usw.

### § 34. *Die vollständige formale Mathematik identisch mit der vollständigen logischen Analytik*

Die systematische Ordnung im Aufbau einer vollen und ganzen „*mathesis universalis*" — also einer nicht in der Luft schwebenden, sondern auf ihre Fundamente gestellten und mit diesen Fundamenten untrennbar einigen formalen Mathematik — ist natürlich ein großes Problem. Es ist nach unseren Nachweisungen aber nichts anderes als das Problem einer vollen und ganzen **logischen Analytik**, wie das schon im Sinne der Darstellungen in den *Logischen Untersuchungen* liegt. Dann aber ist klar, daß eine universale Mannigfaltigkeitslehre bei ihrer freien Art, durch Axiomenformen, überhaupt Formen von vorausgesetzt gültigen Sätzen eine jeweilige Mannigfaltigkeitsform zu definieren, doch über die in der Formenlehre der Urteile systematisch auftretenden Grundformen von Sätzen und die in ihnen implizierten logischen Kategorien, und über sie alle, zu verfügen hat und sich endlich auch dessen bewußt werden muß, was das besagt. Mit anderen Worten, sie muß sich **bewußt auf eine vorangehende Formenlehre der Urteile** (der kategorialen Bedeutungen) **aufbauen**. Hier eben verführt die aus vermeinten Bedürfnissen größerer Exaktheit hervorgehende Neigung, der wirklichen Mannigfaltigkeitslehre ihr symbolisches Analogon zu unterschieben, also die Definitionen von Mannigfaltigkeiten mit bloßen Spielregeln zu bestreiten.

In der Definition einer Mannigfaltigkeit haben wir nicht bloß signitiv und kalkulatorisch zu definieren, z.B. „es soll mit den jeweiligen Zeichen gestattet sein, so zu hantieren, daß immer für das Zeichen $a + b$ gesetzt werden kann $b + a$ ", sondern es muß heißen: es soll für die (zunächst nur als leere Etwas, als „Denkobjekte" gedachten) Gegenstände der Mannigfaltigkeit eine gewisse Verbindungsform bestehen mit der Gesetzesform $a + b = b + a$, wobei Gleichheit eben wirklich Gleichheit bedeutet, wie sie ja zu den kategorialen logischen Formen gehört. Welche logischen Kategorien definitorisch hereinzuziehen sind, das ist Sache der willkürlichen, obschon durch Widerspruchslosigkeit gebundenen, Definition; aber sie müssen jedenfalls als die ganz bestimmten gemeint und bezeichnet sein.

## § 35. *Warum in dem Bereich der mathesis universalis als universaler Analytik nur deduktive Theorienformen thematisch werden können*

a) **Nur deduktive Theorie hat eine rein analytische Systemform.**

Es bedarf nun noch einer wichtigen Ergänzung, die in kritischer Anknüpfung an die Darstellung der *Prolegomena* ausgeführt sei:

Durch die Erhöhung zur systematischen Theorien- oder Mannigfaltigkeitslehre sind die Ganzheitsprobleme in die Logik einbezogen worden[1], soweit sie als formale Probleme zu stellen sind. Ob die formale Logik (die Analytik im weitesten

[1] Es ist ein Mangel der Darstellung der *Logischen Untersuchungen*, daß dieser Gedanke nicht in wiederholter Betonung in den Mittelpunkt gerückt war, obschon er den Sinn der ganzen Ausführungen immerfort bestimmt. Ein ernstlicherer Mangel der *Prolegomena* ist, nebenbei bemerkt, daß ineins mit dem Begriff der Wahrheit nicht die Modalitäten der Wahrheit erwähnt ⟨werden⟩ und nicht Wahrscheinlichkeit als eine dieser Modalitäten aufgeführt, demgemäß also der notwendige Erweiterung einer formalen Logik dahin bestimmt wird, daß modale Abwandlungen des Urteilens und der Urteile als allgemeine formale Möglichkeiten darum in die Gewißheits- oder Wahrheitslogik eintreten, weil jede solche Abwandlung in die prädikativen Gehalte des Urteils treten kann und nun nicht als außerformal angesehen werden darf. Mit anderen Worten, „Materie" der Urteile im formal logischen Sinne ist nur der Gehalt, der das Etwas-überhaupt überschreitet; zum Etwas-überhaupt gehören eben alle Formen, nicht nur ⟨die,⟩ in denen in Gewißheit, sondern auch ⟨die, in denen⟩ in Möglichkeit usw. geurteilt wird. Eine Erweiterung verwandten Sinnes ergibt sich dann, wenn berücksichtigt wird, daß auch das Gemüt Modalitäten des Etwas-überhaupt beibringt, die ebenso in die doxische Sphäre einbezogen sind (vgl. darüber *Ideen* S. 243 ff. und weiter unten § 50, S. 140 ff.).

Sinne) damit vollendet ist in ihrer ausschließlichen Einstellung auf das universale Feld der Bedeutungs- und Gegenstandsformen, hätte (a. a. O.) freilich erst untersucht bzw. nachgewiesen werden müssen. Die Leitung der ganzen Fragestellung nach dem Sinn einer „reinen" Logik (sc. als Analytik) durch das Ideal der spezifisch theoretischen Wissenschaft, nämlich der nomologischen (wie die Geometrie oder theoretische Physik), bedingte in den *Prolegomena* zunächst eine Beschränkung, die nicht gerechtfertigt worden war, eben die Beschränkung des Allgemeinbegriffes Wissenschaft als **Theorie im weitesten Sinne** — als in sich geschlossenes Sätzesystem einer Wissenschaft überhaupt — auf den **besonderen** Begriff der **deduktiven Theorie** (der nomologisch „erklärenden" Wissenschaft). Indessen erwägt man das hier spielende und nun ausdrücklich zu formulierende **Problem** — was die Form eines Gebietes und korrelativ die Form einer Theorie im **weitesten** Sinne charakterisieren mag — so dürfte die Beschränkung sich nachträglich in gewisser Weise rechtfertigen lassen.

Zunächst ist es wohl einsichtig, daß Wissenschaften vom Typus der Psychologie oder Phänomenologie oder Geschichte, wenn wir an ihnen Formalisierung üben und nun fragen, was alle die sich ergebenden Satzformen zur Einheit einer Systemform verbinde, oder wiefern diese Formen **als solche** überhaupt eine Formeinheit des Systems haben — wir zu nichts kommen als zu der leeren Allgemeinheit, daß es eine offene Unendlichkeit von Sätzen sei, die **gegenständlich** zusammenhängen und jedenfalls in der Weise analytischer Widerspruchslosigkeit miteinander vereinbar seien. Diese Wissenschaften scheiden sich **prinzipiell** in ihrem theoretischen Typus von den nomologischen im Sinne des von uns exakt definierten Begriffs[1]. Das sagt also: ihre Systemform ist nicht die einer definiten deduktiven Theorie; oder [90] korrelativ: ihr Gebiet ist keine definite Mannigfaltigkeit. Was in solchen Wissenschaften Prinzip der **Einheit** ist, kann offenbar nur durch **Überschreitung der analytischlogischen Form** zur Erkenntnis kommen. Dagegen ist die **Systemform der deduktiven Theorie** selbst eine

---

[1] Vgl. § 31. S. 100.

Bildung der analytischen Sphäre. Somit sind deduktive oder nomologische Wissenschaften dadurch charakterisiert, daß ihr Systemprinzip ein rein analytisches ist. Die deduktive Theorie hat eine systematische Einheitsform, die zur formalen Logik selbst gehört, in ihr selbst, und zwar in ihrer obersten Disziplin, der Mannigfaltigkeitslehre, apriori zu konstruieren ist, im Gesamtsystem der apriori möglichen Formen deduktiver Systeme.

b) Die Fragestellung: wann ein System von Sätzen eine analytisch zu charakterisierende Systemform hat.

Wir haben damit eine für das Verständnis der Logik sehr bedeutsame Erkenntnis gewonnen. Sie fehlt noch in den *Logischen Untersuchungen*. Korrekterweise hätte dort jede vorausgehende Anknüpfung an das Ideal der ,,theoretischen", der ,,nomologisch erklärenden" Wissenschaft, das keineswegs für alle Wissenschaft als Ideal gelten kann, unterbleiben müssen. Statt dessen mußte im Gang der Sinnesentfaltung einer Logik als Wissenschaftslehre (und zwar in ausschließlichem Hinblick auf das Formale der Ergebnisbestände, und von ganz beliebigen Wissenschaften überhaupt) das entsprechende Problem herausgestellt werden.

Dieses kann in folgender Weise kurz umrissen werden: eine Wissenschaft überhaupt ist eine Mannigfaltigkeit nicht zufällig zusammengeratener, vielmehr verbundener und jedenfalls auf ein einheitliches Gebiet bezogener Wahrheiten. Wann hat das Ganze der ins Unendliche fortlaufenden Sätze einer Wissenschaft eine systematische Einheitsform, die mittels der logisch-kategorialen Begriffe aus einer endlichen Anzahl von reinen Axiomenformen apriori konstruierbar ist? Wann ist die eine Theorienform definierende Gruppe von Axiomenformen definit bzw. die Gebietsform eine ,,mathematische", eine ,,definite" Mannigfaltigkeit? Wenn diese Bedingung erfüllt ist, ist sie Systemform einer ,,deduktiven", einer ,,theoretisch erklärenden" Wissenschaft.

Die *mathesis universalis* (was nun stets gleichwertig ist mit

---

29 ff. *Handexemplar Randbemerkung* mathematische = nomologische = definite Mannigfaltigkeit

logischer Analytik) ist aus apriorischen Gründen ein
Reich universaler Konstruktion, abgesehen von den [91]
operativen Elementen, durchaus ein Reich operativer und in
ihrer Unendlichkeit doch apriori beherrschbarer Gestaltungen.
5 Darin treten als höchste Stufe die deduktiven und keine
anderen Systemformen auf. Eben dadurch beantwortet sich
die Frage, wann eine Wissenschaft oder eine wissenschaftlich
geschlossene Satzgruppe nach rein analytischen (mathematischen)
Prinzipien eine einheitliche, eine mathematisch konstruierbare
10 Systemgestalt hat.

Zu beachten ist, daß diese Frage nur in einem gewissen Sinne
zur formalen Analytik gehört. Von dem Titel Wissenschaft weiß
diese, und wissen wir, soweit wir bisher gekommen sind, nur so
viel, daß er ein gewisses Universum von Sätzen meint, wie immer
15 aus theoretischer Arbeit erwachsen, in deren systematischer Ordnung ein gewisses Universum von Gegenständen zur Bestimmung
kommt. Die Logik hat also, als Analytik, keine Unterschiede von Wissenschaften vorgegeben, wie die irgend
üblichen von konkreten (beschreibenden) und abstrakten („er-
20 klärenden"), oder welche Unterschiede sonst man da proponieren
mag. Von sich aus kann sie nur zur Erkenntnis kommen, daß eine
formal allgemein gedachte offene Vielheit oder „Mannigfaltigkeit"
von Gegenständen mit der besonderen Bestimmung formal denkbar ist, daß diese eine definite mathematische Mannigfaltigkeit
25 ist, korrelativ, daß die für sie als zusammen geltenden in formaler
Allgemeinheit gedachten Sätze eine konstruktive (deduktive)
Systemform haben.

Bei unserem Wege, der weit hinausstrebend über das Absehen
der *Logischen Untersuchungen* auf das Ziel hingeht, die Idee
30 einer Wissenschaftslehre intentional zu entfalten, ist es noch ein
offenes Problem, was über eine Analytik hinaus, die sich als eine
erste Stufe dieser Entfaltung einstellte, noch apriori unter dem
Titel Wissenschaft erstrebt werden kann — in einer „formalen"
Allgemeinheit, die nun nicht mehr den Sinn der analytisch-for-
35 malen hat.

§ 36. *Rückblick und Vordeutung auf die weiteren Aufgaben*

Nach dieser Klarlegung des Inhaltes des Schlußstückes der *Prolegomena* (die freilich in unserem letzten Kapitel auch Ergänzung und kritische Begrenzung war) glaube ich auch jetzt, nach fast drei Jahrzehnten das Wesentliche und noch immer nicht ganz zur Wirkung Gekommene derselben vertreten zu können. Es ist dabei aber auch sichtlich geworden, daß wir in gewisser Hinsicht in unserer jetzigen Untersuchung um ein wesentliches Stück weiter gekommen sind, nämlich sofern wir im 1. [92] Kapitel die fundamentale Drei-Schichtung der Logik bzw. die neue Scheidung zwischen formaler „Logik der Widerspruchslosigkeit" und formaler „Logik der Wahrheit" begründen konnten. Andererseits waren wir aber im genannten Kapitel hinter den *Logischen Untersuchungen* zurückgeblieben, sofern wir durch Rücksichtnahme auf ihre Ergebnisse nun genötigt sind, eine höhere Stufe von Problemen, jene Ganzheits- oder „Mannigfaltigkeits"-probleme anzuerkennen, und zwar als Thema einer höherstufigen und dabei immer noch formal-logischen („analytischen") Disziplin. Wir werden es schon erwarten, daß **auch in dieser obersten Stufe sich die Schichtung von Widerspruchslosigkeit und Wahrheit** genau in dem früher ausführlich begründeten Sinne wird vollziehen lassen. Doch müssen wir dazu erst die nötigen Vorbereitungen gewinnen, und zwar durch ausführliche Behandlung des Problems, das unseren Ausgang gebildet hat, das **Verhältnis von Ontologie und Bedeutungslogik** betreffend.

# B. PHÄNOMENOLOGISCHE AUFKLÄRUNG DER DOPPELSEITIGKEIT DER FORMALEN LOGIK ALS FORMALER APOPHANTIK UND FORMALER ONTOLOGIE

## 4. KAPITEL
### EINSTELLUNG AUF GEGENSTÄNDE UND EINSTELLUNG AUF URTEILE

§ 37. *Die Frage nach dem Verhältnis von formaler Apophantik und formaler Ontologie; das Ungenügende der bisherigen Klärungen*

Kehren wir zurück zu dem Nachweis, den wir für die Unterstufe gegeben haben, daß die auf sie bezogenen Wesensgesetze und evtl. ausgeführten Disziplinen zugleich und untrennbar formal-ontologisch sind und apophantisch, da sie ja ausdrücklich auf beides, auf formale Bedeutungskategorien und formale gegenständliche Kategorien bezogen worden waren[1]. Natürlich gilt nun eben dasselbe für die voll entwickelte formale Analytik, sofern die Theorienformen ihrem eigenen Sinne nach ihre Korrelate haben in gegenständlichen Mannigfaltigkeiten. Der konsequent durchgeführte Weg von dem Bau einer Wissenschaft aus Sätzen, also von der Bedeutungsseite her, die formalen Bedingungen möglicher Wahrheit und schließlich wahrer Wissenschaft zu suchen, führte eben vermöge der in den Sätzen selbst liegenden Sinnbeziehung auf Gegenständlichkeiten zugleich zu einer universalen formalen Ontologie, die in der höchsten Stufe den Namen Mannigfaltigkeitslehre bestimmt.

---
[1] Vgl. oben §§ 25 und 27.

Es ist nun zu fragen: ist dieser wesensmäßige Doppelsinn der formalen Analytik schon zu hinreichender Verständlichkeit gebracht? Ist es schon klar, was es eigentlich heißt, einmal **auf Urteile überhaupt eingestellt sein** und das andere
5 **Mal auf Gegenständlichkeit überhaupt** in formaler Allgemeinheit? Ist auch der Sinn einer formalen Ontologie [94] gegenüber einer materialen (wir sagen nicht realen, da wir noch nicht wissen, was unter dem zweiten Titel stehen mag) schon durchsichtig genug, hat es nicht seine Bedenken überhaupt von
10 formaler Ontologie zu sprechen? In der Tat empfand ich schon zur Zeit der *Logischen Untersuchungen* und noch langehin in dieser Hinsicht Schwierigkeiten. Die sehr nötigen Klärungen sollen nun unsere nächste Aufgabe sein, dabei werden uns zum Teil Einsichten dienlich sein, die uns früher die dreifache Scheidung
15 der Analytik ermöglicht haben.

### § 38. *Urteilsgegenstände als solche und syntaktische Gebilde*

Wir fragen, zugleich in Erinnerung an unsere früheren Darlegungen[1]: kann überhaupt eine **formale Ontologie** von einer apophantischen Logik unterscheidbar sein, sei es auch nur
20 als Korrelat derselben, bloß durch Änderung der Einstellung von den Sätzen auf die Gegenstände sich ergebend?

Ihr **Gebiet** soll die „formale Region" des Gegenstandes überhaupt sein, sie soll also **Gegenstände** in apodiktischen Wahrheiten bestimmen in eben dieser formalen Allgemeinheit.
25 Gehen wir in den Umfang ein und betrachten wir irgendwelche exemplarischen Einzelfälle zu bestimmender Gegenstände, z.B. diesen Tisch hier, so vollzieht sich Bestimmung zunächst in Form der **Auslegung der bestimmten einzelnen Eigenschaften** und dann in höherer Stufe in immer neuen Urteilsakten, in
30 denen neue Gegenstände hereingezogen, **relative Bestimmungen** erwirkt, oder in pluralen Urteilen **Vielheiten** auf dasselbe Prädikat bezogen werden, oder in denen allgemein geurteilt und so **Allgemeines** zum höheren Thema wird usw.

Hier sind wir in dem Gang des urteilenden Bestimmens in der
35 Tat gegenständlich gerichtet, auf den Tisch, dessen inhaltlich

---

[1] Vgl. oben § 25.

bestimmter gegenständlicher Sinn zu den verschiedenen Stufen sachhaltiger Begriffe führt. Aber wie nun, wenn wir ihn rein durch „formal-ontologische" Begriffe wie Gegenstand, Eigenschaft, Relation, Vielheit und dgl. also durch die Abwandlungs-
5 begriffe des Etwas-überhaupt bestimmen wollten? Sind das anderes als „kategoriale" Begriffe, das ist Begriffe, die durch bloßen abstraktiven Hinblick auf die syntaktischen Formen erwachsen sind, in denen der Gegenstand in wechselnden Stufen syntaktischer Aktionen — der Urteilsaktionen — gefaßt
10 wird?

Es ist also in der formalen Analytik der Gegenstand [95] rein als Gegenstand möglicher Urteile und der durch sie ihm zuwachsenden Urteilsformen gedacht, und wenn das gerade für ein Denken in apriorischer Allgemeinheit wichtige
15 Ergebnisse hat (während es *in concreto* zu lächerlich leeren Urteilen führen würde), so liegt es an der Evidenz, daß die Willkür syntaktischer Gestaltungen gebunden ist, wenn die Gegenstände sollen in Wahrheit sein, bzw. die prädikativen Urteile sollen Wahrheiten sein können. Die Urteilssyntaxen als formende stehen
20 apriori unter Gesetzen, welche Bedingungen möglicher Wahrheit darstellen. Die Formung, die sich im Urteil vollzieht und aus der auch alle im engeren und engsten Sinne mathematischen Begriffe wie Menge, Anzahl, Reihe, Größe, Mannigfaltigkeit entspringen, obschon dann aus höchststufigen Urteilsgebilden, vollzieht sich
25 natürlich nicht an den „transzendenten", sondern an den im Urteil selbst vorgestellten Gegenständen. So ist auch in den formal-apriorischen Urteilen der Logik der „Leerkern" Etwas, das ist der formale Sinn der Buchstaben $S$, $p$ usw., Bestandstück der Urteile selbst. Wie hätten wir also eine formale
30 Urteilslehre überschritten? Stehen wir nicht doch mit allen formalen Unterscheidungen der Urteilsgegenständlichkeiten in ihr?

### § 39. *Erweiterung des Urteilsbegriffs auf alle Gebilde syntaktischer Aktionen*

Freilich sind in dieser Betrachtung Aktivitäten wie Kolli-
35 gieren, Zählen, Ordnen, Kombinieren usw. den Urteilsaktivitäten zugerechnet worden und ihre Korrelate den Urteilsgebilden. Aber sind es nicht wirklich in verschiedenen

Stufen formbildende Aktivitäten, und sind sie nicht in den gewöhnlich so genannten — prädikativen — Urteilen selbst durch Formen vertreten, die keine Formenlehre der Urteile übergehen darf? Wir haben diesen Punkt schon einmal berührt[1]: so gut Eigenschaft eine im Urteil zunächst unselbständig auftretende Form bezeichnet, die „nominalisiert" die Substratform Eigenschaft ergibt, so tritt im pluralen Urteilen der Plural auf, der „nominalisiert", zum Gegenstand im ausgezeichneten Sinne umgestaltet — dem des Substrates, des „Gegenstandes-worüber" — die Menge ergibt. Es ist hier gleichgültig, daß man kolligieren und zählen kann, ohne sogleich die Gebilde in wirkliche Prädikationen einzubeziehen. Es sind „objektivierende" („doxische") Aktivitäten, wie die prädikativen; sie haben wie diese (und dieselben) Glaubensmodalitäten, sie sind an allen erdenklichen Substraten (Etwas-überhaupt) zu vollziehen, ihre Gebilde sind daher in gleicher Weise formale Kategorien[2]. Zudem sind sie alle wesensmäßig in prädikative Urteile einzubeziehen und in ihnen weiteren Formungen zugänglich. In einer wirklich durchgeführten Apophantik, als Lehre von den prädikativen Urteilen, müssen in der universalen Behandlung aller apophantischen Formen, als welche für eine formale Logik gefordert ist, auch alle Formen doxischer „Setzungen" und doxischer Sätze vorkommen — alle die wir irgend als formal-ontologische ansprechen. Aber man muß diese Zusammengehörigkeit und anderseits diesen Zusammenhang auch beachten und nicht die apophantische Logik in unzulänglicher Weise begrenzen, als ob z.B. Menge und Mengenlehre, Anzahl und Anzahlenlehre sie nichts anginge.

[96]

§ 40. *Formale Analytik als Gedankenspiel und logische Analytik. Die Beziehung auf mögliche Anwendung gehört zum logischen Sinn der formalen Mathesis*

Das soeben Ausgeführte erhält aber noch eine bedeutungsvolle Wendung, wenn wir das Erkenntnisinteresse mit in Rechnung ziehen, das, als ein herrschendes und auf ein Erkenntnisgebiet konsequent bezogenes gedacht, allen doxischen Aktivi-

---
[1] § 25.
[2] So schon im wesentlichen in meiner *Philosophie der Arithmetik*, S. 91. — Anm. d. Hrsg.: s. Husserliana Bd. XII, S. 84 f.

täten die Intention auf Erkenntnis, und zwar als Erkenntnis des
betreffenden Gebietes einverleibt. Wir stehen dann im Horizont
einer Wissenschaft, und im Fall formal-allgemeiner Betrachtung in
der Logik, deren zweiseitiges Thema mögliche Wissenschaften
überhaupt sind, und zwar in subjektiver Hinsicht die möglichen
Formen der die wissenschaftlichen Erkenntnisgebilde erzeugend-
erkennenden Aktionen und in objektiver Hinsicht diese Gebilde
selbst. Die logische Analytik, wie wir sie bisher rein objektiv faßten, betrifft natürlich in abstraktiver Einseitigkeit ausschließlich die Gebilde. Sowie wir nun aber in dem Rahmen uns bewegen,
den die Worte wissenschaftliches Erkennen und Erkenntnisgebiet bezeichnen, ist jede Art doxischer Aktivität notwendig einbezogen gedacht in die prädikativ-zusammenge-
schlossenen Aktivitäten. Z.B. man kolligiert und zählt dann nicht
zum Spiel, oder weil man daran aus welchen Gründen sonst interessiert ist, sondern im Interesse der Erkenntnis des Gebietes [97]
(z.B. der Natur), letztlich also um die betreffenden Elemente und
Einheiten als ihm zugehörige zu erkennen und prädikativ
(apophantisch) zu bestimmen. Darum ist in der Logik,
die ja ausschließlich Erkenntnisinteressen, die der Wissenschaft,
im Auge hat, immer nur von prädikativen Urteilen
die Rede — worin aber die Vielheiten, die Anzahlen usw. als
Partialgebilde auftreten oder als in möglichen weiteren
Erkenntniszusammenhängen auftretend gedacht sind.

Eine sich spezialwissenschaftlich wie ein Selbstzweck ausbil-
dende Mathematik mag sich um dergleichen nicht kümmern, also
nicht darum, daß sie Logik und logische Methode ist, daß sie
Erkenntnisdienst zu üben hat, daß ihre Gebilde als Formgesetze
unbestimmt bleibender Erkenntniszusammenhänge für ebenso
unbestimmt bleibende Erkenntnisgebiete zu fungieren berufen
sind. Sie braucht sich darum nicht zu kümmern, daß die Beziehung auf offen unbestimmte, ideal mögliche
Anwendung zu ihrem eigenen formal-logischen
Sinne gehört, und zwar so, daß dabei der Umfang dieser
Anwendung durch keine „Erkenntnismaterie" gebunden, also
ein formaler ist. Sie kann demgemäß gleichgültig dagegen bleiben,
daß alle ihre Gebilde den Sinn von solchen haben, die innerhalb
irgendwelcher (in ihrer Materie unbestimmt bleibender) Erkenntnisurteile aufzutreten berufen sind — wie sie es in

jedem Falle tatsächlicher Anwendung in der „angewandten Mathematik" tun, indem sie etwa in der theoretischen Physik als Bestandstück physikalischer Bestimmung fungieren. Aber der philosophische Logiker muß sich darum kümmern. Er kann eine κατὰ μηδεμίαν συμπλοκήν gedachte Mathematik nicht gelten lassen, eine solche, die sich von der Idee möglicher Anwendung losreißt und zu einem geistreichen Gedankenspiel wird — wo nicht gar, wie in der bloß kalkulatorisch ausgebildeten Mathematik, zu einem Spiel der Symbole, die durch bloße Rechenkonventionen ihren Sinn erhalten. Als Logiker muß er sehen, daß die **formale Mathematik ursprünglich logische Analytik** ist und daß dann zu ihrem eigenen **logischen** Sinn ein durch die Erkenntnisintention begründeter Umfang der Erkenntnisfunktion gehört, das ist der möglichen **Anwendungen**, die in all ihrer Unbestimmtheit doch zum **mathematischen Sinn** mit gehören. Und eben dadurch stehen wir, wie gesagt, in der apophantischen Urteilssphäre, der sich aber alle mathematischen Gebilde als Bestandstücke einordnen.

§ 41. *Der Unterschied zwischen apophantischer und ontologischer Einstellung und die Aufgabe seiner Klärung*

Kehren wir nun zu unserer Schwierigkeit zurück, so ist sie durch die wichtige Einsicht, die uns die letzten Ausführungen gebracht haben, offenbar nicht behoben. Die Idee der formalen Logik bzw. des „Formalen" ist fest umgrenzt durch die doxischen Syntaxen, die alle in die syntaktische Einheit einer **Apophansis**, eines Urteils im gewöhnlichen Sinn der Logik, mit eintreten können und logisch einzutreten haben. Allen Erkenntnisgegenständlichkeiten als Urteilsgegenständlichkeiten eignet eine „kategoriale", vom κατηγορεῖν (bzw. seinen syntaktischen Aktionen) herstammende, eine syntaktische Form. Die formale Logik bestimmt Gegenstände in reiner Allgemeinheit durch diese Form. Wahr ist auch, daß nirgends sonst als im Urteil der Leerbegriff Etwas auftritt, in dem Gegenstände überhaupt logisch gedacht sind. Aber ist damit gesagt, daß zwischen **apophantischer Logik** und **formaler Ontologie** gar kein Unterschied ist und daß, weil wir die Urteilssphäre in den formalontologischen Bestimmungen nie überschreiten, nicht doch Gegenstände, sondern Urteile Thema der formalen Gegenstandslehre sind? Ist es nicht ein wesentlich anderes, **auf Urteile thematisch eingestellt sein** und darin beschlossen: auf die syntaktischen Gestaltungen eingestellt sein, die im thematisch geworden Urteil mit dem Sinn von Urteilsbestandstücken auftreten, und anderseits auf **Gegenstände** eingestellt sein und **deren** syntaktische Gestalten — die zwar im Urteilen thematisch sind, aber so, daß es die Urteile nicht sind und **ihre** Bestandstücke.

## § 42. *Die Lösung dieser Aufgabe*

a) **Das Urteilen nicht auf das Urteil, sondern auf die thematische Gegenständlichkeit gerichtet.**

Wir wollen nun versuchen, diese doppelte Einstellung zu klären und ihr gemäß die Scheidung zwischen apophantischer Logik (im weitesten Sinne) und formaler Ontologie ursprünglich zu rechtfertigen, eine Scheidung, die zugleich doch Äquivalenz ist, sofern es dabei bleiben wird, daß beide Disziplinen, und bis ins einzelne, in durchgängiger Korrelation stehen und **darum** als eine einzige Wissenschaft zu gelten haben.

Gehen wir davon aus, daß Gegenstände für uns sind und sind, was sie sind, ausschließlich als die uns jeweils bewußten, als erfahrene, [99] das ist wahrgenommene und wiedererinnerte, oder als leer vorgestellte und doch im Seinsglauben vermeinte, als gewisse, vermutete usw. und so überhaupt in irgendwelchen Bewußtseinsweisen, auch denen des Gemütes und Willens, vermeinte, im übrigen gleichgültig, wie sie aus unserem bisherigen Bewußtseinsleben zu ihrem jetzt uns geltenden Sinn gekommen sind. Dahin gehören auch die Bewußtseinsweisen des spezifischen **Denkens**, des begreifend urteilenden und natürlich auch des „erkennend"-prädizierenden Denkens. Heißt es also, daß wir mit Gegenständen beschäftigt sind und im besonderen, daß wir über sie urteilen, so stehen wir innerhalb unseres eigenen Bewußtseins, womit natürlich nicht gesagt ist, daß unser Bewußtsein es ist, womit wir uns beschäftigen, oder gar, daß diese Gegenstände nichts anderes sind als Bewußtseinserlebnisse.

Wir haben hier keine Transzendentalphilsophie zu geben, sondern nur, was uns angeht, korrekt auszulegen, und zwar jetzt dies, daß, wenn wir urteilen, in diesem Urteilen selbst sich die Beziehung auf den Gegenstand herstellt. Dabei ist zu beachten, daß dieser zwar vor dem prädikativen Urteil durch Erfahrung vorgegeben sein kann, daß aber das Erfahrungsurteil oder das nachträglich nicht mehr erfahrende, aber „auf Erfahrung beruhende" in sich selbst (im ersten Falle) die Erfahrung befaßt, oder (im anderen Falle) eine wie immer aus der vorangegangenen Erfahrung hergeleitete und sie abwandelnde Bewußtseinsweise — wodurch eben allein das Urteilen in seiner Konkretion Urteilen über das und das ist. Im jeweiligen Urteilen haben wir nun ein Urteil gefällt, und wir wissen schon, daß gefälltes Urteil (bzw. in der fällenden Aktivität sich in seinen Gliedern sukzessive aufbauendes) nicht mit dieser Aktivität, dem Urteilen zu vermengen ist.

Wir achten nun darauf, daß dieses „im Fällen das gefällte Urteil haben" nichts weniger besagt, als dieses Urteil **gegenständlich**, als „**Thema**", im besonderen als **Urteilssubstrat** haben. Urteilend sind wir nicht auf das Urteil, sondern auf die jeweiligen „**Gegenstände worüber**" (Substratgegenstände), auf die jeweiligen **Prädikate**, das ist gegenständlich bestimmenden Momente, auf die **Relationen**, in kausalen Urteilen auf die jeweiligen **Sachverhalte** als Gründe und die Gegensachverhalte als Folgen **gerichtet** usw. Jederzeit ist aber, wie selbstverständlich, eine **Änderung der Einstellung** möglich, in der wir unsere **Urteile**, ihre Bestandstücke, ihre Verbindungen und Beziehungen **zum Thema machen**; das geschieht in einem neuen **Urteilen zweiter Stufe**, in einem Urteilen über Urteile, in dem Urteile zu Gegenständen der Bestimmung werden. Ohne diese Einstellungsänderung könnten wir natürlich keinen Begriff von Urteil und von seinen Urteilssyntaxen bekommen. [100]

b) **Die Identität des thematischen Gegenstandes im Wandel der syntaktischen Operationen.**

In der Einstellung auf irgendwelche **Gegenstände** vollziehen wir urteilend je nachdem vielgestaltige Operationen. Z.B.

---

*18 ff. Handexemplar Randbemerkung* Mag auch das Gerichtetsein dabei sich selbst wieder differenzieren.

wenn wir geurteilt haben *S ist p*, können wir „nominalisierend" und damit neu formend urteilen: daß *S p* ist, ist bedauerlich, hat seine Gründe usw. War ursprünglich *S* der Substratgegenstand und wurde er im *p* eigenschaftlich bestimmt, so ist jetzt „*dies,*
5 *daß S p ist*" Substratgegenstand: der Sachverhalt, der vordem zwar konstituiert, aber nicht Gegenstand-worüber war. Ebenso ergibt die gleiche am *p* geübte Operation seine Verwandlung in das nominalisierte, zum Urteilssubtrat gewordene *P* (das Rot, die Schnelligkeit und dgl.). Diese Formenverwandlungen (syntakti-
10 sche Verwandlungen), die sich im Urteilen vollziehen, ändern also nichts daran, daß wir **gegenständlich gerichtet** sind. Die betreffenden syntaktischen **Formen** selbst treten im Urteil, am **Urteilsgegenständlichen** auf, obschon wir, auf dieses selbst gerichtet, sie ihm nicht zurechnen. Z.B. wir sagen, derselbe
15 **Sachverhalt** sei — nur in verschiedener Form — als „*S ist p*" und „*dies, daß S p ist...*" urteilsmäßig gemeinter, dieselbe **Eigenschaft** einmal als Prädikat „rot" und das andere Mal als Subjekt „dieses Rot".

Diese Akte der Identifizierung sind Urteile mit Urteilen zu
20 Urteilen höherer Stufe verbindende Synthesen, mit denen, und in verschiedenen Weisen (obschon oft verschwiegen), die Form „**dasselbe**" in den Bedeutungsgehalt eintritt. Und ebenso in allen anderen Fällen, z.B. wenn „dieselbe" Vielheit, die im pluralen Urteilen geurteilte war, nachher als Gegenstand „Inbegriff", als
25 „diese Vielheit" und dgl. auftritt. Es ist zum **Wesen der gegenständlichen Einstellung** gehörig, die das **Urteilen selbst immerfort ausmacht**, daß es die betreffenden **Identifizierungen im Wechsel der Urteilsmodi**, in denen sich „dasselbe" als verschieden geformt darstellt, voll-
30 zieht. Eben damit vollzieht sich durch die Urteilsverkettung hindurch ein **einheitliches Bestimmen** (was doch, im weitesten Sinne, fortlaufend das Urteilen ist). Wie sehr es zwischendurch und in verschiedenen Stufen zum Bestimmen nominalisierter Substrate werden mag, letztlich gilt es doch den
35 **untersten** und **primär** thematischen Substraten, in den [101] Wissenschaften den Gegenständen des Gebietes; auf deren Bestimmung ist es durch alle Zwischenstufen hindurch abgesehen.

c) **Die Typik der syntaktischen Gegenstandsformen als die der Modi des Etwas.**

Das Gegenständliche und immer wieder Identifizierte in derartigen Urteilsverläufen, die, auf die Einheit irgendeines thematischen Bereichs bezogen, Einheit der Bestimmung vollziehen, hat hinsichtlich seiner möglichen kategorialen Gestalten (**gegenständlicher Gestalten!**) eine ganz bestimmte Typik. Es ist die der **Modi des Etwas-überhaupt**: als „Eigenschaft", Relation, Sachverhalt, Vielheit, Einzelheit, Reihe, Ordnung usw. Wir nennen sie[1] **Ableitungsformen** des Etwas, der formalen Grundkategorie Gegenstand, und in der Tat leiten sie sich von ihr ab — **durch das Urteilen selbst** bzw. durch alle die doxischen Aktivitäten, die den weiteren Sinn von Urteil ausmachen. Eigenschaft als Form erwächst ursprünglich im schlicht kategorisch bestimmenden Urteil, so wie Kollektion ursprünglich erwächst im Kolligieren, natürlich nicht als reelles psychisches Datum, sondern als intentionales Setzungskorrelat. Es kann dann im Gang urteilenden Bestimmens verschiedene Urteilssyntaxen annehmen und in dem Wechsel derselben, wie wir sehen, identifiziert werden als dieselbe Eigenschaft, derselbe Sachverhalt, dieselbe Kollektion, dieselbe Allgemeinheit usw.

d) **Die doppelte Funktion der syntaktischen Operationen.**

Es ist hier zunächst freilich verwirrend, daß die **syntaktischen Operationen doppelt fungieren**: einerseits als **formschaffende**, dadurch daß sie Gegenständlichkeiten der verschiedenen syntaktischen Formen schaffen, der Ableitungsformen des Etwas-überhaupt, die als solche jeder erdenkliche Gegenstand, einzeln oder mit anderen zum Substrat geworden, in und mit der doxischen Aktion selbst annehmen kann. Anderseits fungieren sie als die **wechselnden** Syntaxen, die eine solche kategoriale Gegenständlichkeit (Substrat, Eigenschaft, Relation, Gattung usw.) annehmen kann, in deren Wechsel sie aber identisch bleibt, indem sie einmal als Subjekt, das andere Mal als Objekt fungiert, oder als ursprüngliches Prädikat und dann wieder als nominalisiertes Prädikat, als Sachverhalt schlechthin oder Sachverhalt in der Funktion des Prämissensachverhaltes usw. [102]

---

[1] Vgl. *Ideen*, S. 24.

Hierbei ist leicht zu sehen, daß alle syntaktischen Modi in beiden Weisen fungieren, und daß speziell, was für uns von anderer Seite schon wichtig geworden war, in die Form „Sachverhalt" alle syntaktischen Formen als zu ihm selbst gehörige Bestandstücke eintreten können. Anderseits kann wieder der Sachverhalt von außen her sozusagen in irgendwelchen weitergreifenden und ihn umgreifenden syntaktischen Aktivitäten eine wechselnde Funktionsgestalt erhalten, die ihm selbst nicht zugerechnet wird. Sie gehört dann eben in den Sachverhalt höherer Stufe, der mit den neuen Urteilen sich konstituiert.

Diese verwickelten, aber in ihrer Wesensnotwendigkeit vollkommen durchschaubaren Verhältnisse ändern jedoch nichts an dem, was für uns hier die Hauptsache ist: der Urteilende ist gegenständlich gerichtet, und indem er das ist, hat er das Gegenständliche nie anders, als in irgendwelchen kategorialen (oder wie wir auch sagen syntaktischen) Formen, die also ontologische Formen sind. Jedes neue Urteil im Urteilszusammenhang, jede Urteilsverbindung und schließlich der ganze Zusammenhang als ein nur sehr hochstufiges Urteil, konstituiert eine neue kategoriale Gegenständlichkeit.

e) Zusammenhang des Urteilens in der Einheit der sich bestimmenden Substratgegenständlichkeit. Konstitution ihres bestimmenden „Begriffes".

Zusammenhang hat das fortschreitende Urteilen durch die Einheit eines durch dasselbe hindurchgehenden „Themas" im ersten, prägnantesten Sinne als der jeweiligen Substratgegenständlichkeit, auf deren Bestimmung es in ihm beständig und letztlich abgesehen ist. Urteilend und wieder urteilend erwirbt der Urteilende für diese Gegenständlichkeit das mannigfaltige „wie sie beschaffen ist", individuell oder im allgemeinen; er erwirbt für sie Sachverhalte, in denen sie sich so und so verhält usw., immer neue kategoriale Gegenständlichkeiten, in die die Substratgegenständlichkeit urteilsmäßig eingeht, in der Form neuer Gegenständlichkeiten, die selbst relativ thematisch werden, also selbst wieder Bestimmung erfahren, durch die hindurch aber zugleich die erste Substratgegenständlichkeit als die letztlich thematische sich bestimmt.

Der Urteilsprozeß kann als einheitlicher ins Unendliche fortschreiten, es kann die Substratgegenständlichkeit selbst Unendlichkeiten von Einzelheiten in sich befassen, wie das die Wissenschaften illustrieren. Z.B. die noch unbestimmte Unendlichkeit
5 der Natur hat der Urteilende, indem er von der bloßen Erfah- [103]
rung in sein urteilendes Streben übergeht, während des Urteilens als Substrat vor sich, als zu bestimmende. Und nun konstituiert er die Bestimmungsgebilde, die kategorialen Neugestaltungen des Substrates. All die mannigfaltigen Sondergebilde, die er dabei
10 tätig erwirbt, haben selbst kategorialen Zusammenhang in der Identität der (selbst in urteilender Identifizierung konstituierten) Substratgegenständlichkeit und konstituieren für sie fortschreitend den ihr eben aus diesen ganzen urteilenden Leistungen her zuwachsenden **bestimmenden Begriff** — das jeweilige
15 ,,was sie danach alles in allem ist", ein sich immerzu fortbewegender, sich immer fortgestaltender, aber auch umgestaltender Begriff. Denn es ist zu berücksichtigen, daß sich im Fortgang der Urteilsaktionen die Überzeugungen nicht nur erweitern müssen, sondern auch im einzelnen Durchstreichung erfahren können,
20 als ,,falsche", für die dann andere, als die ,,richtigen" eintreten, in neuer Weise die Substrate bestimmend. Ob das nun in Einsicht geschieht oder nicht, ist hier für uns außer Frage. Genug, daß ein Prozeß der Gestaltung der dem Urteilenden ,,im Sinne liegenden" Urteilssubstrate statt hat.
25 Es ist dabei hervorzuheben, daß selbst Ideen und Ideenunterschiede mit zur Einheit der im Urteilen sich konstituierenden Leistung gehören. Ich nenne hier z.B. Ideenunterschiede wie die zwischen ,,**der Natur, wie sie schlechthin ist**" als **Idee ihres wahren Seins** oder, was dasselbe, als Idee des sie
30 vollständig bestimmenden Begriffes, wie er in ihrer (freilich unmöglichen) vollständigen und auf Einstimmigkeit gebrachten Beurteilung sich ergeben würde — und anderseits **der Natur, wie sie gemäß der jeweils bisher und nicht weiter gediehenen, aber immer wieder fortzuführenden**
35 **Urteilsleistung ist**, als Einheit der bisher erworbenen Überzeugungen. Im eigenen Sinngehalt des auf die Einheit des noch unbestimmten und zu bestimmenden Gebietes gerichteten Urteilens, in ihm selbst werdend und geworden, liegt die **Idee der möglichen Fortführung der bestimmenden**

kategorialen Bildungen und desgleichen der Fortführung in einer möglichen Konsequenz der bestimmenden Abzielung ins Unendliche. Sie liegt darin *impicite* zunächst als sich im aktuellen Fortgehen und Fortgezogensein vorzeichnender Horizont, dann aber evtl. *explicite* in einer eigenen urteilsmäßigen Gestaltung der Idee als einer kategorialen Gegenständlichkeit einer besonderen Stufe und Dignität. Und ebenso liegt darin die erstere Idee der Natur, ,,wie sie selbst ist" und schlechthin ist, die dann eingeht in die Idee der [104] relativ und als Abschlagszahlung jeweils von uns so und so weit erkanntene, vtl. aber auch zu berichtigenden Natur. Die ,,Natur selbst" erhält dann sichtlich den Wert eines sich synthetisch durch diese Abschlagszahlungen (mit den relativen Begriffen von der Natur) hindurch, unter Ausschaltung preisgegebener und Einschaltung berichtigender Bestimmungen, konstituierenden Begriffs als kategorialen Korrelates der Idee eines einstimmig in die Unendlichkeiten durchzuhaltenden Urteilsprozesses.

Das soeben Ausgeführte gilt für jederlei Substrate als wissenschaftliche Gebiete, welche Besonderungen sich übrigens auch ergeben mögen, wenn die Urteilsprozesse eine Intention auf einsichtige Bestimmung in sich tragen und die Idee einer echten Wissenschaft in die Erwägung gezogen wird.

f) **Die im Bestimmen erwachsenden kategorialen Gebilde als habitueller und intersubjektiver Besitz.**

Selbstverständlich darf nicht übersehen werden, daß die kategorialen Gebilde **nicht bloß in und während der urteilenden Aktion** für den Urteilenden Gegenständlichkeiten sind, wie denn **in ihrem eigenen Seinssinn die Transzendenz** liegt. Was der Urteilende in seinem aktuellen Denken gestaltet hat, besitzt er nunmehr als bleibenden geistigen Erwerb: die aktuelle Geltung verwandelt sich ihm in eine habituelle. Das einst in Geltung Gesetzte in wirklich konstituierender Aktivität kann in der Erinnerung wieder auftauchen und taucht nicht nur auf als in Geltung Gewesenes, sondern als noch Geltendes. Dieses Auftauchen besagt nicht *explizite* wiederholende Wiedererinnerung des früheren Prozesses der Konstitution Schritt für Schritt, sondern ein einstrahliges, vages Wiederzurückkommen auf das Seiende aus früherer Aktion. Aber dazu gehört die

Gewißheit, den konstitutiven Prozeß reaktivieren, ihn in seiner Noch-geltung wiederherstellen zu können, bzw. dieselbe kategoriale Gegenständlichkeit als dieselbe herstellen zu können. Nur so können überhaupt fortschreitende Urteilsprozesse und dabei
5 auch nach Unterbrechungen wieder anzuknüpfende und fortführende möglich werden. Sie beruhen auf der **habituellen und wiederzuerweckenden Geltung** als Fortgeltung durch alle beliebigen Wiedererweckungen hindurch; das Seiende ist das für den Urteilenden „hinfort" Seiende — solange er seine
10 „Überzeugung" nicht aufgibt und die Geltung, die zugleich **Fortgeltung** ist, nicht durchstreicht.

Nichts Wesentliches ändert sich an unserer Darstellung, wenn [105] wir nun auch die **Vergemeinschaftung** der Urteilenden in ihrem Denken in Rücksicht ziehen, also die kategorialen Gegen-
15 ständlichkeiten als in der Urteilsgemeinschaft konstituierte ansehen. Im Beispiel der Natur handelte es sich also nicht um die Natur „für mich", sondern die **Natur „für uns"**, etwa die Natur „für uns Naturwissenschaftler", „für die Naturwissenschaft unserer Zeit" und dgl.

20 g) **Dem Denken schon vorgegebene Gegenständlichkeit gegenüber der kategorialen Denkgegenständlichkeit – erläutert an der Natur.**

Man darf natürlich nicht rekurrieren auf die **vor allem Denken** durch bloße Erfahrung vorgegebene Natur. Die Natur
25 als Urteilsgestalt, im besonderen als naturwissenschaftliche Erkenntnisgestalt wird natürlich unter sich haben die Natur als Erfahrungsgestalt, als Einheit wirklicher und möglicher Erfahrung, eigener und mit derjenigen der Anderen vergemeinschafteter; aber das **Unter-sich** ist zugleich ein **In-sich**.
30 Nur die in das Urteilen selbst hineingenommene Naturerfahrung ist den Urteilssinn bestimmende, und dem Urteilenden als solchem gilt nur **die** Natur, die im Urteilen kategorial geformte ist. Hinsichtlich der sonst erfahrenen oder zu erfahrenden besagt das einen offenen, noch unrealisierten Horizont von der Erfahrung
35 her zu schaffender Urteile. Wir nennen die Einheit universaler Erfahrung freilich Natur und sagen, sie **sei** und habe **an sich**

---

*11 ff. Handexemplar Randbemerkung* zu kurz

die und die Eigenheiten und sie sei, was sie oder wie sie ist, „v o r"
unserem Urteilen. Aber nur aus unserem Urteilen und für mögliche Urteilende hat sie apriori das „seiend" und das „sie ist, wie sie ist", die „Eigenschaften", die „Sachverhalte" usw. Nur wenn
5 wir vom schlichten urteilenden Tun auf Grund der Erfahrung (in welchem wir die kategorialen Gebilde gewinnen) synthetisch dazu übergehen, das Erfahren selbst und dessen Leistungen zum Urteilsthema zu machen, können wir ursprünglich davon wissen, daß dieses Erfahren (einstimmig verlaufend) schon „vor" dem
10 Denken und dessen kategorialen Gebilden den Seinssinn der Natur „*implicite*" in sich trägt als denselben, den das Denken expliziert.

All das ist wieder nichts weniger als ein Stück argumentierenden Idealismus, und nicht herbezogen aus irgendeiner spekulie-
15 renden „Erkenntnistheorie" und Standpunktphilosophie, sondern schlichte Besinnung und Aufweisung.

§ 43. *Die Analytik als formale Wissenschaftslehre ist formale*   [106]
*Ontologie und als solche gegenständlich gerichtet*

Was für die Natur als seiende und für die sie bestimmende
20 Naturwissenschaft gilt, gilt, sagten wir, f ü r a l l e G e b i e t e und ihre Wissenschaften. Es betrifft also a u c h  d i e  a n a l y t i s c h e  L o g i k als formale Wissenschaftslehre. Ihr Thema sind die kategorialen Gegenständlichkeiten überhaupt ihren reinen Formen nach, das ist gefaßt unter die durch Formalisierung entsprunge-
25 nen Formbegriffe von solchen Gegenständlichkeiten, wobei die sachhaltigen „Kerne", die zuunterst aus den erfahrenden Anschauungen stammen und das Konkret-Eigenwesentliche der Gegenstände und Gebiete urteilsmäßig konstituieren, in unbestimmter Allgemeinheit bleiben, in dieser Allgemeinheit bloß gedacht
30 als irgend etwas, als irgendein in den Identifizierungen sich identisch durchhaltendes Das und Was. Diese „Abstraktion" vom Sachgehalt, dieses ihn in die Variabilität des beliebig Identifizierbaren Einstellen besagt korrelativ, daß d i e  B e g r i f f s b i l d u n g  d e r  L o g i k  a u s s c h l i e ß l i c h  d e n  k a t e g o r i a l e n
35 S y n t a x e n  f o l g t. Denken wir uns, wie es sich in diesem Zusammenhang ergibt, den Logiker so eingestellt, wie es seine Orientierung nach dem wissenschaftlich Urteilenden mit sich

bringt, nach dem auf sein jeweiliges Gebiet in fortgesetzter Bestimmung gerichteten Wissenschaftler, der in immer neuen Stufen von Theorien endet. Dann hat er ebenfalls in seinem Thema umfangsmäßig irgendwelche Substratgegenständlichkeiten als zu bestimmende mitgedacht, und irgendwelche kategorialen Gegenständlichkeiten als die Substrate in Bestimmung. Er braucht dabei nicht von vornherein an universale Wissenschaftsgebiete explizit zu denken und davon zu sprechen. Aber er muß doch, in der Erwägung der formalen Möglichkeiten fortschreitend, darauf stoßen, daß nicht nur einzelne Urteile substratmäßig zusammenhängen können, sondern in dieser Art auch unendliche Urteilssysteme möglich sind, wobei ja, wie es oben geschehen ist, innerhalb des Ideenkreises der Logik selbst (als analytisch formaler) sich der Vorzug der deduktiven Systeme herausstellt.

Unser Ergebnis lautet also: die Analytik als formale Wissenschaftslehre ist wie die Wissenschaften selbst ontisch gerichtet, und zwar vermöge ihrer apriorischen Allgemeinheit ontologisch. Sie ist formale Ontologie. Ihre apriorischen Wahrheiten sagen aus, was für Gegenstände überhaupt, für Gegenstandsgebiete überhaupt in formaler Allgemeinheit gilt, in welchen Formen sie überhaupt [107] sind bzw. nur sein können — natürlich urteilsmäßig, da Gegenstände überhaupt nur urteilsmäßig „sind" und in kategorialen Formen sind, abermals aus demselben Grunde.

### § 44. *Wendung von der Analytik als formaler Ontologie zur Analytik als formaler Apophantik*

a) **Thematische Umstellung von den Gegenstandsgebieten auf die Urteile im Sinne der Logik.**

Nachdem wir soweit gekommen sind, ist die Frage: ob nun nicht das gerade Gegenteil von dem evident gemacht ist, was wir zeigen wollten; zeigen wollten wir doch die Zwiefältigkeit der Idee der Logik als formaler Ontologie und formaler Apophantik. Wir haben aber, möchte man sagen, nur eins. Alle Gegenständlichkeiten, mit denen wir uns je beschäftigen und je beschäftigt haben, mit allen ihren formal-ontologischen Gestalten, alle, von denen wir je sagen und sagen konnten, sie

seien, und wenn wir erkennend-bewährend eingestellt sind, sie seien in Wahrheit die und die, sind, scheint es, gar nichts anderes als „Urteile" — Urteile in unserem erweiterten Sinne, in den Urteilstätigkeiten, den doxischen Setzungen
5 selbst gewordene „Sätze", ihre aktuellen und dann habituellen Korrelate, Gebilde, die selbst wieder von neuen und neuen Urteilen umgriffen werden können und dann in sie als Teile eintreten. Ist nicht *ex definitione* Urteil das im urteilenden Leisten als geurteiltes Werdende und Gewordene, das dann als ideale
10 Gegenständlichkeit immer wieder identifizierbar ist? Ist das etwas anderes als kategoriale Gegenständlichkeit?

Um nun (trotz der, in einem gewissen Sinn genommen, unangreifbaren Evidenz der bisherigen Darstellung) unsere voraus an-
15 gekündigte Stellungnahme zu rechtfertigen, haben wir zu zeigen, daß gegenüber der thematischen Einstellung, in der wir uns bisher bewegt hatten, eine thematische Wendung jederzeit möglich ist, der gemäß nicht das jeweilige Gegenstandsgebiet und die aus ihm höherstufig ge-
20 bildeten kategorialen Gegenständlichkeiten im thematischen Felde liegen, sondern als ein Anderes und wohl Unterschiedenes das, was wir die Urteile nennen und deren Bestandstücke, deren Verbindungen und sonstige Umwandlungen zu Urteilen immer neuer Stufe.

25 b) Phänomenologische Aufklärung dieser Umstellung. [108]
α) Die Einstellung des naiv-geradehin Urteilenden.

Zunächst ist darauf hinzuweisen, daß wir uns in der vorangegangenen Darstellung hineinversetzt hatten in die Urteilenden und ausschließlich nach dem frugen, was für
30 sie als solche „da" war, also die und die Substratgegenstände oder Gebiete, die und die in ihrem bestimmenden Urteilen ihnen zuwachsenden kategorialen Gegenständlichkeiten immer neuer Form und Stufe, als die ihnen geltenden. Denn Urteilen ist immerzu etwas glauben, etwas als seiend „vor sich haben", ob
35 nun anschaulich oder unanschaulich. Nur ein anderes Wort ist: es in Seinsgeltung haben. Das schließt, wie wir sogleich gesagt hatten, nicht aus, daß im weiteren Urteilsgang diese Seinsgeltung in den Urteilenden nicht standhält. Das Seiend „modalisiert"

sich in das Zweifelhaft, Fraglich, Möglich, Vermutlich oder gar
in das Nichtig. Der Urteilszusammenhang heißt so lange ein
einstimmiger, solange dergleichen nicht passiert und die
jeweilig geltenden Gegenständlichkeiten in schlichter Seinsgeltung verbleiben, für den Urteilenden schlechthin sind. Für den
Stil der weiteren Urteilstätigkeiten besagt das, daß eine jede
dieser Gegenständlichkeiten durch alle ihre weiteren syntaktischen
Wandlungen hindurch immer wieder in anknüpfenden Identifizierungen als „die eine und selbe" gesetzt ist, daß sie urteilsmäßig gilt und fortgilt als dieselbe.

β) In der kritischen Einstellung des erkennen Wollenden scheiden sich
vermeinte Gegenständlichkeit als solche und wirkliche.

Aber der jeweilig Urteilende setzt nicht nur in Seinsgeltung,
streicht da und dort aus, setzt dafür ein Anderes in Geltung und
endet so im Durchgang durch Modalisierungen, mit einer von
unbefriedigenden Störungen freien Einstimmigkeit. Es erwachsen
schon im alltäglichen Urteilen gelegentlich Erkenntnisinteressen im
ausgezeichneten Sinn: Interessen der sichernden „Bewährung",
Bedürfnisse, sich „an den Sachen selbst" zu überzeugen,
„wie sie wirklich sind". Die kategorialen Gebilde, die für den
Urteilenden vordem schlechthin seiende Gegenständlichkeiten
waren und im Fortgang der Identifizierung schlechthin dieselben,
sollen nun im Übergang zur Evidenz, zur „kategorialen Anschauung", in der sie als sie „selbst" originaliter gegeben wären, bewährt, als wahrhaft und wirklich seiende erkannt werden. Damit scheiden sich gelegentlich auch für den Urteilenden [109]
die vermeinten Gegenständlichkeiten als vermeinte, rein als
die in seinen Urteilsaktionen in der und der kategorialen Gestalt
zur Setzung gekommenen, rein als das im syntaktischen Gang des
Setzens Gesetzte als solches, von den entsprechenden
„wahren" oder „wirklichen" Gegenständlichkeiten, das ist
von den kategorialen Gebilden, die in der ausgezeichneten
phänomenologischen Gestalt von Einsichten in den Schritt für
Schritt, Gebilde für Gebilde „selbstgebenden" Urteilen
erwachsen.

Im allgemeinen wird im natürlichen Dahinurteilen der Verlauf
der sein, daß der Urteilende die Gegenständlichkeit, die ihm gilt,
auch während er dem Bedürfnis der Bewährung folgt, in der Gel-

tung beläßt und daß er daher in dem evident erschauten Gegenstand „selbst" terminierend sagt: d e r Gegenstand ist wirklich, ist wirklich so beschaffen, steht wirklich in den Relationen usw.
Im Übergang findet dabei eine i d e n t i f i z i e r e n d e D e k -
5 k u n g statt zwischen dem Gegenständlichen (und schließlich dem gesamten Urteilsverhalt, dem Sachverhalt), das vordem schon im Glauben war, und dem, was jetzt im evidenten, die Erkenntnisintention erfüllenden Glauben gegeben ist, als es selbst, als erfüllende Wirklichkeit. So im Falle der gelingenden
10 Bewährung.

Aber die Intention auf Bewährung, für den Urteilenden also das Bestreben zu dem Gegenständlichen „selbst" hinzukommen und bei ihm selbst zu sein, an ihm selbst zu ersehen, „was vorliegt", kann, statt sich zu erfüllen, sich auch „e n t t ä u s c h e n ".
15 Sie erfüllt sich dann zwar in Partialsetzungen, aber diese ergänzen sich an den Sachen selbst zu der Gesamtsetzung einer kategorialen Gegenständlichkeit, mit der die im voraus geglaubte „streitet" — ein Widerstreit, der ihre Durchstreichung ursprünglich notwendig macht. Jetzt heißt es z.B. „der Sachverhalt besteht nicht,
20 w i e i c h m e i n t e ". Der Zusatz drückt dann eine S i n n e s m o d i f i k a t i o n aus. Denn„ der Sachverhalt" ist in diesem Zusammenhang nicht der im Glauben forterhaltene und konnte es nicht bleiben, er ist vermöge der nun zur Geltung gekommenen Durchstreichung der „vordem bloß vermeinte".

25   Z u s a t z. Es ist einzusehen, daß unsere Bezugnahme auf die eigentliche „Bewährung", die zur Wahrheit aus selbstgebender Evidenz führt, wie jede Bevorzugung eines I d e a l f a l l e s eine Vereinfachung war, die mit Rücksicht auf die weiteren Darstellungen zwar ein Vorrecht hat, aber nicht unbedingt notwendig ist, um die Unterscheidung zwi-
30 schen Vermeintem als solchem und Wirklichem für den Urteilenden zu motivieren. Es kommen hier einmal in Betracht die Unvollkommenheiten der Evidenz, und danach könnte der Begriff der eigentlichen Bewährung nach dem Idealfall der Vollkommenheit orientiert werden, [110] in dem, was sich dem Urteilenden als selbstgegebenes Seiendes oder
35 Wahres darbietet, mit keinen Vorbehalten, mit keinen vorgreifenden Präsumtionen behaftet ist, von deren Erfüllbarkeit in weiteren synthetisch anzuknüpfenden Evidenzen es abhängt, ob das prätendiert Wahre endgültig Wahres ist. Wir können aber den Begriff der eigentlichen Bewährung auch anders orientieren, nämlich sie so lange als
40 eigentliche bezeichnen, als wirklich eine *adaequatio*, sei es auch eine unvollkommene, an einer selbstgebenden Anschauung vollzogen ist.

In diesem Sinne gibt es auch uneigentliche Bewährung und entsprechende Widerlegung (worüber der Streit und die Kritik in den alltäglichen Diskussionen meist nicht hinausstrebt): die Bewährung oder Widerlegung eines Geltenden an dem als sicher, unangreifbar Feststehenden – was noch lange nicht besagt, daß dieses einsichtig begründet ist. In solcher Widerlegung wandelt sich das, was vorher schlechthin Seiendes war, in die entsprechende bloße Meinung. Anderseits ergibt die Bestätigung des vielleicht zweifelhaft Gewordenen, die Rückverwandlung in bestätigte Gewißheit in Konnex mit „Feststehendem" als von daher geforderte, das uneigentliche Prädikat des Wahr- und Wirklich-seiend.

γ) Die Einstellung des Wissenschaftlers; das Vermeinte als solches Gegenstand seiner Erkenntniskritik.

Wir brauchen hier nicht in umfassendere Untersuchungen einzutreten, das Gesagte genügt, um zu sehen, daß sich hier **mit der Unterscheidung von Vermeintem und Wirklichem** auch die Unterscheidung **der Sphäre bloßer Urteile** (im erweiterten Sinne) von derjenigen **der Gegenstände** vorbereitet. Um darin weiter zu kommen, lenken wir unseren Blick auf die **Wissenschaften**. Anstatt des alltäglich Urteilenden mit seiner nur gelegentlichen Erkenntniseinstellung nehmen wir jetzt den wissenschaftlich Urteilenden. Als solcher lebt er in **berufsmäßiger Konsequenz im „theoretischen Interesse"**[1]. Das ist, sein berufliches Urteilen ist immer und überall durchherrscht von **Erkenntnisintentionen** und diese selbst haben ihre synthetische Einheit, nämlich in der Einheit des auf das jeweilige Wissenschaftsgebiet gerichteten Erkenntnisinteresses. Sein Gebiet im strengen (einem freilich idealen) Sinne **erkennen**, heißt für den Wissenschaftler nichts anderes als, keine anderen Urteile als wissenschaftliche Ergebnisse gelten lassen denn solche, die durch **Adäquation** [111] **an die Sachen selbst** ihre „Richtigkeit", ihre „Wahrheit" ausgewiesen haben und die in dieser Richtigkeit jederzeit wieder ursprünglich herstellbar sind, d. h. durch Wiederverwirk-

---

[1] Eine „berufsmäßige Konsequenz" bezieht sich auf die Periodisierung eines ganzen Lebens, dessen periodisch gesonderte, aber durch intentionale Synthesis innerlich verknüpfte Lebenszeiten (Berufsstunden, Berufstage usw.) einem habituellen „Berufsinteresse" angehören, das sich konsequent auswirkt in einer Art ⟨von⟩ Berufstätigkeiten, die immer neue Vernunfterwerbe schaffen, und das die alten Erwerbe in Geltung behält evtl. (wie in der Wissenschaft) als Bauglieder oder als Unterstufen für neue.

lichung der Adäquation. Nicht als ob der Wissenschaftler überhaupt nicht urteilte vor solcher Selbsthabe der „Sachen" — der Gegenständlichkeiten „selbst" der jeweiligen kategorialen Stufe. Aber alle solche Urteile nimmt er als **nur vorläufige**, die in ihnen geltenden kategorialen Gegenständlichkeiten als nur vorläufig geltende, als bloß vermeinte. Durch sie als vermeinte hindurch geht die Erkenntnisintention, eben zu den Sachen selbst, zu ihrer Selbstgegebenheit oder Evidenz.

Es ist aber noch eine Differenz, die das Erkenntnisstreben des Wissenschaftlers von dem naiven des unwissenschaftlich Denkenden unterscheidet. Dieser „sieht bloß nach", ob es wirklich so ist, und sieht er, so ist er zufrieden. Der Wissenschaftler aber ist schon längst belehrt, daß Evidenz nicht nur ihre Gradualität der Klarheit hat, sondern daß sie auch täuschende Evidenz sein kann. So scheidet sich ihm wieder **vermeinte und echte Evidenz**. Seine Urteile sollen durch echte, durch vollkommenste Evidenz bewährte sein und nur als das in den Ergebnisbestand der Wissenschaft als Theorie Aufnahme finden. Das bewirkt ein **besonderes urteilendes Verhalten des Wissenschaftlers**, ein Urteilen sozusagen **im Zickzack**, ein zunächst geradehin auf Selbstgebung lossteuerndes, aber dann in der Weise der **Kritik** auf die schon gewonnenen vorläufigen Ergebnisse zurückgehendes, wobei aber die Kritik selbst wieder in Kritik genommen werden muß, und aus gleichen Gründen. Den Wissenschaftler leitet also die **Idee** einer auf dem Wege der Kritik erreichbaren vollkommenen oder in systematischen Stufen zu vervollkommnenden Evidenz mit dem Korrelat eines erzielbaren oder approximierbaren wahrhaften Seins (eine Idee, deren Sinn und Grenzen zu erforschen im übrigen nicht Sache der positiven Wissenschaft selbst ist).

Die kritische Einstellung betrifft, wie noch hinzuzufügen ist, alle urteilenden Tätigkeiten auch in Hinsicht auf die darin auftretenden **Modalisierungen**, und die diesen selbst eigenen Unterschiede der Evidenz und Nicht-Evidenz; nur daß die Erkenntnisintention durch diese Modalisierungen, durch die Fraglichkeiten, Möglichkeiten, Wahrscheinlichkeiten, Negationen hindurchstrebt auf einsichtige Gewißheiten. Verwirklicht sind sie die selbstgegebenen Wahrheiten schlechthin, von nun ab bleibende Erkenntniserwerbe, jederzeit wieder einsehbar, aber in dieser Art überhaupt für jedermann als vernünftig Denkenden zugänglich [112] und schon vor der „Entdeckung" zugänglich gewesen. Jede „wissenschaftliche Aussage" hat im voraus diesen Sinn. Sie wendet sich an diesen „jedermann" und sagt aus, was die betreffenden Substratgegenständlichkeiten in Wahrheit sind — für jedermann einsehbar.

### § 45. *Das Urteil im Sinne der apophantischen Logik*

Der für jede wissenschaftliche Erkenntnis notwendige **Durchgang durch die kritische Einstellung**, den also jedes wissenschaftliche Urteil sich gefallen lassen muß, macht es, daß der Wissenschaftler in beständigem Wechsel gegenübergestellt hat **Gegenständlichkeit schlechthin** — als im Urteilen geradehin für ihn seiende, bzw. als die von ihm als Erkennenden abgezielte Wirklichkeit — anderseits **vermeinte Gegenständlichkeit als solche**, vermeinte Folge, vermeinte Bestimmung, vermeinte Vielheit, Anzahl als solche usw. Mit diesem **Vermeinten als solchem**, dem bloßen Korrelat des „Meinens" (sprachlich auch oft Meinung δόξα genannt) haben wir nun in den Griff bekommen, was **in der traditionellen Logik Urteil (Apophansis)** heißt und Thema der apophantischen Logik ist[1]. Doch bevorzugt sie, wie wir schon wissen, in dieser Begriffsbildung — wiederum von dem wissenschaftlichen Tun geleitet — einen **engeren Begriff**, der trotzdem den weitesten einer „vermeinten kategorialen Gegenständlichkeit als solcher" vollständig in sich befaßt, obschon natürlich nicht als artmäßige Besonderung. Das wissenschaftliche Urteilen ist darauf gerichtet[2], das jeweilige Wissenschaftsgebiet bestimmend zu erkennen. Danach ist das **prädikative Urteil** (die Apophansis als je in sich **geschlossene Einheit der Bestimmung**) beständig bevorzugt. Alle zu bildenden Kategorialien haben, wie wir schon ausgeführt, in prädikativen Urteilen zu

---

[1] Es ist das Noema des Urteilens. Zum Begriff des Noema vgl. *Ideen*, S. 181 ff., und speziell für das Urteil, S. 194 ff.
[2] Vgl. § 40.

*16 ff. Handexemplar Randbemerkung* Urteil = vermeinte Gegenständlichkeit als solche

fungieren und treten in den Wissenschaften (von der Logik selbst sehen wir dabei ab) innerhalb dieser Urteile auf als ihre Bestandstücke. Mit anderen Worten, Urteile im Sinne der apophantischen Logik sind vermeinte Sachverhalte als solche, und zwar selbständig abgeschlossene; alle anderen kategorialen Vermeintheiten fungieren in solchen ,,Urteilen" als Teilstücke.

### § 46. *Wahrheit und Falschheit als Ergebnis der Kritik. Doppelsinn von Wahrheit und Evidenz*   [113]

Das **Endergebnis der Kritik** ist — ideal gesprochen — ,,**Wahrheit**", bzw. ,,**Falschheit**". Diese Wahrheit besagt **richtiges, kritisch bewährtes Urteil**, bewährt durch Adäquation an die entsprechenden kategorialen Gegenständlichkeiten ,,selbst", wie sie in der evidenten Selbsthabe, das ist in der erzeugenden Aktivität an den erfahrenen Substraten ,,selbst", ursprünglich gegeben sind. Aus dieser Adäquation, also aus dem erfüllenden Übergang zur Selbsthabe und aus der Reflexion auf die **bloße Meinung** und ihre Deckung mit der **Meinung in der Fülle** entspringt der Begriff jener Richtigkeit, die **den einen, den kritischen Begriff von Wahrheit ausmacht**, denjenigen, wonach **das Urteil wahr ist** — oder falsch ist; oder auch, um nun den übrigen Modalisierungen genugzutun, fraglich, vermutlich usw. Während die Falschheit auf Selbstgegebenheit eines Sachverhaltes beruht, dem der vermeinte als solcher, also das Urteil widerstreitet und dadurch seine ursprüngliche Aufhebung erfährt (was bei entsprechender Umstellung evidente Selbsterfassung der Nichtigkeit als seiender Nichtigkeit ergibt), verhält es sich anders bei den übrigen Modalitäten. Nicht der Sachverhalt oder sein Negat ist ursprünglich gegeben, sondern bestenfalls ist ursprünglich gegeben eine motivierte Gegenmöglichkeit, ,,die gegen das Sosein spricht", oder auch eine Mehrheit solcher Möglichkeiten usw.

Von hier aus versteht sich die **ausgezeichnete Stellung der Negation** unter den sonstigen Modalitäten und die übliche

---

*29 f. Handexemplar* Möglichkeit, die ,,für" oder *Verbesserung für* Gegenmöglichkeit, die

Neben- und Gleichstellung mit der Position für den kritisch eingestellten Logiker. Doch dürfen wir hier nicht weiter darauf eingehen.

Neben dem kritischen Wahrheitsbegriff der Urteilsrichtigkeit
5 aus einem ursprünglichen Sichrichten (oder gerichtet haben) nach der selbstgegebenen Wirklichkeit haben wir also diesen Begriff W i r k l i c h k e i t  als  den  zweiten  Wahrheitsbegriff. Das Wahre ist jetzt das w i r k l i c h oder das w a h r h a f t  S e i - e n d e als Korrelat der selbstgebenden Evidenz. Natürlich ist das
10 Wirkliche im Sinne des R e a l e n ein bloßer Sonderfall dieses weitesten analytisch-formalen Wirklichkeitsbegriffes.

Auch das Wort E v i d e n z nimmt in Zusammenhang mit diesen beiden Wahrheitsbegriffen einen D o p p e l s i n n an: neben dem der u r s p r ü n g l i c h e n  S e l b s t h a b e von wahrem oder
15 wirklichem Sein auch den der Eigenschaft des Urteils als vermeinter kategorialer Gegenständlichkeit („Meinung"), an eine [114] ihm entsprechende Wirklichkeit in ursprünglicher Aktualität angemessen zu sein. Evidenz besagt im letzteren Falle also d a s u r s p r ü n g l i c h e, in aktueller Adäquation erwachsende R i c h -
20 t i g k e i t s b e w u ß t s e i n. Dieses ist seinerseits hinsichtlich der Richtigkeit Evidenz im ersten Sinne, ein Sonderfall dieses weiteren Evidenzbegriffs der Selbsthabe. Im natürlich erweiterten Sinne heißt dann ein Urteil ein evidentes auch hinsichtlich der Potenzialität, es zur Adäquation bringen zu k ö n n e n.

25 Was den zweiten (im Grunde aber an sich ersten) Wahrheitsbegriff, den der W i r k l i c h k e i t als Seinswahrheit, betrifft, ist noch die ihm eigentümliche W e i t e zu beachten. Von wirklichem oder wahrem Sein spricht der Wissenschaftler nicht nur in Hinsicht auf S a c h v e r h a l t e, also diejenigen „Wahrheiten", nach
30 denen sich die Wahrheit (als Richtigkeit) der prädikativen Urteile richtet; sondern in Hinsicht auf a l l e  k a t e g o r i a l e n G e g e n s t ä n d l i c h k e i t e n überhaupt. Der Titel Wirklichkeit befaßt wirkliche Eigenschaften, wirkliche Relationen, wirkliche Ganze und Teile, wirkliche Mengen und verbundene Kom-
35 plexe (wie z.B. von Sonnensystemen) usw. In den prädikativen Urteilen entsprechen ihnen die vermeinten kategorialen Gegenständlichkeiten, die als Urteilsbestandstücke auftreten. Ineins mit der Richtigkeitsausweisung der ganzen Urteile bzw. ihrer

"Berichtigung" weisen sie selbst ihre entsprechende Richtigkeit oder Unrichtigkeit aus.

Der eigentümliche Formtypus der die Einheit des wissenschaftlichen Lebens und seiner Gebilde durchherrschenden Intentionalität bestimmt den besonderen Typus der **wissenschaftlichen Vernunft** als einer „echte" **Erkenntnis durch eine beständig mitgehende Erkenntniskritik** verwirklichenden. Dementsprechend hat ihre systematische Leistung — die **Wissenschaft** als eine ins Unendliche fortzugestaltende Theorie — den besonderen Sinn, ein System von Urteilen zu sein, die unter beständiger Kritik bewußt zur Adäquation an evidente Selbstgebung gebracht und in diesem Sinne Wahrheiten sind, ursprünglich richtige, nach dem wahr und wirklich Seienden selbst gerichtete Urteile, ideell das gesamte wahre Sein des Gebietes umspannend und im „vollständigen" System erschöpfend.

Es ist dabei zu bemerken, daß das wissenschaftliche Urteilen zwar die naiv gerade Erkenntnisrichtung auf die gegenständlichen Wirklichkeiten aus der naiven Selbsthabe der geraden Evidenz verläßt und **beständig die Urteile**, die vermeinten Gegenständlichkeiten als solche **thematisch** macht; daß es danach [115] also immer in Sätzen endigt, an denen das „richtig" oder „wahr" als Prädikat ursprünglich erworben und gefestigt worden ist — mag es dies, als durch alle theoretischen Ergebnisse hindurchgehend, auch zumeist verschweigen. Anderseits ist es aber selbstverständlich, daß dieses zweckmäßige Verfahren **im Dienst** der Bestimmung des Gebietes selbst steht, daß also die **Thematik der Urteilssätze nur eine vermittelnde ist.** Das Ziel ist Erkenntnis der im Begriff des Gebietes umspannten Substratgegenständlichkeiten. **Erkenntnis im idealen Sinne** ist der Titel für das zur aktuellen Erzielung gekommene wahrhafte Sein der jeweiligen Gegenständlichkeiten selbst, nach allen kategorialen Gestalten, in denen es eben sein wahrhaftes Sein zeigt, sich als wahrhaftes ursprünglich konstituiert und soweit es das schon getan hat, eben „soweit" erkenntnismäßig wahrhaft Seiendes ist. Der aktuell fortschreitenden Erkenntnis wahren

---

*16 ff. Handexemplar Randbemerkung* alle wissenschaftlichen Urteile sind eigentliche Urteile mit den Prädikaten wahr und falsch

Seins folgt die Erkenntnis im Sinne des habituellen Besitzes aus ursprünglicher Erwerbung mit der entsprechenden Potenzialität der Aktualisierung. Daran ändert sich nichts durch die Methode der Kritik, die vielmehr die Erzielung des wahren Seins sichern, bzw. die Spannung zwischen unvollkommener und vollkommener Erkenntnis vermindern will.

## 5. KAPITEL
### APOPHANTIK ALS SINNESLEHRE UND WAHRHEITSLOGIK

*§ 47. Aus der Orientierung der traditionellen Logik an der kritischen Haltung der Wissenschaft folgt ihre apophantische Einstellung*

Das Ergebnis dieser Betrachtungen über die Urteilsweisen der Wissenschaften und die in ihnen waltende Intentionalität wird uns dazu dienen, im strukturellen Verständnis der logischen Idee weiterzuschreiten. Wir erinnern uns daran, daß die Logik von ihrem Ursprung her Wissenschaftslehre sein wollte. Sie blickte also stets auf die vorangehenden Anfänge oder weit ausgeführten Entwürfe der Wissenschaften als ihr exemplarisches Feld hin und verstand Vernunft und Vernunftleistung nach dem, was in diesen Entwürfen zwar nicht in idealer Verwirklichung vorlag, aber in sich doch den idealen Zwecksinn der wissenschaftlichen Intentionalität bekundete. Danach wird es begreiflich, daß sich für die Logik die Urteilssphäre rein als solche absetzen und zunächst zu einem eigenen thematischen Feld werden mußte. Die Logik als Wissenschaftslehre konstituierte sich also von vornherein als eine Wissenschaft, die jener Kritik, die echte Wissenschaft schafft, dienen wollte. Erkenntnisse, Wissenschaften, auf die sie als Exempel hinblickte, faßte sie als bloße Prätentionen, also als bloße

---

6 *Handexemplar Randbemerkung zum Schluß des § 46* Es müßte aber noch auf die indirekte Erkenntnis Rücksicht genommen werden!

"Urteile" (Vermeintheiten) und Urteilssysteme, die der Kritik zu unterwerfen und durch sie mitbestimmt so zu gestalten seien, daß sie mit Recht das Prädikat der Wahrheit zugesprochen erhalten können. So folgte sie der Einstellung des Kritisierenden, der nicht geradehin urteilt, sondern über Urteile urteilt. Nur mittelbar war sie also, solange sie Urteilslogik blieb, auf das Seiende selbst als in selbstgebend gestaltenden Aktivitäten möglicherweise auftretendes gerichtet, unmittelbar aber auf Urteile als Vermeinungen von Seiendem. Als "formale Logik", die ja traditionell durchaus als Urteilslogik gemeint und entwickelt war, hatte sie als Thema diejenigen Urteilsgestalten, die wesensgesetzliche Bedingungen möglicher Adäquation an Seiendes selbst sind.

Wohl begreiflich ist nach unserer vorausgeschickten Betrachtung über den Vorzug des prädikativen Urteils in den Wissenschaften, daß die formale Logik als apophantische konstituiert war, daß also das prädikative Urteil ihr thematischer Hauptbegriff war. Das hätte aber nach unseren Einsichten bei systematisch vollständiger Ausführung keine Beschränkung bedeuten müssen — wie sie es, sehr zu Schaden der Logik, tatsächlich bedeutet hat — da, wie wir wissen, die Apophansis alle kategorialen Vermeintheiten in sich faßt. Es sind also mit den Urteilen im engeren auch diejenigen in unserem weitesten Sinne Themen der formalen Logik — der vollverstandenen Apophantik — und das in allen ihren Stufendisziplinen.

### § 48. *Urteile als bloße Vermeintheiten gehören der Region der Sinne an. Phänomenologische Charakteristik der Einstellung auf Sinne*

Urteile sind Themen — dasselbe besagt, Vermeintheiten als solche sind Gegenstände einer eigenen Region, bilden ein in sich geschlossenes Gegenstandsfeld. Hier bedarf es einer tiefer dringenden phänomenologischen Klärung, die wir zum Teil schon in den Analysen des 4. Kapitels gewonnen haben, aber hier unter allgemeinerem Gesichtspunkt noch vertiefen wollen.

Knüpfen wir kurz wiederholend an schon Ausgeführtes an.

Jedes Urteilen ist gegenständlich gerichtet. Nicht nur, daß der Urteilende jeweils seine „Gegenstände-worüber" hat, auf [117] die er im ausgezeichneten Sinne gerichtet ist, indem er sie bestimmt, sondern in einem zweiten Sinne ist er gerichtet auf die
5 Bestimmung; ferner in einem uneigentlichen Sinne auf den Sachverhalt — uneigentlich, weil er ihn zwar schon mit jenen Substratgegenständen und den Bestimmungen konstituiert hat, aber erst einer Umstellung des thematischen Blickes bedarf, um auf ihn im besonderen Sinne gerichtet zu sein. In dieser Weise sind
10 vielerlei Kategorialien für den Urteilenden als solchen „da", und in der Einheit eines zusammenhängenden Urteilsprozesses werden sie, wie besprochen, identifiziert und sind zugleich in Funktionen der Bestimmung für die letzten Substrate, die da bestimmt werden sollen. So auch im erkennenden Urteilen, nur daß
15 durch die Kategorialien hindurchgeht die Intention auf ihre Selbsthabe in Form des sogenannten evidenten Urteilens, wobei die erfüllende Identifizierung statthat, wenn sie im Modus des „sie selbst" erreicht sind.

Das ist Urteilen schlechthin — eine völlig relative Rede,
20 wie sich sogleich zeigen wird. Nämlich jedes Urteilen kann wesensmäßig in ein Urteilen zweiter Stufe verwandelt werden, in dem nicht mehr, was geradehin geurteilt war, also für den Urteilenden seiende Gegenständlichkeit war, gesetzt wird, sondern in einer Reflexion das Geurteilte als solches. Es ist also
25 zwar Reflexion, die das Neue ergibt, aber nicht eine Reflexion, die die Urteilsaktion thematisch und damit zum Gegenstand eines neuen Urteilens (einer neuen Setzung, die dann in prädikativ bestimmende übergehen soll) macht[1]. Nicht nur ein Substratgegenstand, eine Beschaffenheit, ein Sachverhalt usw. kann ge-
30 genständlich sein, sondern auch ein vermeintes Substrat als vermeintes, eine vermeinte Beschaffenheit als vermeinte usw., und das sind, sagten wir oben, Gegenständlichkeiten, die, wie wir nun sogleich begründen werden, trotz dieser Rückbeziehung in der Tat eine eigene Region bezeichnen.
35 Zunächst folgendes:

Natürlich wiederholt sich der mögliche Übergang von Urteil (vermeinter Gegenständlichkeit schlechthin) in Urteilsmeinung

---

[1] Dies wäre die noetische Reflexion auf die die noematische Einheit konstituierenden noetischen Mannigfaltigkeiten. Vgl. dazu *Ideen*, S. 201–207.

(vermeinte Gegenständlichkeit als solche) in beliebigen Stufen. Es ist ein **iterativer Prozeß** möglicher Reflexion und steter Einstellungsänderung. Dabei ist es aber evident, daß wir hier auf einen **letzten Unterschied** zurückkommen, den zwischen **Gegenständlichkeiten, die Vermeintheiten sind,** [118] **und solchen, die es nicht sind.** Eben darum sprechen wir von unterschiedenen Regionen innerhalb der formalen Universal-Region „Gegenständlichkeit-überhaupt". Alle höherstufigen Vermeintheiten sind ja selbst zur Region der Vermeintheiten oder „**Meinungen**" gehörig. Statt Meinung können wir auch **Sinn** sagen und von den Aussagen her auch von deren **Bedeutungen** sprechen. Nach der Bedeutung oder dem Sinn einer Aussage fragen und ihn sich deutlich machen ist offenbar nichts anderes als von der geraden aussagend-urteilenden Einstellung, in der wir nur die betreffenden Gegenstände „haben", übergehen in die reflektierte, in die Einstellung, in der die entsprechenden Gegenstandsmeinungen, Sachverhaltsmeinungen zur Erfassung oder Setzung kommen. Somit können wir **diese Region auch als die der Sinne bezeichnen**[1]. Es sind für die geschlossenen prädikativen Urteile Sachverhaltssinne (vermeinte Sachverhalte als solche), für die Substratgegenstände eben gegenständliche Sinne im engeren Sinn, für die Relationen Relationssinne usw.

Wir haben hier nichts ausgesagt darüber, ob die geraden (unreflektierten) und ob die reflexiven Sinnesurteile evidente sind oder nicht, ob sie Erkenntnisintentionen in sich tragen, evtl. als deren Erfüllungen auftreten oder nicht. Dergleichen Abwandlungsmodi können selbstverständlich in **beiderlei Urteilseinstellungen** — der im „geradehin" und der in der Sinnesreflexion — statthaben, wie sie ja zu allen Urteilen als solchen gehören, also auch zu Sinnesurteilen. Somit gibt es auch für sie den Unterschied von evidentem Selbsthaben und bloßem In-Geltung-haben, es gibt Modalisierung, im besonderen evtl. Durchstreichung, Bewährung, evidente Widerlegung (als negative Bewährung) usw., dann aber durch Rückgang auf den Sinn höherer Stufe Kritik.

Sinnesauslegung **kann** evident sein, aber sie braucht es nicht

---
[1] Vgl. *Ideen*, S. 265. Ferner über das Verhältnis von Sinn und Noema, S. 185, 267–273.

zu sein, und sie kann auch täuschen. Sind die Gegenstände, die da Sinne heißen, wirklich andere als die schlichten Gegenstände, so sagt das, daß ein zusammenhängendes und als das identifizierend auf die schon gesetzten Gegenstände zurückkommendes Urteilen
5 und dann insbesondere auch, daß ein erkennendes Urteilen für die eine und andere formale Region verschiedene Wege geht und verschiedene Identifizierungen vollzieht, bzw. verschiedene Unterscheidungen und verschiedene Ausscheidungen durch Durchstreichung. Der Sinn, der da „Urteil $S$ ist $p$" [119]
10 heißt, kann nie identifiziert werden mit dem schlechthin geurteilten $S$ ist $p$ und dem daraus durch Nominalisierung zu entnehmenden Sachverhalt. Ferner im Übergang zur Seinsevidenz ist es klar, daß das wirkliche Sein des Urteils als Sinnes nicht leidet, wenn $S$ nicht ist oder $S$ nicht $p$ ist, mit einem Wort, wenn der
15 Sachverhalt, der für den Urteilenden seiende, nicht besteht. Das Urteil ist dann unrichtig, aber als Urteil ist es Seiendes der Sinnesregion. Im übrigen gehen alle Formen von Identifizierungen in möglichen Urteilszusammenhängen (wovon die in Evidenz überführenden ein besonderer Ausschnitt sind) in Modi-
20 fikation in die Sinnessphäre ein.

Daß die Sinne als Gegenstände, den auf sie bezüglichen Akten und Subjekten gegenüber im gleichen Sinne „transzendent" sind, ideale Einheitspole, ganz wie Gegenstände, die keine Sinne sind, bedarf nur der Erwähnung. Dergleichen gilt ja für alle Gegenstän-
25 de überhaupt.

### § 49. *Der Doppelsinn von Urteil (Satz)*

Werfen wir noch einen Blick zurück auf die Korrelation von Urteilen und Urteil, so ist der Doppelsinn noch ausdrücklich hervorzuheben, der in all diesen Klärungen die
30 entscheidende Rolle spielte: Urteilen im weitesten Sinne ist doxisch „Setzen", und was darin gesetzt ist, ist der „Satz". Speziell das prädikative Urteil setzt den prädikativen Satz. Er ist das, was geurteilt ist. Aber ist dann Satz oder Urteil das, was die apophantische Logik — die auf Richtigkeit und Falsch-
35 heit hin kritisierende — unter diesem Titel versteht?

Das in einem Urteilen Geurteilte ist die geurteilte, die urteilend vermeinte kategoriale Gegenständlichkeit.

Erst, wie wir feststellten, in einem Urteilen z w e i t e r S t u f e wird der S a t z i m S i n n e d e r L o g i k — der Satz als Sinn, die vermeinte kategoriale Gegenständlichkeit a l s s o l c h e — zum Gegenstand, und s i e ist in diesem neuen Urteilen urteilend ver-
5 meinte schlechthin. In jedem Urteilen „liegt" zwar sein Sinn, und wir sagen auch in Evidenz, daß die in ihm geradehin vermeinte Gegenständlichkeit nicht immer zu sein braucht — aber dergleichen können wir eben nur evident aussagen vermöge der Urteile und Evidenzen zweiter Stufe, in denen wir den schlichten
10 Urteilen ihre Vermeintheiten „entnehmen", sie zu G e g e n s t ä n d e n machend. Eben damit sind sie selbst zu eigenen Erkenntniszielen und in der Evidenz zu selbst erzielten geworden, [120] während im geraden Urteilen zwar *implicite* die jeweilige Vermeintheit bewußt, aber bloßer „D u r c h g a n g" der Erkenntnis-
15 zielung ist, die ihrerseits in der entsprechenden kategorialen Gegenständlichkeit selbst und nicht im bloßen Urteil terminiert.

### § 50. *Die Erweiterung des Begriffes Sinn auf die gesamte positionale Sphäre und die Erweiterung der formalen Logik um eine formale Axiologie und Praktik*

20   Es ist nun noch lehrreich zu beachten, daß, was wir für das Urteilen und den Urteilssinn gesagt haben, für die g a n z e p o s i t i o n a l e B e w u ß t s e i n s s p h ä r e gilt. Jedes *Cogito* hat, das ist für die Phänomenologie der Intentionalität eine fundamentale Wesenslage, sein *Cogitatum*. Das *Cogito* kann besagen: „ich neh-
25 me wahr", auch „ich erinnere mich", „ich erwarte" (was freilich selbst in die doxische Sphäre gehört, wenn auch nicht in die des prädikativ bestimmenden Denkens); es kann aber auch sagen, ich übe „wertende" Gemütstätigkeiten in Gefallen oder Mißfallen, in Hoffen oder Fürchten, oder in Willenstätigkeiten usw.
30 Geradehin vollzogen hat jedes solche *Cogito* seine Richtung je auf die Erfahrungsobjekte, auf die Werte und Unwerte, auf die Zwecke und Mittel usw. Aber jedes läßt eine Reflexion unter Einstellungsänderung zu auf sein *cogitatum qua cogitatum*, auf seine „intentionale Gegenständlichkeit als solche". Unter
35 solcher Reflexion kann gemeint sein eine doxische Reflexion, evtl. aber auch eine entsprechende Reflexion des Gemütes und des zwecktätigen Strebens.

Halten wir uns an die in jedem Falle zugleich mögliche doxische Reflexion, so kommt in ihr nun ein Neues, der betreffende Sinn: der Wahrnehmungssinn[1], Wertungssinn, praktische Sinn usw. zur Setzung — das **Vermeinte als solches**.
5 Überall gilt auch, daß **der jeweilige Sinn thematisch werden muß**, wenn „Kritik" einsetzen soll. Alle „Akte" in einem ausgezeichneten Sinne, nämlich alle intentionalen Erlebnisse, die „Setzungen" (Positionen, Thesen, Stellungnahmen) vollziehen, **unterstehen einer**
10 **Kritik der „Vernunft"** und zu jeder Gattung solcher Positionen gehört eine **eigene Evidenz**[2], die wesensgesetz- [121] lich in eine **doxische Evidenz** umgewandelt werden kann. Demgemäß hat auch die Identitätssynthesis der Urteilssphäre ihre Analoga in solchen der übrigen positionalen Sphären. Über-
15 all erfahren die geraden Themen (das Wort jetzt also in einem auf alle Gattungen der Positionalität bezogenen weitesten Sinne genommen) mit jener Reflexion eine Modifikation.

Wir sprachen von der möglichen Wendung jeder Evidenz in eine doxische Evidenz. Allgemeiner wäre hier zu sagen: Alle außer-
20 doxischen Sinne können in einer jederzeit möglichen doxischen Thematisierung in die doxische Sphäre eintreten und im besonderen in die apophantische. Es ist ähnlich, wie jedes modalisierte Urteil die Form eines Gewißheitsurteils, eines Urteils im normalen Sinne annehmen kann. Im Urteilsverhalt tritt dann das Möglich,
25 das Wahrscheinlich usw. auf; ähnlich verhält es sich mit dem Schön und Gut. So kann die formale Logik der Gewißheiten sich um die Formen der Modalitäten bereichern, aber auch in gewisser Weise die Gemütsmodalitäten in sich aufnehmen.

Diese Betrachtung läßt voraussehen, daß auch die außerdoxi-

---

[1] Schon in den *Logischen Untersuchungen* kommt dieser allgemeine, auf alle intentionalen Sphären bezogene Begriff des Sinnes zum Durchbruch. Die „Denkpsychologie" unserer Zeit hat ihn übernommen, leider ohne die tieferen intentionalen Analysen zu berücksichtigen, insbesondere auch die so viel weiterreichenden meiner *Ideen* (vgl. dort S. 256 f.).

[2] Die Gemütsevidenz wurde zum erstenmal herausgestellt von F. Brentano; vgl. in seinem Vortrag *Vom Ursprung sittlicher Erkenntnis* (neu herausgegeben von O. Kraus, Leipzig 1921) die Ausführungen über die „richtige und als richtig charakterisierte Liebe" (S. 17).

Anm. d. Hrsg.: Brentanos Schrift *Vom Ursprung sittlicher Erkenntnis* liegt jetzt in der 4. Aufl. vor. Diese stimmt mit der gegenüber der 2. Aufl. von 1921 stark erweiterten 3. Aufl. überein (Hamburg 1955; Philos. Bibl. Bd. 55) - Die von Husserl erwähnten Ausführungen finden sich dort auf S. 23 f.

schen Aktsphären eine formale Betrachtung zulassen. Das hat eine große Bedeutung, weil die Möglichkeit sich eröffnet, die Idee der **formalen Logik um eine formale Axiologie und Praktik zu erweitern**. Es erwächst damit sozusagen eine formale Logik der Werte, der Güter. Jede positionale Sphäre hat ihre „syntaktischen" Kategorien, hat ihre eigenartigen Urmodalitäten des „Etwas" und deren Ableitungsgestalten, und demgemäß hat jede ihre „formale Logik", ihre „Analytik"[1].

### § 51. *Die pure Konsequenzlogik als reine Sinneslehre.*
*Die Gliederung in Konsequenzlogik und Wahrheitslogik gilt auch für die Mannigfaltigkeitslehre als oberste Stufe der Logik*

Beschränken wir uns nun wieder auf die Urteilssphäre als Reich der apophantischen Sinne und darin beschlossen aller kategorialen Sinne, so ist **die pure formale Analytik als eine in sich geschlossene systematische Theorie** [122] anzusehen, **deren thematische Sphäre ausschließlich eben diese Sinne sind**. Das ergibt sich, wenn wir die in diesen Untersuchungen gewonnene Klärung des Urteilsbegriffes als prädikativen gegenständlichen Sinn mit den Feststellungen über Sinne und über die Struktur der logischen Analytik im 1. Kapitel verbinden — in dem freilich ihre oberste Stufe, die Lehre von den Formen der deduktiven Theorien noch nicht in unseren Gesichtskreis getreten war. Eine **pure** systematische Theorie der Region der **Sinne** im strengen und eigentlichen Verstand ist die Analytik nur für die beiden Unterschichten, für **die reine Formenlehre** der Sinne (oder Bedeutungen) und für **die reine Analytik der Widerspruchslosigkeit**. Da diese in der Formenlehre fundiert ist, so bildet sie eine für sich abgeschlossene logische Disziplin nur ineins mit der ersteren, und so verstanden ist sie die universale und reine Wissenschaft von

---

[1] Seit dem S.-S. 1902 habe ich in eigenen Vorlesungen und Seminarübungen, aber auch im Zusammenhang logischer und ethischer Vorlesungen die Idee einer formalen Axiologie und Praktik systematisch auszugestalten versucht. Wohl alle in der Literatur seitdem auftretenden Ausführungen ähnlichen Sinnes, vor allem ganz unmittelbar Th. Lessings Wertaxiomatik gehen auf diese Vorlesungen und Seminarien zurück — wie erhebliche Abwandlungen die mitgeteilten Gedanken auch erfahren haben mögen.
Anm. d. Hrsg.: Gemeint ist Theodor Lessing, *Studien zur Wertaxiomatik. Untersuchungen über reine Ethik und reines Recht*. (2. Aufl. Leipzig 1914).

den apophantischen Sinnen, die nichts, was deren Eigenwesentliches überschreitet, mit befaßt. Von ihrem Thema ausgeschlossen sind alle Wahrheitsfragen, denn eben diese überschreiten mit dem Prädikat „wahr" (und allen seinen Abwandlungen) das rein
5 eigenwesentliche Apriori der Sinnessphäre, wie seine auf Adäquation beruhende Bedeutung zeigt.

Durch die breiteren Auslegungen, die wir oben zu Klärungszwecken vollzogen haben, ist es verständlich, daß im Ausbau der Analytik zur Lehre von den systematischen Theorienformen
10 (bzw. den mathematischen Mannigfaltigkeiten) und damit zu einer vollen *mathesis universalis* alles wird in Geltung bleiben müssen, was wir für die niederen Stufen erwiesen haben, zunächst also die Schichtung in eine reine **Mathesis der Widerspruchslosigkeit** und **Mathesis möglicher Wahrheit** und dann
15 die Interpretation der ersteren als **Mathesis purer Sinne**. Denn fassen wir irgendeine bestimmte systematische Theorienform, oder korrelativ gesprochen irgendeine bestimmte mathematische Mannigfaltigkeit, wie sie apriori konstruiert worden ist — z.B. die **Form Euklidische Geometrie**, oder korrelativ
20 **Euklidische Mannigfaltigkeit** — so sind im Umfang dieser Form (eines Allgemeinbegriffes) als Einzenheiten, obschon in völliger Unbestimmtheit, singuläre Mannigfaltigkeiten gedacht [123] (im Beispiel lauter Mannigfaltigkeiten der **Euklidischen Form**). Und gedacht sind sie als durchaus gebaut **aus kate-**
25 **gorialen Gebilden**, die also ihren syntaktischen Formen nach ganz und gar in die apophantisch-logische Sphäre hineingehören, bis hinauf zu der jeweiligen ganzen Mannigfaltigkeit selbst. **Die gesamte *mathesis universalis* ist also Analytik möglicher Kategorialien**, Theorie ihrer
30 Wesensformen und Wesensgesetze.

Achten wir nun darauf, daß die **Mannigfaltigkeitslehre gar keinen zwingenden Grund hat, Fragen möglicher Wahrheit für ihre Theorienformen** und korrelativ **Fragen möglicher Wirklichkeit** (möglichen wahren
35 Seins) **von irgendwelchen singulären Mannigfaltigkeiten**, die unter ihren formalen Ideen von Mannigfaltigkeit stehen, überhaupt in ihr Thema zu ziehen. Gleichwertig damit ist, der **Mathematiker als solcher** braucht sich gar nicht darum zu kümmern, daß es in konkreter „Wirklichkeit"

Mannigfaltigkeiten wirklich gibt (z.B. so etwas wie eine mathematische erkennbare Natur oder ein Reich wie das der Raumgebilde, etwa als **Euklidische** Mannigfaltigkeit zu fassen), ja daß es dergleichen geben **kann**, daß dergleichen in irgendeinem Sachgehalt denkmöglich ist. **Er braucht also nicht die Voraussetzung möglicher Mannigfaltigkeiten** im Sinne möglicherweise **konkret seiender**, und kann — als „purer" Mathematiker — seine Begriffe so fassen, daß ihr Umfang solche Möglichkeiten gar nicht mitmeint.

## § 52. *Eigentlich logische und außerlogische „mathesis pura".* *Die „Mathematik der Mathematiker"*

Freilich geht damit, wie für die niedere Stufe der logischen Analytik, so für diese höhere und schließlich für die voll umfassende Analytik — die *mathesis universalis* — das wesentliche Stück ihres eigentlich logischen, ihres wissenschaftstheoretischen Sinnes verloren. Denn auf mögliche Gebiete und ihre mögliche Erkenntnis, auf mögliche systematische Theorien will die Logik ja, und auch wo sie bloße formale Logik sein will, bezogen sein, für sie Wesensgesetze der Möglichkeit im voraus und als Normen festlegen. Wenn sie in diesem Bestreben darauf stößt, daß schon in der Form der „Urteile" selbst Bedingungen möglicher Wahrheit und wahrhaft seiender Theorien und theoretisierbarer Erkenntnisgebiete aufweisbar sind, so verläßt sie damit natürlich ihren spezifisch logischen Sinn nicht. Sie macht aber vielleicht einen Schritt dazu, wenn sie ihrer Wesensschichtung in Analytik der [1: Widerspruchslosigkeit und in Analytik möglicher Wahrheit inne wird und demnach

1. erkennt, daß die **Urteile rein als Sinne** genommen (und darin beschlossen alle Gegenständlichkeiten rein als gegenständliche Sinne) eine **in sich geschlossene Formgesetzlichkeit** haben und in der Stufe der „Deutlichkeit" eine Gesetzlichkeit der Konsequenz, Inkonsequenz, Widerspruchslosigkeit, die **an sich noch nichts von einem möglichen Sein** der etwa den Urteilen entsprechenden Gegenständlichkeiten und von möglicher Wahrheit dieser Urteile selbst besagen;

2. wenn sie im Anschluß daran erkennt, daß evidentermaßen

die **Gesetzmäßigkeiten der Widerspruchslosigkeit mittelbar den Wert von logischen Gesetzmäßigkeiten, von allerersten und allgemeinsten Gesetzen möglicher Wahrheit** annehmen, so wie der spezifisch logischen Absicht
5 gemäß mögliches Sein und mögliche Wahrheit nach Wesensgesetzen ihrer Möglichkeit befragt werden sollen, und nun die Sinne (die puren Urteile) auf solche Möglichkeiten bezogen gedacht, diese also mitvorausgesetzt gedacht werden.

Ist das klargestellt, so kann man eine ganze Wissenschaft
10 etablieren, die von dem spezifisch logischen Absehen befreit nichts weiter erforscht und erforschen will als das universale Reich der puren apophantischen Sinne. Bei solcher konsequenten Ausschaltung der Fragen möglicher Wahrheit und der Wahrheitsbegriffe selbst stellt es sich heraus, daß man von dieser
15 ganzen logischen Mathesis dabei eigentlich nichts verloren hat, sondern sie noch ganz und gar hat als „**rein" formale Mathematik**. Diese Reinheit in der thematischen Beschränkung auf gegenständliche Sinne in ihrer Eigenwesentlichkeit — auf „Urteile" im erweiterten Sinne — kann auch gewissermaßen
20 **unbewußt** betätigt sein, nämlich dadurch, daß der Mathematiker, wie von jeher in der mathematischen Analysis, es unterläßt, je Fragen möglicher Wirklichkeit von Mannigfaltigkeiten zu stellen, bzw. nach Bedingungen der möglichen Wirklichkeit derselben auf Grund der bloßen Sinnesform zu fragen, wie es im
25 Gegensatz dazu traditionell die apophantische **Logik** tut. Mag auch ein Restchen Unreinheit insofern bleiben, als die mathematisch konstruierten Formen von Mannigfaltigkeiten in der Regel mitgedacht sind als solche möglicher Wirklichkeiten: wenn nur dieser Gedanke, wie es faktisch auch stets war, in der
30 Mathematik selbst nie irgendwelche Funktionen übt. **So versteht es sich, daß es für eine (unbewußt wie bewußt) „reine" formale Mathematik keine anderen Er-** [125] **kenntnissorgen geben kann als die der „Widerspruchslosigkeit", als die unmittelbarer oder mittelbarer analytischer**
35 **Konsequenz und Inkonsequenz**, wohin offenbar alle Fragen **mathematischer „Existenz"** gehören.

Anders ist es freilich für den **Logiker**, der wissenschaftstheoretisch eingestellt, selbst wenn er in konsequenter Erweiterung der traditionellen Engen zur *mathesis universalis* vordringt (wie ich selbst in den Logischen Untersuchungen), nicht leicht auf den Gedanken kommen wird, diese Reduktion auf eine Analytik reiner Sinne zu vollziehen und somit die Mathematik nur gewinnen wird als eine **erweiterte Logik**, die also auf **mögliche Gegenstandsgebiete und Theorien** wesentlich bezogen ist. Philosophisch ist hier die vollste Bewußtheit nötig und radikale Erkenntnis der zu vollziehenden Demarkationen. Es genügt nicht, etwa zu interpretieren und danach zu fragen, was der Mathematiker von Fach vermutlich meine. Es muß gesehen werden, daß eine **formale Mathematik im Sinne jener reduzierten Reinheit ihr Eigenrecht** hat und daß für die Mathematik jedenfalls keine Notwendigkeit besteht, über diese Reinheit hinauszugehen. Zugleich aber ist es ein großer Fortschritt philosophischer Einsicht, daß diese einschränkende Reduktion der **logischen** Mathesis (der zu wesensmäßiger Vollständigkeit gebrachten formalen Logik) auf eine **pure Analytik der Widerspruchslosigkeit** ihren wesentlichen Sinn hat als eine Wissenschaft, die es mit nichts anderem als mit apophantischen Sinnen nach ihrem eigenwesentlichen Apriori zu tun hat, und daß damit endlich der **eigentliche Sinn der „formalen Mathematik"**, der Mathematik, der alle eigentlich logische, d.i. wissenschaftstheoretische Intention fernbleibt — der Mathematik der Mathematiker — **prinzipiell geklärt** ist. Hier liegt die **einzige rechtmäßige Unterscheidung zwischen formaler Logik und bloßer formaler Mathematik.**

### § 53. *Erläuterungen am Beispiel der Euklidischen Mannigfaltigkeit*

Es dürfte bei der Wichtigkeit der Sache nützlich sein, für die Art der Reduktion der Mannigfaltigkeitslehre auf eine pure Sinneslehre noch einige Erläuterungen beizufügen.

Die Mannigfaltigkeitslehre bietet sich, sagten wir, dem Logiker zunächst dar als eine Wissenschaft von den apriori zu konstruierenden Formtypen **möglicher** Mannigfaltigkeiten (oder korrelativ von den Formtypen **möglicher** deduktiver Wissenschaften, systematischer Theorien), die **mögliche Wahrheit** haben. Hier ergibt die Reduktion auf die Reinheit, einzeln ausgelegt, folgendes: „Euklidische Mannigfaltigkeit" bedeutete, um an dieses naheliegende Beispiel anzuknüpfen, zunächst eine Form für mögliche deduktive Wissenschaften, als mögliche Systeme wahrer Sätze, exemplifiziert an der Euklidischen Raumgeometrie, nun als einer Möglichkeit neben einer offenen Unendlichkeit anderer möglicher deduktiver Wissenschaften dieser selben kategorialen Form. Die Reduktion, welche alle Beziehung auf die Voraussetzung möglicher Wahrheiten abschneidet, liefert die Form (noch immer die der „Euklidischen Mannigfaltigkeit") als die eines Systems von möglichen Sätzen (Urteilen) rein als Sinnen, und zwar von solchen, die in der Evidenz der Deutlichkeit nicht nur einzeln, sondern als Systemganzes in Deutlichkeit zu vollziehen sind — rein als Urteile — mit einem Wort, die ein in sich geschlossenes System reiner Konsequenz („Widerspruchslosigkeit") bilden: die Euklidische Form hat also in ihrem Umfang nicht mehr deduktive Wissenschaften, bezogen auf möglicherweise seiende Gebiete, sondern widerspruchslose Urteilssysteme. Und sie bezeichnet ein Formgesetz, das sagt: jede Gruppe von Urteilen, die unter die Euklidische Gruppe der Axiomenformen zu subsumieren ist, ist apriori widerspruchslos vereinbar, und apriori sind alle daraus nach den Prinzipien (echten Axiomen) der unteren Analytik der Widerspruchslosigkeit ableitbaren Konsequenzen mit den Ausgangssätzen ineins vereinbar, sie bilden ein widerspruchsloses System und ein definites, wenn wir beweisen können, daß das Euklidische Axiomensystem ein definites ist[1].

Als Korrelat einer möglichen systematischen Theorie haben wir eine mögliche Mannigfaltigkeit, ein mögliches, von

---

[1] Offenbar steht dahinter das primitive Grundgesetz der Analytik reiner Konsequenz: zwei Urteile (im weitesten Sinne), die aus einem einstimmigen Urteil als Konsequenzen folgen, sind verträglich in der Einheit eines Urteils - sie dürfen „multipliziert" werden. „Multiplikation" im „logischen Kalkül" besagt nichts anderes als diese Operation der konjunktiven Verbindung in sich als widerspruchslos gedachter Urteile zu einem Urteil. Das zugehörige Operationsgesetz (iterierbaren Sinnes) als Grundgesetz besagt: apriori ist jedes Urteil (das „deutliche", das in sich widerspruchslose) mit jedem anderen zu einem ebensolchen Urteil vereinbar. Gültigkeit von Urteilen heißt in der Konsequenzsphäre ihre Einstimmigkeit in sich, ihre deutliche Vollziehbarkeit, sc. als Möglichkeit, sich in einen solchen Vollzug hineindenken zu können.

ihr systematisch theoretisiertes Gebiet von Gegenständen. Dafür tritt, nachdem diese Möglichkeit außer Spiel gesetzt ist, ein eine Mannigfaltigkeit nicht von Gegenständen schlechthin, sondern [127] von vermeinten als solchen, also **gegenständlichen Sinnen, als Substratsinnen, die geeignet sind, in einem Urteilssystem einstimmig als Substrate der Prädikationen zu fungieren**. Die Substratsinne sind aber nur gegenständliche Grundsinne der Theorie, der selbst auf den puren **Theorie-sinn** reduzierten. Sie selbst in allen ihren einzelnen und komplexen Urteilen und in allen darin auftretenden kategorialen Gestaltungen ist nach der jetzigen Reduktion „vermeinte Gegenständlichkeit als solche", ist gegenständlicher Sinn oder Urteil im erweiterten Sinne; nur handelt es sich um kategoriale Gestalten höherer Stufe, als den Substratsinnen zugestalteter.

Es braucht wohl nicht ausdrücklich für die zur reinen Mathesis erweiterte Analytik wiederholt zu werden, was schon für die Analytik der niederen Stufe gesagt worden war. Die reine Mathesis hat es als Wissenschaft natürlich auf Wahrheiten abgesehen in betreff ihres Gebietes, also auf Wahrheiten über Sinne und deren Verhältnis der Konsequenz. Aber zu ihrem Gebiet gehören in der Reinheit ebensowenig Gesetze der Wahrheit (der Richtigkeit, des möglichen wahren Seins als solchen usw.) als zu den anderen Wissenschaften, die eigentliche Logik ausgenommen. Wahrheit gehört ebensowenig zu den „rein" mathematischen Prädikaten als zu den Prädikaten der Natur, die zu erforschen das Thema der Naturwissenschaften ist.

### § 54. *Abschließende Feststellung des Verhältnisses zwischen formaler Logik und formaler Ontologie*

a) **Die Fragestellung.**

Die Idee der *mathesis universalis* als Wissenschaft von den apophantischen Sinnen aller kategorialen Stufen hatten wir in den letzten Betrachtungen, um sie in ihrer Eigenheit völlig rein zu erfassen, von allen logischen Interessen abgelöst — wir setzen diese jetzt wieder ins Spiel.

Die Mathematik steht also wieder innerhalb der Wissenschaftslehre, übt in ihr Funktionen der Kritik, und ihre Lehren nehmen

APOPHANTIK ALS SINNESLEHRE UND WAHRHEITSLOGIK 149

also selbst diesen Funktionssinn an. Die Beziehungsgesetze zwischen Widerspruchslosigkeit und Wahrheit sind vorweg ausgesprochen und ihnen gemäß dann die Einführung der Wahrheitsbegriffe (wahres prädikatives Urteil, wahrhaft seiender Sub-
5 stratgegenstand, wahres Prädikat, wahre Mannigfaltigkeit usw.) zulässig und entsprechend vollzogen. Die Gesetze der Konsequenz und der Widerspruchslosigkeit werden zu Gesetzen möglicher sachlicher Wahrheit. Obschon in ihnen die Sachgehalte (die Kerne) [128] Indeterminaten bleiben, sind sie nun in dieser Allgemeinheit doch
10 auf mögliche Gegenständlichkeit bezogen gedacht. Mögliche Wahrheit als Richtigkeit besagt ja Möglichkeit der Adäquation an mögliche Sachen selbst. So sind z.B. in Formgesetzen möglicher Richtigkeit prädikativer Urteile *eo ipso* beschlossen Gesetze der Möglichkeit von Sachverhalten. So gewinnt also das ganze ma-
15 thematische System der Logik Beziehung auf mögliche Gegenständlichkeit überhaupt.

Wir stellen nun die Frage: ist die formale Logik danach als formale Ontologie anzusehen, und warum gilt das jedenfalls nicht für die Analytik der bloßen Widerspruchs-
20 losigkeit, obschon auch sie doch auf Urteile überhaupt und damit auf das Etwas-überhaupt bezogen ist?

b) Der korrelative Doppelsinn der formalen Logik.

Geradehin von irgend etwas, von irgendeinem Gegenstand oder von Gegenständen überhaupt sprechen, das heißt normalerweise,
25 von ihnen als Wirklichkeiten oder Möglichkeiten sprechen, im Falle des apriorischen Überhaupt von eidetischen Möglichkeiten, als in völlig freier Phantasie ausdenkbaren. Nennen wir formale Ontologie eine apriorische Wissenschaft von Gegenständen überhaupt, so heißt das also ohne weiteres, von mög-
30 lichen Gegenständen rein als solchen. Natürlich gehören in ihren thematischen Bereich alle als möglich erdenklichen kategorialen Abwandlungen von „Gegenständen überhaupt". Eine nicht formale Ontologie wäre dann irgendeine apriorische Wissenschaft sonst, sie wäre eine Ontologie hinsichtlich ihres
35 gegenständlichen Gebietes, als eines besonderen Gebietes von möglichen Gegenständlichkeiten.

---

35 *Handexemplar* material (sachhaltig) bestimmten *Verbesserung für* besonderen

Danach müssen wir sagen: jene reine Mathematik der Widerspruchslosigkeit, in ihrer Ablösung von der wissenschaftstheoretischen Logik verdient nicht den Namen einer formalen Ontologie. Sie ist eine Ontologie reiner Urteile als Sinne, und zwar eine Ontologie der Formen widerspruchsloser und, so verstanden, möglicher Sinne: möglich in der Evidenz der Deutlichkeit. Jedem möglichen Gegenstand entspricht sein Gegenstandssinn. Jede Sinnesform möglicher Gegenstände kommt unter den möglichen Sinnesformen der „außerlogischen" Mathematik natürlich vor. Aber jene Möglichkeit einer Sinnesform enthält an und für sich nichts von der Möglichkeit von Gegenständen eines ihr entsprechenden Sinnes, wie ja auch dieses Entsprechen selbst über die reine Sinnessphäre hinausführt.

Sowie wir es hereinziehen und die beiden Möglichkeiten, die [129] widerspruchsloser gegenständlicher Sinne und die möglicher Gegenstände selbst in Beziehung setzen, also Fragen möglicher Richtigkeit aufwerfen, stehen wir in der eigentlichen Logik und alsbald nimmt in ihr die ganze Mathematik der Urteile als Sinne eine formal-ontologische Bedeutung an — und doch dürfen wir sie noch nicht ohne weiteres als formale Ontologie ansprechen.

Überlegen wir. Die formale Analytik als formale Logik möglicher Wahrheit ist, wie wir ausführten, kritisch eingestellt. Eben darum ist ihr Thema das Gesamtreich der Urteile (immer mit eingerechnet die Gesamtheit der kategorialen Sinne) unter dem Gesichtspunkt möglicher Adäquation. Solange aber die Urteile als die ausschließlichen Themen angesehen werden, sei es auch unter Hereinziehen der entsprechenden möglichen Gegenständlichkeiten, denen angepaßt sie Prädikate der „Richtigkeit", der Wahrheit annehmen könnten, sind wir noch nicht eigentlich formal-ontologisch eingestellt. Indessen so wie in den Wissenschaften die beständig wiederholte kritische Einstellung und damit die Einstellung auf die Urteile nur ein Mittel ist, um dem primären Interesse an den Sachen selbst und wie sie in Wahrheit sind, zu dienen, so auch für die Logik, die ihren wissenschaftstheoretischen Beruf nicht aus den Augen verliert. Ihrem Endsinne nach ist sie dann nicht pure formale apophantische Logik, sondern formal-ontologische. Eine Apophantik kann zwar rein als solche in der festen und ausschließlich thematischen Einstellung auf die Urteile als Sinne und auf die Möglichkeiten ihrer Adäquation durchgeführt werden, und man kann sagen, daß diese Tendenz sich in der historischen Entwicklung der Logik ausgebildet hat Aber der tiefe und der Aufgabe als Wissenschaftslehre angemessene Sinn der formalen Analytik ist es, Wissenschaft zu sein von den möglichen kategorialen Formen, in denen Substratgegenständlichkeiten sollen wahrhaft sein können.

Kategorial geformte Gegenständlichkeit, das ist kein apophantischer Begriff, sondern ein ontologischer. Allerdings ist es das Wesen solcher Gegenständlichkeit, nichts anderes als erfülltes Urteil entsprechender Sinnesform zu sein. Wenn der Urteilende in seiner gegenständlichen Einstellung zur evidenten Selbsthabe übergeht, so liegt im Wesen dieser Erfüllungssynthesis, daß sie Deckungssynthesis ist. Wir sagen ja, und mit Evidenz (indem wir auf sie reflektierend eine Aussage über sie machen), eben dasselbe, was ich soeben meinte [130] und noch meine, ist selbst gegeben. Nehmen wir den idealen Fall. Wenn die Erfüllungen ideal vollkommen sind, sind die Substratgegenständlichkeiten mit all ihren kategorialen Formungen selbst gegeben im strengsten Sinne, die Evidenz verwirklicht und erfaßt sie selbst, so wie sie in Wahrheit sind[1]. Vermöge der evidenten Deckung mit den bloßen Urteilsmeinungen, also den vermeinten Substraten in den vermeinten kategorialen Formen, ist es evident, daß je in der wahrhaft seienden Gegenständlichkeit die Urteilsmeinung darin liegt, nur daß sie hier mit Erkenntnisfülle gesättigt ist.

Eben darum haben wir den schon früher von uns herausgestellten Doppelsinn von Evidenz parallel mit dem von Urteil. In dem einen Sinne besagt sie so viel, wie wahrhaft seiender Sachverhalt im Modus der Selbstgegebenheit (wahrhaft seiende Substratgegenständlichkeit in den jeweilig wahrhaft

---

[1] Sie verwirklicht sie natürlich in dem Stufenbau, der ihnen sinngemäß jeweils zugehört, also in einer Stufenfolge ineinander fundierter Evidenzen, die in ihrer synthetischen Einheit eben die eine Evidenz der einen, so und so gebauten kategorialen Gegenständlichkeit ausmachen, die Einheit ihrer Selbsthabe aus Selbstverwirklichung.

seiende Eigenschaften, Relationen usw.). Im zweiten korrelativen Sinne besagt Evidenz Selbstgegebenheit der Richtigkeit der Urteilsmeinung vermöge deren Anmessung an jene Evidenz im ersten Sinne, also an die selbstgegebene kategoriale Gegenständlichkeit. Als Erkennend-Urteilende haben wir, wie schon ausgeführt, keine anderen Gegenständlichkeiten als kategorial geformte, und es hat keinen Sinn, hier etwas anderes haben zu wollen. Wahrhaft seiende Natur, wahrhaft seiende Sozialität oder Kultur usw., das hat gar keinen anderen Sinn als den einer gewissen kategorialen Gegenständlichkeit, zu der in wissenschaftlicher Methode vorzudringen, sie methodisch erzeugend, das ganze Absehen der Wissenschaft ist.

Man darf uns hier nicht die Metaphysik entgegenhalten. Ist Metaphysik ein Wort für eine Wissenschaft und nicht für unklare Gedanken und Reden, so gibt es **keine vernünftigen Probleme einer „formalen und realen Bedeutung des Logischen"**[1]. Tut uns die Naturwissenschaft z.B. nicht genug, so kann das nur sagen (wenn das Recht ihrer Evidenzen, also die Vollkommenheit ihrer Selbsthabe unangefochten bleibt, also diese Wissenschaft selbst unangefochten bleibt), daß die so bezeichnete Wissenschaft irgendwie einseitig ist und in Hinsicht auf ihr Gebiet noch weitere Erkenntnisse notwendig sind — neue kategoriale Gebilde in bezug auf dieselbe Substratsphäre, die als Ziele methodischer Herstellung entsprechender Evidenzen zu setzen sind. Nehmen wir statt derart bestimmter sachhaltiger Wissenschaften die formale Logik, so ist sie formal-ontologische, wenn sie die möglichen Formen kategorialer Gegenständlichkeiten (nicht die entsprechenden gegenständlichen Sinne) bewußt zum Endthema macht. Ein spezieller Fall davon ist es, wenn sie diejenigen Kategorialien erforscht, die die Form einer deduktiven Theorie ausmachen, wobei diese nicht als ein System von Urteilen, sondern von möglichen Sachverhalten und im Ganzen als eine ausgezeichnet geformte Einheit einer kategorialen Gegenständlichkeit verstanden ist.

Der korrelative Doppelsinn von Evidenz und Wahrheit, den wir klargelegt haben, bedeutet offenbar auch einen **korrela-**

---

[1] Vgl. die Kritik der verkehrten **Lotzeschen** Problematik in der VI. Log. Unters. <*Log. Unters.* II. Bd./II. Teil>, S. 199 f.

tiven Doppelsinn von formaler Logik: von der traditionellen Einstellung auf die Urteile als apophantische Meinungen ausgehend, also die Einstellung der Kritik bevorzugend, gewinnen wir eine apophantische Logik, die voll erweitert von seiten der kategorialen Sinnesformen bis hinauf zu den apophantischen Sinnesformen von Theorien die *mathesis universalis* erreicht. Bevorzugen wir die Einstellung auf mögliche kategoriale Gegenständlichkeiten selbst bzw. deren Formen, so treiben wir von vornherein und konsequent eine formal-ontologische Logik, die aber selbstverständlich aus Gründen der Methode doch genötigt sein wird, die Urteilssinne zu Gegenständen zu machen, obschon nur als Mittel, während das Endabsehen den Gegenständen gilt.

c) Die Idee der formalen Ontologie abzulösen von der Idee der Wissenschaftslehre.

Nach dieser Untersuchung dürfen wir den Doppelsinn der Logik und den der beiden ihrer Seiten zugehörigen Einstellungen für vollkommen geklärt halten. Natürlich sind solche Klärungen für den Mathematiker ziemlich gleichgültig. Er hat in seiner Positivität, ganz im Absehen auf Entdeckung neuer theoretischer Resultate lebend, nicht das mindeste Interesse für Einstellungsänderungen, die Äquivalentes in Äquivalentes verwandeln. Übergänge in evidenter Korrelation liefern in seinem Sinne „dasselbe". Der Logiker aber, der solche Klärungen nicht vermißt oder für gleichgültig erklärt, ist jedenfalls kein Philosoph, da es sich hier um prinzipielle Struktureinsichten in eine formale Logik handelt. Offenbar kann ohne Klarheit über ihren [132] prinzipiellen Sinn auch nicht an die großen Fragen gerührt werden, welche innerhalb der Idee einer universalen Philosophie an die Logik und ihre philosophische Funktion gestellt werden müssen.

Zum Schluß sei noch bemerkt, daß die formale Ontologie auch von vornherein direkt als Aufgabe gestellt werden kann, ohne von der Idee einer Wissenschaftslehre auszugehen. Ihre Frage ist dann: was kann man innerhalb der Leerregion Gegenstand-überhaupt aussagen? Rein apriori in dieser formalen Allgemeinheit stehen die syntaktischen Gestaltungen zur Verfügung, durch die aus irgendwelchen als möglich vorgegeben gedachten Gegenständen (Etwas-überhaupt) immer neue Kategorialien erzeugt gedacht werden können. Man wird dabei auch auf den Unterschied möglicher Erzeugungen kommen, die bloß deutliche Meinungen liefern, aber als widerspruchsvolle nicht zu möglichen Gegenständen selbst führen können usw. Offenbar erwächst dann die ganze formale Mathesis. Hinterher können wir uns aber jederzeit die wissenschaftstheoretische Bedeutung dieser Ontologie klar machen, da ja eine jede Wissenschaft für ihr Gebiet auf ,,wahres Sein'', also auf Kategorialien ausgeht, deren Formen, wenn sie echte Wissenschaft ist, unter den formal-ontologisch möglichen stehen müssen.

ZWEITER ABSCHNITT

# VON DER FORMALEN ZUR TRANSZENDENTALEN LOGIK

1. KAPITEL

PSYCHOLOGISMUS UND TRANSZENDENTALE GRUNDLEGUNG
DER LOGIK

§ 55. *Ob mit der Ausbildung der Logik als*
*objektiv-formaler schon der Idee einer auch nur formalen*
*Wissenschaftslehre genuggetan ist*

Im ersten Abschnitt unserer Untersuchung haben wir den der traditionellen formalen Logik mit der Aristotelischen Analytik vorgezeichneten Sinn entfaltet. Sie hat sich uns als eine völlig abgeschlossene Wissenschaft dargestellt. Die scharfe Wesensumgrenzung ihres Gebietes haben wir klargelegt und ebenso die in ihr durch Fundierung apriori verbundenen Schichtendisziplinen. Wir haben auch ihre korrelative und dadurch äquivalente Thematik als formale Apophantik und formale Ontologie verstehen gelernt, die es gestattet, von e i n e r, nur in zwei Einstellungen zu behandelnden Logik zu sprechen.

Es könnte nun scheinen, daß wir mit dieser Logik als Philosophen fertig wären und ihre theoretische Ausgestaltung den Mathematikern überlassen könnten, die sie ja ohnehin schon, um philosophische Erkenntnisbedürfnisse unbekümmert, in Arbeit haben. In weiterer Folge könnte es also scheinen, daß wenn wir noch als Logiker uns Aufgaben zu stellen hätten, es sich nur um eine Erweiterung der logischen Idee handeln könnte. Die uns zu Anfang leitende Idee war die einer universalen apriorischen Wissenschaftslehre. Sie sollte das im weitesten Sinne Formal-Apriorische aller Wissenschaften als solcher behandeln, nämlich das sie in apriorischer Allgemeinheit Umspannende, an das sie, sofern sie in Wahrheit überhaupt Wissenschaften sind, notwendig gebunden bleiben. Jedenfalls ist die Form im Sinne der analytischen oder „formalen" Logik von dieser Art; jede Wissenschaft erzeugt kate- [134]
goriale Gebilde und untersteht den Wesensgesetzen ihrer Form.

Es könnte also jetzt gefragt werden, ob diese analytisch-formale Wissenschaftslehre die Idee einer Wissenschaftslehre überhaupt ausfüllt, oder ob nicht die analytisch-formale durch eine materiale Wissenschaftslehre ergänzt werden muß. Das Eigentümliche der Analytik, das ihren Formbegriff bestimmt, ist ja dies, daß sie die in den möglichen Urteilen und Erkenntnissen an bestimmte Gegenstandssphäre bindenden „Kerne" (die „Erkenntnismaterien") zu beliebigen, nur als identisch festzuhaltend gedachten Kernen macht, zu Modis des Etwas-überhaupt. Ist, wenn wir in diese in leerer Allgemeinheit gehaltenen Kerne wieder Fülle einströmen lassen, nicht vielleicht ein sachhaltiges Apriori zu gewinnen, das von universaler wissenschaftstheoretischer Bedeutung ist?

Bestimmen wir den Begriff des analytischen Apriori durch die reine und in voller Weite gefaßte formale Analytik[1], so steht also in Frage ein neues „synthetisches" Apriori, oder bezeichnender ausgedrückt ein „kernhaftes", ein sachhaltiges und des näheren ein universales Apriori dieser Art, das alle sachhaltig-apriorischen Sondergebiete in eine Totalität zusammenbindet. Mit anderen Worten, wir fragen: Ist alles Seiende, konkret sachhaltig bestimmt und bestimmbar gedacht, nicht wesensmäßig Seiendes in einem Seinsuniversum, einer „Welt"? Ist nicht, wie dieses „wesensmäßig" besagt, jedes mögliche Seiende zu seinem möglichen Seinsuniversum gehörig; ist danach nicht jedes sachhaltige Apriori zu einem universalen Apriori gehörig, eben dem, das für ein mögliches Universum des Seienden die apriorische sachhaltige Form vorzeichnet? Es scheint also, daß wir jetzt auf eine sachhaltige, eine eigentliche Ontologie lossteuern müßten, durch welche die bloß analytisch-formale Ontologie zu ergänzen sei.

Indessen so naheliegend dieser ganze Gedankengang ist, so dürfen wir dieser neu sich aufdrängenden Leitidee noch nicht folgen. Denn so liegt die Sache nicht, daß wir mit der formalen Analytik in der Tat schon fertig wären — wir als philosophische Logiker und nicht als mathematische Techniker, also ernstlich gesinnt, der Zweckidee einer analytisch-

---

[1] Was jedenfalls einen fundamentalen Begriff des Analytischen ausmacht, denselben, den die III. Untersuchung (*Log. Unters.* II. Bd./1. Teil S. 225 ff.) abgegrenzt hat.

formalen Wissenschaftslehre genugzutun. Ist dies mit unseren bisherigen Untersuchungen schon vollkommen geleistet worden?

### § 56. *Der Vorwurf des Psychologismus gegen jede subjektiv gerichtete Betrachtung der logischen Gebilde* [135]

Knüpfen wir an die Forderung der Zweiseitigkeit logischer Forschungen an, die wir in unseren Vorbetrachtungen hingestellt hatten[1], aber ohne den Sinn der subjektiv gerichteten Thematik zureichend geklärt zu haben. Diese Forderung war als eine ganz allgemeine ausgesprochen worden, somit auch als gültig für die an sich erste, die analytische Logik. Sinn und Recht dieser subjektiv gerichteten logischen Thematik — die, um es gleich zu sagen, nicht die Bedeutung einer eigenen logischen Disziplin, einer von der objektiv-ideal gerichteten Analytik abzusondernden beansprucht wird — sind nun in Frage.

Im Eingang steht hier aber das Schreckbild des Psychologismus. Gegen die Forderung subjektiv gerichteter logischer Forschungen erhebt man unter Berufung auf den I. Band meiner *Logischen Untersuchungen* (mit dem bezeichnenden Titel *Prolegomena zur reinen Logik*) den Einwand, daß es doch die Leistung desselben sein sollte, aus dem Thema der Logik, zunächst der traditionellen und dann der zur vollen *mathesis universalis* erweiterten, alles Psychologische radikal auszumerzen. Der herrschend gewordene Empirismus (seiner historischen Abkunft nach Antiplatonismus) war blind für die eigentümliche Objektivität aller idealen Gebilde; überall wertet er sie psychologistisch um in die jeweiligen psychischen Aktualitäten und Habitualitäten. So auch jene ihrem eigenen Sinne nach irrealen Gegenständlichkeiten, die als Aussagesätze, als Urteile, als Wahrheiten, als Schlüsse, Beweise, Theorien und als in ihnen eingeformt auftretende kategoriale Gegenständlichkeiten das thematische Gebiet der Logik ausmachen. Die Urteile, von denen die Logik in ihren Gesetzen spricht, sind nicht die Urteilserlebnisse (das Urteilen), die Wahrheiten nicht die Evidenzerlebnisse, die Beweise nicht das subjektiv-psychische Beweisen usw.

---

[1] Vgl. oben § 8.

Sowenig es die (wie wir wissen, selbst in die Logik hineingehörige) Anzahlenlehre mit den Erlebnissen des Kolligierens und Zählens als ihrem Gebiet zu tun hat, sondern mit den Zahlen, sowenig die Lehre von den Ordnungen und Ordinalzahlen mit den Erlebnissen des Ordnens, sondern mit den Ordnungen selbst und ihren Formen, sowenig hat es die Syllogistik mit den psychischen Erlebnissen des Urteilens, Schließens zu tun. Dasselbe gilt für die sonstigen objektiven Wissenschaften. Niemand wird als Gebiet [136] der Naturwissenschaft die psychischen Erlebnisse der naturalen Erfahrung und des Naturdenkens bezeichnen anstatt die Natur selbst. Hier bestanden nicht die psychologistischen Versuchungen, denen die neuere Logik fast allgemein unterlag. Danach scheint also, wie für jede andere objektive Wissenschaft (die Menschen- und Tierpsychologie ausgenommen) so für die Logik jede subjektiv gerichtete (wofür man meistens ohne weiteres sagen wird: psychologische) Thematik ausgeschlossen. Sie gehört eben nicht in das Gebiet der Logik, sondern der Psychologie.

Wie steht es dann aber mit unserer Forderung der Einbeziehung subjektiv-korrelativer Untersuchungen in die Logik? Steht sie nicht auf einer Stufe mit der entsprechenden Forderung für alle Wissenschaften?

Schon bald nach dem Erscheinen der *Logischen Untersuchungen* wurde der Vorwurf erhoben, die dort unter dem Titel der ,,Klärung" der rein logischen Grundbegriffe geforderten phänomenologischen Untersuchungen, die der 2. Band in breiterer Ausführung abzuheben versuchte, bedeuteten einen Rückfall in den Psychologismus.

Merkwürdigerweise hat man die *Prolegomena zur reinen Logik* als eine schlechthinnige Überwindung des Psychologismus angesehen, ohne zu beachten, daß darin nirgends vom Psychologismus schlechthin (als einer u n i v e r s a l e n erkenntnistheoretischen Verirrung) die Rede war, sondern von einem P s y c h o l o g i s m u s  g a n z  b e s o n d e r e n  S i n n e s, eben der Psychologisierung der irrealen Bedeutungsgebilde, die das Thema der Logik sind. Die noch heute allgemein herrschende Unklarheit über jenes den prinzipiellen Sinn der ganzen Transzendentalphilosophie (darin beschlossen der sogenannten Erkenntnistheorie) betreffende Problem des erkenntnistheoretischen Psychologismus hatte ich selbst damals noch nicht ganz überwunden; obschon gerade die ,,phänomenologischen" Untersuchungen des II. Bandes, sofern sie den Weg zu einer transzendentalen Phänomenologie bahnten, zugleich zu der Stellung und radikalen Überwindung des

Problems des transzendentalen Psychologismus die notwendigen Zugänge eröffneten. Auf diese Probleme bezügliche Klärungen werden wir weiter unten versuchen¹.

Es ist also sehr notwendig, hier noch einmal auf das **besondere Problem des Psychologismus** näher einzugehen, das jene *Prolegomena* behandelt hatten. Wir wollen uns aber nicht an die früheren, in einzelnen Punkten verbesserungsbedürftigen Darstellungen binden, sondern dem Problem eine reinere Form geben, es auch in allgemeinere Zusammenhänge hineinstellen, die uns überleiten in die Klarlegung des notwendigen Sinnes einer „zweiseitig" forschenden, einer im echten Sinne philosophischen Logik. Denn darauf geht unser Hauptabsehen zu zeigen, daß eine [137] geradehin auf ihre eigentliche thematische Sphäre gerichtete und ausschließlich an ihrer Erkenntnis tätige Logik in einer Naivität stecken bleibt, die ihr den philosophischen Vorzug radikalen Sichselbstverstehens und prinzipieller Selbstrechtfertigung verschließt, oder was dasselbe, den Vorzug vollkommenster Wissenschaftlichkeit, den zu erfüllen die Philosophie da ist, und vor allem die Philosophie als Wissenschaftslehre.

## § 57. *Logischer Psychologismus und logischer Idealismus*

### a) Die Beweggründe für diesen Psychologismus.

Wir haben schon früher² von der Schwierigkeit gesprochen, die psychischen Gebilde, die den thematischen Bereich der Logik ausmachen, von der psychologischen Subjektivität abzuscheiden; also Urteile — dann aber auch Mengen und Anzahlen usw. — als etwas anderes anzusehen, denn als psychische Vorkommnisse im urteilenden Menschen. Was im urteilenden Tun ursprünglich erwächst an Subjekten und Prädikaten, Prämissensätzen und Schlußsätzen und dgl., das tritt doch im Bewußtseinsfeld des Urteilenden Glied für Glied auf. Es ist nichts dem Psychischen Fremdes, nichts dergleichen wie ein physischer Vorgang, wie ein in physischer Handlung erwachsendes physisches Gebilde. Viel-

---

¹ Vgl. weiter unten Kap. 6, insbes. § 99. Es sei auch im voraus auf nähere Ausführungen in bald folgenden Publikationen verwiesen.
Anm. d. Hrsg.: Vgl. Z. B. Husserls Auseinandersetzung mit dem Psychologismus in: E. Husserl, *Phänomenologische Psychologie*. Vorlesungen Sommersemester 1925. Den Haag 1962 (Husserliana Bd. IX) S. 3 ff., 328 ff.
² Vgl. oben § 10.

mehr in der als Bewußtseinserlebnis verlaufenden psychischen Tätigkeit selbst, von ihr ungetrennt und nicht außen, sondern innen, treten die Urteilsglieder und die ganzen Urteilsgebilde auf. Ja, die vom englischen Empirismus Mißleiteten kommen hier nicht einmal dazu, überhaupt eine Scheidung zu machen zwischen dem urteilenden Erleben und dem „darin" sich gliedweise gestaltenden Gebilde selbst. Was von den ursprünglich erzeugenden Denkaktionen gilt, das gilt auch von den sekundären Modi des Denkens, so von verworrenen Einfällen und sonstigen „undeutlichen" Meinungen (und ebenso denen der parallelen Weisen des Vernunftbewußtseins, denen des „Gemütes", sowie den entsprechenden zugehörigen sekundären Modi). Im verworrenen Denkbewußtsein selbst und nicht als ein Äußeres treten diese verworrenen Gedanken auf. Wie hätten wir also in der Logik das Feld der „psychischen Phänomene", der „Phänomene innerer Erfahrung" überschritten? Demnach wären alle logischen Data reale Vorkommnisse der psychologischen Sphäre, als solche nach der gewöhnlichen Ansicht in dem allgemeinen Kausalzusammenhang der realen Welt eindeutig determiniert und nach Kausalgesetzen zu erklären. [138]

Doch diesen letzten Punkt können wir außer Betracht lassen. Die Hauptsache ist hier die **Gleichsetzung der Urteilsgebilde** (und dann natürlich aller ähnlichen Gebilde von Vernunftakten überhaupt) **mit Phänomenen der inneren Erfahrung**. Diese Gleichsetzung ist begründet durch ihr „inneres" Auftreten im Aktbewußtsein selbst. So wären also Begriffe, Urteile, Schlüsse, Beweise, Theorien psychische Vorkommnisse und die Logik, wie J. St. Mill gesagt hatte, ein „Teil oder Zweig der Psychologie". Eben in dieser scheinbar so einleuchtenden Auffassung liegt der **logischen Psychologismus**.

b) **Die Idealität der logischen Gebilde als irreales Auftreten in der logisch-psychischen Sphäre.**

Demgegenüber sagen wir: es ist eine ursprüngliche Evidenz, daß in wiederholten Akten, gleichen oder ähnlichen, gebildete Urteile, Schlüsse usw. nicht bloß gleiche und ähnliche, sondern **numerisch identisch dieselben** Urteile, Schlüsse usw. sind. Ihr „Auftreten" im Bewußtseinsbereich ist ein vielfaches. Die jeweiligen bildenden Denkprozesse sind zeitlich — als real-psy-

chische Prozesse realer Menschen angesehen objektiv-zeitlich —
außer einander, individuell verschiedene und getrennte. Nicht
aber die im Denken gedachten Gedanken. Gewiß treten sie im Bewußtsein nicht als ein ,,Äußeres" auf. Sie sind eben keine realen,
5 keine Raumgegenstände, sondern irreale Geistesgebilde, deren
eigentümliches Wesen die räumliche Extension, ursprüngliche
Örtlichkeit und Beweglichkeit, ausschließt. Wie andere Geistesgebilde lassen sie aber eine physische Verleiblichung zu, hier die
durch die sinnlichen Wortzeichen, und gewinnen so ein sekun-
10 däres räumliches Dasein (des gesprochenen oder geschriebenen
Satzes). Jede Art Irrealität, von der die Idealität der Bedeutungen
und die von ihr zu scheidende Idealität der allgemeinen Wesen
oder Spezies[1] besondere Fälle sind, hat Weisen möglicher Anteilhabe an der Realität. Aber das ändert nichts an der prinzi-
15 piellen Sonderung zwischen Realem und Irrealem.

Hier werden aber tiefer dringende Klärungen unentbehrlich.
Durch Studium und Parallelisierung der Evidenzen vom Realen
und Irrealen wird die allgemeine Gleichartigkeit der Gegenständlichkeiten — als Gegenständlichkeiten — verständlich werden.

20 § 58. *Die Evidenz der idealen Gegenstände analog der der* [139]
*individuellen*

Die Evidenz irrealer, im weitesten Sinne idealer Gegenstände ist
in ihrer Leistung völlig analog derjenigen der gewöhnlichen, sogenannten inneren und äußeren Erfahrung, der man allein — ohne
25 einen anderen Grund als den eines Vorurteils — die Leistung einer
ursprünglichen Objektivierung zutraut. Die Identität eines Idealen und damit dessen G e g e n s t ä n d l i c h k e i t ist in gleicher
Ursprünglichkeit direkt zu ,,sehen" (und wenn man das Wort
mit entsprechend erweitertem Sinne fassen wollte: direkt zu er-
30 fahren) wie die Identität eines gewöhnlichen Erfahrungsgegenstandes, z.B. eines Gegenstandes der naturalen Erfahrung oder
eines solchen der immanenten Erfahrung von irgendwelchen

---

[1] Über diese in den *Prolegomena* noch nicht gemachte Unterscheidung bringen meine bald erscheinenden logischen Studien die begründende Ausführung.
Anm. d. Hrsg.: Vgl. dazu E. H u s s e r l, *Erfahrung und Urteil*. Untersuchungen zur Genealogie der Logik. Hrsg. L. L a n d g r e b e. 4. Auflage. Mit Nachwort und Register von L. Eley. Hamburg 1972. (Philosophische Bibliothek Bd. 280).

psychischen Daten. In wiederholten Erfahrungen, vorher schon in der stetigen Abwandlung der momentanen Wahrnehmung in Retention und Protention, dann in möglichen nach Belieben zu wiederholenden Wiedererinnerungen kommt, in deren Synthesis, das Bewußtsein von Demselben, und zwar als „Erfahrung" dieser Selbigkeit zustande. Diese ursprüngliche Identifizierbarkeit gehört als Wesenskorrelat zum Sinn **jedes** Gegenstandes der **Erfahrung** im gewöhnlichen und prägnanten Sinne, der sich dahin bestimmt, daß es **evidente Selbsterfassung und Selbsthabe** eines **individuellen** (immanenten oder realen) Datums ist.

Ebenso, sagen wir, gehört zum Sinn eines **irrealen** Gegenstandes die ihm zugehörige Identifizierbarkeit auf Grund der ihm eigenen Weisen der Selbsterfassung und Selbsthabe. Der Leistung nach ist sie also wirklich so etwas wie eine „Erfahrung", nur daß ein derartiger Gegenstand eben **nicht aus einer ihm ursprünglich zugehörigen Zeitlichkeit individuiert ist**[1].

**Die Möglichkeit der Täuschung** gehört mit zur Evidenz der Erfahrung und hebt ihren Grundcharakter und ihre Leistung nicht auf, obschon das evidente Innewerden der Täuschung die betreffende Erfahrung oder Evidenz selbst „aufhebt". Die Evidenz einer neuen Erfahrung ist es, an der die vordem unbestrittene Erfahrung die Glaubensmodifikation der Aufhebung, der Durchstreichung erleidet, und nur so kann sie sie erleiden. Evidenz der Erfahrung ist also hierbei immer schon vorausgesetzt. Die bewußseinsmäßige „Auflösung" einer Täuschung, in der Ursprünglichkeit des „nun **sehe ich**, daß das eine Illusion ist", ist selbst eine Art der Evidenz, nämlich die von der Nichtigkeit eines Erfahrenen, bzw. von der „Aufhebung" der (vordem unmodifizierten) Erfahrungsevidenz. Auch das gilt für **jedwede** Evidenz oder für jede „Erfahrung" im erweiterten Sinne. Selbst eine sich als apodiktisch ausgebende Evidenz kann sich als Täuschung enthüllen und setzt doch dafür eine ähnliche Evidenz voraus, an der sie „zerschellt".

---

[1] Außerwesentliche Zeitbezogenheit können irreale Gegenständlichkeiten sehr wohl annehmen, wie nicht minder außerwesentliche Raumbezogenheit und Realisierung.

## § 59. *Allgemeines über Evidenz als Selbstgebung*

Der beständige Anstoß, der bei dieser Darstellung empfunden werden dürfte, liegt nur an der üblichen grundverkehrten Interpretation der Evidenz vermöge des völligen Mangels einer ernstlichen phänomenologischen Analyse der durch alle ihre Formen gemeinsam hindurchgehenden Leistung. So kommt es, daß man den Begriff der Evidenz im Sinne einer absoluten Apodiktizität, einer absoluten Sicherheit gegen Täuschungen versteht — einer Apodiktizität, die ganz unbegreiflich einem aus dem konkreten wesenseinheitlichen Zusammenhang eines subjektiven Erlebens herausgerissenen Einzelerleben zugeschrieben wird. Man sieht in ihr ein absolutes Kriterium der Wahrheit, womit nicht nur alle äußere, sondern eigentlich auch die innere Evidenz wegfallen müßte. Rekurriert man nun gar in einer Art sensualistischer Unterschiebung auf sogenannte Evidenzgefühle — unfähig Evidenz als eine fungierende Intentionalität auszulegen — so wird die immer doch der Evidenz zugemutete Erzielung der Wahrheit selbst zu einem Wunder, ja im Grunde zu einem Widersinn.

Man darf uns nicht etwa die berühmte Evidenz der ,,inneren Wahrnehmung" als Gegeninstanz gegen diese Ausführungen vorhalten. Denn — wir werden davon noch zu sprechen haben[1] — die Selbstgebung dieser Wahrnehmung für ihr ,,immanent Wahrgenommenes" ist für sich allein nur die Selbstgebung für eine Vorstufe eines Gegenstandes, nicht aber die eines Gegenstandes im eigentlichen Sinne. Wahrnehmung allein ist überhaupt keine volle objektivierende Leistung, wenn darunter eben die Selbsterfassung eines Gegenstandes verstanden sein soll. Nur dadurch gilt uns die innere Wahrnehmung als Selbsterfassung eines Gegenstandes, daß mögliche und beliebig wiederholbare Wiedererinnerung stillschweigend in Rechnung gezogen

---

[1] Vgl. unten § 107.

*15 Handexemplar* auf irgendwelche in ,,innerer Erfahrung" aufweisbare Evidenzcharaktere, etwa auf *Einfügung hinter* Unterschiebung
*16 f. Handexemplar* zu verstehen und nach intentionalen Explikaten zu befragen *Verbesserung für* auszulegen

ist. Aktualisiert gibt sie erst in vollem Sinne ursprüngliche Ge- [141]
wißheit vom Sein eines subjektiven Gegenstandes, genannt
psychisches Datum, als eines aus ursprünglicher Erwerbung beliebig Identifizierbaren, als auf welches man „immer wieder"
zurückkommen und es als dasselbe in Reaktivierung wiedererkennen kann. Natürlich spielt die intentionale Mitbeziehung auf
diese „Synthesis der Rekognition" auch für jede äußere
Gegenständlichkeit eine ähnliche Rolle, womit aber keineswegs
gesagt sein soll, daß dergleichen schon die volle Leistung äußerer
Erfahrung ausmacht.

Evidenz bezeichnet, wie für uns durch die obigen Ausführungen schon sichtlich geworden ist, die intentionale Leistung der Selbstgebung. Genauer gesprochen ist sie die
allgemeine ausgezeichnete Gestalt der „Intentionalität", des
„Bewußtseins von etwas", in der das in ihr bewußte Gegenständliche in der Weise des Selbsterfaßten, Selbstgesehenen, des be-
wußtseinsmäßigen Bei-ihm-selbst-seins bewußt ist. Wir können
auch sagen, es ist das urtümliche Bewußtsein: „es selbst"
erfasse ich, originaliter, im Kontrast z.B. gegen das Erfassen im
Bilde, oder als sonstige anschauliche oder leere Vormeinung.

Doch muß hier gleich darauf hingewiesen werden, daß die
Evidenz verschiedene Originalitätsmodi hat. Der Urmodus der Selbstgebung ist die Wahrnehmung. Das Da-
bei-sein ist für mich als Wahrnehmenden bewußtseinsmäßig
mein Jetzt-dabei-sein: ich selbst bei dem Wahrgenommenen
selbst. Ein intentional abgewandelter und komplizierter gebauter Modus der Selbstgebung ist die nicht leer auftauchende, sondern das „Selbst" wieder-verwirklichende Erinnerung: die
klare Wiedererinnerung. Zu ihrem phänomenologischen Bestande gehört es, daß sie in sich „reproduktives" Bewußtsein ist,
Bewußtsein vom Gegenstande selbst als meines vergangenen,
korrelativ gesprochen als des von mir (demselben, aber im Modus „vergangen" reproduzierten Ich) wahrgenommen gewesenen,
bei dem ich (das als Gegenwart für sich selbst aktuelle Ich) jetzt
„wieder" bin — bei ihm selbst.

Hier sei, weil das beirren könnte[1], bemerkt, daß die Abwandlung der Selbstgebung als Wahrnehmung und Wiedererinnerung

---

[1] Wie es mich selbst in der Zeit der *Logischen Untersuchungen* beirrt hat.

für **reale** und **ideale** Gegenständlichkeiten eine sehr verschiedene Rolle spielt. Das steht im Zusammenhang damit, daß die **letzteren keine sie individuierend bindende Zeitstelle** haben. Jede klare, explizite Wiedererinnerung an ideale
5 Spezies geht durch eine bloße, wesensmäßig mögliche Einstellungsänderung in eine Wahrnehmung über, was natürlich bei zeitlich [142] individuierten Gegenständen ausgeschlossen ist.

Unsere allgemeine Charakteristik der Evidenz stellen wir der üblichen nicht etwa gegenüber als eine neue „Theorie", als eine
10 anmutende Interpretation, die allererst und wer weiß wie zu erproben wäre — am Ende gar durch Denkexperimente. Vielmehr als eine durch phänomenologische Entfaltung jeder Erfahrung und jeder wirklich betätigten „Einsicht" (die man grundlos ganz prinzipiell von den gewöhnlich sogenannten Erfahrungen
15 scheidet) zu gewinnende Evidenz höherer Stufe. Diese ihrerseits ist selbst wieder nur durch eine Evidenz dritter Stufe in ihrer Leistung auszulegen und zu verstehen, und so *in infinitum*. **Nur sehend kann ich herausstellen, was in einem Sehen eigentlich vorliegt, ich muß ein sehendes**
20 **Explizieren des Eigenwesens solchen Sehens vollziehen.**

Jedes selbstgebende Bewußtsein kann eben darum, weil es sein Gegenständliches als es selbst gibt, für ein anderes Bewußtsein, für ein bloß unklares oder gar verworrenes Meinen, oder für ein
25 zwar anschauliches, aber bloß vorverbildlichendes oder ein sonstiges nicht selbstgebendes Meinen Recht, Richtigkeit begründen; und zwar, wie wir schon früher zu beschreiben hatten[1], in Form der **synthetischen Adäquation** an die „Sachen selbst", bzw. im Falle der Unrichtigkeit in Form der Inadäquation als der
30 Evidenz der Nichtigkeit. Insofern sind die Selbstgebungen, die evidentes Recht schaffenden Akte, schöpferische **Urstiftungen des Rechtes**, der Wahrheit als Richtigkeit[2] — eben weil sie für die jeweiligen Gegenständlichkeiten selbst als für uns seiende ursprünglich konstituierende, ursprünglich Sinn und Sein
35 stiftende sind. Ebenso sind die ursprünglichen Inadäquationen, als Selbstgebungen der Nichtigkeit, Urstiftungen der Falschheit, des Unrechtes als Unrichtigkeit (positiv gewendet, der Wahrheit

---
[1] Vgl. § 44, b, β.
[2] Vgl. § 46.

der Nichtigkeit, der Unrichtigkeit). Durch sie konstituiert sich nicht Gegenständlichkeit schlechthin, d. i. seiende, sondern auf Grund vermeinter Gegenständlichkeit Durchstreichung solcher „Meinung", also ihr Nichtsein.

§ 60. *Die Grundgesetzlichkeit der Intentionalität und die universale Funktion der Evidenz*

Wir haben es vorhin schon berührt, daß die Selbstgebung, wie jedes einzelne intentionale Erlebnis, F u n k t i o n ist im universalen Bewußtseinszusammenhang. Ihre Leistung ist also nicht in [143] der Einzelheit abgeschlossen, auch nicht die als Selbstgebung, als Evidenz, sofern sie in ihrer Intentionalität implizite weitere Selbstgebungen „fordern", auf sie „verweisen" kann, ihre objektivierende Leistung zu vervollständigen. Lenken wir unseren Blick auf das Universale des Bewußtseinslebens, um uns eine bedeutsame, die Evidenz allgemein betreffende Erkenntnis zuzueignen:

I n t e n t i o n a l i t ä t  ü b e r h a u p t — Erlebnis eines Bewußthabens von irgend etwas — und E v i d e n z, I n t e n t i o n a l i t ä t  d e r  S e l b s t g e b u n g  s i n d  w e s e n s m ä ß i g  z u s a m m e n g e h ö r i g e  B e g r i f f e. Beschränken wir uns auf „setzendes", auf positionales Bewußtsein. Für das „neutrale" Bewußtsein modifiziert sich alles, was wir jetzt ausführen werden, in einer leicht verständlichen Weise; für die Evidenz tritt dann ein deren Als-ob-Modifikation, für die Adäquation ebenso usw. Es gilt nun als G r u n d g e s e t z l i c h k e i t  d e r  I n t e n t i o n a l i t ä t:

Jedwedes Bewußtsein von irgend etwas gehört apriori in eine offen endlose Mannigfaltigkeit möglicher Bewußtseinsweisen, die in der Einheitsform der Zusammengeltung (*con-positio*) synthetisch je zu e i n e m Bewußtsein verknüpfbar sind als Bewußtsein von „d e m s e l b e n". Zu dieser Mannigfaltigkeit gehören wesensmäßig auch die Modi eines mannigfaltigen, sich entsprechend einfügenden E v i d e n z b e w u ß t s e i n s — und dies disjunktiv entweder als evidente Selbsthabe von Demselben oder von einem Anderen, es evident aufhebenden.

So ist E v i d e n z  e i n e  u n i v e r s a l e,  a u f  d a s  g e s a m t e  B e w u ß t s e i n s l e b e n  b e z o g e n e  W e i s e  d e r  I n t e n t i o n a l i t ä t,  d u r c h  s i e  h a t  e s  e i n e  u n i v e r s a l e  t e l e o l o g i s c h e

Struktur, ein Angelegtsein auf „Vernunft" und sogar eine durchgehende Tendenz dahin, also auf Ausweisung der Richtigkeit (und dann zugleich auf habituellen Erwerb derselben) und auf Durchstreichung der Unrichtigkeiten (womit sie aufhören
5 als erworbener Besitz zu gelten).

Nicht nur in Hinsicht auf diese universale teleologische Funktion ist Evidenz ein Thema für weitreichende und schwierige Untersuchungen. Sie betreffen schon das Allgemeine der Evidenz als einzelnen Erlebnisses, wohin die oben berührte Eigenheit
10 gehört, daß in jedem evidenten Gegenstandsbewußtsein eine intentionale Verweisung mitbeschlossen ist auf eine Synthesis der Rekognition. Sie betreffen ferner die Originalitätsmodi der Evidenz und ihre Funktionen, weiter die verschiedenen Regionen und Kategorien von Gegenständlichkeiten selbst. Denn wenn wir [144]
15 mit der Charakteristik der Evidenz als Selbstgebung (oder von seiten des Subjektes gesprochen der Selbsthabe) eines Gegenstandes eine auf alle Gegenständlichkeiten in gleicher Weise bezogene Allgemeinheit bezeichnet haben, so ist damit nicht etwa gemeint, daß die Struktur der Evidenz eine überall gleiche ist.
20 Kategorie der Gegenständlichkeit und Kategorie der Evidenz sind Korrelate. Zu jeder Grundart von Gegenständlichkeiten — als in intentionaler Synthesis durchzuhaltender intentionaler Einheiten, letztlich von Einheiten möglicher „Erfahrung" — gehört eine Grund-
25 art der „Erfahrung", der Evidenz und ebenso des intentional indizierten Evidenzstiles in der evtl. Steigerung der Vollkommenheit der Selbsthabe.

Es erwächst so die große Aufgabe, alle diese Weisen der Evidenz zu durchforschen, die höchst komplizierten, zu synthe-
30 tischer Einstimmigkeit zusammengehenden und auf immer neue vorweisende Leistungen verständlich zu machen, in der die betreffende Gegenständlichkeit sich selbst und bald unvollkommener, bald vollkommener zeigt. Von oben her die Evidenz und das „Selbstvertrauen der Vernunft" bereden, ergibt
35 hier nichts. Und an der Tradition hängen bleiben, die aus längst vergessenen Motiven, und jedenfalls aus nie geklärten, die Evidenz auf apodiktische, absolut zweifellose und sozusagen in sich absolut fertige Einsicht reduziert, das heißt sich das Verständnis aller wissenschaftlichen Leistung versperren. Nur darum

muß beispielsweise die Naturwissenschaft auf äußere Erfahrung bauen, weil diese Erfahrung eben der Modus der Selbsthabe von Naturobjekten ist, und ohne sie also gar nichts mehr denkbar wäre, wonach naturales (raumdingliches) Meinen sich richten könnte. Und wieder nur weil unvollkommene Erfahrung doch Erfahrung, doch Bewußtsein der Selbsthabe ist, kann Erfahrung sich nach Erfahrung richten und durch Erfahrung berichtigen. Aus eben diesem Grunde ist es auch verkehrt, eine Kritik der sinnlichen Erfahrung, die natürlich deren prinzipielle Unvollkommenheit (das ist ihr Angewiesensein auf weitere Erfahrung!) herausstellt, damit abzuschließen, daß man sie verwirft und dann in der Not auf Hypothesen und indirekte Schlüsse rekurriert, durch die das Phantom eines transzendenten „Ansich" (eines widersinnig transzendenten) erhascht werden soll. Alle transzendental-realistischen Theorien mit ihren Schlüssen von der „immanenten" Sphäre rein „innerer" Erfahrung auf eine außerpsychische Transzendenz beruhen auf der Blindheit für das Eigentümliche der „äußeren" Erfahrung als einer selbstgebenden Leistung, die nur als solche Grundlage für [145] naturwissenschaftliche Theorien sein kann.

Ich finde nicht, daß man der zuerst in den *Logischen Untersuchungen* (II. Bd.) durchgeführten und in meinen *Ideen* vertieften Klärung der Evidenz und der ganzen zugehörigen Verhältnisse zwischen bloßer „Intention" und „Erfüllung" eine hinreichende Beachtung geschenkt hätte. Sie ist sicherlich sehr der Vervollkommnung bedürftig, aber ich glaube doch, in dieser ersten Klärung einen entscheidenden Fortschritt der Phänomenologie gegenüber der philosophischen Vergangenheit sehen zu dürfen. Ich bin der sicheren Überzeugung, daß erst durch die aus ihr erwachsene Einsicht in das Wesen und die eigentliche Problematik der Evidenz eine ernstlich wissenschaftliche Transzendentalphilosophie („Vernunftkritik") möglich geworden ist, wie im Grunde auch eine ernstlich wissenschaftliche Psychologie, diese nämlich zentral gefaßt als Wissenschaft vom Eigenwesen des Psychischen, welches (wie Brentano entdeckt hat) in der Intentionalität liegt. Die neue Lehre hat freilich die Unbequemlichkeit, daß die Berufung auf Evidenz aufhört, sozusagen ein Trick der erkenntnistheoretischen Argumentation zu sein, und dafür ungeheure Bereiche von evident faßbaren und lösbaren Aufgaben stellt, letztlich die Aufgaben der phänomenologischen Konstitution, worüber das 6. und 7. Kapitel näheres beibringen wird.

## § 61. *Evidenz überhaupt in der Funktion aller, ob realen oder irrealen Gegenstände als synthetischer Einheiten*

Gehen wir nun wieder zurück zu den irrealen Gegenständlichkeiten und im besonderen zu denen der analytisch-logischen
5 Sphäre, so haben wir im I. Abschnitt die für sie in ihren verschiedenen Schichten rechtgebenden oder selbstgebenden Evidenzen kennen gelernt. Für die irrealen Gegenständlichkeiten einer jeden Schicht sind das also die entsprechenden „Erfahrungen", und sie haben die **Wesenseigenschaft aller Erfahrungen**
10 oder Evidenzen überhaupt; nämlich daß sie in der Wiederholung der subjektiven Erlebnisse, in der Aneinanderreihung und Synthesis verschiedener Erfahrungen von Demselben, eben ein **numerisch Identisches und nicht bloß Gleiches** evident sichtlich machen, d e n Gegenstand, der da vielmals er-
15 fahrener ist, oder wie wir auch sagen können, sein **vielmaliges** (nach idealer Möglichkeit ein unendlich vielmaliges) „Auftreten" im Bewußtseinsbereich hat. Unterschiebt man den idealen Gegenständlichkeiten die zeitlichen Vorkommnisse des Bewußtseinslebens, in denen sie „auftreten", so müßte man kon-
20 sequenterweise das auch bei den Daten der Erfahrung tun. So sind die psychischen Daten, die der „inneren" Erfahrung, als immanent zeitliche erfahren, also als intentional identische im Fluß der subjektiven temporalen Modi. Wir müßten ihnen also die immanenten konstitutiven Zusammenhänge des „ursprüng- [146]
25 lichen Zeitbewußtseins"[1] unterlegen.

Doch leichter zugänglich ist das Konstitutive des Identischen der äußeren Erfahrung. Auch die physischen Gegenstände treten „im Bewußtseinsfeld" auf, dem allgemeinsten nach nicht anders wie die idealen Gegenstände; nämlich in dem Fluß der mannig-
30 faltigen, aufeinandergebauten Erscheinungsweisen als intentionale Einheiten, obschon im Modus des „selbst-gegeben". Sie

---
[1] Vgl. hinsichtlich der Analyse der Konstitution zeitlicher Daten meine Vorlesungen über Phänomenologie des inneren Zeitbewußtseins, herausgegeben von M. H e i d e g g e r. Jahrbuch f. Philos. u. phän. Forschung Bd. IX.
Anm. d. Hrsg.: *Edmund Husserls Vorlesungen zur Phänomenologie des inneren Zeitbewußtseins.* Hrsg. M. H e i d e g g e r, in: Jahrbuch für Philosophie und phänomenologische Forschung Bd. IX (Halle a.d. Saale 1928) S. 367–496 (auch als Sonderdruck aus dem Jahrbuch vorliegend); jetzt neu zugänglich in: E. H u s s e r l, *Zur Phänomenologie des inneren Zeitbewußtseins* (1893–1917). Den Haag 1966. (Husserliana Bd. X) S. 3–134.

sind in diesem Auftreten innerhalb der Erfahrungserlebnisse diesen in einem guten Sinn immanent, wenngleich nicht im gewöhnlichen — der reellen Immanenz.

Es ist, wenn man die Leistung des Bewußtseins und im besonderen die der Evidenz verstehen will, nicht genug, hier und sonst von der „Richtung" des Bewußtseins, insonderheit des erfahrenden, auf Gegenstände zu sprechen und allenfalls oberflächlich äußere und innere Erfahrung, Ideation und dgl. zu unterscheiden. Man muß sich die Bewußtseinsmannigfaltigkeiten, die unter diesen Titeln stehen, in phänomenologischer Reflexion zu Gesicht bringen und sie strukturell zergliedern. Man muß sie dann in den synthetischen Übergängen verfolgen, bis in die elementarsten Strukturen hinein nach der intentionalen Rolle oder Funktion fragen. Man muß es verständlich machen, wie sich in der Immanenz der Erlebnismannigfaltigkeiten, bzw. der in ihnen wechselnd auftretenden Erscheinungsweisen, ihr Sichrichten-auf und das, worauf sie sich richten, macht, und worin nun in der Sichtsphäre der synthetischen Erfahrung selbst der transzendente Gegenstand besteht — als der den einzelnen Erlebnissen immanente und doch in der sie übersteigenden Identität transzendente Identitätspol. Es ist Selbstgebung und doch Selbstgebung von „Transzendentem", von einem zunächst „unbestimmt" selbstgegebenen Identitätspol, der sich in der anschließend fortzuführenden Selbstgebung der synthetischen Form der „Explikation" auslegt in „seine" wiederum ideal-identischen „Bestimmungen". Aber diese Transzendenz liegt in der Weise ursprünglicher Stiftung im Eigenwesen der Erfahrung selbst. Was sie bedeutet, kann man nur ihr allein abfragen, so wie man (was übrigens selbst in unseren Bereich gehört), was ein juristisches Besitzrecht jeweils bedeutet und ausweist, nur erfragen kann durch Rückgang auf [147] die Urstiftung dieses Rechtes.

Man muß also diese große und so viel mißachtete Selbstverständlichkeit in den Mittelpunkt aller prinzipiellen Besinnungen stellen, daß so etwas wie ein Gegenstand (z.B. auch ein physischer) den ihm eigentümlichen ontischen Sinn (durch den er dann in allen möglichen Bewußtseinsweisen bedeutet, was er bedeutet) ursprünglich nur schöpft aus den Erlebnisprozessen der Erfahrung, als solchen eben, die in sich charakterisiert sind als Bewußt-haben im Modus „Es-selbst", als Selbst-Erscheinungen eines Etwas, als uns Selbst-entgegentreten in Seinsgewißheit (im Beispiel von physischen Gegenständen). Die Urform ist dabei das Sich-selbst-gegenwärtig-zeigen der Wahrnehmung, oder das Sich-„wieder"-zeigen der Wiedererinnerung im Modus des Vergangen.

Erfahrung ist die Urstiftung des Für-uns-seins von Gegenständen ihres gegenständlichen Sinnes. Das gilt offenbar ganz ebenso für die irrealen Gegenstände, ob sie den Charakter der Idealität des Spezifischen haben oder der Idealität eines Urteils, oder die einer Symphonie usw. Überall, also auch für die äußere Erfahrung, gilt es, daß evidente Selbstgebung zu charakterisieren ist als ein Prozeß der Konstitution, eines Sichbildens des Erfahrungsgegenstandes — freilich eine zunächst nur beschränkte Konstitution, da ja der Gegenstand auch über die Mannigfaltigkeiten der aktuellen Erfahrung hinaus ein Dasein beansprucht und auch dieses Moment seines Seinssinnes seine konstitutive Aufklärung fordert und vermöge der in der Erfahrung selbst implizierten und jeweils zu enthüllenden Intentionalität ermöglicht. In den kontinuierlichen und diskreten Synthesen mannigfaltiger Erfahrungen baut sich wesensmäßig der Erfahrungsgegenstand als solcher „sichtlich" auf, in dem wechselnden Sichzeigen immer neuer Seiten, immer neuer ihm eigenwesentlicher Momente, und aus diesem aufbauenden Leben, das seinen möglichen Verlauf der Einstimmigkeit vorzeichnet, schöpfen sie und schöpft der Gegenstand selbst (als nur so wechselnd sich zeigender) seinen Sinn als das dabei Identische möglicher und nach der Verwirklichung zu wiederholender Selbstbildungen. Auch hier ist diese Identität evident, bzw. ist evident, daß der Gegenstand nicht selbst der ihn konstituierende wirkliche und offen mögliche Erfahrungsprozeß ist, geschweige denn die damit sich verbindende evidente Möglichkeit wiederholender Synthesis (als Möglichkeit des „ich kann").

---

6 *Handexemplar* schon eine sekundäre Form *Verbesserung für* oder

§ 62. *Die Idealität aller Arten von Gegenständlichkeiten* [148]
*gegenüber dem konstituierenden Bewußtsein. Die positivistische*
*Mißdeutung der Natur als eine Art Psychologismus*

Danach liegt also im Sinne eines jeden erfahrbaren Gegenstandes, auch eines physischen, eine gewisse **Idealität** — gegenüber den mannigfaltigen, durch immanent zeitliche Individuation **getrennten** „psychischen" Prozessen, denen des erfahrenden Erlebens und dann auch Erlebenkönnens, schließlich des Bewußtwerdenkönnens oder Bewußtwerdens jedweder auch nicht erfahrenden Art. Es ist **die allgemeine Idealität aller intentionalen Einheiten** gegenüber den sie konstituierenden **Mannigfaltigkeiten.**

Darin besteht die „**Transzendenz**" **aller Arten von Gegenständlichkeiten gegenüber dem Bewußtsein von ihnen** (und in entsprechend geänderter, aber zugehöriger Weise des jeweiligen Bewußtseins-Ich, verstanden als Subjektpol des Bewußtseins).

Wenn wir darum doch **immanente von transzendenten Gegenständen scheiden**, so kann das also nur eine Scheidung **innerhalb** dieses weitesten Transzendenzbegriffes besagen. Aber das ändert nichts daran, daß auch die Transzendenz des Realen und in höchster Stufe des intersubjektiven Realen (des Objektiven in einem ausgezeichneten Sinne) sich ausschließlich in der immanenten Sphäre, der der Bewußtseinsmannigfaltigkeiten, nach Sein und Sinn konstituiert, und daß seine **Transzendenz als Reales eine besondere Gestalt der** „**Idealität**" **ist oder besser einer psychischen Irrealität,** eines in der rein phänomenologischen Bewußtseinssphäre selbst **Auftretenden oder möglicherweise Auftretenden mit allem, was ihm eigenwesentlich zugehört, und doch so, daß es evidenterweise kein reelles Stück oder Moment des Bewußtseins,** kein reelles psychisches Datum ist.

Wir finden demgemäß ein **genaues Analogon der psychologistischen Interpretation der logischen** und aller sonstigen **Irrealitäten** (wir könnten sagen der erweiterten Region der platonischen Ideen) in jenem bekannten Typus des **Positivismus**, den wir auch als Humanismus bezeichnen dürften. Er wird z.B. durch die Machsche Philosophie und die „Philosophie des Als ob" vertreten — obschon in einer Weise, die, was die Ursprünglichkeit und Tiefe der Problematik anbelangt, hinter Hume weit zurückbleibt. Die Dinge reduzieren sich für diesen Positivismus auf empirisch geregelte Komplexe psychischer Daten (der „Empfindungen"), ihre Identität und damit ihr ganzer Seinssinn wird zu einer bloßen Fiktion. Es ist eine nicht [149] bloß falsche, gegen die phänomenologischen Wesensbestände völlig blinde Lehre, sondern sie ist auch dadurch widersinnig, daß sie nicht sieht, wie selbst Fiktionen ihre Seinsart haben, ihre Weise der Evidenz, ihre Weise, Einheiten von Mannigfaltigkeiten zu sein, und wie sie somit dasselbe Problem mit sich führen, das durch sie wegtheoretisiert werden sollte.

§ 63. *Ursprünglich erzeugende Aktivität als die Selbstgebung der logischen Gebilde und der Sinn der Rede von ihrer Erzeugung*

Wir haben oft von einem Erzeugen der logischen Gebilde im Bewußtsein gesprochen. Es ist bei dieser Rede vor einem Mißverständnis zu warnen, das *mutatis mutandis* alle Rede von Konstitution von Gegenständlichkeiten im Bewußtsein betrifft.

Wo wir sonst von einem Erzeugen sprechen, beziehen wir uns auf eine reale Sphäre. Wir meinen damit ein handelndes Hervorbringen von realen Dingen oder Vorgängen: Reales, das im umweltlichen Kreise schon da ist, wird zweckentsprechend behandelt, umgeordnet oder umgestaltet. In unserem Falle aber haben wir irreale Gegenstände vor uns, gegeben in realen psychischen Vorgängen, irreale, die wir in einer auf sie, und keineswegs auf die psychischen Realitäten gerichteten praktischen Thematik behandeln, handelnd so und so gestalten. Nicht also wie wenn dies abgeschwächt werden dürfte, daß hier und ganz ernstlich ein gestaltendes Tun, ein Handeln, ein praktisch auf Ziele oder Zwecke Gerichtetsein statthätte, als ob nicht wirklich hier aus einem schon praktisch Vorgegebenen ein Neues zwecktätig erzeugt würde. In der Tat, das Urteilen (und in seiner Ur-

---

*30 Handexemplar* nicht *Einfügung hinter* daß hier

sprünglichkeit in besonderer Weise natürlich das erkennende Urteilen) **ist auch Handeln**, nur eben prinzipiell nicht ein Behandeln von Realem, wie sehr selbstverständlicherweise jedwedes Handeln selbst ein psychisch Reales ist (ein objektiv Reales, wo wir das Urteilen in der psychologischen Einstellung als menschliche Aktivität nehmen). Aber dieses Handeln hat von Anfang an und in allen seinen Stufengestaltungen ausschließlich Irreales in seiner thematischen Sphäre; im Urteilen wird ein Irreales intentional konstituiert. In der aktiven Bildung von neuen Urteilen aus schon vorgegebenen sind wir ernstlich erzeugend tätig. Wie bei allem Handeln sind die Handlungsziele, die zu erzeugenden neuen Urteile im voraus in Modi einer leeren, inhaltlich noch unbestimmten und jedenfalls noch unerfüllten Antizipation uns bewußt, als das, worauf wir hinstreben und was zur verwirklichenden Selbstgegebenheit zu bringen, eben das sich schrittweise vollendende Handeln ausmacht. [150]

Was hier „behandelt" wird, sind also keine Realitäten: an dem eigentümlichen Sinn idealer Gegenständlichkeiten, uns in eigener Evidenz, wie gesagt, genau so ursprünglich gewiß zu sein wie reale Gegenständlichkeiten aus der Erfahrung, ist nicht zu rütteln. Anderseits aber ebensowenig daran, daß auch sie erzeugbare Ziele, Endziele und Mittel sind, und daß sie sind, was sie sind, nur „**aus**" ursprünglicher Erzeugung. Das sagt aber keineswegs, sie sind, was sie sind, nur **in** und **während** der ursprünglichen Erzeugung. Sind sie „in" der ursprünglichen Erzeugung, so sagt das, sie sind in ihr als einer gewissen Intentionalität von der **Form spontaner Aktivität** bewußt, und zwar im Modus des **originalen Selbst**. Diese **Gegebenheitsweise aus solcher ursprünglichen Aktivität** ist nichts anders als die ihr eigene Art der „**Wahrnehmung**". Oder was dasselbe, diese ursprünglich erwerbende Aktivität ist die „**Evidenz**" **für diese Idealitäten**. Evidenz, ganz allgemein, ist eben nichts anderes als die Bewußtseinsweise, die evtl. als außerordentlich komplexe Stufenfolge sich aufbauend, ihre intentionale Gegenständlichkeit im Modus des originalen „es selbst" darbietet. Diese evident machende Bewußtseinstätigkeit — hier eine schwierig zu erforschende spontane Aktivität — ist die „ursprüngliche Konstitution", prägnanter gesprochen, die urstiftende der idealen Gegenständlichkeiten der logischen Art.

## § 64. *Der Seinsvorzug der realen vor den irrealen Gegenständen*

Zum Abschluß dieser Untersuchung sei noch beigefügt, daß manche heftige, über unsere phänomenologischen Befunde freilich wegsehende Opposition aus einem Mißverständnis des Sinnes unserer Gleichstellung der idealen Gegenständlichkeiten und auch der kategorialen Abwandlungen der Realitäten (wie der Sachverhalte) mit diesen selbst erwächst. Für uns handelte es sich bloß um das Recht des **weitesten Sinnes „Gegenstand-überhaupt"** oder Etwas-überhaupt und **korrelativ des allgemeinsten Sinnes der Evidenz** als Selbstgebung. In einer anderen Hinsicht als der der rechtmäßigen Subsumtion der Ideen unter den Begriff des Gegenstandes und damit des Substrates möglicher Prädikationen besteht zwischen realen und idealen Gegenständlichkeiten keineswegs eine Gleichordnung, wie sich gerade auf Grund unserer Lehre verstehen läßt. **Realität hat einen Seinsvorzug vor jedweder Irrealität**, sofern alle Irrealitäten wesensmäßig auf wirkliche [151] oder mögliche Realität zurückbezogen sind. Diese Beziehungen allseitig zu überschauen und den Totalzusammenhang alles wirklich und möglicherweise Seienden, der Realitäten und Irrealitäten, zur systematischen Erkenntnis zu bringen, das führt auf die obersten philosophischen Probleme, auf die einer universalen Ontologie.

## § 65. *Ein allgemeinerer Begriff von Psychologismus*

Die außerordentliche Erweiterung und zugleich Radikalisierung der Widerlegung des logischen Psychologismus, die wir in der vorstehenden Untersuchung vollzogen haben, brachte uns auch eine äußerste **Verallgemeinerung der Idee des Psychologismus**, und zwar eines **ganz bestimmten — nicht des einzigen — Sinnes**. Er ist dadurch zu kennzeichnen, daß irgendeine Art evident zu machender Gegenständlichkeiten — oder gar alle Arten, wie das in der Humeschen Philosophie der Fall ist — **psychologisiert** werden, weil sie sich, wie selbstverständlich, bewußtseinsmäßig konstituieren, also durch Erfahrung oder damit sich verflechtende andere Bewußtseinsweisen ihren Seinssinn in der Subjektivität und für sie aufbauen.

Sie werden „psychologisiert", besagt, es wird ihr gegenständlicher Sinn, ihr S i n n  a l s  e i n e  A r t  v o n  G e g e n s t ä n d e n eigentümlichen Wesens n e g i e r t  z u g u n s t e n  d e r  s u b j e k t i v e n  E r l e b n i s s e, der Daten in der immanenten bzw. psychologischen Zeitlichkeit.

Doch kommt es hier nicht darauf an, ob man diese Daten als irreale Daten im Sinne der P s y c h o l o g i e (einer Wissenschaft von den Menschen und Tieren als objektiven Realitäten) oder als Daten einer wie immer davon zu unterscheidenden „t r a n s z e n d e n t a l e n" (allen objektiven Realitäten, auch den menschlichen Subjekten vorangehenden) S u b j e k t i v i t ä t ansieht, und im letzteren Falle, ob als einen Haufen absolut gesetzter Empfindungen, oder als intentionale Erlebnisse in der teleologischen Einheit eines konkreten Ich und einer Ichgemeinschaft. Allerdings paßt der Ausdruck Psychologismus mehr auf jede Umdeutung in eigentlich Psychologisches, was auch den p r ä g n a n t e n Sinn von Psychologismus bestimmen müßte.

### § 66. *Psychologistischer und phänomenologischer Idealismus. Analytische und transzendentale Kritik der Erkenntnis*

Dieser so allgemein und sogar absichtlich zwitterhaft gefaßte Psychologismus ist der Grundcharakter jedes s c h l e c h t e n „I d e a l i s m u s" (*lucus a non lucendo!*), wie des B e r k e l e y schen [152] oder H u m e schen. Er reicht jedoch über den gewöhnlichen Begriff, den man mit dem Worte Idealismus zu verknüpfen pflegt, weit hinaus, da dieser Begriff gerade die echten Idealitäten der erweiterten p l a t o n i s c h e n Sphäre nicht zu berücksichtigen pflegt (wobei der H u m e sche allerdings auszunehmen ist). Man darf diesen Idealismus aber ja nicht verwechseln, wie das von oberflächlichen Lesern meiner Schriften (auch phänomenologischen Lesern) immer wieder geschieht, mit dem von mir ausgebildeten p h ä n o m e n o l o g i s c h e n  I d e a l i s m u s, der gerade durch die radikale Kritik jenes Psychologismus auf Grund einer phänomenologischen Aufklärung der Evidenz seinen g r u n d v e r s c h i e d e n e n  n e u e n  S i n n erhält.

Zur Charakteristik des phänomenologischen Idealismus kann auch folgendes hierher Gehörige dienen.

Jedes „Sehen" bzw. jedes in „Evidenz" Identifizierte hat sein eigenes Recht, desgleichen jedes in sich geschlossene Reich möglicher „Erfahrung" als **Gebiet** einer Wissenschaft, als ihr **Thema im ersten** und eigentlichsten Sinne. Dabei gehört zu einer jeden eine **sekundär thematische Sphäre**, die Sphäre ihrer **Kritik**: Es ist eine Kritik der Erkenntnis in einem ersten Sinne, nämlich bezogen auf die idealen Erkenntnisergebnisse — die der „Theorie" — und in subjektiver Richtung bezogen auf das in korrelativem Sinne Ideale, nämlich auf das zu diesen Idealitäten gehörige Handeln (Schließen, Beweisen). Durch diese Kritik, die wir als **analytische Kritik der Erkenntnis** bezeichnen können, erhält jede Wissenschaft ihre Beziehung zur Analytik als universaler Wissenschaft der Theorie in formaler Allgemeinheit, und korrelativ zur entsprechend begrenzten analytischen Kunstlehre.

Endlich hat aber jede Wissenschaft eine **dritte thematische Sphäre**, ebenfalls eine solche der **Kritik**, aber **einer anders gewendeten**. Diese betrifft die zu jedem Gebiet und jeder mit ihm beschäftigten wissenschaftlichen Leistung zugehörige **konstituierende Subjektivität**. Gegenüber der Kritik der offensichtlich im Bewußtseinsfelde auftretenden Vorgegebenheiten, Handlungen und Ergebnisse haben wir es hier mit einer ganz anders gearteten Erkenntniskritik, der der konstitutiven Ursprungsquellen ihres positionalen Sinnes und Rechtes zu tun, also der Kritik der im geradehin dem Gebiet zugewandten Forschen und Theoretisieren **verborgenen Leistungen**. Es ist die Kritik der (sei es psychologisch oder transzendental gefaßten) „**Vernunft**", oder wie wir im Gegensatz zur analytischen Erkenntniskritik sagen können, die **transzendentale Kritik der Erkenntnis**. Das gilt für die Logik [153] wie für jede Wissenschaft, und wir hatten es in den allgemeinen Vorbetrachtungen unter dem Titel der **Zweiseitigkeit der logischen Thematik** schon behauptet, nur nicht so deutlich, wie ‹wir› hier präzisieren können.

---

*1 ff. Handexemplar Randbemerkung* Das wäre deutlicher darzustellen

## § 67. *Der Einwand des Psychologismus als Unverständnis der notwendigen logischen Funktion der transzendentalen Erkenntniskritik*

Eben dagegen hatte sich nun, wie wir uns erinnern, der E i n -
w a n d d e s P s y c h o l o g i s m u s gerichtet — in Hinsicht auf die *Logischen Untersuchungen*, daß sie in den *Prolegomena* den Psychologismus bekämpften und doch im II. Teil in Untersuchungen der phänomenologischen Subjektivität übergingen, in Untersuchungen über die intentionalen Strukturen von Aussagen und Bedeuten, von Vorstellung und Vorstellungsinhalt (Sinn), von Wahrnehmung und Wahrnehmungssinn, von Urteilen und vermeintem Sachverhalt, von kategorialen Akten und der Konstitution der kategorialen Gegenständlichkeiten gegenüber den sinnlichen, von symbolisch-leerem Bewußtsein gegenüber intuitivem, von den intentionalen Verhältnissen der bloßen Intention und Erfüllung, von Evidenzbewußtsein, von Adäquation, von der Konstitution wahren Seins und prädikativer Wahrheit usw. Derartige „deskriptiv psychologische" Forschungen der Erkenntnispsychologie seien psychologistische Überschreitungen einer reinen Logik. So wandte man ein, während erkenntniskritische Forschungen in bezug auf alle Wissenschaft (und wohl auch in bezug auf die Logik) damit nicht abgelehnt sein sollten. Sie stehen ja auf allen Seiten in hohem Ansehen. Aber sie gehören, meinte man, in eine ganz andere Linie, sie dürfen nicht das konkret wirkliche und mögliche Erkenntnisleben, nicht seine intentionale Analyse sich zur Aufgabe stellen. Das sei Psychologie und bedeute einen erkenntnistheoretischen Psychologismus.

Im Sinne solcher Kritik und der herrschenden Auffassung überhaupt liegt es, daß man W i s s e n s c h a f t u n d V e r n u n f t k r i t i k t r e n n t, daß man der Wissenschaft ein eigenes Dasein in eigenem Recht zubilligt und die Vernunftkritik als eine auf alle Wissenschaft bezogene neuartige Wissenschaft höherer Dignität faßt, die doch das rechtmäßige Eigensein der Wissenschaften nicht stört. So erst recht für die analytische Logik; sie gilt vorweg als absolute Norm, die alle vernünftige Erkenntnis voraussetzt. Den Wert meiner Kritik des logischen Psychologismus (und aller ähnlichen früheren und späteren Kritiken) sieht man [154] gerade in der Herausstellung einer von aller Psychologie zu son-

dernden reinen (analytischen) Logik als einer e i g e n s t ä n d i g e n
Wissenschaft, darin gleich der Geometrie oder Naturwissenschaft.
Auf sie bezügliche vernunftkritische Fragen mag es geben, aber
sie haben nicht ihren eigenen Gang zu stören, und auch sie dürfen
beileibe nicht in die Konkretion des logischen Bewußtseinslebens
eingehen, denn das wäre Psychologie.

Halten wir demgegenüber zunächst im Auge, daß der Kampf
gegen den logischen Psychologismus in der Tat keinen anderen
Zweck haben sollte als den höchst wichtigen, das eigentümliche
G e b i e t der analytischen Logik in seiner Reinheit und idealen
Eigenheit sichtlich zu machen, es von den psychologisierenden
Vermengungen und Mißdeutungen zu befreien, in die es von Anfang an verstrickt war und verstrickt blieb. Ihr Gebiet — das
besagt ihr thematisches Feld in dem ersten und Hauptsinn, ähnlich wie ein solches eine jede Wissenschaft hat. Das schließt doch
nicht aus, daß sekundär — im Dienste der Erkenntnis des Gebietes — auch solches thematisch wird, was nicht zum Gebiet
gehört, aber mit ihm in Wesenszusammenhang steht. Das gilt ja
bereits, wie früher schon berührt wurde, für das erste Feld der für
alle Wissenschaft unentbehrlichen „analytischen" Kritik, nämlich für das Feld ihrer Theorie, und ihrer auf das Gebiet bezogenen
Urteile überhaupt sowie der entsprechenden idealen Handlungen.

Und sollte nun nicht ähnliches gelten können und müssen
für das gesamte Feld der intentionalen Akte, der Erscheinungsweisen, jedweder Bewußtseinsmodi, in denen das wissenschaftliche
Gebiet und seine Gegenstände und gegenständlichen Zusammenhänge für den Urteilenden vorgegeben sind, und desgleichen
derjenigen, in denen das ganze auf das Gebiet bezogene theoretische Leben und Streben sich intentional abspielt, in denen sich
Theorie und wissenschaftlich wahrhaftes Sein des Gebietes intentional konstituiert? Sollte hier nicht in der Tat ebenfalls ein
Feld einer für alle Wissenschaften notwendigen Kritik sein, einer
transzendentalen Kritik — notwendig wenn sie überhaupt sollen

---

*8 Handexemplar* im I. Band der *Logischen Untersuchungen Einfügung hinter* Psychologismus
*18 Handexemplar* eben das, was der Titel Erkenntnis korrelativ befaßt *Einfügung hinter* steht

echte Wissenschaften sein können? Läßt sich dies einsichtig machen und das große Aufgabenfeld dieser letzten und tiefsten Kritik entfalten, so wäre damit natürlich der Logik gedient; denn sie als universale und nicht bloß analytische Wissenschaftslehre (als bloße *mathesis universalis*) wäre wie auf echte Wissenschaften überhaupt nach ihren allgemeinen Wesensmöglichkeiten, so auf jedwede ihnen und ihrer Echtheit zugehörige Kritik, und wieder nach deren Wesensallgemeinheiten, bezogen. A l l g e m e i n e  W i s s e n s c h a f t s t h e o r i e ist *eo ipso* a l l g e m e i n e  T h e o r i e  d e r  e c h t e r  W i s s e n s c h a f t  a l s  s o l c h e r  e i g e n -  [155] w e s e n t l i c h e n  K r i t i k, sei es Kritik der Urteile als Gebilde, als idealer Bestände ihrer idealen Theorie, sei es als Kritik des intentionalen, Gebiet und Theorie konstituierenden Lebens.

Wir haben hier nicht nach irgendwelchen überlieferten oder jetzt geltenden Vernunftkritiken zu fragen und nach den sie lähmenden Ängsten vor einer unter dem Titel Psychologismus verpönten konkreten Betrachtung der Erkenntnissubjektivität, vor jedwedem Einbeziehen von Psychologie in wissenschaftstheoretische Betrachtungen. Wir fragen nur nach dem, was zur Wesensmöglichkeit echter Wissenschaft gehört. Sollte die konstitutive Bewußtseinsforschung, die auf die gesamte Teleologie der zum Erkenntnisleben gehörigen Intentionalitäten gerichtete, für die Ermöglichung der Echtheit der Wissenschaften als wesensnotwendig erweisbar sein, so müßte sie für uns gelten. Und sollte in dieser Hinsicht doch noch einem „Psychologismus" zu wehren sein (einem Psychologismus anderen Sinnes als den wir bisher behandelt haben, obschon eines mit jenem verflochtenen Sinnes), so müßte uns das aus der Erwägung der logischen Erfordernisse selbst zuwachsen. Ohne jede Verbindlichkeit wollen wir im weiteren die nach ihrer wesentlichen Funktion erst zu klärende subjektive, deutlicher die intentional-konstitutive Thematik als p h ä n o m e n o l o g i s c h e bezeichnen.

### § 68. *Vorblick auf die weiteren Aufgaben*

Die zu klärende Sache ist für uns verwickelt, weil die Logik selbst eine Wissenschaft ist und als solche ebenfalls solcher Kritik bedürfen würde, und weil sie anderseits in ihrer Beziehung auf den offenen Umfang möglicher Wissenschaften diejenige Wissenschaft sein soll, die von diesen für alle Wissenschaften notwendigen subjektiven kritischen Forschungen als Thema zu handeln hat, obschon in einer alle Wissenschaften ineins betreffenden Allgemeinheit. Beides fällt nicht ohne weiteres zusammen. Denn wenn die Logik, und zwar die für uns jetzt allein sicher umgrenzte formale Analytik, ihre erste thematische Sphäre in den Formen der kategorialen Urteils- und Gegenstandsgebilde hat und nur umfangsmäßig bezogen ist auf die unter diesen Formen stehenden Gebilde aller Wissenschaften, so haben wir für die Logik eben die ihr eigentümlichen konstitutiven Probleme, welche die subjektive Bildung der allgemeinen kategorialen Formen betreffen und zunächst ihre obersten regionalen Begriffe wie Urteil-überhaupt, Gegenständlichkeit-überhaupt. Für die einzelnen Wissenschaften kommen diese Probleme allerdings auch in Betracht, aber erst auf [156] dem Wege über die Logik als ihrer Methode. Nämlich wofern eben zu zeigen ist, daß Echtheit der Wissenschaft nur Echtheit auf Grund bewußter Normierung durch die logischen Prinzipien sein kann, daß also, wie wir es vorweg in der Einleitung behauptet, aber erst durch das Weitere wirklich zu begründen haben, die Logik nicht nur eine eigene Wissenschaft ist neben den anderen, sondern zugleich Grundstück der Methode für jede zu ermöglichende Wissenschaft überhaupt.

Jedenfalls ist es nach all den bisher durchgeführten Untersuchungen zur radikalen Klärung und kritischen Sicherung des eigentümlichen Gebietes der Analytik und der in ihr sich scheidenden Gebiete unsere nächste Aufgabe, die weiteren Untersuchungen vorerst auf die Klärung der für diese Analytik geforderten subjektiven Untersuchungen und ihrer Notwendigkeit zu richten. Die in weiterer Konsequenz erforderlichen Untersuchungen zur Ausgestaltung der Idee einer formalen zu der einer realen und schließlich einer absoluten Ontologie werden uns von selbst auf die noch ausstehende wirkliche Klärung des echten Sinnes eines transzendentalen Psychologismus führen, dem man keineswegs schon verfallen ist, wenn man die formale Logik auf intentionale Forschungen gründet und ebenso die positiven Wissenschaften auf eine in solchen Forschungen verlaufende Erkenntnistheorie.

## 2. KAPITEL
AUSGANGSFRAGEN DER TRANSZENDENTAL-LOGISCHEN
PROBLEMATIK: DIE GRUNDBEGRIFFSPROBLEME

§ 69. *Die logischen Gebilde in gerader Evidenz gegeben.*
*Die Aufgabe der reflektiven Thematisierung dieser Evidenz*

Trotz der Mißdeutungen oder Verhüllungen der analytischen Sphäre liegt die analytische Logik doch längst vor, hinsichtlich der im engeren Sinne formal-mathematischen Disziplinen sogar in hoch entwickelter Gestalt. An einer Evidenz in der Bildung der logischen Kategorien und der differenzierten Formen kann es also nicht gefehlt haben und ihr Wert stand ja zu allen Zeiten in einer besonderen Schätzung. Trotzdem ist die nichts weniger als musterhaft. Mit dem Gebrauch dieses Wortes haben wir zugleich schon ausgedrückt, daß diese Evidenz — daß Evidenz überhaupt — reflektiv zu betrachten, zu analysieren, umzugestalten, zu reinigen und zu bessern ist und daß sie dann evtl. zum Muster, zur Norm genommen werden kann und genommen werden soll.

In einer **geraden Evidenz** sind die logischen Gebilde und [157] ihre allgemeinen Formen zunächst gegeben und das ist das notwendig Erste. Aber nun ist gefordert die **thematische Reflexion auf diese Evidenz**, das ist auf die vordem in unthematischer Naivität geradehin vollzogene bildende Aktivität. Es gilt dabei die in ihr zunächst allein „gegebenen" Gebilde und allgemeinen Formen (Gebilde höherer Stufe) zu „klären", um aus der Aufklärung der auf ihren gegenständlichen Sinn ursprünglich abzielenden und ihn verwirklichenden Intentionalität diesen selbst in der rechten Weise fassen, umgrenzen und seine Identität sichern zu können gegen alle in der Naivität möglichen Verschiebungen und Verhüllungen. Mit anderen Worten, in jedem leistenden Tun liegt Intention und Verwirklichung; man kann dieses Tun und was darin liegt selbst betrachten, sich der Identität seines Absehens und der es erfüllenden Verwirklichung versichern. Im naiven Absehen und Tun kann sich die Zielung verschieben, und ebenso in der naiven Wiederholung und im sonstigen Rückgang auf das vorher Erstrebte und Erzielte. So auch in der im Zusammenhang der naiven Aktionen des Logikers verlaufenden

Thematisierung. In der Reflexion von den geradehin allein gegebenen Themen (den sich evtl. sehr wesentlich verschiebenden)
auf die sie in Abzielung und Erfüllung konstituierende Aktivität
— die vordem im naiven Tun verborgen, oder wie wir auch sagen
können, „anonym" bleibt und erst jetzt zum eigenen Thema wird
— befragen wir hinterher die betreffende Aktivität. Das heißt,
wir befragen die eben damit aufgeweckte Evidenz nach
dem, worauf sie zielt und was sie erworben hat, und
in der Evidenz höherer Stufe identifizieren und fixieren wir bzw.
verfolgen wir die möglichen Abwandlungen sonst unmerklicher
thematischer Schwankungen und unterscheiden wir die zugehörigen Zielungen und Verwirklichungen, mit anderen Worten,
die sich verschiebenden logischen Begriffsbildungen.

### § 70. *Der Sinn der geforderten Klärungen als konstitutiver Ursprungsforschung*

a) **Verschiebung der intentionalen Abzielungen und Äquivokation.**

Man sagt hier oft (und auch ich habe es früher[1] so ausgedrückt),
daß es gelte, der Gefahr der Äquivokation zu begegnen.
Es ist aber zu beachten, daß es sich hier nicht um geprägte Äquivokationen handelt, derart, daß man bloß den Worten und Wortbedeutungen nachgehen sollte und könnte. Vielmehr handelt es
sich um innere und dabei durch Wesenszusammenhänge verbundene und geforderte Verschiebungen der Intentionalität und ihrer Leistung. Als deren Folge ergibt sich dann die
sprachliche Äquivokation, und zwar so, daß diese nicht im Haften
an dem Sprachlichen selbst, in der Befragung ihrer assoziativen
Bedeutungszielungen aufgelöst werden könnte, sondern nur aufgelöst, als Äquivokation nur formuliert werden kann durch jene
reflektive Befragung der intentionalen Abzielungen und der in
ihrer Auswirkung sich vollziehenden ursprünglichen Konstitution der Gebilde.

Eine Illustration, aber zugleich eine weiterführende Ergänzung
zu dem eben Dargestellten bieten die ganzen Untersuchungen, die

---

[1] Vgl. z.B. die Einleitung zum II. Bd. der *Log. Unters.* (in der 2. und den späteren Auflagen) S. 6 ff.

wir im Interesse der Klärung des logischen Gebietes durchgeführt haben. Ihre Unentbehrlichkeit im Interesse einer ernstlich wissenschaftlichen Logik ist zweifellos. Denn wie sollte eine solche möglich werden bei der Verworrenheit der ihr ursprünglich zugehörigen Thematik? Nicht nur, daß ihrer psychologistischen Umdeutung ein Ende gemacht werden mußte, es bedurfte auch für die schon rein gefaßte logische Sphäre jener schwierigen Untersuchungen, die ihre Dreischichtung allein evident machen konnten. Diese Untersuchungen waren durchaus subjektiv-phänomenologisch gerichtet; sie betrafen die Kontrastierung von dreierlei Einstellungen im Urteilen, bei deren Wechsel sich die Richtung wirklicher und möglicher Identifizierung — die gegenständliche Richtung — änderte, den Nachweis von dreierlei Evidenzen, ihnen entsprechend dreierlei Weisen leerer Vorintention und Erfüllung, und danach ursprünglich sich scheidenden Begriffen von Urteil. Hier handelt es sich um eine Begriffsverschiebung und Äquivokation, die sich im Denken der Logiker nicht aus zufälligen, sondern aus Wesensgründen vollzog und die verborgen bleiben mußte, weil sie selbst mit gehörte zur thematischen Einheit ihres „geraden" Denkens in der Richtung auf die Kritik der Urteile an der Norm der Wahrheit; genauer gesprochen, sie mußte verborgen bleiben, weil die Frage nach den formalen Bedingungen zu ermöglichender wahrer Urteile notwendig in den systematischen Stufen verlaufen mußte, die wir als Formenlehre der Urteile, als Konsequenzlehre und als Wahrheitslehre unterscheiden.

Hier, sehen wir, handelt es sich nicht bloß überhaupt um eine unvermerkt sich vollziehende Sinneswandlung, sondern um eine solche ganz ausgezeichneten und besonders wichtigen Typus: die Wandlung ist zugleich Überschiebung und [159] Deckung; letzteres sofern die Urteilseinheit der niederen Stufe zugleich in die höhere Stufe in Identifikation eingeht, wobei das Neue der höheren Stufe (so die Deutlichkeit oder Eigentlichkeit des Urteils oder aber die Fülle der Evidenz) jeweils als eigenes Prädikat gefaßt werden muß. In der Einheit des logischen Denkens haben alle Stufeneinheiten ihre Denk- und Erkenntnisfunktionen, die Einstellung kann daher wechseln und damit der

Sinn der durch die Deckung durchgehenden und doch wieder sich wandelnden Einheit[1].

b) **Klärung der zu scheidenden Grundbegriffe der logischen Disziplinen als Enthüllung der verborgenen subjektiven Bildungsmethode und als Kritik derselben,**

So ist die sprachliche Äquivokation in gewisser Weise eine wesensnotwendige, anderseits aber ihre Auflösung und Beherrschung, die **grundsätzliche Unterscheidung** der drei Urteilseinheiten und der auf sie bezogenen **Grundbegriffe** eine absolute Notwendigkeit für eine Logik, die doch ihre thematischen Sphären als prinzipiell unterschiedene beständig vor Augen haben will — wie sie es als echte Wissenschaft muß. Es muß dem Logiker klar sein, daß die Urteile im Sinne der Formenlehre, für die eine bloße Deutlichkeit in der Rhythmik sprachlicher Indikation zu ihrer evidenten Selbstgegebenheit genug ist, unfähig sind, Verhältnisse der Konsequenz zu fundieren. Er muß es sich klar gemacht haben, daß der bloß verbal wohlverstandene Satz, explizit verstanden in der Erfassung der bestimmten Rhythmik symbolischer Indikation, als eine Einheit der „Bedeutung" erfaßt ist, die eben Einheit einer bloßen rhythmischen Indikation ist, und daß dabei das Indizierte das Urteil im zweiten Sinne ist, die neue Rhythmik der im eigentlichen Urteilen, dem der wirklich vollzogenen kategorialen Aktion, sich konstituierenden Urteilsmeinung (das ist Sachverhaltsmeinung), die zum nachträglichen Vollzug gebracht die symbolische Rhythmik erfüllte. Und wieder muß er sich klar gemacht haben, daß, wo durch das Urteilen die Erkenntnisabzielung hindurchgeht, das explizite, das nun eigentliche oder „deutliche Urteil" selbst als Meinung hinmeint auf ein erfüllendes Selbst, auf den Sachverhalt „selbst", sein Subjekt und Prädikat „selbst" usw.

Das alles aber muß er wissen, weil es für ihn Methode ist und weil es für ihn kein naives, instinktives, verborgenes Tun geben darf, sondern weil er für jedes Tun und seine Leistung muß Rechenschaft abgeben können, also als Logiker in prinzipieller Allgemeinheit auf die verborgene **naive Methode** reflektiert und [160]

---

[1] Vgl. dazu weiter unten die tiefer gehenden Klärungen des 4. Kapitels, vor allem §§ 89, 90.

sie thematisch ausgelegt haben muß, um danach die **echte logische Methode** durchzuführen. Diese Methode, die **ursprünglichste**, die Urteile und Urteilsformen als logische schafft, ist in der Formenlehre eine wesentlich andere als in der Konsequenzlehre und wieder eine andere als in der Wahrheitslehre.

In derselben Weise für den Logiker unentbehrlich sind offenbar alle die anderen der von uns oben geführten, subjektiv gerichteten Untersuchungen, in denen der korrelative Sinn einer Apophantik und der einer formalen Ontologie, desgleichen das Eigentümliche einer puren Mathematik und einer logischen Mathematik zur Klarheit gebracht wurde.

Alle diese Untersuchungen haben den Charakter von fundamentalen der **Enthüllung und Kritik der ursprünglichen logischen Methode**, und zwar können wir sie alle auch bezeichnen als **Erforschungen der Methode, durch die die „Grundbegriffe" der Analytik ursprünglich erzeugt werden** in derjenigen Evidenz, die uns ihres identischen und vor allen Verschiebungen gesicherten Wesens versichert.

Die Grundbegriffe sind immer schon vertraut und zu freier Verfügung, und als Erzeugnisse sind sie erzeugt worden und werden, wo immer das Evidenzbedürfnis geweckt ist, wieder erzeugt in erneuter Evidenz. Aber diese naiv geübte „Methode" ist noch keine echte Methode. Es ist also **nicht so, als ob es sich um eine bloße „psychologische Analyse"**, eine reflektive psychologische Überlegung handelte, wie wir dabei jeweils diesen Begriff gebildet haben und bilden. Die konstitutive Forschung ist nur im Ausgang solche Reflexion und fortgehende Enthüllung der faktisch und „unbewußt" geübten Methode. Im Fortgang ist sie „**Kritik**", das ist **aktive Erfüllung** in den verschiedenen Erfüllungslinien auf dem Grunde der systematischen Scheidung der in der Einheit der Synthesis verwobenen intentionalen Richtungen. Das heißt aber hier, solche Kritik ist **schöpferische Konstitution** der betreffenden Gegenständlichkeiten in der Einheit einstimmiger Selbstgegebenheit und Schöpfung ihrer Wesen und Wesensbegriffe. Auf Grund der dazu gehörigen Leistung der terminologischen Fixierung sollen diese Begriffe dann als habituell erworbene verharren.

Jede konstitutive Analyse ist in dieser Hinsicht schöpferisch; die schöpferisch erworbenen konstitutiven Einheiten sind Normen, und ihr schöpferisches Erwerben ist selbst thematisch gewordene Methode [161] und als solche Norm für die künftige habituelle methodische Praxis. Echte logische Methode ist nur möglich aus thematischer Erforschung und zwecktätiger Gestaltung der naiv geübten Methode selbst.

§ 71. *Grundlagenprobleme der Wissenschaften und konstitutive Ursprungsforschung. Die Logik zur Führung berufen*

Das wirft schon im voraus Licht auf die vielberedeten **Grundlagenprobleme** nicht nur der Mathematik, sondern aller objektiven Wissenschaften. Für die formale Mathematik, als die Analytik selbst, ist ihr Sinn durch unsere bisherigen Überlegungen schon entschieden und die übliche Verworrenheit der Problemstellung behoben. Überall beobachten wir, wie bei der erkenntnistheoretischen Problematik sonst, die schon wiederholt erwähnte Verkehrtheit, daß man die Wissenschaften als etwas nimmt, das schon ist; als ob Grundlagenforschung nur eine nachkommende Klärung oder allenfalls eine diese Wissenschaften selbst nicht wesentlich ändernde Besserung bedeuten sollte. In Wahrheit sind Wissenschaften, die Paradoxien haben, die mit Grundbegriffen operieren, die nicht aus der Arbeit der Ursprungsklärung und Kritik geschaffen sind, überhaupt keine Wissenschaften, sondern bei aller ingeniösen Leistung bloß theoretische Techniken.

Die Grundbegriffsschöpfung ist also in der Tat eine im wörtlichsten Sinne **grundlegende Leistung** für alle Wissenschaften, wie wir im voraus gesagt haben. Allen voran aber für die **Logik**, die dazu berufen ist, die prinzipielle Methode für sie alle zu sein und im Apriori der Methode überhaupt alle ihre Spezialmethoden zu umgreifen und ihre Gestaltung aus Prinzipien bewußt zu regeln. Nur in einem wissenschaftlichen Leben, das sich unter den Radikalismus dieser Forschung beugt, ist echte Wissenschaft möglich. Wie ihm genügt werden kann, und wenn nicht absolut, in welcher Stufenfolge von methodischen Approximationen, das muß, wir sehen es voraus, ein Hauptstück der schöpferischen Methodengestaltung sein, ein Hauptstück einer subjektiv gerichteten logischen Arbeit. Doch hier sind wir erst in den Anfängen, und der Anfang in diesen Anfängen ist die **Arbeit an den Grundbegriffen im strengsten Sinne**, die aus der Verworrenheit und Verschiebbarkeit der naiven Gestalt in die Festigkeit und Bestimmtheit wissenschaftlicher Grundbegriffe überführt werden müssen nach einer in sich bestimmten, jederzeit zu reaktivierenden und somit bewährenden Methode.

## § 72. *Die subjektiven Strukturen als ein dem objektiven korrelatives Apriori. Übergang zu einer neuen Stufe der Kritik* [162]

Die subjektiven Strukturen, die in den bisher beschriebenen Forschungen einer subjektiv gerichteten Logik in Frage sind, sind mit den entsprechenden Begriffen der objektiv logischen Theorie offenbar nicht in einer zufälligen psychologischen Faktizität zusammengehörig. Sie bezeichnen **ein dem objektiven korrelatives Apriori**. Es ist undenkbar z.B., daß ein Prozeß der Evidenz, in dem ein Urteil zu expliziter Selbstgegebenheit kommt, eine andere Wesensstruktur hat, als die eine reflektive Analyse aufweist. Die formalisierende Verallgemeinerung, die ein faktisches Urteil in eine Urteilsform überhaupt verwandelt, ist in subjektiver Hinsicht notwendig eine Wesensverallgemeinerung, und zwar eine im korrelativen Sinn formale der Evidenz des faktischen Urteils. Das gilt dann in entsprechender Weise nicht nur für alle sonstigen Grundbegriffe der puren analytischen Logik, sondern auch für die zugehörigen Grundgesetze und abgeleiteten Gesetze der logischen Theorie. **Jedem operativen Gesetz der Formenlehre entspricht apriori eine subjektive Gesetzmäßigkeit in Hinsicht auf die konstituierende Subjektivität**, eine formale Gesetzmäßigkeit, bezogen auf jeden erdenklichen Urteilenden und seine subjektiven Möglichkeiten, aus Urteilen neue Urteile zu bilden.

Die **Grundbegriffe, die logischen Urbegriffe sind die obersten Begriffe des logischen Gebietes selbst** und seiner Schichtung in synthetisch fungierende Partialgebiete. Mit ihrer Gestaltung vollzieht sich eine **erste Kritik der notwendig ersten Logik-geradehin**, und zugleich eine Kritik ihrer

Erkenntnisweise, ihrer methodischen Art. Ist aber diese
erste Kritik und die ihr zu verdankende erste Gestaltung der
Gebietsbegriffe schon eine volle und ganze Kritik — abgesehen
von den voraussichtlich neuen kritischen Forschungen, die für
5 die weiter folgenden Begriffe notwendig sein werden?

3. KAPITEL

DIE IDEALISIERENDEN VORAUSSETZUNGEN DER LOGIK
UND IHRE KONSTITUTIVE KRITIK

Machen wir uns nach der Notwendigkeit nun auch die Un-
10 zulänglichkeit unserer ersten Reihe kritischer Untersuchungen
klar. Es gilt jetzt eine Kritik der analytischen Logik, die uns eine
Reihe von idealisierenden Voraussetzungen zum
Bewußtsein bringen soll, mit denen sie nicht etwa aus einer the- [163]
matisch gewordenen, sondern wiederum aus einer naiv geübten
15 Methode wie mit Selbstverständlichkeiten operiert, und die wir
daraufhin unbesehen mit übernommen hatten. Diese neue Kritik
ist Fortführung der auf der ersten Stufe von uns zur Aufklärung
jener Dreischichtung geübten Kritik, setzt also ihre Untersuchungen voraus.

20 § 73. *Idealisierende Voraussetzungen der mathematischen
Analytik als Themen konstitutiver Kritik. Die ideale Identität der
Urteilsgebilde als konstitutives Problem*

Betrachten wir zunächst die pure und voll genommene mathematische Analytik, die bloße Logik der analytischen
25 Urteilskonsequenz, so bezieht sie sich mit ihren allgemeinen Formen auf den offen unendlichen Umfang möglicher Urteile, deren
ideale Identität sie voraussetzt.

Überlegen wir, wiefern hier von einer Voraussetzung zu sprechen und was in ihr beschlossen ist. Die Formen sind allgemeine
30 Wesenheiten („Begriffe"), die in eigener Evidenz gewonnen sind
auf Grund exemplarischer Urteile, diese selbst geschöpft aus den
von uns beschriebenen Weisen der Evidenz. Die Intentionalität
des Urteilens ist erlebnismäßig eine sich abwandelnde; aber es er-

hält sich, wenn wir doch vom selben Urteil sprechen, eine intentionale Einheit, die Richtung auf das eine und selbe Urteil, das in Evidenz als dasselbe zur Selbstgegebenheit kommt — dasselbe, das zunächst verworrene Meinung war, und sich dann ver-
5 deutlicht. Alles, was die Verdeutlichung in ihrer eigentlichen Aktivität erzeugend herausstellt, war schon vordem in der Verworrenheit als Gemeintes „impliziert", und so schließlich das ganze Urteil, wenn die Verdeutlichung vollkommen glückt.

Nun ist aber schon das „verworrene", das „vage" Ur-
10 teilen nicht ein totes und starres, sondern ein wandelbares, und wenn in ihm dasselbe Urteil — dasselbe im Sinne der Formenlehre, die keiner Aktivität eigentlicher Erzeugung bedarf — als identische Gegenständlichkeit sich konstituieren soll, so fragt es sich, was uns dieser Identität versichert. Und in wei-
15 terer Folge ist dieselbe Frage für das Urteil in der „deutlichen" Eigentlichkeit zu stellen. Freilich während der Lebendigkeit der Evidenz haben wir das Urteil selbst, als das eine sich im Wandel der Erlebnisse als es selbst darbietende. Aber wenn der Denkprozeß fortschreitet und wir synthetisch verknüpfend zu dem vordem
20 als Eines gegebenen zurückkehren, ist dieses selbst ja nicht [164] mehr ursprünglich evident, es ist im Medium der Wiedererinnerung und einer keineswegs anschaulichen wieder bewußt. Wiedererinnerung, gelingend als wirkliche und eigentliche Anschauung, würde ja die Restitution aller einzelnen Momente oder Schritte
25 des ursprünglichen Prozesses besagen; und selbst wenn das statthätte, also eine neue Evidenz hergestellt wäre, ist es sicher, daß es Restitution der früheren Evidenz ist? Und nun denken wir daran, daß die Urteile, die in lebendiger Evidenz ursprünglich als intentionale Einheiten im Modus der Selbsthabe konsti-
30 tuiert waren, eine Fortgeltung haben sollen als jederzeit für uns seiende, für uns jederzeit verfügbare Gegenstände, als nach der ersten Konstitution hinfort für uns bestehende Überzeugungen.

Die Logik bezieht sich nicht auf die Gegebenheiten in bloß
35 aktueller Evidenz, sondern auf die bleibenden, in ihr zur Urstiftung gekommenen Gebilde, auf die immer wieder zu reaktivierenden und zu identifizierenden, als auf Gegenständlichkeiten, die hinfort vorhanden sind, mit denen man, sie wieder ergreifend, denkend operieren, die man als die-

selben kategorial fortbilden kann zu neuen Gebilden und immer wieder neuen. In jeder Stufe haben sie ihre Weise evidenter Identifizierbarkeit, in jeder können sie verdeutlicht werden, können sie in Evidenzzusammenhänge der Konsequenz und Inkonsequenz gebracht, können aus ihnen durch Wegstreichung der Inkonsequenzen, bzw. durch entsprechende Umbildung, reine Zusammenhänge der Konsequenz erzeugt werden. Offenbar setzt die Logik mit ihren formalen Allgemeinheiten und Gesetzlichkeiten Urteile, Kategorialien jeder Art und Stufe voraus, deren Ansichsein in Identität feststeht. Sie setzt voraus, was jedem Denkenden und jeder Denkgemeinschaft das Selbstverständliche ist: was ich gesagt habe, habe ich gesagt, der Identität meiner Urteilsmeinungen, meiner Überzeugungen kann ich jederzeit gewiß werden über alle Pausen meiner Denkaktualität hinaus, und ihrer einsichtig gewiß werden als eines bleibenden und jederzeit verfügbaren Besitzes.

Nun kennt zwar jeder die Tatsache gelegentlicher Täuschungen in dieser Hinsicht, der Meinungsverschiebungen und -vermengungen, aber auch die Möglichkeit verworrenschwankenden Sinn zu festigen und vage Urteile auf deutliche und bestimmt identifizierbare zu reduzieren. Das Vage mag seine vielfältige Bestimmbarkeit haben, geht der Denkende zu einer Bestimmtheit über, die er wiederholt und evident identifizieren kann, so mag es sein, daß seine Feststellung, das meine ich, im [165] Grunde eine Willensentscheidung bedeutet: dieses Bestimmte will ich hinfort stets als meine Meinung anerkennen. Aber eine bloß momentane und je nachdem wieder wechselnde Willkür kann hier nicht vorliegen. Wenn der Beweisende im Beweiszusammenhang auf ein früheres Urteil rekurriert, so muß es eben doch wirklich dasselbe Urteil sein.

Die traditionelle Logik und die naiv geradehin theoretisierende Mathematik machen sich darüber keine großen Sorgen. Sie setzen voraus, daß durch das Denken in rechter Weise Identität hindurchgeht, Identität der Gegenstände in ontischer Einstellung, Identität der gegenständlichen Sinne und der Urteile in der apophantischen. Sie setzen also im Grunde voraus, daß im konkreten Falle, in dem Denken der jeweiligen Wissenschaftler eine diesbezügliche Leistung in rechter Weise schon von statten gegangen ist, daß sie gegenüber dem Wandel der Verworrenheiten und Unklarheiten, gegenüber den dabei möglichen Sinnesverschiebungen schon für eine Fixierung streng identifizierbarer Gegenstände und Sinne gesorgt haben.

Naiv geradehin ist es leicht, das ideale Sein der Urteile als jederzeit identifizierbarer Sinne herauszustellen und es dann als Logiker beständig in Anspruch zu nehmen. Aber wie ist solches Herausstellen und Feststellen möglich, da doch dieses ideale Sein für uns nur eine in Anspruch zu nehmende Gültigkeit haben kann, wenn solches Feststellen in seiner Leistung wirklich einsichtig zu machen ist? Dieses ideale Sein bedeutet eine eigentümliche Transzendenz: es transzendiert die jeweilige lebendige Evidenz, in der das Urteil als dieses Urteil aktuell zur Selbstgegebenheit kommt. Diese Evidenz kann doch noch nicht aufkommen für die erforderliche neue Leistung, in der das Selbstgegebene Sinn und Recht idealer Transzendenz gewinnen soll. Und doch sagten wir soeben, daß jeder Denkende ohne weiteres dessen sicher ist, Urteile als fest identifizierbare herstellen zu können, auf deren Sein und Zugänglichsein er rechnen kann, auch wenn er nicht daran denkt. Wenn nun eine eigene Evidenz in dieser Hinsicht gefordert ist in Ergänzung der ersteren, die die ideale Gegenständlichkeit zur Selbstgegebenheit bringt, besteht dann nicht die Gefahr, daß sich das Problem wiederholt, und so *in infinitum*?

Mag die in der Naivität geübte Methode, diese idealen Identitäten zu gewinnen (welche die Logik auch wirklich als jederzeit zu gewinnende voraussetzt), leisten, was ihr zugemutet ist, und mag somit die Voraussetzung der Logik ein ursprüngliches Recht haben — solange die Methode als naiv geübte [166] anonym bleibt und ihre intentionale Leistung nicht thematisch klargelegt ist, haben wir doch kein Recht, jenes prätendierte Recht gelten zu lassen. Oder will man sich etwa damit begnügen, auf die bevorzugte Empirie der erfolgreichen Wissenschaften zu verweisen, nämlich auf die Praxis der Wissenschaftler, die ja doch in ihren Theorien feste Urteile erzielen? Indessen hier erinnern wir uns an die Vieldeutigkeit der Grundbegriffe der Wissenschaften und damit all ihrer Theorien und werden danach sagen müssen, daß von einem

wirklichen Erzielen keine Rede sein kann, daß es sich also um ein **Ideal** handelt, das praktisch nie erfüllt worden ist und wohl auch nie zu erfüllen ist. Wenn aber um ein Ideal, das die für die Möglichkeit echter Wissenschaft überhaupt allererst
5 normgebende Logik voraussetzt, dann stehen wir vor dem **Dilemma**:

Entweder die Logik operiert mit einer universalen **Fiktion** und ist dann selbst nichts weniger als normgebend; oder sie ist normgebend; dann ist dieses Ideal eben eine wirkliche **Grund-**
10 **norm**, zur Möglichkeit echter Wissenschaft unablöslich gehörig.

Müssen wir die letztere Auffassung mindest zunächst bevorzugen und den Versuch machen, sie zu berechtigen, so **erweitert sich für uns das subjektiv gerichtete Methodenproblem der Logik um ein wesentlich neues**
15 **Stück**, und zwar erweitert sich damit dasjenige der schöpferischen Methode der logischen **Grundbegrifflichkeit**. In der Tat, jenes Ideal der Identität der Aussagebedeutungen (in dem mehrfachen Sinn) steckt ja im Sinne aller logischen Grundbegriffe. Demnach ist die in formaler Allgemeinheit zu allem kon-
20 kret logischen, das ist wissenschaftlichen Denken gehörige und allgemein zu fassende Methode der Verwirklichung identischer Bedeutung **Bestandstück der Methode der Grundbegriffsbildung der Logik**. In Sonderfassung ist es das **Problem der Konstitution der normativen idea-**
25 **len objektiven Identität** mit den, wie vorauszusehen, wesensmäßig einzubeziehenden Approximationsstufen.

Das konstitutive Problem erweitert sich abermals, wenn wir daran denken, daß der von unserer logischen Betrachtung ausgeschlossene **sprachliche Ausdruck** für ein intersubjektives
30 Denken und für eine Intersubjektivität der idealiter seiend-geltenden Theorie Wesensvoraussetzung ist, und somit auch eine ideale Identifizierbarkeit des Ausdrucks als Ausdrucks ein konstitutives Problem mit sich führen muß.

§ 74. *Die Idealitäten des Undsoweiter, der konstruktiven* [167]
35 *Unendlichkeiten und ihr subjektives Korrelat*

Die subjektive intentionale Thematik einer Analytik, die (bei aller Begrenzung auf das bloß analytisch Formale) ernstlich Wissenschaftstheorie sein, ernstlich die Möglichkeit einer echten Wissenschaft begründen, ernstlich die Prinzipien der Rechtfertigung der Echtheit für den Wissenschaftler bereitstellen will, führt, wie wir sehen, in ungeahnte phänomenologische Tiefen und Weiten. Dabei haben wir nicht einmal alle Idealisierungen berücksichtigt, die für eine pure Analytik eine universale Rolle spielen. Ich erinnere nur noch an die von den Logikern nie herausgehobene Grundform des „Und so weiter", der iterativen „Unendlichkeit", die ihr subjektives Korrelat hat im „man kann immer wieder". Es ist eine offenbare Idealisierung, da *de facto* niemand immer wieder kann. Aber sie spielt doch in der Logik überall ihre sinnbestimmende Rolle. Man kann auf eine ideale Bedeutungseinheit und so auf eine ideale Einheit überhaupt immer wieder zurückkommen — insofern gehört das „und so weiter" auch als Grundstück zum Problem des vorigen Paragraphen. Man kann z.B. zu einer Menge immer wieder eine ihr disjunkte Menge haben und sie addierend hinzufügen; man kann zu jeder Anzahl $a$ immer wieder ein $a + 1$ bilden, und so aus dem 1 die „unendliche" Anzahlenreihe bilden. In der Formenlehre der analytischen Sinne haben wir lauter iterierbare Gesetzmäßigkeiten, in allen steckt die Unendlichkeit, steckt das „immer wieder", das „und so weiter". Die Mathematik ist das Reich unendlicher Konstruktionen, ein Reich von idealen Existenzen, nicht nur „endlicher" Sinne, sondern auch von konstruktiven Unendlichkeiten. Offenbar wiederholt sich hier das Problem der subjektiven konstitutiven Ursprünge als der verborgenen, zu enthüllenden und als Norm neu zu gestaltenden Methode der Konstruktionen, der Methode, in der das „und so weiter" verschiedenen Sinnes und die Unendlichkeiten als neuartige kategoriale Gebilde (die aber auch schon in der vorbegrifflichen Vorstellungssphäre ihre große Rolle spielen) evident werden. Eben diese Evidenz in allen ihren Sondergestalten muß nun aber zum Thema werden.

### § 75. *Das analytische Widerspruchsgesetz und seine subjektive Wendung*

Gehen wir nun in der Freilegung der subjektiven Problematik ein Stück weiter. In der puren Konsequenzlogik haben wir

es mit Gesetzen der Konsequenz und des Widerspruchs und allen- [168]
falls noch der äußerlichen (nicht auf Konsequenz beruhenden)
Widerspruchslosigkeit zu tun[1]. Objektiv heißt ein Urteil
Widerspruch eines anderen, wenn es entweder ein unmittelbarer
5 Widerspruch dieses anderen ist oder als mittelbarer ein Widerspruch gegen dessen Konsequenz.

Das objektiv-ideale Grundgesetz lautet dann: **Jedes widersprechende Urteil ist durch das Urteil, dem es widerspricht, „ausgeschlossen".** Jedes Urteil, das eine
10 analytische Konsequenz eines anderen ist, ist darin „mitbeschlossen".

Das Letztere besagt **subjektiv**: Wer eine Urteilsmeinung hat und, diese sich auslegend, irgendeine analytische Konsequenz zieht, urteilt nun die Konsequenz nicht nur faktisch, sondern
15 „**er kann nicht anders**" als so zu urteilen: im bloßen Hinachten auf die syntaktische Form und im Bewußtsein der Beliebigkeit der gerade vorkommenden Kerne wird die Notwendigkeit, das Nicht-anders-können, mitbewußt: in vollkommenster Weise im wirklichen Übergang in die formale Allgemeinheit. Die
20 generelle Evidenz der analytischen Konsequenz ineins mit dem Versuch und Ansatz ihrer Negation zeigt objektiv die generelle Unmöglichkeit dieser Einheit, und, subjektiv, die Unmöglichkeit des urteilenden Glaubens nicht nur für einen faktisch Urteilenden, sondern für einen (in der Evidenz der Deutlichkeit) Urteilenden
25 überhaupt. Niemand überhaupt kann anders als in solchem Zusammenhang negieren. Ebenso wer zwei Urteile als von jemandem geurteilte sich denkt und im Übergang zur Verdeutlichung erkennt, daß das eine dem anderen widerspricht, kann nicht anders, als das aus beiden gebildete konjunktive Urteil leugnen. Allge-
30 mein gilt hier also **das subjektiv gewendete formale Grundgesetz der puren Analytik**:

Von zwei einander (unmittelbar oder mittelbar) widersprechenden Urteilen kann im eigentlichen oder deutlichen Einheitsvollzug einem Urteilenden überhaupt nur eines von beiden gelten.
35 Geltung besagt hier natürlich nicht Wahrheit, sondern eben bloßes Urteilen in dem Modus der Deutlichkeit. Das analytische Widerspruchsgesetz ist also nicht etwa zu verwechseln mit dem

---

[1] Vgl. dazu auch vorne die §§ 19, 20.

historisch unter diesem Titel ausgesprochenen Gesetz der Wahrheitslogik.

So richtig jene subjektiven Wendungen auch sind, sie i n d i z i e r e n nur die wirkliche, hinter ihnen liegende Gesetzmäßigkeit, die in der wirklichen Enthüllung der korrelativen subjektiven Strukturen zutage tritt. Rein o b j e k t i v ist der pure analytische [169] Widerspruchssatz ein Satz über ideale mathematische „Existenz" und Koexistenz, also über Kompossibilität von Urteilen in der Deutlichkeit. Auf s u b j e k t i v e r Seite aber steht die apriorische Struktur der Evidenz und der ihr sonst zugehörigen subjektiven Leistungen, deren Enthüllung die subjektiven Wesenslagen wirklich herausstellt, die ihrem objektiven Sinn entsprechen.

Mit dem Subjektiven der Evidenz, die speziell zur idealen Sphäre der Konsequenz und Inkonsequenz gehört, verflechten sich in Wesensnotwendigkeit E v i d e n z e n  d e r  F o r m e n l e h r e, bezogen auf die Modi der Verworrenheit und die vorher aufgewiesenen Einheitszusammenhänge der Intention und Erfüllung.

Alle diese Evidenzen mit ihren zugehörigen Wesensstrukturen müssen entfaltet werden als mitfungierend in der subjektiven und verborgenen „Methodik" der intentionalen Konstitution der verschiedenen idealen Einheiten und Zusammenhänge, die die Formenlehre mit der Konsequenzlehre verbinden zur Einheit der mathematischen Analytik. Alle subjektiven Strukturen haben eben ein A p r i o r i  d e r  F u n k t i o n, sie alle müssen herausgestellt und dieses Apriori aus einem klaren Sich-selbst-verstehen bewußt gestaltet werden, als ursprungsklare Methode für eine radikal rechtmäßige Formenlehre und eine rechtmäßig in ihr gründende volle Analytik, eine Analytik, für die es keine Paradoxien geben kann und deren rechtmäßiger Anwendungssinn völlig außer Frage sein muß.

### § 76. *Übergang zur subjektiven Problematik der Wahrheitslogik*

Wir haben bisher von der Analytik im engeren Sinne der „puren" *mathesis universalis* gesprochen, einer Wissenschaft von unendlicher Fruchtbarkeit, die, wie wir schon wissen, keinen Zuwachs an neuen Disziplinen, sondern nur die spezifisch logische Funktion gewinnt, wenn sie nachher die Begriffe der Wahrheit

in ihr Thema einbezieht und sich um einige auf sie bezügliche Sätze erweitert. In ihnen gründet es, daß die formalen Gesetze bloßer Widerspruchslosigkeit zu Bedingungen der Möglichkeit der Wahrheit werden und als das ausgesprochen werden können.
5 Die pure mathematische Analytik geht dann, sagten wir, in eine analytische, eigentliche Wissenschaftslehre über, oder, was äquivalent ist, in eine „formale Ontologie".

Genauer überlegt ist eine derartige Wissenschaftslehre und Ontologie, wenn sie nach Freilegung ihres Gebietes geradehin
10 durchgeführt gedacht wird, sehr wenig geeignet, das zu leisten, wozu sie doch bestimmt ist, nämlich Normen und sei es bloß for- [170] male Normen der Wesensmöglichkeit von echten Wissenschaften zu bieten. Das betrifft jetzt speziell die neuen Grundbegriffe und Gesetze, mit der neuen Sinnbestimmung, die durch sie der puren
15 mathematischen Analytik eingeflößt wird. Wenn sie so bereichert als „formale" Logik ihrem Prinzip treu bleibt, die syntaktischen Stoffe in unbestimmter Allgemeinheit zu belassen und bloße Syntaktik möglichen wahren Seins und möglicher prädikativer Wahrheit zu sein, so fragt es sich, **wie sie dieses**
20 **„wahr" in ihre formalen Allgemeinheiten überhaupt hineinbringt**. Es scheint zunächst, daß hier für die **Schöpfung der neuen Grundbegriffe** nichts anderes zu leisten ist als für diejenigen der vorangehenden logischen Disziplinen: wie diese ihre Wesensbegriffe der Form aus Exempeln
25 durch Wesensverallgemeinerung schöpfen, so die formale Wahrheitslehre aus **Exempeln wahren Seins und prädikativer Wahrheit**. Dort zwang die Erkenntnis gewisser idealisierender Voraussetzungen zu subjektiv gerichteten Untersuchungen. Entsprechendes ist auch hier zu erwarten, und so scheint
30 ein gleicher Weg vorgedeutet und die Art der zu lösenden Schwierigkeiten als die gleiche.

Aber bei tieferem Eindringen zeigt es sich, daß wir hier nicht nur auf gleichartige, sondern auf neue und **viel weiter reichende Voraussetzungen und Schwierigkeiten**
35 stoßen, als welche wir bisher kennenzulernen Gelegenheit hatten. Sowie sie sichtbar werden, umgreifen sie allerdings sofort auch die ganze auf das rein Mathematische beschränkte Analytik. Da die Logik in allen ihren historischen Gestalten von dem ihr „eingeborenen" Grundsinn einer analytischen Logik wesentlich be-

stimmt gewesen ist (zu dem die Forschung in naiver Positivität gehört), so finden wir sie auch in allen diesen Gestalten mit diesen ihr selbst eben vermöge dieser Naivität verborgenen Grundschwierigkeiten behaftet, die wir hier an der rein herausgestellten
5 Idee einer Analytik zu erörtern haben.

Unsere Untersuchung hat einen gegebenen Ausgangspunkt in dem Begriff der Wahrheit und in den ihn axiomatisch auslegenden „logischen Prinzipien". Wir erinnern uns an die Ursprungsanalysen für die Begriffe wahrhaftes Sein und Wahr-
10 heit als Urteilsrichtigkeit in ihrer Rückbeziehung auf Selbstgebung (Erfahrung im engeren und weiteren Sinne) und auf Adäquation[1]. Sie waren zureichend für unseren damaligen Zweck, eine pure mathematische Analytik (der bloßen Widerspruchslosigkeit) gegenüber einer formalen Logik der Wahrheit abzuscheiden; aber [171]
15 sie berührten nur in flüchtigen Hinweisen, z.B. den auf die Vollkommenheitsunterschiede der Evidenz (in dem doppelten Sinne), einzelne der dunkelen Stellen, von denen, sowie man in sie eindringt, sehr schwierige Fragen ausgehen.

§ 77. *Die im Satz vom Widerspruch und vom ausgeschlossenen*
20 *Dritten enthaltenen idealisierenden Voraussetzungen*

Beginnen wir mit den Problemen der Evidenz der „logischen Prinzipien". Ihre Evidenz muß doch in der evidenten Schöpfung der Begriffe Wahrheit und Falschheit gegründet sein. Der Satz vom Widerspruch drückt die generelle Unmöglichkeit aus,
25 daß kontradiktorische Urteile zusammen wahr (oder falsch) sind. Fragen wir nach der Evidenz, in der diese Unmöglichkeit gründet, so sehen wir, daß in ihr folgendes liegt: wenn ein Urteil im Sinne positiver sachlicher Evidenz zur Adäquation zu bringen ist, so ist apriori sein kontradiktorisches Gegenteil nicht nur als Urteil
30 ausgeschlossen, sondern ebenfalls nicht zu solcher Adäquation zu bringen. Und ebenso umgekehrt.

Damit ist noch nicht gesagt, daß überhaupt jedes Urteil zur Adäquation gebracht werden könne. Eben das liegt im Satz vom ausgeschlossenen Dritten, bzw. in seinem subjek-
35 tiven Evidenzkorrelat mitbeschlossen. Jedes Urteil ist an

---

[1] Vgl. I. Abschnitt, § 16, S. 61 ff. und für die „logischen Prinzipien" § 20, S. 71 ff.

„seine Sachen selbst"heranzubringen und nach ihnen
zu richten, sei es in positiver oder in negativer Adäquation. Im
einen Falle ist es evident wahr — in erfüllend-bewährender Dek-
kung mit der im jeweiligen Urteil gemeinten und nun als selbst-
gegeben sich bietenden kategorialen Gegenständlichkeit; im
anderen Falle evident falsch, nämlich sofern ineins mit der
partialen Erfüllung der Urteilsmeinung (der vermeinten kategorialen Gegenständlichkeit als solcher) sich als selbstgegeben
eine kategoriale Gegenständlichkeit herausstellt, die der totalen
Urteilsmeinung widerstreitet und sie notwendig „aufhebt". Eine
wesensmögliche Änderung der Urteilsbildung ergibt dann (wie
wir schon wissen) statt der aufhebenden Negation als Durchstreichung das positive Urteil mit dem geänderten prädikativen Sinn, der das Negat als prädikative Form enthält und damit die Wahrheit des kontradiktorischen Gegenteils aussagt.

Das Prinzip vom ausgeschlossenen Dritten hat also in subjektiver Hinsicht zwei Stücke. Es beschließt nicht nur, daß, wenn
ein Urteil zur Adäquation zu bringen ist, zur Synthesis mit einer
im erweiterten Sinn entsprechenden Selbstgegebenheit, es ent- [172]
weder zu positiver oder negativer Adäquation zu bringen ist,
sondern auch — falls man das nicht als eigenes Evidenzprinzip
vorweg herausstellt — daß, wie gesagt, jedes Urteil prinzipiell zur Adäquation gebracht werden kann.
„Prinzipiell" in einer Idealität verstanden, für die freilich
nach keiner Rechenschaft abgebenden Evidenz je gefragt worden ist. Wir wissen alle sehr wohl, wie wenige Urteile irgend jemand *de facto* und bei bestem Bemühen anschaulich ausweisen
kann; und doch soll es apriori einsehbar sein, daß es keine nicht-
evidenten Urteile geben kann, die nicht „an sich" evident zu
machen wären, und zwar im Sinne positiver oder negativer Evidenz.

Wir sind noch nicht zu Ende. Das Doppelprinzip vom Widerspruch und vom ausgeschlossenen Dritten sagt schlechthin, jedes
Urteil ist eines von beiden, wahr oder falsch. Es enthält kein
solches subjektives Wort wie Evidenz, obschon Wahrheit und
Falschheit ursprünglich Sinn und Recht aus der Evidenz schöpfen. Ein Urteil ist nicht einmal wahr und das andere Mal falsch,
sondern wahr oder falsch ein für allemal; d.h. wenn es einmal evident ist, einmal in der Evidenz erfüllender Adäquation

ausgewiesen, so kann es nicht ein andermal in der Evidenz „enttäuschender Adäquation" als falsch erwiesen sein.

Man kann auch dem viel gedeuteten **Prinzip von der Identität** *A ist A* eben diesen Sinn geben: wenn *A* wahr ist (wo *A* als ein Urteil in unserem weitesten Sinne verstanden werden kann), so ist es ein für allemal wahr — Wahrheit ist eine dem ideal identischen Urteil bleibend zugehörige Beschaffenheit. Man könnte dann die beiden anderen Prinzipien hinzufügen: wenn überhaupt ein *A* wahr ist, ist sein kontradiktorisches Gegenteil falsch, und jedes Urteil ist eines von beiden, wahr oder falsch. Aber es fragt sich, ob diese Dreigliederung homogen ist, da das „ein für allemal" eine subjektive Wendung ist, die in die rein objektiven Prinzipien nicht hineingehört.

Aber noch kommt der Sinn der logischen Prinzipien zu kurz: wir hätten schon in der puren mathematischen Analytik die Identität der Urteilssinne beziehen können auf „**Jedermann**": dasselbe Urteil ist nicht nur als **meine** bleibende Meinung ideale Einheit **meiner** mannigfaltigen subjektiven Erlebnisse, sondern jedermann kann dieselbe Meinung haben — wonach wir also schon früher das Problem der universalen intersubjektiven Evidenz dieser Selbigkeit hätten aufwerfen müssen. Haben wir vorgezogen, das „Jedermann" erst hier einzuführen, so kommt jetzt als Weiteres in Frage die Meinung der Logik, daß eine Adäquation, die der eine vollzieht, nicht nur **ihm** ein für allemal [173] **die** Wahrheit als eine ideale Einheit ergibt, sondern daß diese Idealität sich auch auf jedermann erstreckt. Jedermann kann jedes Urteil haben und für jedermann gilt die Möglichkeit, dieses Urteil zur Adäquation zu bringen und desgleichen die zugehörigen logischen Gesetze. Alle stehen mit allen darin in einer vollkommenen Harmonie.

Die merkwürdigen Sinnbestimmungen des Wahrheitsbegriffes der Logik — des Begriffes einer „objektiven", nämlich intersubjektiv-identischen Wahrheit, den sie zugrunde legt, erstrecken sich auf alle Sätze, die sie theoretisch aufstellt, — ihre Axiome wie ihre Lehrsätze. Sie alle erheben also den Anspruch ein für allemal und für jedermann zu gelten.

## § 78. *Die Umwendung der Gesetze des „modus ponens und tollens" in subjektive Evidenzgesetze*

Auch für die unter den Titeln des *modus ponens* und *tollens* zu scheidenden Grundgesetze, von denen nur das in die pure Konsequenzlogik gehörige Prinzip der analytischen Folge sich als ein echtes Prinzip erwiesen hat[1], können wir, ähnlich wie für das Doppelprinzip vom Widerspruch, die Umwendung in subjektive Evidenzgesetze vollziehen. Für das reine Konsequenzprinzip gewinnen wir dann als Gesetz: daß die Möglichkeit der Deutlichkeitsevidenz des analytischen Grundurteils notwendig die Möglichkeit ebensolcher Evidenz des Folgeurteils nach sich zieht.

Das Neue in der Umwendung des entsprechenden Gesetzes der Wahrheitslogik ist, daß bei Durchführung der syntaktischen (kategorialen) Aktionen des Grundurteilens an der Ursprünglichkeit der „Sachen selbst" (auf Grund der „Erfahrung") dieselbe Möglichkeit sachlicher Evidenz auch für die Urteilsaktionen der Folge bestehen müssen. Natürlich bieten auch diese Evidenzsätze nicht eine Selbstverständigung ihrer Probleme und zudem gehören alle Schwierigkeiten des Verständnisses der apriorischen Evidenzgesetze, die für die früheren Prinzipien aufgewiesen werden mögen, auch zu dem jetzt fraglichen Prinzip. Sie alle fordern ein reflektives Studium dieser Evidenzen, ihres Ursprungs, ihrer Struktur, ihrer eigentlichen Leistung.

## § 79. *Die Voraussetzungen der Wahrheit und Falschheit an sich und der Entscheidbarkeit aller Urteile* [174]

Gehen wir nun zu den ersten, Wahrheit und Falschheit sozusagen definierenden Prinzipien zurück, die eben darum voranstehen. Wahrheit und Falschheit bedeuten ihnen Prädikate von Urteilen, aber nicht eigenwesentliche, in der traditionellen Rede nicht „konstituierende Merkmale" derselben. Man kann sie den Urteilen nicht ohne weiteres „ansehen". Urteile selbst-gegeben haben, ist nicht, das eine oder andere dieser Prädikate selbst-gegeben haben.

---

[1] Vgl. I. Abschnitt, § 20.

Es kann nicht einmal gesagt werden, daß im eigentlichen Wortsinn ein **Anspruch auf Wahrheit** den Urteilen eigenwesentlich ist, und es ist daher nicht richtig, diesen Anspruchsbegriff schon von vornherein zum Urteilsbegriff zu rechnen. Subjektiv gesprochen, es ist für den Urteilenden nicht notwendig, Wahrheit mit vorzustellen, ob anschaulich oder leer. Man muß sich hier vor dem Doppelsinn der Rede von **Behauptung** hüten, durch die man die Urteile zu erklären liebt. Der häufige und sozusagen betonte Sinn von Behauptung sagt: dafür stehe ich ein, es ist wahr, man kann es jederzeit durch Adäquation ausweisen. Aber der Möglichkeit der Adäquation geht das Urteil schon voraus, das in sie jederzeit eintreten könnte. Urteil ist kategorialer Glaube (grammatisch ausgedrückt prädikativer) — im gewöhnlichen engeren Sinn unmodalisierte kategoriale Gewißheit, — also nicht schon ein Sich-überzeugt-haben durch irgendwelche Zeugen und Zeugnisse, auch nicht die letztentscheidenden: die „Sachen selbst". Also in ihrem Eigenwesen haben Urteile nichts von einem Anspruch auf Wahrheit und Falschheit, aber es kann jedes die praktische Intention auf Bewährung, auf das „es stimmt", oder auf Entscheidung, ob es stimmt oder nicht stimmt, in sich aufnehmen, es kann subjektiv, als Urteil im urteilenden Meinen, in genauer zu unterscheidende intentionale Zusammenhänge der Bestätigung und evidenten Bewährung treten, die zu klären wieder eine wichtige Aufgabe der subjektiv gewandten logischen Arbeit ist.

Gemäß dem Ursprungssinn der apophantischen Logik und ihrer wesentlichen Beziehung auf **Urteilskritik** wird, wie wir das schon früher auszuführen hatten, **vom Logiker** jedes Urteil von vornherein **als zu bewährende Behauptung**, also in der Erkenntnisintention gedacht, bzw. jedes als in Frage zu stellen, und danach jede Wahrheit als eine, sei es durch direkte rechtgebende Evidenz oder durch Evidenz mittelbarer Methode, gewonnene Entscheidung gedacht. Gilt es nun für den im Erkenntniswillen lebenden Wissenschaftler, jedes so noch nicht [175] entschiedene Urteil zur Richtigkeitsentscheidung zu bringen, und, um gegenüber zu erneuernden Zweifelsfragen und kritischen Einwänden zu bestehen, auch die schon entschiedenen evtl. nachprüfend wieder so zu behandeln, so liegt für den Logiker und die Logik im Stande der Positivität **immer schon eine**

Grundüberzeugung voran, eben diejenige, die jeden Wissenschaftler in seinem Gebiet unausgesprochen leitet: die der Wahrheit an sich und Falschheit an sich. Für uns bleiben viele Urteile ohne Rechtsentscheidung und für uns sind
5 die meisten der überhaupt möglichen *de facto* so nie entscheidbar, aber sie sind es an sich. Jedes Urteil ist an sich entschieden, es „gehört" sein Prädikat der Wahrheit oder Falschheit zu seinem Wesen — obschon es, wie oben gezeigt, kein konstituierendes Merkmal irgendeines Urteils als Urteils ist.
10 Das ist sehr merkwürdig.

Natürlich ist immer schon die Rede von fest identifizierbaren Urteilen, von uns und sogar von jedermann (in der besprochenen Idealisierung) herstellbaren und als das immer schon zur Verfügung stehenden. Also von diesen Grundvoraussetzungen und den
15 auf sie bezüglichen schwierigen Fragen und Untersuchungen, mögen sie geführt oder übersehen sein, wollen wir jetzt nicht sprechen, obschon wir sie beständig als hier überall hineingehörig im Auge haben müssen. Jedenfalls wir als Logiker fußen auf der Gewißheit verfügbarer identischer Urteile. Aber nun sollen sie
20 „an sich entschieden" sein. Das heißt doch durch eine „Methode", durch einen an sich seienden und gangbaren Weg erkennenden Denkens, der unmittelbar oder mittelbar zu einer Adäquation, zu einer Evidentmachung der Wahrheit oder Falschheit jedes Urteils führt. Mit all dem ist ein erstaunliches
25 Apriori jedem Subjekt möglichen Urteilens, also auch jedem Menschen und jedem erdenklichen, auferlegt; erstaunlich, denn wie sollen wir apriori wissen, daß es Denkwege mit gewissen Endergebnissen „an sich gibt" als zu betretende, aber nie betretene, Denkaktionen unbekannter subjektiver Gestalten als ausführ-
30 bare, aber nie ausgeführte.

§ 80. *Die Evidenz der Wahrheitsvoraussetzung und die Aufgabe ihrer Kritik*

Doch wir haben ja *de facto* Erkenntnis, wir haben Evidenz und in ihr erzielte Wahrheit bzw. abgewiesene Falschheit. Wir
35 haben faktisch ⟨bis⟩ dahin noch unentschiedene Urteile gehabt, sie faktisch in Frage gestellt und in Sicherheit vorausgesetzt, daß sie positiv oder negativ zu entscheiden seien, und es ist oft die [176]

Entscheidung gelungen, die diese nie formulierte Voraussetzung zugleich erfüllte. Wenn wir nun als Logiker den Satz vom Widerspruch und den vom ausgeschlossenen Dritten feststellten — geschah das nicht auf Grund einer Wesensverallgemeinerung im
5 Ausgang von solchen exemplarischen Einzelfällen und evtl. daran zu vollziehenden faktischen Versuchen des Andersdenkens, auf Grund einer apodiktisch evidenten Verallgemeinerung, so daß wir die unbedingt allgemeine Wahrheit dieser Prinzipien und im Versuch der Leugnung die unbedingt allgemeine Unmöglichkeit
10 des Andersseins erfaßten? Wir hätten natürlich statt wirklicher mögliche Wahrheiten und Falschheiten nebst deren Ausweisungen wählen können, das ist, uns in purer Phantasie hineindenkend in irgendein Urteilen und uns anschaulich-explizit Wege der positiven oder negativen Adäquation an entsprechende
15 mögliche Sachlichkeiten phantasierend. Die Wesensverallgemeinerung haftet ja nicht am Faktum; da sie ohnehin, selbst wenn sie von einem wirklichen Faktum ausgeht, es frei variieren muß (also in ideal mögliche Fakta), so kann sie ebensogut von vornherein von freien Möglichkeiten ausgehen.

20 Dagegen ist zunächst natürlich nichts einzuwenden. Vor allem, daß in der Tat Wahrheiten an sich bestehen, die man suchen und auf den an sich schon vorgezeichneten Zugangswegen auch finden kann, ist doch eine der fraglosen Selbstverständlichkeiten des Lebens. Man fragt nie, o b es eine Wahrheit gebe, sondern je-
25 weils nur, w i e sie erreicht werden könne, allenfalls, ob sie für unsere faktisch beschränkte Erkenntniskraft nicht überhaupt unerreichbar sei oder ob sie es nur sei bei unseren zur Zeit unzureichenden Vorkenntnissen und methodischen Hilfsmitteln. In dieser Weise, obschon immer unter Schranken, haben wir neben
30 den Bereichen erkennbarer Wahrheiten, die ein praktisches Leben möglich machen, auch die unendlichen Erkenntnisfelder der Wissenschaften. Ihre Möglichkeit beruht ganz und gar auf dieser Gewißheit, daß ihre Gebiete in Wahrheit sind und daß für sie theoretische Wahrheiten an sich bestehen als zu verwirklichende
35 auf zu erforschenden und schrittweise zu verwirklichenden Erkenntniswegen.

Von diesen Selbstverständlichkeiten wollen wir nichts preisgeben, sie haben sicherlich den Rang von Evidenzen. Aber das darf uns nicht hindern, sie einer Kritik zu unterwerfen, sie n a c h ihrem eigentümlichen Sinn und ihrer „Tragweite" zu befragen. Urteilsevidenzen können Voraussetzungen haben — nicht gerade Hypothesen, sondern im Bereich der Evidenz der sachlichen Unterlagen mitbeschlossene, also die Wahrheiten und Falschheiten mitfundierende Voraussetzungen — die eben nicht zur evidenten Fixierung kommen, weil das Erkenntnisinteresse nicht in diese Richtung geht und es sich vielleicht um Selbstverständlichkeiten einer Art handelt, die im betreffenden Erkenntnisgebiet in immer gleicher Weise ihre eben darum uninteressante Rolle spielen.

Man beachte z.B. das ungeheure Reich der **okkasionellen Urteile**, die doch auch ihre intersubjektive Wahrheit und Falschheit haben. Sie beruht offenbar darauf, daß das ganze tägliche Leben des Einzelnen und der Gemeinschaft auf eine **typische Gleichartigkeit der Situationen** bezogen ist, derart daß jeder, der in die Situation eintritt, als normaler Mensch *eo ipso* die ihr zugehörigen und allgemeinsamen **Situationshorizonte** hat. Man kann diese Horizonte nachträglich explizieren, aber die **konstituierende Horizontintentionalität**, durch die die Umwelt des täglichen Lebens überhaupt **Erfahrungswelt** ist, ist immer früher als die Auslegung des Reflektierenden; und sie ist es, die den **Sinn der okkasionellen Urteile wesentlich bestimmt**, immer und weit über das hinaus, was jeweils in den Worten selbst ausdrücklich und bestimmt gesagt ist und gesagt werden kann[1]. Das sind also „Voraussetzungen", die als in der konstituierenden Intentionalität beschlossene intentionale Implikate schon den gegenständlichen Sinn der nächsten Erfahrungsumgebung beständig bestimmen und die daher einen total anderen Charakter haben als Prämissenvoraussetzungen und überhaupt als die bisher von uns besprochenen idealisierenden Voraussetzungen des prädikativen Urteilens. In der formalen Abstraktion logischen Denkens und bei seiner Naivität können solche nie formulierte Voraussetzungen leicht übersehen und dadurch kann selbst den logischen Grundbegriffen und Prinzipien eine falsche Tragweite zuerteilt werden.

---

[1] In den *Logischen Untersuchungen* fehlte mir noch die Lehre von der Horizontintentionalität, deren allbestimmende Rolle erst die *Ideen* herausgestellt haben. Darum konnte ich dort mit den okkasionellen Urteilen und ihrer Bedeutung nicht fertig werden.

Überhaupt ist ja schon aus unseren bisherigen Stücken einer
Evidenzkritik sichtbar geworden, daß Evidenz zunächst eine
naiv betätigte und „verborgene Methode" ist, die nach ihrer Leistung befragt werden muß, damit man weiß, was man in ihr, als
5 einem Bewußtsein im Modus der Selbsthabe, wirklich selbst hat
und mit welchen Horizonten. Die Notwendigkeit und Bedeutung dieser tiefsten Leistungskritik wird freilich im weiteren [178]
in sehr viel höherem Maße sichtlich und verständlich werden.
Und verständlich wird dabei auch werden, warum die Frage, was
10 ist Wahrheit? keine bloße Spielfrage einer zwischen skeptischem Negativismus bzw. Relativismus und logischem Absolutismus verhandelnden Dialektik ist, sondern ein gewaltiges
Arbeitsproblem, das auf einem eigenen Boden der Sachlichkeit
beruht und auf höchst umfassende Untersuchungen verweist.
15 Es wird sich von immer neuen Seiten zeigen, daß die Logik vor
allem darum unfähig ist, der Idee einer echten Wissenschaftslehre genugzutun, also allen Wissenschaften wirklich zur Norm
zu gereichen, weil zu ihren formalen Allgemeinheiten die intentionale Kritik fehlt, die einer fruchtbaren Anwendung Sinn und
20 Grenzen vorschreibt.

### § 81. *Formulierung weiterer Probleme*

Unser jetziges Thema, der Sinn der logischen „Wahrheit an
sich" oder auch der „objektiven Wahrheit", bzw. die Kritik der
auf sie bezüglichen Prinzipien, hat verschiedene Problemseiten
25 an sich, die aber so innig verschlungen sind, daß sie einer Darstellung Schwierigkeiten bereiten.

Den problematischen Sinn des mit dem „ein für allemal wahr"
verbundenen „wahr für jedermann" haben wir schon berührt,
aber keineswegs schon voll enthüllt und geklärt.
30 Ein weiteres ist die Problematik, die sich durch die Beziehung der prädikativen Wahrheit auf Gegenstände-worüber ergibt und schließlich auf „letzte Substrate", auf
Gegenstände möglicher „Erfahrung". Diese Gegenstände, das im
letzten Sinne Sachliche, sind im Sinne der traditionellen Logik
35 „Objektives"; Erfahrung ist *eo ipso* objektive Erfahrung, Wahrheit *eo ipso* objektive Wahrheit. Sie ist Wahrheit an sich für „Objekte" — einer objektiven Welt.

Als solche „Objekte" sind sie ihrerseits „an sich" und nicht nur überhaupt beurteilbar, sondern, wie gesagt, so, daß jedes Urteil entscheidbar ist in Wahrheiten (und Falschheiten) an sich. Damit hängt nahe zusammen, daß der Sinn dieses Seins der Objekte in der traditionellen Logik in der Regel gedacht ist im Sinne eines **absoluten Seins**, dem die Beziehung zur erkennenden Subjektivität und ihren wirklichen oder möglichen subjektiven „Erscheinungen" außerwesentlich ist. Das absolute Sein aller Objekte hat sein Korrelat in einer **absoluten Wahrheit**, die es vollständig erschöpfend prädikativ entfaltet.

Zu all dem haben wir die entsprechenden Evidenzprobleme, die, da, was immer wir vernünftig aussagen wollen, aus Evidenz geschöpft sein soll, für jeden Punkt aufzuwerfen sind. Aber allgemein kommt hier in Frage der **Evidenzbegriff der traditionellen Logik**, der als Korrelat der absoluten Wahrheit und der absolut seienden Gegenstände den Leistungssinn **absoluter Evidenz** haben soll. In Zusammenhang damit steht die Klärung der allbekannten Unterschiede zwischen **unvollkommener und vollkommener Evidenz**, evtl. **unechter und echter**. Andere Punkte von Wichtigkeit, die sich vorweg nicht so leicht verständlich bezeichnen lassen, werden noch im Zusammenhang der Darstellung selbst ihre Motivation und Beschreibung finden.

[179]

## 4. KAPITEL
### RÜCKFÜHRUNG DER EVIDENZKRITIK DER LOGISCHEN PRINZIPIEN AUF DIE EVIDENZKRITIK DER ERFAHRUNG

§ 82. *Die Reduktion der Urteile auf letzte Urteile.*
*Die kategorialen Urabwandlungen des Etwas und das Ursubstrat*
*Individuum*

Unser Erstes muß der **Rückgang vom Urteil zu den Urteilssubstraten**, von den Wahrheiten zu ihren **Gegenständen-worüber** sein.

Hier bedarf es zunächst einer wichtigen Ergänzung der puren Logik der Widerspruchslosigkeit, einer Ergänzung, die zwar die eigentliche formale Mathematik überschreitet, aber doch noch nicht zur Wahrheitslogik gehört. Es handelt sich sozusagen um ein Übergangsglied zwischen beiden.

Die Formalisierung, welche die Analytik vollzieht und welche ihren eigentümlichen Charakter bestimmt, bestand, wie wir uns erinnern, darin, daß die syntaktischen Stoffe oder „Kerne" der Urteile als bloßes Etwas-überhaupt gedacht wurden, so daß nur die syntaktische Form, das spezifisch Urteilsmäßige (eingerechnet die Kernformen, wie die Form der Substantivität, Adjektivität usw.) für die begrifflichen Wesen bestimmend wurde, die als „Urteilsformen" in die logischen Gesetze der Analytik eingingen. Hier ist nun die Relativität zu beachten, in der diese Gesetze die unbestimmt allgemeinen Kerne belassen. Z.B. die Form des kategorischen Urteils und des näheren des adjektivisch bestimmenden sagt nichts darüber, ob Urteilssubjekt und -prädikat nicht schon syntaktische Formen im Kern selbst [180] enthalten; das Subjekt S, als Form verstanden, besondert sich formal ebensogut durch S, welches a ist, S, welches a, b ist, oder S, welches in Relationz u Q steht usw. Dabei ist es offen, daß in jeder dieser Formen das S selbst schon derartige syntaktische Gestalten in sich habe. Ebenso kann auf Prädikatseite das p schon eine kategoriale Bestimmung in sich tragen (etwa q seiendes p, wie z.B. blutrot); und so in einem beliebig komplizierten Ineinander. Es ist aber apriori einzusehen, daß jedes wirkliche und mögliche Urteil, wenn wir seinen Syntaxen nachgehen, auf letzte Kerne zurückführt, bzw. daß es letztlich ein syntaktischer Bau, wenn auch evtl. ein sehr mittelbarer ist aus elementaren Kernen, die keine Syntaxen mehr enthalten. Auch werden wir durch das substantivierte Adjektiv, seinem Sinne nachgehend, zurückgeführt auf das ursprüngliche Adjektiv bzw. auf das ursprünglichere Urteil, dem es zugehört und in dem es als irreduzible Urform auftritt. Ebenso führt uns eine Allgemeinheit höherer Stufe (wie z.B. der logischen Formgattung Urteilsform) zurück auf Allgemeinheiten niederer Stufe (im Beispiel die besonderen Urteilsformen). Und stets ist es klar, daß wir reduktiv auch auf entsprechend Letztes kommen, also auf letzte Substrate, formal-logisch auf absolute Subjekte (nicht mehr nominalisierte Prädikate oder Relationen usw.), auf letzte Prädikate (nicht mehr Prädikate von Prädikaten und dgl.), **letzte Allgemeinheiten, letzte Relationen**[1]).

Das aber ist recht zu verstehen. In der Urteilslogik sind Urteile, wie wir ausgeführt haben, Sinne, Urteilsmeinungen als Gegenstände. Demnach besagt die Reduktion, daß wir, **rein den Meinungen nachgehend, auf letzte Etwas-Meinungen**, also zunächst hinsichtlich der vermeinten Urteilsgegenstände auf **vermeinte absolute Gegenstände-worüber** kommen. Ferner daß wir in den letzten Urteilen, auf die sich die Urteile verschiedener Stufe aufbauen, zurückkommen auf die **kategorialen Urabwandlungen des Sinnes: absolutes Etwas**, auf absolute Eigenschaften, Relationen usw. **als Sinne**.

Für die *mathesis universalis* als formale Mathematik haben diese Letztheiten kein besonderes Interesse. Ganz anders für die **Wahrheitslogik**; denn letzte Substratgegenstände sind **Individuen**, von denen in formaler Wahrheit sehr viel zu sagen ist und **auf die sich schließlich alle Wahrheit zurückbezieht**. Bleibt man im Formalen der puren Analytik, [181] bezieht sich also die Evidenz, die ihr dient, nur auf die puren Urteilssinne in der Deutlichkeit, so kann man den zuletzt ausgesprochenen Satz nicht begründen, er ist keineswegs ein ,,analytischer" Satz. Ihn einzusehen muß man sich **letzte Kerne anschaulich machen**, statt aus der Evidenz der Sinne, aus der Evidenz der ihnen entsprechenden ,,Sachen" Fülle der Adäquation schöpfen. Analytisch logisch kann man so viel, aber auch nicht mehr sagen, daß es im Sinn gewisse Sinnelemente geben muß, als letzte Kernstoffe aller syntaktischen Formen, und daß man zurückgeführt wird auf Urteilszusammenhänge letzter Urteile mit ,,individuellen" Substraten. **Analytisch kann man über Möglichkeit und Wesensstruktur von Individuen nichts aussagen**; selbst daß ihnen z.B. eine **Zeitform** notwendig eignet, Dauer und qualitative Fülle der Dauer usw., das kann man nur aus einer sachlichen Evidenz her wissen, und in den Sinn kann es nur hineinkommen durch vorgängige syntaktische Leistung.

---

[1] Vgl. dazu unten die Beilage I, S. 299 ff.

## § 83. *Parallele Reduktion der Wahrheiten. Rückbeziehung aller Wahrheiten auf eine Welt von Individuen*

Der Reduktion der Urteile auf letzte Urteile mit letztem Sinn entspricht eine Reduktion der Wahrheiten von den Wahrheiten höherer Stufe auf diejenigen der niedersten Stufe, das ist auf Wahrheiten, die direkt auf ihre Sachen und Sachsphären bezogen sind, oder, da die Substrate die führende Rolle spielen, bezogen sind auf individuelle Gegenstände in ihren Gegenstandssphären — individuelle Gegenstände, die also in sich selbst nichts von Urteilssyntaxen enthalten und ihrem erfahrbaren Dasein nach vor allem Urteilen liegen. Das Sichbeziehen der Urteile (nicht Urteilssinne) auf Gegenstände besagt, daß im Urteil selbst diese Gegenstände als Substrate, als die, worüber ausgesagt ist, gemeint sind, und die reduktive Überlegung lehrt, als ein Apriori, daß jedes erdenkliche Urteil letztlich (und je nachdem bestimmt oder unbestimmt) individuelle (in einem weitesten Sinne reale) Gegenstandsbeziehung hat und (was schon weiterführend und zu begründen ist) daß es somit Beziehung hat auf ein reales Universum, auf eine „Welt" oder ein Weltgebiet, „für das es gilt".

Es ist zu näherer Begründung darauf hinzuweisen, daß allgemeine Urteile in Bestimmtheit nichts von Individuen besagen, aber in ihrem Umfang sinngemäß unmittelbar oder mittelbar [182] schließlich auf individuelle Einzelheiten zurückbezogen sind. Das ist zunächst klar für sachhaltige Allgemeinheiten. Wie sehr sie in Form höherstufiger Allgemeinheiten im Umfang selbst wieder auf Allgemeinheiten bezogen sein mögen, sie müssen evidenterweise in einer endlichen Zahl von Schritten auf sachhaltige Einzelheiten zurückführen, die nicht selbst wieder Allgemeinheiten, also Individuen sind. Handelt es sich aber um formal-analytische Allgemeinheiten, wie etwa Zahlen oder Mannigfaltigkeiten, so gehört zu ihrem Umfang bzw. dem ihrer Einheiten „alles und jedes". Darin liegt die Bestimmbarkeit durch willkürlich zu wählende Gegenstände überhaupt, die nun zwar selbst wieder analytisch-formale Gebilde sein könnten, für deren Einheiten dasselbe gilt und so in infinitum. Es gehört aber auch sinngemäß dazu die Anwendbarkeit auf willkürlich zu wählende Sachhaltigkeiten, womit wir auf das Vorige zurückkämen. Somit hat in der Tat jedwede Allgemeinheit im Umfang letztlich Beziehung der Anwendbarkeit auf sei es durch sachhaltige Allgemeinheiten umgrenzte oder selbst darin offen-beliebige Individuen. Es entspricht nun dem Sinne der formalen Logik — und damit aller formal-analytischen Allgemeinheitsbildung als wissenschaftstheoretischer Funktion — sachhaltigwissenschaftlichen Zwecken dienen zu wollen. Bei aller Freiheit iterativer Formenbildungen und aller Rückbezogenheit auf ihre eigene Wissenschaftlichkeit will sie doch auch in diesen Iterationen und dieser Rückbezogenheit nicht ein Spiel mit Leer-Gedanken bleiben, sondern zur sachhaltigen Erkenntnis dienen. Also die Anwendbarkeit letztlich auf Individuen ist für die formale Analytik zugleich ein auf alle möglichen i n d i v i d u e l l e n Sphären t e l e o l o g i s c h bezogen sein — die also logisch das an sich Erste sind.

§ 84. *Stufenfolge der Evidenzen; die an sich erste die der Erfahrung. Der prägnante Begriff der Erfahrung*

Ist nun Wahrheit in Frage und korrelativ Evidenz, durch die sie ursprünglich zu eigen wird, so ist gerade dies eben Ausgeführte von offenbarer Bedeutung. Der S t u f e n f o l g e der Urteile und ihrer Urteilssinne folgt die d e r E v i d e n z e n, und d i e a n s i c h e r s t e n W a h r h e i t e n u n d E v i d e n z e n müssen die i n d i v i d u e l l e n sein. Die Urteile in der subjektiven Vollzugsform der Evidenz, und zwar der w i r k l i c h u r s p r ü n g l i c h s t e n, der ihre Substrate und Sachverhalte ursprünglich und g a n z d i r e k t erfassenden, müssen apriori die I n d i v i d u a l u r t e i l e sein.

Individuen sind gegeben durch Erfahrung, E r f a h r u n g i m [183] e r s t e n u n d p r ä g n a n t e s t e n S i n n e, welche eben als direkte Beziehung a u f I n d i v i d u e l l e s sich definiert. Hierbei muß, wenn wir als E r f a h r u n g s u r t e i l e die Gruppe der Urteile ursprünglichster Evidenz nehmen, Erfahrung in gewisser Weise doch in einem weiten Sinne genommen sein, nicht nur als Selbstgebung individuellen Daseins schlechthin, also in Seinsgewißheit, sondern auch erstreckt auf die M o d a l i s i e r u n g e n dieser Gewißheit, die sich ja in Vermutlichkeit, Wahrscheinlich-

keit usw. wandeln kann. Aber gegenüber allen diesen Formen
„wirklicher", d.i. positionaler Erfahrung kommt auch in Betracht die „neutralisierte" Erfahrung, die „Erfahrung als
ob", wir können auch sagen „Erfahrung in der Phanta-
5 sie", die in einer entsprechenden frei möglichen Einstellungsänderung zur positionalen Erfahrung eines möglichen Individuellen wird. Natürlich gehören zur Erfahrung-als-ob parallele
Als-ob-Modalitäten ihres Urmodus der Seinsgewißheit-als-ob.

§ 85. *Die echten Aufgaben der sogenannten Urteilstheorie.*
10 *Die Sinnesgenesis der Urteile als Leitfaden zur Aufsuchung der Stufenordnung der Evidenzen*

Die soeben durchgeführte Betrachtung eröffnet uns das Verständnis für die eigentliche Aufgabe der vielberedeten,
aber ziemlich fruchtlos gebliebenen „Urteilstheorie" —
15 fruchtlos, weil jedes Verständnis für die Art der subjektiv gerichteten Untersuchungen fehlte, die für die Urteile im Sinne der
Logik und die auf sie bezüglichen Grundbegriffe notwendig waren.
1. War die allgemeine Verworrenheit soweit gelichtet, daß (in
Überwindung der psychologistischen Vermengung) Urteilen
20 und Urteil selbst (das ideale Gebilde, der ausgesagte Satz)
unterschieden wurde, so konnte nun erst recht ein sinnvolles
subjektiv gerichtetes Problem nicht gestellt werden, solange nicht das eigentümliche Wesen der Intentionalität überhaupt als konstituierender Leistung verstanden war, also auch
25 die Urteilsintentionalität nicht verstanden war als die für die
idealen Urteilsgebilde — und im besonderen die Intentionalität
des evidenten Urteilens als die für die idealen Wahrheitsgebilde
— konstituierende Leistung. So ist es nach jener Scheidung
zwischen Urteilen und Urteil das erste in der Logik von hier
30 aus zu stellende Urteilsproblem, die im Rückgang auf die
unterschieden leistende Intentionalität verlaufenden phänomenologischen Klärungen durchzuführen, in denen die ver- [184]
schiedenen Urteilsbegriffe der Logik als Grundbegriffe für ihre Disziplinen ursprungsmäßig sich sondern, und
35 zugleich in ihrer Aufeinanderbeziehung verständlich werden.
2. Ist diese erste Reihe von Untersuchungen durchgeführt —
eben dieselbe, die wir in den früheren Teilen dieser Schrift ver-

sucht haben —, so werden reduktive Überlegungen der Art notwendig, die uns vorhin[1] beschäftigt haben. Von ihnen aus enthüllen sich die verborgenen intentionalen Implikationen, die im Urteilen bzw. im Urteil selbst als seinem Gebilde beschlossen sind. Die Urteile als Sinne haben danach eine Sinnesgenesis.

Was das besagt, versteht sich aus den phänomenologischen Rückweisen, die z.B. ein nominalisiertes Prädikat (das Rot) noetisch auf eine nominalisierende Tätigkeit, noematisch auf das Prädikat in seiner Ursprünglichkeit (rot) an sich trägt. Eben solche phänomenologischen Rückweise zeigt jede sonstige nominalisierte Sinngestalt (wie „die Ähnlichkeit", „*dies, das S p ist*") auf die entsprechende ursprünglichere Gestalt, bzw. auf die zugehörigen nominalisierenden Tätigkeiten; oder auch jede attributive Bestimmung im Subjekt auf die Ursprünglichkeit der Bestimmung als Prädikat usw.

Hieraus ergibt sich schon für die Formenlehre und dann für das Vorgehen in einer Analytik der Konsequenz ein Prinzip genetischer Ordnung, die zugleich bestimmend wird für das spezifisch logische Absehen der Analytik, das mit den Wahrheitsbegriffen und Sätzen zum Austrage kommt. In subjektiver Hinsicht besagt das, daß die vorgezeichnete Ordnung der Urteilsformen zugleich in sich birgt eine vorgezeichnete Ordnung sachlicher Evidentmachung und in der Abstufung der wahren Sachlichkeiten selbst.

Die Enthüllung der Sinnesgenesis der Urteile besagt, genauer gesprochen, so viel wie Aufwickelung der im offensichtlich zutage getretenen Sinn implizierten und ihm wesensmäßig zugehörigen Sinnesmomente. Die Urteile als fertige Produkte einer „Konstitution" oder „Genesis" können und müssen nach dieser befragt werden. Es ist eben die Wesenseigenheit solcher Produkte, daß sie Sinne sind, die als Sinnesimplikat ihrer Genesis eine Art Historizität in sich tragen; daß in ihnen stufenweise Sinn auf ursprünglichen Sinn und die zugehörige noematische Intentionalität zurückweist; daß man also jedes Sinngebilde nach seiner ihm wesensmäßigen Sinnesgeschichte befragen kann.

Diese wundersame Eigenheit gehört zur Universalität des [185]

---

[1] Vgl. §§ 82 u. 83.

Bewußtseins überhaupt als leistender Intentionalität. Alle intentionalen Einheiten sind aus einer intentionalen Genesis, sind „konstituierte" Einheiten, und überall kann man die „fertigen" Einheiten nach ihrer Konstitution, nach ihrer gesamten Genesis befragen und zwar nach deren eidetisch zu fassender Wesensform. Diese fundamentale Tatsache, in ihrer Universalität das gesamte intentionale Leben umspannend, ist es, die den eigentlichen Sinn der intentionalen Analyse bestimmt als Enthüllung der intentionalen Implikationen, mit denen, gegenüber dem offen fertigen Sinn der Einheiten, ihre verborgenen Sinnesmomente und „kausalen" Sinnesbeziehungen hervortreten. Jedenfalls verständlich ist uns das im Urteil und insbesondere wird nun auch verständlich, daß nicht nur der offene oder fertige Sinn, sondern der implizierte beständig mitzureden hat, und daß er insbesondere bei der Evidentmachung, hier in unserer logischen Sphäre bei der Evidentmachung der logischen Prinzipien, wesentlich mit fungiert. Das betrifft aber, wie sich gleich zeigen wird, nicht bloß die syntaktischen Implikationen, sondern auch die tieferliegende Genesis, die schon zu den letzten „Kernen" gehört und die auf die Ursprünge aus Erfahrungen zurückweist. Ohne daß wir über all das Klarheit haben, können wir auch nicht über die logischen Prinzipien wirklich verfügen, wir wissen nicht, was in ihnen an verborgenen Voraussetzungen liegen mag.

§ 86. *Die Evidenz der vorprädikativen Erfahrung als an sich erstes Thema der transzendentalen Urteilstheorie. Das Erfahrungsurteil als das Urteil des Ursprungs*

Die unterste Stufe, auf die wir, am Leitfaden der Sinnesgenesis zurückschreitend, kommen, führt uns, wie wir schon wissen, auf die Individualurteile und somit für die evidenten Urteile im Sinne der Erschauung der Sachverhalte selbst auf individuelle Evidenzen schlichtester Gestalt: es sind die schlichten Erfahrungsurteile, Urteile über Gegebenheiten möglicher Wahrnehmung und Erinnerung, normgebend für die Richtigkeit der kategorischen Urteilsmeinungen der niedersten Individualstufe.

Verwerten wir einen Satz aus der allgemeinen Bewußtseinslehre und zwar aus der Phänomenologie der universalen Bewußt-

seinsgenesis. Er sagt, daß Bewußtsein vom Modus der
Selbstgebung für jede Art von Gegenständlichkeiten allen
anderen auf sie bezogenen Bewußtseinsweisen als genetisch se- [186]
kundären vorangeht. Selbstgebendes Bewußtsein geht ja
5 immer auf dem Wege der Retention und Protention in nicht
selbstgebendes, in Leerbewußtsein über. Auch Wiedererinnerung,
obschon sie anschaulich sein kann, ist Weckung eines Leerbewußtseins und weist auf früheres Originalbewußtsein zurück. Danach
ist unter Gesichtspunkten dieser Genesis die an sich erste
10 Urteilstheorie die Theorie der evidenten Urteile,
und das an sich erste in einer Theorie der evidenten
Urteile (und damit in einer Urteilstheorie überhaupt) ist die
genetische Rückführung der prädikativen Evidenzen auf die nichtprädikative Evidenz, die da
15 Erfahrung heißt. Diese geht dabei unter entsprechenden
intentionalen Ausgestaltungen in das genetisch unterste Urteilen mit ein und hinsichtlich ihrer Leistung in das Urteilsgebilde selbst.

Hier steht man in der Tat vor dem an sich ersten Anfang
20 einer systematischen Urteilstheorie, als einer Theorie, die eben der wesensmäßigen systematischen Genesis des ursprünglich an den Sachen selbst betätigten Urteils, des „evidenten" nachgeht und dann den bestimmt vorgezeichneten Wegen,
die von dem an sich Ersten in dieser Genesis emporleiten.
25 An diesem Anfang liegt auch die systematische Stelle, um
vom Urteil her zu entdecken, daß Gewißheit und Ge-
wißheitsmodalitäten, daß vermeinende Intention und Erfüllung,
identisch Seiendes und identischer Sinn, evidente Selbsthabe,
Seinswahrheit („wirklich" sein), Wahrheit als Sinnesrich-
30 tigkeit — daß all das nicht ausschließlich Eigenheiten
der prädikativen Sphäre sind, sondern schon zur
Intentionalität der Erfahrung gehören. Von da aus
sind sie zu verfolgen in die Selbstgebungen oder Evidenzen
höherer Stufe, z. B. der nächsten Abwandlungen des
35 Individuellen (Eigenschaft, Relation usw.) und insbesondere
der Evidenz des (aus individueller Erfahrung zu schöpfenden)
Allgemeinen mit seinem individuellen Umfangssinn.

So kommt man vom Erfahrungsurteil, und zwar dem
unmittelbarsten der kategorischen Form, zur Erfahrung und

zu dem Motiv einer Erweiterung des Urteilsbegriffes, die durch den Humeschen Begriff des *belief* bezeichnet ist. Freilich bleibt dieser weiteste Begriff historisch in einer rohen, ja sinnwidrigen Fassung. Ihre Unzulänglichkeit zeigt sich schon darin, daß die Identifikation von Urteil und „*belief*" alsbald zur Beiziehung einer diesen „Glauben" angeblich fundierenden „Vorstellung" nötigt. Es ist hier nicht der Ort, daran ausführlich Kritik zu üben. Der Lockesche Sensualismus, der in [187] Hume und J. St. Mill zur Vollendung kommt und in der neuzeitlichen Philosophie nahezu allherrschend wird, findet in diesem *belief* ein bloßes Datum der „inneren Sinnlichkeit", nicht viel anders als ein Datum der „äußeren Sinnlichkeit", wie etwa ein Tondatum oder Geruchsdatum. Befangen in der Parallelisierung „innerer" und „äußerer" Erfahrung, bzw. der individuellen psychischen Seinssphäre (der in der immanenten Erfahrung in ihrem realen Sein erfaßten — wie man meinte) und der Sphäre physischen Seins, schien es selbstverständlich, daß im Grunde die Urteilsprobleme, die psychischen Probleme überhaupt, wesentlich gleichen Sinn haben mußten, und nach der gleichen Methode zu behandeln seien, wie die Probleme der physischen Natur — als Realitätsprobleme, Probleme einer Psychologie als Wissenschaft von den „psychischen Phänomenen", den Daten der „inneren Erfahrung", darunter eben den *belief*-Daten. In dieser Blindheit für Intentionalität überhaupt und selbst nach ihrer Geltendmachung durch Brentano, für ihre objektivierende Funktion, gingen freilich alle wirklichen Urteilsprobleme verloren. Stellt man ihren echten Sinn heraus, so führt also die Intentionalität der prädikativen Urteile letzten Endes zurück zur Intentionalität der Erfahrung.

Die Theorie der Evidenz des schlichten kategorischen Erfahrungsurteils ist nach dem oben Angedeuteten insofern die „an sich erste" Urteilstheorie zu nennen, als in der intentionalen Genesis das nicht evidente Urteil, selbst das widersinnige, auf einen Ursprung aus Erfahrungsurteilen zurückweist. Es ist zu betonen, daß dieses Zurückverweisen, ganz wie das vor-

---

*26 Handexemplar* und bei ihm selbst *Einfügung hinter* Brentano

hin besprochene der prädikativen Sinnegenesis, nicht abgeleitet ist aus einer **induktiven Empirie** des psychologischen Beobachters, etwa gar des „denkpsychologischen" Experimentators, sondern es ist, wie in der Phänomenologie zu zeigen ist, ein **Wesensbestand der Intentionalität**, aus ihrem eigenen intentionalen Gehalt in den entsprechenden Erfüllungsleistungen zu enthüllen. Danach ist es so, daß zwar **für uns**, als uns philosophisch und logisch Besinnende, **nicht-evidentes und evidentes Urteil sich in gleicher Ebene bieten**, und daß demnach der Weg der **naiv-positiven Logik der natürliche** ist, während doch an sich betrachtet das evidente und zutiefst das **Erfahrungsurteil das Urteil des Ursprungs ist**. Von seinen Syntaxen, den an sich ersten, geht die höhere syntaktische Genesis aufwärts, mit der sich die formale Analytik in ihren Theorien ausschließlich beschäftigt und zwar mit Rücksicht auf die in den apriorischen [188] Vollzugsformen der Deutlichkeit und ihrer intentionalen Korrelate liegenden Bedingungen möglicher Urteilsevidenz.

Hat nun die formale Analytik nach Gebiet und Theorie es nur mit den **Formen** möglicher Urteile und Wahrheiten zu tun und kommt **darin** nichts von Evidenz und Erfahrung vor, so muß sie doch in ihren subjektiven, „erkenntniskritischen", auf die radikale Methode der intentionalen Leistungen gerichteten Forschungen den kategorialen Mittelbarkeiten der Evidenz, bzw. Bewährung nachgehen, und demgemäß die **Leistung der Urteile des Ursprungs aufklären**. Durch sie ist alle Wahrheit und alle Urteilsevidenz, wie wir sehen, zurückbezogen auf den Urboden der Erfahrung, und da diese selbst **in** den ursprünglichen Urteilen und **nicht neben** ihnen fungiert, so **bedarf die Logik** — wenn sie für die Rechtsgründe und Rechtsgrenzen ihres Apriori und somit für ihren rechtmäßigen Sinn soll wissenschaftliche Auskunft geben können — **einer Theorie der Erfahrung**. Wird dem Urteil im weitesten Sinne schon die Erfahrung zugerechnet, so ist schon diese Erfahrungstheorie als die erste und unterste Urteilstheorie zu bezeichnen. Natürlich muß diese Auslegung der Erfahrung als der den spezifisch kategorialen Funktionen vorangehenden und sich ihnen eingestaltenden Funktion dem formal-logischen Zweck gemäß in einer „formalen" Allgemeinheit gehalten werden — formal in dem Sinne, der in subjektiver Hinsicht **Korrelat** ist des Formalen der Analytik. Die hierhergehörige, keineswegs leichte Aufwicklung der vielgestaltigen Erfahrungsleistung, die im Erfahrungsurteil sich vollzieht, und dieses ursprünglichen Urteils selbst, soll an einer anderen Stelle durchgeführt werden[1]. Besonders hervorgehoben sei nur, daß schon diese fundierende Erfahrung ihre Weise der syntaktischen Leistungen hat, die aber noch frei sind von all den begrifflichen und grammatischen Formungen, die das Kategoriale im Sinne des prädikativen Urteils und der Aussage charakterisieren[2].

### § 87. *Übergang zu den höherstufigen Evidenzen.* [189]
*Die Frage nach der Relevanz der Kerne für die Evidenz der sachhaltigen und der formalen Allgemeinheiten*

Aufsteigend von der individuelle Gegenstände gebenden Erfahrung hat man in einer systematischen Urteilstheorie überzugehen zu den sich darauf bauenden möglichen Verallgemeinerungen und zu fragen, in welcher Weise für ihre Evidenz die zugrunde liegende Erfahrung fungiert. Es zeigt sich dann ein fundamentaler Unterschied in der Art der **Wesens**verallgemeinerungen, wie sie einerseits im Sinne des **materialen**, andererseits in dem des **formalen Apriori** vollzogen werden. Dort schöpfen wir aus dem Individuellen, das zum Exemplarischen wird, **eigenwesentliche** Gehalte und gewinnen die sachhaltigen Wesensgattungen und Arten und die sachhaltigen Wesensgesetze; in der **formalisierenden** Verallgemeinerung soll aber jedes **Individuum zum Etwas-überhaupt entleert** werden. Demgemäß soll jede syntaktische Gegenstandsbildung aus Individuen und so wieder jedes kategoriale Gebilde aus irgend schon voran liegenden kategorialen Gegenständlichkeiten in gleicher Weise als Modus des bloßen Etwas-überhaupt in Betracht kommen. An Stelle des Individuellen tritt überall die

---

[1] In den oben schon wiederholt angekündigten Studien zur Logik. ⟨Vgl. Anm. d. Hrsg. S. 163⟩

[2] In meinen *Logischen Untersuchungen* II. Bd./2. Teil, 6. Unters., wurde der Begriff des Kategorialen zuerst eingeführt, ausschließlich in der Blickrichtung auf das Syntaktische im Urteil. Es wurde noch nicht geschieden: zwischen dem Syntaktischen überhaupt, das schon in der vorprädikativen Sphäre auftritt und übrigens auch seine Analoga im Gemüt hat, und dem Syntaktischen der spezifischen Urteilssphäre.

Setzung „ein gewisses beurteilbares Substrat überhaupt", während das Bilden der Allgemeinheiten ausschließlich auf die Formen und Formgattungen kategorialer Gebilde als solcher geht. Hier bleibt alle Gesetzmäßigkeit in einer Relativität, die es unbestimmt läßt, ob und wie die unbestimmten Substrate der kategorialen Formen auf Individuelles zurückleiten.

Dieser wesentliche Unterschied zwischen sachhaltiger und formalisierender Verallgemeinerung ergibt im Übergang von den Urteilen als bloßen Meinungen zu den Wahrheiten beiderseits **sehr verschiedene Probleme der Evidenz und Wahrheit**, also auch beiderseits **sehr verschiedene Probleme der Kritik der apriorischen Erkenntnis**. Jedes sachhaltige Apriori (hineingehörig in den Zusammenhang einer im normalen Sinne „ontologischen" Disziplin und letztlich in eine universale Ontologie) fordert zur kritischen Herstellung der echten Evidenz den Rückgang auf exemplarische **Anschauung von Individuellem, also auf „mögliche" Erfahrung**. Es bedarf der Erfahrungskritik und darauf gestuft der Kritik der spezifischen Urteilsleitung, also der wirklichen Herstellung der an den Gegebenheiten möglicher Erfahrung selbst zu vollziehenden syntaktischen oder kategorialen Gebilde. Die **Evidenz analytisch apriorischer Gesetze** bedarf solcher [190] bestimmten individuellen Anschauungen nicht, sondern **nur irgendwelcher Exempel von Kategorialien**, evtl. schon mit unbestimmt allgemeinen Kernen (wie wenn Sätze über Zahlen als Beispiele dienen), die zwar auf Individuelles intentional **zurückweisen** mögen, aber in dieser Hinsicht **nicht weiter befragt und ausgelegt** werden müssen. Man hat sich nicht in einen vorgelegten sachhaltigen Sinn zu vertiefen, so wie im materialen Apriori, wo die Evidenz ganz auf der Vertiefung in das Eigenwesentliche irgendwelcher Sachen und auf seiner Explikation beruht.

Indessen die aus der Sinnesgenesis erwachsende **Sinnbeziehung aller kategorialen Meinungen** — also auch aller der formalen Analytik möglicherweise dienenden Exempel — auf Individuelles, also noetisch auf individuelle Evidenzen, **auf Erfahrungen, kann doch nicht gleichgültig sein für Sinn und mögliche Evidenz der analytischen Gesetze und zu oberst der logischen Prinzipien**. Wie könnten sie sonst formal-ontologische Geltung beanspruchen: ineins mit der Geltung für alle mögliche prädikative Wahrheit, Geltung für alles erdenkliche Seiende. Diese Erdenklichkeit besagt doch Möglichkeit der Evidenz, die eben letztlich, wenn auch in formaler Allgemeinheit, auf mögliches Individuelles überhaupt bzw. mögliche Erfahrung zurückführt. Der Logiker hat bei der ursprünglichen evidenten Schöpfung seiner logischen Prinzipien irgendwelche Urteile (Kategorialien) als Exempel vor Augen. Er variiert sie im Bewußtsein freier Beliebigkeit, bildet das Bewußtsein „irgendwelcher Urteile" überhaupt; und in der reinen Allgemeinheit sollen die Einsichten über Wahrheit und Falschheit konzipiert sein, deren typischer Wesensstil in der Variation durchgehalten wird. Die Exempel stehen da vor ihm als fertige Produkte einer von ihm, allgemein zu reden, gar nicht betätigten Genesis. In der naiven Evidentmachung der Prinzipien ist von einer Enthüllung dieser Genesis und ihrer Wesensgestalt keine Rede, geschweige denn, daß eidetisch der Wesensgehalt des in so gearteter Genesis konstituierten Sinnes Urteil überhaupt in Wesenszusammenhang gebracht wird mit dem, was die Prinzipien als Wahrheit bzw. Falschheit voraussetzen und darüber bestimmen. Kann es bei dieser Naivität sein Bewenden haben, bedürfen die logischen Prinzipien, so selbstverständlich sie sind, nicht doch einer Kritik ihres echten Sinnes aus den Ursprüngen ihrer Sinnbildung heraus und somit auch der Enthüllung der Urteilsgenesis?

In der Tat wird die Kritik der logischen Prinzipien als die Enthüllung der in ihnen implizierten verborgenen Voraussetzungen zeigen, daß auch in der Evidenz der formalen Verallgemeinerung die Kerne nicht ganz irrelevant sind. [191]

§ 88. *Die implizierte Voraussetzung des analytischen Widerspruchsgesetzes: jedes Urteil ist zur Deutlichkeitsevidenz zu bringen*

Erwägen wir die logischen Prinzipien unter dem Gesichtspunkt der Sinnesgenesis, so stoßen wir auf eine Grundvoraussetzung, die in ihnen beschlossen ist und die untrennbar jedenfalls dem Satz vom ausgeschlossenen Dritten anhaftet. Genau besehen stammt sie von einer entsprechend unvermerkten Voraussetzung, die schon der unteren, vor der Einführung des Wahr-

heitsbegriffes liegenden Schichte der formalen Logik angehört, die sich uns in unseren früheren Analysen abgehoben hat. Sie ist uns, da wir bei diesen Analysen selbst noch mit der Naivität anhuben und nur **einer** Interessenrichtung nachgingen, in dem
5 früheren Zusammenhang verborgen geblieben. Wir können diese Voraussetzung der unteren Stufe sichtbar machen, indem wir als **Selbstverständlichkeit** zu formulieren versuchen: **jedes mögliche Urteil** im weitesten Sinne — dessen Möglichkeit also schon aus einer bloß explizit aufgefaßten Indikation der
10 Wortbedeutungen einer aussagenden Rede evident wird — ist, wenn die Gesetze der analytischen Konsequenz innegehalten bleiben, auch **in ein mögliches „deutliches" oder „eigentliches" Urteil zu verwandeln** — dessen Möglichkeit erst evident wird in der Verwirklichung der Indikationen,
15 durch Herstellung der angezeigten Urteile selbst, im **eigentlichen** Vollzug der entsprechenden syntaktischen Akte. Mit anderen Worten: **„Widerspruchslosigkeit"** im weitest gefaßten Sinne, der jede analytische Konsequenz beschließt, ist eine **notwendige und hinreichende Bedingung für diese**
20 **eigentliche Vollziehbarkeit eines möglichen Urteils.**

Nun ist das aber **gar nicht so allgemein richtig**, wie man sich leicht überzeugt. Und doch setzt die Installierung der Konsequenzlogik voraus, daß jedes Urteil im weitesten Verstande, sei es in positivem oder negativem Sinne, zur Deutlichkeitsevi-
25 denz zu bringen ist, und daß hierzu das Analogon des Satzes vom Widerspruch gilt. Es muß also irgendeine **ungeklärte Voraussetzung in den Urteilsbegriff der Konsequenzlogik beschränkend eingegangen** sein, so daß es nur in dieser stillschweigend vorausgesetzten Beschränkung unter den
30 gesetzlichen Bedingungen der eigentlichen Vollziehbarkeit steht.

### § 89. *Die Möglichkeit der Deutlichkeitsevidenz* [192]

a) **Sinn als Urteil und als „Urteilsinhalt". Ideale Existenz des Urteils setzt ideale Existenz des Urteilsinhalts voraus.**

35 Knüpfen wir an Beispiele an. Versetzen wir uns in einen „gedankenlos" Lesenden oder Hörenden, so können wir es als Möglichkeit erfassen, daß dieser eben bloß den symbolischen

Indikationen der Worte folgend, etwa durch Autoritäts-Gläubigkeit befangen, passiv miturteilt, was er hört, und sogar z.B.: diese Farbe $+\,1$ ergibt $3$. Trotzdem sagen wir, der Satz „**gibt keinen eigentlichen Sinn**", es ist unmöglich, wirklich
5 gedanklich, also in einem wirklichen Vollzug der einzelnen prädikativen Glieder und ihrer syntaktischen Aufstufung das Urteil als mögliches zu gewinnen, aber nicht etwa darum, weil es einen analytischen oder außer-analytischen Widerspruch enthält, sondern weil es sozusagen **über Einstimmigkeit und**
10 **Widerspruch erhaben ist** in seiner „**Sinnlosigkeit**". Die einzelnen Satzelemente sind nicht sinnlos, sondern ehrliche Sinne, aber das Ganze gibt keinen einheitlich zusammenstimmenden Sinn; es ist **kein Ganzes, das selbst Sinn ist**.

Wir haben demnach Einstimmigkeit und Unstimmigkeit
15 (Widerstreit) im „Sinn", und zwar so, daß es sich bei dem, was **hier** Sinn besagt und Ganzes des Sinnes, **nicht um** wirklich und eigentlich vollzogene Urteile handelt, um Urteile im Sinne der Konsequenz — obschon doch um Urteile und Wahrheitslogik. **Widersprechende Urteile haben jetzt ja Ein-**
20 **stimmigkeit in der Einheit eines Sinnes**, Widerspruch und Einstimmigkeit nach den Begriffen der Konsequenzlogik sind aber sich ausschließende Gegensätze, und es ist offenbar, daß sie **schon Einheit dieses „Sinnes" voraussetzen**.

Fragen wir nun, was hier den Begriff des Sinnes bestimmt, so
25 werden wir auf eine jener wesensmäßigen Äquivokationen aufmerksam, von denen wir früher gesprochen haben. Wir werden zu ihrer Klärung auf die Unterscheidung zurückgehen müssen, die in den *Logischen Untersuchungen* als Unterschied zwischen „Qualität" und „Materie" behandelt worden ist[1].

30  Als **Sinn** einer Aussage kann

1. das betreffende **Urteil** verstanden werden. Geht aber der Aussagende von schlechthinniger Gewißheit „*S* ist *p*" über zum Vermuten, Für-wahrscheinlich-halten, zum Zweifeln, zur Bejahung oder verneinenden Ablehnung, oder auch zur Annahme des-
35 selben „*S* ist *p*", so hebt sich

2. als Urteilssinn der „**Urteilsinhalt**" als ein **Gemein-**

---

[1] Vgl. ⟨*Log. Unters.*⟩, II. Bd./1. Teil S. 411 ff. Eine wesentliche Radikalisierung der Idee „Urteilsmaterie" und damit der ganzen Darlegungen dieses Paragraphen bringt Beilage I, S. 299 ff.

sames ab, das im **Wechsel des Seinsmodus** (Gewißheit, Möglichkeit, Wahrscheinlichkeit, Fraglichkeit, „Wirklichkeit", Nichtigkeit), in subjektiver Richtung des doxischen Setzungsmodus sich identisch erhält. Dieses im Wandel der Modifikationen des Urmodus der Glaubensgewißheit **identische Was** des Urteils, das was da jeweils „ist" oder möglich ist, wahrscheinlich ist, fraglich usw., faßten die *Logischen Untersuchungen* als ein unselbständiges Moment in den Urteilsmodalitäten.

Der Begriff des Sinnes hat also für die Urteilssphäre einen wesentlichen **Doppelsinn** — einen Doppelsinn, der übrigens in ähnlicher Weise in alle positionalen Sphären hineinreicht und zunächst natürlich auch in die unterste doxische Sphäre, die der „Vorstellung", das ist der Erfahrung, all ihrer Abwandlungsmodi, einschließlich des Leermodus. **Die mögliche Einheit eines solchen Urteilsinhaltes, als in irgendeiner Modalität setzbare Einheit gedacht, ist an Bedingungen gebunden.** Die bloße einheitliche grammatische Verstehbarkeit, die **rein grammatische Sinnhaftigkeit** (mit dem wieder ganz anderen Begriff des grammatischen Sinnes) ist **noch nicht die Sinnhaftigkeit, die die logische Analytik voraussetzt.**

Wir sehen, der Begriff des deutlichen Urteils, des syntaktisch eigentlich vollziehbaren, der in der Konsequenzlogik und in weiterer Folge in den formalen Wahrheitsprinzipien vorausgesetzt ist, bedarf einer ergänzenden Wesensbestimmung und einer entsprechend tieferen Aufklärung. Die einheitliche **Vollziehbarkeit des Urteilsinhaltes liegt vor der Vollziehbarkeit des Urteils selbst und ist seine Bedingung. Oder die ideale „Existenz" des Urteilsinhaltes ist Voraussetzung der idealen „Existenz" des Urteils** (im weitesten Sinne einer vermeinten kategorialen Gegenständlichkeit als solcher) und geht in diese selbst ein.

b) **Die ideale Existenz des Urteilsinhaltes ist an die Bedingungen der Einheit möglicher Erfahrung geknüpft.**

Fragen wir nun nach dem „Ursprung" der ersteren Evidenz (mit dem Gegensatz, der nur durch das vieldeutige Wort Sinnlosigkeit seinen Ausdruck findet) so werden wir auf die in der formalen Betrachtung scheinbar funktionslosen syntaktischen [194] Kerne verwiesen. Was also besagen würde, daß die Möglichkeit des eigentlichen Vollzuges der Möglichkeit eines Urteils (als Meinung) nicht nur in den syntaktischen Formen, sondern auch in den syntaktischen Stoffen wurzelt. Dieses Letztere wird von dem formalen Logiker leicht übersehen, bei seiner einseitigen Interessenrichtung auf das Syntaktische — dessen Formenmannigfaltigkeit ausschließlich in die logische Theorie eingeht — und bei seiner Algebraisierung der Kerne als theoretischer Irrelevanzen, als leere Etwas, die nur in Identität zu halten seien.

Wie versteht sich aber die Funktion der syntaktischen Stoffe oder Kerne für die Ermöglichung der Urteilsexistenz, also der eigentlichen Vollziehbarkeit des Urteils im Sinne der Urteilsindikation? Hier liegt die Aufklärung in der intentionalen Genesis. Jedes Urteil als solches hat seine intentionale Genesis, wir können auch sagen, seine wesensmäßigen Motivationsgrundlagen, ohne die es zunächst nicht im Urmodus Gewißheit sein und dann modalisiert sein könnte. Dazu gehört, daß die in der Einheit eines Urteils auftretenden syntaktischen Stoffe etwas miteinander zu tun haben müssen. Das aber stammt daher, daß die genetisch ursprünglichste Urteilsweise — es ist von einer intentionalen und demgemäß wesensmäßigen Genesis und nicht von einer übrigens nur von ihr aus verständlich zu entwerfenden psychophysischen und induktiven Genesis die Rede — die evidente und in unterster Stufe die auf Grund der Erfahrung ist. Vor allem Urteilen liegt ein universaler Boden der Erfahrung, er ist stets als einstimmige Einheit möglicher Erfahrung vorausgesetzt. In dieser Einstimmigkeit hat alles mit allem sachlich „zu tun". Aber Einheit der Erfahrung kann auch unstimmig werden, jedoch wesensmäßig so, daß das Widerstreitende mit demjenigen, dem es widerstreitet, eine Wesensgemeinschaft hat, so daß in der Einheit zusammenhängender und selbst in der Weise von Widerstreiten noch zusammenhängender Erfahrung alles mit allem in wesensmäßiger Gemeinschaft steht. So hat jedes ursprüngliche Urteilen in seinem Inhalt und so jedes zusammenhängend fortschreitende Urteilen Zusammenhang durch den Zusammen-

hang der Sachen in der synthetischen Einheit
der Erfahrung, auf deren Boden es steht. Damit soll nicht
vorweg gesagt sein, daß es nur ein Universum möglicher Erfahrung geben kann als Urteilsboden, daß also jedes anschauliche
Urteil auf demselben Boden steht, und alle Urteile zu einem einzigen sachlichen Zusammenhang gehören. Doch darüber eine [195]
Entscheidung zu treffen, wäre das Thema einer eigenen Untersuchung.

Von den ursprünglichen Urteilen überträgt sich das Gesagte
nun in Wesensnotwendigkeit auf alles mögliche Urteilen überhaupt, auf alle zunächst für denselben Urteilenden in seinem Bewußtseinszusammenhang möglicherweise auftretenden
Urteile überhaupt, also als Neues auf alle für ihn nun möglichen
unanschaulichen Urteile. Das einsichtig zu machen aus
Wesensgesetzen, das gehört hinein in den allgemeinen Zusammenhang konstitutiver Theorien, durch die aufgeklärt wird, wie
ursprüngliche Intentionalität als „urstiftende" die Konstitution
sekundärer intentionaler Gebilde nach sich zieht und sie mit einer
Intentionalität ausstattet, die als sekundäre auf die stiftende
wesensmäßig zurückweist und dabei zugleich als ihr analog zu
verwirklichende. In diesen Zusammenhang gehört auch die ganze
Wesenslehre von der Bildung von „Apperzeptionen".

Die syntaktischen Stoffe unanschaulicher Urteile können aus den angedeuteten Gründen ihrer Seins- und
Sinnesgenesis nicht völlig frei variabel sein, als ob man
solche Stoffe ganz beliebig zusammenlesen und daraus mögliche
Urteile bilden könnte. Apriori haben die syntaktischen Stoffe je
eines möglichen Urteils und jedes urteilsmäßig zu verbindenden
Urteilskomplexes intentionale Bezogenheit auf die Einheit einer
möglichen Erfahrung, bzw. einer einheitlich erfahrbaren Sachlichkeit. Dabei ist die schon oben hervorgehobene Möglichkeit
von Unstimmigkeiten, von Scheinen, von notwendigen Durchstreichungen nicht übersehen. Denn sie hebt die Einheit eines
Zusammenhanges nicht auf, eben die Einheit, die den untersten
Grund sachlicher Zusammengehörigkeit der Stoffe möglicher
Urteile, also auch möglicher noch so weit zu spannender Urteilszusammenhänge ausmacht. Die formal-logische Betrachtung und Theorie hat in ihrer objektiven Einstellung davon
nichts zu sagen, aber jede ihrer logischen Formen mit ihren $S$ und

*p*, mit all den Buchstabensymbolen, die in der Einheit eines formalen Zusammenhanges auftreten, **setzt im Verborgenen voraus**, daß in diesem Zusammenhang die *S*, *p* usw. sachlich „miteinander zu tun" haben.

### § 90. *Anwendung auf die Prinzipien der Wahrheitslogik: sie gelten nur für inhaltlich sinnvolle Urteile*

Die wichtige Ergänzung, die unsere frühere Analyse des Urteils erhalten hat, hat nun eine entscheidende **Bedeutung für die Kritik der logischen Prinzipien**, die wir vorweg im [196] Auge hatten. Diese Kritik ist jetzt leicht zu erledigen. Die Logik hat ganz selbstverständlich nicht Urteile der Art im Auge, die wir als **inhaltlich sinnlos** beschrieben haben, also z. B.: die Winkelsumme eines Dreiecks ist gleich der Farbe rot. Es fällt natürlich niemandem, der in die Wissenschaftslehre eintritt, ein, an ein solches Urteil zu denken. Und doch ist jeder Aussagesatz, der nur die Bedingungen einheitlichen **reingrammatischen** Sinnes erfüllt (die Einheit eines überhaupt verständlichen Satzes) auch **als Urteil denkbar** — als Urteil im weitesten Sinne. **Sollten sich die logischen Prinzipien auf Urteile überhaupt beziehen, so wären sie nicht haltbar, sicherlich nicht der Satz des ausgeschlossenen Dritten.** Denn alle inhaltlich „sinnlosen" Urteile durchbrechen seine Gültigkeit.

Unbedingt gültig sind, um zunächst das einsichtig zu machen, die **Prinzipien für alle Urteile, deren Kerne sinngemäß zusammengehören**, also die Bedingungen der einheitlichen Sinnhaftigkeit erfüllen. Denn für diese Urteile ist es vermöge ihrer Genesis *apriori* gegeben, das sie sich auf einen einheitlichen Erfahrungsboden beziehen. Eben dadurch gilt für jedes solche Urteil und in dieser Beziehung, **daß es zur Adäquation zu bringen ist**, daß es in ihrer Ausführung entweder auslegt und kategorial faßt, was in der einstimmigen Erfahrung gegeben ist, oder daß es zum Negat der Adäquation führt, etwas prädiziert, was zwar sinngemäß zu dieser Erfahrungssphäre gehört, aber mit etwas Erfahrenem streitet. Wir haben bei der subjektiven Wendung der Prinzipien aber gezeigt, daß zum Sinn derselben eben mit gehört, daß **jedes** Urteil zu positiver oder negativer Adäquation gebracht werden kann. Für das weitere Reich der Urteile, dem auch inhaltlich sinnlose zugehören, gilt diese Disjunktion aber nicht mehr. Das „Dritte" ist hier nicht ausgeschlossen und besteht darin, daß Urteile mit Prädikaten, die keine sinnhafte Beziehung zum Subjekte haben, sozusagen in ihrer Sinnlosigkeit über Wahrheit und Falschheit erhaben sind.

## § 91. *Überleitung zu neuen Fragen*

Man sieht also, wie notwendig eine intentionale Urteilstheorie ist, und wie tief sie ausgebaut werden muß, um auch nur ursprünglich zu verstehen, was der eigentliche und reine Sinn der logischen Prinzipien ist.

Aber überlegen wir, was für sie und somit für die Klärung der [197] Idee der Wahrheit in unserer Untersuchung gewonnen ist, so ist es nicht mehr als die Aufweisung der Notwendigkeit einer „erkenntnistheoretischen" Vorarbeit, die der wesensmäßigen Bezogenheit aller Urteilsevidenzen auf Erfahrungssphären genugtut. Urteilsevidenz „gibt" Wahrheit im Sinne der Urteilsrichtigkeit, bzw. im Sinne der seienden Sachverhalte selbst und überhaupt der Kategorialien selbst. Erfahrung, die wir als eine vorprädikative Evidenz ansehen, gibt „Realitäten", wobei dieses Wort weitmöglichst unverbindlich sein soll, also alles „Individuelle" umfassend. Darunter gehören natürlich die Objekte der raum-zeitlichen Welt; aber vielleicht ist nicht alle Erfahrung Selbstgebung von Weltlichem und vielleicht führt die Kritik der Voraussetzungen der Logik und ihres Begriffes „Wahrheit" dahin, daß wir diesen Begriff noch anders und weiter fassen lernen, ohne daß die Reduktion auf Erfahrung und Erfahrungsgegenstände — „Realitäten" — darunter leidet, und daß diese erweiterte Fassung gerade darauf beruht, daß wir einen weiterreichenden Erfahrungsbegriff in Rücksicht ziehen müssen, obschon wie hier immer innerhalb des prägnanten Begriffs der Selbstgebung von „Individuen".

Gesetzt es wäre wirklich nachgewiesen, was wir in Grundgedanken umgriffen, aber nicht wirklich ausführlich begründet haben, nämlich daß dank einer zu enthüllenden intentionalen Genesis der Urteile jedes Urteil im Sinne einer nicht nur rein grammatisch sinnhaften Indikation, sondern einer sinnhaften sachlichen Homogenität der Kerne notwendig eine derartige Beziehung auf eine einheitliche Erfahrungssphäre (auf ein einheitliches sachliches Gebiet) hat, daß es entweder zu positiver oder negativer Adäquation zu bringen ist; dann ist also, was wir als subjektive Wendung der logischen Prinzipien in Prinzipien der Evidenz aufgestellt haben, freilich begründet. Aber **wie steht nun Evidenz zur Wahrheit?** Doch nicht so einfach, wie jene Umwendung es erscheinen ließ.

## 5. KAPITEL
### DIE SUBJEKTIVE BEGRÜNDUNG DER LOGIK ALS TRANSZENDENTAL-PHILOSOPHISCHES PROBLEM

### § 92. *Aufklärung des Sinnes der Positivität der objektiven Logik*

a) **Die Bezogenheit der historischen Logik auf eine reale Welt.**

Probleme der **Leistung der Evidenz** haben wir als Logiker, da alle Urteile auf Erfahrung zurückweisen, hinsichtlich der Erfahrung selbst und hinsichtlich der ihr entspringenden [198] Kategorialien. Beides verflicht sich in der Aufklärung der untersten Urteilsstufe bzw. untersten Stufe von Kategorialien, die den Erfahrungsquell noch unmittelbar in sich tragen. Der Weg zu diesen Problemen führt uns, die wir uns durch eine Kritik der naiven Logik und ihrer Positivität zu einer transzendentalen Logik hinleiten lassen, zunächst zu einer **Kritik der naiven Begriffe von Evidenz und Wahrheit** bzw. wahrem Sein, die die ganze logische Tradition beherrschen.

Die Logik als formale Wissenschaftslehre hat, um wieder daran zu erinnern, nur in ihrem ersten, unvergeßlichen Anfang in der platonischen Dialektik das prinzipielle Thema der Möglichkeit einer Wissenschaft überhaupt und von Seiendem überhaupt. Für sie gab es noch keine wirkliche Wissenschaft und keine wirkliche Welt als im voraus schon geltende. In der geänderten Lage

---

*32 Handexemplar* als wissenschaftlich erkennbar *Einfügung hinter* schon

der späteren Zeiten stand es damit umgekehrt. Die Logik nahm die Gestalt einer formalen apophantischen Kritik vorgegebener Wissenschaft an, vorgegebener Wahrheit und Theorie; bzw. die Gestalt einer formalen Ontologie, für die dem allgemeinsten nach seiende Gegenstände, seiende Welt im voraus feststanden. Nicht als ob die bestimmten Gehalte der Welt und die bestimmten jeweils ausgebildeten Wissenschaften in der Logik vorausgesetzt wurden, an denen vielmehr Kritik ermöglicht werden sollte durch Herausstellung apriorischer logischer Normen. Aber wahres Sein überhaupt, prädikative Wahrheit und Theorie überhaupt und die Möglichkeit, durch Erfahrung und theoretische Erkenntnis zu diesem im voraus im allgemeinen als seiend Vorausgesetzten vorzudringen, das waren in der traditionellen formalen Logik nie erwogene Selbstverständlichkeiten. Man kann sagen (und daß darin ein Besonderes liegt, wird sich noch zeigen), sie ist Logik — formale Apophantik und formale Ontologie — für eine vorgegeben gedachte reale Welt. Diese Welt ist selbstverständlich an und für sich, was sie ist, anderseits ist sie doch für uns und jedermann im erkennenden Bewußtsein zugänglich, und zwar zunächst durch Erfahrung. Allerdings sehr unvollständig und überhaupt unvollkommen, aber auf den Erfahrungsgrund baut sich die höhere und eigentliche Erkenntnisleistung, die uns zur objektiven Wahrheit führt.

Auf diese seiende Welt beziehen sich alle Urteile, Wahrheiten, Wissenschaften, von denen diese Logik spricht. Die Tatsachenwahrheiten bzw. Wissenschaften betreffen tatsächliches Dasein in der Welt oder der Welt selbst, die apriorischen Wahrheiten bzw. Wissenschaften, ebenso mögliches weltliches Sein. Genauer gesprochen betreffen die letzteren das bei freier Phantasie-[199] abwandlung der tatsächlichen Welt notwendig Gültige, notwendig gültig als Wesensform einer Welt überhaupt, also auch dieser gegebenen. So ist die apriorische Raum- und Zeitlehre (Geometrie, Chronologie) auf Raum und Zeit als Wesensformen dieser Welt als einer Welt überhaupt bezogen. Auch die apriorischen Wissenschaften, die die Logik im Auge hat, sind also weltliche; wie das Ansichsein der wirklichen Welt, so ist vorausgesetzt das mögliche Ansichsein ihrer Möglichkeitsabwandlungen und vorausgesetzt, daß durch wirkliche und mögliche Erfahrung und Theorie Wissenschaft von der wirklichen Welt und Wissenschaft von einer apriori möglichen überhaupt „an sich" möglich sei, bzw. an sich Bestand habe und darum selbstverständlich Ziel logisch verwirklichender Arbeit sein könne.

Nun hielt sich freilich die Logik in einer **Apriorität**, die keinerlei Fakta, auch keine faktische Welt in Anspruch nehmen durfte in ihren Theorien. Aber einerseits ist daran zu denken, daß sie formal-ontologisch mindestens mögliches weltliches Sein voraussetzte, welches sie doch als Möglichkeitsabwandlung der selbstverständlich wirklichen Welt gewonnen haben müßte. Anderseits, wo immer sie ihre Grundbegriffe zu klären die Neigung empfand und in **subjektiv gerichtete** Untersuchungen eintrat, nahm sie dieselben als **psychologische** im gewöhnlichen Sinne, als Untersuchungen über das Vorstellungsleben und Denkleben, Evidenzerleben von Menschen in der Welt, gleichgültig, ob dabei auf Psychophysik und „objektives" Experiment rekurriert wurde oder auf bloße „innere Erfahrung". Und so werden auch unsere früheren grundbegrifflichen Untersuchungen, da wir in dieser Hinsicht uns nicht ausgesprochen haben, ohne weiteres als im gewöhnlichen Sinne psychologische genommen worden sein. Jedenfalls im Hintergrund steht immer die vorgegebene wirkliche Welt — obschon es übrigens für uns genügte, daß die Beziehung der Logik auf eine apriori mögliche Welt, wie immer sie in die Logik hineingekommen wäre, eine Voraussetzung bedeutet und eine solche von nicht minderem kritischen Belang als die der faktischen.

b) **Die naive Voraussetzung einer Welt reiht die Logik in die positiven Wissenschaften ein.**

Wir sagten oben, daß die Logik in ihrer Beziehung auf eine reale Welt nicht nur deren Ansichsein voraussetze, sondern auch die „an sich" bestehende Möglichkeit, Welterkenntnis als echtes Wissen, als echte Wissenschaft zu gewinnen, sei es empirisch oder apriorisch. Darin liegt: so wie die Realitäten der Welt an und für [200] sich sind, was sie sind, so sind sie Substrate für an sich gültige Wahrheiten — für „Wahrheiten an sich", wie wir mit **Bolzano** sagten. Ferner: in den erkennenden Subjekten entsprechen ihnen Erkenntnismöglichkeiten, diese Wahrheiten selbst in subjektiven Evidenzerlebnissen zu erfassen, in absoluten Evidenzen als Selbsterfassungen der absoluten Wahrheiten, derjenigen, die eben an sich gelten. Das alles wird als ein Apriori in Anspruch genommen. Die Wahrheiten, die für das Seiende an sich bestehen — für das **absolute Seiende** und nicht für das subjektiv-relative (für das sich uns als seiend Gebende, in der Erfahrung als seiend und so seiend Erscheinende) sind **absolute Wahrheiten**. In den Wissenschaften werden sie „entdeckt", durch wissenschaftliche Methode begründend herausgestellt. Das gelingt vielleicht für immer nur unvollkommen; aber zweifellos und in stillschweigender Geltung bleibt das Ziel selbst als universale Idee und korrelativ die Idee der Erzielbarkeit, also die einer **absoluten Evidenz**. Machte die Logik selbst diese Voraussetzungen nicht zu ihrem Thema, so taten dies um so mehr Erkenntnistheorie, Psychologie und Metaphysik — aber doch in der Weise nachkommender Wissenschaften, welche die absolute Eigenständigkeit der Logik nicht antasten wollten.

Eine solche Ordnung der Disziplinen ist aber — wir werden die ausführlichere Begründung bald folgen lassen — nur bei völliger Unklarheit über ihre Probleme möglich und führt hinsichtlich der genannten philosophischen Ergänzungsdisziplinen zu einer **Naivität, die von einem ganz anderen Rang ist** als diejenige der schlichten Positivität. Denn diese als naive Hingabe wie des praktischen Lebens so des Erkenntnislebens an die in der Tat vorgegebene Welt, hat ein zwar ungeklärtes und danach noch unbegrenztes Recht in sich, aber doch ein Recht. Eine naive Kritik der Erfahrung aber und der aus ihr stammenden Erkenntnis einer an sich seienden Welt, die mit Schlußweisen einer gewohnten Logik operiert, einer Logik, die sie nicht einmal dahin untersucht hatte, ob sie ihrem Sinne nach das Sein einer Welt nicht schon voraussetzen, ja die nicht einmal daran dachte, die eigene Leistung der Erfahrung und der sonstigen Bestände der für ihren Seinssinn relevanten Subjektivität zu untersuchen, ist von einer Naivität, die deren scheinbar wissenschaftliche Theorien von ernstlicher Beachtung von vornherein ausschließen.

Natürlich ist das dem Logiker apriori gewisse Bestehen möglicher absoluter Evidenzen auch als ein Bestehen gedacht für **jeden zur Erkenntnis Befähigten.** Jeder steht darin jedem gleich. Das absolut Seiende in seiner absoluten Wahrheit ist entweder [201] wirklich gesehen und eingesehen als wie es ist, oder aber nicht. Also bietet das Gelten der Wahrheit für jedermann und ein für allemal nun kein besonderes Problem. Dieser „Jedermann" ist jeder Mensch oder ein sonstiges in der wirklichen Welt (oder einer möglichen, für die ihr zugehörigen absoluten Wahrheiten) vorauszusetzendes menschenartiges Wesen, das überhaupt zu Evidenz als Wahrheitserkenntnis befähigt ist. Was für psychologische Konstellationen bei uns Menschen (von intelligenten Wesen anderer Welten wissen wir nichts) dazu gehören, daß diese Evidenzen, in der Kausalität, die mit allem sonst Realen auch alles Psychische beherrscht, in uns real wirklich werden, das geht nicht die Logik, sondern die Psychologie an.

Das von uns zu Anfang eingeführte Problem der Wahrheit an sich hat also in dieser Aufweisung der Voraussetzungen der traditionellen Logik einen näher bestimmten, auf wirkliche und mögliche Welt bezogenen Sinn gewonnen. Die Logik als in diesem neuen Sinne objektive, als **formale Logik einer möglichen Welt** ordnet sich damit in die Mannigfaltigkeit der „positiven" Wissenschaften ein; denn für sie alle — für Wissenschaften in dem Sinn der gewöhnlichen Rede, die ja überhaupt andere nicht kennt — ist die Welt eine im voraus fraglose Tatsache, deren rechtmäßiges Bestehen allererst in Frage zu stellen (oder gar das der Möglichkeiten von Welten) dem Stil positiver Wissenschaft zuwider ist.

## § 93. *Das Ungenügen der Versuche der Erfahrungskritik seit Descartes*

a) **Die naive Voraussetzung der Gültigkeit der objektiven Logik.**

Es gehört allerdings zu der von Descartes versuchten erkenntnistheoretischen Reform aller Wissenschaften und ihrer Umschöpfung zu einer sie in radikaler Begründung vereinheitlichenden *sapientia universalis*, daß ihnen zur Fundierung vorangehen muß eine **Kritik der Erfahrung**, die ja den Wissenschaften

---

*33 Handexemplar* da ja Erfahrung es ist, die den Wissenschaften *Verbesserung für* die ja den Wissenschaften

das Dasein der Welt vorgibt. Diese Kritik führt bei Descartes bekanntlich zu dem Ergebnis, daß die Erfahrung der absoluten Evidenz (der das Sein der Welt apodiktisch begründenden) entbehre, daß demnach die naive Voraussetzung der Welt aufgehoben und alle objektive Erkenntnis auf die einzige apodiktische Gegebenheit eines Seienden, nämlich des *ego cogito* gegründet werden müsse. Wir wissen, das war der Anfang der ganzen neuzeitlichen, durch immer neue Unklarheiten und Verirrungen sich [202] emporringenden Transzendentalphilosophie. Sogleich dieser Cartesianische Anfang mit der großen, aber nur in Halbheit durchgebrochenen Entdeckung der transzendentalen Subjektivität ist durch die verhängnisvollste und bis heute unausrottbar gebliebene Verirrung getrübt, die uns jenen „Realismus" beschert hat, als dessen nicht minder verkehrte Gegenstücke die Idealismen eines Berkeley und Hume figurieren. Schon bei Descartes wird durch eine absolute Evidenz das Ego als ein erstes, zweifellos seiendes Endchen der Welt (*mens sive animus, substantia cogitans*) festgelegt, und es kommt dann nur darauf an, durch ein logisch bündiges Schlußverfahren die übrige Welt (bei Descartes die absolute Substanz und die endlichen Substanzen der Welt außer meiner eigenen seelischen Substanz) dazu zu erschließen.

Schon Descartes operiert dabei mit einem naiven apriorischen Erbgut, mit dem Apriori der Kausalität, mit der naiven Voraussetzung ontologischer und logischer Evidenzen für die Behandlung der transzendentalen Thematik. Er verfehlt also den eigentlichen transzendentalen Sinn des von ihm entdeckten Ego, desjenigen, das dem Sein der Welt erkenntnismäßig vorangeht. Nicht minder verfehlt er den eigentlich transzendentalen Sinn der Fragen, die an die Erfahrung und an das wissenschaftliche Denken, und so in prinzipieller Allgemeinheit an eine Logik selbst gestellt werden müssen.

Diese Unklarheit vererbt sich verborgen in den Scheinklarheiten, die allen Rückfällen der Erkenntnistheorie in die natürlichen Naivitäten eigen sind, und so in der scheinklaren Wissenschaftlichkeit des zeitgenössischen Realismus. Es ist eine Erkenntnistheorie, die im Bunde mit einer naiv isolierten Logik dazu dient, dem Wissenschaftler zu beweisen und somit ihn allererst dessen völlig sicher zu machen, daß die Grundüberzeugungen der positiven Wissenschaften über reale Welt und sie logisch behandelnde Methode durchaus richtig sind, und daß er somit eigentlich der Erkenntnistheorie entraten kann, wie er ja ohnehin seit Jahrhunderten ohne sie gut weggekommen ist.

b) **Das Verfehlen des transzendentalen Sinnes der Cartesianischen Reduktion auf das Ego.**

Aber kann es bei einem solchen Verhältnis von positiver Wissenschaft, von Logik und Erkenntnistheorie sein Bewenden haben? Schon nach allem, was wir wiederholt in früheren Zusammenhängen auszuführen hatten, so unvollständig und vielfach bloß vordeutend es auch sein mußte, ist es schon sicher, daß diese Frage zu verneinen ist. Ein Realismus, der wie bei Descartes [203] in dem Ego, auf das die transzendentale Selbstbesinnung zunächst zurückführt, schon die reale Seele des Menschen gefaßt zu haben meint und von diesem ersten Realen Hypothesen und Wahrscheinlichkeitsschlüsse in ein Reich transzendenter Realitäten entwirft — dabei (sei es ausdrücklich oder *implicite*) die Prinzipien der zur Logik selbst gehörigen Mathematik der Wahrscheinlichkeiten benützt und evtl. auch die sonstige formale Logik — **verfehlt widersinnig das wirkliche Problem**, da er überall als Möglichkeit voraussetzt, was als Möglichkeit selbst überall in Frage ist.

Die Aufklärung der Geltung der logischen Prinzipien — alle Grundbegriffe und Grundsätze eingeschlossen — führt auf **subjektiv gerichtete Untersuchungen**, ohne die diese Prinzipien wissenschaftlich in der Luft stehen. Das ist nach den Stücken von uns schon geführter und immer weiter treibender Untersuchungen zweifellos. Wenn man aber auf das *ego cogito* zurückgeht, als diejenige Subjektivität, aus deren reinem Bewußtsein und insbesondere aus deren Evidenzen alles, was für dieses Ego (für **mich** den radikal Philosophierenden) Seiendes ist, aber auch Mögliches, Erdenkliches, Vermutliches, Falsches, Widersinniges usw. — **kann man da die Logik voraussetzen?** Wie steht es mit jenen für jede Logik allererst und im strengsten Sinne grundlegenden subjektiven Untersuchungen? Kann man sie mit einer Logik bestreiten, die erst durch sie geklärt werden soll und die vielleicht in ihrer Weltlichkeit, mag diese auch zu rechtfertigen sein, Sinnbestände und Satzgeltungen hereinbringt, die den Boden dieser subjektiven Untersuchungen unzulässig überschreiten?

Ferner, können diese subjektiven Untersuchungen mit der Psychologie bestritten werden, die durchaus auf dieser objektiven Logik und jedenfalls auf der beständigen Voraussetzung der objektiven Welt beruht, zu der ihrem Sinne nach alle psychischen Erlebnisse als reale Momente realer psychophysischer Wesen gehören? Ist nicht die gesamte reale Welt für die radikale Begründung der Logik in Frage gestellt, nicht ihre Wirklichkeit zu erweisen, sondern ihren möglichen und echten Sinn herauszustellen und seine Tragweite, mit der er in die logischen Grundbegriffe mit eingehen kann? Birgt das Etwas-überhaupt der formalen Logik, in ihrer Fassung als objektiver Logik letztlich auch den Sinn weltlichen Seins in sich, so gehört dieser eben mit zu den Fundamentalbegriffen der Logik, zu denen, die den ganzen Sinn der Logik bestimmen.

c) Die Begründung der Logik führt in das universale [204] Problem der transzendentalen Phänomenologie.

Wie steht es ferner mit den den Realisten sich so leichtlich darbietenden Hypothesen, durch die auf dem einzigen durch die Cartesianische Reduktion als zweifellos evident verbliebenen und für alle Erkenntnis an sich ersten Seinsboden des Ego eine reale Außenwelt gewonnen werden soll? Ist dieses Außen, ist der mögliche Sinn einer transzendenten Realität und eines ihr zugehörigen Apriori mit den Schlüsse gestattenden Formen Raum, Zeit und Kausalität nicht das Problem — nämlich wie es in der Immanenz des Ego jenen Sinn der Transzendenz annehmen und bewähren könne, den wir naiv geradehin haben und verwenden? Und ist nicht zu fragen, welche verborgenen Präsumtionen aus der sinnkonstituierenden Subjektivität die Tragweite dieses Sinnes begrenzen? Ist das nicht das Problem, das erst gelöst werden müßte, damit über die prinzipielle Möglichkeit, die Sinnhaftigkeit oder Widersinnigkeit solcher Hypothesen in der transzendentalen Sphäre des Ego zu entscheiden wäre? Ist nicht am Ende, wenn man die echten Probleme, die mit dem Rückgang auf dieses Ego entspringen, erfaßt hat, dieses ganze Schema einer „Erklärung" der rein immanenten Gegebenheiten durch eine hypothetisch anzunehmende und mit ihnen kausal verbundene objektive Realität ein vollendeter Widersinn?

In der Tat, so ist es, und der Widersinn stammt daher, daß mit der Cartesianischen Reduktion auf mein Ego als Subjekt meines reinen Bewußtseins eine neuartige Erkenntnismöglichkeit und Seinsmöglichkeit zum Problem wurde — nämlich die transzendentale Möglichkeit eines an sich Seienden, als mit diesem Sinn für mich Seienden, ausschließlich aus den Möglichkeiten meines reinen Bewußtseins — und daß diese problematische Möglichkeit verwechselt wird mit der total anderen Möglichkeit von einem Realen, das man schon erkenntnismäßig hat, auf andere Reale, die man nicht hat, Schlüsse zu machen.

Die Übergangsstelle dieser Verwechslung, die freilich nur möglich ist, weil man den Sinn der ersteren Möglichkeit überhaupt nicht klar gesehen hat, ist die Verwechslung des Ego mit der Realität des Ich als menschlicher Seele. Man sieht nicht, daß schon die als Realität angenommene Seele (*mens*) ein Sinnesmoment der Äußerlichkeit (der Raumwelt) hat, und daß alle Äußerlichkeit, auch die, die man allererst durch Hypothesen sich zueignen wollte, von vornherein in der reinen Innerlichkeit des Ego ihre Stelle hat, als [205] intentionaler Pol der Erfahrung, die selbst mit dem ganzen Strom weltlicher Erfahrung und dem in ihr selbst sich einstimmig bestätigenden Seienden zum Innen gehört, ebenso wie alles Weitere, was ihm durch mögliche Erfahrung und Theorie zuzumuten ist. Liegt also nicht jede mögliche Problematik, die von diesem Ego aus zu stellen ist, ganz in ihm selbst, in seinen Bewußtseinswirklichkeiten und Möglichkeiten, in seinen Leistungen und den ihnen zugehörigen Wesensstrukturen?

So stehen wir, von Wissen und Wissenschaft zur Logik als Wissenschaftstheorie geleitet und von ihrer wirklichen Begründung fortgeleitet zu einer Theorie der logischen oder wissenschaftlichen Vernunft, vor dem universalen Problem der Transzendentalphilosophie und zwar in ihrer einzig reinen und radikalen Gestalt einer transzendentalen Phänomenologie.

## 6. KAPITEL
### TRANSZENDENTALE PHÄNOMENOLOGIE UND INTENTIONALE PSYCHOLOGIE. DAS PROBLEM DES TRANSZENDENTALEN PSYCHOLOGISMUS

§ 94. *Alles Seiende konstituiert in der Bewußtseinssubjektivität*

Machen wir uns den Sinn der transzendentalen Problematik klar. Jede Wissenschaft hat ihr Gebiet und geht auf Theorie dieses Gebietes. In ihr hat sie ihr Ergebnis. Aber die wissenschaftliche Vernunft ist es, die diese Ergebnisse schafft und die erfahrende Vernunft ist es, die das Gebiet schafft. Das gilt auch für die formale Logik in ihrer höherstufigen Beziehung auf Seiendes und evtl. auf eine mögliche Welt überhaupt, für ihre Theorie von höherstufiger, auf alle besonderen Theorien mitbezogener Allgemeinheit. Seiendes, Theorie, Vernunft kommen nicht zufällig zueinander, und sie dürfen nicht wie zufällig, wenn auch „in unbedingter Allgemeinheit und Notwendigkeit" Zusammengeratenes vorausgesetzt werden. Eben diese Notwendigkeit und Allgemeinheit muß befragt werden als die des logisch denkenden Subjektes — m e i n e s, der ich mich nur einer Logik unterwerfen kann, die ich selbst einsehend durchdenke und durchdacht habe — meines, da dabei von keiner anderen Vernunft zunächst die Rede ist als von der meinen und von keiner anderen Erfahrung und Theorie als der meinen, und von keinem anderen Seienden, als das ich durch Erfahrung ausweise und das in meinem Bewußtseinsfeld als irgendwie Vermeintes sein muß, wenn ich damit in meinem theoretischen Handeln, in meiner Evidenz Theorie erzeugen soll.

Wie im alltäglichen Leben, so ist auch in der Wissenschaft [206] (wenn sie nicht, durch „realistische" Erkenntnistheorie beirrt, ihr eigenes Tun mißdeutet) Erfahrung das Bewußtsein, bei den Sachen selbst zu sein, sie ganz direkt zu erfassen und zu haben. Aber die Erfahrung ist kein Loch in einem Bewußtseinsraume, in das eine vor aller Erfahrung seiende Welt hineinscheint, oder nicht ein bloßes Hineinnehmen von einem Bewußtseinsfremden ins Bewußtsein. Denn wie sollte ich das vernünftigerweise aussagen können, ohne es selbst zu sehen und dabei wie das Bewußtsein so das Bewußtseinsfremde zu sehen — also es zu **erfahren**? Und wie sollte ich es als Erdenklichkeit mindest vorstellen können? Wäre das nicht ein anschauliches Sich-hineindenken in ein solches widersinniges Erfahren von Erfahrungsfremdem? Erfahrung ist die Leistung, in der für mich, den Erfahrenden erfahrenes Sein „**da ist**", und **a l s w a s** es da ist, mit dem ganzen Gehalt und dem Seinsmodus, den ihm eben die Erfahrung selbst durch die in ihrer Intentionalität sich vollziehende Leistung zumeint. Hat das Erfahrene den Sinn „**t r a n s z e n d e n t e n**" Seins, so ist es das Erfahren, sei es für sich, sei es in dem ganzen Motivationszusammenhang, der ihm zugehört und der seine Intentionalität mit ausmacht, das diesen Sinn konstituiert. Ist eine Erfahrung **u n v o l l k o m m e n**, die den an sich seienden Gegenstand nur einseitig, nur in einer Fernperspektive und dgl. zur Erscheinung bringt, so ist es die Erfahrung selbst als diese jeweilige Bewußtseinsweise, die auf die Befragung mir das sagt, die mir also sagt, hier ist etwas als es selbst bewußt, aber es ist mehr, als was wirklich selbst erfaßt ist, es ist noch von demselben anderes zu erfahren; es ist insofern transzendent und auch darin, daß es, wie mich wieder die Erfahrung lehrt, auch ein Schein sein könnte, obschon es sich als wirklich und selbst Erfaßtes gab. Des weiteren ist es doch abermals die Erfahrung, die sagt: Diese Dinge, diese Welt ist mir, meinem eigenen Sein ganz und gar transzendent. Sie ist „objektive" Welt, als dieselbe auch von Anderen erfahrbar und erfahren. Wirklichkeit und Schein berechtigt und berichtigt sich im Konkurs mit den Anderen — die wiederum für mich Gegebenheiten wirklicher und möglicher Erfahrung sind. Sie ist es, die mir dabei sagt: Von mir selbst habe ich Erfahrung in primärer Originalität; von Anderen, von ihrem Seelenleben in einer bloß sekundären, sofern das fremde mir in direkter Wahrnehmung prinzipiell nicht zugänglich ist. Das jeweils Erfahrene: Dinge, Ich-selbst, Andere usw. — das jeweilige Mehr, das zu erfahren wäre, die Selbigkeit, in der es durch mannigfaltige Erfahrungen hindurchgeht, der Vorweis jeder Art Erfahrung der verschiedenen Originalitätsstufen auf neue mögliche, zunächst eigene und [207] darauf gestufte fremde, Erfahrungen von demselben, auf den Stil fortschreitender Erfahrung und was dabei sich als seiend und soseiend herausstellen würde — alles und jedes liegt intentional beschlossen im Bewußtsein selbst als dieser aktuellen und po-

tenziellen Intentionalität, deren Struktur ich jederzeit b e ‑
f r a g e n kann.

Und ich m u ß sie befragen, wenn ich eben verstehen will, was
hier wirklich vorliegt: daß für mich nichts ist, es sei denn aus
eigener aktueller oder potenzieller Bewußtseins‑
leistung. Dabei ist die potenzielle, die in meiner Bewußtseins‑
sphäre selbst sich von der aktuellen Intentionalität her vorzeich‑
nende Gewißheit des „ich kann" bzw. „ich könnte" — nämlich
des „ich könnte" synthetisch verknüpfte Bewußtseinsreihen ins
Spiel setzen, als deren Einheitsleistung mir fortgesetzt bewußt
würde derselbe Gegenstand. Im besonderen gehört dazu apriori
die Potenzialität von mir aus zu verwirklichender Anschauungen
— Erfahrungen, Evidenzen — in denen dieser selbe Gegenstand
in kontinuierlicher Einstimmigkeit sich selbst zeigen und be‑
stimmen würde, eben dadurch sein wirkliches Sein fortgesetzt
bewährend. Daß er mir nicht nur als seiend gilt, sondern für mich
wirklich seiender ist „aus gutem", aus „zweifellosem Grunde",
und, was er dabei für mich schon ist und was er für mich noch
offen läßt — das alles bezeichnet gewisse, so und so synthetisch
zusammenhängende, bewußtseinsmäßig vorgezeichnete, von mir
auszulegende, von mir auch frei in Gang zu bringende Leistungen.
Mit anderen Worten: Kein Sein und So-sein für mich, ob als
Wirklichkeit oder Möglichkeit, es sei denn als m i r g e l t e n d.
Dieses mir Gelten ist eben ein Titel für eine — nicht bloß von
oben her postulierte, obschon zunächst verborgene, aber dann
auch zu erschließende — Mannigfaltigkeit meiner wirklichen und
möglichen Leistungen, mit sich wesensmäßig vorzeichnenden
Ideen der Einstimmigkeit ins Unendliche und endgültigen Seins.
Was mir irgend als seiender Gegenstand entgegentritt, hat für
mich, so muß ich aber auch, mein eigenes Bewußtseinsleben als
Geltungsleben konsequent auslegend, anerkennen, seinen g a n‑
z e n Seinssinn aus meiner leistenden Intentionalität empfangen,
nicht ein Schatten davon bleibt ihr entzogen. Eben sie muß ich
befragen, muß ich systematisch auslegen, wenn ich diesen Sinn
verstehen will, also auch verstehen, was ich einem Gegenstand,
sei es in formaler Allgemeinheit oder als solchem seiner Seins‑
kategorie, zumuten darf und was nicht — gemäß eben der kon‑
stituierenden Intentionalität, aus der, wie gesagt, sein ganzer
Sinn entsprungen ist. Diese selbst auslegen, das ist aus der Ur‑

sprünglichkeit der Sinn-konstituierenden Leistung den Sinn [208] selbst verständlich machen.

So wenn ich philosophiere. Denn wenn ich das nicht tue, wenn ich in der Naivität des Lebens stehe, so hat es keine Gefahr. Die lebendige Intentionalität trägt mich, zeichnet vor, bestimmt mich praktisch in meinem ganzen Verhalten, auch in meinem natürlich denkenden, ob Sein oder Schein ergebenden, mag sie auch als lebendig fungierende unthematisch, unenthüllt und somit meinem Wissen entzogen sein.

Ich sagte Schein neben Sein. Denn natürlich gehört es zur Bewußtseinsleistung der Erfahrung selbst, daß sie nur als einstimmige Erfahrung ihren als normal vorgezeichneten Leistungsstil hat, daß diese Einstimmigkeit aber auch gebrochen, das Erfahren in Widerstreit zerfallen, daß die zunächst schlichte Erfahrungsgewißheit zu Zweifel, Anmutung, Vermutung, Negation (Nichtigkeitsqualifizierung) führen kann — all das mit bestimmt zugehörigen Strukturbedingungen, die eben erforscht werden müssen. Erforscht muß dann auch werden, warum die offene Möglichkeit der Täuschung, also des Nichtseins des Erfahrenen, doch nicht die universale Präsumtion der normalen Einstimmigkeit aufhebt und ein Seinsuniversum für mich allzeit über jeden Zweifel erhaben bleibt, als ein solches also, das ich nur in Einzelheiten gelegentlich verfehle und verfehlen kann.

Es braucht nicht gesagt zu werden, daß Ähnliches **für alles und jedes Bewußtsein** gilt, für jede Weise, wie Seiendes, mögliches, sinnvolles und widersinniges, für uns ist, was es für uns ist, und daß **jede Rechtsfrage**, die da gestellt wird und zu stellen ist, aus der jeweiligen Bewußtseinsintentionalität selbst Sinn und Weg der Ausweisung vorgezeichnet erhält. Durch alle Bewußtseinszusammenhänge der Ausweisung, günstigenfalls terminierend in einer Evidenz, geht Identität des Vermeinten und schließlich ausgewiesenen Seienden — desselben, das immerfort intentionaler Identitätspol ist — hindurch: **es gibt keine erdenkliche Stelle, wo das Bewußtseinsleben durchstoßen und zu durchstoßen wäre** und wir auf eine Transzendenz kämen, die anderen Sinn haben könnte als den einer in der Bewußtseinssubjektivität selbst auftretenden intentionalen Einheit.

## § 95. *Notwendigkeit des Ausgangs von der je-eigenen Subjektivität*

Korrekt und ausdrücklich muß ich aber zunächst sagen: diese Subjektivität bin ich selbst, der ich mich über das, was für mich ist und gilt, besinne und jetzt als ich, der ich mich als [209]
5 Logiker hinsichtlich der vorausgesetzten seienden Welt besinne und der auf sie bezogenen logischen Prinzipien. Zunächst also immerzu ich und wieder ich, rein als Ich desjenigen Bewußtseinslebens, durch das alles für mich Seinssinn erhält.

Aber die Welt ist doch (wir dürfen nicht so schnell wie im
10 vorigen Paragraphen darüber hinweggehen) unser aller Welt, sie hat als objektive Welt in ihrem eigenen Sinn die kategoriale Form der „ein für allemal wahrhaft seienden" nicht nur für mich, sondern für jedermann. Denn was wir oben[1] als logischen Charakter der prädikativen
15 Wahrheit geltend gemacht haben, gilt offenbar auch schon für die Erfahrungswelt vor der sie prädikativ auslegenden Wahrheit und Wissenschaft. Welterfahrung als konstituierende besagt nicht bloß meine ganz private Erfahrung, sondern Gemeinschaftserfahrung, die Welt selbst ist sinngemäß die
20 eine und selbe, zu der wir alle prinzipiell Erfahrungszugang haben, über die wir alle uns im „Austausch" unserer Erfahrungen, also in ihrer Vergemeinschaftung verständigen können, wie denn auch die „objektive" Ausweisung auf wechselseitiger Zustimmung und ihrer Kritik beruht.

25 Indessen so ungeheure Schwierigkeiten die wirkliche Enthüllung der leistenden Intentionalität mit sich bringen mag und ganz besonders die Scheidung zwischen ursprünglich eigener und fremder — bzw. die Aufklärung derjenigen Intersubjektivität, die für die objektive Welt als sinnkonstituierende fungiert — zu-
30 nächst bleibt es in unübersteiglicher Notwendigkeit bei dem Gesagten. Zuerst und allem Erdenklichen voran bin Ich. Dieses „Ich bin" ist für mich, der ich das sage und in rechtem Verstande sage, der intentionale Urgrund für meine Welt, wobei ich nicht übersehen darf, daß auch die „objektive"
35 Welt, die „Welt für uns alle" als mir in diesem Sinn geltende,

---

[1] Vgl. § 77, S. 200 ff.

„meine" Welt ist. Intentionaler Urgrund ist aber das „Ich bin";
für „die" Welt nicht nur, die ich als reale anspreche, sondern
auch für die mir je geltenden „idealen Welten" und so überhaupt für alles und jedes, das ich in irgendeinem für mich verständlichen oder geltenden Sinne als seiend bewußt habe — als
das bald rechtmäßig, bald unrechtmäßig ausweise usw. — mich
selbst, mein Leben, mein Meinen, all dieses Bewußthaben eingeschlossen. Ob bequem oder unbequem, ob es mir (aus welchen
Vorurteilen immer) als ungeheuerlich klingen mag oder nicht,
es ist die Urtatsache, der ich standhalten muß, von [210]
der ich als Philosoph keinen Augenblick wegsehen darf. Für
philosophische Kinder mag das der dunkle Winkel sein, in dem
die Gespenster des Solipsismus, oder auch des Psychologismus,
des Relativismus spuken. Der rechte Philosoph wird, statt vor
ihnen davonzulaufen, es vorziehen, den dunklen Winkel zu durchleuchten.

### § 96. *Die transzendentale Problematik der Intersubjektivität und der intersubjektiven Welt*

a) Intersubjektivität und Welt der reinen Erfahrung.

Also auch die Welt für jedermann ist als das mir bewußt, mir
geltend, in meiner Intentionalität sich ausweisend, in ihr Gehalt und Seinssinn empfangend. Sie setzt natürlich voraus, daß
in meinem Ego, — in dem Ego, das in der hier fraglichen Universalität sagt, *ego cogito*, und in den *cogitata*, den wirklichen und
möglichen, eben alles für es Wirkliche und Mögliche befaßt —
daß, sage ich, in diesem Ego jedes Alterego als solches den Sinn
und die Geltung erhält. Der „Andere", die Anderen — das hat
ursprüngliche Beziehung auf mich, der ich es erfahre und sonstwie bewußt habe. Mit allem natürlich, das zu seinem Sinn — Sinn
für mich — gehört, wie daß der Andere „mir gegenüber" leiblich und mit seinem eigenen Leben da ist und nun mich ebenso
als sein Gegenüber hat, daß ich für ihn — mit meinem ganzen
Leben, mit all meinen Bewußtseinsweisen und für mich geltenden Gegenständen — Alterego bin, wie er für mich; und ebenso

---

*1 ff. Handexemplar Randbemerkung* All das ist Seiendes - Seiendes für
mich und für-mich-Seiendes mit dem Seinssinn Seiendes für alle

jeder Andere für jeden Anderen, so daß das „Jedermann" Sinn erhält und ebenso das Wir und Ich als „einer unter den Anderen" als im „Jedermann" beschlossen.

Versuchen wir nun die verwickelte transzendentale Problematik der Intersubjektivität und damit der Konstitution der kategorialen Form der „Objektivität" für die Welt, die ja die unsere ist, zu entfalten, um damit wenigstens eine Vorstellung zu gewinnen von der Art der hier, und rein durch konsequente Enthüllung des eigenen intentionalen Lebens und des darin Konstituierten, zu leistenden Klärungen.

Wenn ich in der Universalität meines *ego cogito* mich als psychophysisches Wesen, als eine darin konstituierte Einheit, finde und darauf bezogen in der Form „Andere" psychophysische Wesen mir gegenüber, als solche nicht minder in Mannigfaltigkeiten meines intentionalen Lebens konstituiert, so werden hier zunächst schon in Beziehung auf mich selbst große Schwierigkeiten empfindlich. Ich, das „transzendentale Ego", bin das allen Weltlichen „vorausgehende", als das Ich nämlich, in dessen Bewußtseinsleben sich die Welt als intentionale Einheit allererst konstituiert. Also Ich, das konstituierende Ich, bin nicht identisch mit dem schon weltlichen Ich, mit mir als psychophysischem Realen; und mein seelisches, das psychophysisch-weltliche Bewußtseinsleben ist nicht identisch mit meinem transzendentalen Ego, worin die Welt mit all ihrem Physischen und Psychischen sich für mich konstituiert. [211]

Aber sage ich nicht beidemal Ich, ob ich im natürlichen Leben mich weltlich als Menschen erfahre, oder ob ich in philosophischer Einstellung von der Welt und mir als Menschen nach den Mannigfaltigkeiten konstituierender „Erscheinungen", Meinungen, Bewußtseinsweisen usw. zurückfrage, und zwar so, daß ich alles Objektive rein als „Phänomen", als intentional konstituierte Einheit nehmend, mich nun als transzendentales Ego finde? Und finde ich dann nicht mein transzendentales Leben und mein seelisches, mein weltliches Leben nach allem und jeden gleichen Inhalts? Wie ist es zu verstehen, daß das „Ego" sein gesamtes ihm Eigenwesentliches zugleich in sich konstituiert haben soll als „seine Seele", psychophysisch objektiviert in Anknüpfung an „seine" körperliche Leiblichkeit und so als eingeflochten in die ihm als Ego konstituierte räumliche Natur?

Ferner, wenn der „Andere", wie offenbar, mit einem Sinne konstituiert ist, der auf mich selbst und zwar als Menschen-Ich zurückweist — im besonderen sein Leib auf meinen eigenen als „fremder" Leib, sein Seelenleben auf mein eigenes als „fremdes" Seelenleben — wie ist diese Konstitution des neuen Seinssinnes, dessen als „A n d e r e r", zu verstehen? Ist schon die Selbstkonstitution des Ego als verräumlichtes, als psychophysisches Wesen eine sehr dunkle Sache, so ist es eine noch viel dunklere und eine geradezu peinliche Rätselfrage, wie sich im Ego ein a n d e r e s p s y c h o p h y s i s c h e s I c h mit einer a n d e r e n S e e l e konstituieren soll, da doch zu ihrem Sinn als anderer die prinzipielle Unmöglichkeit gehört, daß ich die ihr eigenwesentlichen seelischen Gehalte, ungleich den mir eigenen, in wirklicher Originalität erfahre. Prinzipiell muß also die Konstitution von Anderen verschieden sein von derjenigen meines eigenen psychophysischen Ich.

In weiterer Folge muß verständlich gemacht werden, daß ich dem Anderen in seinen von mir ihm eingelegten anderen Erlebnissen, anderen Erfahrungen usw. notwendig nicht nur eine analoge Erfahrungswelt zuschreibe, sondern d i e s e l b e, die ich selbst erfahre, desgleichen daß er mich darin erfahre und seiner- [212] seits mich als auf dieselbe Erfahrungswelt bezogen, als wie ich auf die seine, usw.

Ist es mir gewiß und schon durch transzendentale Klärung verständlich, daß meine Seele eine Selbstobjektivierung meines transzendentalen Ego ist, so weist nun auch die fremde Seele auf ein und nun ein f r e m d e s t r a n s z e n d e n t a l e s E g o zurück, als das Ego, das der Andere, von der ihm in seiner Erfahrung vorgegebenen Welt auf das letzte konstituierende Leben von sich aus zurückfragend, in seiner „phänomenologischen Reduktion", erfassen müßte. Danach wendet sich das Problem der „Anderen" auch dahin:

Zu verstehen, wie mein transzendentales Ego, der Urgrund alles für mich seinsmäßig Geltenden, in sich ein anderes transzendentales Ego und danach auch eine offene Vielheit solcher Egos konstituieren kann — „fremder", in ihrem originalen Sein meinem Ego absolut unzugänglich und doch für mich als seiend und soseiend erkennbarer.

Jedoch mit diesen Problemen ist es noch nicht genug, sie sind mit Rätseln umlagert, die selbst in bestimmte Probleme gefaßt werden müssen, bis schließlich eine feste und notwendige Stufenordnung der ganzen überaus verwickelten Problematik evident geworden ist, die der Lösung ihren notwendigen Arbeitsgang vorzeichnet.

Gehen wir davon aus, daß die Welt für uns, deutlicher gesprochen, daß sie ja für **mich** als Ego konstituiert ist als „objektive", in jenem Sinn der für Jedermann daseienden, sich als wie sie ist in intersubjektiver Erkenntnisgemeinschaft ausweisenden. Also es muß schon ein Sinn von „Jedermann" konstituiert sein, damit in Beziehung darauf eine objektive Welt es sein kann. Darin liegt, daß ein **erster Sinn von Jedermann**, also auch von **Anderen** zugrunde liegen muß, der noch nicht der gewöhnliche, höherstufige Sinn ist, nämlich der Sinn „jeder Mensch", in dem doch ein Reales der objektiven Welt gemeint, also die Konstitution der Welt schon vorausgesetzt ist.

Der „Andere" der konstitutiven Unterstufe weist nun seinem Sinne gemäß auf mich selbst zurück, aber, wie wir vorhin schon bemerkten, auf mich nicht als transzendentales Ego, sondern als **mein psychophysisches Ich**. Auch **dieses kann also noch nicht Ich, der Mensch in der objektiven Welt** sein, deren Objektivität durch ihn erst konstitutiv möglich werden muß.

Das wiederum weist darauf zurück, daß meine **körperliche Leiblichkeit**, die ihrem Sinne nach räumliche ist und Glied einer raumkörperlichen Umgebung, einer **Natur** — innerhalb deren der körperliche Leib des Anderen mir entgegentritt — daß, sage ich, all das noch **nicht objektiv-weltliche** Bedeutung [213] haben kann. Mein an sich erstes psychophysisches Ich (von zeitlicher Genesis ist hier nicht die Rede, sondern von konstitutiven Schichten), in Beziehung auf welches der an sich erste Andere konstituiert sein muß, ist, sieht man, Glied einer **an sich ersten Natur**, die noch nicht objektive Natur ist, deren Raum-Zeitlichkeit noch nicht objektive Raumzeitlichkeit ist, mit anderen Worten noch nicht konstitutive Züge von dem schon konstituierten Anderen her hat. Im Zusammenhang dieser ersten Natur tritt als in dem ihr zugehörigen Körper, der da mein körperlicher Leib heißt, waltend, an ihm in einziger Weise psychophysische Funktionen übend, mein seelisches Ich auf, ihn als den einzigen ursprünglich-erfahrungsmäßig „beseelend".

Man versteht nun, daß diese erste Natur oder Welt, diese erste noch nicht intersubjektive Objektivität, in meinem Ego in einem **ausgezeichneten Sinne** als **mir Eigenes** konstituiert ist, sofern sie noch nichts Ich-fremdes in sich birgt, d. i. nichts, was durch konstitutive Einbeziehung fremder Iche, die Sphäre wirklich direkter, **wirklich originaler Erfahrung** (bzw. aus ihr Entsprungenes) überschritte. Anderseits ist es klar, daß in dieser **Sphäre primordinaler Eigenheit** meines transzendentalen Ego das **Motivationsfundament** liegen muß für die Konstitution jener **echten**, sie überschreitenden **Transzendenzen**, die zunächst als „Andere" — als andere psychophysische Wesen und andere transzendentale Egos — entspringen und, dadurch vermittelt, die Konstitution einer objektiven Welt des alltäglichen Sinnes möglich machen: eine **Welt des „Nicht-Ich"**, des Ich-fremden. Alle Objektivität dieses Sinnes ist konstitutiv zurückbezogen auf das **erste Ich-fremde**, das in der Form des „Anderen", d. h. des Nicht-Ich in der Form „anderes Ich".

b) **Der Schein des transzendentalen Solipsismus.**

Es braucht kaum gesagt zu werden, daß diese ganze vielstufige Problematik der Konstitution der objektiven Welt zugleich die Problematik der Auflösung des sozusagen **transzendentalen Scheins** ist, der vorweg jeden Versuch der Inangriffnahme einer konsequenten Transzendentalphilosophie beirrt und zumeist lähmt, des Scheins, daß sie notwendig zu einem **transzendentalen Solipsismus** führen müßte. Ist alles, was für mich Seinsgeltung je haben kann, in meinem Ego konstituiert, so scheint ja in der Tat alles Seiende ein bloßes Moment zu sein meines eigenen transzendentalen Seins.

Aber die Lösung dieses Rätsels liegt in der systematischen Auf- [214] wicklung der konstitutiven Problematik, die in der Bewußtseinstatsache der für mich allzeit daseienden, allzeit aus **meiner** Erfahrung Sinn-habenden und Sinn-bewährenden Welt liegt und dann in den gemäß der systematischen Stufenfolge fortschreitenden Aufweisungen. Deren Absehen ist aber kein anderes und kann ein anderes nicht sein als die in dieser Bewußtseinstatsache selbst beschlossenen Aktualitäten und Potenzialitäten (bzw. Habitualitäten) des Lebens, in denen sich der Sinn Welt immanent aufgebaut hat und immerfort aufbaut, wirklich aufzuschließen. Die Welt ist beständig für uns da, aber zunächst doch für m i c h da. Für mich da ist dabei auch dies, und nur daher hat es für mich Sinn, daß sie f ü r u n s da ist und da als eine und dieselbe und als Welt eines nicht so und so zu postulierenden — und etwa gar zur Versöhnung der Interessen des Verstandes und Gemüts passend zu „interpretierenden" — Sinnes, sondern eines Sinnes der zunächst und in erster Ursprünglichkeit aus der Erfahrung selbst herauszulegen ist. Das Erste ist also das Befragen der Erfahrungswelt rein als solcher. In den Gang der Welterfahrung mich ganz einlebend und in alle offenen Möglichkeiten ihrer konsequenten Erfüllung, richte ich dabei den Blick auf das Erfahrene und seine allgemeinen, eidetisch zu fassenden Sinnesstrukturen. Davon geleitet ist dann weiter zurückzufragen nach den Gestalten und Gehalten der für diesen Seinssinn und seine Stufen Sinn-konstituierenden Aktualitäten und Potenzialitäten, wobei wieder nichts zu postulieren und „passend" zu „interpretieren", sondern aufzuweisen ist. Dadurch allein ist jenes letzte Weltverständnis zu schaffen, hinter das, als letztes, es sinnvoll nichts mehr zu erfragen und zu verstehen gibt. Kann in diesem Vorgehen bloßer k o n k r e t e r A u s l e g u n g der transzendentale Schein des Solipsismus standhalten? Ist es nicht ein Schein, der nur v o r der Auslegung auftreten kann, da doch, wie gesagt, das in und aus mir selbst Sinnhaben der Anderen, und der Welt für Andere, als Tatsache vorliegt und es sich hier also um nichts anderes handeln kann, als sie, d. i. als was in mir selbst liegt zu klären?

c) H ö h e r s t u f i g e P r o b l e m e d e r o b j e k t i v e n Welt.

Natürlich ist mit den oben angedeuteten Arbeitslinien nicht alles erschöpft. Die Forschung muß weitergehen. Erst muß, worauf jene angedeuteten sich ausschließlich bezogen, die naive und

---

*7 ff. Handexemplar Randbemerkung* Auslegung, echte Interpretation als Auslegung dessen, was in einem Sinn als Sinn impliziert ist; und nicht, was man so oft unter dem Titel Interpretation suchte: eine Unterlegung hypothetischer Denkmöglichkeiten, die induktiv durch Erfahrung zu bewähren wären

rein-gefaßte Erfahrungswelt konstitutiv aufgeklärt sein, damit die davon wohl zu unterscheidenden höherstufigen Fragen gestellt werden können, so die der Konstitution einer sozusagen theoretischen Welt, der im theoretischen Sinn wahrhaft-seienden, [215]
5 bzw. die einer etwa unbedingt und objektiv gültigen theoretischen Erkenntnis. Ein besonders wichtiges und schwieriges Problem ist dabei die Aufklärung der Idealisierungen, die zum intentionalen Sinne der Wissenschaften gehören. In formaler Allgemeinheit sprechen sie sich aus als „Sein an sich" und
10 „Wahrheit an sich" in dem eben idealisierten Sinne der formalen Logik und ihrer „Prinzipien". Sie werden aber in den weltlich-regionalen Besonderheiten erst recht zu großen Problemen, wie z.B. als Idee der exakten Natur (gemäß der „exakten" Naturwissenschaft), zu der der „ideale" Raum der Geometrie, mit sei-
15 nen idealen Geraden, Kreisen usf. gehört, die entsprechend ideale Zeit usw.

d) Abschließende Betrachtung.

Es muß uns hier genügen, mindestens im Rohen die verwirrend verschlungene Problematik der Intersubjektivität und der welt-
20 lichen Objektivität verständlich gemacht zu haben[1]. Es ist nun klar: Nur durch jene Enthüllung der den Seinssinn der gegebenen Welt konstituierenden Leistung, können wir uns von jeder widersinnigen Verabsolutierung des Seins dieser Welt freihalten und können überhaupt und in jeder Hinsicht wissen, was wir ihm —
25 wir als Philosophen — zumuten dürfen, was der Natur, dem Raume, der Raumzeit, der Kausalität, in welchem Sinne wir die Exaktheiten der Geometrie, der mathematischen Physik usw. rechtmäßig zu verstehen haben, von entsprechenden, aber

---

[1] Hauptpunkte zur Lösung des Problems der Intersubjektivität und der Überwindung des transzendentalen Solipsismus habe ich bereits in Göttinger Vorlesungen (W.-S. 1910/11) entwickelt. Die wirkliche Durchführung erforderte aber noch schwierige Einzeluntersuchungen, die erst viel später zum Abschluß kamen. Eine kurze Darstellung der Theorie selbst bringen demnächst meine *Cartesianischen Meditationen*. Im nächsten Jahre hoffe ich auch die zugehörigen expliziten Untersuchungen zur Veröffentlichung zu bringen. —
Anm. d. Hrsg.: Vgl. E. Husserl, *Cartesianische Meditationen und Pariser Vorträge*. 2. Aufl. Haag 1963 (Husserliana Bd. I) – V. Meditation: Enthüllung der transzendentalen Seinssphäre als monadologische Intersubjektivität. S. 121 ff. – Vgl. ferner jetzt zum Gesamt der Husserlschen Intersubjektivitätsproblematik E. Husserl, *Zur Phänomenologie der Intersubjectivität*. Den Haag 1973 (Husserliana Bd. XIII, XIV, XV).

andersartigen geisteswissenschaftlichen Problemen zu schweigen. Wie sehr all das die formal-logische Sphäre überschreitet, es muß im voraus im Sichtfelde sein, damit wir verkehrte Ansprüche der formal-logischen Geltungen vermeiden können. Wir müssen
5 die ganze Weite und Größe der Probleme der „Tragweite" der Erkenntnis erfassen; ja jetzt verstehen wir eigentlich erst, worauf diese alte erkenntnistheoretische Rede von der Tragweite hinauswollte oder mindestens, worauf sie hinausmußte.

§ 97. *Die Methode der Enthüllung der Bewußtseinskonstitution* [216]
10 *in ihrer universalen philosophischen Bedeutung*

Keinem Philosophen kann der Weg dornenvoller Untersuchungen erspart werden, den wir freizulegen versucht haben. Die u n i v e r s a l e  B e z o g e n h e i t alles für ein Ich Erdenklichen auf sein Bewußtseinsleben ist allerdings schon seit D e s c a r t e s als
15 eine philosophische Grundtatsache allbekannt und insbesondere wieder in neuesten Zeiten viel beredet. Aber es nützt nichts, von oben her darüber zu philosophieren und sie durch noch so fein ausgedachte Gedankengespinste zu verdecken, statt in ihre ungeheuren Konkretionen einzudringen und sie wirklich philoso-
20 phisch fruchtbar zu machen. Der Philosophierende muß sich von Anfang an zur Klarheit bringen, was wir mit gutem Grunde so stark und so oft betont haben: daß alles, was für ihn soll sein und das oder jenes sein, also als das für ihn Sinn und Geltung haben können, ihm bewußt sein muß in Gestalt einer eigenen, der
25 B e s o n d e r h e i t dieses Seienden  e n t s p r e c h e n d e n  intentionalen Leistung, aus einer eigenen „S i n n g e b u n g" (wie ich in meinen „Ideen" es auch ausdrückte). Man darf nicht bei der leeren Allgemeinheit der Rede von Bewußtsein stehen bleiben, oder bei den leeren Worten Erfahrung, Urteil und dgl. und allenfalls das
30 Weitere, als wäre es philosophisch irrelevant, der Psychologie überlassen — dieser Psychologie, deren Erbteil die Blindheit für die Intentionalität ist als das Eigenwesentliche des Bewußtseinslebens, und jedenfalls für die Intentionalität als teleologische Funktion, d. i. als konstitutive Leistung. Bewußtsein läßt sich
35 methodisch enthüllen, so daß man es in seinem sinngebenden und Sinn in Seinsmodalitäten schaffenden Leisten direkt „sehen" kann. Man kann verfolgen, wie gegenständlicher Sinn (das je-

weilige *cogitatum* der jeweiligen *cogitationes*) sich im Wandel dieser *cogitationes* in ihrem fungierenden Motivationszusammenhang zu neuem Sinn gestaltet, wie das schon Vorhandene sich vordem gestaltet hat aus zugrunde liegendem und aus früherer Leistung herstammendem Sinn. Hat man an herausgegriffenen Beispielen Stücke solcher intentionaler Auslegungen durchgeführt, so erkennt man alsbald, daß die ungeheure Aufgabe nimmermehr umgangen werden kann, dieses leistende Leben in seiner Universalität zu enthüllen und damit alle Sinngebilde des natürlichen, des wissenschaftlichen, des gesamten höheren Kulturlebens, alles darin als „seiend" auftretende, in seiner universalen ontischen Einheit verständlich zu machen, und zwar letztlich aus seinen konstitutiven Ursprüngen.

Freilich mußte dazu die Methode erst eröffnet werden, weil die [217] Entdeckung der Intentionalität durch B r e n t a n o merkwürdigerweise nie dahin geführt hat, in ihr einen Zusammenhang von Leistungen zu sehen, die in der jeweils konstituierten intentionalen Einheit und ihrer jeweiligen Gegebenheitsweise als eine s e d i m e n t i e r t e  G e s c h i c h t e beschlossen sind, eine Geschichte, die man jeweils in strenger Methode enthüllen k a n n. Vermöge dieser Grunderkenntnis wird jede Art intentionaler Einheit zum „t r a n s z e n d e n t a l e n  L e i t f a d e n" der konstitutiven „Analysen", und diese Analysen selbst gewinnen von ihr her einen völlig eigenartigen Charakter; sie sind n i c h t A n a l y s e n  i m  g e w ö h n l i c h e n  S i n n e (reelle Analysen), sondern E n t h ü l l u n g e n  i n t e n t i o n a l e r  I m p l i k a t i o n e n (im Fortgang etwa von einer Erfahrung zum System der als möglich v o r g e z e i c h n e t e n Erfahrungen).

### § 98. *Die konstitutiven Untersuchungen als apriorische*

Aber diese Grundeinsicht wäre doch ohne rechte Frucht geblieben ohne die gelegentlich schon erwähnte Erkenntnis, daß in diesen Untersuchungen n i c h t  d i e  i n d u k t i v e  E m p i r i e

---

*14 f. Handexemplar* weil die Einführung der Intentionalität durch B r e n t a n o in die Psychologie *Verbesserung für* weil die Entdeckung der Intentionalität durch B r e n t a n o
*20 f. Handexemplar Randbemerkung* als Sinnesgeschichte

ein Erstes ist, sondern daß eine solche überhaupt nur möglich ist durch eine vorangegangene Wesensforschung. Die eigentlich fundamentale und aller früheren Psychologie wie Transzendentalphilosophie fremde Erkenntnis ist hierbei die, daß jede
5 geradehin konstituierte Gegenständlichkeit (z. B. ein Naturobjekt) ihrer *Wesensart* (z.B. physisches Ding überhaupt) entsprechend zurückweist auf eine korrelative *Wesensform* der mannigfaltigen wirklichen und möglichen (im gegebenen Beispiel unendlichen) Intentio-
10 nalität, die für sie die konstitutive ist. Die Mannigfaltigkeit möglicher Wahrnehmungen, Erinnerungen, ja sonstiger intentionaler Erlebnisse überhaupt, die „einstimmig" auf ein- und dasselbe Ding bezogen und beziehbar sind, hat bei aller ungeheuren Komplikation einen ganz bestimmten, für jedes Ding
15 überhaupt identischen Wesensstil, sich nur von individuellem zu individuellem Ding besondernd. Ebenso sind die Bewußtseinsweisen, die irgendeine ideale Gegenständlichkeit bewußt machen können und zur Einheit eines synthetischen Bewußtseins von dieser selben sollen gebracht werden können, von einem bestimm-
20 ten, für diese Art Gegenständlichkeit wesensmäßigen Stil. Da mein ganzes Bewußtseinsleben auch in seiner Ganzheit, unbeschadet aller sich darin konstituierenden mannigfaltigen Son- [218] dergegenständlichkeiten eine universale Einheit leistenden Lebens ist, mit einer Einheit der Leistung, so ist das ganze
25 Bewußtseinsleben beherrscht von einem universalen konstitutiven, alle Intentionalitäten umspannenden Apriori, einem Apriori, das sich bei der Eigenart der sich im Ego konstituierenden Intersubjektivität zu einem Apriori der intersubjektiven Intentionalität und
30 ihrer Leistung intersubjektiver Einheiten und „Welten" ausweitet. Die Erforschung dieses gesamten Apriori ist die überschwänglich große, aber durchaus angreifbare und stufenweise zu lösende Aufgabe der transzendentalen Phänomenologie.
35 Es ist dabei im Auge zu behalten, daß die leistende Subjektivität prinzipiell nicht erschöpft ist durch das

---

*1 Handexemplar* und überhaupt in Frage ist *Einfügung hinter* Erstes aktuelle intentionale Leben, in seinen sich faktisch zusammenordnenden intentionalen Erlebnissen, sondern daß sie auch ist und beständig ist in ihren Vermögen. Diese sind nicht etwa hypothetische Erklärungsgebilde, sondern in einzelnen Pulsen des „ich kann" und „ich tue" aufweisbar als beständig leistende Faktoren und von da aus sind auch aufweisbar alle universalen Vermögen, einzelsubjektive und intersubjektive. Auch darauf bezieht sich, das sei ausdrücklich betont, das phänomenologische Apriori als ein, wie es überhaupt im Sinne der Phänomenologie liegt, aus entsprechenden Wesensintuitionen geschöpftes.

Zum besseren Verständnis der **Methode der Wesensforschung** sei noch folgendes kurz angedeutet:

Alles was wir in unseren Betrachtungen über Konstitution ausgeführt haben, ist zunächst an beliebigen **Exempeln** beliebiger Arten vorgegebener Gegenstände einsichtig zu machen, also in reflektiver Auslegung der Intentionalität, in der wir reale oder ideale Gegenständlichkeit schlicht geradehin „haben". Es ist ein bedeutungsvoller Schritt weiter zu erkennen, daß was für **faktische** Einzelheiten der Wirklichkeit oder Möglichkeit offenbar gilt, auch notwendig in Geltung bleibt, wenn wir unsere Exempel **ganz beliebig** variieren und nun nach den korrelativ mitvariierenden „Vorstellungen", d. i. den konstituierenden Erlebnissen zurückfragen, nach den sich bald kontinuierlich bald diskret wandelnden „subjektiven" Gegebenheitsweisen. Vor allem ist dabei zu fragen nach den im **prägnanten** Sinn konstituierenden „Erscheinungs"-weisen, den die jeweils exemplarischen Gegenstände und ihre Varianten **erfahrenden**, und nach den Weisen, **wie** darin die Gegenstände sich als synthetische Einheiten im Modus „sie selbst" gestalten. Das ist aber nichts anderes, als nach dem systematischen Universum möglicher Erfahrungen, möglicher Evidenzen, zu fragen, oder nach der **Idee** einer vollständigen Synthesis möglicher einstimmiger Erfahrungen, als deren synthetisches Gebilde der jeweilige Gegenstand in der „Allseitigkeit", in der Allheit ihm zugehöriger Bestimmungen als absolut selbstgegebener und selbstbewährter bewußt würde: Die hierbei zu vollziehende Variation des (als Ausgang notwendigen) Exempels ist es, in der sich das „Eidos" ergeben soll und mittels deren auch die Evidenz der unzerbrechlichen eidetischen Korrelation von Konstitution und Konstituier- [219]

tem. Soll sie das leisten, so ist sie nicht zu verstehen als eine
**empirische Variation**, sondern als eine Variation, die in
der Freiheit der reinen Phantasie und im reinen Bewußtsein der
Beliebigkeit — des „reinen" Überhaupt — vollzogen wird, womit
sie sich zugleich in einem Horizont offen endlos mannigfaltiger
freier Möglichkeiten für immer neue Varianten hineinerstreckt.
In einer derartigen völlig freien, von allen Bindungen an im voraus geltende Fakta gelösten Variation stehen nun alle Varianten
des offen unendlichen Umfangs — in die auch das von aller
Faktizität befreite Exempel selbst, als „beliebiges", einbezogen
ist — in einem Verhältnis synthetischer Aufeinanderbezogenheit
und allheitlichen Verbundenheit, und des näheren in einer kontinuierlich durchgehenden Synthesis der „Deckung im Widerstreit". Eben in dieser Deckung tritt aber das in dieser freien und
immer wieder neu zu gestaltenden Variation notwendig Verharrende, das **Invariante** hervor, das unzerbrechlich Selbige im
Anders und Immer-wieder-anders, das allgemeinsame **Wesen** —
an das alle „erdenklichen" Abwandlungen des Exempels und alle
Abwandlungen jeder solchen Abwandlung selbst gebunden bleiben. Dieses Invariante ist die ontische Wesensform (apriorische
Form), das **Eidos**, das dem Exempel entspricht, wofür jede
Variante desselben ebensogut hätte dienen können[1].

Die ontische Wesensform (zu oberst die „Kategorie") führt
aber in reflektiver Blickwendung auf die konstituierenden möglichen Erfahrungen, möglichen Erscheinungsweisen, darauf, daß
diese sich notwendig mitvariieren und zwar so, daß sich nun eine [220]
korrelativ-zweiseitige Wesensform als invariant zeigt. So wird
evident, daß ein ontisches Apriori nur möglich ist, und zwar in
konkret voller Möglichkeit, als Korrelat eines mit ihm konkret
einigen, von ihm konkret unabtrennbaren konstitutiven Apriori.
Dies gilt nicht nur von den Systemen der möglichen Erfahrung
von Gegenständen (den im prägnanten Sinne konstitutiven
Systemen), sondern für die konstitutiven Systeme im weiteren
Sinne, mitumfassend alle, auch die unanschaulichen Bewußtseinsweisen, die je für irgendwelche Gegenstände möglich sind.

---

[1] Es ist hier zu beachten, daß von uns Gegenstand stets in dem weitesten Sinne
verstanden ist, der auch alle syntaktischen Gegenständlichkeiten befaßt. Das gibt also
auch dem Begriff E i d o s einen weitesten Sinn. Er definiert zugleich den einzigen der
Begriffe des vieldeutigen Ausdrucks apriori, den wir philosophisch anerkennen. Er
ausschließlich ist also gemeint, wo je in meinen Schriften von apriori die Rede ist.

Schließlich sieht man, zur weitesten, der analytisch-formalen Allgemeinheit aufsteigend, daß jeder noch so unbestimmt, ja inhaltlich leer gedachte Gegenstand, gedacht als ein „ganz beliebiges" Etwas-überhaupt, nur denkbar ist als Korrelat einer von
5 ihm unabtrennbaren intentionalen Konstitution, die unbestimmt-leer und doch nicht ganz beliebig ist; die nämlich mit jeder Besonderung des „Etwas" und mit jeder hierbei substituierten ontischen Kategorie (dem durch ontische Variation eines entsprechenden Exempels herauszustellenden Eidos) sich korrelativ
10 besondern muß. Danach ist jede an faktischen Gegebenheiten zu vollziehende intentionale und konstitutive Analyse von vornherein, auch wenn dafür das Verständnis fehlt, als eine exemplarische anzusehen. Alle ihre Ergebnisse, von der Faktizität befreit und so in das Reich freier Phantasie-Variation versetzt, werden zu
15 wesensmäßigen, zu solchen, welche ein Universum der Erdenklichkeit (eine „reine" Allheit) in apodiktischer Evidenz beherrschen, derart daß jede Negation so viel besagt, wie intuitiv-eidetische Unmöglichkeit, Unausdenkbarkeit. Das betrifft also auch diese ganze soeben durchgeführte Betrachtung. Sie ist
20 selbst eine eidetisch durchgeführte. Die eidetische Methode auslegen, heißt nicht ein empirisches, empirisch-beliebig zu wiederholendes Faktum beschreiben. Ihre Allgemeingültigkeit ist eine unbedingt notwendige, eine von jedem erdenklichen exemplarischen Gegenstande aus durchführbare, und so ist sie von uns
25 gemeint worden. Nur in eidetischer Intuition kann das Wesen der eidetischen Intuition geklärt werden.

Es ist sehr notwendig, sich dieses echten Sinnes und dieser Universalität des Apriori zu bemächtigen und dabei insbesondere der beschriebenen Rückbezogenheit jedes geradehin geschöpften
30 Apriori auf das seiner Konstitution, also auch der apriorischen Faßbarkeit der Korrelation von Gegenstand und konstituierendem Bewußtsein. Das sind Erkenntnisse von beispielloser philosophischer Bedeutung. Sie schaffen einen wesentlich neuen und streng wissenschaftlichen Stil der Philosophie, und das selbst [221]
35 gegenüber der Kantischen Transzendentalphilosophie, so viel in dieser sonst an großen Anschauungen beschlossen ist.

Eröffnen sich hier durch die konstitutiven Probleme, die allen Regionen der Gegenständlichkeit zugehören, ungeheure Felder apriorischer und dabei subjektiver Forschung, so ist schon vorauszusehen, daß sie sich in noch größere Weiten erstrecken müssen, als welche zunächst das Blickfeld der methodischen Analyse ausmachen. Nämlich wenn alles faktische Subjektive seine immanent zeitliche Genesis hat, so ist zu erwarten, daß auch diese Genesis ihr Apriori hat. Dann entspricht der „statischen", auf eine schon „entwickelte" Subjektivität bezogenen Konstitution von Gegenständen die apriorische genetische Konstitution, aufgestuft auf jener notwendig vorangehenden. Erst durch dieses Apriori erweist sich, und in einem tieferen Sinne, was im voraus schon gesagt worden[1], daß in dem, was die Analyse als intentional Impliziertes der lebendigen Sinnkonstitution enthüllt, eine sedimentierte „Geschichte" liege.

### § 99. *Psychologische und transzendentale Subjektivität. Das Problem des transzendentalen Psychologismus*

Eine Welt, Seiendes überhaupt jeder erdenklichen Artung, kommt nicht „θύραθεν" in mein Ego, in mein Bewußtseinsleben hinein. Alles Außen ist, was es ist, in diesem Innen und hat sein wahres Sein aus den Selbstgebungen und Bewährungen innerhalb dieses Innen — sein wahres Sein, das eben damit selbst zum Innen gehört, als Einheitspol in meinen (und dann intersubjektiv in unseren) wirklichen und möglichen Mannigfaltigkeiten, mit Möglichkeiten als Vermögen, als „ich kann hingehen, ich könnte syntaktische Operationen vollziehen" usw. Welche Modalisierungen des Seins hier auch spielen mögen, auch sie gehören in diese Innerlichkeit, in der alles, was darin konstituiert ist, nicht nur Ende, sondern Anfang ist, etwa thematisches Ende und für neue Thematik fungierend. Und so ist es vor allem mit den im Ego konstituierten Ideen, wie der des absolut seienden Naturobjektes, der absoluten dafür bestehenden „Wahrheiten an sich" und dgl. Sie haben im Zusammenhang der konstituierten Relativitäten, der konstituierten Einheiten niederer Stufe, „regulative Bedeutung".

Die Bewußtseinsbeziehung auf eine Welt, das ist nicht eine mir von einem zufällig von außen her es so bestimmenden Gott oder von der im voraus zufällig seienden Welt her und einer ihr

---

[1] Vgl. § 97.

zugehörigen kausalen Gesetzlichkeit auferlegte Tatsache. Das subjektive Apriori ist es, das dem Sein von Gott und Welt und allem und jedem für mich, den Denkenden, vorangeht. Auch Gott ist für mich, was er ist, aus meiner eigenen Bewußtseinsleistung, auch hier darf ich aus Angst vor einer vermeinten Blasphemie nicht wegsehen, sondern muß das Problem sehen. Auch hier wird wohl, wie hinsichtlich des Alterego, Bewußtseinsleistung nicht besagen, daß ich diese höchste Transzendenz erfinde und mache.

Ebenso steht es mit der Welt und aller Weltkausalität. Gewiß bin ich mit der Außenwelt in psychophysischem kausalen Zusammenhang — nämlich ich, dieser Mensch, ein Mensch unter Menschen und Tieren, unter sonstigen Realitäten, die alle zumal die Welt ausmachen. Aber die Welt mit allen ihren Realitäten, darunter auch mit meinem menschlichen realen Sein ist ein Universum konstituierter Transzendenzen, konstituiert in Erlebnissen und Vermögen meines Ego (und dadurch erst vermittelt denen der für mich seienden Intersubjektivität), das also dieser konstituierten Welt als die letztkonstituierende Subjektivität vorangeht. Die Transzendenz der Welt ist Transzendenz in Relation zu diesem Ich und mittels seiner zu der offenen Ichgemeinschaft als der seinen. Es zeigt sich dabei der schon von Descartes bei aller Unklarheit doch vorgeschaute Unterschied, daß dieses Ego, daß Ich in diesem Sinne letztkonstituierender Subjektivität, unbeschadet meiner unendlichen Horizonte der Unenthülltheiten und Unbekanntheiten, für mich in apodiktischer Notwendigkeit bin: während die in mir konstituierte Welt, obschon im Strom meiner einstimmigen Erfahrung immerfort für mich seiend und ganz ohne Zweifel seiend (einen Zweifel könnte ich nimmer zustande bringen, wo jede neue Erfahrung bestätigt) nur den Sinn einer präsumtiven Existenz hat und in Wesensnotwendigkeit behält. Die reale Welt ist nur in der beständig vorgezeichneten Präsumtion, daß die Erfahrung im gleichen konstitutiven Stil beständig fortlaufen werde.

Hier mögen tiefe und schwierige Untersuchungen zur vollkommenen Klärung nötig sein: aber es bedarf ihrer nicht, um sich davon zu überzeugen, daß sich diese, von uns früher schon rechtmäßig verwertete und für die Erkenntnistheorie fundamentalste Unterscheidung ergibt, zwischen

1. der transzendental-phänomenologischen Subjektivität (durch die meine hindurchgesehen als transzendentale Intersubjektivität) mit ihrem konstitutiven Bewußtseins- [223] leben und ihren transzendentalen Vermögen;
2. der psychologischen oder psychophysischen Subjektivität, der menschlichen Seele, der menschlichen Person und Personengemeinschaft, mit ihren psychischen Erlebnissen im psychologischen Sinne, Bestandstücken der objektiven Welt, in psychophysisch-induktivem Zusammenhang mit den der Welt zugehörigen physischen Leiblichkeiten.

Es ist danach zu verstehen, warum wir in allen Versuchen, die Existenz einer objektiven Welt durch Kausalschlüsse von einem zunächst rein für sich (zunächst als *solus ipse*) gegebenen Ego zu begründen, als eine widersinnige Verwechslung bezeichneten zwischen der in der Welt verlaufenden psychophysischen Kausalität mit der in der transzendentalen Subjektivität verlaufenden Korrelationsbeziehung zwischen konstituierendem Bewußtsein und darin konstituierter Welt. Es ist für den wahren und echten Sinn der Transzendentalphilosophie von entscheidender Bedeutung, sich dessen zu versichern, daß Mensch, und nicht nur menschlicher Leib, sondern auch menschliche Seele, wie rein sie immer durch innere Erfahrung gefaßt sein mag, Weltbegriffe sind und als solche Gegenständlichkeiten einer transzendenten Apperzeption, also mit hineingehörig als konstitutive Probleme in das transzendentale Universalproblem, das der transzendentalen Konstitution aller Transzendenzen, ja aller Gegenständlichkeiten überhaupt.

Die radikale Scheidung zwischen psychologischer Subjektivität und transzendentaler (in der die psychologische sich mit einem weltlichen, also transzendenten Sinngehalt konstituiert) bedeutet eine radikale Scheidung zwischen Psychologie und Transzendentalphilosophie, speziell transzendentaler Theorie der transzendenten Erkenntnis. Man darf sich in keine Verschiebung des Begriffes der Psychologie einlassen, trotz der, man kann sagen, wesensmäßig begründeten Versuchungen, die darin liegen, daß eine zunächst psychologisch durchgeführte, aber reine Bewußtseinsanalyse sich transzendental wenden läßt, ohne ihren eigenwesentlichen Gehalt zu ändern. Es ist nie aus den Augen zu verlieren, daß die Psychologie

ihren einzigen Sinn hat und immer hatte **als Zweig der Anthropologie**, als positive Weltwissenschaft, daß in ihr die „psychischen Phänomene", deutlicher die psychologischen Daten, die Erlebnisse und die Dispositionen (Vermögen) Data
5 innerhalb der vorgegebenen Welt sind, daß „innere Erfahrung" eine Art weltliche, objektive Erfahrung ist, so gut ‹wie› irgendeine Erfahrung an anderen oder eine physische Erfahrung, und [224] daß es eine **verfälschende Verschiebung** ist, wenn man diese psychologische innere Erfahrung mit derjenigen zusammen-
10 wirft, die als evidente Erfahrung vom Ego cogito transzendental in Anspruch genommen wird. Es ist freilich eine Verfälschung, die vor der transzendentalen Phänomenologie nicht merklich werden konnte.

Es soll keineswegs geleugnet werden, daß jede Weise der Inten-
15 tionalität und darunter jede Weise der Evidenz, so wie der Erfüllung von Meinungen durch Evidenz **auch in psychologischer Einstellung** durch Erfahrung vorzufinden und psychologisch zu behandeln ist. Es soll nicht geleugnet werden, daß **alle unsere ausgeführten oder nur angezeigten**
20 **intentionalen Analysen auch Geltung haben in psychologischer Apperzeption**, nur daß es eben eine besondere weltliche Apperzeption ist, die erst nach der Einklammerung die transzendentalsubjektiven und parallelen Konkretionen ergibt. Psychologische Erkenntnistheorie hat einen guten
25 Sinn — nämlich verstanden als Titel für die Bearbeitung der mannigfaltigen Probleme, welche das Erkennen als Funktion innerhalb des menschlichen Seelenlebens, der Psychologie als der Wissenschaft von diesem Seelenleben stellt. Diese Erkenntnistheorie wird nur zum Widersinn, wenn man ihr die transzendenta-
30 len Aufgaben zumutet, wenn man also das psychologisch apperzipierte intentionale Leben für das transzendentale ausgibt und durch Psychologie transzendentale Aufklärung alles Weltlichen zu leisten versucht — mit dem Zirkel, daß man mit der Psychologie, mit ihrem „Seelenleben", mit ihrer „inneren Erfahrung" die
35 Welt schon naiv vorausgesetzt hat.

---

*28 ff. Handexemplar Randbemerkung* ohne vorgängige und in ihrem eigenen Sinn durchgeführte transzendentale Philosophie

Gleichwohl darf man sagen: Wäre diese Erkenntnispsychologie zu zielbewußter und dann auch erfolgreicher Arbeit gekommen, so wäre das alsbald auch für die philosophische Erkenntnistheorie getane Arbeit gewesen. Alle für die Erkenntnispsychologie gewonnenen Struktureinsichten wären auch der transzendentalen Philosophie zugute gekommen. Selbst wenn diese in der Vermischung von Ergebnissen psychologischer und transzendentaler Einstellung stecken geblieben wäre (eine für den Anfang fast unvermeidliche Vermischung), so hätte sich dieser Fehler später durch Umwertung bessern lassen, ohne die gewonnenen Einsichten ihrem wesentlichen Kerne nach zu verändern. Gerade das hier bestimmende und zunächst notwendig verborgene Ineinander macht die große Schwierigkeit und bestimmt das **transzendentale Problem des Psychologismus**.

Es ist dabei als ein beirrendes Moment folgendes zu beachten, [225] das mit der Eigenart der sogenannten „deskriptiven" Psychologie — der Psychologie der abstraktiv rein in sich und für sich zu betrachtenden Seele auf Grund der entsprechend rein gefaßten seelischen Erfahrung — zusammenhängt. Die **reine Psychologie** kann nämlich (wie das schon durch die Logischen Untersuchungen einleuchtend geworden ist) ebensogut **als apriorische** durchgeführt werden, wie die transzendentale Phänomenologie. Die Beschränkung des psychologischen Urteilens auf die intentionalen Erlebnisse (die in der reinen „inneren" Erfahrung) und auf deren Wesensformen (die in der inneren Wesensverallgemeinerung zur Selbstgegebenheit kommen) desgleichen auf die rein psychischen Vermögen, ergibt dann ein **psychologisch-phänomenologisches Urteilen**. Wie man geradezu sagen kann, es ergibt sich eine in sich geschlossene **psychologische Phänomenologie**, und zwar mit der gleichen Methode intentionaler „Analyse", als welche in der transzendentalen Phänomenologie betätigt wird. Aber in diesem psychologisch-phänomenologischen Urteilen ist eben psychologische Apperzeption vollzogen, nur daß, was durch diese intentional mitgesetzt ist, die **Beziehung auf Leiblichkeit, somit auf Weltliches, in den begrifflichen Gehalt des Urteilens nicht ausdrücklich eintritt**. Aber die psychologische Apperzeption wirkt doch **sinnbestimmend** mit und muß erst bewußt „eingeklammert" werden, damit jener Gehalt, der dadurch selbst nicht geändert wird, transzendentale Bedeutung gewinnt. Das Durchschauen dieser Parallele zwischen rein immanenter und apriorischer Psychologie (psychologischer Phänomenologie) und transzendentaler Phänomenologie und die Nachweisung einer Wesensnotwendigkeit ist die prinzipiell letzte Aufklärung des Problems des transzendentalen Psychologismus und zugleich seine Lösung.

### § 100. *Historisch-kritische Bemerkungen zur Entwicklung der Transzendentalphilosophie und insbesondere zur transzendentalen Problematik der formalen Logik*

Der Weg zu der ganzen in Parallele rein psychologisch und transzendental zu fassenden Ursprungsproblematik, die in ihrer Wesensallgemeinheit alle möglichen Welten, mit allen ihren zugehörigen Wesensregionen realer und idealer Gegenständlichkeiten und Weltschichten in sich beschließt (also auch die Welt idealer Sinne, der Wahrheiten, Theorien, Wissenschaften, die Idealitäten jedweder Kultur, jedweder gesellschaftlich-geschichtlichen [226] Welt) blieb durch die Jahrhunderte hindurch unbetreten. Das war eine vollbegreifliche Folge der naturalistisch-sensualistischen Verirrung der gesamten neuzeitlichen Psychologie aus innerer Erfahrung. Diese Verirrung hat nicht nur die Transzendentalphilosophie des englischen Empirismus zu jener bekannten Entwicklung gedrängt, die ihn im widersinnigen Fiktionalismus enden ließ, sie hat auch die Transzendentalphilosophie der Kantischen Copernikanischen Umwendung in ihrer vollen Auswirkung gehemmt, so daß sie nicht zu den letztlich notwendigen Zielen und Methoden durchdringen konnte. Ist das reine konkrete Ego, in dem sich alle ihm geltenden Gegenständlichkeiten und Welten subjektiv konstituieren, nichts anderes als ein sinnloser Haufen kommender und verschwindender Daten, bald so, bald so zusammengewürfelt, nach einer sinnlos-zufälligen, der mechanischen analogen Gesetzmäßigkeit (wie derjenigen der seinerzeit mechanisch interpretierten Assoziation), so kann es bloß durch Erschleichungen erklärlich werden, wie auch nur so etwas wie der Schein einer realen Welt entstehen könne. Hume aber gibt vor, verständlich zu machen, daß uns nach einer blinden, rein-psychischen matter-of-fact-Gesetzlichkeit unter den

Titeln verharrende Körper, Personen usw. besondere Typen von Fiktionen erwachsen. Scheine, Fiktionen sind Sinngebilde, ihre Konstitution vollzieht sich als Intentionalität, sie sind *cogitata* von *cogitationes*, und nur aus Intentionalität kann neue
5 Intentionalität entspringen. Fiktionen haben ihre eigene Seinsart, die zurückweist auf Wirklichkeiten, auf Seiendes im normalen Sinn. Ist leistende Intentionalität einmal entdeckt, so wird alles, Sein wie Schein, verständlich in seiner wesensmäßigen objektiven Möglichkeit, seine Subjektivität ist für uns dann sein
10 Konstituiert-sein. Und das ist nicht die schlechte Subjektivierung, die dann beides, Sein und Schein, wie bei Hume in einen solipsistischen Schein verkehrt, sondern es ist eine transzendentale Subjektivierung, die sich mit der echten Objektivität nicht nur verträgt, vielmehr ihre apriorische Kehrseite ist.
15 Humes Größe (eine in dieser wichtigsten Hinsicht noch unerkannte Größe) liegt darin, daß er trotz alledem der Erste war, der das universale konkrete Problem der Transzendentalphilosophie erfaßt, daß er zuerst die Notwendigkeit gesehen hat, aus der Konkretion der rein egologischen Innerlichkeit, in der,
20 wie er sah, alles Objektive dank einer subjektiven Genesis bewußt und bestenfalls erfahren wird, eben dieses Objektive als Gebilde seiner Genesis zu erforschen, um aus diesen letzten Ursprüngen den rechtmäßigen Seinssinn alles für uns Seienden ver- [227] ständlich zu machen. Genauer gesprochen: die reale Welt und
25 deren real-kategoriale Grundformen werden ihm in neuer Weise zum Problem. Er war der Erste, der mit der reinen Inneneinstellung Descartes' ernst machte, indem er die Seele radikal von allem vorweg befreite, was ihr weltlich-reale Bedeutung gibt, und indem er sie rein als Feld von ,,Perzeptionen'',
30 von ,,Impressionen'' und ,,Ideen'' voraussetzte, als wie sie Gegebenheit ist einer entsprechend rein gefaßten inneren Erfahrung. Auf diesem ,,phänomenologischen'' Boden konzipiert er zuerst, was wir ,,konstitutive'' Probleme nennen, indem er die Notwendigkeit erkannte, verständlich zu machen, wie es sich rein in die-
35 ser phänomenologisch reduzierten Subjektivität und ihrer immanenten Genesis macht, daß sie transzendente Objektivitäten, und zwar Realitäten in den vorweg uns selbstverständlichen ontologischen Formen (Raum, Zeit, Kontinuum, Ding, Personalität) in vermeinter ,,Erfahrung'' vorfinden kann.

So können wir sicherlich von der heutigen Phänomenologie her seine allgemeine Intention beschreiben. Nur daß wir beifügen müssen, daß er keineswegs die den phänomenologischen Boden vorbereitende Methode phänomenologischer Reduktion bewußt geübt und gar prinzipiell durchdacht hat, des weiteren, daß er, der erste Entdecker der konstitutiven Problematik, völlig **hinwegsieht über die grundwesentliche Eigenheit des seelischen Lebens** als Bewußtseinslebens, auf die sie sich bezieht, und damit über die ihr als intentionale Problematik angemessene und in der Ausführung sofort ihre Kraft wirklicher Aufklärung bewährende Methode. Durch seinen naturalistischen Sensualismus, der nur einen in wesenloser Leere schwebenden Haufen von Daten sieht und blind ist für die objektivierenden Funktionen der intentionalen Synthesis, gerät er in den Widersinn einer „Philosophie des Als ob".

Was anderseits Kant anbelangt, so hat er in seiner reaktiven Abhängigkeit von Hume mindest hinsichtlich der Natur das konstitutive Problem übernommen, aber nicht mehr in dem vollen Sinn eines Teilproblems einer universalen konstitutiven Problematik, die durch Humes Umfassung des Cartesianischen *ego cogito* zum konkreten „seelischen" Sein vorgedeutet war. Er stellt nicht der sensualistischen „Psychologie" (die, wie gesagt, in Wahrheit bei Hume eine transzendentale, obschon durch den Sensualismus widersinnige Phänomenologie ist) eine echte intentionale Psychologie gegenüber, geschweige denn eine in unserem Sinn apriorische Wesenslehre. An der Psychologie Lockes und seiner Schule hat er nie eine radikale, den Grund- [228] sinn ihres Sensualismus betreffende Kritik geübt. Er selbst bleibt zu sehr von ihr noch abhängig, womit auch zusammenhängt, daß er den tiefen Sinn der Scheidung zwischen **reiner Psychologie** (auf dem bloßen Grunde „innerer Erfahrung") und **transzendentaler Phänomenologie** — auf dem Grunde der durch „transzendental-phänomenologische Reduktion" entspringenden transzendentalen Erfahrung — nie herausgearbeitet hat und damit nicht den tiefsten Sinn des transzendentalen Problems des „**Psychologismus**". Und doch muß man sagen, daß seine Lehre von der Synthesis und den transzendentalen Vermögen, daß **seine ganzen**, auf das Humesche Problem zurückbezogenen **Theorien implicite intentional-kon-**

stitutive sind, nur eben nicht auf den letzten Boden gestellt und von da in radikaler Methode durchgeführt.

Doch für uns auf eine radikale Logik Hinstrebende ist von besonderem Interesse das Verhalten der Kantischen Transzendentalphilosophie zur formalen Logik. Und zudem ist es, wie sich zeigen wird, von Interesse für die neuzeitliche Motivation, die den Zugang zur phänomenologischen Transzendentalphilosophie versperrt hat.

So gewaltig Kant seine Zeit überragt und seine Philosophie für uns eine Quelle tiefer Anregungen bleibt, die Halbheit seines Vorstoßes ‹zu› einer systematischen Transzendentalphilosophie zeigt sich darin, daß er die formale Logik (als Syllogistik, seine „reine und allgemeine" Logik) zwar nicht wie jener englische Empirismus als wertloses scholastisches Überlebsel ansieht und auch nicht, wie dieser (nach dem, was er von ihr gelten läßt) durch psychologistische Umdeutung ihrer Idealität sie ihres eigentümlichen echten Sinnes beraubt; daß er aber an sie keine transzendentalen Fragen stellt und ihr ein sonderliches Apriori zuschreibt, das sie über solche Fragen hinaushebt. Natürlich darf man da nicht an seine Idee einer transzendentalen Logik erinnern, die ja etwas total anderes ist als die subjektiv gewendete, und zwar transzendental-phänomenologische Problematik, die wir im Auge haben.

Die reine Logik hat als ihre thematische Sphäre ideale Gebilde. Als solche idealen Gegenständlichkeiten mußten sie aber erst klar gesehen und bestimmt gefaßt sein, damit an sie und damit an die reine Logik transzendentale Fragen gestellt werden konnten. Das 18. Jahrhundert und die Folgezeit waren vom Empirismus oder besser Antiplatonismus so sehr bestimmt, daß nichts ferner lag als die Anerkenntnis idealer Gebilde als Gegenständlichkeiten — in der Art und in dem guten, nie preiszugebenden Sinne, den wir ausführlich begründet haben. Das ist für die neuere Geschichte [229] der Transzendentalphilosophie und für die noch in den alten Vorurteilen so sehr befangene Gegenwart ein Punkt von größter Bedeutung. Nichts hat die klare Einsicht in den Sinn, in die eigentliche Problematik und Methode der echten Transzendentalphilosophie so sehr gehemmt als dieser Antiplatonismus, der so einflußreich war, daß er alle Parteien, auch den sich vom Empirismus losringenden Kant bestimmte. Leibniz, der hier eine

Ausnahmestellung hat, aber freilich auch keine transzendentale Problematik in unserem Sinne, lassen wir hier außer Betracht. Er hat in seiner Zeit in diesen wie in manchen anderen wesentlichen Beziehungen nicht durchzugreifen vermocht.

Wir heben hier einige die historische Entwicklung erleuchtende Hauptmomente hervor. Gehen wir auf H u m e zurück, der schon um der eigenen Bedeutung willen, die wir ihm nach dem oben Ausgeführten, abgesehen von seiner Wirkung auf K a n t, zuschreiben, unsere Beachtung fordert, dann aber auch um eben dieser Wirkung willen.

H u m e hat neben dem transzendentalen Problem der Konstitution der Welt nicht auch das der K o n s t i t u t i o n d e r i d e a l e n G e g e n s t ä n d l i c h k e i t e n gestellt, somit auch nicht das der logischen Idealitäten, der kategorialen Gebilde, der Urteile, die das Thema der Logik bilden. Es hätte gestellt werden müssen bei den „R e l a t i o n e n z w i s c h e n I d e e n", die als Sphäre der „Vernunft" im prägnanten Sinne bei H u m e eine so große Rolle spielen. Sie v e r t r e t e n die idealen Wesensverhältnisse und Wesensgesetze. Aber diese selbst, die idealen Gegenständlichkeiten überhaupt, waren nicht einmal als tatsächliche Gegebenheiten einer v e r m e i n t l i c h e n „E r f a h r u n g", oder eines ähnlichen, v e r m e i n t l i c h s e l b s t g e b e n d e n B e w u ß t seins eingeführt — also nicht so, wie die Gegebenheiten der „objektiven" Natur in der naturalen Erfahrung. Demnach fehlt das entsprechende H u m e sche Problem und die entsprechende Theorie, mit dem Beruf, auch die „Erfahrung" von derartigen vermeinten Gegenständen als eine innere Leistung bloßer Fiktion zu „erklären".

Als Ersatz gewissermaßen für das transzendentale Problem der idealen Gegenständlichkeiten haben wir bei H u m e das berühmte Kapitel über A b s t r a k t i o n. Hier handelt es sich, wie gesagt, nicht darum, die abstrakten Ideen als Gegebenheiten einer Erfahrung dadurch in Fiktion zu verwandeln, daß nachgewiesen würde, daß Erlebnisse, die als solche Erfahrung von uns allzeit angesprochen werden, zwar vorhanden sind, daß sie aber, wie die psychologische Analyse lehre, nur den Wert von Schein-Erfahrungen haben — wie das H u m e hinsichtlich der [230] äußeren Erfahrung und ihrer Gegebenheit zu zeigen versuchte; vielmehr ist der Zweck des bezeichneten Kapitels der Nachweis,

daß wir überhaupt keine abstrakten „Vorstellungen" haben, daß abstrakte „Ideen" als Gegebenheiten irgendeiner „Erfahrung" überhaupt nicht vorkommen, sondern nur Einzelideen und zugehörige *habits*, wodurch das allgemeine Denken als ein bloßes
5 Denken in Einzelideen erklärt sein soll.

So wird auch die Stellung Kants zur Logik verständlich. Den Worten nach, von der Definition angefangen und bis in die Ausführungen hinein gibt, sich die Logik Kants als eine subjektiv gerichtete Wissenschaft — eine Wissenschaft vom
10 Denken, die jedoch als apriorische getrennt wird von der empirischen Psychologie des Denkens. In Wirklichkeit geht aber seine rein formale Logik ihrem Sinne nach auf die idealen Denkgebilde. Eigentlich transzendentale Fragen der Möglichkeit der Erkenntnis an diese zu stellen, unterläßt er. Wie kommt es, daß
15 er eine formale Logik in ihrer Apriorität für selbstgenugsam begründet ansieht? Wie ist es zu verstehen, daß es ihm nicht beigefallen ist, für die formal-logische Sphäre — die an und für sich genommene — transzendentale Fragen zu stellen?

Das ist aus der erwähnten reaktiven Abhängigkeit
20 von Hume zu verstehen. So wie Hume seine Kritik nur auf die Erfahrung und Erfahrungswelt richtet und die Unangreifbarkeit der Relationen zwischen Ideen (die Kant als analytisches Apriori faßt) hinnimmt, so tut es auch Kant in seinem Gegenproblem; er verwandelt dieses analytische Apriori selbst nicht in
25 ein Problem.

Für die Folgezeit besagt das aber, es kommt gar nicht im ernstlichen Sinne zu denjenigen erkenntnispsychologischen oder vielmehr transzendentalphänomenologischen Untersuchungen, die das eigent-
30 liche Bedürfnis einer vollen, also zweiseitigen Logik ausmachen. Es kommt dazu aber nicht, weil man nie daran ging oder nie den Mut hatte, die Idealität der logischen Gebilde in der Weise einer eigenen, in sich geschlossenen „Welt" idealer Objekte zu fassen und ineins
35 damit der peinlichen Frage ins Angesicht zu sehen, wie die Subjektivität in sich selbst rein aus Quellen ihrer Spontaneität Gebilde schaffen kann, die als ideale Objekte einer idealen „Welt" gelten können. Und dann weiter (als eine Frage neuer Stufe) wie diese Idealitäten in der doch als real anzusprechenden

Kulturwelt — als einer im raum-zeitlichen Universum beschlossenen — zeiträumlich gebundenes Dasein annehmen können, Dasein in der Form der historischen Zeitlichkeit, wie eben Theo- [231] rien und Wissenschaften. Natürlich verallgemeinert sich die Frage für jede Art von Idealitäten.

Kant selbst, so klar er im Hinblick auf die Kernbestände der *Aristotelischen* Tradition den apriorischen Charakter der Logik, ihre Reinheit von allem Empirisch-Psychologischen bzw. die Verkehrtheit ihrer Einbeziehung in eine Erfahrungslehre erkannte, hat doch den eigentümlichen Sinn ihrer Idealität nicht erfaßt. Sonst hätte von hier aus wohl ein Motiv für transzendentale Fragestellungen entspringen können.

Das Übersehen der Gegenständlichkeit des Idealen jeder Form wirkt sich in der Erkenntnislehre seit Locke — die ursprünglich ein Ersatz für die mißachtete traditionelle Logik sein sollte —, und genauer gesprochen von Hume ab, in dem berühmten Urteilsproblem und den zugehörigen Urteilstheorien aus, Theorien, die durch die Zeiten hindurchgehend im Grund ihren Stil nicht geändert haben. Was eine echte, zielklare Urteilstheorie zu leisten hätte, das haben wir oben[1] ausführlich darzulegen versucht. Hier in der historisch-kritischen Betrachtung ergibt sich uns erst der Kontrast.

Der allgemein herrschend gewordene psychologische Naturalismus, seit Locke nach deskriptiven psychischen „Daten" suchend, in denen der Ursprung aller Begriffe liegen sollte, sah das deskriptive Wesen des Urteils im „*belief*" — einem psychischen Datum, nicht anders wie irgendein Empfindungsdatum, ein Rot- oder Tondatum. Ist es aber nicht sonderbar, daß schon Hume und nachher auch wieder Mill nach dieser Aufweisung in beweglichen Worten von den Rätseln des *belief* sprechen. Was soll ein Datum für Rätsel haben, warum haben dann „rot" und sonstige Empfindungsdaten keine Rätsel?

Natürlich erlebt man die Intentionalität und hat ihre Leistung vor sich, aber in der naturalistischen Einstellung kann man das, worauf es ankommt, nicht in den Griff bringen. Daran wurde auch durch **Brentanos Entdeckung der Intentionalität nichts wesentliches geändert**. Es fehlte die konsequente

---

[1] Vgl. §§ 85 ff.

korrelative Betrachtung von Noesis und Noema, von *cogito* und *cogitatum qua cogitatum*. Es fehlte die Aufwickelung der implizierten Intentionalitäten, die Enthüllung der „Mannigfaltigkeiten", in denen sich die „Einheit" konstituiert. War diese
5 Einheit nicht der transzendentale Leitfaden, war also in der Urteilstheorie nicht von vornherein das Absehen darauf gerichtet, [232] das Urteil im logischen Sinne als das ideal-identische nach den noetisch-noematischen Mannigfaltigkeiten zu befragen, die sein ursprüngliches Für-uns-erwachsen in dieser Idealität ver-
10 ständlich machen, so fehlte der ganzen Urteilstheorie ein eigentliches Ziel. Ein solches hätte eben vorausgesetzt, daß man die Idealität als solche, als Gegebenheit greifbarer Evidenz anerkannte. Statt dessen hing man an psychischen „Daten".

Auch die spezieller ausgestalteten logischen Theorien der Urteils-
15 bildung verloren sich in den trüben Unklarheiten der Psychologien der immer fortwirkenden Lockeschen Tradition; Psychologien, die, wie wir schon ausgeführt haben, trotz eifrigster „innerer Erfahrung" versagten, weil eben alle rein-psychologischen Probleme und so auch die des Urteils in Echtheit erfaßt, densel-
20 ben Stil haben, den Stil von „konstitutiven" Problemen in unserem phänomenologischen Sinne. Als solche konnten die Urteilsprobleme gar nicht isoliert und in Bindung an den engen Urteilsbegriff der traditionellen Logik behandelt werden. Intentionalität ist nichts Isoliertes, sie kann
25 nur betrachtet werden in der synthetischen Einheit, die alle Einzelpulse psychischen Lebens teleologisch in der Einheitsbeziehung auf Gegenständlichkeiten verknüpft, oder vielmehr in der doppelten Polarisierung von Ichpol und Gegenstandspol. Die „objektivierende" Leistung, der alle einzelnen intentio-
30 nalen Erlebnisse in mannigfachen Stufen und in Beziehung auf mannigfaltige, aber sinnhaft zu „Welten" verbundene Gegenstände dienen, macht es, daß man schließlich die ganze Universalität des psychischen Lebens in Korrelation mit der ontischen Universalität (der des in sich einheitlichen Gegenstandsall) im
35 Auge haben muß. Diese teleologische Struktur des intentionalen Lebens, als universal-objektivierenden, hat ihren Index in der Zusammengehörigkeit von Gegenstand und Urteil im weitesten Sinne und in der Universalität, in der jedweder schon vorgegebene Gegenstand in Freiheit kategorialen Aktionen zu unterwerfen

ist. Eben dadurch gewinnt (und als Index dieser selben Teleologie) auch das prädikative Urteil für das psychische Leben universale Bedeutung.

Doch diese echte Urteilsproblematik mußte so lange unzugänglich bleiben, als noch nicht auf der einen Seite die Gegenständlichkeit des Idealen jeder Art, so auf der anderen der Sinn und die Methode intentionaler Forschung erschlossen und der Widersinn der naturalistischen Psychologie (darunter auch der naturalistischen Behandlung der zur neuen Geltung gekommenen Intentionalität) überwunden war. Solange es daran fehlte, konnten weder die Psychologie noch die „psychologischer" Aufklärung [233] bedürftigen idealen („normativen") philosophischen Disziplinen, die Logik, die Ethik, die Ästhetik, in eine zielsichere Entwicklung und zu ihrer wahren Methode kommen.

Für die Logik (und nicht anders für ihre philosophischen Paralleldisziplinen) bezeichnet das also die Richtung der ihr wesensnotwendigen Reform. Sie muß die phänomenologische Naivität überwinden, sie muß selbst nach errungener Anerkenntnis des Idealen mehr sein als eine bloß positive Wissenschaft von den logisch-mathematischen Idealitäten. Vielmehr in beständig zweiseitiger (sich dabei wechselweise bestimmender) Forschung muß sie systematisch von den idealen Gebilden auf das sie phänomenologisch konstituierende Bewußtsein zurückgehen, diese Gebilde als wesensmäßige Leistungen der korrelativen Strukturen des leistenden Erkenntnislebens nach Sinn und Grenzen verständlich machen, und sie damit wie alle und jede Objektivität überhaupt dem weiteren, dem k o n k r e t e n Zusammenhang der transzendentalen Subjektivität einordnen. An der idealen Objektivität der logischen Gebilde wie an der realen Welt wird dadurch nichts geändert.

Wir sagten schon oben, das bestimmte Ziel konnte dem dunklen Bedürfnis nach subjektiv gerichteten logischen Forschungen überhaupt erst gesteckt werden, nachdem vorher die ideale Objektivität solcher Gebilde scharf herausgestellt und in Entschiedenheit anerkannt war. Denn nun stand man vor der Unverständlichkeit, w i e  i d e a l e  G e g e n s t ä n d l i c h k e i t e n, die rein in unseren subjektiven Urteils- und Erkenntnistätigkeiten entspringen, rein als Gebilde unserer Spontaneität in unserem Bewußtseinsfeld originaliter da sind, d e n  S e i n s s i n n  v o n

„Objekten" gewinnen, an sich seiend gegenüber der Zufälligkeit der Akte und Subjekte. Wie „macht" sich, wie entspringt dieser Sinn in uns selbst, und woher sollen wir ihn anders haben als aus unserer eigenen Sinn-konstituierenden Leistung;
5 kann, was für uns Sinn hat, letztlich anders woher Sinn haben als aus uns selbst? Diese Frage, einmal an einer Art von Objekten gesehen, wird sofort zur allgemeinen: ist nicht alle und jede Objektivität, mit allem Sinn, in dem sie uns je gilt, in uns selbst zur Geltung kommende oder gekommene, und das mit dem Sinn,
10 den wir uns selbst erworben haben?

Danach tritt das transzendentale Problem, das die objektive Logik in welch enger oder weiter Fassung immer in bezug auf ihr Feld idealer Gegenständlichkeiten zu stellen hat, in Parallele zu den transzendentalen Problemen der
15 Realitätenwissenschaften, nämlich den in bezug auf ihre Regionen der Realitäten zu stellenden, also insbesondere den von [234] Hume und Kant behandelten transzendentalen Problemen der Natur. Es scheint also, daß als die nächstliegende Folge der Herausstellung der Ideenwelt und im besonderen derjenigen der rein
20 logischen Ideen (auf Grund der Auswirkung von Impulsen von Leibniz, Bolzano und Lotze), eine sofortige Übertragung der transzendentalen Probleme auf diese Sphäre sich hätte einstellen müssen.

Aber so einfach konnte sich die historische Entwicklung nicht
25 gestalten. Die Kantische Problematik und Theorie war als ein Ganzes ausgeführt und in ihrem Panzer der Systemformung so fest abgeschlossen, daß die Möglichkeiten der Übertragung auf die logische Ideensphäre nicht entfernt in Frage kam. Also nicht etwa bloß deshalb, weil Kant selbst aus den oben behandelten
30 Gründen ein solcher Gedanke fremd geblieben ist. Seine transzendentalen Probleme in ihrer historisch gebundenen Gestalt stehen nicht, wie das letzte Problemklarheit hier fordert, auf dem Urboden aller transzendentalen Forschung, dem der phänomenologischen Subjektivität. In der Tat, sowie dieser erreicht
35 ist, ist eigentlich schon die Gesamtheit transzendentaler Probleme und ihr überall gleicher Sinn mitgegeben. Kants Probleme waren von vornherein in einer zu hochstufigen Form gestellt, als daß sie hätten den erkenntnistheoretisch interessierten Logikern nützlich sein können. Man kann vielleicht sagen,

daß die größten Hemmungen, Unklarheiten, Schwierigkeiten, mit denen K a n t in seiner Problemsphäre rang und die es so schwer machen, in seinen Theorien die Befriedigung voller Klarheit zu finden, gerade damit zusammenhängen, daß er das tran-
5 szendentale **Problem der Logik nicht als ein ihr vorangehendes erkannt hat**. Denn ist die transzendentale Möglichkeit der Natur im Sinne der Natur-w i s s e n s c h a f t und somit diese selbst sein Problem, so geht darin schon als Wesensvoraussetzung ein das formal-logische Problem der Wissenschaft
10 als Theorie und zwar als transzendentales Problem. Für K a n t aber ist es genug, auf die formale Logik in ihrer apriorischen Positivität zu rekurrieren, oder wie wir sagen würden in ihrer transzendentalen Naivität. Sie ist ihm ein Absolutes und Letztes, worauf Philosophie ohne weiteres zu bauen habe. Bei radikalem Vorgehen
15 hätte er also die Problematik zunächst scheiden müssen in die für die vorwissenschaftliche Natur und für die wissenschaftliche. Er hätte (wie H u m e) vorerst **nur an die vorwissenschaftliche Natur**, so wie sie ausschließlich in erfahrender Anschauung zur Selbstgegebenheit kommt (nicht also in der [235]
20 ,,Erfahrung" im K a n t i s c h e n Sinne) transzendentale Fragen stellen dürfen und erst nach einer transzendental-formalen Logik an die Naturwissenschaft und ihre Natur. Zugleich ist es klar: Nur wenn die Transzendentalphilosophie der Natur zunächst in prinzipieller Beschränkung auf die anschauliche Natur ausge-
25 führt vorgelegen wäre, wäre sie nach der Erschließung der Idealitäten geeignet gewesen, das Werden einer transzendentalen Logik zu motivieren.

Jedenfalls scheint es sicher, daß die historischen Gestalten der Transzendentalphilosophie K a n t s und seiner neukantianischen
30 Nachfolger, so bedeutsame Vorstufen einer echten Transzendentalphilosophie sie darstellen, nicht geeignet waren, den Übergang zu einer transzendentalen Betrachtung der idealen und im besonderen der logischen Welten nahezulegen. Ja, es lag in der Natur der historischen Entwicklung, wie sie durch die Heraus-
35 stellung der logischen Sphäre als eines Reichs idealer Gegenständlichkeiten geworden war, daß es **leichter** war und noch ist, **von diesen Gegenständlichkeiten aus** — durch spontane Tätigkeiten konstituierten — **zum reinen Sinn transzendentaler Fragestellungen überhaupt durchzu-**

dringen, als durch eine kritische Umbildung der Kantischen Fragestellungen und bestimmt von ihrer besonderen thematischen Sphäre. So war es durchaus nicht zufällig, daß die Phänomenologie selbst in ihrer Entstehung den Weg nahm von der Herausstellung der Idealität der logischen Gebilde zur Erforschung ihrer subjektiven Konstitution und von da aus erst zur Erfassung der konstitutiven Problematik als einer universalen, nicht nur auf die logischen Gebilde bezogenen.

Kehren wir nach diesem historisch-kritischen Exkurs zu unserem Hauptthema zurück.

## 7. KAPITEL
### OBJEKTIVE LOGIK UND PHÄNOMENOLOGIE DER VERNUNFT

§ 101. *Die subjektive Grundlegung der Logik als transzendentale Phänomenologie der Vernunft*

Die Evidenzprobleme, die sich an die logischen Grundbegriffe und Grundsätze knüpften, waren es, die uns, da Evidenz es ist, die für Wahrheit und wahrhaft Seiendes jedes uns geltenden Sinnes konstitutiv ist, auf die allgemeinste konstitutive Problematik und das Radikale ihrer Methode geführt haben. Soll die Logik, als aus einer naiven Evidenz entsprungene, nicht himmelhoch über jeder möglichen Anwendung schweben, so müssen diese Probleme in ihrer Stufenfolge gestellt und gelöst werden. Denn nur geklärter Sinn ist es, der den Umfang rechtmäßiger Anwendung vorzeichnet. Die formale Wissenschaftslehre soll ein Apriori für mögliche Wissenschaft überhaupt aussprechen — das große Problem, wie ist Wissenschaft möglich, ist nicht, analogisch gesprochen, durch das „*solvitur ambulando*" erledigt. Diese Möglichkeit ist nicht durch das Faktum von Wissenschaften zu erweisen, da erst die Subsumtion unter diese Möglichkeit als Idee das Faktum erweist. So werden wir auf die Logik, auf ihre apriorischen Prinzipien und Theorien zurückgeführt. Nun ist sie selbst aber in Hinsicht auf ihre Möglichkeit in Frage und in unseren fortschreitenden Kritiken beständig und sehr ernstlich in Frage gestellt. Sie führen uns

von der Logik als Theorie zurück zur logischen
Vernunft und ihrem neuen theoretischen Feld. Wenn zu Anfang dieser Schrift unter den Bedeutungen des Wortes Logos
schließlich auch Vernunft auftrat, so ist die mit den subjektiven Untersuchungen auf radikale Begründung bedachte Logik
also auch in diesem Sinne Wissenschaft vom Logos.

Geraten wir nicht in ein sich fortsetzendes Fragespiel? Ist nicht
alsbald eine weitere Frage unabweisbar: wie ist eine Theorie logischer Vernunft möglich? Darauf gibt unsere
letzte Untersuchung[1] die Antwort: sie hat ihre radikale Möglichkeit als Phänomenologie dieser Vernunft im Rahmen der gesamten transzendentalen Phänomenologie. Wenn diese dann, wie vorauszusehen ist, die letzte
Wissenschaft ist, so muß sie sich als solche darin zeigen, daß die
Frage nach ihrer Möglichkeit durch sie selbst zu
beantworten ist, daß es also so etwas wie wesensmäßige
iterative Zurückbezogenheiten auf sich selbst gibt, in
der der wesensmäßige Sinn einer letzten Rechtfertigung durch
sich selbst einsehbar beschlossen ist, und daß eben dies den
Grundcharakter einer prinzipiellen letzten Wissenschaft ausmacht.

### § 102. *Die Weltbezogenheit der überlieferten Logik und die Frage nach dem Charakter der ihre transzendentale Aufklärung selbst normierenden „letzten" Logik*

Lassen wir diese für uns hier zu fern liegenden Probleme beiseite, halten wir uns an die Fragestufe, auf die wir durch das
Bisherige gestellt sind.

Als Erstes haben wir heranzuziehen die naive Weltbezogenheit [237]
der Logik und die Evidenzprobleme, die mit ihr zusammenhängen.
Hier werden wir wieder, Nutzen ziehend von unseren Betrachtungen über Phänomenologie, sagen müssen, daß diese Weltlichkeit
und die Art ihrer Selbstverständlichkeit — der jeder Gedanke an
die Möglichkeit fernliegen mußte, daß durch sie der Logik ein besonderer und nicht der einzig mögliche Sinn zuerteilt sei — so
lange eine Notwendigkeit war, als sich der wissenschaftlichen

---

[1] die des 5. und 6. Kapitels ⟨im II. Abschnitt⟩

Menschheit ein transzendentaler Horizont noch nicht eröffnet hatte. Erst die Entdeckung der transzendentalen Problematik macht die Unterscheidung möglich (mit der eine radikale Philosophie überhaupt erst anfangen konnte) zwischen der Welt, der
5 wirklichen und einer möglichen überhaupt, und der transzendentalen Subjektivität, die dem Sein der Welt als ihren Seinssinn in sich konstituierende vorhergeht, und die demnach ihre Realität ganz und gar in sich trägt als in ihr aktuell und potenziell konstituierte Idee. Allerdings hat erst die Erschließung der tran-
10 szendental-phänomenologischen Reduktion mit ihrer universalen ἐποχή hinsichtlich aller weltlichen Vorgegebenheiten, aller mit dem Anspruch des „an sich" auftretenden Transzendenzen, die konkrete transzendentale Seinssphäre freigelegt und damit den Weg zu den konstitutiven Problemen, insbesondere[1] zu denjeni-
15 gen, für die die „eingeklammerten" T r a n s z e n d e n z e n  a l s „t r a n s z e n d e n t a l e  L e i t f ä d e n" zu fungieren haben. Die innerhalb des transzendental reduzierten Ego verlaufende Klärung der Konstitution der „Anderen" führte dann zur Erweiterung der phänomenologischen Reduktion und der transzendentalen
20 Sphäre auf die transzendentale Intersubjektivität (das transzendentale Ich-All).

Davon ist die E v i d e n z p r o b l e m a t i k oder, wie wir weiter ausgreifend sagen können, die k o n s t i t u t i v e  P r o b l e m a t i k  d e r  L o g i k sehr wesentlich betroffen. Denn, wie gezeigt, die
25 gesamten subjektiv gerichteten Untersuchungen der logischen Vernunft sind, wenn sie in dem Sinne gemeint und geführt sind, der ihnen vorgeschrieben ist, als Untersuchungen des Ursprungssinnes der logischen Grundlagen, selbstverständlich transzendental-phänomenologisch und nicht psychologisch.

30 Sind aber die Ursprungsuntersuchungen der Logik transzendental und sind sie selbst wissenschaftliche, so geraten wir auf eine überraschende, den Sinn der Logik und der Wissenschaft grundwesentlich mit betreffende Tatsache. Alle positiven Wissenschaften [238] sind weltlich, die transzendentale Wissenschaft ist nicht weltlich.
35 Die naiv natürliche Logik, die Logik, die nur auf positive Wissenschaften bezogen sein konnte, ist weltlich — w i e  s t e h t  e s

---

[1] Auch die „immanente" Sphäre hat ihre konstitutiven Probleme. Vgl. z.B. die schon zitierte Abhandlung im Jahrbuch f. Philos. u. phän. Forschung Bd. IX. — ‹Vgl. Anm. d. Hrsg. S. 171›

mit derjenigen Logik, unter deren Normen die transzendentalen Untersuchungen, die die positive Logik aufklärenden, stehen? Man konzipiert Begriffe, man bildet Urteile, sie schöpfend aus transzendentaler
5 Erfahrung (derjenigen der Gegebenheiten des *ego cogito*) — man hat leere und erfüllte Urteile, man erstrebt und erreicht Wahrheiten durch Adäquation, man schließt auch, man wird wohl auch induzieren dürfen — wie steht es da mit der Wahrheit und den logischen Prinzipien, da wahres Sein ein „bloß sub-
10 jektives" ist? Die Wahrheit ist mindest im Gebiet der fundamentalsten „rein egologischen" Phänomenologie (wie sie fast ausschließlich in dem allein erschienenen I. Teil meiner *Ideen* zu Worte kommt) in keinem normalen Sinne mehr Wahrheit „an sich", selbst nicht in einem Sinne, der auf ein tran-
15 szendentales „Jedermann" Beziehung hat. Zum Verständnis dieser Äußerung erinnere ich daran, daß andere Subjekte als transzendentale nicht im Rahmen meines Ego, so wie dieses für mich selbst in wirklich unmittelbarer Erfahrung, gegeben sind, und daß der systematische Aufbau einer transzendentalen
20 Phänomenologie in der ersten und Grundstufe die Anderen nur als eingeklammerte „Phänomene" und noch nicht als transzendentale Wirklichkeiten in Anspruch nehmen darf. So erwächst als diese Grundstufe eine merkwürdige transzendentale Disziplin als die an sich erste, die wirklich
25 transzendental-solipsistisch ist, mit Wesenswahrheiten, mit Theorien, die ausschließlich für mich, das Ego gelten, also die zwar „ein für allemal", aber ohne Beziehung auf wirkliche und mögliche Andere zu gelten beanspruchen dürfen. Somit erwächst auch die Frage nach einer subjektiven Logik,
30 deren Apriori doch nur solipsistisch gelten darf.

Natürlich geht auch hier im einzelnen wie in der logisch-idealen Allgemeinheit die naive Evidenz und die naive Inanspruchnahme von Wesensallgemeinheiten der eine Stufe tiefer dringenden phänomenologischen Aufklärung des Sinnes aus der Sinngebung
35 voran. Soll man, kann man über diese Probleme hinwegsehen, wenn man die Logik verstehen, wenn man die Möglichkeiten und Grenzen ihrer Anwendung, wenn man den Sinn jeder Stufe von Seiendem beherrschen — wenn man Philosoph sein will — auch Metaphysiker in rechter Weise —, also wenn man über Seiendes

und Theorie für Seiendes nicht „spekulieren", sondern von den [239]
Stufen und Tiefen des Sinnes sich selbst leiten lassen will? Wer
hier A sagt, muß auch B sagen. Man wollte wirklich nur eine
„formale Logik", wirklich nur ein wenig über die pure mathematische Analytik hinaus. Aber nun führen die Evidenzfragen in
eine phänomenologische Subjektivität und die Exempel der logischen Ideation in die Konkretionen der seienden Welt und von
da zu der seienden transzendentalen Subjektivität. Was in seiner
Selbstverständlichkeit so einfach erschien, wird nun überaus
kompliziert. Die Untersuchungen erhalten eine peinliche und
doch unvermeidliche Relativität, eine Vorläufigkeit statt
der erstrebten Endgültigkeit, weil jede in ihrer Stufe irgendeine Naivität überwindet, aber selbst noch ihre Stufennaivität
mit sich führt, die nun ihrerseits durch tieferdringende Ursprungsuntersuchungen überwunden werden muß. Die auf jeder
Stufe sich enthüllenden Seinsvoraussetzungen werden zu In-
dizes für Evidenzprobleme, die uns in das große System der konstitutiven Subjektivität hineinführen. Die objektive Logik,
die Logik in der natürlichen Positivität, ist die für uns erste,
aber nicht die letzte Logik. Nicht nur daß die letzte die
gesamten Prinzipien der objektiven Logik als Theorie auf ihren
ursprünglichen und rechtmäßigen transzendental-phänomenologischen Sinn zurückführt und ihr echte Wissenschaftlichkeit
verleiht. Schon indem sie das tut oder daran geht, diesem Ziel
stufenweise entgegenzustreben, erweitert sie sich notwendig. Eine
formale Ontologie möglicher Welt als einer transzen-
dental-subjektiv konstituierten ist unselbständiges Moment
einer anderen „formalen Ontologie", die sich auf
alles in jedem Sinne Seiende, auf das als transzendentale
Subjektivität Seiende und alles sich in ihr Konstituierende bezieht. Aber wie das durchzuführen ist, wie der allgemeinsten Idee
einer formalen Logik als formaler Ontologie und formaler Apophantik auf dem absoluten Boden genugzutun ist, wie sie sich im
Rahmen der absoluten und letzten Universalwissenschaft, der
transzendentalen Phänomenologie, als eine ihr notwendig zugehörige Schicht konstituiert, welchen Seinssinn und Rang von da
aus die natürlich erwachsene Logik als formale Ontologie zu beanspruchen hat, und an welche methodischen Voraussetzungen
ihre rechtmäßige Anwendung gebunden ist — das sind sehr tiefe

philosophische Fragen. Sie verflechten sich sofort mit neuen Fragen.

## § 103. *Absolute Erkenntnisbegründung ist nur in der universalen Wissenschaft von der transzendentalen Subjektivität als dem einzigen absolut Seienden möglich* [240]

Die als Analytik gedachte **formale Ontologie** bezieht sich in leerer Allgemeinheit auf eine mögliche Welt überhaupt, aber, ungleich der **Ontologie im realen Sinne**, entfaltet sie diese Idee nicht nach den einer Welt wesensnotwendigen **Strukturformen**, Formen in neuem und selbst sehr verschieden zu verstehendem Sinne, wie die „**Form" Allheit von Realitäten**, mit den Allheits„**formen" Raum und Zeit**, wie die „**formale" Gliederung in Realitätenregionen** usw. Wie steht es mit dem rechten **Verhältnis dieser beiden, jeder in einem anderen Sinne „formalen" apriorischen Wissenschaften von weltlich Seiendem überhaupt**, wenn sie beide aus ursprünglichen Quellen der transzendentalen Subjektivität begründet werden? Denn das ist nun stets die unabläßliche Forderung, sie macht überall das spezifisch Philosophische eines wissenschaftlichen Absehens, sie unterscheidet überall **Wissenschaft in naiver Positivität** (die nur als Vorstufe echter Wissenschaft und nicht als sie selbst gelten darf) und **echte Wissenschaft, die nichts anderes als Philosophie ist**.

Durch Reduktion auf diese Subjektivität muß ein systematischer Weg letzter Begründungen, letzter Klärungen des möglichen und rechtmäßigen Sinnes beschritten werden. Es muß eine freie Ausgestaltung derjenigen Erfüllungswege vollzogen werden, die sich vermöge der Enthüllung der verborgenen Intentionalität als die wirklich, obschon jeweils nur relativ erfüllenden erweisen. Zudem eine freie Gestaltung der Wesensformen der Zielideen und der in den zugehörigen Approximationsstufen auf sie wesensmäßig hinleitenden relativen Erfüllungen. Die **Ursprungsbegründung aller Wissenschaften und der für sie wissenschaftstheoretische bzw. normative Funktion übenden formalen Ontologie von beiderlei Art gibt ihnen allen Einheit** als **Zweige konstitutiver Leistung aus der einen transzendentalen Subjektivität.**

Mit anderen Worten, es ist nur **Eine Philosophie, Eine wirkliche und echte Wissenschaft,** und in ihr sind echte Sonderwissenschaften eben nur unselbständige Glieder.

Die universale Wissenschaft von der transzendentalen Subjektivität, in der alle erdenklichen Wissenschaften nach Wirklichkeit und Möglichkeit wesensmäßig vorgezeichnete transzendentale Ge- [241] stalten sind, und vorgezeichnet als frei tätig zu verwirklichende, gibt auch dem **Ideal der Erkenntnisbegründung in absoluter Voraussetzungslosigkeit und Vorurteilslosigkeit** einen rechtmäßigen und den einzig erdenklichen Sinn. Alles Seiende (das je für uns Sinn hatte und Sinn haben kann) steht als intentional konstituiert in einer Stufenfolge intentionaler Funktionen und selbst schon intentional konstituiert Seiender, die ihrerseits für neue Seinskonstitution in intentionale Funktionen verflochten sind. **Alles Seiende** ist (entgegen dem falschen Ideal eines absolut Seienden und seiner absoluten Wahrheit) letztlich relativ und ist mit allem in irgendeinem gewöhnlichen Sinne Relativen **relativ auf die transzendentale Subjektivität.** Sie aber ist allein „**in sich und für sich**" und das selbst in einer Stufenordnung entsprechend der Konstitution, die zu den verschiedenen Stufen der transzendentalen Intersubjektivität führt. Also zunächst als Ego bin ich absolut in mir und für mich seiend. Ich bin nur insofern für anderes Seiende, als es Anderer, Alterego, selbst transzendentale Subjektivität ist, die aber in mir als den im voraus schon für sich seienden Ego zu notwendiger Setzung kommt. In ähnlicher Weise ist auch die transzendentale Intersubjektivität (die transzendentale Subjektivität im erweiterten Sinne), die in mir, also auf mich relativ, konstituiert ist als Vielheit von „Egos" — deren jedes dabei in ausgewiesener Geltung ist als auf **dieselbe** Intersubjektivität intentional bezogen wie ich — ihrem Sinne nach, nur entsprechend abgewandelt, „in sich und für sich", in der Seinsart des „Absoluten". **Absolut Seiendes** ist seiend in Form eines intentionalen Lebens, das, was immer es sonst in sich bewußt haben mag, zugleich Bewußtsein seiner selbst ist. Eben darum kann es (wie bei tieferen Überlegungen einzusehen ist) wesensmäßig jederzeit auf sich selbst nach allen seinen, ihm abgehobenen Gestalten reflektieren, sich selbst thematisch machen, auf sich selbst bezogene Urteile und Evidenzen erzeugen. Zu seinem Wesen gehört die Möglichkeit der „Selbstbesinnung", einer Selbstbesinnung, die von vagen Meinungen durch Enthüllung zurückgeht auf das originale Selbst.

### § 104. *Die transzendentale Phänomenologie als die Selbstauslegung der transzendentalen Subjektivität*

Die ganze Phänomenologie ist nichts weiter als die zunächst geradehin, also selbst in einer gewissen Naivität vorgehende, dann aber auch kritisch auf den Logos ihrer selbst [242] bedachte wissenschaftliche Selbstbesinnung der transzendentalen Subjektivität, eine Selbstbesinnung, die vom Faktum zu den Wesensnotwendigkeiten fortgeht, zum Urlogos, aus dem alles sonst „Logische" entspringt. Alle Vorurteile fallen hier notwendig ab, weil sie selbst intentionale Gestalten sind, die enthüllt werden im Zusammenhang der konsequent fortgehenden Selbstbesinnung. Alle Kritik der logischen Erkenntnis, der Logik schaffenden, aber auch, durch Logik schon vermittelt, die Kritik der Erkenntnis in allen Arten von Wissenschaften, ist als phänomenologische Leistung Selbstauslegung der sich auf ihre transzendentalen Funktionen besinnenden Subjektivität. Alles objektive Sein, alle Wahrheit hat ihren Seins- und Erkenntnisgrund in der transzendentalen Subjektivität, und ist es Wahrheit, die die transzendentale Subjektivität selbst betrifft, dann eben in dieser selbst. Näher ausgeführt: Vollzieht diese Subjektivität die Selbstbesinnung systematisch und universal — also als transzendentale Phänomenologie — so findet sie, wie aus unseren früheren Darlegungen klar ist, als in sich selbst konstituiert alles „objektive" Sein und alle „objektive Wahrheit", alle weltlich sich ausweisende. Objektives ist nichts anderes als der transzendentalen Subjektivität eigenwesentlich zugehörige synthetische Einheit aktueller und potenzieller Intentionalität. Vermöge der Weise wie[1] in meinem apodiktisch-seienden Ego die offene Vielheit anderer Egos konstituiert ist, ist diese synthetische

---

[1] Vgl. oben § 96, S. 244 ff.

Einheit auf die All-gemeinschaft der mit mir und miteinander kommunizierenden transzendentalen Egos, der „für einander" seienden, bezogen, also synthetische Einheit der dieser Gemeinschaft eigenwesentlich zugehörigen Intentionalitäten. Anderseits ist alle thematisch auf die transzendentale Intersubjektivität gerichtete Wahrheit erst recht relativ auf diese Intersubjektivität, entsprechend ihrer Seinsart des Für-sich-selbst-seins, des „absoluten" Seins.

So ist letzte Begründung aller Wahrheit ein Zweig der universalen Selbstbesinnung, die radikal durchgeführt, absolute ist. Mit anderen Worten, es ist eine Selbstbesinnung, die ich mit der transzendentalen Reduktion beginne und die mich zur absoluten Selbsterfassung, zu der meines transzendentalen Ego führt. Als dieses absolute Ego mich hinfort als ausschließliches thematisches Grundfeld betrachtend, vollziehe ich alle weiteren, die spezifisch philosophischen Besinnungen, das ist rein phänomenologische. Ich besinne mich rein auf das, was ich „in" mir selbst finden kann; [243] scheide, wie früher angedeutet, mein primordinal Eigenes (das als von mir selbst unabtrennbar Konstituierte) und das auf dieser Motivationsbasis in mir als „Fremdes" verschiedener Stufe Konstituierte — das in mir als Reales, aber auch Ideales, das in mir als Natur, als Animalität, als Menschengemeinschaft, als Volk und Staat, als verdinglichte Kultur, als Wissenschaft — auch als Phänomenologie und zunächst durch eigene Denkarbeit Konstituierte. All das wird zum Thema phänomenologischer Besinnungen, zweiseitiger, die „subjektive" Konstitution der jeweils geradehin vorgegebenen Gebilde enthüllend. So besinnlich vorgehend und fixierend, werden aus mir selbst, aus Quellen eigener Passivität (Assoziation) und Aktivität, zunächst in einer Art Naivität die theoretischen Gebilde der transzendentalen Phänomenologie und sie selbst als unendlich-offene Einheit der Wissenschaft. Wird sie dann in der höheren Stufe zum konstitutiven und kritischen Thema, um ihr die höchste Dignität der Echtheit, der bis ins Radikale reichenden Verantwortungsfähigkeit zuzueignen, so bleibt es natürlich dabei, daß ich mich auf dem Boden meiner absoluten Subjektivität bewege, bzw. auf dem der aus mir selbst erschlossenen absoluten Intersubjektivität; daß ich also als Philosoph nichts anderes will und wollen kann denn radikale Selbstbesinnungen, die aus sich heraus zu

Selbstbesinnungen der für-mich-seienden Intersubjektivität werden. Die transzendente Welt, die Menschen, ihr miteinander und mit mir als Menschen verkehren, miteinander erfahren, denken, wirken und schaffen wird durch meine phänomenologische Besinnung nicht aufgehoben, entwertet, geändert, sondern nur verstanden, und so wird auch verstanden gemeinschaftlich erarbeitete positive Wissenschaft, schließlich auch gemeinschaftlich erarbeitete Phänomenologie, die sich dabei selbst versteht als besinnliche Funktion in der transzendentalen Intersubjektivität.

Als Mensch (in natürlicher Einstellung) bin ich „in" der Welt, finde ich mich als das, also mannigfaltig von außen her (einem raumzeitlich Äußeren) bestimmt. Auch als transzendentales Ego (in der absoluten Einstellung) finde ich mich von außen bestimmt — jetzt also nicht als raumzeitlich Reales von äußerem Realen. Was besagt jetzt das Außer-mir und Von-Äußerem-bestimmtsein? Im transzendentalen Sinn kann ich offenbar von einem „Äußeren", von Etwas, das meine abgeschlossene Eigenheit überschreitet, nur bedingt sein, sofern es den Sinn „Anderer" hat, der in durchaus verständlicher Weise in mir die Seinsgeltung transzendental anderes Ego gewinnt und ausweist. Von da aus wird die Möglichkeit und der Sinn nicht nur einer Vielheit k o- [244] e x i s t i e r e n d e r  absoluter Subjekte („Monaden"), sondern a u f e i n a n d e r  transzendental-wirkender und in Gemeinschaftsakten Gemeinschaftsgebilde als Werke konstituierender Subjekte klar. — Doch all das ist nicht Hypothese, sondern Ergebnis systematischer Besinnung über die Welt, die als „Phänomen" in mir selbst liegt, in mir selbst und aus mir ihren Seinssinn hat, systematisches Rückfragen nach dem echten, ungetrübten Sinn meiner eigenen Sinngebung, nach allen unabtrennbar zugehörigen, in mir selbst liegenden Voraussetzungen, angefangen von der absoluten Voraus-Setzung, die allen Voraussetzungen Sinn gibt: der je meines transzendentalen Ego.

Es ist also wirklich nur Selbstbesinnung, aber nicht vorschnell abbrechende und in naive Positivität umschlagende, sondern in absoluter Konsequenz eben das bleibend, womit sie anfing: Selbstbesinnung. Nur daß, sie ohne ihren Stil wesentlich zu ändern, im Fortschreiten die Form der transzendental-intersubjektiven annimmt.

Der R a d i k a l i s m u s  d i e s e r  p h i l o s o p h i s c h e n  S e l b s tbesinnung, der in allem als seiend Vorgegebenen einen intentionalen Index sieht für ein System zu enthüllender konstitutiver Leistungen, ist danach in der Tat der äußerste Radikalismus im Streben nach Vorurteilslosigkeit. Jedes vorgegebene Seiende mit seiner geraden Evidenz gilt ihm als „Vorurteil". Eine vorgegebene Welt, ein vorgegebenes ideales Seinsgebiet, wie das Reich der Anzahlen, das sind aus natürlicher Evidenz stammende „Vorurteile", obschon nicht solche im tadelhaften Sinne. Sie bedürfen unter der Idee einer absolut begründeten Erkenntnis, die Wissen und Wissenschaft im strengen Sinne liefern könne, einer transzendentalen Kritik und Begründung — anders ausgedrückt, sie bedürfen dessen unter der Idee einer Philosophie, der sie sich einordnen sollen.

Das gilt auch in der formalen Allgemeinheit, mit der sie in eine natürliche Logik eingehen. Die Logik aber, und insbesondere die neuzeitliche seit Lockes Essay als eine aus Quellen der „inneren Erfahrung" auf Ursprungsklärung bedachte Logik, ist beständig durch Vorurteile in dem gewöhnlichen schlechten Sinne gehemmt, und die schlimmsten aller Vorurteile sind hier die die Evidenz betreffenden. Sie hängen zusammen mit dem von uns früher aufgewiesenen Vorurteil der absoluten, an sich seienden Welt als Substrat von selbstverständlich ihr zugehörigen Wahrheiten an sich. In dieser Hinsicht bedarf unsere transzendentale Kritik der Logik noch der abschließenden Ergänzung.

§ 105. *Vorbereitungen zum Abschluß der transzendentalen* [245]
*Kritik der Logik. Die üblichen Evidenztheorien mißleitet*
*von der Voraussetzung absoluter Wahrheit*

Außerordentlich verbreitet ist bekanntlich die — aller phänomenologischen Vertiefung in die Intentionalität eines evidenten Urteilens fernbleibende — Interpretation, die von der naiv vorausgesetzten Wahrheit-an-sich her die Evidenz konstruiert. Danach „muß" es (wie oft auch ausdrücklich naiv argumentiert wird) eine Evidenz als absolute Erfassung der Wahrheit geben, da wir ja sonst überhaupt nicht Wahrheit und Wissenschaft haben oder erstreben könnten. Diese absolute Evidenz wird dann gefaßt als ein (in der Tat sehr wunderbarer) psychischer Charakter mancher Urteilserlebnisse, der es absolut verbürgt, daß der

Urteilsglaube nicht bloß Glaube ist, sondern ein solcher, der die Wahrheit selbst zu wirklicher Gegebenheit bringt. Wie aber, wenn die Wahrheit eine im Unendlichen liegende I d e e ist? Wenn sich in Evidenz zeigen ließe, daß das mit Beziehung auf die gesamte Weltobjektivität nicht eine zufällige, auf der leider beschränkten menschlichen Erkenntniskraft beruhende Tatsache, sondern ein W e s e n s g e s e t z ist? Wie wenn a l l e und jede reale Wahrheit, ob Alltagswahrheit des praktischen Lebens, ob Wahrheit noch so hoch entwickelter Wissenschaften wesensmäßig in R e l a t i v i t ä t e n verbleibt, normativ beziehbar auf „r e g u l a t i v e   I d e e n"? Wie wenn selbst im Herabsteigen zu den phänomenologischen Urgründen Probleme relativer und absoluter Wahrheit verblieben und als Probleme höchster Dignität die I d e e n p r o b l e m e und die der E v i d e n z   d i e s e r   I d e e n ? Wie wenn die Relativität der Wahrheit und ihrer Evidenz und die über sie gestellte unendliche, ideale, absolute Wahrheit jedes sein Recht hätte und das eine das andere forderte? Der Händler am Markt hat seine Marktwahrheit; ist sie in ihrer Relation nicht eine gute Wahrheit und die beste, die ihm nützen kann? Ist sie darum Scheinwahrheit, weil der Wissenschaftler in einer anderen Relativität, mit anderen Zielen und Ideen urteilend andere Wahrheiten sucht, mit denen man sehr viel mehr machen kann, nur eben gerade nicht das, was man am Markte braucht? Man muß endlich aufhören, sich von den idealen und regulativen Ideen und Methoden der „exakten" Wissenschaften blenden zu lassen, und insbesondere in der Philosophie und Logik, als ob deren An-sich wirklich absolute Norm wäre, sowohl was gegenständliches Sein anlangt, als was Wahrheit anlangt. Das heißt wirklich vor lauter Bäumen den Wald nicht sehen, es heißt um einer großartigen Erkenntnisleistung willen, aber von sehr [246] beschränktem teleologischen Sinne, die Unendlichkeiten des Lebens und seiner Erkenntnis, die Unendlichkeiten relativen und nur in dieser Relativität vernünftigen Seins mit dessen relativen Wahrheiten übersehen. Aber vorweg und von oben her darüber philosophieren, das ist grundverkehrt, es schafft den verkehrten skeptischen Relativismus und den nicht minder verkehrten logischen Absolutismus, beides füreinander Popanzen, sich wechselseitig niederschlagend und wieder auflebend, wie Figuren auf dem Kasperletheater.

Urteilen in einer naiven Evidenz, das heißt Urteilen auf Grund einer Selbstgebung und unter beständiger Frage, was dabei wirklich zu „sehen" und zu getreuem Ausdruck zu bringen ist — also Urteilen in derselben Methode, die im praktischen Leben der Vorsichtig-Kluge befolgt, wo es ihm ernstlich darauf ankommt, „herauszubekommen, wie die Sachen wirklich sind". Das ist der Anfang aller Weisheit, obschon nicht ihr Ende; und es ist eine Weisheit, die man nie entbehren kann, wie tief man auch theoretisierend dringt — die man also schließlich ebenso betätigen muß in der absoluten phänomenologischen Sphäre. Denn wie schon wiederholt berührt, naives Erfahren und Urteilen geht in Wesensnotwendigkeit voraus. Aber bei besinnlichem Ernste ist es nicht leichtsinnige Naivität, sondern Naivität ursprünglicher Anschauung mit dem Willen, sich rein an das, was sie wirklich gibt, zu halten. Folgt dann immer weitere besinnliche Fragestellung, schließlich die nach letzten transzendentalen Wesensstrukturen und Wesensgesetzen, universalen Wesenszusammenhängen, so ist auch dann immer wieder diese reine Intuition und das ihrem reinem Gehalt Treubleiben methodisch mit im Spiele, beständiger Grundcharakter in der Methode. Nur daß sie zuletzt in einer selbst intuitiven Erkenntnis der sich iterativ wiederholenden, im Wesensstile identischen Ergebnisse und Methoden enden muß. So verfahrend hat man stets von neuem **lebendige Wahrheit aus dem lebendigen Quell des absoluten Lebens und der ihm zugewendeten Selbstbesinnung in der steten Gesinnung der Selbstverantwortung.** Man hat die **Wahrheit** dann nicht fälschlich verabsolutiert, vielmehr je in ihren — nicht übersehen, nicht verhüllt bleibenden, sondern systematisch ausgelegten — **Horizonten.** Man hat sie mit anderen Worten in einer lebendigen Intentionalität (die da ihre Evidenz heißt), deren eigener Gehalt zwischen „wirklich selbstgegeben" und „antizipiert", oder retentional „noch im Griff", oder „als ich-fremd appräsentiert" und dgl. unterscheiden läßt, und in der Enthüllung der zugehörigen intentionalen Implikationen zu allen Relativitäten führt, in die Sein und Geltung verflochten sind.

### § 106. *Weiteres zur Kritik der Voraussetzung absoluter Wahrheit und der dogmatistischen Theorien der Evidenz*

Wohin das Wirtschaften mit einem absoluten, in völlig leerer Weise im voraus angenommenen Seienden führt (in völlig leerer, weil man nicht nach seiner eigentlichen Denkmöglichkeit gefragt hat), das zeigen schon die Cartesianischen Meditationen. Wie kann der subjektiv-psychische Charakter der *clara et distincta perceptio* — das ist nichts anderes, als was die Nachfahren als Evidenzcharakter, als Evidenzgefühl, Gefühl der strengen Notwendigkeit „beschreiben" — eine objektive Gültigkeit verbürgen, ohne die es doch für uns keine Wahrheit gäbe? Hinsichtlich der Evidenz des *ego cogito* beruhigt, vielleicht etwas schnell, die „Evidenz der inneren Wahrnehmung". Aber schon was über die momentan lebendige innere Wahrnehmungsgegenwart hinausreicht (vom konkret vollen Ego zu schweigen), erregt Bedenken. Eventuell führt es zur Annahme minderwertiger Evidenzen und doch brauchbarer, evtl. rekurriert man schon hier auf die Logik der Wahrscheinlichkeiten. Für die „Außenwelt" lehnt man zwar den originalen Cartesianischen Weg über den Gottesbeweis ab, um die Transzendenz der Erfahrung und ihres Seinsglaubens begreiflich zu machen; aber der widersinnige Typus dieses Begreiflichmachens durch Schlüsse, an dem wir schon Kritik geübt, bleibt bestehen. Und so überhaupt der Grundgedanke in der Fassung der Evidenz. Sie „muß" jedenfalls eine absolute Seins- und Wahrheitserfassung sein. Es „muß" zunächst eine absolute Erfahrung geben, und das ist die innere, und es „muß" absolut gültige allgemeine Evidenzen geben, und das sind die der apodiktischen Prinzipien, zuhöchst die formal-logischen, die auch die deduktiven Schlüsse regeln und damit apodiktisch fraglose Wahrheiten evident machen. Weiter hilft dann die Induktion mit ihren Wahrscheinlichkeitsschlüssen, die selbst unter den apodiktischen Prinzipien der Wahrscheinlichkeiten stehen, etwa den berühmten Laplaceschen Prinzipien. So ist für eine objektiv gültige Erkenntnis vortrefflich gesorgt.

Aber leider ist das nur Theorie von oben her. Denn was man dabei vergessen hat, sich zu sagen, ist: Da Wirklichkeit, so auch Möglichkeit — Erdenklichkeit — von Seiendem jeder

Art nur aus wirklicher oder möglicher „Erfahrung" her Ursprünglichkeit ihres Sinnes hat, muß man also die Erfahrung [248] selbst befragen, bzw. das Sichhineindenken in ein Erfahren, was man darin als Erfahrenes hat. Erfahrung besagt hier (gemäß
5 unseren früheren Darlegungen) in der notwendigen Verallgemeinerung: Selbstgebung, Evidenz überhaupt, wofür die Erfahrung im gewöhnlichen ebenfalls unentbehrlichen Sinn ein ausgezeichneter Sonderfall ist, und wenn das einmal gesehen worden ist, ein für die Theorie der Evidenz sehr lehrreicher. Also be-
10 fragen wir diese gemeine Erfahrungsevidenz nach dem, was sie selbst uns lehren mag. Es ist für jedermann, nur nicht für den verwirrten Philosophen absolut selbstverständlich, daß das in der Wahrnehmung wahrgenommene Ding das Ding selbst ist, in seinem selbsteigenen Dasein, und daß, wenn Wahrnehmungen
15 täuschend sind, dies besagt, daß sie mit neuen Wahrnehmungen in Widerstreit sind, die in Gewißheit zeigen, was an Stelle des illusionären wirklich ist. Welche weiteren Fragen hier zu stellen sind, jedenfalls sind sie an die betreffenden Erfahrungen zu stellen, es ist durch ihre intentionale Analyse und in Wesensall-
20 gemeinheit verständlich zu machen, wie eine Erfahrung in sich selbst als Erfahrenes ein Seiendes selbst geben und wie doch dieses Seiende durchstrichen werden kann — wie wesensmäßig so geartete Erfahrung in Horizonten auf mögliche weitere bestätigende Erfahrungen vorweist, wie sie aber die Möglichkeit wesensmäßig
25 auch offen läßt, daß widerstreitende Erfahrungen sich einstellen, die zu Korrekturen in Form von Andersbestimmung oder von vollständiger Durchstreichung (Schein) führen. Offenbar gilt Ähnliches aber für jede Art der Evidenz, mit den Besonderungen, die aus ihr selbst zu entnehmen sind
30 Solche intentionalen Untersuchungen het erst die Phänomenologie in Arbeit genommen. Erfahrung, Evidenz, gibt Seiendes und gibt es selbst, unvollkommen, wenn sie unvollkommene Erfahrung ist, vollkommener, wenn sie sich — ihrer Wesensart gemäß — vervollkommnet, das ist, sich in der
35 Synthesis der Einstimmigkeit erweitert. Wie es mit den Möglichkeiten dieser Vervollkommnung, aber auch denen der Zunichtemachung und Korrektur steht, ob es jeweils relative oder gar absolute Optima gibt, ideale Vollkommenheiten vorauszusetzen und zu erstreben sind, das kann nicht von Vorurteilen her, selbst

nicht von naiv evidenten Idealisierungen her festgestellt werden, sondern in echtem, ursprünglichem Recht durch eine Wesensbefragung der Erfahrungen selbst, und der systematischen Erfahrungsmöglichkeiten, die in den jeweiligen Wesensarten von
5 Erfahrungen und Erfahrungsgegenständen apriori beschlossen und durch intentionale Auslegung evident zu machen sind. Das aber natürlich auf dem letzten transzendentalen Boden, den uns [249] die phänomenologische Reduktion schafft.

Schon in Descartes' ersten Meditationen (die das Werden der
10 transzendentalen Phänomenologie wesentlich bestimmt haben) fällt gleich bei der Kritik der äußeren Erfahrung dieser Grundmangel auf, daß er die ihr beständig anhaftenden Täuschungsmöglichkeiten hervorhebt und sich nun dadurch in verkehrter Weise den Grundsinn der Erfahrung als einer originalen
15 Selbstgebung verdeckt. Das aber nur darum, weil es ihm gar nicht beifällt, danach zu fragen, was Denkbarkeit von weltlich Seiendem eigentlich ausmacht, in der dieses rechtmäßigen Sinn gewinnt, daß er es vielmehr im voraus als über den Wolken der Erkenntnis schwebendes absolutes Sein hat. Oder wie wir
20 auch sagen können: Descartes fällt es nicht ein, eine intentionale Auslegung des Stromes sinnlicher Erfahrung zu versuchen im ganzen intentionalen Zusammenhang des Ego, in welchem sich der Stil einer Erfahrungswelt konstituiert, und vollverständlicher Weise in Form einer Welt, deren Sein trotz der Be-
25 währung Sein „auf Kündigung" ist, Sein unter stets möglicher und oft eintretender Korrektur, und die selbst als Seinsall, als Welt für das Ego nur ist aus einer aus der Lebendigkeit der Erfahrung Recht und doch nur relatives Recht schöpfenden Präsumtion. So sieht er nicht, daß der Wesensstil der Er-
30 fahrung dem Seinssinn der Welt und aller Realitäten eine wesensmäßige Relativität aufprägt, die durch einen Appell an die göttliche Wahrhaftigkeit bessern zu wollen ein Widersinn ist.

Es soll nun im weiteren *in concreto* gezeigt werden, wie man, stufenweise aufsteigend von der sinnlichen Erfahrung, Evi-
35 denz als Leistung verständlich machen kann, und was an sich seiende Wahrheit als ihre Leistung bedeutet.

§ 107. *Vorzeichnung einer transzendentalen Theorie der Evidenz als intentionaler Leistung*

a) Die Evidenz der äußeren (sinnlichen) Erfahrung.

Die phänomenologische Enthüllung der sinnlichen Erfahrung, genauer der rein naturalen, in der uns die pure physische Natur zur Gegebenheit kommt (bei Abstraktion von allen apperzeptiven Schichten sozialer oder einzelpersonaler Bedeutsamkeit), ist, wie sich in wirklicher Ausführung zeigt, eine große Aufgabe, die außerordentlich weitreichende Untersuchungen fordert[1]. [250] Hier genügt nicht die Wesensbetrachtung einzelner Naturobjekte und ihrer Erfahrung, etwa gar nur Wahrnehmung. Es bedarf der intentionalen Erforschung der gesamten, durch das Leben des Einzel-Ego und der transzendentalen Gemeinschaft hindurchgehenden, synthetisch vereinheitlichten Welterfahrung, des ihr zugehörigen Universalstiles und nachher der Erforschung ihrer konstitutiven Gesesis mitsamt diesem Stil. In solchen konkreten Studien lernt man in einer Sphäre das Wesen der Evidenz, Evidenz als Leistung verstehen, die wie intentionale Leistungen überhaupt eingeflochten auftreten in systematisch aufgebauten Leistungen bzw. Vermögen. Und man lernt natürlich so am besten auch die ganze Bedeutungslosigkeit der üblichen Auskünfte über Evidenz mit den üblichen Untersuchungsweisen derselben verstehen.

Natürlich, wenn man vom Wahn eines absolut verbürgenden Evidenzgefühls für ein im leeren Vorurteil als absolut seiend Vorausgesetztes geleitet ist, dann ist, und so urteilt man ja allgemein, äußere Erfahrung keine Evidenz. Aber die Welt, so denkt man, ist doch selbstverständlich, was sie ist, und ist als das auch einer Evidenz zugänglich. Wenige würden schwanken, dem unendli-

---

[1] Meine eigenen, durch eine Reihe von Jahren fortgeführten konkreten Untersuchungen, von denen ich oft genug Auszüge in Vorlesungen vorgetragen habe, hoffe ich in den nächsten Jahren zu Druck bringen zu können. Eine erste schon für den Druck bestimmte Ausarbeitung brachte der 1912 ineins mit dem 1. Bande der *Ideen* niedergeschriebene Entwurf des 2. Bandes. In der von Dr. Edith Stein vollzogenen Redaktion ist er einer Reihe von Schülern und Kollegen zugänglich gemacht worden. Inzwischen hat sich der Umfang zu lösender konkreter Probleme als noch viel schwieriger und umfassender herausgestellt.
Anm. d. Hrsg.: Vgl. die diesbezüglichen Analysen in: E. Husserl, *Ideen zu einer reinen Phänomenologie und phänomenologischen Philosophie*. 2. Buch. Phänomenologische Untersuchungen zur Konstitution. Den Haag 1952. (Husserliana Bd. IV)

chen Intellekt, und wäre er auch nur als Grenzidee der Erkenntnistheorie herangezogen, diese absolute Evidenz zuzuschreiben, was nicht im mindesten besser wäre, wie wenn man die göttliche Allmacht in der mathematischen Sphäre in der Fähigkeit sehen
5 wollte, regelmäßige Dekaeder zu konstruieren, und so jeden theoretischen Widersinn. Der Seinssinn der Natur hat die ihm von dem Wesensstil der naturalen Erfahrung absolut vorgezeichnete Wesensform, und so kann auch ein absoluter Gott kein „Evidenzgefühl" schaffen, das naturales Sein absolut verbürgte, oder, in
10 schon besserer Auffassung und Redeweise, kein in sich geschlossenes Erfahrungserlebnis, das wie immer es als von „unserer" sinnlichen Erfahrung unterschieden gedacht würde, apodiktisch und adäquat selbstgebend wäre.

b) Die Evidenz der „inneren" Erfahrung. [251]
15 Sehr verleitend war in der Evidenzlehre die innere Erfahrung. So viel einfacher sie ist als die naturale, da sie in diese in jeder Phase eingeht, ja in alle und jede Evidenzen eingeht, so fordert auch sie eine intentionale Enthüllung und führt auf überraschende Implikationen. Wir brauchen nicht von neuem auf das
20 schwerwiegende Übersehen aufmerksam zu machen, das die Verwechslung von innerer Wahrnehmung als psychologischer und als erkenntnistheoretischer, d. i. als transzendental-phänomenologischer, als Wahrnehmung des Ego von seinem Cogito, allgemein gemacht hat. Die psychologische Erfahrung, darunter auch die in-
25 nere Erfahrung, ist eine mit der naturalen intentional komplizierte weltliche Erfahrung, die erst, wenn man die transzendierende Apperzeption „einklammert", zur phänomenologisch reinen Erfahrung wird. Aber auch in dieser ist das Seiende, hier das im phänomenologischen Sinne immanent Seiende, zwar selbst-
30 gegeben, in der Wahrnehmung als selbstgegenwärtig, in der Erinnerung als vergangen, jedoch es konstituiert sich auch hier schon in diesem einfachsten Modus konstitutiver Leistung das Selbstgegebene, das immanent Gegenständliche in sehr komplizierter Weise — im Fluß der ursprünglichen Präsentationen, Re-
35 tentionen, Protentionen in einer komplizierten intentionalen Synthesis, der des inneren Zeitbewußtseins. Wie unerforscht diese Evidenzstruktur blieb, hier wenigstens wurde das Moment der wirklichen Selbsthabe hervorgehoben, ohne es auf

jede sonstige Erfahrung und Evidenz zu erstrecken. Aber selbst hier, wo in gewisser, aber genauer zu beschreibender und zu begrenzender Weise davon zu reden ist, daß das immanente Datum im konstituierenden Erlebnis reell auftritt, muß vor dem **Irrtum** gewarnt werden, als ob das Datum als Gegenstand schon **mit diesem reellen Auftreten voll konstituiert** wäre. Wir sagten oben, daß Evidenzen Funktionen sind, die in ihren intentionalen Zusammenhängen fungieren; gäbe es kein Vermögen der Wiedererinnerung, kein Bewußtsein, ich kann auf das, was ich da erfasse, immer wieder zurückkommen, wo es doch nicht mehr wahrgenommen ist, oder wo die Erinnerung, in der ich es gerade hatte, selbst wieder dahingegangen ist, so wäre die Rede von demselben, von dem Gegenstand sinnlos. Die erste „Evidenz", das originale Auftreten des Datums und das originale Hindauern z. B. eines immanent gefaßten Empfindungsdatums in seiner Identität während dieser Dauer, hat zwar eine gewissermaßen apodiktische Undurchstreichbarkeit — während dieses Hindauerns —; aber die in der kontinuierlichen Identifizierung [252] des Hindauerns werdende originale Einheit ist noch kein „Gegenstand", sondern ist es erst als seiend in der (hier der immanenten) Zeitlichkeit, das ist seiend in der Evidenz, als dasselbe wiedererkennbar zu sein, bei allem Wandel der subjektiven Modi des Vergangen. Die Form dieser gegenständlichen Selbigkeit ist die Zeitstelle in der Zeit. So ist die **einzelne Wahrnehmung** mit ihrer Retention und Wiedererinnerung doch **nie eine abgeschlossene Evidenz für Seiendes**, sondern es ist weiter zurückzufragen, was das Seiende konstituiert, als innerhalb des identischen Ego **identisch** Seiendes (in seiner Weise „verharrend").

Nun ist es offenbar in dem viel komplizierteren Falle der äußeren Wahrnehmung und schließlich in anderen Weisen **bei jeder Evidenz ebenso**, und wir selbst sind ja schon wiederholt auf das „**Immer wieder**" und die Frage der Aufklärung seiner Evidenz zurückgeführt worden.

c) **Hyletische Daten und intentionale Funktionen. Die Evidenz der immanenten Zeitdaten.**

Der allherrschende Daten-Sensualismus in Psychologie wie Erkenntnistheorie, in dem auch meist die befangen sind, die in

Worten gegen ihn, bzw. das, was sie sich unter diesem Worte denken, polemisieren, besteht darin, daß er das Bewußtseinsleben aus Daten aufbaut als sozusagen fertigen Gegenständen. Es ist dabei wirklich ganz gleichgültig, ob man diese Daten als getrennte „psychische Atome" denkt, nach unverständlichen Tatsachengesetzen in Art der mechanischen zu mehr oder minder zusammenhaltenden Haufen zusammengeweht, oder ob man von Ganzheiten spricht und von Gestaltqualitäten, die Ganzheiten als den in ihnen unterscheidbaren Elementen vorangehend ansieht, und ob man innerhalb dieser Sphäre im voraus schon seiender Gegenstände zwischen sinnlichen Daten und intentionalen Erlebnissen als andersartigen Daten unterscheidet.

Nicht als ob die letztere Unterscheidung völlig zu verwerfen wäre. Man kann sich als Ego auf die immanenten Gegenstände als Gegenstände der immanenten Erfahrung, das ist als solche der immanenten Zeit einstellen, und das ist offenbar das Erste für den phänomenologischen Anfänger. In diesem Sinne habe ich bewußt und ausdrücklich in meinen *Ideen* die Probleme des immanenten Zeitbewußtseins oder, was dasselbe, der Konstitution dieser Gegenstände der egologischen Zeitlichkeit ausgeschaltet[1] und [253] eine zusammenhängende große Problematik für mögliche Deskriptionen in dieser Sphäre vorzuzeichnen und zum Teil auch durchzuführen versucht. In dieser Sphäre tritt dann notwendig als radikaler Unterschied der zwischen **hyletischen Daten** und **intentionalen Funktionen** auf. Aber es gibt auch in der immanenten „Innerlichkeit" des Ego **keine Gegenstände im voraus** und keine Evidenzen, die nur umgreifen, was im voraus schon ist. Die Evidenzen als das Seiende konstituierende Funktionen (ineins mit den gesamten Funktionen und Vermögen, die dabei ihre zu enthüllende Rolle spielen) vollziehen die Leistung, deren Ergebnis da heißt **seiender Gegenstand**. So schon hier und so überall.

Hierbei ist wieder Verschiedenes zu beachten, was zum Teil schon berührt wurde. Fassen wir Evidenzen in einem weitesten Sinne der Selbstgebung oder Selbsthabe, so braucht nicht jede Evidenz die Gestalt des **spezifischen Ichaktes** zu haben,

---

[1] Vgl. a. a. O. S. 163, über diese Probleme selbst die schon mehrfach zitierte Abhandlung im Jahrbuch f. Philos. u. phän. Forschung Bd. IX.
⟨Vgl. Anm. d. Hrsg. S. 171⟩

des vom Ich, das hier den Ichpol bezeichnet, auf das Selbstgegebene hin Gerichtetseins, „aufmerkend", erfassend, auch wertend und wollend. Die in starrer Gesetzlichkeit vonstatten gehende Konstitution von immanenten Zeitdaten ist eine konti-
5 nuierliche Evidenz in einem weitesten Sinne, aber nichts weniger als ein aktives Darauf-gerichtet-sein des Ich.

Ferner, Evidenz als Selbstgebung hat ihre Abwandlungsgestalten, ihre Gradualitäten in der Vollkommenheit der Selbstgebung, hat vielerlei
10 Unterschiede, die ihre Wesenstypik haben und erforscht sein müssen. Die Abwandlungsgestalten der Originalität heben die Selbstgebung nicht auf, wenngleich sie sie modifizieren. Die Evidenz der absoluten originalen Gegenwart des erklingenden Tones im jeweiligen Jetztpunkt (von mathematischem Punkt ist
15 natürlich keine Rede) fungiert wesensmäßig in Zusammenhang mit einer Evidenz des „soeben" verklingenden und des ursprünglich „kommenden". Auch jede klare Wiedererinnerung ist Evidenz, Selbstgebung für die wiedererinnerte Vergangenheit als solche, nicht für das vergangene Original, das als Original
20 Gegenwart wäre, aber für das Vergangene als Vergangenes.

Diese Evidenz gibt gleich Beispiele für die Gradualitäten der Klarheit und für die daraus zu schöpfende Idee (eine Idee!) vollkommener Klarheit, der ich mich annähern
25 „kann", ein Ich-kann, das seine eigene Evidenz hat. So wie wir [254] das bei der äußeren Erfahrung schon gesagt haben, so ist hier in dem primitiven Fall der immanenten Wiedererinnerung die Täuschung nicht ausgeschlossen. Aber evident ist doch auch die Wesensform ihrer Enthüllung, die wiederum Evidenz der Wieder-
30 erinnerung in Form derjenigen von anderen Wiedererinnerungen voraussetzt.

Ferner, so wie es schon im einfachsten Fall einer lebendigen inneren Erfahrung zur Wesensform ihres strömenden Konstituierens gehört, daß kontinuierlich sich aneinanderschließende und
35 abwandelnde Evidenzen zusammen fungieren, so gilt es überhaupt in der großen Sphäre des gesamten transzendentalen (wie auch psychologischen) Innenlebens. Die mannigfaltigen, sich konstituierenden Gegenstandskategorien sind, worauf schon hingewiesen wurde, mit-

einander wesensmäßig verflochten, und demgemäß hat nicht nur jeder Gegenstand seine eigene Evidenz, sondern sie übt, und er in ihr als evidenter, auch übergreifende Funktionen. Jedes Kulturobjekt ist ein Bei-
5 spiel. Die Idealität, die sein eigentümliches Sein ausmacht, „verkörpert" sich in einer materiellen (durch ihn „vergeistigten") Gegenständlichkeit, und danach ist die Evidenz der objektiven Kulturbestimmtheit fundiert in einer naturalen Evidenz und mit ihr innig verflochten.
10 Oder das allgemeinste Beispiel: Alle Gegenstände stehen als konstituierte in Wesensbeziehungen zu immanenten Gegenständen, so daß die Evidenz jedweder Gegenständlichkeit in sich bergen muß für sie fungierende immanente Erlebnisse, immanente Evidenzen. Überall erhält dabei
15 das Fungierende als solches seinen besonderen intentionalen Charakter, womit höchst wichtige Unterschiede zusammenhängen in der Weise, wie konstituierte Gegenstände „affektiv" fungieren können, als „Reize" für mögliche aktive Zuwendungen des Ich. Ist ein Ding, sei es auch im unbeachteten „Hintergrund"
20 konstituiert, so sind dabei vielerlei implizierte Gegenständlichkeiten konstituiert, z. B. die Perspektiven, oder letztlich die jeweiligen Empfindungsdaten, die als objektive Farben oder Töne „aufgefaßt" sind. Aber nicht stehen etwa alle diese für das transzendentale Ego „bewußtseinsmäßig" seienden Ge-
25 genstände hinsichtlich der möglichen Affektion gleich. Das Ding ist das erste, das affiziert, und erst in einer reflektiven Ablenkung davon, sekundär, die Perspektive oder weiter zurück die Empfindungsfarbe, also von der Fundierung der Evidenzfunktionen her bestimmt.
30 Doch das ist genug, um eine Vorstellung davon zu bekommen, [255] wieviel gegenüber den leeren Evidenzreden der Tradition unter dem Worte Evidenz zu erforschen ist, und das, wenn überhaupt der Sinn einer Kritik der Evidenzen und ihre mögliche Durchführung klar werden soll.
35 Sehr spät habe ich erkannt, daß alle Kritik der Evidenzen und im besonderen der Urteilsevidenzen (genauer derjenigen der kategorialen Aktivität) nicht nur, wie es in der jetzigen Darstellung selbstverständlich ist, im Rahmen der Phänomenologie zu vollziehen ist, sondern daß alle diese Kritik zurückführt auf eine

letzte Kritik in Form einer Kritik derjenigen Evidenzen, die die Phänomenologie der ersten, selbst noch naiven Stufe geradehin vollzieht. Das aber sagt: Die an sich erste Erkenntniskritik, in der alle andere wurzelt, ist die transzendentale Selbstkritik der phänomenologischen Erkenntnis selbst[1].

d) Evidenz als apriorische Strukturform des Bewußtseins.

Noch ein Punkt ist von Wichtigkeit. Die traditionelle Erkenntnistheorie und Psychologie sieht die Evidenz als ein absonderliches Spezialdatum an, das nach irgendwelcher induktiven oder kausalen Erfahrungsgesetzlichkeit in den Zusammenhang einer seelischen Innerlichkeit hineinkommt. Den Tieren werden dergleichen Vorkommnisse in der Regel wie selbstverständlich abgesprochen.

Demgegenüber ist bereits aus dem Bisherigen evident, daß ein Bewußtseinsleben schon vermöge der immanenten Zeitsphäre ohne Evidenz nicht sein kann und wieder, daß es, so wie wir es als auf Objektivität bezogenes Bewußtsein denken, nicht sein kann ohne einen Strom äußerer Erfahrung. Es ist aber auch noch darauf hinzuweisen, daß Evidenz jeder Stufengestalt nicht nur sich mit anderen Evidenzen verflicht zu höheren Evidenzleistungen, sondern daß Evidenzleistungen überhaupt in weiteren Zusammenhängen mit Nichtevidenzen stehen, und daß wesensmäßige Abwandlungen beständig vonstatten gehen: die Sedimentierung von Retentionen in die Gestalt „schlafenden" Bewußtseins, die wesensmäßige Bildung von assoziativen Leerintentionen, von Meinungen, Leerstrebungen, die auf Fülle hinstreben usw., Selbstgebung als Erfüllung, [256] Bestätigung, Bewährung, Durchstreichung, Falschheit, praktisches Verfehlen usw. — das alles sind zur Einheit eines Lebens apriori gehörige Strukturformen, und die all das berücksichtigende, aufhellende Untersuchung dieser Einheit ist das ungeheure Thema der Phänomenologie.

---

[1] Eine wirkliche Durchführung dieser letzten Kritik versuchte ich in einer vierstündigen Wintervorlesung 1922/23, deren Niederschrift meinen jüngeren Freunden zugänglich gemacht worden ist.

## SCHLUSSWORT

Den Weg von der traditionellen Logik zur transzendentalen haben wir in dieser Schrift zu zeichnen versucht — zur transzendentalen, die nicht eine zweite Logik, sondern nur die in
5 phänomenologischer Methode erwachsende radikale und konkrete Logik selbst ist. Doch genauer gesprochen, haben wir als solche transzendentale Logik eben nur die traditionell begrenzte, die analytische Logik im Auge gehabt, die allerdings vermöge ihrer leer-formalen Allgemeinheit alle Seins- und Gegenstands-·bzw.
10 Erkenntnissphären umspannt. Gleichwohl haben wir, genötigt den Sinn und die Weite transzendentaler Forschung zu umzeichnen, im voraus auch ein Verständnis für die zu begründenden ,,Logiken" anderen Sinnes, als Wissenschaftslehren, aber sachhaltigen mit gewonnen, wobei die oberste und umfassendste die
15 **Logik der absoluten Wissenschaft** wäre, die Logik der transzendental-phänomenologischen **Philosophie** selbst.

Natürlich fallen im guten Sinn unter den Titel Logik, äquivalent Ontologie, auch alle zu begründenden sachhaltig-apriorischen Disziplinen — Disziplinen der einen, zunächst geradehin, in
20 transzendental ,,naiver" Positivität zu begründenden **mundanen Ontologie**. Es ist in unseren Zusammenhängen schon ersichtlich geworden, daß sie das universale Apriori einer in reinem Sinne möglichen Welt überhaupt entfaltet, die als Eidos durch die Methode der eidetischen Variation von der uns fak-
25 tisch gegebenen Welt aus, als dem dirigierenden ,,Exempel", konkret entspringen muß. Von diesem Gedanken gehen dann aus die **Stufen der großen Problematik** einer radikal zu begründenden **Welt-Logik**, einer echten mundanen Ontologie, wovon einiges schon zur Andeutung kam.

---

*18 Handexemplar* gesprochen *Einfügung hinter* äquivalent

Als Grundstufe fungiert die in einem neuen Sinne „**transzendentale Ästhetik**" (so genannt vermöge einer leicht faßbaren Beziehung zur engumgrenzten **Kantischen**). Sie behandelt das eidetische Problem einer möglichen Welt überhaupt als
5 Welt „**reiner Erfahrung**", als wie sie aller Wissenschaft im „höheren" Sinne vorangeht, also die eidetische Deskription des universalen Apriori, ohne welches in bloßer Erfahrung und vor den [257] kategorialen Aktionen (in unserem Sinne, die man nicht mit dem Kategorialen im **Kantischen** Sinne vermengen darf), einheit-
10 lich Objekte nicht erscheinen und so überhaupt Einheit einer Natur, einer Welt sich als passive synthetische Einheit nicht konstituieren könnte. Eine Schichte davon ist das ästhetische Apriori der Raum-Zeitlichkeit. Dieser Logos der ästhetischen Welt bedarf natürlich, um echte Wissenschaft sein zu können, ebenso
15 wie der analytische Logos, der transzendentalen Konstitutionsforschung — woraus schon eine überaus reiche und schwierige Wissenschaft erwächst.

Darauf stuft sich nun der Logos des objektiven weltlichen **Seins** und der **Wissenschaft im** „**höheren**" **Sinne**, der
20 unter Ideen des „**strengen**" Seins und der strengen Wahrheit forschenden und entsprechend „**exakte**" Theorien ausbildenden[1]. In der Tat erwächst, zuerst in Form der exakten Geometrie, dann der exakten Naturwissenschaft (**Galileische** Physik) eine Wissenschaft bewußt neuen Stils, eine nicht „deskriptive",
25 das ist „ästhetische "Gebilde, Gegebenheiten der puren Anschauung typisierende und in Begriffe fassende, sondern eine idealisierend-logifizierende Wissenschaft. Wie bekannt war historisch ihre erste Gestalt und weiterhin ihre Leitung die platonisierende Geometrie, die nicht von Geraden, Kreisen usw. im „ästhetischen"
30 Sinne spricht und von **ihrem** Apriori, dem des in wirklicher und möglicher **Erscheinung** Erscheinenden, sondern von der (**regulativen**) **Idee** eines solchen Erscheinungsraumes, dem „idealen Raum" mit „idealen Geraden" usw. Die ganze „exakte" Physik operiert mit solchen „Idealitäten", unterlegt also der
35 wirklich erfahrenen Natur, der des aktuellen Lebens, eine Natur

---

[1] Vgl. § 96 c), S. 249 f.

*1 f. Handexemplar Randbemerkung* die der „Lebenswelt"
*13 Handexemplar Randbemerkung* Lebenswelt

als Idee, als regulative ideale Norm, als ihren Logos in einem höheren Sinn. Was das bedeutet, was damit in der Naturerkenntnis und Naturbeherrschung zu leisten ist, das „versteht" in der naiven Positivität jeder Student. Für eine radikale Selbstverständigung und eine transzendentale Kritik der „exakten" Naturerkenntnis liegen hier gewaltige Probleme — selbstverständlich Probleme einer phänomenologischen, am Leitfaden noematischer Sinnesauslegung fortgehenden Forschung, die noetisch die „subjektive" Konstitution enthüllen und von da aus letzte Sinnesfragen, kritische Bestimmungen der „Tragweite" leisten muß.

Wie weit ähnliche, obschon beileibe nicht dieselben Intentionen in den Sinn der Geisteswissenschaften eingehen können, welche regulativen Ideen für sie notwendig sind und ihre Methode bewußt leiten müssen, um ihnen nicht etwa naturwissenschaftliche [258] Exaktheit, aber doch für ihre „höhere" Logizität Normbegriffe einzuprägen (ihnen selbst entwachsende), das sind abermals neue Fragen, neue Forschungsgebiete einer „Logik" bezeichnend.

Und so haben wir nur das Wesen einer formalen Wissenschaftslehre umgrenzt und sie zu ihrer transzendentalen Gestalt übergeleitet, während die volle Idee einer Wissenschaftslehre, einer Logik, einer Ontologie nur ihren Rahmen gewonnen hat und auf künftige Darstellungen verweist, die berichten werden, wie weit wir in dieser Hinsicht vorzudringen vermochten.

BEILAGE I

## SYNTAKTISCHE FORMEN UND SYNTAKTISCHE STOFFE, KERNFORMEN UND KERNSTOFFE

Zur Vertiefung der Einsicht in das Wesen der Urteilsform sei im folgenden der im Texte vielbenützte Unterschied zwischen syntaktischen Formen und syntaktischen Stoffen näher erläutert, und durch andere mit ihnen wesentlich zusammenhängende Unterschiede ergänzt. Sie gehören alle in die rein-logische Formenlehre („rein-logische Grammatik"), und demgemäß ist überall, wo wir grammatische Ausdrücke, wie Prädikation, Satz und dgl. gebrauchen, ausschließlich an die betreffenden Bedeutungsgebilde gedacht. Unter dem Titel Syntaxe und den sich anknüpfenden Titeln handelt es sich bei der Beschränkung des Themas um eine deskriptive Aufweisung unerforscht gebliebener Wesensstrukturen der Urteilssphäre, deren Relevanz anderseits für den Grammatiker selbstverständlich ist[1].

### § 1. *Gliederung der prädikativen Urteile*

Nehmen wir zunächst Prädikationen der einfachsten kategorischen Form *A ist b*, so gliedert eine jede sich offenbar in zwei Teile, sie hat sozusagen eine Zäsur: *A – ist b*, das Substratglied, das „worüber" ausgesagt wird, und das, was von ihm ausgesagt wird; wobei jedes genau so genommen sei, wie es rein deskriptiv in der Bedeutungseinheit *A ist b* sich abgliedert. Gliederung besagt dann natürlich nicht Abstückung, da die Rede von Stücken uns auf Teile verweist, die auch für sich abgelöst sein können. Offenbar ist aber mindestens das Prädi-

---

[1] Im Wesentlichen stammt der Inhalt dieser Beilage aus meinen Göttinger formallogischen Vorlesungen – und zwar nach der letzten Fassung vom W.-S. 1910/11 –, in welchen ich den Versuch machte, in noematischer Einstellung und rein deskriptiv die systematischen Linien einer reinen Formenlehre der prädikativen Bedeutungen zu entwerfen, als Unterlage für eine eigentliche Analytik.

*Handexemplar Randbemerkung zur Anmerkung* doch nicht direkt aus meinen Vorlesungen, sondern nach wirklicher Ausarbeitung der dort angedeuteten Unterschiede! Nachsehen!

katglied selbständig nicht ablösbar. Daß dasselbe aber auch für das Subjektglied gilt, wird sich bald zeigen.

Betrachten wir einen Fall komplizierterer Gliederung, z.B. das hypo- [260] thetische Urteil, *wenn A b ist, ist C d*. Es gliedert sich scharf in zwei
5 Teile, es hat wieder eine „Zäsur": *Wenn A b ist – so ist C d*. Jedes dieser Glieder gliedert sich wieder. Der hypothetische Vordersatz und ebenso der Nachsatz gibt sich in seinem eigenen Sinngehalt als eine „Modifikation" eines schlichten kategorischen Satzes, eine Modifikation, die, eben als beiderseits unterschiedene, einmal zum Ausdruck kommt in
10 der Form *wenn A b ist* und das andere Mal in der Form *so ist C d*. Jede solche Modifikation trägt in sich, dem unmodifizierten kategorischen Urteil entsprechend, auf das sie „verweist", die Zäsur zwischen dem modifizierten Subjektglied und seinem modifizierten Prädikatglied.

Das *A* kann in der ursprünglichen kategorischen Form wie in ihren
15 Modifikationen in sich selbst wieder Gliederungen haben, etwa in Gestalt attributiver Annexe. Dann haben wir in *A* selbst wieder eine Zäsur, ein Hauptglied und ein attributives Nebenglied (evtl. auch in Form eines Relativsatzes).

So kann ein einheitlicher Satz reicher und weniger reich gegliedert
20 sein, und wir sehen, daß n i c h t  a l l e  G l i e d e r  a u f  g l e i c h e r  S t u f e stehen müssen. Der hypothetische Satz z.B. ist unmittelbar gegliedert in Vordersatz und Nachsatz. Die unmittelbaren Glieder als Glieder erster Stufe haben selbst wieder unmittelbare Glieder, die in bezug auf das Ganze Glieder zweiter Stufe sind. Und so kann es weiter
25 gehen zu Gliederungen dritter, vierter Stufe usw. Bei jedem Satz kommen wir aber auf l e t z t e  G l i e d e r u n g e n und Glieder, in unserem Beispiel symbolisch angedeutet durch das *A*, *b* usw.

Alle Glieder in diesem Sinne sind unter allen Umständen u n s e l b s t ä n d i g, sie sind, was sie sind, im Ganzen, und verschiedene Ganze
30 können gleiche Glieder haben, aber nicht dasselbe Glied. Sagen wir *A ist b* und setzen wir fort, *A ist c*, so liegt nicht ein identisches Glied in beiden Sätzen vor. Derselbe Gegenstand *A* ist vermeint, aber in einem verschiedenen Wie, und dieses Wie gehört selbst mit zur Meinung (nicht dem Meinen), zu dem Vermeinten als solchem, das wir
35 Satz nennen. In den zwei Sätzen haben wir an den korrespondierenden Stellen Verschiedenes eines gleichen Gehaltes *A*, und diesen verschieden geformt. Es tritt unausdrücklich im zweiten Satze die Form „dasselbe" auf, welche, wenn wir den Sinn genau betrachten, zwischen beiden eine Verknüpfung, und zwar eine sie verschieden formende
40 Verknüpfung herstellt. Anders ausgedrückt, wir stehen in der Einheit eines, wenn auch nicht ausgesprochenen Gesamtsatzes: *A ist b und dasselbe ist c*. Das zweimal auftretende *A*-vermeinte hat in beiden eine bezügliche Form: das zweite die Identitätsbezüglichkeit auf das erste; [261] von daher hat aber auch das erste eine korrelative Identitätsbezüg-
45 lichkeit auf das zweite gewonnen, was dem Sinn des ersten selbst, so wie es im Gesamtsatz auftritt, abzufragen ist. Derartige Überlegungen

kann man überall durchführen, wo „dasselbe" Glied (dasselbe „Subjekt", Prädikat, Objekt, derselbe Vordersatz usw.) auftritt.

## § 2. *Die Sachbezüglichkeit in den Urteilen*

An den Gliedern innerhalb der konkreten prädikativen Bedeutungs-
5 einheit, aber auch am ganzen Urteil oder Satz sind zweierlei Momente zu unterscheiden. Jeder selbständige Satz bezieht sich auf irgendwelche Sachen und irgend etwas ihnen Zukommendes. Im geurteilten Satz ist ein Sachverhalt „gemeint". Es wird sich zeigen, daß diese Beziehung auf Gegenständlichkeiten, seine Sachbezüglichkeit,
10 wie wir kurz sagen wollen, an bestimmte seiner Momente gebunden ist, die wir die Stoffe nennen werden, während sie doch konkret und als Bedeutungsbeziehung auf Gegenständliches nur möglich ist durch andere Momente, die Momente der Form.

Des näheren beobachten wir – unter der Frage, wie der Satz als
15 ganzer gegenständliche Beziehung zustande bringt – zunächst, daß wir an ihm stets Teile finden müssen, die selbst gegenständliche Beziehung haben. Das gilt von allen Gliedern, und wofern sie gegliedert sind, von ihren Gliedern bis zu den letzten, bzw. an sich ersten. Mit diesen haben wir die unter dem Gesichtspunkt der Glie-
20 derung letztlich sachbezüglichen Typen von Teilbedeutungen, sich scheidend als Subjektbedeutungen, die sich auf Substratgegenstände beziehen (als die sich bestimmenden), als Teilbedeutungen, die sich auf Eigenschaften beziehen, und wieder auf Relationen. Anderseits heben sich uns leicht schon im normalen sprachlichen Ausdruck Teile
25 ab (wir gebrauchen das Wort Teile in einem weitesten Sinne, der also auch Nicht-Glieder befaßt), die wie das *ist, oder, weil* usw. Bedeutungsmomente darstellen, und den Sätzen wesensmäßig unentbehrliche, welche in sich nichts von Sachbezüglichkeit bergen. Das schließt natürlich nicht aus, daß sie vermöge ihrer Funktion im
30 Satz, der als ganzer (oder vermöge ihrer Funktion im jeweiligen Glied, das als ganzes) Sachbezüglichkeit hat, an dieser Anteil haben. In ihnen aber, rein für sich genommen, liegt davon nichts. Genauer besehen enthält jedes, und auch jedes primitive Glied, solche Momente, mögen sie auch nicht, wie die beispielsweise oben herangezogenen, in eigenen
35 Worten des vollständigen grammatischen Satzes Ausdruck finden.

## § 3. *Reine Formen und Stoffe* [262]

Von da aus ergibt sich gegenüber der Gliederung eine merkwürdige und total andersartige „Teilung" jeder prädikativen Bedeutung, jedes „konkreten" Satzes und Satzgliedes. Auf der einen Seite
40 können wir stufenweise an diesen Konkretionen herausheben die offenbar völlig unselbständigen, völlig abstrakten Momente, denen von sich aus die Sachbezüglichkeit fehlt: sie heißen Momente der reinen Form. Dann bleibt uns an jedem der Glieder und schließlich an

jedem der letzten ein Kerngehalt übrig, wieder ein völlig Abstraktes, aber gerade das, was dem Glied seine Sachbezüglichkeit verleiht. In dieser Hinsicht sprechen wir von **stofflichen Momenten**. Ein Beispiel macht alles sofort klar: Nehmen wir etwa Satzsubjekte wie *das Papier, der Zentaur* usw., und denken wir andere Sätze, wo „dieselben" Ausdrücke in abgewandelter Funktion stehen (grammatisch sich deklinierend) – statt die sich bestimmenden Subjekte bezügliche Objekte bezeichnend –, so hebt sich uns, wenn wir auf die Bedeutungsseite hinblicken, in der Tat ein Identisches ab. Es ist das Identische der Sachbezüglichkeit, das in allem solchen Wechsel der Form die Beziehung auf Dasselbe, auf *Papier*, auf *Zentaur* erhält. Wir kommen also auf zwei Grenzbegriffe: *„reine Formen"* und *„reine Stoffe"*. Beides gehört notwendig zur Konkretion, und zwar so, daß wir sagen werden: die reinen Stoffe ermöglichen letztlich die Sachbezüglichkeit durch ihre abgestufte Formung, derart, daß das Gebilde jeder Stufe in den Gliedern stets wieder relative Stoffe und Formen aufweist. Diese Relativität wird uns weiterhin beschäftigen.

Die Formung ist selbstverständlich keine Tätigkeit, die an vorgegebenen Stoffen vollzogen würde und zu vollziehen wäre – was ja den Widersinn voraussetzte, daß man im voraus Stoffe für sich haben könnte, als ob sie statt abstrakter Bedeutungsmomente konkrete Gegenstände wären. Gleichwohl kann man, in den verschiedenen Abstraktionsrichtungen vorgehend und dabei die Satzgebilde abwandelnd (in der Freiheit des urteilenden und quasi-urteilenden Denkens und Umdenkens), gleichsam die Funktion der Formen und ihrer Wandlung für die Sinnbildung der gegenständlichen Beziehung verfolgen, mit anderen Worten, Einsicht gewinnen in die Art und Weise, wie durch die Wesensstrukturen der Sätze und ihrer Glieder die gegenständliche Beziehung derselben und ihre analytisch-formale Typik zustande kommt.

§ 4. *Niedere und höhere Formen. Ihre Sinnbeziehung aufeinander* [263]

Die Formen unterscheiden sich in **untere** und **höherstufige Formen**, in Formen, die zu den untersten Gliedern gehören, und in solche, welche die schon geformten Glieder selbst umfangen und zu höherstufigen Konkretionen bringen, zu komplexeren Gliedern gestalten oder zu voll konkreten Einheiten, zu selbständigen Sätzen. Ihrem Sinne nach sind die höherstufigen Formen (wobei nicht ausgeschlossen ist, daß sie evtl. einem allgemeinen Sinngehalt nach gleichartig sind mit den niederen) auf die niederstufigen bezogen und in dieser Rückbeziehung für die Sachbezüglichkeit fungierend. Der Satz als ganzer hat Ganzheitsformen und hat mittels ihrer einheitliche Beziehung auf das ganze jeweils Vermeinte, kategorial so und so Geformte: den Sachverhalt. Offenbar ist diese Sachbezüglichkeit eine fundierte, da sie schon die Sachbezüglichkeit der Glieder voraussetzt, bzw. voraussetzt die Funktion der zu der Sachbezüglichkeit dieser

Glieder gehörigen besonderen Formen. Ich sage besondere Formen und will damit andeuten, daß vermöge der Ganzheitsformung jedes Glied auch E i n f o r m u n g in das Ganze hat: seine gegenständliche Beziehung erhält die Form des Bestandstückes der gegenständlichen
5 Beziehung des ganzen Satzes.

Aber auch in anderer Weise zeigen sich Bedeutungsbeziehungen der Formen aufeinander, und mit ihnen zusammenhängende Unterschiede einer unmittelbaren und mittelbaren Sachbezüglichkeit. Vermöge der Form erhält mitunter ein in sich sachbezügliches Glied
10 noch eine über es selbst hinausreichende Sachbezüglichkeit, nämlich bezogen auf die in einem anderen Gliede liegende. Z.B. wenn es heißt, *dieses Papier ist weiß*, so gewinnt, wie in jedem kategorisch bestimmenden Satz, das Prädikat über seinen eigenen Sachgehalt hinaus Beziehung auf das Subjekt *Papier*, in dessen Sachbezüglichkeit bedeu-
15 tungsmäßig eingreifend. Heißt es aber statt *weiß*: *bläulich weiß*, so hat das vordem einfache Prädikat *weiß* nun in sich selbst eine sekundäre Bestimmung, die also noch mittelbarer das primäre Subjekt angeht.

§ 5. *Die abgeschlossene Funktionseinheit der selbständigen*
20 *Apophansis. Scheidung der ganzheitlichen Verbindungsformen*
*in Kopulation und Konjunktion*

Formen sind, wie sich schon in den ersten Analysen aufdrängt, von verschiedener Art, in sehr verschiedener Weise den Gesamtsinn bestimmend. Im Bedeutungsganzen des Satzes stehen sie in der ab-
25 geschlossenen Einheit Einer Funktion; Satz selbst (nicht Satz als [264] Glied, sondern hier „selbständiger", für sich abgeschlossener Satz) drückt in formaler Allgemeinheit diese Funktionseinheit mit aus. In ihr sind also die Glieder Glieder in Funktion und haben somit, an ihnen selbst aufweisbar, ihre Funktionsformen.

30 Dabei tritt doch zugleich und zumeist auch im sprachlichen Ausdruck das die Glieder g a n z h e i t l i c h  V e r b i n d e n d e der Form hervor. Es machen sich aber große Unterschiede in der Weise dieser Verbindungsform geltend.

E i n e r s e i t s haben wir Verbindungsformen, wie die des *Und* und
35 *Oder*, kurz gesagt, die (im erweiterten Sinne) k o n j u n k t i v e n. Sie verbinden, schaffen kategoriale Einheit, aber in ihrem eignen Sinn liegt nichts von der überall so sehr bevorzugten und insbesondere für den Wissenschaftler und Logiker bevorzugten Beziehung auf das Urteil (oder den „Satz") im prägnanten Sinne, das p r ä d i z i e r e n d e,
40 d a s „a p o p h a n t i s c h e"  U r t e i l. Weder stiften sie selbst eine derartige kategoriale Einheit, noch weisen sie auf eine solche zurück in irgendeiner „Modifikation" oder sonstwie – als ob, was sie verbinden und die Verbindung selbst notwendig innerhalb einer Prädikation (Apophansis) auftreten müßte.

45 A n d e r s e i t s haben wir die „Verbindungs"weise, die eben die spe-

zifische Einheitsform eines prädikativen Satzes macht, in traditioneller Rede die Form der Kopula. Wir hätten also sozusagen die **kopulierende Einheitsform**; sie ist es, welche die Glieder der Prädikation, zunächst einer einfachen, zur Einheit bringt. Es ist die *Ist-Form* in ihren verschiedenen Gestalten, in der des kategorischen Urteils als bestimmenden, aber auch in anderen Gestalten, da sie ja offenbar in der Einheitsgestalt des hypothetischen und kausalen Urteils steckt, so wie auch in jeder identifizierenden Anknüpfung. Sie ist die Funktionsform, welche die Glieder, ihnen selbst Gliederform zugestaltend, zu Gliedern des Satzganzen macht, derart daß die Ganzheitsform als ihre Verbindungsform abstraktiv abzuheben ist.

### § 6. *Übergang in die weiteste kategoriale Sphäre*

a) **Universalität der unterschiedenen Verbindungsformen.**

Wenn gesagt war, daß im eigenen Sinn jener anderen Verbindungsformen nichts von Kopulation liegt, so ist damit nicht ausgeschlossen, daß sie aus gewissen, diesem Sinn äußeren Gründen etwas davon aufnehmen kann, sei es **assoziativ-apperzeptiv** – sofern wir beständig auch damit beschäftigt sind, kategoriale Gebilde jeder [265] Art, die nicht Prädikationen sind, in Prädikationen einzubeziehen –, sei es, daß wir **Urteile selbst**, was wir jederzeit können, **konjunktiv** (bzw. disjunktiv und sonstwie) **verbinden**. Dabei hat die Verbindung als Einheitsfunktion, die die Prädikationen kategorial einigt, einen notwendigen, Sinn mitbestimmenden Einfluß auf diese Prädikationen, auf sie als kopulative Ganze und auf ihre Kopulationen selbst, und umgekehrt hat z.B. das betreffende *Und* in solcher Funktion seinerseits in seinem Sinn etwas von den Kopulationen angenommen, die es eben verbindet. Es ist klar, daß, wenn wir die volle Weite der kategorialen Gebilde betrachten (die wir mit einem zweiten Worte auch aus guten Gründen als **syntaktische** bezeichnen), wir konstatieren müssen, daß die unterschiedenen Verbindungsweisen, die kopulativen und die nicht-kopulativen, die gleiche Universalität haben, als Weisen der verbindenden Formung von kategorialen Gegenständlichkeiten zu neuen.

b) **Erstreckung der mit der Gliederung zusammenhängenden Unterscheidungen auf die gesamte kategoriale Sphäre.**

Es ist auch klar, daß, was wir über Gliederung gesagt haben, immer bloß auf apophantische Urteilsgebilde hinblickend, nur wenig modifiziert auf alle „syntaktischen" Gebilde paßt, wie z.B. Zahlen, Kombinationen usw. Also auch da haben wir hinsichtlich der Gebilde, bzw. ihrer Formen eine Reduktion auf letzte Gliederungen und einen teils gleichstufig, teils in beliebiger Aufstufung erfolgenden Aufbau von kategorialen Ganzen aus letzten Gliedern. Eben die Universalität der auch miteinander verflochten fungierenden Formen (subjektiv und korrelativ gesprochen, die Universalität der Formen wirklicher oder erdenklicher leistender Aktionen, der konjungierenden, disjungierenden, der identifizierend-kopulierenden usw.) hat zur Folge die ideell iterative Formenbildung in offener Unendlichkeit.

c) Der erweiterte kategoriale Satzbegriff gegenüber dem der alten apophantischen Analytik.

Alle diese Bildungen, bzw. Gebilde unterstehen dem weitesten Begriff des Satzes als des analytischen Gebildes, das „Satz" nicht heißt als Korrelat von Kopulationen, sondern von Setzungen, und zwar eines Sinngehaltes kategorialer Form. Setzung ist dabei verstanden als Doxa, als Seinsglaube, aber eben als Seinssetzung, d.i. zugleich als Hinsetzung in einer allzeit und für jedermann zugänglichen „Äußerung", die auf jedermanns Mitgehen im Glauben rechnen kann. Dabei hat also das „gesetzte" Sein einen anderen Sinn als das kopulative *Ist*, das eben nur zu kopulativen Sätzen gehört. Bei diesen verbindet sich mit der kopulativen Funktion, vermittelt durch den von ihr unabtrennbaren Glaubensmodus, die neue, der Seinssetzung eigene Sinnbildung des Seiend – allzeit und für jedermann[1]. Die traditionelle apophantische Logik betrachtet in ihrer Urteilslehre, geleitet vom Aristotelischen Begriff der Apophansis (der sich in der Tat als ein radikaler Grundbegriff herausstellt) und aus Motiven, die wir im Haupttext (§ 47, S. 135 f.) kennen lernen, unter dem Titel Urteil ausschließlich fürs erste kategorische Sätze (die Existenzialsätze eingerechnet) in allen doxischen Modalitäten (als in den kategorialen Satzsinn einzubeziehenden); sie ordnet fürs zweite diesem Titel auch alle konjunktiven und sonstigen Gebilde aus kategorischen Sätzen zu, alle die dazu berufen sind, Einheit der prädikativen Theorie herzustellen.

Halten wir uns in der weiteren Untersuchung ausschließlich an diesen Bereich (wie sie in der Tat ursprünglich nur im Hinblick auf ihn durchgeführt war), so sei doch vorweg betont, daß sie eine größere, auf die gesamte kategoriale Sphäre (des Urteils im weitesten Sinne, dann aber auch auf die parallelen syntaktischen Gebilde der axiologischen und praktischen Sphäre) zu beziehende Allgemeinheit annehmen kann, womit sehr wichtige deskriptive Aufgaben im Gesamtbereich der betreffenden noematischen Idealgebilde bezeichnet sind. An Durchblicken auf die größere Allgemeinheit werden wir es aber nicht fehlen lassen.

---

[1] Der Urteilslehre Brentanos kann ich also nicht folgen, wie ich denn auch die Existenzialsätze als kategorische Sätze mit anomal geänderter Subjektbedeutung ansehe.

zeugten, bewährten Erkenntnis gegeben werden, damit sie Gemeingut der gleichzeitigen und künftigen Menschheit soll sein können?

Die Identität eines Urteils, einer doxischen Meinung und dann auch der bewährten Wahrheit beruht auf der Möglichkeit der Wiedererinnerung zunächst in meiner egologischen Sphäre und der Wiederherstellung der Bewährung. Intersubjektiv wird das wahre Urteil, das schon für mich bleibendes und immer wieder in meinem „Ich kann" bewährbares ist, in der Kommunikation mit anderen, mit denen ich wirklich in Verkehr stehe oder noch in Verkehr kommen kann. Und dann verbreitet sich der Erwerb dieser Erkenntnis dadurch, daß die anderen eben wieder mit anderen in Verkehr treten können usw. Aber reicht das hin, um meinem und irgendeines einzelnen Wahrheitsbesitz und selbst dem schon einer kommunikativen Mehrheit ein bleibendes Sein für eine Unendlichkeit von Menschen zu geben, die – ideal gesprochen — in Kommunikation treten könnten?

Da ist notwendig eine sinnliche, naturale Objektivierung der Wahrheits- und Begründungsgestalten, es ist Sprache nötig, und Wahrheit muß zur Leitung werden, wobei die mündliche sprachliche Mitteilung zur schriftlichen Fixierung werden muß unter vielfältiger und evtl. mechanischer Reproduktion. Das gehört also in die Betrachtungen in der Stufe der Intersubjektivität. Ich hatte doch als erstes gedacht ⟨an⟩ eine gewissermaßen egologische Logik, d.h. eine Begründung der Analytik, ohne die Probleme der Intersubjektivität mit heranzuziehen.

Aber auch das erfordert eine sorgsame Überlegung seines Sinnes. Die Sprache ist ja von vornherein intersubjektiv und der Sinn von seiender Welt ist vorweg schon intersubjektiv. Indessen auf die intersubjektive Geltung der Sprache nehme ich eben keine Rücksicht. Genug, daß ich Worte, Reden erzeugen kann und daß ich sie rein für mich, also ohne Adresse an andere, in ideal identischer Gestalt und Funktion gebrauche, ebenso wie die ideal identischen Bedeutungen von mir und für mich bestehende und immer wieder identifizierbare Gebilde sind, Gebilde, die ich herstelle und in dem idealen Sinn immer wieder aktivieren kann in idealer Vermöglichkeit. Die eingeklammerten Wissenschaften, wo immer ich sie in meiner Weise benütze, sollen mich nichts angehen als anderen dienende, als von anderen, von der traditionalen Erkenntnisgemeinschaft gebildet; sondern indem ich ihre Gebilde in mir nacherzeuge, sollen sie nur in Betracht kommen als Sinngebilde, die ich erzeuge, und evtl. als bleibende Überzeugungen, die ich gewinne, und als Wahrheiten, die ich bewähre und bleibend zu eigen habe. Aussagen, die ich so gewinne, nehme ich nur in Anspruch als objektive Gebilde meiner egologisch objektiven Welt, und zwar gehören sie dem Bestande an, der für mich die erste Originalität hat — so wie die von mir selbst erfahrene Natur und nun die von mir selbst erzeugten mit naturalem „Leib" verleiblichten Geistesgebilde.

Es bedarf dann aber, nachdem ich so getan, als ob ich nur für mich selbst Erkenntnis gewinnen wollte, der Begründung der intersub-

solche Momente des Urteils sind, die durch Abstraktion von jenen Funktionsformen, den syntaktischen, sich abheben, also z.B. das in ihrem Wechsel identische Substantiv, oder identische „Adjektiv", ob es in dieser oder jener Syntaxe steht.

§ 8. *Syntagma und Glied. Selbständige Urteile als Syntagmen, desgleichen Urteile im erweiterten Sinn* [268]

Nehmen wir wieder die syntaktischen Stoffe in ihren Formen, also konkret einig, so nennen wir diese Einheit das Syntagma. Es ist also nichts anderes als Einheit des Gliedes im Satz, das geformter Stoff ist, mit der Wesensgesetzmäßigkeit, daß verschiedene Glieder dieselbe Form aber verschiedene Stoffe, und wieder, daß sie verschiedene Form und denselben Stoff haben können.

Dieses Gesetz gilt für Glieder noch so kompliziert gebauter Prädikation, und wie immer in ihr selbst wieder Sätze, in der syntaktisch modifizierten Gestalt von Satzgliedern auftreten mögen.

Aber es gilt auch für selbständige Sätze jedes und wie immer komplizierten Baues, nämlich mit Rücksicht auf das Wesensgesetz, daß jeder Satz in formaler Allgemeinheit und in bestimmten Typen Modifikationen erfahren kann, die ihn in ein syntaktisches Glied höherstufiger Prädikationen verwandeln. Jeder ganze Satz ist also gewissermaßen selbst ein „Glied", sofern er eben die Wesensstrukturen hat und die syntaktischen Modifikationen zuläßt, die zu einem Gliede als solchem gehören. Mit einem Wort, auch er als selbständiges Ganzes der Prädikation ist ein Syntagma, Einheit syntaktischen Stoffes in syntaktischer Form.

Wir bedenken nun, daß vermeinte kategoriale Gegenständlichkeiten überhaupt rechtmäßig so heißen, weil sie entweder selbst Prädikationen sind, oder in Prädikationen eingeordnet auftreten können; bzw. daß ihre analytischen Formen und die analytischen der möglichen Prädikationen in einem entsprechenden Verhältnis stehen. Also das Universum der letzteren muß die aller Kategorialien überhaupt in sich fassen. Mit Rücksicht darauf ist es klar, daß Urteile im erweiterten Sinne, daß alle kategorialen Vermeintheiten überhaupt, Syntagmen sind und unter den Gesetzmäßigkeiten der Struktur stehen, die dieses Wort andeutet.

§ 9. *„Urteilsinhalt" als syntaktischer Stoff des Urteils als Syntagma*

Zur Erläuterung, insbesondere auch der Auffassung ganzer prädikativer Sätze als Syntagmen, ziehen wir Beispiele heran.

Wo immer wir einen komplexen, zerstückbaren Satz haben, z.B. das Urteil, *weil nebliges Wetter eintrat, erfuhren die kriegerischen Ope-* [269] *rationen eine Hemmung*, da ist jedes Stück im Ganzen gegeben als ein

syntaktisch geformtes Stück, als ein Glied. Wenn das Stück, etwa das erste, verselbständigt wird, so wird nicht das Glied, wie es ist, selbständig, sondern es ist ein selbständiger Satz desselben „Urteilsinhaltes" hergestellt, der Satz *es trat nebliges Wetter ein*. Umgekehrt,
5 hätte die syntaktische Wandlung auch mit diesem Satze anheben können, so wie sie für j e d e n selbständigen Satz möglich ist – nämlich in ein Satzglied eines anderen Satzes. Der nunmehr unselbständig gewordene Satz hat weiter denselben „Inhalt", wir sagen geradezu: „d e r s e l b e  S a t z" einmal als S a t z  f ü r  s i c h, das andere
10 Mal als V o r d e r s a t z, als N a c h s a t z usw. Das Selbständig-für-sich-sein ist selbst als syntaktische Form anzusehen. Im Wandel der Funktionen, in denen „derselbe" Satz die verschiedenen Formen des Vordersatzes, des Gliedes einer Disjunktion usw. annimmt, tritt als Identisches hervor dieselbe „Satzmaterie" oder „Urteilsmaterie" –
15 in dem Sinn desselben prädikativen s y n t a k t i s c h e n  S t o f f e s, der die verschiedenen syntaktischen Formen annimmt, die Formen: Satz für sich, Vordersatz, Nachsatz usw. Was wir gesagt haben, gilt in formaler Allgemeinheit, es gilt also für die entsprechenden Satzformen als Formen von Syntagmen. Also wir können an jeder, und iterativ,
20 eine freie Variation vollziehen, in der wir unter Erhaltung ihres gesamten *in forma* gedachten prädikativen Stoffes (in diesem wichtigen Sinne: der Form ihrer „Materie") die syntaktischen Formen abwandeln und ebenso mit den jeweiligen Gliederformen verfahren, wir können es eben an allen Formen, ob von selbständigen oder unselb-
25 ständigen Syntagmen[1].

§ 10. *Stufen syntaktischer Formung* [270]

Es ist klar, daß gegenüber der Unendlichkeit der identischen, syntaktischen Stoffe die Zahl der syntaktischen Formen (Subjekt, Prädikat, Objekt, Attribut, die genannten und andere prädikative
30 Totalformen) beschränkt ist. Wenn es dabei heißt, daß jeder solche Stoff mannigfaltige Formen annehmen kann, so ist natürlich damit

---

[1] Gehen wir von hier zu § 89 a) S. 223 ff. des Haupttextes dieser Schrift zurück, die Möglichkeit der Deutlichkeitsevidenz betreffend, so erkennen wir jetzt, wie zwar alles dort Ausgeführte richtig bleibt, aber durch Heranziehung des jetzt herausgearbeiteten radikaleren Begriffes von Urteilsmaterie eine wesentliche Vertiefung erhält. Es is nämlich klar, daß, wenn eine Urteilsmaterie im dortigen Sinn (dem der *Logischen Untersuchungen* [II. Bd./1. Teil, S. 426 ff.]), welche ihre Identitätseinheit hat im Wandel der „Qualitäten", d. i. der Modalisierungen der Gewißheit, die Deutlichkeitsevidenz gewinnen kann, wesensmäßig auch jede ihrer syntaktischen Abwandlungen sie gewinnen kann. Eine beliebige unter d i e s e n Abwandlungen präjudiziert durch ihre mögliche Verdeutlichung diejenige aller übrigen. Offenbar sagt das aber, daß in einem tiefsten Sinne die Möglichkeit der Deutlichkeitsevidenz an dem radikaleren Sinn von Urteilsmaterie hängt, dem des totalen syntaktischen Stoffes des betreffenden Urteils oder der betreffenden syntaktischen Urteilsabwandlung. – Natürlich überträgt sich dieser Begriff der Urteilsmaterie auf Urteile im erweiterten Sinn.

nicht auch gesagt, daß ein jeder jede beliebige Form annehmen kann, wie an den Gliedern einer einfachen kategorischen Prädikation ohne weiteres zu ersehen ist.

Tiefer eindringend, zeigt sich hier, daß sich die syntaktischen For-
5 men nach S t u f e n sondern, daß g e w i s s e  F o r m e n, z.B. die des Subjektes und Prädikates a u f  a l l e n  S t u f e n der Zusammensetzung auftreten — ein ganzer Satz kann als Subjekt ebensogut fungieren wie ein einfaches „Substantiv" – daß a n d e r e  F o r m e n aber, wie die des hypothetischen Vordersatzes und Nachsatzes, bereits
10 in sich syntaktisch g e g l i e d e r t e  S t o f f e  f o r d e r n.

So ist es auch klar, daß innerhalb eines Gesamtgliedes Formen auftreten können, die sich von den syntaktischen Formen der ihm untergeordneten Glieder unterscheiden. Es sei dies noch an einem anderen Beispiel erläutert: die konjunktive Verbindung *der Philosoph So-*
15 *krates und der Philosoph Platon*, ebenso die disjunktive *der Philosoph Sokrates oder der Philosoph Platon* kann in einem Satz als e i n Glied auftreten und dann etwa in der syntaktischen Form des Subjektgliedes einer einheitlichen konjunktiven oder disjunktiven Prädikation. In diesem einheitlichen Glied treten wieder Glieder auf:
20 *der Philosoph Sokrates, der Philosoph Platon*, und jedes hat wieder seine syntaktische Form, aber eine andere als das Ganze.

§ 11. *Nicht-syntaktische Formen und Stoffe – innerhalb der reinen syntaktischen Stoffe aufgewiesen*

Die bisher behandelten Begriffe von Form und Stoff bezogen sich
25 auf Syntagmen. Die syntaktischen Formen waren Formen von Satzgliedern und Sätzen selbst, sofern diese durch Funktionswandel in Satzglieder anderer möglicher Sätze übergehen konnten. Ein Satz für sich ist, sagten wir, Einheit einer abgeschlossenen Funktion, und alle Gliederformen bezeichnen die wesensmäßigen Teilformen der Gesamt-
30 funktion. Die Stoffe, die in sie eingehen, die sie voraussetzen, haben, wie wir nun zu zeigen haben, ebenfalls eine gewisse, aber eine letztlich g a n z  a n d e r s  g e a r t e t e  F o r m u n g. Mit anderen Worten, die syntaktisch zur Einheit der Prädikation als Ist-Einheit, als kopulativer, unmittelbar gehörigen Formen setzen in den letzten Stoffen
35 F o r m e n  e i n e s  g a n z  n e u e n  S t i l e s voraus. Sie gehören n i c h t z u r  S y n t a x e des Satzes selbst.

Dies klarer zu machen, gehen wir am besten gleich der Gliederung der Sätze in ihrer natürlichen Stufenfolge nach, also von den unmittelbaren Gliedern gehen wir zu den Gliedern der Glieder über, und so in
40 gleicher Art fort, bis wir zu den letzten Gliedern, den nicht mehr zu zergliedernden kommen. Deren syntaktische Stoffe sind dadurch ausgezeichnet, daß sie reine Stoffe sind, das ist frei von syntaktischen Formen: z.B. Substantiva wie *Papier, Mensch*, abstrahiert von Subjekt-, Objekt-, Dies-Form usw., ebenso Adjektiva wie *weiß, rund* und

dgl. Vergleichen wir nun verschiedene solche reine oder letzte syntaktische Stoffe, wie sie in verschiedenen Sätzen, in welchen syntaktischen Formen immer auftreten, so bemerken wir, daß sie trotz ihrer Verschiedenheit noch ein abhebbar Identisches gemein haben können. Nämlich vergleichen wir den reinen Stoff *Papier* und den reinen Stoff *Mensch* usw., so tritt uns ein Wesensallgemeines der Form hervor – in formalisierender Allgemeinheit: irgend etwas von „substantivischer" Form. Ebenso hebt sich uns die „adjektivische" Form ab, ebenso die an Relativen wie *gleich, ähnlich, größer* usw. erfaßbare Form des „Relativums". In einer und derselben Form können unendlich viele Inhalte gefaßt sein: die einzelnen Substantiva z.B. sind inhaltlich verschieden, aber derselben Form. Wir kommen so auf eine beschränkte Gruppe völlig neuartiger, also nicht mehr syntaktischer Formen; es gruppieren sich alle letzten syntaktischen Stoffe, deren jeder sich als Einheit von Form und Inhalt darstellt, nach den neuartigen rein-grammatischen Kategorien der Substantivität und der Adjektivität als Eigenschaftlichkeit und als Relationalität.

### § 12. *Das Kerngebilde mit Kernstoff und Kernform*

An die Stelle des Syntagma tritt jetzt eine andersartige Einheit von Stoff und Form: das jeweilige Substantiv selbst, Prädikat und Relativum selbst, als im syntaktischen Stoff beschlossen; und jeder muß wesensnotwendig eine solche Einheit in sich schließen, so daß wir eine tiefere Struktur der Prädikation überhaupt, eine in allen ihren Syntaxen, speziell den syntaktischen Stoffen liegende erreicht haben. Wir nennen diese Einheit das Kerngebilde.

Wir waren also im Bisherigen noch nicht zu den letzten Formstrukturen durchgedrungen. Das sichtlich zu machen, bedarf es eines neuen Schrittes der deskriptiven Analyse.

Vergleichen wir die Kerngebilde *Ähnlichkeit* und *ähnlich, Röte* und *rot*, so sehen wir, daß in jedem solchen Paar Kerngebilde verschiedener Kategorie einander gegenüber stehen, die selbst miteinander, und zwar in der stofflichen Seite desselben ein Wesensmoment gemein haben. *Röte* und *rot* haben „inhaltliche" Gemeinschaft in der verschiedenen Kerngebildform, welche die Kategorien der Substantivität usw. bestimmt. Zum ideal Identischen, das da Kerngebilde heißt, gehört fest die betreffende Kategorie; es ist ja der im Wechsel der syntaktischen Funktion verharrende syntaktische Stoff, der unter festen Kategorien steht und bei Identität der Kategorie selbst einen wandelbaren Inhalt offen läßt. Voll bestimmtes Substantiv, Adjektiv, Relativum sind syntaktische Stoffe und nach diesen wesensmäßig zugehörigen Kategorien bezeichnet. Dagegen zeigt sich jetzt, daß solche syntaktischen Stoffe, und zwar als Kerngebilde verschiedener Kategorien genommen, noch ein Identisches gemein haben können, das also noch tiefer in diesen Stoffen beschlossen ist.

Wir nennen es den **Kernstoff** des jeweiligen Kerngebildes oder, wie wir auch sagen können, des syntaktischen Stoffes. Das Korrelat dieses Kernstoffes, abgekürzt des **Kernes**, ist die **Kernform**, sie ist es, welche den Kern zu dem der bestimmten Kategorie formt, also
5 das einheitliche Kerngebilde, bzw. den syntaktischen Stoff herstellt: Das Wesensgemeinsame, das *Ähnlichkeit* und *ähnlich* z.B. gemein haben, wird einmal in der Kategorie der Substantivität, das andere Mal in der der adjektivischen Relationalität geformt und so zum bestimmten syntaktischen Stoff.

10 § 13. *Die Bevorzugung der substantivischen Kategorie.*
*Die Substantivierung*

Wir haben nun noch das Wesensgesetz beizufügen, in dem sich eine merkwürdige **Bevorzugung der substantivischen Kategorie** ausdrückt. Nämlich jedes Adjektiv und Relativum hat
15 sich gegenüber ein entsprechendes Substantivum, das „substantivierte" Adjektiv und Relativ. Aber es gibt keine Adjektivierung (im eigentlichen Sinne gesprochen) von beliebigen Substantiven. Substantiva wie *Ähnlichkeit* oder *Röte* geben sich sinngemäß als „Modifikationen", sie haben einen sekundären Sinn, der auf den ursprünglichen, nicht
20 substantivischen verweist: damit hängt eine Wesensmöglichkeit der syntaktischen Umformung der betreffenden Sätze zusammen, wie [273] z.B. des Satzes *dieses Dach ist rot* in den Satz *Röte ist eine Eigenschaft dieses Daches*, oder auch *die Röte dieses Daches*... Anderseits ist das aber nicht eine bloße syntaktische Umwandlung, sondern ineins da-
25 mit eine Umwandlung der Kerngebilde, die in einer anderen Schicht liegt.

§ 14. *Übergang zu den Komplikationen*

Damit haben wir in der Sphäre der prädikativen Bedeutungen eine **Reduktion auf die letzten „Elemente"** gewonnen, näm-
30 lich auf die **Stoffe in dem allerletzten Sinne**, die keinerlei Bedeutungsformen mehr haben und die allen Formungen verschiedener Art und Stufe zugrunde liegen. An diesen letzten Elementen treten die **letzten Formen** auf, Kernformen.

Wir haben diese ganze Betrachtung sogleich auf das Letztelemen-
35 tare abgestellt, aber die Betrachtung der höheren Komplikationen ergibt doch noch Wichtiges. Nämlich die strukturelle Unterscheidung, die wir in den letzten syntaktischen Stoffen sichtlich machten, gilt für alle syntaktischen Stoffe überhaupt, und es ist auch an ihnen sichtlich zu machen, und ⟨in⟩ ganz ähnlicher Weise, durch Zusammenstel-
40 lung passender Beispiele und Hervorhebung von ideal identischen Wesensgehalten. Jedes kategoriale Gebilde, das nicht schon „nominale", „substantivische" Form hat, läßt sich, wie es die *Logischen Untersuchungen* ausdrückten, „**nominalisieren**", und genauer ge-

sprochen, ist es auch hier nicht das konkrete Gebilde, sondern sein syntaktischer Gesamtstoff, der da im erweiterten Sinne eine „substantivische" Form erhält. Hierbei werden wir sagen müssen, daß eine Satzmaterie (im Sinn des „Satzes" als syntaktischen Stoffes) als wech-
5 selnde Kernkategorien die der Substantivität und die des für sich bestehenden Satzes hat, worin einerseits eine syntaktische Form bezeichnet ist und anderseits das Wesensgemeinsame, das diese mit der Formung in „Substantivität" gemein hat. Mit dieser Formung geht wie bei jeder Substantivierung eine syntaktische Änderung Hand in
10 Hand.

Doch die nähere Durchführung dieser Fragen und ihre tiefere Behandlung sei künftigen Forschungen anheim gegeben.

### § 15. *Der Begriff des „Terminus" der traditionellen formalen Logik*

15  Die traditionelle Logik hat von diesen Unterschieden so gut wie nichts herausgearbeitet, obschon sie sich gelegentlich auch in ihr zu- [274] tage drängen. Es ist ja ohne weiteres klar: der von uns fixierte Begriff des Kernstoffes fällt im wesentlichen mit dem zusammen, was die traditionelle Logik in völlig vager Weise, ohne den Versuch einer nä-
20 heren Bestimmung, als T e r m i n u s bezeichnet und zudem nur in einer eng begrenzten Sphäre benützt hat. Die Rede von den Termini paßt sich nämlich der traditionellen Syllogistik an. Man drückt die Urteilsformen des universellen, partikulären, singulären Urteils und dgl. symbolisch aus durch *alle A sind b, einige A sind b* usw. Ebenso
25 wird die hypothetische Satzform ausgedrückt durch *wenn M ist, so ist N.* Fragt man sich, was hierbei durch die Buchstaben angezeigt ist, so scheint es zunächst, als handelte es sich um syntaktische Stoffe. Indessen achtet man darauf, daß vom Standpunkt der Syllogistik etwa beim Schluß *alle Menschen sind sterblich, alle Sterblichen sind*
30 *vergänglich* usw. das *sterblich* und die *Sterblichen* als derselbe Terminus gelten und symbolisch durch denselben Buchstaben bezeichnet werden, so zeigt es sich, daß es nicht auf die Unterschiede der Kernformen ankommt, daß also unter dem Terminus nicht der syntaktische Stoff verstanden sein kann, sondern der bei Wechsel der Kernform
35 identisch verbleibende K e r n s t o f f.

Sehr häufig sagt man statt Terminus auch B e g r i f f. Indessen ist das Wort Begriff mit mehrfachen Vieldeutigkeiten behaftet, so daß wir es in dieser Bedeutung nicht ohne weiteres gebrauchen können. Jedenfalls ist aber durch den Begriff des Kernstoffes eine der Bedeu-
40 tungen des Wortes Begriff wissenschaftlich festgelegt.

Es ist für diesen Begriff des Begriffes oder Terminus zu beachten, daß er sich, dem ganzen Sinne der Analytik gemäß, nicht auf letzte Kernstoffe beschränkt. Für ihn kommt die Erweiterung der Begriffe Substantiv und Adjektiv (vgl. den vorigen Paragraphen) wesentlich in
45 Betracht (und damit die des Kernstoffes), die sie über die primitiven

Begriffe erhebt, welche durch die Erinnerung an die grammatischen Wortformen nahegelegt sind. Z.B. die Form *daß S p ist, bedingt, daß Q r ist*, bietet in der Formung „Vordersatz", bzw. „Nachsatz" je ein Substantiv, eben den „substantivierten" Satz. Die Analytik, deren
5 thematisches Absehen auf das Gesetzessystem formaler „Konsequenz" geht, fragt nicht nach letzten Kernen; sie läßt es in ihren Satzformen offen, ob die Termini substantivierte kategoriale Gebilde sind oder nicht. (Vgl. dazu Beilage III.)

BEILAGE II

# ZUR PHÄNOMENOLOGISCHEN KONSTITUTION DES URTEILS.
# DAS URSPRÜNGLICH-AKTIVE URTEILEN UND SEINE SEKUNDÄREN MODIFIKATIONEN

## § 1. *Aktives als selbsterzeugendes Urteilen gegenüber seinen sekundären Modifikationen*

Aktiv urteilen ist ein Erzeugen von „Denkgegenständen", kategorialen Gebilden. Zu seinem Wesen gehört die Möglichkeit (die hier die subjektive Bedeutung des Vermögens, des „Ich kann" hat), in einer Aufstufung fortschreiten zu können, ideal gesprochen einer Iteration *in infinitum*. Irgendein Urteilen, etwa ein schlicht bestimmendes („kategorisches") erzeugt einen vermeinten Sachverhalt $S$ ist $p$, in dem sich das Bestimmungssubstrat $S$ als $p$ bestimmt. Hierdurch ist zugleich miterzeugt das kategoriale Ergebnis $Sp$: d. h. das $p$ ist als „Niederschlag" in den Sinn des $S$, als nunmehr so bestimmten, getreten. In zweiter Stufe kann nun etwa das $S$ ist $p$ zur Unterlage eines neuen Urteilens werden, es kann, neue kategoriale Formen annehmend, zum Glied von konjunktiven, hypothetischen u.a. Urteilen werden. Oder es kann in anderer Weise fortgeurteilt werden, etwa so, daß das $Sp$ zum Bestimmungssubstrat des neuen Urteils $Sp$ ist $q$ wird usw. Jedes neu erzeugte Urteil kann so zur Unterlage neuer werden *in infinitum*. Dasselbe gilt offenbar, wenn wir den erweiterten Urteilsbegriff zugrunde legen, der in den späteren Teilen der vorliegenden Schrift bevorzugt wird – der sich deckt mit dem der kategorialen (doxischen) Gegenständlichkeit überhaupt und als solcher.

Das aktive Urteilen ist nicht die einzige, aber die originale Form des Urteilens. Es ist diejenige, in der allein die vermeinte kategoriale Gegenständlichkeit als solche zu wirklicher und eigentlicher Erzeugung kommt, mit anderen Worten das „Urteil" zu originaler Selbstgegebenheit. Alle anderen Gegebenheitsweisen desselben Urteils sind in sich selbst als i n t e n t i o n a l e M o d i f i k a t i o n e n der aktiverzeugenden, als der originalen, charakterisiert. Es ist das ein Sonderfall des wesensgesetzlichen Vorzugs der Originalität, der für j e d e, ob nun passive oder aktive Gegenstandskonstitution Gültigkeit hat. Machen wir von hier aus zunächst eine Exkursion in die allgemeine [276] Theorie der Intentionalität, deren Erkenntnisse uns nachher für unser vorliegendes Thema tiefere Einsichten ermöglichen werden.

5 § 2. *Aus der allgemeinen Theorie der Intentionalität*

a) **Ursprüngliches Bewußtsein und intentionale Modifikation. Statische intentionale Auslegung. Auslegung der ,,Meinung" und des Gemeinten ,,selbst". Die Mannigfaltigkeit möglicher Bewußtseinsweisen von**
10 **Demselben.**

Ein und derselbe Gegenstand kann apriori in sehr verschiedenen Bewußtseinsweisen (gewisser Wesenstypen: Wahrnehmung, Wiedererinnerung, Leerbewußtsein usw.) bewußt sein; unter ihnen hat die jeweils ,,erfahrende", die originale einen Vorzug, auf sie sind alle
15 anderen als intentionale Modifikationen bezogen.

**Intentionale** Modifikation aber hat ganz allgemein das Eigene, daß sie **in sich selbst** auf das nicht-Modifizierte **zurückweist**. Die modifizierte Gegebenheitsweise, gewissermaßen befragt, sagt uns selbst, daß sie Modifikation **von** jener ursprünglichen sei. Dazu ge-
20 hört für das Bewußtseinssubjekt (und demnach für jeden sich in dasselbe Einverstehenden und solche Bewußtseinsweise Nachverstehenden), daß es von der jeweiligen nicht-originalen Gegebenheitsweise auf die originale hinstreben und sich evtl. die originale explizit vergegenwärtigen, bzw. sich den gegenständlichen Sinn ,,**klar ma-**
25 **chen**" kann. Die erfüllende Klärung vollzieht sich in einem synthetischen Übergang, in dem sich das in einem nicht-originalen Modus Bewußte als dasselbe gibt, wie das im Modus der ,,Erfahrung" (des ,,Es selbst") Bewußte, bzw. als dasselbe ,,Geklärte", sc. so wie es in ,,möglicher Erfahrung" selbst gegeben sein ,,würde". Bei sozusagen
30 negativer Klärung tritt synthetisch der klare Wider-sinn hervor.

Jede intentionale Gegebenheitsweise als ,,Bewußtsein-von" läßt sich in dieser Art ,,**statisch**" **explizieren** – nicht in Teile zerlegen, sondern **intentional auslegen** und nach seinem klaren Sinn befragen, und dieser Sinn läßt sich in synthetischen Übergängen,
35 die zu der möglichen Selbstgegebenheit führen, herstellen oder zur klaren Selbstaufhebung bringen.

Handelt es sich um Bewußtseinsweisen, deren Originalform eine in **synthetischer Aktivität** erzeugende ist, so erweist sich, wie in den Ausführungen des Textes speziell für die urteilende Aktivität
40 gezeigt wird, daß hier eine doppelte Intentionalität und Selbstgebung in Frage kommt und wesensmäßig sich verflicht: die Aktivität des Urteilens als das Urteil selbst (und bloß **als** Urteil) original erzeu- [277] gende, und die Aktivität der originalen Gestaltung (Evidentmachung) der kategorialen Gegenständlichkeit selbst, des jeweiligen Sachver-
45 haltes selbst, des Sachverhaltes im Modus der Erfahrung. Das gilt

für jede Art der Aktivität, sofern sich ganz allgemein kontrastiert: Aktivität der erzeugenden Konstitution der **Meinung** bloß als Meinung und Aktivität der Konstitution des entsprechenden „Selbst". Aber schließlich gilt Ähnliches in der weitesten Allgemeinheit und wesensmäßig für **jede** Intentionalität – hinsichtlich der Selbstgebung von bloßer Meinung (Sinn) und Gegenstand „selbst".

Die Wesenseigenheit jedes nicht originalen Bewußtseins, als „Modifikation" eines entsprechenden originalen, in sich auf mögliche „Erfahrungen", originale Bewußtseinsweisen von demselben zu „verweisen" – und wenn diese als „unvollkommene" ein Gemisch von Originalität und Nichtoriginalität sind, auf synthetische Ketten möglicher fortschreitender Erfahrung –, hat ein Gegenstück. Es liegt darin, daß, umgekehrt, jede originale Gegebenheitsweise ihre Möglichkeiten des Übergangs in „entsprechende", mit ihr synthetisch zu einigende nicht-originale, und dabei von solchen einer festen Typik, mit sich führt. Allerdings wird hier nicht gesprochen werden können von einer **Gegenverweisung**, einer Verweisung in dem eigentlichen Sinne, der bei der „intentionalen Modifikation" in Frage ist. Jedenfalls aber steht **jedes Bewußtsein** wesensmäßig in einer besonderen, ihm zugehörigen **Bewußtseinsmannigfaltigkeit**, in einer synthetischen offenen Unendlichkeit möglicher Bewußtseinsweisen von Demselben – einer Mannigfaltigkeit, die aber sozusagen ihre teleologische Mitte hat in der möglichen „Erfahrung". Das bezeichnet zunächst einen Horizont **erfüllender** Evidenz mit dem als „zu verwirklichend" antizipierten Es-selbst. Dabei bleibt aber wesensmäßig offen die Gegenmöglichkeit enttäuschender **Aufhebung** des Antizipierten im „Statt-dessen-Anderes", was eine Gegengestalt der zentrierten Mannigfaltigkeit anzeigt. – Dies schreibt aller „intentionalen Analyse" das Allgemeinste der Methode vor.

b) **Intentionale Auslegung der Genesis. Genetische, so wie statische Ursprünglichkeit der erfahrenden Gegebenheitsweise. „Urstiftung" der „Apperzeption" für jede Gegenstandskategorie.**

Während die „**statische**" **Analyse** von der Einheit des vermeinten Gegenstandes geleitet ist und so von der unklaren Gegebenheitsweise, ihrer Verweisung als intentionaler Modifikation folgend, gegen das Klare hinstrebt, ist die genetische Intentionalanalyse auf den ganzen konkreten Zusammenhang gerichtet, in dem jedes Bewußtsein und sein intentionaler Gegenstand als solcher jeweils steht. Es kommen dann alsbald in Frage die anderen intentionalen Verweisungen, die zur **Situation** gehören, in der z.B. der die urteilende Aktivität Übende steht, also mit in Frage die immanente **Einheit der Zeitlichkeit** des Lebens, das in ihr seine „Geschichte" hat, derart daß dabei jedes einzelne Bewußtseinserlebnis als zeitlich auftretendes seine eigene „Geschichte", d. i. seine **zeitliche Genesis** hat.

Hierbei zeigt es sich – immer als universale Wesenseigenheit des intentionalen Lebens –, daß die **Originalform** des Bewußtseins, die der „**Erfahrung**" im weitesten Sinne (der in dieser Schrift ausführlich erörtert wird), nicht nur statisch, sondern **auch gene-**
5 **tisch bevorzugt** ist gegenüber ihren intentionalen Abwandlungen. Auch genetisch ist – in gewisser Weise – die **originale Gegebenheitsweise die ursprüngliche**. Sie ist es nämlich für jede Grundart von Gegenständlichkeiten, und zwar in dem Sinn, daß keine nicht-originale Bewußtseinsweise von Gegenständen einer Grund-
10 art wesensmöglich ist, wenn nicht vorher in der synthetischen Einheit der immanenten Zeitlichkeit die entsprechende originale Bewußtseinsweise von denselben aufgetreten ist als die **genetisch** „**urstiftende**", auf welche jede nicht-originale nun auch genetisch zurückweist.

15 Damit ist nicht gesagt, daß wir keine Gegenständlichkeit in nicht-originaler Weise bewußt haben können, die wir – als dieselbe – vorher nicht schon original erfahren hätten. Wir können z.B. in einer völlig leeren Antizipation etwas indiziert haben, was wir nie gesehen hatten. Aber daß wir Dinge vorstellen, und sogar Dinge in Einem Blick sehen –
20 wobei zu beachten ist, daß in jeder Dingwahrnehmung schon Leerantizipationen von selbst Ungesehenem beschlossen sind –, das weist in der intentionalen genetischen Analyse darauf zurück, daß in einer früheren urstiftenden Genesis der **Typus** Dingerfahrung zustande gekommen und damit die Kategorie Ding für uns in ihrem erstmaligen
25 Sinn schon gestiftet ist. Das aber gilt, wie sich zeigt, wesensmäßig für jedwede Gegenstandskategorie im weitesten Verstande, selbst für die des „immanenten" Empfindungsdatums, aber auch für jede Gegenständlichkeit der Stufe der Denkgegenständlichkeiten, der Urteilsgebilde, ferner der wahrhaft seienden Theorien, auch der axiologischen
30 und praktischen Gebilde, der praktischen Entwürfe usw.

Das hängt damit zusammen, daß jede originale Gegebenheitsweise [279] eine **doppelte genetische Nachwirkung** hat. Fürs **Erste** in Form möglicher erinnernder Reproduktionen im Durchgang durch ursprünglich-genetisch und ganz unmittelbar sich anschließende Re-
35 tentionen, und fürs **Zweite** die „apperzeptive" Nachwirkung, der gemäß in ähnlicher neuer Situation das wie immer schon konstituiert Vorliegende in ähnlicher Weise apperzipiert wird.

Danach wird ein Bewußtsein von Gegenständen möglich, die selbst noch nie bewußt waren oder mit Bestimmungen, in denen sie es nicht
40 waren, aber eben auf Grund der Gegebenheit von ähnlichen Gegenständen und ähnlichen Bestimmungen in ähnlichen Situationen. Das sind **intentionale Wesenstatsachen der Empirie** und der sie konstituierenden „Assoziation", aber es sind **nicht empirische**

---

*12 Handexemplar* Gegenständen derselben Grundart *Verbesserung für* Denselben

Tatsachen. So wie die statische Analyse dem gegenständlichen Sinn und, von seinen Gegebenheitsweisen her, seinem „eigentlichen und wirklichen" Sinn auslegend nachgeht, diese Gegebenheitsweisen als intentionale Verweisungen auf das mögliche „Es selbst" befragend, so ist die Intentionalität des konkreten, des **zeitlichen Zusammenhangs**, in den alles Statische verflochten ist, ebenfalls zu befragen, seine **genetischen Verweisungen** sind intentional auszulegen.

c) **Die Zeitform der intentionalen Genesis und ihre Konstitution. Retentionale Abwandlung. Sedimentierung im Untergrund der Unabgehobenheit (Unbewußtsein).**

Die universale Wesensform der intentionalen Genesis, auf die alle andere zurückbezogen ist, ist die der Konstitution der immanenten Zeitlichkeit, die in einer starren Gesetzmäßigkeit jedes konkrete Bewußtseinsleben beherrscht und allen Bewußtseinserlebnissen ein bleibendes zeitliches Sein gibt. Genauer gesprochen, ein Bewußtseinsleben ist nicht denkbar denn als solches, das in einer wesensnotwendigen Form der Faktizität, in der Form der universalen Zeitlichkeit, ursprünglich gegeben ist, in der jedes Bewußtseinserlebnis, im strömenden Wechsel typisch abgewandelter Gegebenheitsweisen innerhalb einer lebendigen Gegenwart, seine identische Zeitstelle erhält und dann aus Wesensquellen der Habitualität bleibend behält.

Um nur einen Hauptpunkt davon herauszuheben: An jedem im Urmodus immanenter Gegenwärtigkeit auftretenden Erlebnis (das **a l s** so auftretend selbst auch bewußt ist) schließt sich in unabänderlicher Notwendigkeit ein „retentionales" Bewußtsein als eine ursprüngliche Modifikation an, durch die der Urmodus „gegenwärtig Gegebenes" in kontinuierlicher Synthesis übergeht in die modifizierte Gestalt desselben „soeben" Gewesenen. Dieses modifizierte Bewußtsein als jetzt gegenwärtiges fungiert nach derselben Gesetzmäßigkeit als relativer Urmodus für eine neue Modifikation (eine Modifikation der Modifikation) und so kontinuierlich weiter.

In sich verweist offenbar jede solche Modifikation unmittelbar oder mittelbar zurück auf ihren absoluten Urmodus – ein Bewußtsein, das sich zwar alsbald modifiziert, aber keine Modifikation mehr ist. Dieses kontinuierlich retentionale Sich-abwandeln ist das wesensmäßige Anfangsstück der Konstitution eines identischen, im weitesten Sinne verharrenden Gegenstandes – die wir statt sie hier in Allgemeinheit weiter zu verfolgen im nächsten Paragraphen in der Besonderheit verharrender kategorialer Gebilde näher studieren werden.

Die kontinuierliche Abwandlung der Retention geht bis an einen wesensmäßigen **Limes** fort. Das sagt, mit dieser intentionalen Abwandlung geht auch eine **Gradualität der Abgehobenheit** Hand in Hand, und eben diese hat ihre Grenze, in der das vordem Abgehobene in den **allgemeinen Untergrund** verfließt – in das sogenannte „**Unbewußte**", das also nichts weniger als ein phänomeno-

logisches Nichts ist, sondern selbst ein Grenzmodus des Bewußtseins. Auf diesen Hintergrund der sedimentierten Abgehobenheiten, der als Horizont alle lebendige Gegenwart begleitet und seinen kontinuierlich wechselnden Sinn in der „Weckung" zeigt, bezieht sich die ganze
5 intentionale Genesis zurück.

Nach diesem Exkurs in die allgemeine Phänomenologie der Intentionalität und damit in die methodischen Horizonte, die auch unserem besonderen Problem, dem des Urteils zugehören, kehren wir zu diesem wieder zurück, in seiner Behandlung die gewonnenen all-
10 gemeinsten Einsichten verwertend.

### § 3. *Die nicht-originalen Gegebenheitsweisen des Urteils*

a) **Die retentionale, als an sich erste Form „sekundärer Sinnlichkeit". Die lebendig sich wandelnde Konstitution eines vielgliedrigen Urteils.**

15 Gegenüber der original erzeugenden Gegebenheitsweise des Urteils haben wir als nicht-originale, als nicht wirklich erzeugende zunächst die **retentionale**. Sie ist unter den modifizierten Gegebenheitsweisen die **an sich erste**, auf die nämlich alle anderen zurückgehen. Natürlich schließen sich, wie sonst überall, vermöge der beschriebenen
20 zeitkonstituierenden Bewußtseinsgesetzmäßigkeit an die original [281] verlaufende Urteilsaktion stetig ihre retentionalen Modifikationen an. Allgemeiner ist diese Modifikation als die einer **aktiven Erzeugung** (wohin auch die Aktivitäten des „Gemütes" mit ihren Konstitutionen von Werten, Zwecken, Mitteln gehören) so zu charakteri-
25 sieren: Wo immer eine originale Konstitution einer Bewußtseinsgegenständlichkeit durch eine Aktivität (von evtl. synthetischer Vielgliedrigkeit ein- und untergeordneter Partialaktionen) geleistet ist, da verwandelt sich die **originale Aktion** in retentionaler Stetigkeit **in eine sekundäre Form**, die nicht mehr Aktivität ist, also in eine
30 passive Form, in die einer „**sekundären Sinnlichkeit**", wie wir uns auch ausdrücken. Vermöge der stetigen Identitätssynthesis ist das passive Bewußtsein Bewußtsein von demselben „vorhin" in aktiver Originalität Konstituierten. Also speziell in der Urteilssphäre besagt das: das Urteil ist nicht nur in und während der aktiven Konstitution
35 als in ihr lebendig sich erzeugendes, sondern wird zum kontinuierlich verbleibenden selben Urteil, als einem sich erhaltenden **Erwerb**, der eben auch für aktive Gebilde – wie überall (das ist in jedweder Konstitution identisch verharrender Einheiten) auf Funktionen der Passivität beruht. Soweit wir bisher gekommen sind, ist der Erwerb als blei-
40 bender zunächst nur konstituiert während des lebendigen Fortganges der retentionalen Abwandlung bis zum Limes der Unabgehobenheit.

Diese Art der Erhaltung in passiv-kontinuierlicher Identifizierung macht allein fortschreitende Urteilsprozesse als lebendige Fortbildung und Verknüpfung kategorialer Vermeintheiten zur Einheit im-
45 mer neuer und höherstufiger Urteile möglich. Die retentional herab-

sinkenden Partialgebilde bleiben in dieser Modifikation im Bereich des einheitlich thematischen Blickes; es kann wieder auf sie, die sinnesidentischen, zurückgegriffen werden, sie können vermöge der neuen Urteilsschritte auch noch neue Sinneszuwüchse in neuen Formungen erfahren. Nur so kann der Prozess der synthetischen Urteilsbildung bewußtseinsmäßig abschließen als Einheit eines vielgliedrig und kompliziert gewordenen Gebildes, das, wenn es fertig geworden ist, nichts von den zu den verschiedenen Stufen und Gliedern gehörigen Originalerzeugnissen in ihrer Originalität befaßt. Nur ihre genetisch sehr abgewandelten Modifikationen sind übrig; aber in den passiv verlaufenden Wandlungen erhält sich die intentionale Einheit der Partialgebilde durch die stetige Identifizierung. In dieser lebendigen Konstitution gehören sie zu derjenigen ursprünglichen Aktivität, die das hochstufige Urteilsgebilde zu original erzeugender Gegebenheit bringt und im Schlußpunkt fertig gemacht hat. Dieses „fertig" [282] selbst unterliegt wieder der retentionalen Abwandlung, es kann wieder nachkommendes Urteilen daran anknüpfen und weiter gestalten.

b) Die passive Wiedererinnerung und deren konstitutive Leistung für das Urteil als bleibende Einheit.

Indessen wenn wir davon sprechen, daß jede kategoriale Aktivität durch die Art, wie sich aktive Genesis nach passiv modifizierenden Gesetzmäßigkeiten wandelt, zu einem bleibenden Erwerb führt, so kann doch noch anderes gemeint sein und ist normalerweise stets anderes gemeint. Nämlich jedes Urteilen führt zu einem Urteilsergebnis, das dem Urteilenden hinfort, und nicht bloß während der lebendigen Retention, ein dauerndes „Ergebnis" ist, ein geistiger Erwerb, über den er wann immer nach Belieben frei verfügen kann. Hier werden wir also über jene erste lebendige Erwerbung durch originale Erzeugung und anschließende Retentionen hinausgewiesen. Es kommen dabei die allgemeinen Wesensgesetzmäßigkeiten der passiven Genesis in Frage und ineins damit die der Gegenstandskonstitution – als Konstitution in Identität für mich, für uns „seiender", als dieselben allzeit zugänglicher „Gegenstände" – die Wesensgesetze der „Assoziation" und assoziativen Konstitution. Ihnen gehören auch zu diejenigen der Bildung von Apperzeptionen. Die Gesetzmäßigkeiten der passiven Genesis umspannen die gesamte Bewußtseinssphäre als die der immanenten Zeitlichkeit, in der auch jede vom Ichpol ausstrahlende aktive Bewußtseinstätigkeit und ihr originales syntaktisches Gebilde seine Zeitstelle und Zeitgestalt hat, danach alsbald in assoziative Weckungen eintritt, anderseits durch, das Medium der Retention in den Untergrund versinkend, apperzeptiv nachwirkt und sich danach in verschiedenen Weisen an neuen, an passiven, aber nicht minder an aktiv-erzeugenden Gegenstandskonstitutionen beteiligen kann.

Das gilt also auch von den kategorialen Akten bzw. Gebilden. Ein Satz, ein Beweis, ein Zahlengebilde usw. kann aus assoziativen

Gründen längst nach dem Entschwinden der originalen Erzeugung wieder einfallen und, obschon in der Gegebenheitsweise des Erinnerungseinfalles, an neuen originalen Urteilsaktionen sich beteiligen. Das „E r g e b n i s" der früheren Originalität wird wieder aufgenommen
5 und daraus ein neues geschaffen, o h n e daß die Wiederaufnahme eine Wiederholung der Aktivität beschlösse.

c) Das Auftauchen als apperzeptiver Einfall ein Analogon des Einfalls der passiven Wiedererinnerung. [283]

Es können uns aber auch Gebilde einfallen, die zwar Analoga
10 sind von Erinnerungseinfällen, aber nicht selbst Erinnerungseinfälle, Gebilde, die wir nie ursprünglich aktiv erzeugt hatten. Aber wir hatten doch analoge erzeugt, und eben vermöge dieser Analogie können sie in der Weise von Einfalls-Modifikationen auftreten, als Analoga von passiven Wiedererinnerungen, und in der Tat als solche
15 auf ihre Genesis aus früheren ähnlich gebildeten Urteilen zurückweisen. Das alles ist aus der Intentionalität der Assoziation und den sie beherrschenden Wesensgesetzen verständlich zu machen. Konnten wir schon hier bei diesen Einfällen von einem apperzeptiven Auftreten sprechen, so erst recht und in einem mehr normalen Sinne
20 überall da, wo durch perzeptive sinnliche Daten oder ihre Reproduktionen die betreffenden kategorialen Gebilde geweckt werden, die nun ganz ähnlich wie die Einfälle auftreten – obschon wir uns so nicht auszudrücken pflegen.

Das aber aus verständlichen Gründen. Denn sobald, wie bei den
25 Zeichen und Ausdrücken, das assoziativ weckende Perzeptive und das apperzeptiv, durch Weckung oder ein Analogon der Weckung, Auftretende einheitlich thematisch wird und in weiterer Folge eine zweiseitig-einheitliche Gegenstandskonstitution im prägnanten Sinn der thematischen zustande kommt – da affiziert
30 hinfort das perzeptiv Geweckte nicht an und für sich, und es wird nicht zu einem thematischen Gegenstande für sich. Vielmehr hat nun das Geweckte den Charakter einer Komponente, obschon den einer solchen, „auf die es ankommt", die bedeutete, bezeichnete ist. „Durch" das sinnlich gegebene Zeichen geht der thematisch bevorzugende
35 Blick auf das Bezeichnete. Aber zugleich ist das Zeichen selbst Durchgangsthema, es bildet mit dem thematischen Telos eine geschlossene, einheitlich abgehobene Gegenständlichkeit, einheitlich schon vorgegeben vor der Zuwendung und so auch bereit, evtl. auch der normalen Funktion zuwider anderseitig thematisch zu werden.

40 *§ 4. Die Wesensmöglichkeiten der Aktivierung der passiven Gegebenheitsweisen*

In allen sekundären Gegebenheitsweisen, die uns in der letzten Überlegung entgegengetreten sind – den retentionalen, den eigentlichen Wiedererinnerungen (die übrigens auch in unmittelbarem An-

schluß an Retentionen unwillkürlich oder willkürlich, jedenfalls
aber assoziativ bedingt erwachsen können) und endlich den apper- [284]
zeptiven Einfällen, den scheinbar freien und den mit abgehobenen
„Perzeptionen" verflochtenen –, haben wir ‹es› mit „Modifikationen"
zu tun, die also auf die ursprüngliche Aktivität phänomenologisch
zurückweisen.
 Es ist ferner zu bemerken, daß hier wie überall bei derartigen
Verweisungen auch mit beschlossen ist das Bewußtsein einer Freiheit,
einer praktischen Möglichkeit, die Gegebenheitsart ursprünglicher
Aktivität, die die Gebilde eigentlich und selbst gebende, herzustellen.
Gelingt die Wiederherstellung, so tritt notwendig Synthesis der er-
füllend-identifizierenden Deckung ein, das Bewußtsein des Rückgangs vom passiv Vermeinten zum Gemeinten selbst. Komme ich
durch Wiedererweckung, in Form der passiven Wiedererinnerung,
in der eines passiven Wiedereinfallens, auf meine alte Überzeugung
zurück, in der ich $S$ ist $p$ geurteilt und nun darin $Sp$ erworben hatte,
so steht das $Sp$ nur eben in ähnlicher Weise für mich wiedererweckt
da, wie es in der damals anschließenden passiven Retention „noch
bewußt" und „noch im Griff" war; nur daß das Im-Griff-haben oder
vielmehr abermals In-den-Griff-bekommen jetzt den phänomenologischen Modus des Wieder, des Wiedererfassens hat, und zwar als
der mir noch geltenden, mir verbliebenen, mir noch eigenen
Überzeugung.
 Anstatt es aber bei diesem passiven Wiederauftauchen oder Wieder-
gewahrwerden meines Urteils bewenden zu lassen, kann ich es auch
wirklich reaktivieren, es ernstlich re-produzieren, es, dasselbe,
in erneuter und wirklicher Aktivität erzeugen, das auftauchende $Sp$
zurückverwandeln in $S$ ist $p$ und dabei das $Sp$ in erneuter Aktivität,
also urprünglich konstituieren. Ebenso gehört zu jeder anderen Ein-
falls-Modifikation bewußtseinsmäßig die Möglichkeit eigentlicher
Aktivierung (also zugleich des erfüllenden Zugangs zu dem „Es selbst")
– das Bewußtsein des Vermögens zu einer wirklichen Aktivität, die
natürlich wie jede praktische Bewußtseinsintention ihre Modi des
Gelingens oder Mißlingens haben kann.

§ 5. *Die Grundgestalten urprünglich erzeugenden Urteilens
und des Urteilens überhaupt*

Machen wir davon zunächst Anwendung auf die wichtige Scheidung,
die der Begriff des aktiv urteilenden Erzeugens kategorialer Vermeintheiten (aktives Urteilen im weiteren Sinne), aber auch der des
Urteilens überhaupt erfahren kann.
 Ursprünglich erzeugendes („explizites") Urteilen, als ein [285]
anfangender und sich in Form der synthetischen Einheit, als ein
immer höherstufiges Urteilen, vollziehender Prozeß, kann
 1. „durch und durch" ursprüngliche Aktivität sein. Jede in der
Einheit der gebildeten und fortgebildeten kategorialen Gegenständlich-

keit auftretende kategoriale Teilgegenständlichkeit, darin als Unterlage für höhere Bildungen fungierend, ist in der aktiven Lebendigkeit des Urteilsprozesses ursprünglich erzeugt worden, und so hat dann das gewordene oberste Ganze selbst durch und durch Ursprünglichkeit
5 der Selbstgebung – der Selbstgebung als „vermeinte kategoriale Gegenständlichkeit", als Urteil in unserem erweiterten Sinne.
2. Der andere, ein gewöhnlicher Fall ist der, daß die Urteilstätigkeit an alte Urteilserwerbe wieder anknüpft, an passive und in modifizierter Gegebenheitsweise wieder auftauchende kategoriale Gegen-
10 ständlichkeiten, daß „altbekannte" Sätze wieder verwertet oder daß Substratgegenstände zu Themen von Bestimmungen werden, die in ihrem Sinn schon ihre reichlichen Bestimmungsgehalte aus früheren bestimmenden Urteilen als Niederschlägen tragen und passiv so aufgenommen werden usw. Es vollzieht sich hier also ein explizites Ur-
15 teilen, sofern neue Gestaltungen in einer gewissen relativen Ursprünglichkeit vollzogen werden, aber auf dem Grunde „alter" Gestaltungen. Wir müssen dabei zugleich an die „apperzeptiven Einfälle" denken: Sehr gewöhnlich urteilen wir auch auf Grund von Urteilsapperzeptionen, von passiv, aber indirekt auf Grund unserer
20 früheren ähnlichen Bildungen uns zukommenden, uns einfallenden, kategorialen Gedanken – uns einfallend als Urteile, die uns eben in unserer Motivationslage ohne weiteres „eingehen". So wie Erinnerungseinfälle fassen wir sie für unsere prädikative Urteilsaktion zuerst in sich assoziativ darbietende Worte, ohne darum die explizite
25 Urteilsaktion herzustellen, auf die hierbei implizite verwiesen ist. Oder es handelt sich von vornherein um Zeichen, um Ausdrücke, und zwar um normal fungierende, uns auf die Bedeutungsgebilde thematisch hinlenkend. Diese treten – abgesehen von ihrer Funktionsform als Bedeutungen – ganz wie Einfälle, nämlich als rein passive Ver-
30 gegenwärtigungen, als Analoga passiver Erinnerungen auf, und dabei pflegt es zu bleiben, sie werden nicht im mindesten reaktiviert. So dienen sie zu neuer Urteilsaktivität. An die passive Habe, an das uns (normalerweise in Gewißheit) seinsmäßig Geltende der Bedeutungsseite knüpfen wir an, in frei erzeugender Aktion erwachsen uns neue
35 kategoriale Meinungsgebilde ineins mit entsprechenden Zeichen, bzw. Worten. Wir versagen es uns auf die nicht uninteressanten intentionalen Komplikationen einzugehen, die daraus entspringen, daß die [286] zweiseitigen Reden selbst schon als Einfälle auftreten können und als solche in sekundärer Weise in ihrem Sinne all das „implizieren", was
40 bei den originalen Reden bereits ein Sekundäres ist, so daß wir ein Sekundäres „im" Sekundären intentional eingewickelt haben. Wir sehen hier überhaupt intentionale Implikationen (nicht reelle Beschlossenheiten der Art von Teilen!) wie in dem Auftauchen so in den Weisen der Verwirklichung – der Verwirklichung der einfallenden
45 Zeichen mit ihren Verweisen und der ihrer Bedeutungen selbst, auf die dabei verwiesen ist.
Wir haben nach diesen Ausführungen alles in allem teils ganz

„verworrene", durchaus inexplizite Urteile; bestenfalls in Worte gefaßt, verbal artikuliert, und doch ist nichts dabei ursprünglich aktiv geurteilt. Im äußersten Kontrast dazu die **vollkommen deutlichen**, völlig expliziten Urteile, die nach allen und jeden kategorialen Beständen ursprünglich erzeugten Urteile, freilich Ausnahmsfälle, aber die besonders wichtigen. Zwischen beiden stehen alle explizit vollzogenen Urteile sonst, welche altererbte Bestände verarbeiten, die Fälle der **unvollständigen Deutlichkeit**.

### § 6. *Über das undeutliche sprachliche Urteilen und seine Funktion*

In den beiden Gruppen unvollkommener Deutlichkeit spielt (wie auch im Text unserer Schrift[1] kurz ausgeführt worden ist) die Sprache mit ihren artikulierten Abgehobenheiten und den Abgehobenheiten ihrer Bedeutungsindikationen eine große Rolle. Jedes einfache Zeichen indiziert eine Bedeutung, und zwar eine Setzung irgendeines zugehörigen Sinngehaltes, und diese Indikation ist eine assoziative. Die Zeichen verbinden sich zur Einheit eines Zeichens, im besonderen die einzelnen Worte zur Einheit einer Rede, dadurch daß die Indikationen sich zur Einheit einer Indikation verbinden und nicht nur die sinnlichen Zeichen zur Einheit einer sinnlichen Konfiguration – was ja auch Haufen von (dem Sinn nach) „zusammenhangslosen" Worten tun. Die Kombination der Worte zur Einheit der Rede, also die Verknüpfung der ihnen zugehörigen Indikationen zur Einheit einer Indikation ist Einheit einer assoziativ entsprungenen Apperzeption: entsprungen aus analogen Weisen einer dereinstigen, urstiftenden Konstitution derartiger kategorialer Gebilde, bzw. schon zweiseitiger urteilender Redegebilde.

Auch in der willkürlichen Bildung grammatischer Sätze und einheitlicher Reden können wir, und wir tun es sehr gewöhnlich, eben dem gewohnten Stil der Sinnbildung folgen; wir können aus Elementen und aus Gebilden typisch vertrauter Form neue Gebilde entspringen lassen, ohne im mindesten wirklich kategoriale Aktionen durchzuführen und die kategorialen Gebilde in Ursprünglichkeit zu gewinnen. So kann unvermerkt sachlicher Widersinn, Sinnlosigkeit der Vereinheitlichung von „total Beziehungslosem" (das „miteinander nichts zu tun hat") zustande kommen, aber auch analytischer Widersinn, der im Text der Schrift das Hauptthema ist. Einheit des „Urteils" kommt zustande, als Einheit der Urteilssetzung, aber es ist „verworren", inexplizit, „uneigentlich" geurteilt. Es ist eine assoziative Passivität, aus assoziativen Motivationen entspringend, aber in der Weise intentionaler Implikation in sich tragend eine in passive Sinnlichkeit verwandelte und umgewandelte spontane Aktivität, auf sie als aktivierbare verweisend.

---

[1] Vgl. § 16, S. 61 ff.

Eben dadurch hat sie auch wichtige Funktionen im Rahmen der Vernunft, die nur im aktiven Erzeugen kategoriale Evidenz jeder Art ergibt, Evidenz als Selbstgebung der kategorialen Vermeintheiten, die als bloß assoziativ indizierte keineswegs schon jene „Existenz" (der
5 „Deutlichkeit") haben, welche ihrerseits die Voraussetzung ist für die Adäquation der kategorialen Vermeintheiten, der Urteile selbst an die kategorialen Gegenständlichkeiten selbst, an die kategorialen Wahrheiten. Eben weil Assoziation (im gewöhnlichen Wortsinne) jedenfalls nur indirekt indiziert und antizipiert, aber nicht selbst gibt (es sei denn,
10 daß sie eben zugleich mit der Selbstgebung des Assoziierten sich einigt), steht das „blinde", bloß assoziativ entsprungene Urteilen vor Fragen der „Existenz" oder „Nichtexistenz" – nämlich des indizierten Urteils selbst und in weiterer Folge der kategorialen Gegenständlichkeiten selbst, wobei „sie selbst" unter Indikation der Adäquation „im
15 voraus" bewußt sind. Wenn der Mathematiker auf Grund des Baues und der Folge von Formeln, die er in seiner Denksituation vorfindet, nun einen neuen Satz und einen in entsprechendem Stil dafür zu führenden Beweis antizipiert – offenbar von der Assoziation, die frühere ähnliche Denksituationen, Formeln und Formelverbände dunkel ge-
20 weckt hat, geleitet –, so hat er, wie er wohl weiß, noch keine wirkliche Erkenntnis, keine wirklichen Sätze und Beweise gefunden, und das besagt für ihn als Analytiker, er hat nicht die wirklichen Urteile und Urteilsverbände aktiv hergestellt, in deren wirklicher Aktivität alles aus original zugehörigen analytischen Verhältnissen hervorspringen
25 würde. Eben darum erstrebt er nun die explizite Aktion, die seine [288] eigentliche Vernunfttätigkeit ist – wie sehr die assoziativ indizierende notwendig bleibt, ihm Ziel und Wege für seine Vernunftpraxis vorzudeuten.

Das ist also die Art des assoziativen und in der komplizierteren, aber
30 begreiflicherweise fruchtbareren Gestalt des doppelseitigen, sprachlichen und sonstwie signitiven Urteilens, daß es assoziative (und im allgemeinen den assoziativen Indikationen der Ausdrücke und Zeichen folgende) Antizipation von Urteilen ist, von kategorialen Gegenständlichkeiten, Vermeintheiten und Adäquationen, die vermöge dieser
35 indirekten Anzeige Wege der vereigentlichenden, der die wirklichen Urteile und evtl. Erkenntnisse selbst herstellenden Praxis sind – oder aber Wege, ihre Unwirklichkeit zu erweisen.

*§ 7. Vorzug der retentionalen und wiedererinnerungsmäßigen Verworrenheit gegenüber der apperzeptiven: sekundäre*
40 *Evidenz in der Verworrenheit*

Hier zeigt sich freilich ein bedeutsamer Unterschied dieser verworrenen Urteilsweisen gegenüber der Inaktivität der Retentionen und Wiedererinnerungen, so sehr auch diese der Rechtfertigung durch Vereigentlichung zugänglich und bedürftig sind. Denn so wenig sie
45 original selbstgebend und somit eigentliche Evidenzen sind, haben sie

doch die Bedeutung von sekundären Ableitungen der Evidenz, in denen, wie eine Erkenntniskritik zeigt, obschon indirekt, immer noch etwas von Evidenz verbleibt. Ohne sie gäbe es keine Wissenschaft. Wenn die lebendige Retention wertlos wäre, käme es überhaupt zu keinem Denkergebnis. Sowie die Ausweisung angeht, ist ja abermals Retention im Spiele und ihr Geltungswert vorausgesetzt. Ähnlich bei den reproduktiven Erinnerungen. Sie haben nicht nur Evidenz als klare Wiedererinnerungen, die Evidenz der Erfahrung vom Vergangenen – zwar eine unvollkommene, aber doch eine wesensmäßig, in der Art der Approximation an einen idealen Limes, zu vervollkommnende Evidenz –, sondern auch eine sekundäre Evidenz als noch unklare Erinnerungen. Ohne sie fehlte jede mögliche Rechtfertigung des Vertrauens der Wissenschaft, daß sie ein Bestand bleibender Erkenntniserwerbe sei, als jederzeit reaktivierbarer Evidenzen.

BEILAGE III

## ZUR IDEE EINER „LOGIK BLOSSER WIDERSPRUCHSLOSIGKEIT" ODER „LOGIK BLOSSER KONSEQUENZ"

§ 1. *Das Ziel der formalen Widerspruchslosigkeit und der formalen Konsequenz. Weitere und engere Fassung dieser Begriffe*

Die traditionelle formale Logik wurde schon längst als Logik der bloßen Widerspruchslosigkeit oder auch als bloße Konsequenzlogik bezeichnet, und ich könnte sagen, daß meine Nachweisung, sie sei ihrem wesentlichen theoretischen Gehalte nach als eine „pure Analytik" zu definieren und in der Tat exakt zu umgrenzen, im Grunde darauf hinauslaufe, jene alten Charakteristiken aus Wesensgründen zu rechtfertigen, aber freilich auch für sie einen echten und gereinigten Sinn herauszustellen. Die Art nun, wie ich öfters dieselben Ausdrücke verwendete und im einzelnen die Worte Widerspruchslosigkeit (auch Verträglichkeit) und Konsequenz – in einer Allgemeinheit, die von jenen traditionellen Reden mitbestimmt war –, kann, wie mich während des Druckes Herr Professor O. Becker aufmerksam gemacht hat, zu Mißverständnissen Anlaß geben. Vielleicht habe ich mich von der Genugtuung, die traditionellen Reden durch neue Einsichten zu Ehren bringen zu können, etwas zu weit – im Ausdruck – treiben lassen. Es dürfte nützlich sein, hier einige zugleich rechtfertigende und weiterführende Erläuterungen beizufügen.

Die alte Logik hieß Logik der (formalen) Widerspruchslosigkeit, obschon sie doch nicht auf bloße Fragen der formalen Kompossibilität der Urteile abgestellt war, auf die ihres Sich-nicht-widersprechens. Bildeten doch Fragen der analytisch-notwendigen Folge, der syllogistischen Konsequenz ihr Hauptthema. Gleichwohl hatte die alte Rede einen guten Sinn. In ihrer normativen Einstellung war schon die Rede vom Widerspruchsprinzip normativ gemeint – als Norm zu vermeidenden Widerspruchs. So ist denn überhaupt ihre Intention durch die Frage zu kennzeichnen: Wie können wir in unseren Urteilen vor allem Eingehen in die materialen Themen derselben, zunächst einmal das Verfallen in „Widersprüche" vermeiden, in Unverträglichkeiten, die durch die bloße Form bedingt sind? Und wie die zugehörigen formalen Gesetzesnormen finden? Nun ist jede Negation einer formal notwendigen Konsequenz ein Widerspruch: so tritt die ganze formale Konsequenzlogik, die der analytischen Notwendigkeiten, unter den Gesichtspunkt der Widerspruchslosigkeit. Freilich kann das Absehen, ein System „formaler Wahrheit" zu gewinnen, von dem, Widersprüche zu meiden, abgelöst und ausschließlich mit einem positiven Sinn ausgestattet werden. Etwa so: Haben wir schon widerspruchslose und miteinander widerspruchslos zusammenhängende Urteile – welche weiteren Urteile sind rein auf Grund der Form d u r c h jene ersteren präjudiziert, in ihnen als analytische Notwendigkeiten der Folge beschlossen? Jedenfalls führt aber die allgemein gestellte Frage nach den Wesensformen und Normen eines Universums der W i d e r s p r u c h s l o s i g k e i t im besonderen zugleich und notwendig auf die Frage nach den Wesensformen der analytischen N o t w e n d i g k e i t e n, nach denen in vorgegebenen Urteilen andere beschlossen sind. Die universale Formgesetzlichkeit der Widerspruchslosigkeit befaßt also diejenige der schließenden Konsequenz, formale Logik der Widerspruchslosigkeit ist auch formale Konsequenzlogik, wie natürlich dem allgemeinsten Begriff der Widerspruchslosigkeit der der Konsequenz apriori untergeordnet ist.

Umgekehrt liegt es aber auch nahe, die ganze Logik auf K o n s e q u e n z zu beziehen und dabei diesen Begriff ganz weit zu fassen. Um ein Urteil preiszugeben, es negierend „zu durchstreichen", oder allgemeiner, es sonstwie zu modalisieren – was ja nicht Sache der Willkür ist –, muß ich besondere Motive haben. Welche Motive liegen innerhalb der Urteilssphäre selbst und des näheren in der bloßen Urteilsform? Ich bleibe als Urteilender mir treu, mir „konsequent", so lange ich eben an meinen Urteilen festhalte, im Gegenfalle bin ich inkonsequent. Ich bin es aber auch ohne es zu wissen, und im besonderen formal-inkonsequent, wenn ich nachträglich, bei genauer Betrachtung („Verdeutlichung") der Formen, in denen ich urteile, erkenne, daß mein späteres Urteil meinem früheren widerspricht.

Urteile überhaupt bilden also ein System der „Konsequenz" – in diesem Sinne –, wenn sie für den Urteilenden bei „genauer Betrachtung" zur Einheit eines verbundenen Urteils zusammengehen, innerhalb deren keines dem anderen widerspricht.

Nun sieht man, daß die Analytik, als universale Wesensgesetzmäßigkeit möglicher formaler Widerspruchslosigkeit, auch Analytik als Wesensgesetzmäßigkeit möglicher formaler „Konsequenz" ist. Der Begriff der „Konsequenz" ist dabei wieder ein ganz allgemeiner, der [291] in sich faßt die „logische" Konsequenz im prägnanten Sinn der analytischen notwendigen Folge, aber auch die Konsequenz im Sinne von Einheitlichkeit in der sozusagen zufälligen, zeitlichen Folge, nämlich der im Nacheinander doch i n e i n s gemeinten Urteile, und zwar Urteile, die im genauen Beachten ihrer Form sich vertragen – ohne sich modalisierend zu beeinflussen.

Dies alles bleibt nun bestehen, vertieft sich aber, wenn wir die

Einsichten in Rechnung ziehen, die im Haupttext unter dem Titel „Evidenz der Deutlichkeit oder wirklicher und eigentlicher Urteilsvollzug" uns erwachsen sind. Von da aus gewinnt es erst die rechte Bedeutung. Unsere „pure Analytik" ist in ihrer Reinheit in der Tat
5 ebensowohl Analytik der Widerspruchslosigkeit wie Analytik der Konsequenz, und ist – im Hinblick auf die sich natürlich darbietenden weiteren Bedeutungen der fraglichen Worte – im Text so bezeichnet worden. Die „Konsequenz" dieses weiteren Sinnes scheidet sich dann *eo ipso* in die des logisch gewöhnlichen Sinnes der analytischen Not-
10 wendigkeit der Folge und in die „triviale Widerspruchslosigkeit" oder Verträglichkeit der Urteile, „die miteinander nichts zu tun haben". Das Letztere bestimmt sich durch die Untersuchungen der Beilage I (mit dem neu herausgestellten Begriff der Urteilsmaterie als des „syntaktischen Stoffes") durch den wissenschaftlichen Ausdruck: „Ur-
15 teile, die kein Bestandstück ihrer syntaktischen Stoffe gemein haben".

Das meines Erachtens Grundwesentliche der im Haupttexte vorgetragenen Lehre liegt eben darin, daß Verträglichkeit, Widerspruch, Konsequenz jedes hier fraglichen Sinnes, so wie sie in der ganzen formalen Analytik fungieren, in einem reinen Sinn präzisiert werden
20 können und dann auch müssen, der nichts von einer Beziehung auf Wahrheit und Falschheit der Urteile in sich behält, nämlich der Urteile, die jeweils nach analytischen Verhältnissen als thematische gedacht werden. Mit anderen Worten, die r e i n e Analytik hat Urteile rein als Urteile in Frage bzw. rein die Urteilsverhältnisse,
25 welche die eigentliche Vollziehbarkeit und Nichtvollziehbarkeit betreffen – nichts aber davon, ob dergleichen für mögliche Wahrheit der Urteile eine Relevanz hat. Gegenüber der traditionellen Logik hat also Verträglichkeit und Widerspruch in der r e i n e n Analytik n i c h t den Sinn Verträglichkeit oder Unverträglichkeit in möglicher
30 Wahrheit, ebenso Folge nicht den Sinn von Folgewahrheit (sei es auch vermeinter) usw. Es gibt eine Kompossibilität von Urteilen rein als solchen – Kompossibilität in der Einheit eines explizit-eigentlichen Urteilsvollzugs; und nur diese ist ein thematischer Begriff der reinen [292] Analytik. Subjektiv gewendet, handelt es sich in ihr um nichts denn
35 um die formale Wesensgesetzlichkeit für ein explizit und eigentlich Urteilen- bzw. Zusammen-urteilen-können. Es bedarf nicht der Beifügung: auch für ein Zusammen-urteilen-m ü s s e n – weil eben die Wesensgesetzlichkeit formaler „Kompossibilität" schon in sich schließt diejenige formaler „Konnezessität".
40 Die Ausdrucksweise im Haupttext erweckt vielfach den Anschein der Inkorrektheit dadurch, daß sie an verschiedenen Stellen diese „Konnezessität" nicht ausdrücklich miterwähnt, ferner daß die reine Analytik bald schlechthin Konsequenzlogik, bald wieder Logik der Widerspruchslosigkeit genannt und in letzterer Hinsicht auch aus-
45 drücklich die Widerspruchslosigkeit als ihr einziges, universales Thema bezeichnet wird. Dergleichen ist aber gedanklich ganz korrekt, wie aus den obigen aufklärenden Darlegungen hervorgeht, insbesondere

aus denjenigen über die Wesenszusammenhänge der universalen Thematik und Gesetzlichkeit der formalen Widerspruchslosigkeit und der universalen der formalen Konsequenz (im weiteren, wie im prägnanten Sinne).

Ausdrücklich sei noch darauf hingewiesen, daß sich damit auch die S. 146 f. gegebene Charakteristik der Euklidischen Mannigfaltigkeit als eines Systems der „Widerspruchslosigkeit" (wofür es übrigens kurz vorher auch heißt: „Konsequenz") versteht. Es ist dort ja auch zu beachten, daß von einer „Mannigfaltigkeit" die Rede ist, und daß schon im 3. Kap. (S. 98 ff.) der exakte Begriff der Mannigfaltigkeit, als eines Systems rein aus analytischer Notwendigkeit, ausführlich geklärt worden war.

§ 2. *Rückbeziehung des systematischen und radikalen Aufbaus einer reinen Analytik auf die Lehre von den Syntaxen*

Mit Beziehung auf die in der I. Beilage mitgeteilten Untersuchungen über Syntaxen sei noch folgende Anwendung auf die reine Analytik beigefügt.

Fassen wir die universale Aufgabe dieser Analytik in die einfache Gestalt: die Wesensgesetze der Urteilsform zu erforschen, welche die Bedingungen der Möglichkeit dafür sind, daß irgendein Urteil beliebig anzusetzender Form ein „eigentlich existierendes" Urteil – ein explizit vollziehbares – sein kann, sc. im Sinne der Deutlichkeitsevidenz.

Urteil sei in der weitesten analytischen Allgemeinheit, der einer kategorialen Vermeintheit überhaupt, gefaßt, wie sie in den späteren Kapiteln dieser Schrift maßgebend geworden ist.

Die Fragestellung betrifft die Urteilsformen auch selbst, als rein begriffliche Allgemeinheiten von Urteilen und lautet dann: Wann sind Urteilsformen in ursprünglicher Einsicht als Wesensallgemeinheiten wirklich und eigentlich vollziehbarer Urteile zu erfassen, wann haben [293] sie als solche ideale „Existenz"?

Bei der Weite des Urteilsbegriffes ist jede beliebige Urteilskonjunktion und jedes beliebige kategoriale Ganze, das rein-grammatisch aus beliebigen Urteilen, als kategorialen Vermeintheiten, zu konstruieren ist, ein Urteil, und darauf ist die Frage der „Existenz" bezogen. Sie befaßt also jede Frage der Kompossibilität von irgendwelchen Urteilen, die dann natürlich immer als Teilurteile, sei es auch einer bloßen Konjunktion, fungieren.

Es ist nun in der I. Beilage klar geworden, daß das in der formalen Betrachtung völlig unbestimmt-variabel, aber in der Identität Gedachte – die Termini – nichts anderes als die „Kernstoffe" sind, und daß die formalen Gesetzmäßigkeiten, die gesucht werden, nur solche der Syntaxe und, in tieferer Stufe, der Wandlung der Kernformen, also der Substantivierung („Nominalisierung") sind.

Bei einem systematischen Angreifen der gestellten Frage müssen

wir also der Gesetzmäßigkeit der Syntaxe und ihrer Unterstruktur nachgehen. Wir müssen als Ausgang nehmen zunächst die syntaktische Gliederung mit den zugehörigen Unterscheidungen syntaktischer Formen und Stoffe bzw. die Formen der ,,Materie". Wir hätten dann
5 zurückzufragen nach den ,,primitiven" oder Urformen und ihrer Urgliederung, weiter nach den ebenso primitiven syntaktischen Verbindungsweisen – wie primitive ,,Elemente" durch sie in primitiver Weise einig werden zu Urteilen, und wie, sei es durch dieselben Verbindungsweisen, als für beliebige Komplikationsstufen mögliche
10 (gleich den konjunktiven), oder durch eigenartig höhere, Urteilseinheit in den Stufen der Komplikation möglich wird. Zum Primitiven, in der syntaktischen Formenbildung Ursprünglichen, werden wir nur rechnen dürfen die Selbständigkeit – als sich wandelnd durch Eingliederung, die schon syntaktisch formt – ebenso die Seinsgewißheit
15 – als sich verschiedentlich modalisierend und zwar in formal-allgemeinen Weisen.

Dazu gehören Gesetze der analytischen Existenz – zunächst das Gesetz der analytischen Primitivität: primitive Formen sind apriori ,,existent", das ist eigentlich vollziehbar. Jede Modalisierung erhält
20 – an und für sich betrachtet – diese Existenz, doch nicht mehr ohne weiteres in Zusammenhängen, sofern was an und für sich mögliche ,,Existenz" hat, von anderem ebenso an und für sich Möglichen abhängig werden kann, und zwar, was hier allein in Frage kommt, nach formalen Gesetzen möglicher Koexistenz oder, was dasselbe, mög-
25 licher syntaktischer Gesamteinheit. Ferner: Bloße Konjunktion, ohne jedwede Kopulation, ergibt neue Formen von möglicher Existenz. Dabei ist zu beachten, daß jede Verbindung von Formen durch Gemeinsamkeit eines Terminus die Bedeutung einer zu ihm gehörigen kopulierenden Verbindung hat, es gehört zu ihm ein ,,ist dasselbe".
30 Überhaupt ergeben in sich mögliche Urteile syntaktisch irgendwie eingefügt, also zu Gliedern geworden, noch nicht ein, der gesamten Syntaxe nach, mögliches Ganzes. Überall liegt es an der Verflechtung durch Kopulationen (den in einem weitesten Sinne identifizierend-einigenden), also an der Bildungsweise kopulativer Ganzheiten, wenn
35 die Möglichkeit der Koexistenz (die Kompossibilität auf Grund reiner Form) fraglich werden kann. Man kann danach sagen, daß die Einheit aus Kopulation einen ganz ausgezeichneten Urteilsbegriff definiert und eben den, welchen die traditionelle Logik ausschließlich im Auge hat, da sie ,,zusammenhangslose" Urteilskonjunk-
40 tionen außer Betracht läßt[1]. In der Betrachtung der syntaktischen Komplexionen dieser kopulativen Sphäre stößt man natürlich in allgemeinster Weise auf alle analytischen Notwendigkeiten, bzw. die Widersprüche, die ihre Kehrseite sind.

Dies nur zur Andeutung, um zu zeigen, daß es gut und notwendig
45 ist, im voraus eine als sytematische syntaktische Strukturenlehre tief

---

[1] Vgl. Beilage I, § 6, S. 304 f.

ausgebaute Formenlehre zugrunde zu legen, um auf sie eine einsichtig systematische und ursprungsechte Analytik aufbauen zu können. Man kann diese reine Analytik gegenüber der „rein-grammatischen" Formenlehre der Urteile, die ja keine Fragen eigentlicher Vollzieh-
5 barkeit aufwirft, als eine h ö h e r e F o r m e n l e h r e, die möglicher explizit vollziehbarer Urteile, bezeichnen (mit dem Korrelat natürlich der Formenlehre negativ-vollziehbarer Urteile, der widersprechenden). Die Formen als Wesensallgemeinheiten sind Wesensgesetze. Die reine Analytik, so können wir nach all dem sagen, ist eine Wissenschaft,
10 die systematisch die Urformen der in eigentlicher und vollständiger Aktivität zu urteilenden Urteile aufsucht, die „Uroperationen" ihrer möglichen syntaktischen Abwandlungen, ihre ursprünglichen Weisen verknüpfender (kopulativer, konjunktiver) Verbindung. Daraus hat sie unter Leitung der rein-grammatischen Iterationen der Formen-
15 bildung die sich stufenweise ergebenden Möglichkeiten der Formenbildung „eigentlicher" Urteile zu verfolgen und so das ganze System der Urteilsmöglichkeit der Deutlichkeitssphäre gesetzlich zu beherrschen – ideal gesprochen, durch systematische Konstruktion der existenten Formen.

### § 3. *Die Charakteristik der analytischen Urteile als bloß „erkenntniserläuternde" und als „Tautologien"* [295]

Betrachten wir noch das Eigentümliche der Analytik mit Beziehung auf die Rolle, die in ihr die „Termini" spielen. In konstitutiver Hinsicht bezeichnen die Syntaxen und die sich mit ihnen verflechten-
25 den „Substantivierungen" die noematischen Korrelate der spezifischen Urteilstätigkeiten und der Rhythmik ihres sich immer wieder Vollendens in Form in sich geschlossener Kopulationen. Was die Kerne anlangt, so verweisen sie uns darauf, daß die Urteilsaktion stets schon Vorgegebenheiten voraussetzt. Diese können aus früheren Urteilen
30 stammende Gebilde sein, aber schließlich kommen wir, entsprechend den letzten Stoffen und ihren Formen der Substantivität und Adjektivität, auf vorgebende passive und dann aktive Erfahrung von Individuellem und auf die Vorformungen, die hier unter dem Titel bloß erfahrend-explizierender Kenntnisnahme geleistet werden. Das be-
35 zeichnet eine Thematik für sich. Die Analytik läßt sie, auch wo sie auf das ihr selbst Korrelative leistender Subjektivität zurückgeht, außer Frage. Sie läßt bei der offenen Unbestimmtheit ihrer Termini außer Frage, ob die in ihren Form-Allgemeinheiten auftretenden Termini letzte Substantivitäten und Adjektivitäten aus Erfahrung sind, oder
40 aus schon syntaktischen Aktionen stammende Gebilde. Ihre formale Deutlichkeitsevidenz betrifft also nur die Eigentlichkeit der syntaktischen Bildung, während die Termini gewissermaßen frei schwebend bleiben hinsichtlich ihres Ursprungs, also ihrer Möglichkeit. Dem entspricht, daß das thematische Interesse auch bei sachlicher Exempli-

fizierung oder Anwendung der Analytik, ja schon beim Zusehen, ob
ein Schluß analytisch evident ist (ohne Rekurs auf Formgesetze),
nicht in die sachlichen Termini eindringt, sondern, sie nur in Identität
erhaltend, sich rein mit den Syntaxen befaßt.
5 Dabei ist das „analytische Urteilen", und in formaler Allgemeinheit das der Analytik selbst, natürlich auch in dem Sinne als analytisch zu bezeichnen, den Kant mit den Worten der bloßen Erkenntniserläuterung gegenüber einer Erkenntniserweiterung zu fassen suchte. Denn das kann ja nur bedeuten, daß das analytische Interesse rein
10 auf die Möglichkeit der Deutlichkeitsevidenz geht, welche in der eigentlichen Vollziehbarkeit der Urteilsakte aller syntaktischen Stufen liegt, und daß für diese die Evidenz der jeweiligen Vorgegebenheiten irrelevant ist. Das dient der Logik: Die in sich geschlossene Gesetzlichkeit der „Widerspruchslosigkeit" fundiert diejenige möglicher [296]
15 Wahrheit. Die Erkenntnis wird nicht „bereichert" – bei allem analytischen Tun bleibt man bei dem, was man urteils- bzw. erkenntnismäßig schon „hatte"; alles analytisch Erwachsende ist darin „beschlossen". Nur daß man so oft das Genie des Mathematikers zu Hilfe nehmen muß, um die bloße „Verdeutlichung" oder „Erläuterung" zu-
20 stande zu bringen. Denkt man ideell das ganze analytische Absehen auf eine beliebige, offen-endlose Vorgegebenheitssphäre bezogen, so hat man in allen Stufen analytischer Leistung „immer dasselbe", dieselben Sachen, dieselben Sachverhaltsbestände. Was man erschließt, ist schon da, es steht sachlich in totaler oder partialer Identität zu den
25 Voraussetzungen. Eben das bestimmt offenbar die in der neueren Logistik hervortretende Begriffsbildung und Lehre von der „T a u t o l o g i e", unter die jeder geschlossene analytische Zusammenhang fällt.
  Es dürfte von Interesse sein, die auf sie bezüglichen, sie zugleich in eine „reine" Analytik einbeziehenden Bemerkungen kennen zu ler-
30 nen, die Professor O. Becker freundlichst zur Verfügung gestellt hat.

§ 4. *Bemerkungen über Tautologie im Sinne der Logistik*
VON O. BECKER
(Zu §§ 14–18 des Haupttextes.)

Nach der Anschauung der Logistik kann eine Tautologie aufgefaßt
35 werden als das Negat eines Widerspruchs, und umgekehrt ist jedes Negat eines Widerspruchs eine Tautologie. Aus dieser „Definition" ergibt sich der rein analytische Charakter der gekennzeichneten Tautologien. Sie sind gewissermaßen selbstgenügsame Konsequenzsysteme, die keiner außerhalb ihrer gelegenen Prämissen bedürfen. Die Eigen-
40 art der Tautologie tritt in strenger Analogie zu der des Widerspruchs hervor, wenn man zunächst das Gebiet der reinen Analytik verläßt und die mögliche Wahrheit und Falschheit von Urteilen in Rücksicht zieht (s. Haupttext § 19):
  „Jeder Widerspruch schließt von vornherein Fragen der Adäquation aus, er ist *a limine* Falschheit" (S. 71). Genau entsprechend gilt:

Jede Tautologie schließt von vornherein Fragen der Adäquation aus, sie ist *a limine* Wahrheit.

Bildet man durch logische Operationen aus den Urteilen $p_1, p_2, \ldots p_n$ die komplexe Form $P$ ($p_1, p_2, \ldots p_n$), die vermöge ihrer rein grammatischen Struktur selbst ein Urteil darstellt, so ist $P$ dann und nur dann eine Tautologie bzw. ein Widerspruch, wenn $P$ wahr bzw. falsch ist, gleichgültig, ob die Urteile $p_1, p_2, \ldots p_n$ wahr oder [297] falsch sind[1]. Die Frage der Adäquation der Urteilssinne von $p_1, p_2, \ldots p_n$ an irgendwelche formal-ontologischen oder gar materialen Sachverhalte ist also hier ohne jede Relevanz.

Man kann diese Definitionen nun aber auch entsprechend in der rein analytischen Sphäre, also *stricte* ohne jede Benutzung eines Wahrheits- oder Falschheitsbegriffes aufstellen:

„$P$ ist eine Tautologie bzw. ein Widerspruch" besagt: „$P$ ($p_1, p_2, \ldots p_n$) ist mit $p_1$ wie mit *Nicht-$p_1$*, mit $p_2$, wie mit *Nicht-$p_2$*, ..., mit $p_n$ wie mit *Nicht-$p_n$* verträglich bzw. unverträglich." (D. h. $P$ ist, je nachdem es eine Tautologie oder ein Widerspruch ist, mit jedem logischen Produkt, das aus $p_1.p_2\ldots p_n$ dadurch entsteht, daß man beliebige $p_i$ durch ihre Negate ersetzt, verträglich bzw. unverträglich.)

Dies Verfahren der Verwandlung einer „wahrheitslogischen" in eine „konsequenzlogische" Formulierung läßt sich offenbar auch in dem allgemeineren Fall anwenden, wo gesagt werden soll, daß $P$ ($p_1, p_2, \ldots p_n$) wahr (bzw. falsch) ist, wenn gewisse $p_i$ wahr, die übrigen $p_j$ falsch sind. Die rein analytische Fassung lautet dann: das Negat von $P$ (bzw. $P$ selbst) ist mit einem bestimmten logischen Produkt von Aussagen unverträglich, das aus $p_1.p_2\ldots p_n$ dadurch entsteht, daß man die oben genannten $p_j$ (und n u r sie) durch ihre Negate ersetzt. (Streng genommen muß man noch den Satz vom ausgeschlossenen Dritten für diejenigen Urteile voraussetzen, von denen Negate gebildet werden. Sonst müßte man die Unverträglichkeit des Negats von $q$ mit $r$ jeweils durch ein positives Beschlossensein von $q$ in $r$ ersetzen.)
– Damit dürfte im wesentlichen die Vermeidbarkeit des Wahrheitsbegriffes in der ganzen Logistik gezeigt sein.

Ebenso wie Wahrheit ein Prädikat ist, das nur einem deutlichen (nicht widerspruchsvollen) Urteil zukommen kann (S. 71), ist Falschheit ein Prädikat, das nur einem nicht-tautologischen, das ist einem in der bloßen Sphäre der Deutlichkeit nicht bereits selbstverständlichen Urteil zukommen kann.

Ebenso wie die Unstimmigkeit der in einem komplexen Urteil enthaltenen „Teilsinne" („Teilsätze") die Wahrheit, so schließt die „Selbststimmigkeit" (tautologische Struktur) der Teilsinne die Falschheit, und zwar beide Male *a limine*, aus. Beidem, der möglichen Wahrheit wie der Falschheit, offen sind nur die zwar einstimmigen aber

---

[1] Diese Charakteristik der Tautologie stammt von L. Wittgenstein (*Tractatus logico-philosophicus*, London 1922, auch in den Annalen der Naturphilosophie Bd. 14 [1921]).

nicht „selbststimmigen", die zwar deutlichen aber nicht „selbstdeutlichen" Urteile.

Es wurde schon zu Anfang gesagt, daß die Negate von Tautologien [298] Widersprüche sind und *vice versa*. Damit hängt zusammen, daß in der
5 ganzen tautologisch-kontradiktorischen Urteilssphäre der **Satz vom ausgeschlossenen Dritten** gilt, was bekanntlich in der rein analytischen Sphäre im allgemeinen nicht der Fall ist (s. § 90; vgl. § 77). Das beruht offenbar darauf, daß – sobald man die Idee möglicher Wahrheit bzw. Falschheit hinzunimmt – die **Entscheid-**
10 **barkeitsfrage** der Wahrheit und Falschheit eines Urteils der tautologisch-kontradiktorischen Sphäre *a limine* im positiven Sinne gelöst ist (vgl. § 79).

# ERGÄNZENDE TEXTE

ERGÄNZENDER TEXT I

*Selbstanzeige des Verfassers* [1]

Edmund Husserl

*Formale und transzendentale Logik.*

Versuch einer Kritik der logischen Vernunft 1929. kl. 4°. XI, 298 S.
Sonderdruck aus
,,Jahrbuch für Philosophie und phänomenologische Forschung" Bd. 10

Die neuzeitliche Philosophie und als ihre Zweige die neuen Wissenschaften erwachsen seit der Renaissance auf dem Wege einer logischen Revolution. Die Kritik der überlieferten Logik dient einer universalen Besinnung über die Methode, durch die eine wahre und echte Wissenschaft, universal das All des Seienden umspannend, ermöglicht werden soll. So sind seit Descartes' *discours* und *meditationes* alle Grundschriften der neuzeitlichen Philosophie in erster Linie Traktate über die Methode und vermöge ihrer universalen und radikalen Intentionen Entwürfe einer Kritik und Theorie der wissenschaftlichen Vernunft. Diese logische Revolution ist nicht wirklich zu dem vorgesehenen Ende gediehen, sie hat nicht wirklich den erhofften Anfang und Fortgang eines ,,philosophischen", eines letztbegründeten Universums der Wissenschaft gebracht, so sehr die neuen exakten Wissenschaften zunächst und langehin das Ideal der Wissenschaftlichkeit schon zu verwirklichen schienen. Vielmehr hat sich in der neuesten Zeit sozusagen die Cartesianische Situation wiederholt: Wir finden die allgemeine Lage der Philosophie und aller einzelnen Wissenschaften wieder völlig unbefriedigend. Von neuem bedarf es radikaler, bis auf die letzten Tiefen der Erkenntnisleistungen zurückgehender Besinnungen über die ,,Methode". Descartes' revolutionäre Rückwendung auf die erkennende Subjektivität hat trotz der gewaltigen Fortarbeit der großen Philosophen der Folgezeit nicht den vollen und echten Aufgaben-Sinn enthüllt, der diesen Titel ,,erkennende Subjektivität" als den fruchtbaren Arbeitsboden der zu schaffenden ,,Methode" kennt-

---

[1] Prospekt des Verlages M. Niemeyer (Halle/Saale) – Anm. d. Hrsg.

lich und zugänglich macht. Erst der Radikalismus methodischer Selbstbesinnung, die den Verf. allmählich in einer Arbeit von Jahrzehnten zur systematischen Begründung einer Wissenschaft von der transzendentalen Subjektivität geführt hat (zur „transzendentalen Phänomenologie" im Sinne seiner *Ideen*), ermöglicht (nach seiner Überzeugung) eine Erfüllung der historisch gestellten und nie preiszugebenden Aufgabe — der Aufgabe, die Idee einer Philosophie auf die Bahn einer endgültigen Verwirklichung zu bringen.

In der vorliegenden Schrift versucht der Verf. eine **Emporleitung zu dieser „transzendentalen Phänomenologie"** auf dem Wege einer eigenartigen, in immer radikalere Tiefen eindringenden **Kritik der traditionellen formalen Logik**. Die Entfaltung des echten Sinnes dieser Logik als formal-allgemeiner Wissenschaftslehre führt auf immer neue „psychologische" Ursprungsforschungen. Durch sie werden zunächst fundamentale Schichtungen in der formalen Logik (Formenlehre der Urteile, pure Logik der Widerspruchslosigkeit, Logik der Wahrheit) aufgewiesen, desgleichen die verschiedenen Wendungen aufgeklärt, welche der Sinn der formalen Logik unvermerkt, aber aus Wesensgründen mit sich führt. Genauer bezeichnet: der Wendungen, die der Sinn der Logik als „formaler Ontologie", als „formaler Apophantik" und als (wissenschaftstheoretisch uninteressierter) purer formaler *mathesis universalis*, erfährt. Der unklare Streit um das Verhältnis von Logik und (formaler) Mathematik findet hier, wie der Verf. meint, die endgültige Schlichtung.

Aber so sehr diese Untersuchungen ihre eigene grundlegende Bedeutung haben wollen, sie weisen zugleich über sich hinaus zu den viel tieferen Problemschichten, welche das Verhältnis der in allen Wendungen und Begrenzungen „reinen" Logik (der Logik reiner Idealitäten) zu den ihrer sogenannten „Klärung" dienenden „psychologischen" Untersuchungen betreffen. Das Problem des wahren Sinnes der notwendigen „subjektiven" Begründung einer ontisch auf pure ideale Gebilde gerichteten Wissenschaft, wie der „reinen" Logik, wird brennend. Die Verfolgung der verschiedenen immer tiefer führenden subjektiven Voraussetzungen leitet schließlich fort zu radikalsten Besinnungen über den reinen Sinn derjenigen Subjektivität (unserer eigenen), von der wir sagen, daß alles, was je für uns ist, nur aus Quellen unseres eigenen Bewußtseinslebens seinen Sinn als seiend und soseiend schöpfen kann. Im Zusammenhang mit der Klärung dieser „transzendentalen Subjektivität" und der durch sie gestellten Aufgaben erfährt das vielberedete, aber nie verstandene philosophische Grundproblem des transzendentalen Psychologismus seine Formulierung und Lösung.

Schließlich sei noch bemerkt, daß die vorliegende Schrift, die sich im Nebentitel als Kritik der (formal-)logischen Vernunft bezeichnen durfte, den Grundsinn der *Logischen Untersuchungen* des Verf. — mit ihrer viel bestrittenen Kontrastierung und doch Verbindung einer „reinen" Logik mit subjektiv gerichteten Ursprungsuntersuchungen —

rechtfertigt, aber zugleich vertieft. Überhaupt ist, wie sich nicht nur daran zeigt, dieses ältere Werk in seinem wesentlichsten Gehalt von der zeitgenössischen Wissenschaft nicht hinreichend ausgeschöpft worden.

ERGÄNZENDER TEXT II

⟨*Kennzeichnung der Formalen und Transzendentalen Logik im Philosophen-Lexikon*⟩[1]

Im Jahre 1929 erschien als ein erstes Werk, das den Erwerb der langen Jahre literarischer Zurückhaltung zur Darstellung bringt, seine *Formale und Transzendentale Logik* (Versuch einer Kritik der logischen Vernunft). Dieses Werk stellt gewissermaßen exemplarisch das Verhältnis der objektiv-mundanen Wissenschaften zur Phänomenologie dar: von der traditionellen und alsdann in ihrem Sinn vertieften und geklärten Logik, als der thematischen Wissenschaft des formalen Apriori, werden wir durch die Kritik ihrer Voraussetzungen zurückgeleitet in ihre Verwurzelung in den konstituierenden Zusammenhängen aktueller und implizierter Intentionalitäten des transzendentalen Bewußtseins. So gliedert sich das Werk in zwei Abschnitte. Der 1. ,,Die Strukturen und der Umfang der objektiven formalen Logik" nimmt die Problematik der in den *Logischen Untersuchungen* entworfenen ,,reinen Logik" wieder in radikalisierter Weise auf und bringt als eine wesentlich weiterführende Einsicht innerhalb einer strukturellen Dreigliederung dieser Logik die Abgrenzung einer reinen Logik der Konsequenz (in der der Wahrheitsbegriff noch nicht thematischer Grundbegriff ist) mit den zugehörigen phänomenologischen Klärungen. Im Zusammenhang damit erfährt das Verhältnis der formalen Logik zur formalen Mathematik und zu der sie beide umspannenden formalen *mathesis universalis* eine wesentliche Vertiefung. Der 2. Abschnitt: ,,Von der formalen zur transzendentalen Logik" hat die Aufgabe der ausdrücklichen Rückleitung in die konstitutive Problematik; er bringt u.a. eingehende Untersuchungen zur allgemeinen Problematik der Evidenz in Beziehung auf Sein und Wahrheit, ferner zu einer radikalen Urteilstheorie usw. Von besonderer Bedeutung ist die tiefere Aufklärung der schon in den *Ideen* ersichtlich gewordenen Unterscheidung zwischen eidetischer Bewußtseinspsychologie und ,,transzendentaler" Phänomenologie. Damit geht ineins eine methodisch für die ganze phänomenologische Philosophie grundlegende Klärung des ,,transzendentalen Psychologismus". Erst hier gewinnt das Verhältnis der transzendentalen Subjektivität zur psychologischen eine unbeirrbare Evidenz, welche die großen in ihrer Verwechslung beschlossenen Mißverständnisse der reinen Phänomenologie fernhält.

---

[1] Vgl. Philosophen-Lexikon. Handwörterbuch der Philosophie nach Personen (Hrsg. W. Ziegenfuß. 1. Bd. A-K. Berlin 1949. S. 575) – Anm. d. Hrsg.

ERGÄNZENDER TEXT III

*Weg der Formalen und Tranzendentalen Logik* [1]

Man möchte sagen: Wir beginnen mit dem Versuch einer Wissenschaftstheorie, Wissenschaftslehre. Aber wir können uns nicht eine
5 Theorie, eine Wissenschaft hier als Ziel setzen, wo wir die Art, die Möglichkeit eines Zieles ,,Wissenschaft" klären wollen. Mag es auch sein, daß zum Wesen der Wissenschaft prinzipielle Rechtfertigung, durchgängige Rechtfertigung nach Prinzipien der Wissenschaftstheorie gehört, so kann das, was wir hier beginnen und zunächst
10 wollen, noch nicht Wissenschaft sein, nämlich nicht eine Wissenschaftstheorie voraussetzen. Das schließt nicht aus, daß alle unsere Ergebnisse hintennach die normative Gestalt einer Wissenschaft vom Wesen der Wissenschaft gewinnen.

Was soll nun in dieser naiv besinnlichen Art gewonnen werden?
15 Eine praktisch vernünftig leitende Idee von "Wissenschaft". — Ihre praktische Möglichkeit einsehend, will ich ihr folgen. Das ist natürlich nicht so einfach. Ich stehe doch zunächst in der Relativität des Seins der Umwelt und muß diese Relativität als Problem entdecken, und nun ist ,,Sein an sich" fraglich und erst zu konstruieren in seiner
20 Möglichkeit. Ich hätte noch sagen müssen: Die Naivität der in solchen Besinnungen erwachsenden normativen Logik, einer noetisch-noematischen, unterscheidet sich von der Naivität der traditionellen Logik und ihrer Positivität durch den Radikalismus, mit dem sie alle vorgegebene Erkenntnis und Wissenschaft ,,einklammert" und, als un-
25 beteiligter Zuschauer, alle eingeklammerten Erkenntnisse, sie in sich nachgestaltend, im Gestalten betrachtet. — Er erzeugt in sich selbst exemplarische Erkenntnisgestalten, auch Erkenntnisbestrebungen, Zielstellungen etc. und ist sein eigener unbeteiligter Zuschauer. —
Sie hat es thematisch mit bestimmten Erzeugnissen zu tun (denen der
30 Logik), und ihre Erzeugung ⟨wird⟩ hier studiert, und rein anschaulich, eben evident. Die Logik, die so erwächst (bzw. die *mathesis universalis*) hat keine möglichen Grundlagenparadoxien.

Worin besteht ihre Naivität – wir könnten sagen, die Naivität, die einem Platonischen Radikalismus anhaftet? Die Blickrichtung
35 und Forschung geht auf das ,,formal" Allgemeine, Gegenstand über-

---

[1] November 1926 — Anm. d. Hrsg.

haupt, Bestimmung überhaupt, Wahrheit überhaupt etc. Vorausgesetzt ist, was ich ja nie inhibiert habe, mein natürliches Dasein als Ich, das in eine seiende Welt hineinlebt, das mit anderen in Gemeinschaft ist und diese selbe Welt als Erfahrungsfeld und praktisches Feld hat, wobei wir alle natürlich selbst mit zur Welt gehören. Inhibiert habe ich nur alle wissenschaftliche Geltung — für mich als Logiker. Also stehe ich auch im natürlichen Weltglauben, auf dem Boden der erfahrenen Wirklichkeit und ihres Seins in dem Sinne, wie es die außerwissenschaftliche Praxis voraussetzt und wie es die Erfahrung selbst bewährt etc.

In diesen Meditationen vollziehe ich alle Erkenntnisbildungen, aber auch praktische in gewisser Art, zunächst in solipsistischer Einstellung; ich habe zunächst keinen Anlaß, von einem intersubjektiven Denken, von einer intersubjektiven Bewährung und Wahrheit zu sprechen, wie ja auch die formale Mathesis davon nicht spricht. Zwar in ihrer Vergemeinschaftung, also in ihrer Leistung, fehlt es nicht an Wendungen, welche auf die Gemeinschaft rückbezüglich sind, aber sie sind wie außerwesentlich. Jeden mathematischen Schritt, den ein anderer macht, muß ich in mir selbst *originaliter* nachmachen können; jeder Beweis, jederlei Begründung kann sich einzelsubjektiv und muß sich schließlich einzelsubjektiv vollziehen, und in seiner vollkommenen Begründungskraft. Scheinbar ist es in der Naturwissenschaft anders. Da, wo es sich um die Methode der exakten Naturerkenntnis handelt, muß ich doch von der ,,bloßen Subjektivität" der sekundären Qualitäten u. dgl. sprechen. Also da spielt die Intersubjektivität in der Gestaltung der Erkenntnisse, die da wissenschaftliche sein sollen, wie es scheint, eine andere Rolle. Anderseits will auch die mathematische Erkenntnis intersubjektiv gültig sein. Aber sobald die Gemeinschaft als Gemeinschaft, und wie überhaupt als praktische, so als Erkenntnisgemeinschaft, in Erwägung gezogen wird, ist *eo ipso* und mit einer Ergänzungsbetrachtung die Feststellung zu machen, daß eine einzelsubjektive Mathematik *eo ipso* intersubjektiv sei und umgekehrt keine intersubjektive möglich ist, die nicht schon voll und ganz als einzelsubjektive begründet ist. Dem folgt dann auch nach die Beziehung der Unendlichkeit der mathematischen Theorie auf die in praktische Rechnung zu ziehende Endlichkeit meines, des einzelnen Mathematikers, Lebens usw. Die Abstraktheit, in der ich verfahre, wird dann entsprechend ergänzt durch all das, was das Ziel und die Leistung als konkrete verständlich machen und rechtfertigen kann. Ein Erstes ist also formale Logik des Seins, der prädikativen Wahrheit und der Erkenntnis aller zum Etwas-überhaupt gehörigen Modalitäten, und zunächst im Einzelego des Logikers bzw. Mathematikers aufgebaut.

Doch muß die Geschlossenheit der analytisch formalen Betrachtungen und ihres wachsenden Einheitsergebnisses, der analytischen Mathematik, scharf hervortreten und in dieser Geschlossenheit motiviert werden. Wir haben zunächst uns und die Umwelt in selbst-

verständlicher Vorgegebenheit in unserem Bewußtseinsbereich. Die Wissenschaften haben wir als historische Gebilde, aber in eingeklammerter Geltung. Ich will mir klar werden über das, worauf Wissenschaft und einzelnes Wissen zunächst hinauswill, was für eine Art
5 Praxis das ist und wie sie ihre Ergebnisse erzielt — wirklich erzielt. Denn das sehe ich ja als zweifelhaft an, ob unter dem Titel Wissenschaft praktisch vernünftig vorgegangen wird, ob die Ziele richtige Ziele sind und ob sie wirklich erreichbar sind und erreicht. Ich fange naturgemäß damit an, auf die eingeklammerten Wissenschaften hin-
10 zublicken; es sind Systeme von Aussagen. Ich mache mir klar, nachverstehend und nacherzeugend in Stücken und genug, um eine Evidenz des Überblickes zu gewinnen, was das ⟨für⟩ Aussagen sind, was für Reden, wie sich die besonderen Reden, die da wissenschaftliche sein können, die im Ergebnis der Theorie stehen können, auszeichnen
15 (gegenüber Wunschsätzen etc.). Das fordert aber bald Rückgang von der Aussage und Aussagewahrheit auf die vorwissenschaftlich seiende Welt und das vorwissenschaftliche Erfahren und Aussagen auf Grund der Erfahrung etc.

Ein anderer Weg wäre, nicht auf die Gebilde der historisch vorgege-
20 benen Wissenschaften Rücksicht zu nehmen und vorweg zu überlegen, was schon im vorwissenschaftlichen Leben unter dem Titel Wahrheit, Erkenntnis, Seiendes als Substrat von Bestimmungen usw. mir entgegentritt, was da unter dem Titel Wahrheit Ziel sein kann; also Einstellung, als ob die Idee Wissenschaft und Wissenschaften
25 selbst aus dem Vorwissenschaftlichen aufzubauen wäre, wie wenn es nie eine Wissenschaft gegeben hätte. Dann theoretisches Interesse als konsequent praktisches Interesse auf Wahrheit und wahres Sein im konsequenten Forttrieb dieses Interesses — Richtung auf universale Wahrheit: Aber da stoße ich auf die Situationsrelativität, auf Umwelt
30 und Modi der Umwelt und auf universale Wahrheit als Problem bzw. auf das Sein an sich als Problem.

Es hat auch dieser Weg einige Vorteile, es liegt aber in ihm im Grunde kein wirklich radikalerer Idealismus. Von den vorgegebenen Wissenschaften übernimmt man ja nicht ihre eigene Geltung, und wo
35 man einzelnes aus ihnen als Exempel der Einsicht und Wahrheit benutzt, da muß man es für sich in Geltung setzen und in seiner Geltung ausweisen genau wie bei Exempeln des sonstigen Lebens.

Schon um die reine Grammatik in Gang zu bringen, brauche ich den Unterschied der Deutlichkeit und Undeutlichkeit. Ich muß ihn selbst
40 betätigen, wie ich ja immerfort in der Klarheit alles dessen, was ich aussage, mich betätigen will. Aber ich muß ihn wohl auch explizit voraussetzen. Schon wenn ich Begriffe des Urteilssatzes herausstelle aus dem Urteilen, muß ich auf ihn als eine eigene erfaßbare Gegenständlichkeit hinweisen, die aber nur klar gegeben ist unter dem Titel
45 deutliches Urteilen. Da kommen wir auf eine Evidenzart. Erst recht, wenn ich an die Wahrheitsfragen und damit Evidenzfragen herankomme, was es mit dem Unterschied wahrer und falscher Aussagen auf

sich hat, muß ich rückblickend den Unterschied in der Gegebenheitsweise der Bedeutungen, im Vollzug der urteilenden Reden heranziehen und mir Deutlichkeit etc. selbst zur Klarheit bringen als eine Art Klarheit oder Evidenz, nämlich für die reinen Bedeutungen. Komme ich nun gleich zu mittelbarer und unmittelbarer Evidenz als Selbsthabe in voller Allgemeinheit.

Zunächst stehe ich aber doch in der Aussage-Urteilssphäre, Evidenz also der Urteile. Nun habe ich aber schon in der Analyse des primitiven Bestimmungssatzes die Satzsubstrate unterscheiden gelernt. Evidenz des Satzes kann unmittelbar und mittelbar sein. Die unmittelbare setzt für die Substrate „Erfahrung" voraus als Selbsthabe; dann also die nötigen Unterschiede in der Selbsthabe der Substrate; ferner der Unterschied zwischen Evidenz eines Urteils und Evidenz des Sachverhaltes als Substrates für neue Urteile, in denen ein neuer Sachverhaltssatz sich „konstituiert", hier tätig erzeugter ist, wenn Selbsthabe besteht. Natürlich ist schon voraus unterschieden „Substratsatz" und Urteil, Urteil und Sachverhaltssatz etc., Wahrheit und Bewährung; das Entsprechende für Substratsätze, ihre Bewährung durch Erfahrung; Bewährung der Erfahrung hinsichtlich ihrer Appräs⟨entation⟩ etc.

In diesem ganzen Vorgehen suche und umschreibe ich die formalen Allgemeinheiten und ergreife sie in Wesensevidenz. Sie selbst gehört mit dem Allgemeinen zum Thema. Alle Feststellungen bergen Iteration in sich. Man kommt aber zu notwendigen Absolutheiten als, durch Abbau jeder Iteration, auf absolute Subjekte, die nicht „nominalisierte" Prädikate sind, die nicht mehr nominalisierte prädikative Sätze (Sachverhaltssätze) sind etc. Allgemeine Evidenz: Erzeugnisse können überhaupt aus Erzeugnissen geworden sein, aber schließlich setzt jedes Erzeugen und Erzeugnis ein Substrat voraus, das nicht schon aus Erzeugung hervorgegangen ist.

Das Reich der Aussagesätze, das der möglichen Theorie, das der apophantischen Logik, zunächst der apophantischen Formenlehre.

Alle möglichen Wahrheitsformen sind in den möglichen Satzformen beschlossen. Aber nun müssen erst die Bedingungen der Widerspruchslosigkeit erfüllt sein. Wir kommen also zur Analytik, zur ganz formalen Mathesis der Konsequenz bzw. Widerspruchslosigkeit. Denken wir uns auf letzte Substrate reduziert, auf „Individuen" im formalen Sinn, deren Begriff noch in die formale Analytik hineingehört, so kommen wir auf die zu den logischen Individuen gehörigen logisch-kategorialen Abwandlungen und die nun auf sie bezogenen Formen möglicher einstimmiger Urteilssysteme (Systeme der Konsequenz) bzw. auf die Formen möglicher mathematischer Mannigfaltigkeiten.

Eine Wissenschaft ist zunächst natürlich ein konsequent-einstimmiges Urteilssystem. Dafür haben wir Form und Gesetz nun begründet. Aber es soll ein System der Wahrheit (in weiterer Folge ein System der objektiv, intersubjektiv ein für alle Mal bewährbaren Wahrheit) sein. Wir haben nun neue Betrachtungen durchzuführen.

Zunächst aber die Frage: Was haben wir in unserem „radikalen" Gang bisher an Radikalismus wirklich geleistet? Wir wollten doch alle
5 Erkenntniserzeugungen im Erzeugen in der Einstellung des Zuschauers unseres eigenen Erzeugens ursprünglich beschreiben. Wir haben also auf das Noetische mit hingesehen: Wieweit haben wir es ernstlich in die Beschreibung einbezogen? Wir dürfen doch nicht in eine naive Mathesis verfallen. Einiges zum Aussagen gehörige Noetische, ins-
10 besondere der Unterschied von Klarheit, Undeutlichkeit, Verworrenheit, ist schon angeführt worden, hinsichtlich der Bedeutungen vorher der Unterschied der Gegebenheit bzw. der Erzeugung der Wortlaute und der der zugehörigen Bedeutungen. Aber eine tiefergehende Beschreibung der noetischen Vorkommnisse ist nicht gegeben. Der
15 Blick ruht doch auf den im Erzeugen erzeugten Aussagegebilden und insbesondere Bedeutungsgebilden sowie auf den „Handlungen" des Erzeugens. An den Sätzen selbst in ihrer Deutlichkeit erfassen wir die Charaktere des Widerspruchs, der analytischen Folge. Wir erfassen in voller Klarheit, Selbstgegebenheit das handelnde Hervorgehen.
20 Wir erfassen an jedem fertigen Satz und jeder in ihm enthaltenen logisch komplexen Bedeutungseinheit, an einer attributiven Bestimmung z.B., daß er „zurückweist" auf eine mögliche erzeugende Bildung; wir weisen auf, daß „derselbe Satz", dieselbe attributive Bestimmung in verschiedenen subjektiven Modis uns entgegentreten
25 kann, einmal als Ende einer Erzeugung, in der er ursprünglich gegeben ist, und in anderen Malen ohne diese Erzeugung, aber so, daß er die „Erinnerung" an eine solche Erzeugung mit sich führt und daß ich mir auch dessen bewußt bin, diese Erzeugung wiederherzustellen oder neu herzustellen, wobei freilich auch Widerspruch hervortreten kann,
30 an den Bedeutungen selbst, anderseits an meinem „ich kann den Glauben nicht aufrecht erhalten", „ich lehne ab". In dieser Weise wird alles Analytisch-Logische mit zugehörigen noetischen Beschreibungen begleitet soweit, daß alle Grundbegriffe und Grundsätze und das ganze Verfahren vollkommen klar werden in ihrer Erzeugung.
35  Alles, was ich da exemplarisch herausstelle, steht freilich in einer eidetischen Funktion; ich erzeuge auf Logisches bezügliche Wesenserkenntnisse, schaffe Wesensbegriffe und Wesensgesetze. Im Anfang kann aber wohl noch nicht die Wesensbildung, die Ideation, behandelt werden. Es ist also zunächst ein „naiv" geübtes Verfahren. Erst wenn
40 ich den Begriff der Wahrheit einführe und von Evidenz handle (wobei ich ja selbst wieder in Wesenseinstellung lebe und lauter Wesensbeschreibungen vollziehe), wird auch die Wesensverallgemeinerung Thema. Die Logik der Wahrheit ist zunächst formal, und somit die Logik der Konsequenz durch entsprechende Sätze, die den Wahrheits-
45 begriff hereinbringen, zu ergänzen.

Nota. — Die Logik ist hier als Aussagelogik, als apophantisch

begründet gedacht, geleitet von den faktischen Wissenschaften unserer Menschenwelt. Hierbei muß in der Grundlegung sorgfältig unterschieden werden und kommt für die Klärung der Idealisierungen der formalen Analytik wesentlich in Betracht: 1) Erste Stufe, die ideale
5 Identität der Aussage als meiner deutschsprachigen Aussage, ideal identisch nach Wortlaut und ideal identisch (eindeutig) nach Bedeutung; 2) zweite Stufe, in der Intersubjektivität, im Verkehr mit Anderssprachigen und ihren literarischen Darstellungen die ideale Identität „der" Aussage, z.B. „des Satzes von der Winkelsumme",
10 „ob sie deutsch oder französisch oder in welcher Sprache immer ausgedrückte" ist, wobei die ideale Identität sub 1) vorausgesetzt ist.

Nun erhebt sich aber die Frage, ob denn, da die ideal identische Bedeutung die Vorzugsstellung hat und da doch „Gedanken", „Urteile" auch unsprachlich auftreten können, ob für eine Logik nicht
15 auch das Sprachliche ganz außer Betracht bleiben kann; oder: ob nicht eine reine Urteilslogik ausgebildet werden kann und evtl. dann als eine in ihr fundierte, und durch Ergänzungsbetrachtungen über die Einheit von Urteil und Wortlaut, eine Aussage-Logik? Es mag dabei scheinen, daß das Aussagen, der Gebrauch der Sprache ein mensch-
20 lich praktisches Hilfsmittel ist, um sich die Gedanken fixiert zu erhalten bzw. zu fixieren und der Idealität der Identität möglichst anzunähern. Jedenfalls aber ist dabei gleich zu bemerken, daß in der denkenden Subjektivität diese menschliche Art jedenfalls eine Möglichkeit ist, daß sie also eidetisch mit in Betracht zu ziehen ist und daß
25 dementsprechend neben einer rein unsprachlichen oder sprachlos betrachteten Logik der doxischen Meinungen eine Aussagelogik auszubilden sei.

Indessen es ist dann auch zu erwägen, welche Funktionen der Sprachlichkeit evtl. unter universal eidetischen Gesichtspunkten und unter
30 der Idee einer intersubjektiv-objektiven Wissenschaft als evtl. notwendige zuzumessen wären.

Fassen wir die Idee des Menschen schon verallgemeinert, denken wir eine „unendliche" Menschheit bezogen auf eine unendliche Welt, die *in infinitum* immer noch Menschen enthalten könnte. Denken wir
35 daran, daß in gewisser Weise schon die Gemeinschaft der deutschen Nation für uns als ihre Glieder den Charakter einer offen endlosen hat, und zwar in ihrer allseitig endlosen historischen Zeit.

Wenn nun für die Menschheit überhaupt und im besonderen für die deutsche Menschheit eine ideal identische und in dieser Identität
40 bleibende objektive Erkenntnis geschaffen werden soll, für „jedermann" von seiner Zeitstelle frei zugänglich als eine ein für allemal erledigte, bestehend und verbleibend in alle Zukunft, die jedermann also in sich wieder konstituieren, an die jedermann als Unterstufe für die darin zu fundierende Erkenntnis wieder anknüpfen kann, wenn er
45 eben dazu Lust oder ernstlichen Anlaß hat – was für Bedingungen sind da zu erfüllen? Welche Bedingungen objektiver Erkenntnis oder welche Gestaltung muß einer vorausgesetztermaßen ideal identisch er-

zeugten, bewährten Erkenntnis gegeben werden, damit sie Gemeingut der gleichzeitigen und künftigen Menschheit soll sein können?
Die Identität eines Urteils, einer doxischen Meinung und dann auch der bewährten Wahrheit beruht auf der Möglichkeit der Wiedererinnerung zunächst in meiner egologischen Sphäre und der Wiederherstellung der Bewährung. Intersubjektiv wird das wahre Urteil, das schon für mich bleibendes und immer wieder in meinem „Ich kann" bewährbares ist, in der Kommunikation mit anderen, mit denen ich wirklich in Verkehr stehe oder noch in Verkehr kommen kann. Und dann verbreitet sich der Erwerb dieser Erkenntnis dadurch, daß die anderen eben wieder mit anderen in Verkehr treten können usw. Aber reicht das hin, um meinem und irgendeines einzelnen Wahrheitsbesitz und selbst dem schon einer kommunikativen Mehrheit ein bleibendes Sein für eine Unendlichkeit von Menschen zu geben, die – ideal gesprochen — in Kommunikation treten könnten?

Da ist notwendig eine sinnliche, naturale Objektivierung der Wahrheits- und Begründungsgestalten, es ist Sprache nötig, und Wahrheit muß zur Leitung werden, wobei die mündliche sprachliche Mitteilung zur schriftlichen Fixierung werden muß unter vielfältiger und evtl. mechanischer Reproduktion. Das gehört also in die Betrachtungen in der Stufe der Intersubjektivität. Ich hatte doch als erstes gedacht ⟨an⟩ eine gewissermaßen egologische Logik, d.h. eine Begründung der Analytik, ohne die Probleme der Intersubjektivität mit heranzuziehen.

Aber auch das erfordert eine sorgsame Überlegung seines Sinnes. Die Sprache ist ja von vornherein intersubjektiv und der Sinn von seiender Welt ist vorweg schon intersubjektiv. Indessen auf die intersubjektive Geltung der Sprache nehme ich eben keine Rücksicht. Genug, daß ich Worte, Reden erzeugen kann und daß ich sie rein für mich, also ohne Adresse an andere, in ideal identischer Gestalt und Funktion gebrauche, ebenso wie die ideal identischen Bedeutungen von mir und für mich bestehende und immer wieder identifizierbare Gebilde sind, Gebilde, die ich herstelle und in dem idealen Sinn immer wieder aktivieren kann in idealer Vermöglichkeit. Die eingeklammerten Wissenschaften, wo immer ich sie in meiner Weise benütze, sollen mich nichts angehen als anderen dienende, als von anderen, von der traditionalen Erkenntnisgemeinschaft gebildet; sondern indem ich ihre Gebilde in mir nacherzeuge, sollen sie nur in Betracht kommen als Sinngebilde, die ich erzeuge, und evtl. als bleibende Überzeugungen, die ich gewinne, und als Wahrheiten, die ich bewähre und bleibend zu eigen habe. Aussagen, die ich so gewinne, nehme ich nur in Anspruch als objektive Gebilde meiner egologisch objektiven Welt, und zwar gehören sie dem Bestande an, der für mich die erste Originalität hat — so wie die von mir selbst erfahrene Natur und nun die von mir selbst erzeugten mit naturalem „Leib" verleiblichten Geistesgebilde.

Es bedarf dann aber, nachdem ich so getan, als ob ich nur für mich selbst Erkenntnis gewinnen wollte, der Begründung der intersubjektiven Geltung der in Abstraktion erst ausgebildeten Analytik bzw. der ergänzenden Untersuchungen.

Wenn ich so, von der in Frage gestellten Möglichkeit der Wissenschaft zurückfragend, auf die Logik, formale Logik und Erkenntnislehre komme, so ist es, obschon formale, doch in diesem Gang Weltlogik. In ständig weiterer Rückfrage komme ich dann doch auf die vorgegebene Welt als Feld der Urteilssubstrate und der wissenschaftlichen wie vorwissenschaftlichen Aussagemeinungen und -wahrheiten, dadurch auf Welt als Welt der Erfahrung, damit auf Ästhetik und „transzendentale Ästhetik".

ERGÄNZENDER TEXT IV

(Zur Einleitung und zu den §§ 1–5 der Vorbereitenden Betrachtungen)

⟨*Vorbereitende Betrachtungen zur Vorlesung über Transzendentale Logik*⟩[1]

⟨I. Einleitung⟩

In diesen Vorlesungen habe ich die Absicht, einige Grundstücke zu einer phänomenologischen Logik vorzutragen. Das Wort Logik verstehe ich dabei nicht in dem jetzt üblichen Sinn einer untergeordneten theoretischen und normativen Spezialwissenschaft, etwa gar in dem Sinn, in dem der moderne Mathematiker die Logik als eine spezielle mathematische Disziplin gestaltet hat. Logik im vollen und universalen Sinn, den wir im Auge haben wollen, ist die Wissenschaft, die bewußt die Aufgabe wieder auf sich nimmt, die der Logik überhaupt nach ihrem historischen Ursprung aus der platonischen Dialektik auferlegt war: nämlich die Aufgabe, eine universale und zugleich prinzipielle Wissenschaftslehre zu sein. Eine prinzipielle Wissenschaftslehre besagt eine Wissenschaft vom Prinzipiellen aller Wissenschaft als solcher.

Die Logik als Wissenschaftslehre ist dann also die Wissenschaft von dem Apriori aller Wissenschaften als solcher, von dem, was ihnen als Gestaltungen aus praktischer Vernunft Sinn gibt, was sie notwendig erfüllen müssen, wenn sie sollen wirklich sein können, was sie sein wollen, eben Gestaltungen aus praktischer Vernunft. Als reine, apriorische Wissenschaftslehre will die Logik in sokratisch-platonischer Methode „reine" Allgemeinheiten herausstellen. Sie will also nicht den vorgegebenen sogenannten Wissenschaften, den faktisch gewordenen Kulturgestalten dieses Namens empirisch nachgehen und an ihnen empirische Typen abstrahieren. Sondern frei von aller Bindung an die Faktizität will sie die in aller Auswirkung eines rein theoretischen Interesses dunkel vorschwebende Zweckidee zu vollendeter Klarheit bringen. Immerfort den reinen Möglichkeiten eines erkennenden Lebens überhaupt nachgehend, will sie die Wesensformen der echten Erkenntnis und Wissenschaft in allen ihren Grundgestalten zutage bringen und die Wesensvoraussetzungen, an die sie gebunden

---

[1] WS 1920/21 — Anm. d. Hrsg.

sind, die notwendigen Methoden, die zu ihnen hinleiten. In all dem liegen dann die notwendigen Normen, an denen abzumessen ist, inwieweit eine faktische, eine zunächst nur prätendierte Wissenschaft der Idee der Wissenschaft gemäß ist, inwieweit ihre Einzelerkenntnisse echte Erkenntnisse, die Methoden echte Methoden sind; also Methoden, die ihrer prinzipiellen Form nach einer reinen und formal allgemeinen Norm Genüge tun. Der Sinn des „Formalen" liegt hier in nichts anderem als eben darin, daß nicht die Frage nach besonderer Wissenschaft mit besonderen Wissenschaftsgebieten die leitende ist, sondern die Frage nach Zweck, Sinn und Möglichkeit echter Wissenschaft als solcher.

Historisch ist, was wir heute im prägnanten Sinn Wissenschaft nennen, aus der Logik erwachsen, nämlich erwachsen zu Anfang aus den in der platonischen Dialektik erarbeiteten normativen Richtlinien. Wenn es also in alter Rede heißt, aus dem Mutterboden der Philosophie seien alle Wissenschaften entsprungen, so paßt dieses Wort in vorzüglicher Weise für die Logik und anderseits für die Wissenschaften in dem besonderen Sinn, den wir alle heutzutage im Auge haben.

Im weiteren Sinn nennen wir die kosmologischen Theorien der vorplatonischen Epoche, nennen wir ähnliche Kulturgestaltungen anderer Völker und Zeiten, nennen wir sogar Astrologien und Alchimien u. dgl. ebenfalls Wissenschaften. Aber bestenfalls sind es, und insbesondere gilt das für die vorplatonische Philosophie oder Wissenschaft der Griechen nicht anders als für die altägyptische Mathematik, für die altbabylonische Astronomie, Vorformen, Vorstufen der Wissenschaft.

Wissenschaft in einem neuen Sinn erwächst erst aus der platonischen Begründung der Logik, aus der radikalen kritischen Reflexion über Wesen und Wesenserfordernis echten Wissens und echter Wissenschaft und der Herausstellung von Normen, denen gemäß von nun ab eine bewußt auf Normgerechtigkeit abzielende Wissenschaft, eine ihre Methode bewußt rechtfertigende erwächst. Der Intention nach ist es Rechtfertigung aus reinen Prinzipien, also logische Rechtfertigung. Wissenschaft im neuen Sinn will also nicht mehr bloß naive Betätigung aus rein theoretischem Interesse sein. Jeden Schritt, den sie tut, beansprucht sie auch prinzipiell in seiner Echtheit, in seiner notwendigen Gültigkeit zu rechtfertigen. Also der ursprüngliche Sinn ist dabei der, daß prinzipiell logische Einsicht, die aus der reinen Idee möglicher Erkenntnis und Erkenntnismethode überhaupt geschöpfte, der faktisch betätigten Methode und faktischen Wissenschaftsgestaltung vorangeht und sie apriori leitet; nicht aber, daß das Faktum einer irgend in Naivität erwachsenen Methode und Wissenschaft und daß der am Faktum abgelesene Typus sich als Norm aufspielen dürfte, um wissenschaftliches Leisten überhaupt vorbildlich zu gestalten.

Die Logik Platos erwuchs aus der Reaktion gegen die universelle Wissenschaftsleugnung der sophistischen Skepsis. Leugnete die Skepsis die prinzipielle Möglichkeit von so etwas wie Wissenschaft über-

haupt, so mußte Plato eben die prinzipielle Möglichkeit von dergleichen erwägen und kritisch begründen. War Wissenschaft überhaupt in Frage gestellt, so konnte natürlich kein Faktum Wissenschaft vorausgesetzt werden. So wurde Plato auf den Weg der reinen Idee ge-
5 führt. Seine nicht den faktischen Wissenschaften abgelesene, sondern rein ideale, reine Normen gestaltende Logik oder Wissenschaftslehre hatte den Beruf, nun erst faktische Wissenschaft möglich zu machen, sie praktisch zu leiten. Und eben in der Erfüllung dieses Berufes half sie wirklich, die Wissenschaften im prägnanten Sinn zu schaffen: die
10 neue Mathematik und Naturwissenschaft usw., deren Fortentwicklungen in höheren Stufen unsere neuzeitlichen Wissenschaften sind.

Indessen das ursprüngliche Verhältnis zwischen Logik und Wissenschaft hat sich in der Neuzeit in merkwürdiger Weise umgekehrt. Die Wissenschaften verselbständigten sich. Sie bildeten in dem Geiste, der
15 ihnen nun zur zweiten Natur geworden, dem ⟨der⟩ kritischen Selbstrechtfertigung, höchst differenzierte Methoden aus, deren Fruchtbarkeit ⟨durch⟩ die Erfahrung oder die wechselseitige Bestätigung in der Übereinstimmung aller Fachwissenschaftler einleuchtend gewiß wurde. Und sie bildeten diese Methoden aus zwar nicht in der Naivität des
20 Alltagsmenschen, aber doch in einer Naivität höherer Stufe, einer Naivität, die darauf verzichtete, die Methode aus reinen Prinzipien, unter Rekurs auf die reine Idee, nach letzten apriorischen Möglichkeiten und Notwendigkeiten zu rechtfertigen. Mit anderen Worten: Die Logik, die ursprünglich die Fackelträgerin der Methode war und den
25 Anspruch erhob, die reine Prinzipienlehre möglicher Erkenntnis und Wissenschaft zu sein, verlor diesen historischen Beruf und, wie begreiflich, blieb in ihrer Entwicklung weit zurück. Noch die großartige Neugestaltung der Mathematik und der Naturwissenschaften des 17. Jahrhunderts in Männern wie Galilei, Descartes, Leibniz
30 war durch logische Reflexion bestimmt über Wesen und Erfordernis echter Naturerkenntnis, über ihre apriori notwendigen Ziele und Methoden. Geht also noch Fortbildung der Logik in diesen Anfängen der Fortbildung der Wissenschaft voran und mit ihr Hand in Hand, so ändert sich dieses wesentliche Verhältnis in der nachfolgenden Epoche,
35 in der Epoche der Verselbständigung der Wissenschaften zu Fachwissenschaften, die sich um eine Logik nicht mehr kümmern, ja sie verächtlich beiseite schieben. Aber diese selbst irrt in der neuesten Zeit von ihrem eigenen Sinn und ihrer unveräußerlichen Aufgabe ganz und gar ab. Statt die reinen Wesensnormen der Wissenschaft nach allen
40 ihren Wesensgestaltungen zu verfolgen, um dadurch der Wissenschaft prinzipielle Leitung geben zu können, gefällt sie sich vielmehr darin, den faktischen Wissenschaften, insbesondere den vielbewunderten Naturwissenschaften, Normen und Regeln abzugucken.

Vielleicht bekundet sich darin eine tiefere und folgenreichere Tragik
45 der modernen wissenschaftlichen Kultur, als welche man in den wissenschaftlichen Kreisen gewöhnlich zu beklagen pflegt. So groß sei die Reihe der Fachwissenschaften geworden und so überreich jede einzelne

an Sondererkenntnissen und Methoden geworden, daß niemand mehr imstande sein könne, von all diesem Reichtum vollen Nutzen zu ziehen, all diese Erkenntnisschätze überschauend zu genießen.

Der Mangel unserer wissenschaftlichen Lage scheint ein viel wesentlicherer, ein im wörtlichsten Sinn radikaler zu sein; er betrifft nicht die kollektive Vereinheitlichung und Zueignung, sondern die prinzipielle Verwurzelung der Wissenschaften und die Vereinheitlichung derselben aus diesen Wurzeln. Es ist ein Mangel, der bestehen bliebe, selbst wenn eine unerhörte Mnemotechnik und eine von ihr geleitete Pädagogik uns ein enzyklopädisches Wissen des in sämtlichen Wissenschaften jeweils theoretisch-objektiv Festgestellten ermöglichte.

Es fehlt an den zentrierenden Ideen, die leicht alles spezialwissenschaftliche Denken durchleuchten würden und alle seine einzelnen Resultate durch Beziehung auf ewige Pole vergeistigen würden; es fehlt das, was allen Sonderwissenschaften die nur für ihre Sonderarbeit nötige Scheuklappe abnimmt; es fehlt die Fähigkeit, sie dem einen universalen Zusammenhang wirklicher und möglicher Erkenntnis einzuordnen und dabei diesen Zusammenhang als einen prinzipiell notwendigen zu verstehen. Aber es fehlt noch sehr viel mehr, die Rückbeziehung auf die phänomenologischen Urquellen aller Erkenntnis, die tiefste Begründung aller objektiven Wissenschaften aus der Universalität des erkennenden Bewußtseins. Also es fehlt eine systematische Grundwissenschaft, die aus den ursprünglich sinngebenden Quellen der Erkenntnis leistenden Subjektivität letztes Verständnis aller Theorie verschaffte.

Wenn Lotze in einem berühmten Worte es als die höchste Erkenntnisaufgabe bezeichnete, den Weltlauf nicht nur zu berechnen, sondern ihn zu verstehen, so müssen wir uns dieses Wort in dem Sinn zueignen, daß es damit nicht sein Bewenden haben kann, in der Weise der positiven Wissenschaften objektive Theorien methodisch zu gestalten und in der Weise einer theoretischen Logik die Formen möglicher echter Theorie auf Prinzipien und Normen zu bringen. Wir müssen uns über die Selbstvergessenheit des Theoretikers erheben, der, im theoretischen Leisten den Sachen, den Theorien und Methoden hingegeben, von der Innerlichkeit seines Leistens und den sie bewegenden Motivationen nichts weiß; der in ihnen lebt, aber dieses leistende Leben selbst nicht im thematischen Blick hat.

Nur durch eine prinzipielle Klärung, die in die Tiefen der Erkenntnis und Theorie leistenden Innerlichkeit, d.i. der transzendentalen, der phänomenologischen Innerlichkeit, herabsteigt — eine Klärung, welche die im Spiel der transzendentalen Motivationszusammenhänge sich vollziehende theoretische Sinngebung und Vernunftleistung in ihren Wesensnotwendigkeiten erforscht —, wird, was als echte Theorie und echte Wissenschaft geleistet ist, verständlich. Nur dadurch wird aber auch der wahre Sinn jenes Seins verständlich, den die Wissenschaft als wahres Sein, als wahre Natur, als wahre Geisteswelt in ihren Theorien herausarbeiten wollte.

Also nur eine transzendentale, d.i. in die verborgenen Tiefen des leistenden Erkenntnislebens hineingerichtete Wissenschaft und da-
5 durch aufgeklärte und gerechtfertigte Wissenschaft kann letzte Wissenschaft sein, nur eine transzendental-phänomenologisch aufgeklärte Welt kann letztverstandene Welt sein, nur eine transzendentale Logik eine letzte Wissenschaftslehre, eine letzte, tiefste und universalste Prinzipien- und Normenlehre aller Wissenschaften sein und sie zugleich
10 zu erklärenden und verstehenden Wissenschaften gestalten. Die heutigen positiven und selbst die exakten Wissenschaften, so sehr sie zu Anfang den Jünger begeistern und in der Tat geistig bereichern, lassen ihn schließlich doch tief unbefriedigt; notabene: wofern er mehr sein will als Berufs- und Fachmensch, wofern er als Mensch im vollen und
15 höchsten Sinn sich selbst und die Welt verstehen, an sich und die Welt die letzten Erkenntnis- und Gewissensfragen stellen will.

Wir fühlen es, und in unserer unseligen Zeit höchst empfindlich, daß den Wissenschaften der philosophische Geist fehlt, der Geist der letzten prinzipiellen Reinheit und Klarheit und zuhöchst jener Klarheit,
20 die wir die phänomenologische, die transzendentale nennen. Und eben darum die Klage, daß wir durch sie, wie sie es doch prätendieren, nicht weiser und nicht besser werden.

Fassen wir die Idee der Logik also wieder so groß, so weitherzig, wie sie ihrer ursprünglichen Intention nach gefaßt sein sollte, und be-
25 seelen wir sie mit dem transzendentalen Geist, der, in der Neuzeit erwacht, doch nicht zu reinem Selbstbewußtsein gekommen ist, dann werden wir sagen müssen, was den modernen Wissenschaften fehlt, ist die wahre Logik als die Mutter ihrer wahren Methode, die ihnen mit einer tiefsten Selbsterkenntnis der Erkenntnis vorleuchtet und sie in
30 allem ihrem Tun verständlich macht.

Diese Logik will also nicht eine bloße Technologie sein für eine Sorte praktisch höchst nützlicher Geistesleistungen, die man wissenschaftliche nennt; eine Technologie, die man an den praktischen Erfolgen schließlich empirisch orientiert. Sie will wieder allen möglichen Wis-
35 senschaften vorangehen als ein in absoluter Methode sich selbst verstehend rechtfertigendes Prinzipiensystem aller objektiven Rechtfertigungen, und zwar für das, was als Wissenschaft soll gelten und als echte Wissenschaft soll werden können.

Wie sehr den Wissenschaften eine solche Logik nottut, bzw. wie we-
40 nig sie befähigt sind, als selbstgenügsame Wissenschaften aufzutreten und in solcher Selbstgenügsamkeit zu verharren, das zeigt der in keiner noch so exakten Wissenschaft fehlende Streit um den wahren Sinn ihrer Grundlagen und darin zeigt sich, daß sie in Wahrheit über ihren eigenen Sinn durchaus im unklaren sind. Aber freilich erst die tran-
45 szendentale Logik läßt es ganz verstehen, daß die positiven Wissenschaften nur eine relative, einseitige Rationalität zustande bringen können, die eine völlige Irrationalität nach notwendigen Gegenseiten

übrigläßt. Aber nur eine allseitige rationale Wissenschaft ist Wissenschaft ⟨im⟩ höchsten Sinn, wie es die alte Philosophie ursprünglich sein wollte.

Mindestens in einige Tiefenschichten dieser universalen Logik möchte ich Ihnen Einblick geben; und wenn ich nicht daran denken kann, diese Logik in ihrer ganzen Universalität zum Thema zu machen, so liegt es nicht nur an ihrer Größe und Schwierigkeit sowie an der Vielzahl ihr eingeordneter Disziplinen, sondern vor allem daran, daß es sich herausgestellt hat, daß, um eine wirklich verstehende, transzendentale Logik herzustellen, von Anfang an eine gewaltige transzendental-phänomenologische Vorarbeit geleistet werden muß. Wenn auch historisch und subjektiv ein erstes dieses ist, daß Entwürfe positiver Wissenschaften und einer positiven oder theoretischen Logik vorangebildet sind, so bilden doch das an sich Erste phänomenologische Untersuchungen, aus denen in Allgemeinheit alle Grundformen logischer Gebilde hervorgehen müssen, in verständlicher Motivation. Mit solchen transzendental-logischen Fundamentierungen werden wir uns in diesen Vorlesungen ausschließlich beschäftigen.

II. Das „Denken" als Thema der Logik. Reden, Denken, Gedachtes

Das Wort Logos, von dem der Name Logik abgeleitet ist, hat eine große Vielheit von Bedeutungen, die durch wohl verständliche Übertragungen aus den ursprünglicheren Bedeutungen von λέγω entsprungen sind, also den Bedeutungen zusammenlegen, darlegen, dann mittels des Wortes, der Rede darlegen. In der entwickelten Sprache heißt λόγος bald Wort und Rede selbst, bald das, wovon die Rede ist, die in Rede stehende Sache. Dann aber auch den vom Redenden zu Zwecken der Mitteilung oder auch für sich selbst erzeugte Satzgedanke, also sozusagen der geistige Sinn des sprachlichen Behauptungssatzes, das, was man auch, ohne dabei an Grammatisches zu denken, schlechthin den Lehrsatz nennt, eben als das, was mit dem grammatischen Satzausdruck gemeint ist, ebenso auch den Sinn von Namen; insbesondere bei allgemeinen Worten heißt Logos der ihnen als Sinn zugehörige Allgemeinbegriff.

Weiter weist Logos in manchen Wendungen hin auch auf den geistigen Akt selbst, das Aussagen, das Behaupten oder sonstige Denken, in dem solch ein Sinngehalt in betreff der jeweiligen Gegenstände oder Sachverhalte erzeugt wird.

Alle diese Bedeutungen des Wortes Logos nehmen aber, insbesondere überall wo wissenschaftliche Interessen im Spiele sind, einen prägnanten Sinn an, indem in diesen die Idee einer Vernunftnorm eintritt. Logos heißt dann bald Vernunft selbst, als Vermögen, dann aber vernünftiges, nämlich einsichtiges oder auf einsichtige Wahrheit gerichtetes Denken. Logos heißt auch spezieller das Vermögen, rechtmäßige Begriffe zu bilden, und heißt auch diese vernünftige Begriffsbildung sowie dieser richtige Begriff selbst.

Endlich ist noch eine speziellere Prägung dieser Bedeutungen zu nennen, wonach in den Sinn das spezifisch „Wissenschaftliche" mit eintritt: Also ein wissenschaftlicher Begriff, eine wissenschaftliche Begriffsbildung, ein wissenschaftliches Denken oder das entsprechende
5 geistige Vermögen ist dann gemeint.

Nehmen wir nun diese Mannigfaltigkeit sichtlich zusammengehöriger Bedeutungen des Wortes Logos als Leitung für die Bildung der ersten Vorstellung von einer Wissenschaft vom Logos, so eröffnen sich damit reiche und zusammenhängende Themata für eine theoretische
10 Forschung und normative Verwendung. Dabei ist ein natürlicher Forschungsgang leicht zu finden. Knüpfen wir an die zweite und dritte Bedeutungsgruppe an, so führt uns das Thema der Vernunft als Vermögen richtigen und einsichtig zu rechtfertigenden Denkens, als begrifflicher, wissenschaftlicher, über die allgemeinere Frage, wie die
15 vorübergehenden Akte eines Ich entsprechender habitueller Vermögen bedürfen, alsbald auf die Frage, was für Akte die hier fraglichen „vernünftigen" Denkakte sind.

Bevor nun aber das Spezifische dieser Vernünftigkeit zur Erwägung kommen kann, muß natürlich das Spezifische des Denkens selbst zum
20 Thema werden, vor aller Unterscheidung von Vernünftigem und Unvernünftigem.

Geleitet werden wir durch den Sinn der Rede von Logos vorwiegend auf begriffliches Denken und begriffliche Gedanken. Begriffliches Denken überhaupt vor der Norm ist aber nicht alles Denken über-
25 haupt umspannend, mindestens bei weitest zu fassendem Wortsinn von Denken. Also kommen wir als vorerst zu erwägend auf Denken im weitesten Sinn zurück.

Da nun das menschliche Denken sich normalerweise sprachlich vollzieht und alle Betätigungen der Vernunft so gut wie ganz an die Rede
30 gebunden sind, da alle Kritik, aus der das vernünftige Wahre hervorgehen soll, als intersubjektive Kritik sich der Sprache bedient, im Ergebnis immer zu Aussagen führt, so kommen zunächst nicht bloß Denkakte und Gedanken in Frage, sondern Reden, Aussagen, ausgesagte Gedanken. Wir kommen also auf die erste Gruppe von Bedeu-
35 tungen des Wortes Logos.

Für diese erste Gruppe der Bedeutungen vom Logischen sind diese auf drei Titel ⟨zu⟩ bringen: Reden, Denken, Gedachtes. Natürlich können wir dann auch von ihren entsprechenden Vermögen sprechen, dem Vermögen des Redens, mit dem Reden ineins zu denken und sich
40 denkend auf ein Gedachtes zu beziehen. Wir sehen uns also auf höhere psychische Wesen, auf Menschen, bezogen und nicht auf Tiere. Nur der Mensch hat Sprache und Vernunft, nur er vermag psychische Akte zu vollziehen derart, die einer Vernunftnormierung unterliegen, wie wenigstens die allgemeine Überzeugung ist.

45 Nur der Mensch erzeugt in Formen des Denkens gedankliche Gebilde wie die einer wissenschaftlichen Kultur und vermag sie sprachlich

zu dokumentarischem Ausdruck zu bringen; nur der Mensch hat so etwas wie eine Literatur.

### III. Die Idealität des Sprachlichen

Die drei aufgestellten Titel sind aber noch sehr vielfältig; sie bedürfen weiterer Unterscheidung und vermöge der fließenden Unklarheit der gebrauchten Worte der Klärung: Fürs erste bemerken wir für den Titel Rede oder Sprache, daß wir hier eine gewisse Unterscheidung nicht übersehen dürfen. Das ausgesprochene Wort, die aktuell geredete Rede, genommen als ein sinnliches, speziell als ein akustisches Phänomen, unterscheiden wir doch von dem Worte und Aussagesatze selbst oder der eine größere Rede ausmachenden Satzfolge selbst. Nicht umsonst sprechen wir — im Fall wir nicht verstanden worden sind und wiederholen — eben von einer Wiederholung derselben Worte und Sätze. In einer Abhandlung, in einem Roman ist jedes Wort, jeder Satz ein einmaliges, das sich nicht vervielfältigt durch ein wiederholtes lautierendes oder stilles Lesen. Dabei kommt es ja auch nicht darauf an, wer immer da vorliest: wobei jeder seine Stimme hat, seine Klangfarbe usw. Die Abhandlung selbst (und jetzt nur grammatisch nach dem Wort- und Sprachbestand genommen) unterscheiden wir nicht nur von den Mannigfaltigkeiten der lautierenden Reproduktion, sondern auch ebenso von den Mannigfaltigkeiten der bleibenden Dokumentierungen durch Papier und Druck oder durch Pergament und Tintenschrift oder durch Keilschrifttafeln usw. Der eine einzige sprachliche Bestand ist tausendfach reproduziert, etwa in Buchform, und wir sagen geradezu dasselbe Buch, mit demselben Namen, derselben Abhandlung, und zwar gilt diese Selbigkeit schon in rein sprachlicher Hinsicht, während sie in anderer Weise wiederum gilt in reiner Herauslösung des Bedeutungsgehaltes, wovon wir alsbald auch sprechen werden.

Die Sprache als ein System von Zeichen, mit denen sich im Gegensatz zu anderen Arten von Zeichen ein Ausdrücken von Gedanken vollzieht, bietet überhaupt und in vieler Hinsicht feine und wundersame Probleme. Eins davon ist die uns soeben entgegengetretene Idealität der Sprache, die völlig übersehen zu werden pflegt. Wir können sie auch so bezeichnen: Die Sprache hat die Objektivität der gegenständlichen, der sogenannten geistigen Welt oder Kulturwelt und nicht die bloß der physischen Natur. Als objektives geistiges Gebilde hat die Sprache dieselben Eigenschaften wie geistige Gebilde sonst: So scheiden wir ja auch von den tausenden Reproduktionen eines Stichs den Stich selbst, und dieser Stich, das ist das gestochene Bild selbst, wird aus jeder Reproduktion herausgeschaut und ist in jeder in gleicher Weise als ein identisches Ideales gegeben. Wieder ebenso wenn wir von der Kreutzer-Sonate sprechen gegenüber ihren beliebigen Reproduktionen. So sehr sie selbst aus Tönen besteht, ist sie eine ideale Einheit und ihre Töne sind es nicht minder; sie sind nicht etwa die physikalischen Töne oder auch die Töne der äußeren akustischen Wahrnehmung: die sin-

nendinglichen Töne, die eben nur in einer wirklichen Reproduktion und ihrem Anschauen real vorhanden sind. Wie die eine Sonate sich in den realen Reproduktionen vielfältig reproduziert, so reproduzieren sich mit jeder einzelnen Töne der Sonate vielfach in den entsprechenden
5 Tönen der Reproduktion. Ebenso verhält es sich also mit allen sprachlichen Gebilden; und zwar, was hier in Frage kommt, betrifft sie nicht bezüglich dessen, was sie ausdrücken (eine wie große Rolle dieses auch mit spielen mag). Sicherlich betrifft es sie auch als sinnerfüllte Reden, als konkrete Einheiten von sprachlichem Leib und ausgedrücktem
10 Sinn genommen, aber es betrifft sie schon hinsichtlich der sprachlichen Leiblichkeit selbst, die sozusagen auch schon eine geistige Leiblichkeit ist. Das Wort selbst, der grammatische Satz selbst ist, sahen wir ja, eine ideale Einheit, die sich mit ihren tausendfältigen Reproduktionen nicht vervielfältigt.
15 Der sich Aussprechende lebt in der sich auswirkenden praktischen Intention, die und die Meinung auszusprechen. Das muß nicht so verstanden werden, als ob er die Meinung von vornherein *explicite* gebildet hätte und dann erst nach passenden Worten suchen würde, sie auszudrücken. Wir unterscheiden die Fälle, wo man zu den andern
20 spricht, mitteilend, und die Fälle, wo man zu niemand spricht, einsam denkend und sich monologisch aussprechend. Im ersten Fall entspricht dem Reden das Verstehen und Mitdenken von seiten des Angeredeten; im andern Fall nicht.

Im einsamen sich aussprechenden Denken ist es sicher nicht so, daß
25 wir erst die Gedankenbildung hätten und dann nach passenden Worten suchen. Das Denken vollzieht sich von vornherein als sprachliches. Was in unserem praktischen Horizont liegt, als das zu Gestaltende, ist die noch unbestimmte Vorstellung eines Gebildes, das schon sprachliches Gebilde ist. Der Gedanke, der uns vorschwebt und den wir inner-
30 lich zur Aussprache bringen, ist schon doppelseitig, aber noch unvollkommen bestimmt.

Alle sinnerfüllten Reden sind als konkrete Einheiten von sprachlichem Leib und sprachlichem Sinn „geistige Gebilde".

Die prinzipiellen Erörterungen der großen Probleme, welche die
35 Klärung des Sinnes und der sogenannten transzendentalen Konstitution der Objektivitäten der Geisteswelt nach allen ihren Grundgestalten betreffen, und darunter die Sprache betreffen, bilden ein Reich für sich. Hier ist nur zu bemerken, daß die Sprache für den Logiker in erster Linie nur in ihrer Idealität, als das gegenüber den wirklichen oder
40 möglichen Realisierungen identische grammatische Wort, als identischer grammatischer Satz und Satzzusammenhang in Frage kommt: ganz ähnlich wie das Thema des Kunst-Ästhetikers das jeweilige Kunstwerk, die jeweilige Sonate, das jeweilige Bild, nicht der vorübergehende physische Tonkomplex oder das physische Bildding
45 ist, sondern das Bild „selbst".

Würde eine absolut getreue Reproduktion von Kunstwerken jeder Art erfunden werden, die den idealen Gehalt des Werkes mit absoluter

Zweifellosigkeit wiederholen würde, dann verlören die Originale für den Kunst-Ästhetiker jeden wissenschaftlichen Vorzugswert, sie behielten nur einen Affektionswert: ähnlich den literarischen Urschriften, nachdem sie getreu reproduziert worden sind hinsichtlich
5 ihrer sprachlichen Bestände.

Inwiefern in einem gewissen Rahmen ähnliches für alle Wissenschaften von Kulturgebilden bestehen bleibt, inwiefern dann aber doch hinsichtlich der Fragen der historischen Genesis der geistigen Gebilde der Kulturwelt ein Übergang in das Studium der Realisierungen notwendig
10 ist, das kann hier nicht erörtert werden; so z.B. nicht, in welchem Sinn die Sprachwissenschaft sich mit akustischen Fragen beschäftigen muß, um die Genesis des Wortbestandes der Sprachen zu erklären. Klar ist aber, daß, sowie der Sprachwissenschaftler zum Grammatiker wird, er schon das ideal einheitliche Wort vor sich hat.
15 Und dasselbe gilt vom Logiker, dem Logiker in einem ersten Sinn, dessen Thema der Logos als Theorie ist. Doch das fordert schon eine Blickrichtung auf das sprachlich Ausgedrückte.

### IV. Das Denken ein Sinn konstituierendes Erlebnis

Wir betrachten nun den zweiten der genannten Titel: das Denken;
20 ein Wort, dessen Sinn aus der so oft zusammen genannten Verbindung „die Sprache und das Denken" entnommen werden muß. Dann hat das Wort einen ungeheuer weiten Sinn, der, wie es fast scheinen möchte, das gesamte Seelenleben des Menschen umspannt: denn man pflegt ja auch zu sagen, „in der Sprache drücke der Mensch sein Seelenleben
25 aus". Doch müssen wir hier vorsichtiger sein. Nicht alles Seelenleben „drückt" der Mensch wirklich in der Sprache aus und kann er je durch sie ausdrücken. Wenn die häufige Rede anders lautet, so kommt dies von der Vieldeutigkeit der Rede vom „Ausdrücken" und der mangelhaften Klärung der hier bestehenden Verhältnisse. Vorweg können wir
30 diese Rede vom „Ausdrücken" dadurch begrenzen, daß wir darauf achten, daß mit jedem Worte und mit jeder zur Einheit einer Rede zusammengeordneten Wortverbindung etwas gemeint ist; nämlich wo immer die Rede wirklich aussagende, normal fungierende Rede ist. Ein Papagei, eine Elster redet in Wahrheit natürlich nicht. Wir
35 schließen auch jetzt die lügende Rede aus, die anderes meint, als was sie sagt. Der Einheit der Rede entspricht eine Einheit der Meinung und den sprachlichen Gliederungen und Formen der Rede entsprechen Gliederungen und Formungen der Meinung. Diese aber liegt nicht äußerlich neben den Worten, sondern redend vollziehen wir fort-
40 laufend ein inneres, sich mit den Worten verschmelzendes, sie gleichsam beseelendes Meinen. Der Erfolg dieser Beseelung ist, daß die Worte und die ganzen Reden in sich eine Meinung verleiblichen und verleiblicht in sich als Sinn tragen.

Wir brauchen nun nicht weiter zu gehen und können als vorläufigen
45 ersten und weitesten Sinn von Denken den begrenzen, daß er diejenigen seelischen Erlebnisse umspannen soll, in denen dieses Meinen be-

steht, dieses Meinen, worin ⟨sich⟩ für das redende Subjekt bzw. parallel für das hörend verstehende Subjekt eben die Meinung konstituiert, also die Bedeutung, der Sinn, der sich in der Rede ausdrückt. Sprechen wir z.B. ein Urteil aus, behaupten wir, daß Deutschland herrlich
5 wieder erstehen wird, so haben wir ineins mit den Worten der behauptenden Aussage eben Einheit des Urteilens, des innerlich „denkenden" Behauptens vollzogen. Welche psychischen Leistungen immer und sonst noch vollzogen sein mögen, damit die Worte selbst zustandekommen, und welche ihre Rolle spielen mögen für die den „Ausdruck" er-
10 zeugende Verschmelzung: Wir achten nur auf das Eingeschmolzene, auf die Akte des Urteilens, die als sinngebende, als Sinn in sich tragende fungieren, also die in sich die Urteilsmeinung konstituieren, die in dem Behauptungssatz ihren Ausdruck findet. Es bleiben also mancherlei psychische Erlebnisse außer Betracht. Außer Betracht bleiben die
15 zu den Worten wie zu allen Zeichen gehörigen Hinweistendenzen, die Phänomene des von-sich-weg und in-die-Meinung-hinein Deutens, des Hindeutens auf das Gemeinte. Außer Betracht bleiben auch andere mit auftretende psychische Erlebnisse, wie z.B. diejenigen, in denen wir uns an den Mitunterredner wenden, ihm unser Urteil bekunden
20 wollen usw., aber natürlich nur soweit in der Rede nicht selbst der Charakter der Anrede ausgedrückt ist, z.B. „ich sage dir ..." Was wir am Beispiel der behauptenden Aussage gelernt haben, gilt allgemein. Sprechen wir einen Wunsch aus wie „Gott steh mir bei!", so haben wir mit dem gegliederten Erzeugen der Worte ineins ein gewisses, in eben
25 der Wortgliederung sich ausdrückendes Wünschen, das seinerseits einen parallel gegliederten Gehalt hat, ebenso wenn wir einen Befehl, eine Frage aussprechen usw. So weit gefaßt heißt Denken jedes zur Hauptfunktion des Ausdrucks, eben der, etwas auszudrücken, gehörige Erlebnis während des Sprechens; also jedes Erlebnis, in dem sich
30 bewußtseinsmäßig der Sinn konstituiert, der zum ausgedrückten Sinn werden soll; es heißt Denken, möge es ein Urteilen sein oder ein Wünschen, Wollen, Fragen, Vermuten.

Wir lassen vorläufig diesen weitesten Begriff bestehen, der, wie ich gleich bemerken möchte, nicht der die traditionelle Logik bestim-
35 mende ist; ob wir an dieser Allgemeinheit festhalten oder nicht, es ist wichtig, zunächst in ihr Posto zu fassen und sie wissenschaftlich zu überschauen. Wir halten damit zugleich die Universalität der Deckung von Sprache und Denken fest. Das bezeichnet jetzt also für uns zwei parallele Reiche, einander als Reich möglicher Ausdrücke
40 und Reich möglicher Sinne, möglicher ausdrücklicher Meinungen entsprechend. Sie ergeben in ihrer verflochtenen Einheit das zweiseitige Reich der aktuellen und konkreten, der sinnerfüllten Reden. So ist ja jede Behauptung ineins Rede und aktuelle Meinung, näher Urteilsmeinung, jeder ausgesagte Wunsch ineins Wunschrede und
45 aktueller Wunsch selbst, aktuelle Wunschmeinung usw. Es wird sich noch herausstellen, daß es sich um mehr als eine Doppelheit handelt, so daß Meinen und Meinung, Urteilen und Urteil und so überall

scharf unterschieden werden müssen, so daß eine Dreifaltigkeit resultieren wird. Wir erforschen vielmehr einen wichtigen allgemeinen Charakter aller Erlebnisse, die eine sinngebende Leistung üben, wo immer Ausdrücke wirklich ihre ausdrückende Funktion üben: also im normalen Reden und verstehenden Zuhören.

⟨V. Die sinnkonstituierenden Erlebnisse als Ichakte⟩
Alle solchen Erlebnisse sind nicht nur überhaupt Bewußtseinsmodi, sondern Ichakte; und das wollen wir uns jetzt klar machen. Im Laufe unseres psychischen Lebens ist das wache Leben nur ein Typus, der neben sich einen andern hat, den dumpf-traumlosen Schlaf, die Ohnmacht. Wir gewinnen diese beiden Typen in ihrem Kontrast durch Vergegenwärtigung von wirklichen Erlebnissen des Aufwachens, durch rückschauendes Erfassen der vorangegangenen Bewußtseinsphasen unter Vergleichung mit der Wachheit selbst. So wenig wir sonst von dem Gehalt jenes Vorangegangenen und vom dumpf Erlebten überhaupt sagen können, das typische Wesen des Kontrastes ist mit Evidenz beschreibbar. Im Zustande der Dumpfheit wird auch erlebt. Aber es wird nicht im eigentlichen Sinn wahrgenommen und sonstwie erfahren, es ist nichts Thema einer Erkenntnis, es wird nichts geurteilt, es wird nichts zum Gegenstand eines Gemütsinteresses, es wird eigentlich aktuell nichts geliebt oder gehaßt, nichts ist Ziel eines Begehrens oder Wollens. Was ist das Auszeichnende solcher Erlebnisse, die in einem allerweitesten Sinn, der freilich in dieser Weite nicht üblich ist, als Erlebnisse des Interesses bezeichnet werden könnten und die dem wachen Seelenleben den Charakter der Wachheit aufprägen? Wir können antworten: Das Seelenleben ist wach, d.h., das Ich ist wach, und das ist es, sofern es spezifische Ichfunktionen in aktueller Weise vollzieht, also aktuell vollzieht ein „ich nehme wahr", d.i., ich bin anschauend, betrachtend einem Gegenständlichen zugewendet und mit ihm beschäftigt, ebenso ich erinnere mich, ich bin in der Betrachtung des Erinnerten beschäftigt, ebenso ich vergleiche und unterscheide, ich erkenne vergleichend, daß dieses und jenes Wahrgenommene von gleicher Art ist; oder ich neige mich in Liebe, in Schätzung, Verehrung einer vorstelligen Person zu oder wende mich gegen sie in Haß und Verachtung, ich vollziehe einen Akt des Strebens, erwäge die Mittel, entschließe mich und handle. Achten Sie wohl, wie die Betonung des Ich gemeint ist. In solchen Wacherlebnissen des Erfahrens, Erkennens, Schließens, Wertens, Wollens finden wir als eigentümliches Zentrum des Erlebens, als das sich darin Betätigende oder das darin bewußt Erleidende das Ich, es ist der identische Pol, das Zentrum von Aktionen und Passionen, das letztere in Zuständen wie: ich bin traurig, ich bin vergnügt, ich genieße. Das Wort Ich ist dabei nicht ein leeres Wort, und anderseits meint es hier nicht mich als leiblichen Menschen, auch nicht das gesamte Seelenleben, ja eigentlich überhaupt nichts vom Leben und Erleben. Vielmehr ist hier das Ich ein durch Reflexion aufweisbares Zentrum für das Leben und Erleben,

das Zentrum, auf das das Wahrnehmen, Urteilen, Fühlen, Wollen bezogen ist.

Das aber so, daß die Ausdrucksweise „ich nehme wahr, ich urteile, ich fühle, ich will" zugleich eine Wesensgestalt dieser Erlebnisse selbst
5 bezeichnet, die durch ihre Ichzentrierung wesensmäßig gegeben ist. Das Ich ist hier überall dabei als in diesen Akten lebendes, als sie vollziehendes, als durch sie auf das Wahrgenommene, Geurteilte, Gewollte bezogenes. Das Ich ist kein Kasten, in dem ichlose Erlebnisse stecken, oder eine Bewußtseinstafel, auf der sie aufleuchten und wieder
10 verschwinden, oder ein Erlebniskomplex, ein Bewußtseinsfluß oder etwas in ihm Zusammengebautes, sondern das Ich, von dem hier die Rede ist, ist aufweisbar an jedem Wachheits- oder Akterlebnis als Pol, als Ichzentrum, und damit als an der eigentümlichen Struktur dieser Erlebnisse beteiligt, an ihnen als ihrem Ausstrahlungspunkt
15 oder Einstrahlungspunkt und doch nicht an ihnen als Teil oder Stück. Das zeigt sich daran, daß wir, um diesen Ausstrahlungspunkt thematisch zu erfassen, eine eigene Reflexion üben müssen, in eine Gegenrichtung gehen. Nicht als etwas im Erlebnis oder wörtlich an ihm, wie ein Teilartiges, finden wir es, sondern die Struktur des Erlebnisses,
20 seine Richtungsstruktur, die auf das Vorgestellte, auf das Gewünschte etc. hinausgeht, weist zurück auf einen Ausstrahlungspunkt und auf das Gerichtetsein dieses Ich auf sein intentionales Thema. Dabei ist es auch evident, daß alle solche Erlebnisse, die in dieser ausgezeichneten Gestalt *ego cogito* in der Einheit eines Erlebnisstromes auftreten, iden-
25 tisch dasselbe Ego zeigen: Ich, der ich wahrnehme, bin identisch derselbe, der ich dann urteile oder fühle, begehre, will, und nur um dieser Identität willen kann ich sagen, all das sind meine Akte. Also eine merkwürdige Polarisierung des Bewußtseinsstromes! Alle Akterlebnisse zentriert in einem einzigen völlig identischen Pol. Nur durch
30 reflektive Erfassung dieses zentralen Ich, das aber nur als Subjekt seiner Akte, als sie vollziehendes Subjekt erfaßbar ist, gewinnt jeder andere Ichbegriff, auch der des personalen und psychophysischen Menschen-Ich seinen Sinn, wieviel sich an neuen Bestimmungsmomenten in diesen neuen Ichbegriffen anlagern mag.

35 Was hier gesagt ist, wird noch erleuchtet, wenn wir beachten, daß das wache Leben eines Ich nicht lauter solche Icherlebnisse enthält, in denen das zentrale Ich als aktuelles Funktionszentrum auftritt und so seinen Erlebnissen (mit D e s c a r t e s zu reden) die Gestalt gibt *ego cogito*. Das wache Leben hat sozusagen beständig und nach ewiger
40 Notwendigkeit einen Hintergrund der Unwachheit. Wenn ich einen Gegenstand wirklich wahrnehme, d.h. auf ihn hinsehe, ihn beachte, erfasse, betrachte, so wird es dabei nie fehlen können an einem unbeachteten, unerfaßten gegenständlichen Hintergrund. Wir unterscheiden dabei das sekundär Beachtete von dem wirklich Unbeachte-
45 ten. Im allgemeinen werden neben dem Gegenstand, der primär beachtet ist, mit dem ich in vorzüglicher Weise betrachtend beschäftigt bin, noch einzelne Gegenstände mit-beachtet, sie mögen in zweiter oder

dritter Linie noch miterfaßt sein. Es wird in der Weise geschehen, daß ich, von der Betrachtung eines Gegenstandes übergehend in die eines anderen, den ersteren zwar nicht mehr ansehe, mit ihm nicht mehr primär und eigentlich beschäftigt bin, daß ich ihn aber noch im Griff behalte, ihn aus meinem beachtenden und fassenden Griff nicht fahren lasse, und mit all dem, was ich vordem erfaßt hatte: Es bleibt mir in modifizierter Weise zugeeignet und dabei noch im Griff. Noch bin ich, das zentrale aktuelle Ich, dabei; als waches Ich bin ich darauf in einem *ego cogito* noch bezogen. Aber demgegenüber haben wir ein weites Erlebnisfeld oder, wie wir auch sagen, ein Bewußtseinsfeld, das zu dem Ich oder zu dem das Ich nicht in solche Beziehung getreten ist: Es klopft vielleicht an die Pforte des Ich, aber es „affiziert" das Ich nicht, das Ich ist gleichsam dafür taub.

Das wache Ich mit seinen Erlebnissen der spezifischen Wachheit, Erlebnissen des *ego cogito*, hat also einen beständigen, weiten Horizont von Hintergrunderlebnissen, denen das Ich nicht „ein"wohnt und beiwohnt: Es können Empfindungen, wie Tonempfindungen, sein, aber das Ich ist nicht für sie wach; es können physische Gegenstände oder Leibwesen im umgebenden Raum als wandelbare oder ruhende erscheinen, aber das Ich vollzieht für ⟨sie⟩ kein „ich nehme wahr", ich betrachte; es können mit diesen Hintergrunderlebnissen bzw. ihren Gegenständen Gefühle verflochten sein, überfließend in eine allgemeine Stimmung des Wohlbehagens oder Mißbehagens, auch Tendenzen, Trieberlebnisse mögen darin verwurzelt sein, die etwa von dem Mißbehagen wegdrängen, aber das Ich ist nicht dabei. Hierher gehören auch Einfälle, auftauchende Phantasien, Erinnerungen, auftauchende theoretische Einfälle oder auch Willensregungen, Entschlüsse, die aber vom Ich nicht aufgenommen werden. Erst wenn es sie vollzieht, gewinnen sie die Gestalt des „*ego cogito*", des „ich beschäftige mich phantasierend mit dem Phantasie-Gestalteten", „ich durchdenke den theoretischen Einfall", „ich vollziehe den sich regenden Willen" usw. Also das wache Ichleben unterscheidet sich von dem unwachen, dem im weitesten Sinn dumpf schlafenden dadurch, daß im letzteren überhaupt kein Erlebnis der spezifischen Wachheit und kein aktuelles Ich als sein Subjekt da ist, während in dem andern Fall eben ein solches waches Ich als Subjekt spezifischer Akte da ist.

VI. Vordergrunderlebnisse und Hintergrunderlebnisse

Jeder Akt im spezifischen Sinn hat den Grundcharakter eines Bewußtseins von etwas, eines „intentionalen Erlebnisses": Das Wahrnehmungserlebnis ist in sich selbst Wahrnehmung von etwas, z.B. von einem Haus, das Erkenntniserlebnis ist in sich selbst Erlebnis eines Erkannten, wie wenn das Haus als Wohnhaus erkannt ist; in jedem Urteil ist etwas, ein Sachverhalt geurteilter, in jedem Begehren ist etwas begehrt, in jedem Wollen etwas gewollt. Dabei ist der Begriff des intentionalen Erlebnisses der weitere Begriff. Denn auch

Hintergrunderlebnisse sind intentional. Ein universales Leben, das durch und durch Bewußtseinsleben ist, umspannt die spezifischen Akte, die des spezifischen Ichbewußtseins, und das Hintergrundbewußtsein. So z.B. haben wir im wachen Leben beständig einen ausgefüllten visu-
5 ellen Raum bewußtseinsmäßig gegenwärtig. Achten wir auf einen einzelnen Baum in einer vor uns offenen Landschaft, so ist diese Landschaft als räumliches Feld mit mannigfachen Gegenständen für uns bewußtseinsmäßig da. Das sagt, als Ganzes und nach allem Einzelnen sind die Hintergrundobjekte Objekte für uns dadurch, daß sie er-
10 scheinen, dadurch ⟨daß⟩ wir in ihren entsprechenden Erlebnissen den Charakter intentionaler Erlebnisse haben. Jede Erscheinung ist Erscheinung des in ihr Erscheinenden, das Erlebnis einer Hauserscheinung ⟨in⟩ der Landschaft ist eben Erscheinung dieses Hauses, mögen wir gerade darauf besonders achten oder nicht. Der spezifische
15 Ichakt ist also eine besondere Vollzugsform intentionaler Erlebnisse. Ich erwähne noch, daß ich in meinen *Logischen Untersuchungen* den Terminus Akt ursprünglich für diesen weitesten Begriff des intentionalen Erlebnisses eingeführt habe, in welchem Sinn das Wort in der Literatur jetzt gebräuchlich geworden ist. Darum sage ich jetzt mit
20 Betonung Ichakt oder Akt im prägnanten Sinn, wo es sich um Akte der ausgezeichneten Vollzugsform handelt.

Im Bewußtseinsleben findet ein beständiger Wandel der Vollzugsmodalitäten statt; Vordergrunderlebnisse, Ichakte, verlieren diese Vollzugsform und nehmen dann die geänderte Form an und umge-
25 kehrt. Das gilt für alle Arten von Bewußtseinserlebnissen. Denkakte, Gefallensakte, Willensakte verschwinden nicht einfach, wenn wir sie nicht mehr vom Ich her vollziehen, es werden daraus Hintergrunderlebnisse.

Evident ist dabei, daß die Hintergrunderlebnisse gegenüber den
30 ihnen entsprechenden Akten durch und durch modifiziert sind, während sie doch eine Wesensgemeinschaft haben, so daß wir genötigt sind, weiter von denselben Urteilen, Wünschen etc. zu sprechen. Freilich sie sind nicht wirklich dieselben. Es ist nicht so, wie wenn wir Dinge in einem Zimmer von der Fensterseite in die dunklen Ecken
35 rücken, wobei die Dinge selbst unverändert bleiben. Sowie ein Hintergrunderlebnis aktuell wird, also das Ich zum vollziehenden Ich darin geworden ist, hat es sich als Erlebnis ganz wesentlich geändert. Ebenso umgekehrt. Und doch: Auch das in den Hintergrund gerückte Urteilen ist noch Urteilen von dem und dem, die Hintergrundwahr-
40 nehmung ist noch Wahrnehmung von genau demselben.

Daß die Erlebnisse im Übergang von dem einen in den anderen Vollzugsmodus Bewußtsein von demselben sind, das liegt in ihrem eigenen Wesen. Rein durch ihr eigenes Wesen begründen sie im Übergang das Bewußtsein von der Einheit und Selbigkeit des in ihnen Bewußten,
45 eine Art Deckung stellt sich ein, die eben nach ihrem intentionalen Gehalt als dem in ihnen bewußten. Diese Sachlage macht die Redeweise verständlich von Akten, die latent werden und dann wieder patent.

Taucht während eines Streites im Bewußtseinshintergrund ein Gegenargument auf, so ist das zunächst ein latenter Akt, seine Intentionalität, das, was ihn zum Einfall des und des Arguments macht, ist eine verborgene Intentionalität, bis wir gewissermaßen angreifen und nun aktualisieren, also ein explizites, vom Ichzentrum ausgehendes Argumentieren des entsprechenden Gehaltes vollziehen.

⟨VII. Der Zusammenhang von Ausdrücken und Bedeuten als Einheit eines Ichaktes⟩

Unser Thema war die Klärung des Denkens, des Denkens ineins mit der Rede, das an ihr die sinngebende Funktion übt. Wo immer wir aktuell reden oder eine Rede aktuell beteiligt hören und aufnehmen, da besteht diese Aktualität im Vollzug von Ichakten in unserem definierten Sinn. Das betrifft zunächst das den Worten sinngebende Denken. Mit den gesprochenen Worten meint der Redende etwas, und dieses Meinen, dieses zum Reden gehörige „Denken" ist ein vom Ich aus vollzogener Akt oder einheitlicher Zusammenhang von Akten. Worauf das Ich intentional in diesen Akten gerichtet ist, das ist das, was er redend mit den Worten meint, was sie als Reden „ausdrücken".

Wir bemerken ferner, daß auch die Erlebnisse, in denen sich für uns als Sprechende die Worte selbst herstellen, in denen sie für uns bewußtseinsmäßig da sind, den Charakter von Ichakten haben und daß wir somit auch für das spezifische Sprachbewußtsein durch unsere Analyse etwas gelernt haben. Die Worte als aktuell geredete Worte tauchen nicht in einem Ich-fernen Hintergrund auf, als Redende erzeugen wir sie, wir sind in der Erzeugung auf sie in Akten gerichtet, und nicht in einer latenten Intentionalität. Ferner wenn es heißt, daß wir mit den Worten dieses und jenes meinen oder ausdrücken, so gehört auch diese synthetische Einheit des damit Meinens in den Kreis der spezifischen Ichbeteiligung. Die Worte haben im Wortbewußtsein den Charakter von Zeichen, es haften ihnen Charaktere des Hindeutens an, es strahlen von ihnen Hinweistendenzen aus, die auf das Gemeinte hinzielen und im Gehalt der Meinungen terminieren. Dieses Ineinander gehört zum intentionalen Bestand der Einheit des Wort- und Redebewußtseins, und offenbar macht es diese Eigentümlichkeit, daß Ausdruck und Ausgedrücktes, daß Wortbewußtsein und Sinnbewußtsein nicht nebeneinander zusammenhangslos liegen, sondern eine Einheit des Bewußtseins ausmachen, in der die doppelte Einheit von Wort und Sinn sich konstituiert. Sowie wir diese Hinweistendenzen weggestrichen und verschwunden denken, haben wir keine Worte mehr, wir haben bedeutungslose Wortlaute, wie sie auch der Papagei im sogenannten Sprechen erzeugt; wir haben Zeichen, die nichts bezeichnen, also in Wahrheit nicht mehr Zeichen sind, geschweige denn Ausdrücke.

Auch diese, die Worte selbst und den Sinn, Worterleben und Denken einigende Intentionalität hat den Charakter der patenten, das reine Ich ist dabei. Es blickt erfassend auf das Wort hin, erfaßt seine Hinweistendenz, läßt sich von ihr willig leiten und in den Vollzug

des Denkens hineinleiten, sich auf das Gedachte, als das mit den Worten Gemeinte, hinrichten. Aber die Worte selbst meinen wir dabei nicht! In andern Akten können wir auch die Worte meinen, wir können uns, wie die gewöhnliche Rede heißt, für sie interessieren,
5 sie in diesem Interesse zu unserem „Thema" machen, evtl. wie wir es als Grammatiker tun, zum theoretischen Thema. In diesem Fall vollziehen wir theoretische Urteile und ihnen entsprechend theoretische Reden, die in neuen Worten verlaufen, während dann offenbar der Unterschied hervortritt zwischen den Worten, die unser grammatisches
10 Thema sind, und den Worten, die wir gebrauchen, um über dieses Thema uns auszusprechen, auf sie bezügliche Gedanken auszusprechen. Die einen und andern Worte sind bewußtseinsmäßig wesentlich anders gegeben, die auf sie gerichteten Akte sind einmal Akte des Interesses, das andere Mal nicht. In einem weitesten, aber nicht ge-
15 bräuchlichen wörtlichen Sinn könnte von Interesse gesprochen werden, um eben zu sagen, daß überhaupt ein Akt vollzogen ist, also daß das Ich dabei ist bei dem jeweiligen intentionalen Gegenstand, daß das Ich sich im Akte auf etwas richtet. Aber der normale Begriff von Interesse besagt mehr, besagt jene eigenartige Vollzugsweise von Akten,
20 wodurch das, was darin bewußt ist, für das Ich Thema ist. Sind in jeder aktuellen Rede die Worte selbst nicht thematisch bewußt, so haben sie doch und notwendig ein Thema, nämlich es liegt in dem mit den Worten Gemeinten. Also der sinngebende Akt ist ein meinender in dem bestimmten Sinn des thematischen Aktes, der in der
25 Weise des Interesses auf ein im Aktgehalt liegendes Thema gerichtet ist.

Die Aktualität der Hinweisung, die dem Worte im Bewußtsein der aktuellen Rede anhaftet, gewinnt durch unsere Erleuchtung der Eigenheit thematischer Akte eine aufklärende Bestimmung. Es weist das
30 Wort von sich gewissermaßen weg auf das Ausgedrückte als thematischen Sinn. Diese Analyse betrifft offenbar jederlei Zeichen resp. aktuelle Bezeichnung, möge sie eine sprachliche oder nicht sprachliche sein. Jedem Zeichen haftet fest und seinem Wesen als Zeichen gemäß an ein gewisses Sollen, der feste Hinweis auf seine thematische Mei-
35 nung.

Lenkt sich trotzdem ein Interesse auf das Zeichen selbst, so ist die thematische Bevorzugung des Zeichens eine seiner Funktion zuwiderlaufende, sie findet ihr zum Trotz statt; und das fühlt man, dieses zum Trotz, es ist ein phänomenologischer Charakter.
40   Wir sind also zur Einsicht gekommen, daß nicht beliebige intentionale Erlebnisse und auch nicht beliebige Akte in der Sinn konstituierenden Funktion stehen können, nicht bei Zeichen im allgemeinen und somit auch nicht bei Reden. Nur Akte im Modus der thematischen Akte, Akte des Interesses in einem bestimmten Sinn, können so fun-
45 gieren; nur Akte, durch die für das Ich das in ihnen Bewußte den Vorzugscharakter der thematischen Meinung hat.

Selbstverständlich geht dieser Charakter, wie alles, was wir an der

aktuellen Rede an Strukturen aufweisen, auch in die Hintergrundmodifikationen ein, aber eben modifiziert, die wie allen Akten, so denen der Rede zuteil werden können. In dieser Hinsicht bedarf es keiner besonderen Ausführungen. Bleiben wir in der für uns allein
5 fruchtbaren Sphäre der wachen Aktivität. Das, was ich aussage, was ich redend ausdrücke, ist in dem Moment der aktuellen Rede mein Thema, mein „Gemeintes".

Behaupte ich etwas, so ist mein thematischer Akt ein Urteilen und ich habe mein Urteilsthema, eine Urteilsmeinung. Ebenso wenn ich
10 einen Wunsch ausspreche, so ist das Wünschen der thematische Akt, der Wunsch ist als meine Wunsch-Meinung hingestellt, in der fragenden Rede hat der fragende Akt thematische Form usw. Alles in allem ist danach vom aktuell Redenden eine Vielfältigkeit von Akten vollzogen, synthetisch miteinander verknüpft zur Einheit eines Aktes.
15 Nicht nur wenn wir der Rede, ihren einzelnen Worten und Sätzen entlang gehen, haben wir eine fortlaufende Folge von Akten, die sich miteinander verknüpfen und dadurch für den Redenden die Einheit einer aus den sinnbegabten Worten und Sätzen gebauten und nun einheitlich sinnvollen Rede konstituieren. Nicht nur, sage ich, haben
20 wir diese Vielgliedrigkeit der Rede entlang, sondern zu jedem Querschnitt sozusagen gehört eine Vielfältigkeit, d.h. zu jedem Redeteil und evtl. sogar Wortteil, sofern er noch Rede, noch sinnbegabt ist: Wir haben an jeder Stelle die Aktgliederung nach Wort und Sinn, also die selbst durch einen übergreifenden Akt erfolgende Synthese, nämlich
25 durch jenen Akt der Hinweisung, der den verbundenen Akten zugleich eine verschiedene Stellung und Funktion erteilt.

⟨VIII. Thema, Interesse, Hinweisung⟩

Wir haben am Schluß der letzten Vorlesung den Gesamtzusammenhang von Ausdrücken und Bedeuten als Einheit eines Ichaktes cha-
30 rakterisiert. Hier können wir nun gleich anknüpfen, um der Charakteristik des Denkens eine noch notwendige Vertiefung zu geben, mit der zugleich ein Neuartiges, eine besonders ausgezeichnete Vollzugsmodalität bei den Ichakten überhaupt hervortreten wird. Vergleichen wir die Vollzugsart, in der das zentrale Ich des Redenden den Wort-
35 konstituierenden Akt vollzieht und anderseits den Sinn-konstituierenden, so tritt uns ein scharfer Kontrast entgegen. Das auf letzterer Seite stehende Denken nannten wir auch Meinen. Z.B. in der behauptenden Rede, wie „die Geometrie ist die Wissenschaft vom Raum", ist ausgesagt, was der Redende urteilend „meint". Aber während er
40 „mit" den Worten das Urteil meint, meint er dabei die Worte selbst nicht. Sie sind für das Ich ganz anders bewußt als das Geurteilte. In diesem liegt sozusagen der *Terminus ad quem* und dadurch hat es einen besonderen Vorzug gegenüber dem Wort, obschon auch auf dieses der Blick des Ich gerichtet war. Worte, wie überhaupt Gegen-
45 stände, in spezifischen Akten vor Augen haben, das heißt also noch nicht, meinend auf sie gerichtet sein. Allerdings können wir auch ihnen

den Vorzug des Meinens erteilen, aber dann in entsprechend geänderten Akten. Wir können uns, wie man auch sagt, speziell für die Worte interessieren, sie in diesem Interesse zu unserem „Thema" machen, wie wir es z.B. als Grammatiker tun. Sie werden dann unsere theore-
5 tischen Themen, wir vollziehen in Beziehung auf sie theoretische Urteile und ihnen entsprechende theoretische Reden, die in neuen Worten verlaufen. Besonders klar tritt dabei der Unterschied hervor zwischen den Worten, die unsere grammatischen Themen sind, und den Worten, die wir gebrauchen, um über diese Themen theoretische
10 Gedanken auszusprechen. Die einen und andern Worte sind bewußtseinsmäßig wesentlich anders gegeben, die auf sie gerichteten Akte sind einmal Akte des Interesses im prägnanten Wortsinn, das andere Mal nicht. Man könnte ja in einem weitesten, aber nicht gebräuchlichen Sinn von Interesse des Ich bei jedem Akte sprechen. Denn in
15 jedem Akte ist das Ich als reines Ich beteiligt und *interest*; es ist auf etwas gerichtet und daran betätigt. Aber der normale Begriff des Interesses besagt mehr, besagt eine eigenartige Vollzugsweise eines Aktes, wodurch in ihm etwas in der vorzüglichen Weise eines Themas bewußt ist, eines solchen, worauf es abgesehen ist. Der Ausdruck
20 Meinen wird mitunter allgemein gebraucht für alle Akte, um die Ichrichtung auf den intentionalen Inhalt zu bezeichnen, und somit muß man thematisch Meinen oder den thematischen Akt unterscheiden von Meinen und Akt überhaupt. In dieser Weise liegt bei jeder Rede ein Thema mit evtl. vielen Sonderthemen vor, nur daß eben nicht die
25 Worte der Rede selbst die Themen sind. Das Thema liegt in dem mit den Worten Gemeinten. Der sinngebende Akt ist nicht nur ein zweiter eingeflochtener Akt, sondern eingeflochten als ein thematischer Akt, ein Akt des Interesses. Die verschiedene Weise des Vollzuges, die die Worte „Interesse" und Thema andeuten — von denen das eine auf
30 das Ich und seine Aktion hindeutet, das andere nicht —, gehört zu Akterlebnissen offenbar auch außerhalb der aussagenden Reden. Es ist dabei auch ersichtlich, daß es verschiedene Gradualitäten des Interesses gibt und anderseits Modi des Interesses, die nicht bloß Gradunterschiede sind. So kann eine anschauliche Betrachtung von Ge-
35 genständen und Vorgängen der Umwelt eine mehr oder minder interessierte sein, das Ich hat in den Sachen sein Thema, ist aber mit ihnen mehr oder minder intensiv beschäftigt. Anderseits kann, während das Ich sein primäres Thema in diesen betrachteten Sachen hat, es noch nebenbei andere Vorgänge nicht nur bemerken, sondern für
40 sie interessiert sein. Sie sind dann aber sekundäre Themen, Interessen zweiter Linie.

Gehen wir nun aber noch für einen Augenblick in die spezielle Ausdruckssphäre wieder zurück, so ist als merkwürdig hervorzuheben der Zusammenhang zwischen der Sinnesfunktion als thematischer
45 und der Funktion der Hinweisung, deren Grundcharakter nun erst verständlich wird. Das Wort weist, vollständiger ausgedrückt, in der normalen Rede von sich weg und auf den Sinn hin, d.h., es dirigiert das

Interesse. Das an sich nicht interessierende Wortzeichen dient dazu, in den Sinn hinüberzuziehen, als worauf es dem Ich ankommt.

Diese Analyse paßt offenbar auf jederlei Zeichen bzw. auf die Akte, in denen sie ihre aktuell bezeichnende Funktion üben, mögen es sprachliche Zeichen sein oder anderweitige Zeichen, wie Signale der Schiffer. Sowie sich, unter Durchbruch dieser normalen Funktion, das Interesse auf die Zeichen selbst richtet und sich daran verhaftet, wie auf die Schriftzeichen, auf die als Signal dienende Fahne, bekundet sich im Erlebnis selbst die Anomalität. Man fühlt, daß es sozusagen wider den Strich geht und daß man nicht nur eine Gewohnheit, sondern eine habituelle Zweckbestimmung, ein praktisches Sollen verletzt.

Auf diese Weise haben wir also auch eine tiefere Einsicht in den Wesensbau eines lebendigen Sprechens gewonnen, vor allem die Erkenntnis, daß das sinngebende Denken nicht ein beliebiger Akt sein kann, sondern nur ein solcher, der den allgemeinen Charakter eines thematisch meinenden hat, möge es übrigens eine Urteilsmeinung sein, eine Vermutungsmeinung, eine Zweifelsmeinung, Wunsch- oder Willensmeinung.

⟨IX. Rückgang vom theoretischen Logos auf das vortheoretische, sinngebende Bewußtseinsleben⟩

Doch jetzt wollen wir unsere Untersuchung über den engen Bereich, an den sie sich hielt, an den des Denkens als sinngebender Funktion von Aussagen hinausführen. Eigentlich drängte schon jeder Schritt unserer bisherigen Analysen der beim sprechenden Denken fungierenden Innerlichkeit zur Nachweisung allgemeiner Bewußtseinscharaktere, die über das enge Feld hinauswiesen. Wir wollen nun in eine weiteste Allgemeinheit eintreten, in der von Worten und Aussagen nicht mehr zu handeln ist, obschon doch in einem erweiterten Sinn von Sinngebung und dann auch von Unterschieden des Vernünftigen und Unvernünftigen, die ja zum speziellen Thema jeder Logik gehören.

Das eigentliche Thema der Logik, sagten wir gleich am Anfang, deutet die inhaltsreichste und sozusagen potenzierte Bedeutungsgruppe des Wortes Logos an, bezogen auf Vernunft, und zwar als wissenschaftliche Vernunft, und auf die in ihr sich vollendenden Leistungen, also auf die Gesamtheit der sprachlich geprägten Gebilde, die der Titel wissenschaftliche Theorie, wissenschaftliches System ausdrückt. Also umfassen soll ⟨sie⟩ die Grundsätze und Lehrsätze, die Schlüsse und Beweise in ihrem ganzen systematischen Zusammenhang, wie sie in einem idealen Lehrbuch objektiv herausgestellt wären als geistiges Gemeingut der Menschheit. Vernünftig, sagte ich früher schon, ist ein Normwort. Das Vernünftige ist das Wahre, das Echte, worauf zwar auch die Unvernunft, der Mensch, soweit er unvernünftig denkt, hinauswill, das aber von ihm in seiner Unklarheit und Verworrenheit durch eine also unechte, unvernünftige Methode verfehlt wird. Die Logik geht, wie wir danach sagen können, auf Wissenschaft im echten Sinn, oder, was dasselbe, sie will und wollte von Anfang an universale

## ERGÄNZENDER TEXT IV

Wissenschaftslehre sein, die Wissenschaft vom Wesen echter Wissenschaft überhaupt. Unter dem Titel Wissenschaft wollte die Menschheit die Welt oder in Besonderung der forschenden Interessen, irgendein besonderes endlos-offenes Weltgebiet systematisch erkennen. Diese zunächst unklare Leitidee der Wissenschaft sollte zur Bestimmtheit und Klarheit gebracht werden. Die Wesenseigenheiten echter Wissenschaft, diejenigen, an welche die Wahrheit ihrer Methoden, ihrer Theorien in gesetzlicher Notwendigkeit gebunden sind, sollten herausgestellt und in dieser Notwendigkeit zwingend, weil klar eingesehen werden. Das Ziel war also zugleich, eine einsichtige Norm für jedes praktische vernünftige Vorgehen zu gewinnen in der Begründung echter Wissenschaft und in einem Aufbau zu immer höheren Wahrheitsleistungen. Da es sich dabei immerzu um Weisen des Leistens und Ergebnisse der Leistung handelt, um das subjektive Tun der Wissenschaftler und die daraus hervorgehenden Gebilde objektiver Geistigkeit, eben die Theorien, so müßte die klärende und wissenschaftlich erkennende Bemühung der Wissenschaftslehre oder Logik eine doppelseitige sein, subjektiv auf das Erkennen und anderseits objektiv gerichtet auf Theorie.

Indessen erst in der Neuzeit hat man gesehen oder vielmehr zuerst bloß dunkel gefühlt und dann eingesehen, wie tiefe und gewaltig umfassende Untersuchungen diese Doppelseitigkeit fordert, wenn man wirklich zu einem Verständnis des Wesens wissenschaftlicher Leistung als einer Vernunftleistung vordringen wollte. Sobald in einer gewissen naiven Evidenz systematische Stücke von Wissenschaften gewonnen waren, wie im Altertum schon die euklidische Mathematik, die Anfänge einer Astronomie und Mechanik, und nun bestimmt gestaltete und feste Theorien vor Augen gestellt waren, deren Erkenntniswert vermöge dieser naiven Evidenz unanfechtbar erschien, hielt man sich begreiflicherweise an diese Vorbilder, und die Blickrichtung war vorwiegend gefesselt durch das, was objektiv vorlag, durch die mannigfaltigen Gebilde der Theorie. Man sagte sich zunächst, Theorien bestehen aus Sätzen, sie schreiten von wahren zu wahren Sätzen fort; Einsicht erfaßt die Wahrheit, rechtfertigt also auch die Prätention auf Wahrheit.

Sätze, deren Wahrheit unmittelbar einsichtig ist, führen in Schlüssen zu Folgesätzen, die evident werden in ihrer abhängigen Wahrheit. Der ganze Zusammenhang aus Elementarschlüssen, hergestellt in seiner Einheit, ist selbst Einheit der Wahrheit als Theorie. Diese ganzen aus einzelnen Sätzen gebauten Gebilde sind zwar sprachlich ausdrückliche, aber das Sprachliche daran, etwa nach nationaler Sprache wechselnd, ist dabei irrelevant. Es hebt sich in dieser Variation des bloß Sprachlichen der reine Gedanke, die reine Bedeutung ab, der identische Satz oder auch, wie man sagt, das Urteil. Nur an ihm haftet Evidenz und das Prädikat der Wahrheit oder evtl. Falschheit. In diesem Sinn ist nicht nur ein einzelner Satz, sondern die ganze Einheit einer Theorie ein nur sehr zusammengesetztes Urteil.

Somit richtete sich die Logik auf eine Theorie der Theorie, sie blickte hin auf diese reinen Bedeutungseinheiten; man vollzog daran eine Art deskriptiver und klassifikativer Betrachtung. Man unterschied systematisch die allgemeinen Formen dieser Bedeutungen, der Urteilsformen und ihrer Elemente, und der Verbindungen, durch welche komplexe Urteile erwachsen; elementare Urteilsformen wie: *S ist p, alle S sind p, einige S sind p, wenn S p ist, so ist Q r* usw. Hierher gehörte auch die systematische Herstellung jener Formen von Urteilskomplexen, die da Schlüsse heißen. Man konnte dann weitergehend diese Formen daraufhin betrachten, wiefern sie allgemeine Bedingungen der möglichen Wahrheit und Falschheit so geformter Urteile hergeben. Betrachtet man so die Schlußformen, so zeigt sich evident, daß man nicht beliebig Sätze zu Schlüssen verbinden kann bzw. Satzformen zu Schlußformen, sofern nämlich evident ist, daß Schlüsse gewisser Formen prinzipiell falsch sind und daß vom Standpunkt der Wahrheit nur gewisse Schlußformen zulässig sind. Jeder Schluß der Form „*weil alle A B und alle B C sind, sind alle A C*" ist ein richtiger in Hinsicht auf die Folge, würde es aber heißen „*es sind nicht alle A C*", so wäre die Schlußweise falsch. Von da aus konnte man sehen, daß zu der Form der Urteile als der reinen Satzgedanken Formgesetze gehören, welche je nachdem sagen, Urteile und Urteilsgebilde der und der reinen Formen sind ein für allemal widerspruchsvoll, sie sind prinzipiell falsch, andere sind nicht widerspruchsvoll, sie können ihrer Form nach wahr sein.

In dieser Weise erwuchs die a r i s t o t e l i s c h e Syllogistik und die spätere, mehr oder minder rein gestaltete formale Logik. Dem allein brauchbaren Kern nach bietet sie in der Tat Anfänge einer Formenlehre und auf die reine Form bezogenen Geltungslehre der Urteile und damit Anfänge einer Theorie der möglichen Formen von Theorien. Mehr brachte in der Hinsicht auf eine Theorie der Theorie die traditionelle Logik nicht zustande, und ganz dürftig war anderseits, was hinsichtlich der subjektiv gerichteten Erforschung des Wesens wissenschaftlichen Denkens geleistet wurde, also in Hinsicht auf eine Kritik der Erkenntnis. Seit L o c k e suchte man vergeblich weiterzukommen durch eine Psychologie der Erkenntnis und eine darauf gegründete Theorie vernünftig geltenden Erkennens. Aber der Naturalismus dieser Psychologie, obschon sie auf innere Erfahrung gegründet zu sein prätendierte, und die Unfähigkeit, Bewußtsein und Bewußtseinsleistung von innen her zu erfassen, ja in ihrer Eigenheit überhaupt zu sehen, rächte sich in den hier erwachsenden widersinnigen, im schärfsten Verstand widersinnigen Theorien der Erkenntnis, Theorien, deren Widersinn man wohl fühlte, den man aber aufzuklären sich vergeblich bemühte. Völlig unverständlich war dabei in der ganzen Neuzeit dieses Nebeneinander der reinen idealen Theorien der formalen Bedeutungslogik und anderseits der erkenntnistheoretischen Untersuchungen. Die Sätze, die Theorien treten aus der Innerlichkeit des leistenden Denkens hervor, irgendwie — wie das innerliche Denken dabei aussieht und was es als sogenannte Evidenz ist und leistet, das bleibt dunkel.

Erst die Phänomenologie hat, und zwar durch den Radikalismus im Rückgang auf das sinngebende Bewußtsein und das Ganze des Bewußtseinslebens, Zugänge, Methoden und Einsichten geschaffen, die eine wirkliche Wissenschaftslehre möglich machen. Sie fragt ernstlich von den fertigen Sätzen, Theorien aus zurück nach dem denkenden Bewußtsein und dem weiteren Zusammenhang des Bewußtseinslebens, in dem diese Gebilde sich konstituieren, und sie fragt noch tiefer gehend zurück von allen Arten Gegenständen als den Substraten möglicher Theorie auf das erfahrende Bewußtsein und seine Wesensbeschaffenheiten, die die erfahrende Leistung verständlich machen. Sie hat uns vorurteilslos sehend gemacht für die Eigenheit der Intentionalität als derjenigen Eigenheit, die das Grundwesen des Bewußtseins ausmacht. Sie hat die Methoden ausgebildet, um die mit dieser Eigenheit überall gegebene verborgene Implikation von Bewußtsein in Bewußtsein zu entfalten und damit die Art verständlich zu machen, wie sich in der Subjektivität des Bewußtseinslebens Objektivität als wahres Sein jeder Art als Leistung gestaltet und als höhere Leistungsstufe dann gestaltet das, was als Theorie dasteht. Geht man von der sozusagen toten, objektiv gewordenen Theorie zum lebendig strömenden Leben zurück, in dem sie einsichtig entspringt, und erforscht man reflektiv die Intentionalität dieses einsehenden Urteilens, Schließens usw., so wird man alsbald dahin geführt, daß, was da als Denkleistung vor Augen steht und sich sprachlich ausprägen konnte, auf tieferen Bewußtseinsleistungen beruht. So z.B. jede Theorie, die sich auf Natur bezieht, setzt voraus, um aus wirklicher Evidenz entquellen zu können, natürliche Erfahrung, das, was wir äußere Erfahrung nennen. So führt überhaupt jede theoretische Erkenntnis letztlich auf eine Erfahrung zurück.

Da zeigt sich in näherem Betrachten, daß schon unter diesem Titel Erfahrung eine sinngebende Leistung, ja eine höchst vielartige, komplizierte vollzogen ist, und sogar schon eine solche, die unter einem weit gefaßten Titel Vernunft und Unvernunft steht, wobei die vernünftige allein, die in einer gewissen freien Spontaneität gestaltete, als bewährendes Fundament einer echten Theorie fungieren kann.

Wir können das spezifische Denken, das eine so hoch gebaute Leistung ist, um durch Sprache und allgemeine Worte ausdrückbar zu sein und eine Wissenschaft, eine Theorie zu liefern, unmöglich verstehen, wenn wir nicht vor dieses Denken zurückgehen, zurück auf diejenigen Akte und Leistungen, die den breitesten Teil unseres Lebens ausmachen. Denn in seiner Breite ist das nicht nur ein vortheoretisches, sondern auch ein vorsprachliches und ein solches, das mit jeder Aussprache sofort aufhört, in seiner ursprünglichen primitiven Eigenheit zu sein.

Und damit stelle ich den weiteren Vorlesungen die Aufgabe, Ihnen diese weite große Welt der Bewußtseinsinnerlichkeit zu eröffnen, und unter dem leitenden Gesichtspunkt einer Wissenschaftslehre, und von unten aufsteigend zu zeigen, wie da das eigentliche Denken in allen seinen Stufen auftaucht, wie es in seiner fundierten Leistung motiviert und gebaut ist.

Wir wollen uns mit dem großen allgemeinen Thema Sinngebung beschäftigen. Das Denken nannten wir sinngebendes. Und wir hatten schon geschieden dieses sinngebende Denken und das in ihm Gedachte, oder wie man in dieser Korrelation auch sagen kann, den Gedanken. Also z.B. das urteilende Denken, urteilende Meinen und anderseits das Urteil selbst, das wünschende Meinen und den Wunsch selbst, das willentliche Meinen und die Willensmeinung selbst. Das Wort Meinung wird für beides gebraucht, ebenso sind die besonderen Worte Urteil, Wunsch, Entschluß, Frage usw. doppeldeutig. In der psychologischen, logischen, ethischen Sprache der Neuzeit geht beides ungeschieden durcheinander, obschon die Klarheit und Bestimmtheit der hier notwendigen Unterscheidungen für alle diese Disziplinen nicht nur nützlich, sondern fundamental ist; insbesondere auch für die reinliche Scheidung der Forschungsgebiete der logischen Disziplinen sind sie von entscheidender Wichtigkeit.

Daß hier beständig Versuchungen zu Verwirrungen bestehen, zeigt vorweg, wie wichtig die Klärung der Unterscheidung ist. In sie eingehend eröffnen sich bald wichtige Einsichten. Wir scheiden also Meinen und Meinung, den sinngebenden Akt und den Sinn selbst, der in ihm thematisch bewußt ist. Das gilt allgemein. In der Anknüpfung eines thematischen Aktes an Worte heißt das im Akt Gemeinte Sinn des Wortes oder auch, weil das Wort darauf deutet, seine Bedeutung. Aber gleichgültig, ob ein Akt in solcher Funktion steht, Worten Bedeutung zu verleihen und vielleicht verleihen zu können, hat er in sich selbst einen Sinnesgehalt. Den Begriff des Sinnes müssen wir also von der Beziehung auf Ausdrücke befreien. Ja ganz allgemein: Jedes intentionale Erlebnis hat als solches seinen intentionalen Sinn, der eben zum spezifisch gemeinten Sinn wird, wenn das Ich zum thematisch vollziehenden Aktsubjekt und zum Subjekt des thematischen Interesses wird. Gehen wir jetzt in dieses Reich größerer Allgemeinheit ein, in das allgemeine Reich von Sinngebung und Sinn, ohne dessen umfassendes Studium aller Versuch, über das Logische im spezifischen Sinn klarzuwerden, hoffnungslos ist.

⟨X. Wahrnehmung und Wahrnehmungssinn⟩

Beginnen wir mit einer beliebigen äußeren Wahrnehmung. Wenn wir einen unverändert dastehenden Gegenstand betrachten, etwa einen vor uns stehenden Baum, so durchlaufen wir ihn mit den Augen, wir treten bald näher, bald ferner, bald dahin, bald dorthin, wir sehen ihn von dieser, bald von jener Seite. Während dieses Prozesses ist uns der Gegenstand beständig als derselbe, unveränderte gegeben, als das sehen wir ihn; und doch lehrt eine leichte Wendung der Aufmerksamkeit, daß beständig die sogenannten Wahrnehmungsbilder, die Er-

scheinungsweisen, Aspekte des Gegenstandes sich wandeln. In einem
beständigen Wandel der Erscheinungsweisen, Anblicke, also während
eines beständigen Wandels im wirklichen Erlebnis der Wahrnehmung
haben wir ein sie durchgehend verbindendes Bewußtsein von dem ei-
5 nen und selben. Dieser Wandel ist bewußt und doch in gewisser Weise
verborgen; in der normalen Einstellung, der natürlichen nach außen,
dinglich gewendeten, kommt der Wandel nicht in unser aufmerkendes
Bewußtsein. Ich sprach von einer Wendung der Aufmerksamkeit.
Prägnanter spräche ich von Wendung des thematischen Blickes und
10 am besten von einer Reflexion. In der Tat sprechen wir in allen Fällen
von einer Reflexion, wo in irgendeiner Art von Bewußtseinserlebnissen
eine Richtung des thematischen Blickes von vornherein vorgezeichnet
ist als normale, d.h. als eine notwendige thematische Ausgangsein-
stellung, von der wir uns abwenden müssen, um in unserem Bewußt-
15 seinserlebnis Neues in den thematischen Griff zu bekommen. So ist
es bei der äußeren Wahrnehmung. Zu ihr gehört eine thematische
Grundeinstellung, nämlich die auf den äußeren Gegenstand, der ohne
weiteres der der Wahrnehmung heißt. Gewöhnlich rechnen wir zum
Begriff der äußeren Wahrnehmung von vornherein das Gewahren, das
20 ist diese normale thematische Richtung auf das äußere Objekt.
Jederzeit ist aber, und evidenterweise, eine reflektive Umstellung des
thematischen Blickes möglich, und dann werden unsere Wahrnehmungsbilder selbst erfaßbar und erfaßt. Evidenterweise erschauen
wir dann auch durch ihren Wandel eine durchgehende Einheit des
25 wahrnehmenden Erlebens. Wie immer wir es zeitlich gegliedert und
geteilt denken mögen, wir finden es (und es ist anders gar nicht denkbar) zusammengesetzt aus Wahrnehmungen. Jede hat ihren und einen
immer wieder anderen Erscheinungsgehalt und jede hat ihren „leibhaft da" erscheinenden Gegenstand. Aber dieser ist in allen diesen
30 Strecken und Phasen der kontinuierlichen einheitlichen Wahrnehmung derselbe; derselbe dank der durchgehenden, in ihr selbst sich
vollziehenden „Deckung" der Erscheinungen. Und bewußtseinsmäßig derselbe! Nicht die Erscheinungen selbst nach ihren Erscheinungsgehalten kommen zur Deckung, die sind ja immerfort verschie-
35 den und zeitlich außereinander, und doch liegt eine gewisse „Deckung"
vor, die zum Ausdruck kommt in der Evidenz: In jeder dieser abgewandelten Erscheinungen erscheint derselbe Baum, und die Wahr-
nehmungsmeinung, die stetig durchgehende thematische Meinung meint
dieses überall Selbige. Wir nennen nun in einem ersten Begriff Sinn
40 oder gegenständlichen Sinn der Wahrnehmung dieses in der Erschei-
nungskontinuität als identisch bewußte Selbige. Im voraus sage ich:
In eben solcher Art hat jedes Bewußtseinserlebnis in sich seinen Sinn.
Das sagt, wir können jederlei Bewußtseinserlebnisse, statt sie naiv zu
vollziehen, reflektiv zum Thema machen, und stets können wir dann
45 finden, daß sie, sei es hinsichtlich der zeitlichen Strecken ihrer wandelbaren Kontinuität, sei es im Vergleich mit anderen gesonderten, solchen Erlebnissen eine evidente Identitätserkenntnis ermöglichen des

Inhalts, daß, was das eine und das andere Bewußtsein meine, dasselbe sei. Überall nennen wir dieses vermeinte Selbige den gegenständlichen Sinn dieser Erlebnisse. Doch bleiben wir zunächst noch bei der Wahrnehmung stehen. Der gegenständliche Sinn in unserem Beispiel ist also
5 der wahrnehmungsmäßig erscheinende Baum als solcher, der durch alle die Wahrnehmungen hindurch evidenterweise vermeinte.

Es ist nun aber höchst wichtig, eine Abirrung auszuschließen. Naiv in der Wahrnehmung lebend ist der wahrgenommene Baum natürlich einfach für uns daseiende Wirklichkeit: mindestens in dem normalen
10 Fall, den wir hier voraussetzen, daß kein Erfahrungsmotiv für einen Zweifel oder ⟨eine⟩ Negation in Wirksamkeit ist. Natürlich schließt das nicht aus, daß wir darum doch einer Täuschung unterlegen sind. War das nicht der Fall, hatte die Wahrnehmung ihr nicht zu bestreitendes Recht, das sich durch weitere Erfahrung auch ausweisen läßt,
15 so existiert der Baum als wirkliches Glied der Natur. Und umgekehrt: Existiert der Baum wirklich, so hat die Wahrnehmung ihr ausweisbares Recht, in Form möglicher Akte der rechtfertigenden Ausweisung. Beides ist evidenterweise gleichwertig. Beachten Sie nun, daß gegenständlicher Sinn der Wahrnehmung nichts weniger als dasselbe sagt
20 wie wirkliches Wahrnehmungsobjekt, Sinn der Baumwahrnehmung nichts weniger als dasselbe wie wirkliches Naturobjekt Baum. Ob der Wahrnehmende eine rechtmäßige Wahrnehmung vollzogen hat, die er und jedermann bestätigen kann durch neue Erfahrungen, oder nicht, das ist für uns, wenn wir von Sinn sprechen, gar nicht in Erwägung.
25 Wir fragen nur nach dem, was Wahrnehmungserlebnisse in ihrem eigenen Wesen tragen und als Wahrnehmungen unaufhebbar in sich tragen, möge eine Rechtsbeurteilung über sie wie immer laufen, ihnen Recht zusprechen oder absprechen. Mit anderen Worten sagt dasselbe: Ob dieser Baum, den der naiv Wahrnehmende sieht und nicht nur
30 überhaupt bewußt hat, sondern sich in Daseinsgewißheit setzt, in der Natur, im All der rechtmäßig zu setzenden Realitäten seine Stelle ⟨hat⟩, danach fragen wir nicht.

Es ist uns einerlei, ob im Reich der möglichen als rechtmäßig zu begründenden Gegenstandssetzungen eine solche vorkommt, die in ihrem
35 Sinnesgehalt mit unserer Wahrnehmung übereinstimmt oder nicht. Wie immer es sich damit verhalten mag, zweifellos ist, daß die Wahrnehmung in sich selbst ihr Erscheinendes als solches, ihr wahrnehmungsmäßig Vermeintes hat und daß vielerlei Wahrnehmungen mit verschiedenen Erscheinungsgehalten darin evident und nach evidenter
40 Identität übereinstimmen. Wir können das auch so ausdrücken: Die Wahrnehmung ist ein intentionales Erlebnis und hat immanent, in sich selbst, einen intentionalen Gegenstand als einen unabtrennbaren Sinn. Urteilen wir über den Sinn, so urteilen wir also über ein evident Aufweisbares und sonach Seiendes, aber immanentes, mag sich auch
45 hinterher herausstellen, daß die Wahrnehmung eine Trugwahrnehmung war. In begrifflicher Verschiebung der Redeweise spricht man vom Gegenstand der Wahrnehmung bloß da, wo man den Anspruch er-

hebt, über die Wirklichkeit zu urteilen, wie in allen normalen Wahrnehmungsurteilen über die umgebenden Dinge, und ⟨nicht⟩ bloß über rein immanente Gegenstände, zum Beispiel über den wahrgenommenen Baum als solchen. Niemand findet ja etwas ⟨dabei⟩ zu sagen:
5 Diesem Baum, den ich etwa im Traum als wirklich und leibhaft vor mir sehe, entspricht nichts in der Wirklichkeit.

Was da als der „Baum" bezeichnet ist, ist offenbar der der Wahrnehmung selbst immanente Sinnesgehalt, und ein Sinnesgehalt ist kein Baum, kein Ding schlechthin, d.i. kein Ding in der faktischen
10 Natur. Es ist daher hier eine Bedeutungsverschiebung eingetreten, die ich, da alle ähnlichen Verschiebungen im schriftlichen Ausdruck durch Anführungszeichen angedeutet zu werden pflegen, auch auszusprechen pflege als Unterschied zwischen Baum in Anführungszeichen und Baum schlechthin. Es ist ja ganz ähnlich, wie wir zum Beispiel ein-
15 mal sagen „Sokrates ist ein Philosoph" und das andere Mal „Sokrates ist ein Eigenname". Im letzteren Fall gebrauchen wir deutlicher Anführungszeichen, um anzuzeigen, daß ⟨wir⟩ nicht von Sokrates selbst, sondern vom Wort Sokrates sprechen.

Durch unsere Betrachtung hat sich uns also eine fundamentale
20 Unterscheidung, zunächst in Beziehung auf die sehr spezielle Grundgestalt des Bewußtseins, die wir Wahrnehmung nennen, ergeben:

1) Das volle konkrete Erlebnis des Wahrnehmens. Dazu gehört mancherlei, von dem wir zu sprechen jetzt nicht Anlaß hatten; zum Beispiel wenn es ein thematisches Wahrnehmen war, das Moment des
25 vom reinen Ich aus erfolgenden Gerichtetseins auf das Objekt. Im besonderen nun

2) die wandelbaren Mannigfaltigkeitserscheinungen, Aspekte, zu jeder Phase der Wahrnehmung notwendig gehörig, aber in der Kontinuität des Wahrnehmens durch eine eigentümliche Synthese ver-
30 bunden, eine Art „Deckung", Synthesis, sofern dadurch die phänomenal unterschiedenen und evtl. total unterschiedenen Aspekte zur Einheit kommen im evidenten Bewußtsein vom Selben. Vom Sein dieses Erlebnisses und seinen derart verschiedenen Abwandlungen weiß ich, der Erlebende, nur durch eine reflektive Blickwendung, durch die ich
35 es thematisch erfasse und thematisch weiter beurteile.

3) Dieses Selbe, der Gegenstand in Anführungszeichen selbst; das, was in jeder dieser Erscheinungen dasselbe Erscheinende ist, was jede meint, der intentionale Gegenstand als solcher.

Unklar ist die Einführung des Begriffs Sinn. Zunächst eingeführt
40 wird Sinn als intentionaler Gegenstand, das Vermeinte als solches. Das ist mehrdeutig, wie auch Gegenstand in Anführungszeichen. Wenn ich phänomenologische Reduktion übe, habe ich für jeden „Akt" sein Vermeintes, das Intentionale, das alle Seinsmodalitäten in sich schließt, „Seiendes" ist.

45 Aber dann kommt es ⟨zu⟩ dieser Scheidung zwischen dem intentionalen Inhalt und dem intentionalen Modalcharakter, was zunächst

wie eine Unterscheidung zweier Bestandstücke aussieht. Der intentionale Inhalt in diesem Sinn, die „Materie" der „Qualität" ist auch der „intentionale Gegenstand", das bloß Vorgestellte, dasjenige, was da modal qualifiziert sei.

Das ist ein ganz anderer Begriff von Sinn und intentionalem Gegenstand. Das alles tritt auch in der weiteren Darstellung hervor, aber es muß in der rechten Weise von vorn vorgegangen und die Unterscheidungen ⟨müssen⟩, sei es auch als vorläufige, gemacht werden.

ERGÄNZENDER TEXT V

(Zu § 6; ferner zu den §§ 58–63, 107)

⟨*Das ideale Erkenntnissubjekt der formalen Logik und die formale Apriorität rein rationaler Gegenstände. Kontingent-Materiales und formales Apriori*⟩[1]

⟨I.⟩ Das kontingente und das formal notwendige Apriori der Konstitution der Natur

1) Ich verfolge die Konstitution der Natur als Faktum, obschon als „apriorisches Faktum" im reinen Bewußtsein. Ich nehme ein empirisches Ding als Exempel oder Ding als empirisch allgemein gegebenes. Ich unterscheide daran, es zur anschaulichen Gegebenheit bringend, Sehding, Tastding, akustische Schicht etc., Kausalität. Ich gehe zur materialen Region Naturding über, indem ich frei variiere, aber dabei natürlich das letzt-materiale Gattungsmäßige an den Eigenschaften als allgemeinen Sinn festhalte. Dann gehören zum Ding sinnliche Qualitäten (sekundäre und auch „primär"-sinnliche), sei es auch in Relation zum Subjekt; wie, das verfolge ich näher, auch die Stufenfolge dieser Sinngebung und die Art der Identität des Dings für eine Mehrheit von Erkenntnissubjekten, die miteinander in Kommerz stehen. Die Frage ist da, was ist das Wesensallgemeine, wenn sich ein sinnenanschauliches Ding mit Beschaffenheiten der obersten sinnlichen Gattungen, die ich in Wesensreinheit fasse, soll wahrnehmungsmäßig konstituieren können als intersubjektiv identisch erfahrbares. Das ist aber eine transzendentale Frage nur in dem Sinn, daß ich damit das allgemeine regional-materiale Wesen des Gegenstandes in Beziehung setze zu dem Wesen seiner Gegebenheitsweisen in der möglichen Erfahrung und diese Korrelat-Seite studiere in ihrer unabtrennbaren Korrelativität.

2) Nun ist der materiale Gehalt der Region kontingent. Das soll hier nur sagen, daß ich einsehen kann, daß ein erkennendes Ich, das z.B. Farbe, Töne empfindet, dergleichen nicht empfinden muß. Es braucht kein sinnliches Datum gerade dieser oder jener Gattung ge-

---

[1] 1920/21 — Anm. d. Hrsg.

geben zu sein. Im Zusammenhang damit ist es die Frage, ob die sich dadurch darstellenden dinglichen Eigenschaften notwendig sind in folgendem Sinn: Ein Ding kann optisch gegeben sein, ohne haptisch gegeben zu sein. Es kann beides gegeben sein, aber ohne akustische
5 Bestimmungen oder thermische etc.

Ideell kann ich irgendeine Gattung von sinnlichen Qualitäten (vorher von Empfindungsdaten) in dieser Weise „abblenden" und den Ansatz machen, daß ein „Ding" sei, aber keine solche Qualität habe. Aber damit habe ich die materiale Region verlassen und stehe vor der
10 Frage der Umbildung der materialen Region in eine gewisse formale, nämlich die formale Region „Ding", Naturobjekt. Ich gewinne sie in der Frage: Wäre ich ein Subjekt, das überhaupt Farbe nicht kennte, so wäre Farbigkeit für mich an einem Ding nicht da und Farbe wäre eine „gewisse" „sinnliche Qualität", deren allgemeinen Begriff ich aus
15 anderen qualitativen Gattungen (entsprechenden Empfindungsgattungen) hätte. So für jede bestimmte Art sinnlicher Qualitäten. Und so kann ich sagen, vielleicht gibt es noch sinnliche Qualitäten, die ich nicht kenne. Und hätte ein Wesen, ein Erkenntnissubjekt sie, so könnte es an ihnen den Begriff sinnliche Qualität bilden. Jede be-
20 stimmte Art sinnlicher Qualität ist zufällig. Wenn ich nun die gegebenen und noch unbestimmt möglichen Gattungen variiere, in der Weise formaler Variablen (anschaulich komme ich über keine der obersten Gattungen hinaus und über die bloße „Abblendung"), was behalte ich als notwendige Form übrig?

25   Einteilung der objektiven Gegenstände: 1) „Objektive Gegenstände", die jedes mögliche Vernunft-Ich als mögliches freies Erkenntnissubjekt, das seine Erkenntnismotive frei zur Erfüllung bringt, erkennen kann, die in seinem Erkenntnisbereich, im Bereich seines möglichen freien und normgerechten Denkens liegen. Alle logisch-mathematischen
30 Gegenstände, das gesamte Reich der formalen Wissenschaftstheorie im allerweitesten Sinn, ebenso objektive Werte, objektive Güter, die auch als Gegenstände erfaßbar, objektiv sind. Aber auch das gesamte phänomenologische Apriori mit Ausnahme des Hyletischen. 2) „Objektive Gegenstände", die jedes wirkliche Ich, das als reines Vernunft-Ich
35 angenommen wird, (Jedes Ich überhaupt weiß sich als frei, nur gehemmt durch Faktisches.) erkennen könnte, und als identisches, aber nicht jedes mögliche Ich. a) Kontingente Wesen, kontingente ideale Gegenstände überhaupt, b) Individuen.

ad a) Nicht jedes mögliche Vernunft-Ich muß Farbe empfinden.
40 Jedes muß überhaupt empfinden, jedes muß überhaupt Bereiche der Kontingenz haben. Jedes findet als aktuelles Ich in sich Kontingentes verschiedener Art, aber findet, daß es kontingent ist. (Wie ist Kontingenz gegeben?) Generell kann ich einsehen, daß Kontingenz überhaupt ein Notwendiges ist. Formal allgemein: Alle Sätze, die kontin-
45 gente Begriffe enthalten, sind selbst kontingente Sinne, alle Wahrheiten dieser Art kontingente. Alles Kontingente hat seine kategoriale

oder rationale Form und das gilt für Gegenstände, für Sinne, für Begriffe etc., auch für „Erscheinungen" als Gegebenheitsmodi. Ein Rationales hat rationale Erscheinungen. Das rein Rationale ist das Rationale, das rein formal ist, das alles letzt „Materiale", d.i. eben alles
5 Kontingente, als frei variabel enthält.

Es gibt eine kontingente Rationalität, sofern zur Sphäre des Kontingenten kontingente Wesen, Wesensgesetze, Ideen, ideale Gesetze gehören. Alles rein Rationale, auch die rationalen Wahrheiten sind nicht nur rein rational und formal, sondern sie sind Formtypen für
10 materiale Wahrheiten. Aber man kann das Kontingente nicht wahllos in vorher gegebene Formen hineinschütten, man muß es haben und aus seinem eigenen Wesen die rationalen Wahrheiten erzeugend erschauen. Daß aber diese Wahrheiten ihre Form haben, die in den Form-Wesensgesetzen vorgezeichnet ist, das ist selbstverständlich, wie auch daß
15 in der formalen Wissenschaftslehre alle Wesensgesetze ausgesprochen sind und daß in ihr alle möglichen sachhaltigen Wahrheits-Formen unter Rücksicht auf die Kategorien der Kontingenz auch schon umspannt und systematisch entwickelt sind.

ad b) Individuen. — Alle Individuen sind kontingent und nur die
20 Form der Individualität ist rational. Kontingent ist jedes Ich als dieses Ich, aber das reine Ich, Ich überhaupt, ist Form. Kontingent ist der individuell bestimmte Bewußtseinsstrom und darin jedes individuelle Erlebnis, jeder individuelle Akt, jede individuelle Zeitabschattung, jede individuelle zeitliche Orientierung usw. Aber Erlebnisstrom über-
25 haupt, alle Grundarten der Wahrnehmung, der Vorstellung, des Urteils etc. sind rational objektiv (sind Kategorien der Subjektivität).

Materiales und formales Apriori. Beispiele: Zwischen je zwei Tönen gibt es einen mittleren. Zu jeder Art gibt es eine höhere und tiefere Art. Jede Art ist Moment eines Intensitäts-Kontinuums, dessen untere
30 Grenze 0 ist, während es keine obere Grenze gibt etc. Von je zwei Tönen ist einer der tiefere, der andere der höhere, oder sie sind gleich hoch und dann nicht spezifisch verschieden nach „Qualität" usw. Nun überlegen wir: Wäre mir nur ein Ton gegeben und immer gegeben gewesen, konstant nach Qualität und Intensität: könnte ich da solche
35 Ton-Sätze aussprechen?

Und was heißt gegeben? Gegeben in der Wahrnehmung, gegeben in Form freier Phantasie. Durch freie Phantasie, könnte man sagen, habe ich mehr als einen Ton. Ich kann mir verschiedene phantasieren, kann ihre Qualitäten und Intensitäten sich wandeln lassen etc. Aber
40 inwiefern habe ich da wirkliche Freiheit und inwiefern kann ich einsehen, daß ein Ton, den ich phantasiere, wandelbar sein muß?

Und wenn ich schon zwei Töne habe, woher kann ich apriori wissen, daß es zwischen ihnen kontinuierliche Übergänge nach Qualität und anderseits nach Intensität geben müsse? Wie‹,wenn,› wenn ich einen habe,
45 ich frage, wie ich apriori wissen kann und muß wissen können, muß die Möglichkeit einsehen können, daß er sich in ein Kontinuum der In-

tensitätswandlung oder Qualitätswandlungen einfügt? Daß ein schon gegebenes Kontinuum der Wandlung sich apriori muß in jeder Phase halten und in den Tönen von entsprechender Intensität oder Qualität ausbreiten lassen, ist mir evident. Aber was setzt diese Evidenz voraus?
5 Wie verhält sich in solchen materialen Sphären als Sphären eines materialen Apriori 1) die Zufälligkeit als eine Vorgegebenheit, über die ich nicht frei verfügen kann und die ich schon hypothetisch voraussetzen muß, wenn auch als Gegebenheit der Phantasie, 2) zur Freiheit erzeugender Gestaltung? Und ist das Apriori nicht eigentlich ein Reich
10 freier Erzeugnisse, der Erzeugung von idealen Möglichkeiten, die ideal sind, weil ich sie frei erzeugen kann? In der rein rationalen Sphäre, in der formalen, logischen, mathematischen etwa, sind alle Bildungen in reiner Freiheit gebildete Erzeugnisse.

Ich würde etwa sagen: Die Materie muß selbstverständlich gewisse
15 formal apriorische Bedingungen erfüllen, damit das aktive, freie Denken ins Spiel treten kann, damit ein Sinnliches und zunächst Immanentes gegenständlich werden kann für ein logisches Denken. Es muß sich z.B. abheben, es müssen auch gleiche Empfindungsdaten aufgetreten sein, aber nicht-identische, damit sich Momente abheben,
20 damit identisch Allgemeines erfaßt werden kann, daneben dann Momente der Ungleichheit etc. Ferner damit Dinge Denkgegenstände werden können, müssen sie sich substantial-kausal und vorher als Raumgegenstände konstituiert haben. Und so gibt es materiale Bedingungen für die Möglichkeit eines Denkens überhaupt, die ihrerseits
25 „formale" Allgemeinheit haben und den Kategorien der Materie gemäß sich aussprechen. Und die Abhebung dieser Kategorien und die Möglichkeit der Erkenntnis dieser Gesetze setzt selbst schon Beispiele entsprechender materialer Vorkommnisse voraus, also dies, daß im Bewußtseinsfluß, besser in der passiven Subjektivität, diese Bedingun-
30 gen schon erfüllt sind. Diese formalen Gesetze für das Denken hinsichtlich der Materie bestehen für jedes mögliche Erkenntnissubjekt, sonst kann es nichts erkennen oder keine „Natur" erkennen etc. und sonst kann es kein eigentliches, aktives Ich, überhaupt kein Ich, das den Namen verdient, sein. Die Bedingungen der Möglichkeit eines Ich,
35 eines „*cogito*" umschließen Bedingungen möglicher Erfahrung von seiten der Materie und dadurch Bedingungen für ein richtiges und evtl. falsches *cogito*. Dies aber ist eine formale Gesetzmäßigkeit. Für jedes individuelle Ich ist apriori notwendig (und das kann formal gesagt werden) seine Materie, die solche Bedingungen erfüllt; und nicht
40 nur seine individuellen, sondern seine sachhaltigen Gattungen, die ursprünglich konstituiert sind für dieses individuelle Ich durch ein vorgegeben Individuelles der Materie. Die materialen Wesensgesetze haben damit eine besondere Kontingenz, die zurückweist auf eine individuelle Stufung. Sie sind dieselben für jedes reine Ich überhaupt, das
45 in derselben Weise gestiftete materiale Wesensgattungen hat oder das dieselben Materien hat; und auch das ist formal gültig. Natürlich ist

auch die Beziehung des formalen Apriori auf Kontingenz überhaupt selbst ein formales Gesetz.

Noch eine Bemerkung: Was besagt, daß die Bedingungen der Materie erfüllt sind? Erwägen wir auf dem Grunde unserer Vorgegebenheiten, wo diese Bedingungen natürlich erfüllt sind, die idealen Möglichkeiten der Abwandlung, so kommen wir auf ⟨den⟩ Limes: ununterscheidbare Qualitäten, ununterscheidbare Gegenstände etc. und schließlich als Limes auf ein Bewußtsein ohne *cogito*, ohne aktives Ich.

⟨II.⟩ Das ideale Erkenntnissubjekt

Das Seiende in formaler Allgemeinheit gedacht: ein Gegenstand, der „an sich" ist, in „objektiver Wahrheit" ist, der Substrat ist von ihm „objektiv", „an sich" zukommenden Prädikaten. Eine objektive Wahrheit, eine Wahrheit an sich ist dieselbe, ist eine einzige „für" jeden möglichen Erkennenden. Der an sich seiende Gegenstand ist für jeden als identisch derselbe da, für jeden erkennbar. Er ist für jeden in objektiven Wahrheiten bestimmbar, Wahrheiten, die jedermann von seinen Erfahrungen aus begründen und als objektiv gültig einsehen kann.

Das führt auf schwierige Probleme. Wer ist dieser „jedermann" und was ist das für ein „kann", das in solchen Sätzen steht von erkennen können, begründen können? Z.B. die Natur, die doch „an sich", „objektiv" ist. Kann jedes Subjekt, etwa auch eine Qualle, von jeder Gegenständlichkeit der Natur Erfahrung gewinnen, ja hat sie überhaupt von Dingen als Dingen Erfahrung? Ist nicht ein Leibwesen möglich und vielleicht wirklich, das überhaupt keine Naturapperzeption hat und doch wahrnimmt, also in gewisser Weise Gegenständliches vor sich hat? Denken wir als Beziehungspunkt ein ideales Erkenntnissubjekt, das frei denken, in freiem Denk-Handeln alle seine Erkenntnisintentionen erfüllen, alle entsprechenden Einsichten erfüllen kann.

Jeder von uns „normalen" Menschen denkt gelegentlich und hat das Bewußtsein, daß er denken kann, hat die Gewißheit des praktischen Denken-könnens. Natürlich weiß er, daß er in Wirklichkeit nicht alles hier kann, aber er hat doch einen gewissen und hat immer einen offenen Bereich von praktischem Denken-können. Er kann Denkoperationen vollziehen, Denk-Gegenständlichkeiten bilden. Natürlich gibt es da Hemmnisse, die die praktische Ausführung, die Realisierung von praktischen Möglichkeiten dieses Bereichs aufheben, das Mögliche nicht wirklich werden lassen. Ein Ziegelstein fällt uns auf den Kopf, und wir werden ohnmächtig, wir werden müde und schlafen ein. Wir erschrecken durch einen Knall und werden abgelenkt. Wir werden im Leben bedroht, laufen davon etc.

Nun können wir aber die Idee eines freien Denksubjektes bilden. Wir können die ideale Möglichkeit eines Ich erkennen, das jedes mögliche logisch-mathematische Gebilde erzeugt, jede mögliche Denkoperation vollzieht, im Hinblick auf seine Gebilde auch jede mögliche formal-logisch-mathematische Begriffsbildung und Gesetzeseinsicht vollzieht, also die *mathesis universalis* sich erzeugt und zueignet und dann auch alle Anwendung derselben für seine konkreten Aufgaben auf seine jeweilige besondere Erkenntnissphäre vollziehen kann.

Was liegt darin? In der Logik und Mathematik denke ⟨ich⟩ in freiem analytischem Denken (ich bin jetzt tatsächlich ungehemmt) nach über Gegenstände überhaupt, über Bestimmungen, Prädikate, die sie haben mögen, über Sätze, Urteile, die für sie gedacht werden könnten, ihre Wahrheit und Falschheit; alles in der Einstellung des Überhaupt, in formaler Allgemeinheit. Ich stelle da meine Gesetze fest, ich erkenne da ein System iterierbarer Operationen, durch die ich Unendlichkeiten von Satzgestalten, Prädikatgestalten, Schluß- und Beweisgestalten übersehe. Und darin unendliche Systeme von Gesetzen für mögliche Wahrheit, analytische Gesetze als formale Bedingungen möglicher Wahrheit für mögliche Gegenstände überhaupt.

Es ist dabei zu erwägen: Wenn ich sage, zu einem Satz überhaupt gibt es einen kontradiktorischen, zu einer Zahl $a$ eine Zahl $a + 1$ usw., so denke ich mir einen Satz, und ich versetze mich in eine Setzung und zugleich dann in seine Negation. Ich kann das, ich kann das es-ist-nicht-so „immer" denken. Habe ich irgendeine Zahl gedacht, habe ich mich in ein Zählen versetzt, indem ich eine Zahl gebildet und somit erfaßt habe, so kann ich mich dazu auch hineinversetzen in ein Hinzufügen einer weiteren Einheit und in das Erfassen von $a + 1$. Und ich sehe dann ein, daß, was ich da etwa exemplarisch tue, im Überhaupt möglich ist. Diese Möglichkeiten sind aber wesensmäßig zusammengehörige. Gegeben ist neben dem einen exemplarischen Erzeugnis das andere als wesensmäßig ihm zugehörige Möglichkeit. Und gegeben ist das Gesetz, daß überhaupt zu je einem so gearteten Erzeugnis, wenn es gegeben ist, ein entsprechend geartetes zweites „existiert", eine überhaupt bereite Möglichkeit ist. Es „kann" hingestellt, es kann erzeugt werden. Immer wenn ich das eine erzeuge, könnte ich auch das andere erzeugen, wo immer „man" das eine erzeugt, kann man das andere erzeugen. Das sagt: Die Möglichkeit der Erzeugung des einen durch mich oder irgendein abgewandeltes Ich, hebt in sich ihrem eigenen Wesen nach nicht die des anderen auf, sie ist mitverträglich; oder beide Erzeugnisse sind als Erzeugnisse desselben wie auch verschiedener (eines abgewandelten Ich überhaupt) Iche verträglich. Wenn ich aber die Wahrheit von $A$ gegeben habe, kann ich die Wahrheit von $Non\text{-}A$ nicht gegeben haben. Und wenn der eine sie im Charakter wahr gegeben hat, kann der andere sie nicht als falsch gegeben haben. Aber warum? Jedes Logische für sich, ein Satz für sich, aber auch eine Wahrheit für sich, ist, wenn es über die Materie verfügt, jedem Ich „zugänglich"; jedes „kann" den Satz bilden und, hat es ihn gebildet, seine Wahrheit erkennen. Es ist mögliches Erkenntnissubjekt. Ich aber sehe ein: Ist ein Subjekt mögliches Erkenntnissubjekt, fingiere ich mir eines als das erkennend, als dieses

Logische habend, so kann ich mir kein anderes fingieren, das mit dem Haben dieses Logischen unverträglich wäre. Und fingiere ich mir eines, das $A$ als wahr erkennt, so kann ich mir kein anderes fingieren, das es als nicht wahr erkennt.

Was das erzeugende Ich anlangt, so ist es nicht ein faktisches personales Ich, sondern obschon z.B. Ich, dieses empirische Ich, es bin, das da logische Bildungen vollzieht oder Möglichkeiten von solchen, sich in ein Erzeugen hineindenkt, so ist es nicht das Subjekt der möglichen Erzeugnisse und ist es überhaupt nicht das empirische Subjekt, auf das es ankommt. Das zeigt sich darin, daß wesensmäßig nichts vom Empirisch-Faktischen der Personalität in die Korrelation eintritt, sondern ⟨daß sie⟩ frei variabel bleibt.

Ferner z.B.: Ich „bilde" jetzt solche Möglichkeiten in meiner Möglichkeiten konstruierenden Phantasie. In meinem Gestalten im Medium der Phantasie da bin ich Möglichkeiten frei gestaltendes Subjekt. Ich bin frei in diesem „Denken", in diesem Bilden von möglichen gedanklichen Gestalten, aber auch wenn ich wirklich solche Urteile fälle, solche Denktaten übe. „Rein aus mir" gehen diese Denktätigkeiten hervor. Ihre Erzeugnisse sind meine reinen und freien Erzeugnisse. Das „Ich kann" ist ausgezeichnet als mein freies Können. Daneben bestehen andere Möglichkeiten, welche dieses „Ich kann" „unterbinden", Möglichkeiten eines Hemmenden, mich im Gang freien Tuns Störenden, Affektionen, die mich fortreißen können, Unfälle, die mich ablenken können, Ohnmachten, Hemmungen in meinem *cogito*, in dem Gang meiner *cogitationes*. Aber all das geht nicht aus mir, aus meinem Ich als Freiheit seines denkenden Tuns hervor. All das tue ich nicht als Subjekt eines tätigen Handelns. Mein Leben ist nicht nur freies Tun, ich tue nicht nur, es geschieht auch mancherlei mit mir. Zu dem Wesen jedes Ich als aktiven Ich gehört es, daß es ein Feld, einen offenen Bereich der praktischen Freiheit hat, so auch der Denkfreiheit. Jedes logische Thema birgt in sich einen Bereich der Freiheit von Denkhandlungen und korrelativ einen Bereich von möglichen, durch das Thema bestimmten möglichen Denk-Gegenständen und darunter Gegenständen, welche den Normcharakter wahrhaft seiend haben. Wie kann ich das sagen? Nun, habe ich exemplarisch ein Thema und vollziehe ich daran die Mathematisierung, nehme ich es als Exempel eines möglichen Themas überhaupt, so gewinne ich frei denkend die logische Einsicht, daß überhaupt gewisse iterierbare Denkakte und zu erzeugende Gebilde möglich sind, für die ⟨die⟩ und die Normgesetze gelten. Diese beschränken die Freiheit der Gedankenbildung, wenn ich eben den Zweck der Normgerechtigkeit, der Wahrheit stelle. Also jede formale Konstruktion und jedes rationale Gesetz ist ein Gesetz der Freiheit, ein Gesetz für einen apriori möglichen Bereich freien Tuns für jedes Ich, das aktives und rein aktives ist oder als das fingiert wird, also für jedes mögliche rein aktive Ich, das sich das Ziel stellen mag, mathematische Gestalten zu konstruieren, und für noematisch-logische Gestalten sich das Ziel der Wahrheit stellt.

Jede formale Einsicht, als rein rationale Gesetzeseinsicht, birgt in sich korrelativ ein Gesetz der Freiheit, ein Gesetz für einen Bereich
5 freien Tuns, frei tätigen Bildens von Gestalten und ein Gesetz reiner Aktmotivation für ein entsprechendes Tun (welche Akte durchlaufend, ich in vernünftig motivierter Weise das Ziel der Wahrheit erreiche). Das Subjekt dieser Freiheit als einer reinen Freiheit ist also eine Idee, die Idee eines Ich überhaupt, das ausschließlich wesensmäßig
10 bestimmt gedacht ist als ein Ich, das überhaupt doxische Akte vollzieht oder, sich in solche Akte als Möglichkeit hineindenkend, ihre „Gedanken" entnimmt; im übrigen natürlich all das mit ihnen hat, was sie wesensmäßig selbst voraussetzen, und weiter nur gedacht ist als ein Ich im Bereich seiner Freiheit, in der von allem Hemmenden
15 abgesehen ist, ⟨das⟩ rein aktiv ist und nur durch Denkziele, Ziele der Bildung von Gedankengestalten und ihrer Normgerechtigkeit bestimmt ist. Aber kein Ich ist ungehemmt. Aber wieweit, in welchen jeweils kurzen Zeitstrecken ein aktives Ich logisch sich erhält, d.i. aktiv denkendes Ich ist, es ist in all dem durch die logischen Gesetze (ich
20 meine auch die der Formenlehre der Bedeutungen) gebunden. Das Denken kann unterbrochen werden, es kann auch als urteilendes Verhalten Irrtum werden, aber soweit es überhaupt Denken ist, untersteht es dem Gesetz. Die Denkgebilde, die Bedeutungsgebilde und Geltungsgebilde haben ihr Sein relativ zu irgendeinem Ich, das sie
25 bildet: Aber sie sind absolut seiend, sofern sie identisch sind und als identische eingesehen werden für jedes Ich überhaupt, das für sie eben als bildendes gedacht wird und das als freies Ich gedacht ist, soweit es sie bildet.

Aber genügt eigentlich das allein nicht? — Nämlich zu sagen:
30 Jedes logische Gebilde, jede Gesetzesform, jedes Wahrheitsgesetz weist als Gebilde auf ein mögliches bildendes Ich zurück. Ich, der ich es denke, bilde es denkend. Ich kann es aber auch in beliebiger Modifikation meines Ich, und für ein Ich überhaupt, als von ihm gebildet denken. Sofern ich nun irgendein Ich als ein solches denke, das diese
35 Bildung konstituiert, und ein beliebiges anderes, erkenne ich zugleich, daß das Gebilde identisch dasselbe ist, daß es an sich ist gegenüber jedem es bildenden und daß jedes Gesetz der Bildung seine Wahrheit hat an sich, nämlich gegenüber jedem, der solche Bildung vollzieht und der selbst dieses Gesetz denkt etc.[1]

---

[1] Aber das reicht doch nicht ganz aus. Es muß eben eingesehen werden, daß, was ein Ich denkt (die Denkmaterie aber vorausgesetzt), jedes Ich denken könnte. Dieses Könnte besagt aber, daß mit jedem logischen Gebilde und jeder Wahrheitsbegründung jede mögliche Hemmung verträglich ist und daß kein Wesensgesetz in ein Logisches hineingreifen kann, wie in den *Logischen Untersuchungen* gezeigt ist: Wie jede Materie frei variabel ist, so ist auch jede Hemmung „variabel". Das sagt: Die Wesensgesetze der Freiheit setzen zwar eine Unfreiheit („niedere" Psyche) voraus, aber keine durch Setzen und Eingreifen. Zu beachten, daß jede Wahrheit, die konkreten

Die Idee des Ich als Korrelat der Logik wäre da in reiner Allgemeinheit ein Ich überhaupt, das denkt, die und die Gesetze bildet, das und das doxisch setzt, das daraufhin urteilt, schließt etc. Darin liegt nicht, jedermann kann realiter das einsehen, kann das denken etc., wohl
5 aber: Niemand, der die logischen Gebilde denkt, kann anders denken, als die Logik vorschreibt. Ich brauche also doch auf die Freiheit gar nicht zu rekurrieren. Natürlich ist das wahr, daß es sich um Freiheit handelt, denn das Ich, soweit es rein tuend ist, aktiv, ist frei.

Ich kann mir auch ein Ich überhaupt in reiner Allgemeinheit als
10 Farben empfindend denken, wie ich mir es als Zahlen (im Zählen) erschauend denken kann. Aber Zahlen sind vernünftige Gebilde. Denke ich mir ein Ich als aktives Ich, als Subjekt von *cogitos*, als in seinen Akten handelndes und auf vernünftige Ziele gerichtet: so ist es ein Eigenes, das Ich als reines, vernünftiges Ich zu denken und dabei
15 seine wesentlich mitgeforderte Affektibilität und seinen seelischen Untergrund unbestimmt zu lassen. Für ein vernünftiges Ich in den freien Tätigkeiten ist es außerwesentlich, Farbe zu haben, und wenn auch Affektion notwendig ist, so doch nicht die durch Farbe. Was die Materie anlangt? Farben sind und Farbengesetze gelten, aber nicht
20 jeder empfindet notwendig Farben. Sie sind also nicht jedem apriori zugänglich, nicht jeder als Denkender und Vernünftiger kann auf sie stoßen. Das Mathematische aber gehört zu jedem erdenklichen Ich, sofern es denkendes ist und frei weiter denkt.

⟨III. Versuche zu einer systematischen Einteilung
25 der Gegenstände⟩

Setzen wir voran die Idee eines möglichen freien Erkenntnissubjekts — das in rein theoretischem Interesse lebe, seine theoretischen Motive frei zur Erfüllung bringen könne, alle die Motive, die in dem Horizont seines Themas liegen, die den Bereich eines ideal mög-
30 lichen, freien und normgerechten Denkens ausmachen. Jedes Ich, das denkt, kann nach idealer Möglichkeit in dieses freie Erkenntnissubjekt, diese reine Idee umgedacht werden. (Offenbar gehört diese reine Idee in den Bereich der formalen Wissenschaftstheorie hinein.)

1) Apriori vorgezeichnet haben wir nun fürs erste einen Bereich
35 von Gegenständen im weitesten Sinn bzw. einen Bereich von Wahrheiten, die jedes freie Erkenntnissubjekt vorfinden bzw. in freier Erzeugung erkennen kann, jedes ideal mögliche. Das betrifft ideale Gegenstände wie Zahlen, Mannigfaltigkeiten als rein formal definierte und betrifft überhaupt die idealen Gegenständlichkeiten der idealen Wissen-
40 schaftstheorie und den Gesamtbestand ihrer Sinne und Wahrheiten, und es betrifft auch die gesamte korrelative formale Phänomenologie, also die formale Wissenschaftstheorie nach der noetischen Seite. Alle diese Gegenständlichkeiten sind eidetisch allgemeine Formen von

---

Inhalt hat, nicht formal ist, auch Wesensgesetze der Passivität voraussetzt als die materiale Möglichkeit der Erkenntnis konstituierende.

möglichen Gegenständlichkeiten und letztlich von möglichen Individuen, und die auf sie bezüglichen Sinne, Sätze, Wahrheiten korrelativ von den entsprechenden konstitutiven Bewußtseinsakten und möglichen Ichen. Dies Reich der Formen, der formalen Rationalität, umspannt alles prinzipielle Apriori, das rein rationale.

Es hat den Charakter der Objektivität in dem strengsten Sinn, der eben allem rein Rationalen eignet: Die Zahlen der reinen Anzahlenreihe, die Ordinalzahlen der Ordinalzahlenreihe, die euklidische Mannigfaltigkeit von n-Dimensionen etc. sind objektiv, sind an sich. Darin liegt: Sie sind in Wahrheit, aber ihr aktuelles Erkannt-werden, originär Gegeben-, logisch Bestimmt-, in theoretischen Zusammenhängen Gedacht-werden ist ihnen außerwesentlich. Sie sind als ideale Korrelate der Idee eines möglichen, reinen vernünftigen Erkenntnissubjektes überhaupt, zu dem die ideale Möglichkeit gehört, sie zu erkennen; aber anderseits die bloße Möglichkeit und nicht die Notwendigkeit, sie in der Weise aktueller Erkenntnis originär gegeben zu haben. Aber daß dieses ideale Erkenntnissubjekt als ideales „ist", ist selbst eine Wahrheit an sich, die in diesen Kreis gehört. Und dieses ideale Subjekt ist einer der idealen Gegenstände dieses abgeschlossenen Kreises der rationalen Prinzipien. Hierher gehört also auch diese auch sonst überall durchgehende Rückbeziehung des rein Rationalen auf sich selbst in der Form: Zur Idee eines rationalen Ich gehört als Korrelat dies ganze Reich von idealen Gegenständen, die es erzeugend in sich selbst erkennen, von Wahrheiten (und speziell von normativen Wahrheiten), die es darauf bezüglich konstituieren kann etc. Und darunter gehört zu ihm als Korrelat sie selbst, diese Idee des rationalen Ich.

Die Idee des reinen Vernunft-Ich hat ideale Existenz in Korrelation mit sich selbst. Es ist an sich, rational, objektiv in Beziehung auf sich selbst. Es gehört zu ihm, d.i. zu jedem ideal möglichen, frei denkenden und vernünftig denkenden Ich die ideale Notwendigkeit, daß es die Idee eines solchen Vernunft-Ich in Reinheit konstruktiv erkennen kann und erkennen kann, daß jedes rein erkennende Ich diese Idee in ihrer idealen Identität erkennen kann usw.

2) Es gibt für jedes ideale Erkenntnissubjekt wirklich erkannte und erkennbare Gegenstände, aber für jedes gibt es, auch das ist eine der rein rationalen Wahrheiten, Gegenstände, deren *esse* in gewissem Sinne = *percipi* ist, und Gegenstände, die an sich sind, objektiv sind, die sind, auch wenn sie nicht perzipiert sind oder ⟨perzipiert⟩ gewesen sind.

Der ideale Gesamtumfang der rein rationalen Gegenstände und der Umfang der einem jeden möglichen Vernunft-Ich erkennbaren objektiven Gegenstände deckt sich. Es stellt sich heraus, daß dieser Umfang eine definite Mannigfaltigkeit ist, ein unendlich konstruierbares System. Objektive Gegenstände zerfallen aber in solche, die jedem möglichen Vernunft-Ich gemeinsam, die im Erkenntnisbereich eines jeden solchen Ich liegen, und solche, die es nicht tun. Ferner: Nicht-Objektive

Gegenstände, im echten Sinne „der Erkenntnis und dem Erkenntnissubjekt reell „immanente" Gegenstände", könnte man formal einteilen wollen in solche, die nur einem Subjekt und seiner Erkenntnis immanent sind, und ⟨solche,⟩ die zugleich mehreren oder allen mög-
5 lichen Vernunft-Subjekten immanent sind. Aber apriori ist (und zwar ist das, wie alle hier ausgesprochenen und auszusprechenden Sätze eine Wahrheit der rein rationalen Sphäre) es einzusehen, daß zwei Ich-Subjekte nicht dasselbe immanente Objekt originär gegeben haben können. Die einzige Möglichkeit, daß ein Subjekt das Immanente des
10 anderen erkennen ⟨kann⟩, ist die Einfühlung. Es erkennt es eben als dem anderen immanent durch einfühlende Vergegenwärtigung: Dabei erreicht es bei noch so vollkommener Einfühlung nie das Selbst des Gegenstandes, wie das eine vollkommene Erinnerung doch tut, auch nicht wie hier in der Weise eines Limes, sondern nur ein „Analogon".
15 Es gibt also Gegenstände, die nur ein Ich originär erkennen kann und die anderen Iche nur analogisch (und das kann dann wieder nur durch Einfühlung statthaben) erkennen können, und solche, die mehrere Iche originär erkennen können. Alle rationalen und reinen(formal-rationalen) ⟨Gegenstände⟩ sind originär erkennbar von jedem
20 möglichen Subjekt[1], alle immanenten Gegenstände originär nur von einem einzigen Subjekt.

3) Weitere Einteilung der Gegenstände in adäquat anschaubare und nicht adäquat anschaubare. Alle rein rationalen Gegenstände sind adäquat erschaubar, ebenso alle immanenten Gegenstände von seiten
25 des Erkennenden, dem sie immanent sind. Adäquat heißt hier, daß das originär gebende Bewußtsein, das originär erfassende, den Gegenstand in vollständiger Selbstheit hat, nach allem, was er in sich ist, ohne Präsumtion. Wir können auch sagen: Adäquate Erkenntnis ist eine solche, die den Gegenstand durch die Erkenntnis so umgreift, daß er
30 ihr „immanent" wird, wobei die im gewöhnlichen und vorigen Sinne immanenten (individuell immanenten) Gegenstände mit der Erkenntnis individuell eins sind und mit ihr selbst anfangen und aufhören, während die idealen immanenten Gegenstände als überzeitliche zwar in die Erkenntnis nach allem, was sie wesensmäßig oder in sich sind,
35 eintreten, aber nicht anfangen und aufhören. Nur das Erkennen fängt an.[2]

Kann man nicht sagen: Immanente Gegenstände, (adäquat) konstituierte, sind solche, die, wenn sie überhaupt originär konstituiert sind, es adäquat sind, transzendente Gegenstände solche, die, wenn sie
40 überhaupt originär konstituiert sind, es notwendig inadäquat sind.

---

[1] Sie haben damit die unbedingte Objektivität im Sinn der Intersubjektivität.
[2] „Immanent" im weitesten Sinn bestimmt durch Adäquation. —
Zur Erweiterung des Begriffs der Immanenz: Die reell immanenten Gegenstände sind nach ihrer ursprünglichen Gegebenheit nur erkennbar durch Wiedererinnerung. Die rein rationalen Gegenstände haben darin Analogie mit den reell immanenten Gegenständen, daß jedes freie Erkenntnis-Ich das Vermögen, die freie Möglichkeit besitzt, sie immer wieder „aus sich heraus zu holen", eben ähnlich wie nämlich in frü-

Ist es möglich, daß ein Erkenntnis-Ich einen Gegenstand adäquat originär konstituiert, so kann ein anderes ihn nicht originär und inadäquat konstituieren. Man könnte dagegen sagen: Wenn ich einen Beweis, den ich schon im Sinne habe, etwa gar wiederhole, führe, so
5 konstituiert er sich in der Weise originärer Gegebenheitsweise. Ich habe ihn schon selbst originär — aber vollständig und adäquat erst, wenn ich den ganzen Beweisgang wirklich glücklich durchlaufen habe. Ich habe vorher schon das Bewußtsein der originären Gegebenheit, obschon nur inadäquat. Durchlaufe ich aber die „Seiten" eines äußeren
10 Gegenstandes in der Wahrnehmung, so komme ich prinzipiell an keine vollständige, keine adäquate Gegebenheit. Anderseits könnte man vielleicht sagen: Wenn ich ein Ding wahrnehme, so habe ich, wie wir voraussetzen wollen, schon das ganze Ding wahrgenommen und nicht ein bloßes Stück. Aber das ganze Ding ist doch inadäquat wahrge-
15 nommen. Aber ist das eine gute Antwort? Hier kann man sagen: Ein transzendenter Gegenstand ist ein solcher, von dem kein Teil, kein Moment, kein Stück adäquat wahrgenommen und wahrnehmbar ist. Ein immanenter Gegenstand ist nach allen seinen Bestandstücken adäquat wahrgenommen, wenn er ganz wahrgenommen ist; und wenn
20 er es partiell ist, so ist, was von ihm wahrgenommen ist, adäquat wahrgenommen. Nicht adäquat zu gebende Gegenstände heißen dann „transzendent".

Wir haben also erweiterte Begriffe von Immanenz und Transzendenz. Auch die transzendenten Gegenstände zerfallen dann in real
25 (= individuell)-transzendente und in ideal transzendente. Das Letztere wären ideale Gegenstände, die nicht adäquat konstituiert sein können. Was wären das für Gegenstände? Alle formal rationalen Gegenstände sind ideal immanent. Alle materialen rationalen Gegenstände nicht minder. Hierher gehören natürlich alle apriorischen Wahrheiten (Wesens-
30 wahrheiten) und, wie wir auch sagen können, alle apriorischen Sinne (Bedeutungen), d.h. alle zu hierher gehörigen Gegenständen gehörigen Sinne. Wir können sagen: Ist ein Gegenstand immanent, so ist auch seine Wahrheit und sein Sinn immanent.

Sinne sind ideal. Aber nicht alle Sinne, nicht alle idealen Gegen-
35 stände also haben einen „Umfang". Das habe ich in einigen Manuskripten übersehen, aber es ist selbstverständlich. Der Begriff der Idee muß sorgfältig begrenzt werden. Ich sage nicht mehr Ideation, ideierende Abstraktion, es muß da heißen spezifizierende Abstraktion. Nennt man Idee einen „überzeitlichen", durch keine Zeitstelle zu
40 individuierenden, also nicht individuellen Gegenstand, so sind nicht alle Sinne Ideen und demgemäß auch nicht alle Sätze, alle Wahrheiten Ideen. Es ist vielleicht am besten, Gegenstände in reale und irreale zu scheiden, dann sind Sinne und Wahrheiten unter allen Um-

---

herer Zeit erschaute und dann für immer wiedererinnerbare Gegenstände. *Anamnesis.* Doch betrifft das nur die immanenten Gegenstände im ursprünglichsten Sinn der hyletischen und der Gegenstände der immanenten Zeit überhaupt.

ständen irreale Gegenstände. Reale Gegenstände sind Individuen, Einheiten der Konkretion, individuiert durch eine Dauer, in der sie dauernde sind.

Individuelle Sinne und individuelle Wahrheiten haben zwar eine
5 gewisse Zeitlichkeit, Zeitgebundenheit, den Individuen entsprechend, auf die sie sich beziehen, aber sie haben in der Zeit, der Form des Realen, nicht selbst Realität. Es dürfte danach unter den irrealen Gegenständen eine Scheidung geben zwischen individuellen und idealen, wobei die individuellen Irrealitäten nicht etwa Individuen
10 wären (denn das sagt reale, individuelle Gegenstände), sondern zu Individuen gehörige und durch sie selbst als „einmalige" auf eine bestimmte Zeitstelle oder Zeitdauer bezogene Irrealitäten.

Im Sinne der Unterscheidung von immanenten und transzendenten Gegenständen (in unserem erweiterten Sinn immer) lag es, daß es zum
15 Wesen der einen gehört[1], daß ein Ich möglich ist, das sie adäquat wahrnimmt, zum Wesen der anderen, daß kein Ich möglich ist, das sie so wahrnimmt (originär konstituiert). Nun aber ergibt sich auch die Scheidung der ersteren Gegenstände, der immanenten, in solche, die für jedes Ich adäquat wahrnehmbar sind, und solche, die es nicht sind,
20 und speziell auch der idealen (überindividuellen Gegenstände, der von aller individuellen Zeitbeziehung freien). Diese idealen Gegenstände (wohin also die Naturgesetze nicht gehören: die ja einen individuierenden Zeitbezug haben, trotzdem sie für die ganze Naturzeit gelten. Der Zeitbezug liegt in der Voraussetzung dieser Natur, also eines die be-
25 stimmten Zeitstellen durch bestimmte Individuen auszeichnenden) heißen auch rationale gegenüber allen Gegenständen, die im weitesten Sinn individuell sind. Also: Rationale Gegenstände oder, was dasselbe, apriorische Gegenstände zerfallen in solche, die für jedes mögliche reine Erkenntnissubjekt adäquat erschaubar, originär konstituierbar
30 sind, und solche, die es nicht sind, die es nicht für jedes mögliche sind. Die ideale Möglichkeit einer adäquaten „Wahrnehmung" für jeden rationalen Gegenstand besagt nicht, daß eine solche für jedes mögliche Erkenntnissubjekt möglich ist. Das betrifft das Reich des materialen Apriori. Nennen wir kontingent alle Gegenstände, die nicht
35 für jedes reine Vernunft-Ich originär gegeben sein können, so gibt es also ein Reich kontingenter Rationalität, relativ auf ausgezeichnete Subjekte dieser Rationalität gegenüber dem Reich der absoluten Rationalität des Formalen (das Reich der eingeborenen Ideen und Wahrheiten). Das Kontingente zerfällt natürlich in Reales und Ideales,
40 das Real-Kontingente in immanent Reales und transzendent Reales. Das immanent Reale kann nur einem Ich originär gegeben sein. Das transzendent Reale kann eingeteilt werden in solches, das a) nur einem

---

[1] Zunächst: daß eine „Wahrnehmung" möglich ist, die inadäquat wahrnimmt, und anderseits keine Wahrnehmung möglich ist, die inadäquat wahrnimmt: in Wesensallgemeinheit. Ist aber eine Wahrnehmung möglich, so ist damit ein wahrnehmendes Ich möglich, und ebenso im Gegenteil kein wahrnehmendes Ich möglich, nämlich adäquat wahrnehmendes. Also besteht Äquivalenz dieser Bestimmungen.

Ich originär gegeben sein kann (Es wird erwogen werden, ob nicht dahin die Phantome gehören.), ⟨und in solches⟩, das b) mehreren Ichen originär gegeben sein kann, wie ein anschauliches Ding.

Reale Gegenstände, und zwar zunächst reale Sachen, Dinge im
5 prägnanten Sinn, können Objekte sein oder nicht. Hier fehlen nun spezielle Untersuchungen: näherer Begriff der Sache, dann wertvolle Sache (realer Wert) und ebenso reales Gut. Dann die Scheidung auch in diesen höheren Domänen: reale objektive Werte, reale objektive Güter. Dann aber: Es müßte gezeigt werden, daß transzendente
10 Gegenstände den möglichen Ichen nur originär gegeben sein können durch immanente. Und zwar werden sich die realen Gegenstände überhaupt scheiden in absolut „letzte" Individuen als „Dinge" von allen ihren Ableitungen. So haben wir bei den immanenten die letzten immanenten realen: die immanenten „Dinge", „Sachen", das sind die
15 hyletischen Daten. Transzendente Dinge sind nur originär gegeben durch das Medium immanenter Dinge, nur durch empirische Dingapperzeptionen, wobei alle transzendenten Beschaffenheiten sich durch immanente Daten darstellen. Genauer gesprochen: Ursprünglich kann Transzendentes nur konstituierbar sein durch „Erscheinungen", und
20 die ursprünglichste (notwendig ursprünglichste) Gestalt der Transzendenz ist die, daß sich das Transzendente in hyletischen Gegenständen unmittelbar „abschattet". Die so charakterisierten Gegenstände sind Phantome.

Transzendenzen können höherstufig fundiert sein, nämlich schon
25 fundiert sein in Transzendenzen (Einheiten von Mannigfaltigkeiten, die selbst schon Transzendenzen sind). Dingliche Transzendenzen können, da sie wesensmäßig ihren Ursprung in hyletischen Daten haben, unmöglich jedem möglichen Erkenntnis-Ich ursprünglich gegeben werden — so scheint es. Aber dingliche Transzendenzen können ursprünglich
30 in doppelter Weise konstituiert sein: a) sinnlich, durch passive Wahrnehmung, Wahrnehmung im gewöhnlichen Sinn, b) kategorial, als Einheiten einer auf Grund von sinnlichen Transzendenzen geübten kategorialen (logischen) Methode.

Doch bedarf es noch eines anderen Unterschiedes: Wir müssen
35 unterscheiden transzendente Gegenstände und „Objekte" und bestimmen den Begriff des Objekts als an sich seienden Gegenstandes dahin, daß es ein Gegenstand ist, der seinem Wesen nach „an sich" ist gegenüber der Aktualität eines originär gebenden Bewußtseins oder einer entsprechenden Habitualität (Möglichkeit der Wiedererinnerung),
40 der also ist, auch wenn er nie wahrgenommen war, und natürlich auch beständig erkannt werden kann in dieser Hinsicht, nämlich als seiend, ohne daß er wahrgenommen war oder ist oder sein wird (als Reales z.B., das er war, ohne daß er sinnlich wahrgenommen war, das er z.B. war, ehe er, wie jetzt, wahrgenommen ist, ohne daß er darum wahr-
45 genommen gewesen ist usw.). Es ist nicht ohne weiteres zu sagen, daß jeder transzendente Gegenstand im Sinne der früheren Definition transzendent in diesem Sinne ist, der Transzendenz gegenüber dem *percipi*,

daß also jedes transzendent Reale auch objektiv real ist und umgekehrt. Das muß also eigens erwogen werden. Es ist doch richtig, daß auch ein Phantom bloß subjektiv (nicht-objektiv) ist, obschon es sein kann, ohne gerade wahrgenommen zu werden, und wieder erkannt werden
5 kann als dasselbe, z.B. wenn ich mich umdrehe und dann wieder zuwende. Es kommt da in Betracht, daß wir hier auch die Scheidung haben: Gegenstände, die in wiederholter Wahrnehmung, in mehreren gesonderten sukzessiven Wahrnehmungen identisch gegeben sein können, und Gegenstände, die an ihre aktuelle Wahrnehmung ge-
10 bunden sind und demgemäß nur wiedererinnert werden können (und nur in wiederholter Wiedererinnerung erkannt werden können als Gegenstände derselben, nur erinnerungsmäßig „wiederholten" Wahrnehmung) oder die nur in Ketten von Wiedererinnerungen identifizierbar sind. Auch muß ein Phantom, wenn es wahrgenommen ist (ich
15 blicke hin) den Charakter haben eines in Wahrnehmungsgegebenheit tretenden, aber nicht mit der Wahrnehmung ins Dasein eintretenden. Oder: Während ein hyletischer Gegenstand werdend sich für das Ich ursprünglich konstituiert, ob er erfaßt wird oder nicht, konstituiert sich ein Phantom (seinem Wesen nach natürlich) nicht im Werden als
20 bewußt werdend.

Das Phantom hat also eine gewisse Objektivität gegenüber der aktuellen Wahrnehmung, doch nur, wenn es schon mehr als Phantom ist, und zugleich ist es „transzendent" im oben definierten Sinn. Geht beides notwendig zusammen? Weist nicht daraufhin das „Unsichtige"
25 von jedem transzendenten Gegenstand, das ja eben diese Objektivität hat, aber allerdings „mitwahrgenommen" und darin liegt, motiviert gesetzt ist. Aber gehört es nicht zum Wesen eines Phantoms, daß es überhaupt motiviert ist und daß es unwahrgenommen nur sein und nach seinem Sein erkennbar sein kann durch eine vernünftige Begründung,
30 eine sinnliche Motivation? Das ist also ein Problem. Jedenfalls haben wir aber weitere Scheidungen vor uns: nämlich die Möglichkeit, daß ein transzendenter Gegenstand für ein Ich konstituiert ist: Gibt es solche, die nur für ein Ich möglicherweise konstituiert sein können? Gehen wir zur Annahme einer Mehrheit von Ichen über, für die tran-
35 szendente Gegenstände gemeinsam konstituiert sind.

Nun sehen wir, daß uns wieder etwas fehlt: Wir scheiden reale Gegenstände und ideale. Aber das ist keine vollständige Scheidung. Reale Individuen sind nicht alle Individuen. Wir haben doch auch Ich-Subjekte mit ihren Bewußtseinsströmen und ihren Akten und
40 darin beschlossen die individuellen Sinne dieser Akte, mit all den zugehörigen irrealen Strukturen.

ERGÄNZENDER TEXT VI

(Vornehmlich zum 1. und 4. Kapitel des 1. Abschnittes)

*Formale Logik und Erkenntnislehre 1925. Zur eventuellen Ergänzung oder Nachprüfung der „formalen und transzendentalen Logik" von 1929*[1]

⟨I.⟩ **Formale Logik als Logik der Formen bestimmender Sätze**

Die analytische Logik setzt Deutlichkeit voraus, und das deutliche Denken bzw. der schon deutliche Gedanke ist ihr Feld. Verdeutliche ich mir, was in einem vagen Gedanken liegt, etwa was der „Sinn" eines nur vage vorstellenden Wortes, eines in meinem eigenen vagen Reden gebrauchten ⟨ist⟩, so ist das kein analytisches Urteil in dem Sinne der Logik als Analytik. In ihr mag als Vorstufe von dieser Verdeutlichung gesprochen werden, aber die vagen Gedanken und das vage Denken sind nicht das Feld der analytischen Theorien. Die logische Kunstlehre sagt, vages Denken und seine vagen Gedanken sind wertlos. Man soll also zu deutlichen und klaren übergehen. In eine volle Logik gehört dieser Unterschied und das Übergehen auch mit hinein, selbstverständlich; aber dann haben wir die eigenen theoretischen Disziplinen der Analytik, die schon durchaus deutliche Gedanken voraussetzt und sie zu ihrem theoretischen Feld macht. Diese deutlichen „Gedanken" sind Gemeintheiten, und zwar identifizierbare und evident identifizierbare. Die Logik als Analytik setzt voraus, daß die Gedanken, die in ihren Bereich fallen, in Wahrheit „mit sich selbst identisch" sind, für den Denkenden Gegenstände, von deren Sein (als sie denken) er sich jederzeit überzeugen, die er evident wiedererkennen kann. Es ist wieder eine in die volle Logik bzw. Noetik hineinfallende Untersuchung, wie es mit der Evidenz solcher Identitäten steht und wie für sie zu sehen ist, daß sie besteht und jederzeit herstellbar ist. Das ist für ⟨den⟩ Logiker der Analytik erledigt. Er hat schon Bedeutungen als „adäquat gegebene" Gegenstände. Für die Begriffsbildung aber der Bedeutungen, der Gedanken, die ihn angehen, ist es ferner wesentlich, daß er von anschaulichen oder unanschaulichen Gedanken spricht (denn er will

---

[1] 1925⟨?⟩ — Die Überschrift ist von Husserl 1929 oder später auf dem Umschlagblatt des Manuskriptes vermerkt worden. — Anm. d. Hrsg.

nachher ja auch von Wahrheit und ihren formalen Bedingungen sprechen) und anderseits ursprungsmäßig klar macht, wie Gedanken zu anderen Gegenständen stehen, mit denen sie stets Wesensbeziehung haben. Wer über ein Ding urteilt, urteilt nicht über den „Begriff",
5 ein Gedankending, über „Dingsinn"; wer Sachverhalte feststellt und etwa aussagt, daß ein Sachverhalt einen anderen bedingt, urteilt nicht über Sachverhalts-Bedeutungen, Sachverhalts-Sinne. Ich kann urteilen über ein Ding, auch schon vom Wahrnehmen des Dinges übergehen zum Wahrnehmen dieses gegenständlichen Sinnes, dieses Ding-Ver-
10 meinten. — Dann habe ich mein Wahrnehmen im Auge und das darin Wahrgenommene als solches; und in dem „als solches" liegt, daß ich jetzt eine Einstellung nehme, in der ich den Wahrnehmungsglauben nicht betätige, in dem ich nur den Glauben betätige, in dem ich das Wahrnehmen als Erlebnis erfasse, mit seinem Glauben, den ich aber
15 als auf Wahrnehmungssinn gerichteten nicht „mitmache". Und ebenso das Wahrgenommene dieser Wahrnehmung hat jetzt seine Seinsthesis, aber nicht als Meinen des darüber urteilenden Vollzuges. So gewinne ich ein adäquat Evidentes, eben dies Gemeinte meiner Meinung rein als solches.
20 So ist ein Unterschied zwischen urteilen und darin den Urteilsinhalt haben, d.i. den Sachverhalt schlechthin als mir, dem Urteilenden wirklich geltenden haben; zwischen wahrnehmen, sich-erinnern, vergleichen, unterscheiden etc. und darin das mir seinsmäßig geltende Ding, den mir geltenden Vorgang, die mir geltende Gleichheit, Unter-
25 schiedenheit haben — und ein anderes, die Einstellung auf Sinne, auf Wahrnehmungssinne, Vergleichungssinne, prädikative Sinne nehmen, in welchen ich die Sinne als Gegenstände habe, aber nicht die Gegenständlichkeiten, deren Sinngehalte sie sind — wenn man so sagen darf. So treten „Gedanken" gegenüber den aktuellen Geltungen, deren
30 Modifikation sie sind; bzw. sie sind das in Geltungen Geltende, das in Setzungen Gesetzte, die Sätze — aber rein als solche der Setzungen, und von dem über sie Urteilenden selbst nicht vollzogene, sondern betrachtete Geltungen.

Natürlich, wenn ich so über Vermeintheiten, über Urteile, Gegen-
35 standssätze urteile, so urteile ich eben über Urteile, über das, was dieser oder jener oder irgend jemand überhaupt so und so urteilend vollzugsmäßig hat. Aber seine Urteile sind nicht das, was für ihn als seiend gilt, nicht die Gegenstände, die begriffenen oder unbegriffenen Sachverhalte schlechthin. — Seine Urteile muß er als Urteile sowie
40 ich der Betrachter erst in Einstellungsänderung gewinnen und selbst zum Betrachter werden, wenn er eben über seine Urteile als Meinungen sprechen will. Wenn ich ihn kritisieren will oder er selbst sich rechtfertigen, dann muß ich bzw. muß er aus der Einstellung der Urteilsbetätigung in die Einstellung auf das in ihr liegende Gedankliche, das
45 Urteil, den Satz, übergehen, in die Frage: Ist denn das richtig, was ich da meine, diese meine Meinung? Jetzt geht die Linie der aktuellen Identifizierung (in der das vollziehende Urteilsleben eben sich bewegt)

auf ganz anderes als vorhin; jetzt nur auf die gedanklichen Gehalte meiner Akte als solche.

Diese „Gedanken" können aber entweder identifiziert werden in der Weise, daß die Variation hinsichtlich der Anschauungsfülle mir gleich-
5 gültig ist; ob ich anschaulich vorstelle und urteile oder nicht — ich meine dasselbe. Diese Identifikation, die die primäre ist und unvermeidlich vollzogen wird, ist die der analytisch-logischen Bedeutung, d.i. schlechthin gegenständlicher Sinn („Gegenstand"), „Sachverhaltssinn", prädikativer Sinn, das, was allein sprachlich als Bedeutung aus-
10 gedrückt wird und ausgedrückt werden kann.

Erst diese Identifikation bzw. Unterscheidung bzw. die hierbei hervortretende identische Gegenständlichkeit oder nicht identische als identische oder nicht identische mannigfaltigen Meinens (Glaubens) ermöglicht die andere Identifikation und Unterscheidung, worin
15 identifiziert wird derselbe Gegenstand, derselbe Sachverhalt etc. im Wie seiner Erscheinung oder auch unterschieden wird in diesem Wie. Also „Erscheinung" setzt identischen gegenständlichen Sinn voraus. Die intuitiven Modi des analytisch logischen Sinnes sind Modi seiner Klarheit. Der gesamte analytisch logische Sinn hat Klarheit, wenn er
20 in einer gesamten Erscheinung erscheint und nicht nur, wenn ein besonderes Sinnesglied erscheint. Übergang von leerer Bedeutung zur klaren, von der klaren zu einer mehr klaren etc.

Geht das theoretische Interesse ausschließlich auf die analytisch logischen Sinne (also ohne daß die Unterschiede der Klarheit thema-
25 tisch werden), so treiben wir analytische Logik, allgemeine Formenlehre der Bedeutungen — Konsequenzlogik. Die Konsequenzlogik denkt also, setzt voraus irgendwelche Urteilende, und zwar in der apophantischen Logik Prädizierende, und verfolgt sie, während sie konsequent prädikativ urteilen, bzw. korrelativ ihre Urteilsmeinungen
30 als sich in der Einstimmigkeit der Konsequenz haltende.

Aber wie steht es in der Sphäre der weiteren Allgemeinheit, in der Sphäre des vorprädikativen Glaubens, des sinnlich wahrnehmenden, erinnernden etc. Auch hier können gegenständliche Sinne unter Wechsel der Klarheitsfülle und ohne Rücksicht auf das Klarheits- und
35 Wahrheitsstreben, also ohne Rücksicht auf spezifische Erfüllung (Intentions-Erfüllung) deutlich identifiziert und zu Gegenständen der Betrachtung gewählt werden. Auch hier haben wir vor dem Übergang zur erfüllenden Klarheit den zur erfüllenden „analytischen" Deutlichkeit und Herausstellung eines analytischen Sinnes. Freilich da muß
40 ich über die bloße Wahrnehmung hinausgehen; die Unterschiede der Anschauungsmodi dürfen ja keine Rolle spielen. Auch ist zu bedenken, daß es unanschauliche Modifikationen hier gibt — eben die unanschaulichen direkten Vergegenwärtigungen, die dann zu mehr oder minder anschaulichen Erinnerungen werden können. Durch diese Modi
45 der Klarheit (des „Erkenntnismäßigen") hindurch geht die Identität des „analytischen Sinnes" (vor dem eigentlich so genannten Logos). Wie steht es hier mit einer Formenlehre und Konsequenzlehre? Was

wäre hier das „formal" Allgemeine, das doch vorausgesetzt werden
muß, wenn es ganz Allgemeines der Formen geben soll, das gesetzlich
den Übergang vom vorlogischen zum prädikativen Satz oder Urteil
regeln soll; und zwar selbst im Sinne einer „Konsequenz".
5 Nun hier habe ich doch die Formen der Substratsätze, die eben vor
der Stufe des Allgemeinbegriffs durch Verdeutlichung bzw. Explikation bestimmende Sätze (aber nicht begrifflich bestimmende) ergeben.
Wir haben alle Formen, die in der prädikativen Logik auftreten, aber
des begrifflichen Erfassens nicht bedürfen. Wir haben Kollektion,
10 Disjunktion, das Hypothetische; wir haben Verbindung, Ganzes und
Teil, Beziehung, die Modalitäten etc., auch Gleichheit, Ähnlichkeit.
In der Reihe tritt dann die Verallgemeinerung auf und das Allgemeine.
Und so kann in höherer Stufe die prädikative Logik anfangen. Danach
reicht also die Analytik tiefer herunter, wie eigentlich selbstverständ-
15 lich. Es wäre jetzt aber zu scheiden: Wieweit reicht die „formale" Allgemeinheit der formalen Logik als apophantische Analytik und als
*mathesis universalis* in voller Weite? Ich sagte immer, es ist die des
Etwas-überhaupt und in allen seinen Modis, aber natürlich als „Bedeutung". Alles Urteilen hat seine Substrate und Bestimmungen und
20 in der Komplikation seine letzten Substrate und letzten Kerne. Lassen wir diese frei variabel, so haben wir eine formale Logik umschrie-
ben.
 Aber wir können nicht nur die Formen möglicher Bildung von Urteilen aus letzten Urteilssubstraten und bestimmenden Inhalten
25 verfolgen und die dazu gehörige Konsequenz, sondern auch in andere
Richtung unseren Blick wenden, ohne die Idee eines Urteils überhaupt
bzw. ohne die Form als das auf jeden erdenklichen Urteilenden und
sein Geurteiltes als solches Bezügliche zu verlassen: Wie steht es mit
dem beliebigen Etwas, worüber Urteilende urteilen? Es kann selbst
30 logisches Gebilde gemäß den formal allgemeinen logischen Operationen
sein. — Wir reduzieren auf letzte Substrate. Wir fragen dann, welche
Typen letzter Substrate sind für jeden erdenklichen Urteilenden ur-
teilsmöglich, welche fallen notwendig in seinen Urteilsbereich? Natürlich finden wir da das Ichsubjekt, Leben, individuelle transzendente
35 Gegenstände und all dergleichen als „bloß gedachte" Gegenstände.
Man kann sagen, es ist jetzt die Frage nach den Substratkategorien als
Kategorien von möglichen Gegenständen, die Gegenstände möglicher
„sinnlicher" Erfahrung sein könnten. — Denn es ist selbst ein logisches Wesensgesetz, daß jeder prädikativen Form (Urform) mögliche
40 Wahrheit zukommt bzw. Ursprung möglicher Erfüllung in möglicher
Selbstgebung. Doch wäre das hier vorgegriffen. Wie gewinne ich aber
einen Überblick über die formalen Substratkategorien (als Kategorien
von letzten Sinnen, Urteilssubstrate) und woher weiß ich, daß sie für
jeden wirklich zugänglich sind? Hier muß ich mich in einen Urteilen-
45 den hineinversetzen und überlegen — ähnlich wie schon in der formalen analytischen Sphäre der vorigen Umgrenzung! —, wie
es mit dem Reich seiner möglichen Meinungen steht; nur mit dem

Unterschied, daß ich dort voraussetze, daß er schon irgendwelche ganz beliebigen Substrate hat, und mich nicht kümmere um letzte Substrate und erwäge, was er damit synthetisch urteilend bilden kann, während ich hier nach ⟨dem⟩ kategorialen Material vor allen solchen Bildungen
5 zurückfrage. Wie sieht der Urteilsbereich jedes Urteilenden überhaupt hinsichtlich seiner letzten Substrate aus? Oder, wenn ich alle Zutaten der Urteilsaktivität und der ihr entsprungenen Synthesen abblende, was ist für jedes wache Ichsubjekt und somit auch für jede Gemeinschaft als seiend vorgegeben in einer Allgemeinheit, die als formale
10 paßt, welches immer und wann immer ich das Ich als urteilend betrachte. — Ein waches Ich hat, wie sich von vornherein einsehen läßt, notwendig und immerzu seine Glaubenssphäre und dabei seine Erfahrungssphäre. Die Anschaulichkeit interessiert mich jetzt nicht; aber die Erfahrung, die eben immer da ist, gibt mir schon Anlaß, uni-
15 versale Fragen zu stellen und dabei auf das Universale des Sinnes als puren Sinnes zu achten. (Daß im leeren Meinen kein absolutes Substrat auftreten kann, das nicht die Form eines möglichen Erfahrens hat, ist dabei, wie schon oben angedeutet, einsehbar.) Diese Aufgabe ist nicht anders anzugreifen, als daß ich die allgemeine Struktur der uni-
20 versalen Erfahrung betrachte, aber nun eben auf den bloßen Sinn reduziere, d.h. nicht nach den Modis der Anschaulichkeit (oder auch Nicht-Anschaulichkeit) frage. Ich gehe von einer universalen Erfahrung aus, ich variiere sie frei, aber so, daß ich nicht frage, wiefern sie eine einstimmig sich erhaltende Erfahrungswelt soll sein können,
25 sie soll nur universale Erfahrung sein oder ihre parallele Leermodifikation.

Aber hier komme ich auf Schwierigkeiten. Muß eine universale Erfahrung notwendig eine Welterfahrung sein? Indessen kann ich mir überhaupt ein Ich denken, das nicht in seinem Urteilsfeld hat ganz
30 allgemein Iche, Ichakte, ichfremde Gegenstände und dann weiter entsprechende Meinungen, ferner Werte, Handlungen, eigene Leistungen etc.; und kann dann nicht erwogen werden in formaler Allgemeinheit, was zu all dem *formaliter* gehört? Aber kann ich hier anders urteilen als auf Grund der Erscheinungen, und gibt es da eine andere
35 Konsequenz als die anschaulich sachhaltige? Eine schlichte Selbstsetzung kann mit einer anderen unverträglich nur werden, wo die eine mit der anderen in der Einheit der Erfahrung streitet. Ich mag einen Substratsatz explizieren, mit anderen Substratsätzen kolligieren, jeden dann auch als leeren, da bleibe ich freilich in dieser bloßen Analyse in
40 formaler Konsequenz. Aber damit komme ich, wie viele Substrate ich analysiere, nie auf die Möglichkeit einer Inkonsequenz, eines Widerspruchs, der doch mitbestimmend ist für den Begriff der Konsequenz selbst im logischen Sinne.

Erst wenn ich die Erscheinungsgehalte mit in Rechnung ziehe, und
45 damit Wahrheit und Möglichkeit, wird es anders. Es ist zu bedenken: Wenn ich beliebige Substratsetzungen, anschauliche oder unanschauliche, zusammenhängende oder diskontinuierlich getrennte, mir beliebig

kolligiert oder sonstwie in logisch analytische Formen verknüpft und gestaltet denke, in reiner Möglichkeit, so kann niemals ein neuartiges Konsequenz- oder Widerspruchsverhältnis erwachsen. Bestimmte Substratsätze können miteinander streiten, sofern jeder nur als
5 Satz möglich ist in einer individuellen Modifikation, und da ist es kein Streit der Sätze, für sich und ihrer „Form" nach, wenn nur die analytische Form im ersten Sinne eine mögliche ist. So wie ich die Substrate frei variabel lasse innerhalb ihrer Kategorie und variabel die Horizonte als das Unthematische, ist nichts zu machen. Es ergeben
10 sich keine eigenen Konsequenzgesetze, bestimmt durch die Substratkategorie.

Nun fragt es sich, was da in allgemeinster und formal seinsollender Erwägung unter diesen Titel hineinkommt. Ich versuche die formale Konsequenzlogik zu begrenzen. — Sie bezieht sich auf das Reich der
15 „Schlüsse", doch sage ich besser auf das der Setzungen, die daraufhin, daß schon ein Gesetztes vorliegt, vorgenommen werden; und noch weiter, auf die Gesetze überhaupt der Konsequenzbildung von Urteilen aus Urteilen, von bestimmenden Urteilen (apo⟨phantischen⟩), muß ich wohl sagen, und in allen Modalitäten. Bestimme ich $A$ $ist$ $\alpha$, so
20 ist damit unmittelbar „ausgeschlossen", unmittelbar widersprechend der Satz bzw. die Setzung $A$ $ist$ $nicht$ $\alpha$ und umgekehrt. Ebenso ist dann mittelbar $A$ $ist$ $\alpha$ $und$ $nicht$ $\alpha$ als Widerspruch erwiesen, denn darin liegt $A$ $ist$ $\alpha$ und $A$ $ist$ $nicht$ $\alpha$. Aber nach dem vorigen Satz ist das ein Widerspruch. Ich könnte aber den Satz vom Widerspruch von
25 vornherein so fassen: $Wenn$ $A$ $ist$ $\alpha$, $so$ $ist$ $nicht$ $zugleich$ $A$ $ist$ $nicht$ $\alpha$; oder $es$ $ist$ $ausgeschlossen$ $A$ $ist$ $\alpha$ $und$ $A$ $ist$ $nicht$ $\alpha$ usw. Das sind lauter „Schlußgesetze". Das ist das Feld der formalen apophantischen Logik. Das Gegenteil von Widerspruch ist die analytische Verträglichkeit, gleichwertig mit Widerspruchslosigkeit $A$ $ist$ $\alpha$ und $A$ $ist$ $\beta$ sind analy-
30 tisch verträglich, sie widersprechen einander nicht. Woher weiß ich das? Soll ich mich auf Beispiele berufen mit der Möglichkeit, in dieser Art zusammen zu urteilen, und sagen: Jedem Widerspruch entspricht ein Widerspruchsgesetz, und das ist selbst ein logisches Grundgesetz.

Analytische Schlüsse sind Setzungen, durch Setzungen so motiviert,
35 daß die Satz-„Materie" nur ihrer Form nach motivierend ist, die Materie selbst aber irrelevant bleibt; somit ist sie frei variabel. Jeder Widerspruch wird allgemein gesetzlich, so wie ich diese Variabilität selbst in den Sinn nehme. Daher genügt ein Beispiel, um wie die formale Unverträglichkeit, den Widerspruch, so die Verträglichkeit als
40 allgemein einzusehen.

Ebenso: daß eines nicht die Konsequenz des anderen ist. Ist etwa einzusehen, daß in gleicher Weise zu zeigen ist, daß $A$ $ist$ $\alpha$ und $A$ $ist$ $nicht$ $\beta$ bzw. $es$ $ist$ $nicht$ $A$ $\beta$ unmittelbar analytisch verträglich sind. Wäre aber $A$ $ist$ $\beta$ eine Konsequenz von $A$ $ist$ $\alpha$, so wäre das ein Wider-
45 spruch. Parallel mit der Aufstellung von elementaren Konsequenz- und Widerspruchsgesetzen muß gezeigt werden, daß die übrigbleibenden, das ist der Benützung frei gestellten Urteilsformen, analytisch

möglich sind. Zunächst geschieht das an Beispielen und dazu tritt dann, und zwar in einer Betrachtung, die allgemein für alle Formen und mit einem Schlage erledigend ist, die obige Beweisführung. Und das Gesetz: Jede Urteilsform, die an einem Beispiel sich zulässig (nicht widersprüchlich) zeigt, ist allgemein eine analytisch einstimmige, eingerechnet jede Urteilskombination. Ebenso hinsichtlich der Konsequenz. Jede Urteilskombination, die der Form nach analytisch verträglich ist mit einer solchen, in der ein Glied die entsprechende negative Form zeigt (sofern für beide Beispiele zu beobachten sind), ist eine nicht schließende, ihr entspricht keine Schlußform als gültiges Gesetz.

Es ist nun gefordert die Aufstellung der elementaren, exemplarisch gesicherten Urteilsformen, der Elementarformen der Ableitung, der iterierbaren Operationen, Elementarformen der inneren Wandlung und Verwirklichung innerhalb der Einheit einer Bestimmung, Elementarformen der Zusammensetzung von Urteilen unter Einbeziehung aller Modalitäten und der hypothetischen Abwandlung. Damit erwächst offenbar eine systematische Konsequenzlogik, die die Sicherheit gibt, für jede apriorisch konstruierbare Form im voraus entscheiden zu können, ob sie widerspruchsfrei, widersprechend ist; ebenso für je zwei Formen, ob sie Konsequenz voneinander sind oder sich ausschließen. Das System der formalen Bestimmungs-Logik Beispiel einer definiten Theorie der Konsequenz. Es ist für jede rein grammatische Form apriori entschieden und nach einer iterativ gesetzlich fortschreitenden Methode entscheidbar, ob sie eine „formal zulässige" ist oder nicht.

⟨II. Reines Urteilen über Gegenstände und über Sinne⟩
Man kann nun sagen: Wie ich über die Natur überhaupt, über die Zahlen der Zahlenreihe überhaupt urteile, so kann ich auch urteilen über Gegenstände überhaupt. Ich habe im voraus gesetzt das Feld der Gegenstände überhaupt und frage, was gilt für solche Gegenstände. Aber muß man hier nicht reinlicher scheiden?

1) Ein Urteilen im reinen Überhaupt, in reiner Allgemeinheit also über Natur überhaupt, ohne eine, wenn auch in bestimmten einzelnen Thesen bestimmter Naturobjekte, in dem betreffenden Akte vollzogene Setzung von wirklichen Naturobjekten. Das wäre genauer zu beschreiben. Jedenfalls wenn ich „die" Natur im voraus setze, so umspannt die Meinung dieser Setzung die mich umgebenden, die mir schon bekannten Dinge etc.

Die Setzung der Natur bindet dann mein Urteilen. Ich kann freilich auch „reine" Naturwissenschaft als Ontologie einer Natur überhaupt treiben und doch dabei die Natur setzen, aber so, daß sie nicht beschränkt, daß sie außer Aktion bleibt. Aber auf den Unterschied ist doch wesentlich zu achten. So wie diese Thesis in Aktion tritt, habe ich nicht mehr reine Naturwissenschaft.

2) Ein wesentlich anderer Fall ist es schon, wenn ich mich in der

Zahlenreihe bewege oder im Reich der geometrischen Gestaltungen, wobei ich schon weiß, daß es dergleichen gibt, schon einen Horizont von Wirklichkeiten habe, die für mich in wenn auch unbestimmt allgemeiner Setzung da sind. Nämlich mag ich schon im voraus die
5 Zahlenreihe gegeben haben, sie ist mir vorgegeben nur auf Grund einer apriorischen Erwerbung, ich kann die Vorgegebenheit jederzeit wieder verwandeln in die ursprüngliche Erwerbung durch reine Spontaneität, die mir die Zahlen der Zahlenreihe und diese selbst in Erzeugung neu herstellt. Freilich sind die Zahlen ideale Gegenstände, aber das schließt
10 nicht aus, daß sie spontane Erzeugnisse sind. Das Erzeugte hat gegenüber dem Empirischen die Eigenschaft, daß es von jedem erdenklichen Ich als reinem Ich als identisches immer wieder neu erzeugbar ist.

Es gibt auch empirische Erzeugnisse, aber sie sind eben schon Erzeugnisse aus Empirischem, und Empirisches hat einen nicht rein
15 erzeugbaren Inhalt. Es ist nicht schöpferisch zu erzeugen, sondern nur umzugestalten.

Es ist da auch noch ein Unterschied zwischen Raumgestalten der Geometrie und desgleichen allem materialen Apriori und dem rein Formalen. Das materiale Apriori hat ebenfalls einen sachhaltigen In-
20 halt, der nicht frei erzeugbar ist. Aber es ist eben ein fundamentaler Unterschied. Farbe kann ich nicht jedem Ich unbedingt zumuten, wie ich ihm die Kategorie Akte und das Parallele der Form in allen Sphären von Stellungnahmen zumuten muß. Aber jedes Ich, das Farbe hat, kann damit kategorial operieren, und ohne Thesis der Erfahrung, im
25 freien Phantasieverfahren und Denkverfahren eidetische Einsichten gewinnen. Das empirische Erzeugen an Erfahrenem, wodurch aus Erfahrenem neues Erfahrenes wird, ist ein anderes als das Denken als reines Denken auf Grund der Ausschaltung der Thesis der Erfahrung oder als Erwägen der rein idealen Möglichkeiten, die als sachhaltige
30 freilich durch Erfahrung oder Quasi–Erfahrung vorgegeben sein müssen. Das in prinzipieller Tiefe auszugestalten, ist eine wichtige Aufgabe.

Also: Das reine Urteilen im reinen Überhaupt hat danach eine doppelte Gestalt. 1) Es kann Apriori sein in dem ersten und universellsten Sinne, es kann ausschließlich das enthalten, was zu jedem „stellung-
35 nehmenden" Ich als Ich überhaupt gehört. Es umspannt dann ausschließlich Gegenständlichkeiten (als bestimmte und weiter zu bestimmende), die das reine Ich in völliger Freiheit erzeugt. 2) Es kann Apriori im zweiten Sinn, im Sinne des sachhaltigen Wesens sein. Jedes sachhaltige Wesen hat neben seiner reinen Form einen Inhalt, der
40 einem Ich vorgegeben sein muß und nicht sein freies Erzeugnis ist.

Nun stelle ich eine weitere Frage: Wie steht das reine Überhaupt-Urteilen in formaler oder sachhaltiger Sphäre zum Urteilen über Gegenstände in Anführungszeichen und näher über gegenständliche Sinne bzw. Sätze? Ich kann statt schlechthin über Sokrates, Paris,
45 über diesen Tisch etc. auch über die entsprechenden noematischen Sätze urteilen, als pure Sinne, abgesehen von der „Gegebenheitsweise". Ich kann urteilen über Existenz oder Nichtexistenz, über das, was

zum Gesetzten als solchen analytisch gehört (ich expliziere den Sinn). Ich kann urteilen „ist das *A* (existiert es), so ist es auch *b*" (wo *b* in *A* sinngemäß „liegt"). Ich kann in dem weiteren und guten Sinne „analytisch" urteilen über eine zum Analytischen gehörige Relation;
5 z.B. dem Sinne nach ist dieses Rot verschieden von diesem Grün, = nicht identisch. Die Leugnung wäre „widersprüchlich".

Analytisches Urteilen: 1) Den „bloßen" gegenständlichen Sinn, der derselbe ist, ob der Gegenstand angeschaut ist oder nicht, verdeutlichen, aber nicht bloß in der grammatischen Sphäre. Ich „denke"
10 einen Gegenstand, ich verdeutliche mir den „bloßen Gedanken", den „gedachten als solchen", als wie ich ihn meine. Ist es ein bekannter, so ist er ein Etwas, ein Substrat, das schon niedergeschlagen hat in sich attributiv vielerlei Prädikate; nämlich alle die, die ich durch fortschreitende Kenntnisnahme, also Explikation des erfahrenen
15 Gegenstandes selbst gewonnen hätte. Jetzt besteht die Verdeutlichung darin, daß ich die niedergeschlagenen Attribute in Prädikate verwandle und explizierend-verdeutlichende Urteile fälle: daß das meiner Meinung einsichtig ist, was er rein dem Gedanken nach ist. — Ebenso bei einem Naturgegenstand, den ich gemäß Analogie bekannter von
20 vornherein mit einem Prädikatsgehalt auffasse. Auf Widerspruch kann ich da nicht kommen, es sei denn so, daß ich auf verschiedene Prädikate in der Verdeutlichung stoße, von denen ich anderwärts erkannt hatte, daß sie widersprechend sind. Ebenso kann ich auf keinen sachlichen Widersinn kommen, es sei denn durch Veranschaulichung oder
25 vermöge meines früheren Wissens von der Unverträglichkeit. Damit überschreite ich den bloßen Sinn. 2) Also da habe ich den Unterschied zwischen dem unverdeutlichten Sinn und dem deutlichen, expliziten, und zwar demselben, der dann weiter auch anschaulicher werden kann. Der unverdeutlichte Sinn ist leer und in dieser Leere inhaltlich ganz
30 unbestimmt. Er wird „expliziert" durch Rückgang in die Urteilskette: $S$ ist $\alpha, \beta\ldots$, in der das $S\,\alpha\,\beta\ldots$ erwächst als Erfüllung des leeren $S$, also das Verhältnis einer leeren Vormeinung als Intention, die sich erfüllt in der expliziten Meinung — die doch noch nicht Anschauung des $S$ ist und Anschauung der prädikativen Inhalte $S$ ist $\alpha$ etc. Diese
35 explizite Meinung, der analytische Sinn, ist etwas, das in seiner Weise selbst gegeben ist. Und auf ihn kann speziell die absehende Intention sich richten. Im Absehen auf das Selbst des Gegenstandes und was er ist, ist es oft so, daß die Anschauung fehlt, daß sie versagt. Aber ich gelange dazu, tätig zu explizieren, Urteile zu fällen, symbolische Ur-
40 teile, die sich „daraus ergeben" würden. Es ergibt sich dann die Möglichkeit, von solchen symbolisch-leeren Urteilen zu neuen überzugehen, und nicht bloß reproduktiv verdeutlichend die alten Einfälle, sondern neue Urteile zu fällen, und insofern nicht mehr analytisch zu urteilen, also dabei Konsequenzen zu ziehen oder Widersprüche heraus‹zu›stellen.
45 Diese analytische Verdeutlichung ist Intention für die synthetische Verdeutlichung — die Bewährung und Klärung der Meinung, Resultat dann evtl. die Richtigkeit des bloßen Gedankens, der deutlichen Ur-

teilsmeinung. 3) Wie bei Sätzen, auftauchenden theoretischen Einfällen, wie bei Ganzen von Gegenstandsstücken, Zusammenhängen? Was man anschaulich kennen gelernt hatte als Zusammenhang, kann man nach dem leer Zurückbleiben wieder „verdeutlichen": Hilfsmittel
5 symbolische Bezeichnung und die mit vorgegebene Zeitgestalt.
  Es ist anderes, über „Bedeutungen", leere oder intuitive Wesen als Vollsinne, urteilen und über Gegenstände urteilen, ein anderes über Eigenschaften von Gegenständen urteilen und über „Eigenschaftsbegriffe" urteilen, ein anderes über Verhältnisse, reale Relationen etc.
10 urteilen und über Verhältnissätze, Relationsurteile und „Begriffe" von Relationen urteilen. Im weitesten Sinne ist die „Logik" das Reich des „Begriffs", die formale Ontologie das Reich der Gegenstände überhaupt, die reale Ontologie das der Regionen überhaupt usw. Logik ist die Ontologie der Begriffe, könnten wir auch sagen. Korrelativ ist die
15 Logik der Urteile aber auch Logik der Urteilsnoesen: ihre Wesensorientierung nach ihrem Inhalt, nach ihrem Was, was oben Begriff hieß, Begriff, Satz etc.
  Diese Sphäre der Bedeutungen ist auch eine Sphäre der Handlung. Ich kann ein Urteil erzeugen. Anderseits gehört es zum Wesen der
20 Sachlage, daß das erzeugte Urteil identifizierbar ist als dasselbe, wo immer „es" erzeugt ⟨wird⟩, so wie die Wahrheit.

  ⟨III. Kategoriale Denkakte⟩
  Kategoriale Denkakte nennen wir solche doxischen Akte, die an Gegenständen überhaupt — in allgemeinster Allgemeinheit —, wie
25 immer sie vorgegeben sind, für ein freies Denksubjekt vollziehbar sind. Solche Akte sind bestimmende Akte oder Abwandlungen von Bestimmungen, in sich selbst sich als das ankündigend: Urteilsakte — kategoriale genannt, weil sie in der Kategorie, in der Aussage zum Ausdruck kommen. Sie sind entweder die Kategorialien verwirklichen-
30 de, sie wirklich selbst gebende Akte, selbst gebend, sofern sie sie durch eigentlich verwirklichendes Handeln eben verwirklichen; oder sie sind nicht verwirklichende, die Kategorialien bloß vermeinende, sie evtl. partiell verwirklichende und partiell leer meinende. Was sie leisten, was sie als Akte tuend verwirklichen, sind die sich in ihrem mehr oder
35 minder fundierten und komplizierten Aufbau konstituierenden Urteilsmeinungen. So wie wir Erfahrungen und bloße (schlichte, nicht denkmäßig zu verstehende) Vorstellungen gegenüberstellen und korrelativ das Erfahrene selbst, das individuell Gegenständliche selbst und seine „bloße Vorstellung", ebenso hier die originär gebenden
40 kategorialen Akte, die verwirklichenden und die bloß meinenden, in einem weiteren Sinn sie bloß vorstellig machenden: anderseits die kategorialen Gegenständlichkeiten selbst und ihre „bloßen Vorstellungen". Letzteres sind hier die in leerer Weise (oder in unvollständig erfüllter) vollzogenen Urteile. Dazu tritt aber noch für diese „bloßen Vor-
45 stellungen" der Unterschied zwischen den relativ ursprünglicheren, die Urteilsmeinungen als solche wirklich in einigen Urteils-Schritten, im

wirklichen Aufbau der Teilakte aufbauenden Urteilen und den sekundären einstrahligen Vorstellungen der Urteilsmeinung, etwa in der Weise eines Rückblickes auf die früher vollzogene Leistung oder sie von neuem schrittweise zu wiederholen oder in der Weise eines
5 „Einfalls", der in einem Blick als Meinung erfaßt und dann erst evtl. zur Deutlichkeit, d.h. zur einzeltätigen Herstellung des eigentlicheren Urteils gebracht wird.

Die verwirklichenden kategorialen Denkakte sind die Erkenntnisakte, die Synthesis der Erfüllung einer explizierten, deutlichen Urteils-
10 meinung in die entsprechende Erkenntnis (was noetisch und noematisch verstanden werden kann), in die Synthesis der Bewahrheitung oder, was gleichwertig ist, der Evidentmachung. In ihr als einer Deckung tritt eine Identität hervor: die Identität der Urteilsmeinung, einmal im Charakter der leeren Vormeinung, das andere Mal der er-
15 kenntnismäßig erfüllten. Dieses Identische in dem verschiedenen Modus ist das Urteil schlechthin, ist das, was die Bedeutung der Aussage ausmacht, was also mit den Worten zum Ausdruck kommt und allein zum Ausdruck kommen kann. Richtet sich der erfassende Blick auf dieses Identische (wie es geschieht, wie wenn wir vom Urteil oder
20 Satz sprechen und somit dieses Identische nennen, es begrifflich prädizierend zum prädikativen Substrat machen), so tritt an ihm bzw. an der Aussage selbst, deren Bedeutung es ist, der Charakter der Bewahrheitung auf, das „Wahre" als das zum Verwirklichen, als selbst wirklich gegebene Kategoriale, — zum sachlichen Selbst — „Stim-
25 mende". Das Wahre im anderen Wortsinne ist aber auch zu nennen das Wirkliche selbst, zu dem das Urteil, die reine Meinung als Bedeutung stimmt. Auch das Wort „Erkenntnis" hat eine in ähnlicher Weise gewissermaßen notwendige Zweideutigkeit: Ein ursprüngliches anschauliches Urteilen, eine in ursprünglich selbstgebender Weise
30 vollzogene kategoriale Aktion kann Erkenntnis heißen — dann ist von einer *adaequatio rei ac intellectus* keine Rede. Es kann aber auch eine Adäquation damit gemeint sein, d.h. eine Anmessung eines Urteils an eine entsprechende „Anschauung", im Wiedervollzug desselben Urteils an die Sache selbst, also in Gestalt „verwirklichender" kategorialer
35 Aktion. Adäquation ist auch jede kritische Nachprüfung eines schon in Evidenz vollzogenen Urteils. Das schon im Charakter des originalen Selbst oder evtl. des bewahrheiteten und in diesem Sinn ⟨des⟩ wahren Gegebene wird nochmal vollzogen in kritischer Blickrichtung auf die im Charakter der Evidenz vollzogene Meinung (also auf den puren
40 Bedeutungsgehalt, Sinn der Evidenz) und ferner darauf, wie ferner Schritt für Schritt Momente noch unerfüllter Meinung sichtlich werden oder wie ferner jede partielle Meinung (jedes Sinnesmoment) in der Tat erfüllt ist. Danach versteht sich die Möglichkeit der Iteration des wahr oder wirklich. Das schon als wahr Charakterisierte erhält den
45 Charakter des wirklich wahr, was nichts anderes heißt als des wahrhaft wahr, dieses evtl. wieder usf.; natürlich mit den eventuellen Gegencharakteren: einerseits des nicht wahr im Sinne des noch nicht

begründet, nicht wirklich als wahr (in der betreffenden Hinsicht) herausgestellt, anderseits möglicherweise des falsch als des mit einem selbst Gegebenen Streitenden; hinsichtlich des falsch ist genauer auszuführen: Die im bewahrheitenden Prozeß fortlaufend erregte Erwartung
5 (oder eine abgewandelte, „mögliche" Erwartung) enttäuscht sich, ein „Anderes" tritt ein, ein Selbstgegebenes, aber „gegen" die Erwartung, deren Sinngehalt das betreffende Urteilsmoment ist.

Das wahr und falsch, das begründet und unbegründet, wie für die Substrate das wirklich seiend (wahrhaft) können nur zum Ausdruck
10 kommen, wie alles, was je zum Ausdruck kommen kann. Das Nicht-Kategoriale ist, nämlich durch Akte, in denen darüber (als Gegenständlichkeit höherer Stufe) prädiziert wird, in neuen kategorialen Akten. Es wird dann also das Urteil oder das Urteilssubstrat, evtl. das Prädikat des Urteils usw. in einem Akte höherer Stufe gegenständlich
15 und, was zum Ausdruck kommt, sind die kategorialen Akte höherer Stufe. Danach scheiden wir die Akte der Bewahrheitung, der Begründung, obschon wir sie doch werden Denkakte — spontane Akte der Doxa — nennen müssen, von den spezifisch kategorialen Denkakten; und entsprechend für die darin sich konstituierenden Gebilde.

20 Doch es bedarf eines einheitlichen Ausdrucks für beides. Im weiteren Sinn verstehen wir unter kategorialen Denkakten alle diese Akte und nennen die spezifisch kategorialen Denkakte die apophantischen. Ihnen gegenüber sprechen wir von kategorialen Denkakten der Bewahrheitungs-Normierung. Beschreibend sind apophantische Akte bzw.
25 beschreibend, deskriptiv sind Urteile, wenn sie an Gegenständen der möglichen Erfahrung, und zwar reiner Erfahrung im definierten Sinne betätigt sind; im spezifischen und eigentlichen Sinne deskriptiv, wenn sie als aussagend-urteilende sich an wirklicher Erfahrung (oder eidetisch an möglicher Erfahrung, verstanden als klare exemplarische
30 Anschauung) betätigen und so ein erfülltes, selbstgebendes Urteilen auf Grund selbstgebender reiner Erfahrung darstellen.

Es ist jetzt von großer Wichtigkeit, die kategorialen Akte zu scheiden von anderen Denkakten. Denn sie sind keineswegs die einzigen. Die spezifischen Urteile, die geschlossenen Akte der Kategorien, sind da-
35 durch charakterisiert worden, daß sie in gleicher Form an allen Gegenständen vollziehbar sind. Alle Gegenstände sind prädikabel in dem Sinne von Substraten möglicher Prädikation. Alle Gegenstände sind denkbar als Gegenstände möglicher Urteile aller Formen, die die Formenlehre der Urteile findet, also auch aller widersprechenden, und
40 aller hierzu erforderlichen, Urteile bildenden Akte. Urteile evtl. mit aufbauenden Teilakten sind kategorial im weitesten Sinn. Im besonderen sind ausgezeichnet die entsprechenden selbstgebenden zur Norm dienenden, wahrmachenden Akte; also, wie man auch sagt, die evidenten Urteilsakte sowie ihre fundierenden Teilakte, also Akte, die in
45 die Einheit der Urteilsevidenz eingehen und in ihrem Zusammenhang Form erhalten haben; somit auch die fundierenden Erfahrungen, aber nur so, wie sie eben durch das Denken zu Urteilssubstraten werden und

dadurch kategoriale Gestalt, also vom Denken her Sinnesform erhalten, etwa als so und so prädikativ bestimmte im schlichten kategorischen und evidenten Urteilen. Also Erfahrung als reine Erfahrung steht der Kategorie gegenüber oder dem urteilenden „Denken" als prädikativem Denken. Einen Schnitt macht, wie mir scheint, das begreifende Denken bzw. der Begriff als das Allgemeine, das wesentlich zum logischen Urteil gehört. Damit haben wir einen noch engeren und den üblichsten Urteilsbegriff der Logik. Darunter liegen die anderen Denkfunktionen an der Erfahrung: die Explikation, Kollektion etc. Die Denkfunktionen der Allgemeinheit sind die spezifischen des Logos, der theoretischen Vernunft oder der Theorie im prägnanten Sinn.

Denkakte sind „Akte" des Glaubens. Sie sind Akte, nicht passiv intentionale Erlebnisse; sie sind auch nicht bloß Ichakte im Sinne von Rezeptivitäten, bloßen Ichzuwendungen und Erfassungen vorgegebene und das Ich von daher affizierende Gegenstände. Auch das sind Bewußtseinsweisen der Doxa und, wenn wir „glauben" und Urteile identifizieren, so hätten wir sogar schon für das vorgebende Bewußtsein von Urteilen zu sprechen. Zum Glauben, zur Doxa überhaupt gehören Modalitäten des Glaubens. Darüber hinaus haben wir aber noch andere Modalitäten und vielartige. Urteilsakte als Denkakte sind ein Tun, ein Handeln, durch welches in bezug auf gegenständliche Substrate, in Beziehung auf irgendwie „vorstellige", rezipierte Gegenstände etwas Neues geleistet wird. Hier steht im Zentrum die Leistung der Bestimmung von Gegenständen, die in der logischen Sphäre Bestimmung durch Begriffe ist. Die schlichte Bestimmung ist der Urmodus der Urteilsleistung als Denkleistung. Nehmen wir jetzt der Einfachheit halber den Urmodus des Glaubens, die Gewißheit (an deren Modalisierung dann in ihrer Art jedoch eigentliche Urteilsleistung selbstverständlich Anteil hat), dann kann man alle und jede sonstige Urteilsleistung als eine „Modalisierung" der schlichten Bestimmung bezeichnen. — In historischer Redeweise: Das kategorische Urteil ist die Grundform, aus der alle sonstigen Urteilsformen abzuleiten sind. Damit soll keineswegs gesagt sein, daß alle selbst nur kategorische Urteile mit komplizierterem Gehalt sind, selbst wenn gezeigt werden kann, daß jedes Urteil auf kategorische Form gebracht werden kann, d.h. aber in Umwandlung des ursprünglichen Sinnes ein „logisches Äquivalent" hat in einem kategorischen Urteil (also derart, daß sie z.B. wahr und falsch sind). Jede schlichte kategorische Bestimmung kann abgewandelt gedacht werden in einer Weise, daß die Abwandlung die nun nicht mehr kategorische Bestimmung in sich selbst als Abwandlung bekundet (ähnlich wie jede Glaubensmodalität als Abwandlung des schlichten Glaubens, der Glaubensgewißheit). So gewinnen wir als Urteilsmodalitäten oder Urteilsabwandlungen aus $S$ *ist* $p$ „*Wenn S p ist*", „*so ist Sp*"; oder aus mehreren Urteilen $S$ *ist* $p$, $Q$ *ist r etc. S ist p und Q ist r* — d.i., beides ineins ist, wodurch schon jedes darin beschlossene sich als Glied eines kollektiven Urteils modalisiert, ähnlich ein Urteil als Glied einer Disjunktion, ebenso die Nominalisierung dieses *Das Sp ist* usw.

Es modalisieren sich aber im Urteilszusammenhang, aber auch schon vor ihm, in ihrer Weise auch die Gegenstände der Vorstellung bzw. die
5 Gegenstände als Substrate des Urteils. In der Vorgegebenheit haben wir schon einen gewissen Unterschied von Einzelnheit und Mehrheit. Bestimmt ist letztere nur durch Einheit der Affektion. Aber eigentlich haben wir Mehrheit erst durch die kollektive Aktion, durch das einheitliche Meinen der Einzelnen, die gleichzeitig vorstellig sind (ob-
10 schon darum nicht als gleichzeitige). Hierher gehört auch der Modus der offenen Mehrheit mit dem „Usw.". Der Urmodus ist hier die Einzelnheit, die in einem schlichten Akt der Rezeptivität erfaßt wird (und, was vielleicht hinzuzufügen, festgelegt wird als dies immer wieder Erkennbare, Identifizierbare, als geistig Zugeeignetes).
15 Soll man hier von Modalitäten der Rezeptivität sprechen, als der untersten Schichte der „objektivierenden Akte", die den Urteilsaktionen als bestimmenden vorangehen und ihnen zugrundeliegen, in sie eingehen; wie in das singuläre Bestimmungsurteil, in das plurale, in das kollektive Urteil usw.? Mit solchen Weisen der Abwandlungen
20 der Substratmodi gehen Hand in Hand Abwandlungen der Bestimmung. Der Urmodus des Urteils ist danach (ein einzelnes) $S$ *ist* $p$, wo $p$ wieder eine einzelne Bestimmung ist.

⟨IV. Deutliches Urteil und analytischer Sinn⟩

Viele Urteilserlebnisse können synthetisch in die Einheit eines iden-
25 tifizierenden Bewußtseins treten als Urteilsakte, die ein und dasselbe urteilen. Dieses eine und selbe geurteilte Was kann in diesen Akten vielerlei Modi der Gegebenheit haben. Ein System solcher Modi ist das wechselnder relativer Deutlichkeit. Sich ein Urteil zu voller Deutlichkeit bringen = sich seinen „analytischen Sinn" evident machen, seine
30 bloße „Bedeutung". Aber man kann nun sagen: Dann ist doch Urteil und analytischer Sinn dasselbe? Es ist die bloße Urteilsmeinung. Wie ist es aber im Wechsel der Deutlichkeit? Erst in der vollen Deutlichkeit (als einer Evidenz) ist die deutliche Meinung gegeben, die Bedeutung selbst der Aussage. Hier habe ich eine Einstellung, in der ich
35 eben haltmache bei der bloßen Meinung und sie ohne Frage nach sachlicher Möglichkeit und Wahrheit herausstelle.

Nun habe ich hier aber wieder zu unterscheiden. Wenn ich die Einheit der Meinung, des bloßen Satzes in vollkommener Deutlichkeit habe, so zerstört jeder dabei mit hervortretende Widerspruch die Einheit
40 des wirklichen und möglichen Glaubens. Trotzdem muß ich doch sagen: Mannigfache Urteilsakte sind da, sind wirklich oder möglich, in denen bald deutlich, bald vage dasselbe gemeint, dasselbe Urteil gefällt war oder gefällt sein könnte, Urteil mit dem widersprechenden Satz. Nur wäre der Widerspruch in der Vagheit verborgen. Es würde
45 geurteilt $6 \times 7$ *ist* $79$ u. dgl. Ich muß also unterscheiden das, was jedes solche Urteil undeutlich meint und in der Undeutlichkeit glaubt, und

was als dasselbe in der Deutlichkeit hervortritt, aber dann nicht geglaubt ist und nicht geglaubt sein kann, dann kein mögliches Urteil mehr ist. Oder besser: Jedes Urteil hat einen herausgestellten oder herausstellbaren Sinn als Inhalt des Glaubens und dieser selbe Sinn
5 kann Inhalt eines Unglaubens, verschiedener Modalitäten, darunter der Negation sein. Verschiedene Urteilsakte urteilen dasselbe, aber dasselbe in wechselnden Abwandlungen der Deutlichkeit und in wechselnden Abwandlungen des Glaubens. Was dieses Selbe „ist", der Urteilsinhalt selbst, das tritt evident hervor im deutlichen, „explizier-
10 ten" und eigentlichen Urteilsvollzug. Jeder Urteilsinhalt ist Inhalt möglichen Urteilens: nämlich jeder in der Undeutlichkeit; in der Deutlichkeit ist nur jeder analytisch einstimmige Urteilsinhalt (prädikative Sinn), jeder widerspruchslos urteilbar. Heißt Satz mögliches oder wirkliches Urteil, so müßte Satz und analytisch einstimmiges
15 Urteil sich decken. In der Klarheit ist nicht jeder einstimmige Inhalt oder Sinn urteilbar.

Wir unterscheiden im Urteil Materie und Form. Letztlich im Rückgang zu sachhaltig bestimmten Urteilen haben wir Materie als sachhaltige Kernbestände des Sinnes und Formen, die von Sachhaltigem
20 frei sind. Die Kerne werden anschaulich gemacht und dadurch werden die Sinne klar. Bleibt der Kern, bleiben die sachhaltigen Termini ungeklärt, so kann doch das Urteil bzw. der Sinn des Satzes vollkommen deutlich sein, das Urteil kann explizit vollzogen und dadurch alle aus der prädikativen Leistung selbst stammende „Form" selbst gegeben
25 sein.

Mannigfaltigkeit von wirklichen und möglichen Urteilen, die dasselbe urteilen in möglichen Modalitäten der Gewißheit, sagen wir in Gewißheit schlechthin. Wir können dabei wechseln lassen die Gewißheit und dasselbe geurteilte Etwas gewinnen, z.B. daß $A\,b$ ist, das
30 glaube ich in Gewißheit, das vermute ich, bezweifle ich etc. Wechseln kann aber auch der Modus der Erkenntnis, die Verworrenheit oder Deutlichkeit, die Klarheit, in der ich urteile. Und dahinein gehört auch die Evidenz, in der ich den Sachverhalt selbst oder seine Modalitäten, seine Möglichkeit, seine Wahrscheinlichkeit einsehe. Das geurteilte
35 oder möglicherweise geurteilte Etwas kann nun als logischer Sinn aus den Modalitäten der Verworrenheit und Deutlichkeit herausgestellt werden, als eine Vorstufe der Evidenz.

Hier zeigen sich merkwürdige Verschiebungen der Begriffe Urteil, Satzbedeutung an. 1) Urteil, Satz als identisch idealer Inhalt eines
40 Urteilens, Glaubens, eines wirklichen oder möglichen, ob das Urteilen ein deutliches ist oder nicht. So kann ich auch widersprechende Sätze urteilen oder als geurteilte denken. a) Wirkliches Urteil, b) mögliches Urteil. Für Aussagen habe ich den Aussagensinn, der ein widersprechender Sinn sein kann, also ebenso begrenzt. 2) Urteil, Satz, Aussage-
45 bedeutung als wirklicher und möglicher noematischer Gehalt eines deutlichen Urteils. Dann haben wir den analytischen Sinn (die Bedeutung im Sinn der reinen Logik). In gewissem Sinn, im ersten urteile

ich, glaube ich eben mit dem und dem Inhalt, in jedem Falle aber, gehe ich zum expliziten, deutlichen Urteilsvollzug über, so sehe ich evtl., daß ich das Urteil „nicht wirklich vollziehen kann", daß das geurteilte Urteil nichts ist, kein mögliches, kein vollziehbares Urteil, etwas, das
5 als Urteil nichts ist. Oder bei Aussagen: Überlege ich, was ich da eigentlich meine, urteile, so sehe ich in analytischer Verdeutlichung, daß die Aussage „sinnlos", „bedeutungslos" ist, in Wahrheit keine Bedeutung hat. Ich scheide also vermeinte Bedeutung und wirkliche Bedeutung. „Bloß" vermeint ist ein widerspruchsvoller Satz, Widerspruchs-
10 losigkeit ist die Seinsform „wahrer" Bedeutungen, das widerspruchslos konstatiert als wirklich vollziehbares Urteil.

Den Logos stellt man wirklich her, sofern man die Urteilstätigkeit „wirklich" ins Spiel setzt und das Urteilsgebilde im expliziten Urteilen wirklich erzeugt, statt es als Niederschlag, als Ergebnis früher expli-
15 zierter Urteile oder als Einfall uneigentlich, unexpliziert zu haben: das Identische solchen wirklichen Vollzuges, in dem die Gliederungen und Formen des Urteils in ursprünglicher Erzeugtheit auftreten und als solche evident gegeben sind. Die Termini aber sind in diese Erzeugung einbezogen – haben durch sie logische Form, aber sie hat
20 ihren sachhaltigen Sinneskern, der nicht Erzeugnis dieses Urteils ist, sondern im urteilenden Erzeugen vorausgesetzt ist, als geformte Materie. Genau derselbe Logos ist Gemeintes, ist Satz, ob so oder so geurteilt wird, ob verworren oder deutlich, ob deutlich, aber sachlich unklar oder sachlich klar geurteilt wird. Der logische Sinn ist eine
25 evident zu machende ideale Einheit, die wir als Ziel stellen, erzielen und als seiende Einheit gewinnen können (urteilend oder quasi urteilend).

Müssen wir nicht sagen: 1) Eine Einheit ist die des Urteils (wie immer „es" geurteilt wird oder geurteilt werden kann, also Idee des mög-
30 lichen Urteils). 2) Eine zweite Einheit der logische Sinn oder vielmehr das analytisch verdeutlichte Urteil, das Urteil im analytisch-logischen Sinn. Das dritte der mögliche oder wahre Sachverhalt. Das Urteil hat analytischen Sinn, wenn es einstimmiges Urteil ist. Es ist dann mögliches Urteil, es ist möglicherweise als Urteil vollziehbar im möglichen
35 eigentlichen Urteilen. Urteile ich selbst, so bleibe ich im eigentlichen Urteilsvollzug bei meinem Urteil, ich mache mir meine Meinung deutlich und bleibe bei meiner Meinung. Eine fremde Meinung mir verdeutlichend urteile ich entweder mit oder ich verstehe sie nach ihrer Urteilsmöglichkeit, ich nehme an ihr keinen „logischen Anstoß".
40 Im Übergang von logischem Sinn zu logischem Sinn erfasse ich dann die Verhältnisse der Konsequenz, das analytisch logische Beschlossensein oder Ausgeschlossensein und urteile darüber. Ich sehe dann und urteile, daß man die und die Urteile nicht zusammenurteilen kann, daß der Ansatz des einen (als möglichen, wirklich einstimmig urteilbaren)
45 das Urteilen des anderen notwendig aufhebt.

Die Sachhaltigkeit der jeweiligen Urteilstermini kann aber relativ und absolut verstanden werden. Ein Urteil ergibt durch wirklichen Urteilsvollzug, in dem die Termini in bloßer Identität ihres weiter nicht aufgeschlossenen Sinnes vorausgesetzt werden, den analytisch-logischen Sinn des Urteils. Aber die Termini können selbst aus logischer Tätigkeit entsprungen sein. Sie können in sich logische Gebilde sein — eine logische Bildung, die freilich nicht das jetzige Urteil vollzieht, sondern voraussetzt. So können in analytischen Schlüssen ganze Sätze als Termini anderer Sätze fungieren. Und ihre Explikation führt eben auf Sätze als vorangehende logische Gebilde, die ihrerseits wieder Termini haben. Ebenso haben wir in der Arithmetik die definitorischen Gebilde $a^n$, $Va$ etc. als offenbar logische Gebilde, deren Aufwicklung uns wieder auf Logisches zurückführt, die aber, einmal gebildet, als Termini fungieren. Die Klärung der Termini und damit des ganzen logisch-analytischen Sinnes vollzieht sich in solchen Fällen auf dem Wege einer abermaligen analytischen Verdeutlichung, bis wir auf absolute Termini als letzte Kerne stoßen, die in sich selbst keine logische Gestaltung mehr haben. Wir gewinnen dann einen voll explizierten logisch-analytischen Sinn des betreffenden Urteils evtl. als Ende einer Reihe logischer Sinne, die in ihren analytisch nicht explizierten Sinnen noch analytische Explikate herzugeben vermögen. Im voll explizierten logischen Sinn sind die sachhaltigen Termini absolut sachhaltig oder, was gleich kommt, sie lassen nur eine Veranschaulichung, aber nicht mehr eine analytische Verdeutlichung zu. Nachdem wir so die Begriffe absolute und relative logische Materie (das absolute und relative Sachhaltige) geklärt haben, müssen wir aber beifügen, daß keineswegs jedes Urteil, das noch nicht die Stufe der analytischen Verdeutlichung hat, also ihrer noch bedarf, in der Reduktion auf seinen logisch-analytischen Sinn diesen als einen Satz mit absolut sachhaltigen Terminis ergeben muß. Alle Sätze enthalten mindestens relative Materien (keine Sätze ohne Termini), aber nicht alle enthalten absolute Materien. Mit anderen Worten: Es gibt „rein logische" Sätze, Sätze, deren analytischer Sinn bei letzter Verdeutlichung uns schließlich auf logische, der Urteilssphäre selbst entsprungene Begriffe zurückführt. Und alle Sätze der reinen Logik (der Analytik) sind selbst von dieser Art. Nennen wir alle solche Sätze „rein logische Sätze", so gibt das einen festen Rahmenbegriff, der dem allgemeinsten Begriff des Satzes gemäß noch nichts von Wahrheit und Falschheit besagt. Demnach haben wir dann rein logisch wahre Sätze und falsche Sätze, von denen die einen nicht nur widerspruchsfrei, sondern eben wahr, die anderen freilich widersprechend und dann *eo ipso* falsch sind. Alle rein logischen Sätze sind „analytisch". Ihre Leugnung ist Widerspruch. Die Gesamtheit der in diesem Sinne rein logischen Wahrheiten bildet eine einheitliche Wissenschaft, die Analytik in einem allerweitesten Sinne, dem der *mathesis universalis*.

Wie steht es mit Sätzen derart wie: Irgend-etwas ist, Irgend-etwas hat eine Beschaffenheit, steht in einer Relation zu einem anderen etc.?

Analytische Wahrheiten sind analytische Sätze, deren Leugnung

ein Widerspruch wäre. Und alle rein logischen Sätze sind entweder Widersprüche oder Nicht-Widersprüche und dann wahr; so auch der Satz: Irgend-etwas ist, es gibt Etwas, und es ist Etwas möglich. Aber wiefern ist die Negation widersprechend? Der Satz „es ist nicht wahr,
5 daß Irgend-etwas ist" ist äquivalent mit dem Satz „der Satz 'Irgend-etwas ist' ist falsch", aber der Satz als Satz ist selbst Etwas, und sein Satzsein ist analytisch in der Wahrheit enthalten.

Wie stehen analytische Gesetze als Gesetze der Konsequenz von Sätzen überhaupt (als logischen Sätzen, logischen Sinnen), zu Sätzen
10 „ohne" sachhaltige Materien? Der Begriff des Terminus überhaupt, des relativ sachhaltigen Kerns von Prädikation, ist ein formaler Urteilsbegriff, gehört zum möglichen logischen Sinn überhaupt, zu einem möglichen Urteilsinhalt überhaupt in seiner analytischen Deutlichkeit. Er ist Modalität des Etwas-überhaupt, des Etwas als Substrat-
15 Etwas: Jedes Substrat hat sein Etwas, als bestimmtes Substrat seine „Materie", seinen Sachgehalt. Dieser bleibt aber unbestimmte Form, Substrat Etwas-überhaupt, ebenso Eigenschaft, Relation etc.: Urteile, die keinen Sachgehalt haben, d.i. Urteile, welche statt wirklich bestimmter Sachgehalte Formen von Sachgehalten überhaupt, Modali-
20 täten des Etwas enthalten; Urteile bzw. Sätze, die bloß formal urteilen, nicht ⟨über⟩ bestimmte Gegenstände oder Gegenstände überhaupt, die durch sachhaltige Begriffe bestimmt gedacht sind, sondern über Denkgegenstände überhaupt, als Substrat Gesetztes überhaupt, gesetzt in beliebiger Materie, nicht über bestimmte Eigenschaften, son-
25 dern über als Eigenschaft Gesetztes überhaupt etc.

Der Charakter der schließenden Konsequenz sowie der Inkonsequenz oder, in anderen Worten, die Verhältnisse der Konsequenz und Inkonsequenz (des Widerspruchs), des (auch tautologischen) Enthaltenseins und Ausgeschlossenseins gehören zu Urteilen ausschließ-
30 lich nach ihrem analytischen Sinn. Sagen wir, sie gehören ausschließlich zu den Urteilen als Sätzen, in der Sphäre der Aussage zu den puren Aussagebedeutungen, so hat der Begriff Satz, Aussagebedeutung ein bestimmtes Gepräge, über das erst Klarheit zu schaffen ist und dessen Besonderheit wir eben mit dem Worte „analytischer Sinn" bezeichnen.
35 In jedem aktuellen Urteilserlebnis ist etwas geurteilt, und dieses Etwas, das geurteilte Urteil, die „Meinung", der ausgesagte Satz, ist in wiederholtem Urteilen und Aussagen bewußtseinsmäßig derselbe, ein und dieselbe Meinung oder Bedeutung, auf die wir in beliebig wiederholtem Urteilen nur zurückkommen. „Gerichtet" ist der Urteilende im
40 Urteilen ausschließlich auf sein jeweiliges Etwas, auf seine in seiner Urteilsaktion sich mehr oder minder kompliziert aufbauende Einheit der Meinung und, solange er in dieser Einstellung verbleibt, „hat" er nichts anderes als seine Meinungen, und kann er nicht anders, als jede in wiederholtem Urteilen als eine und dieselbe zu finden. Erst in der
45 Änderung der Einstellung werden die mannigfaltigen Urteilserlebnisse gegenständlich und werden die mannigfachen subjektiven Abwandlungen der Urteilserlebnisse, in denen sich unter dem Titel wider-

spruchsloses Urteilen dieselbe Meinung gibt, unterschieden. Für die ont⟨ologische⟩ Logik als Lehre von den Eigenheiten der Sätze kommt das subjektive Milieu urteilender Akte und das Spiel ihrer subjektiven Wandlungen nicht in Frage.

5 Die Sätze sind dabei selber sehr vielgestaltig. Sie sind alle Einheiten der Meinung, in der Regel aus Partialmeinungen gebaut, und nicht nur aus selbständig für sich ablösbaren, sondern auch aus unselbständigen Momenten oder Momenten, die als Momente der Meinung eben selbst den Charakter von Meinung haben (z.B. Prädikatsmeinung,
10 Nachsatzmeinung, Meinungen, die in allen unterscheidbaren Momenten der Form liegen). Wir übersehen natürlich auch nicht, daß das Gesagte (wie alles bisher Ausgeführte und weiter Auszuführende) ebensowohl von Urteilen im prägnanteren Sinn von Urteilsgewißheiten gilt wie von verschiedenen modalen Abwandlungen der Ge-
15 wißheit.

⟨V. Verschiedene Begriffe von Widersinn⟩

1) analytischer Widerspruch, formaler Unsinn, 2) sachlicher Unsinn (inter-regionaler), 3) sachlicher Widersinn innerhalb einer universalen Sachsphäre, einer Region. — Sachlich unsinnige Sätze wie ein Dreieck
20 ist leichtsinnig. Metabasis eis allo Genos (regional). „Ein Dreieck" — das fordert geometrische Prädikate, geometrisch ist ein jedes Dreieck entweder *a* oder *non a*; psychologische Prädikate gehören in eine andere regionale Kategorie, in eine andere Kategorie von Substraten, sie setzen personale Subjekte voraus.

25 Ich kann mir allerdings „denken", daß ein Dreieck leichtsinnig sei, ich kann nämlich in gewisser Weise jedes Prädikat auf jedes Subjekt „auflegen", und zwar in der Anschauung oder es mit diesem „in Gedanken" verknüpfen, nämlich in dem Fall der Bildung des einheitlichen deutlichen, aber leeren Gedankens, wie wenn ich deutlich ver-
30 stehend lese und bilde: ein Dreieck ist leichtsinnig. Ich kann jederzeit den „Ansatz" machen. Ein analytischer Widersinn, ein Widerspruch ist das nicht; offenbar kommt hier die Materie in Betracht. Jene Überschiebung, in der ich den Ansatz gewinne, besagt: Ich lege auf das anschauliche Dreieck, das als Dreieck bestimmte Substrat, die prädika-
35 tive Bestimmung leichtsinnig auf, ich beziehe sie auf dasselbe. Damit überschiebe ich ein personales Substrat, wie es die personale Bestimmung mit sich führt, auf das geometrische Substrat. Und alsbald sehe ich: Beides hat miteinander nichts gemeinsam. Oder ich kann auch sagen: Denke ich etwas als Dreieck und versuche es als leichtsinnig zu
40 denken, so sehe ich, daß beides miteinander nichts gemeinsam hat.

Alle Prädikate, die an einem und demselben Subjekt (Substrat) sollen verträglich sein können, haben miteinander „etwas gemeinsam". Sie stehen alle unter einer obersten „Region". Das ist freilich ein mißdeutlicher Ausdruck. Im eigentlichen Sinn steht jedes mögliche
45 Substrat (als Substrat möglicher Prädikate) unter einer konkreten Region als einer obersten konkreten Gattung und die schreibt ein

Gesetz vor für alle Arten und Differenzen von Prädikaten, die sollen verbindbar sein können nach sachlicher Wahrheit oder sachlicher Falschheit. Was weder sachlich wahr oder falsch ist, ist sachlich unsinnig; nämlich jedes in den Rahmen der Region hineingehörige Prädikat ist mit jedem anderen regional-homogen. Alle Prädikate eines und desselben (individuellen) Substrates fordern dieselbe Region, sie haben in dieser Hinsicht eine Wesensgemeinschaft, die regionale Wesenszusammengehörigkeit. Innerhalb derselben verlaufen die Gegensätze der sachlichen Verträglichkeit, Unverträglichkeit (und Notwendigkeit). Sachlich widersinnig ist ein Satz, der innerhalb einer Region unverträgliche Prädikate verbindet. Diese sind homogen; und zwar nicht nur fallen beide unter dieselbe Region, sondern sie sind Differenzen einer ihnen gemeinsamen konkreten oder „abstrakten" Gattung. Sie haben also ein gemeinsames Wesen, das sich in Unverträgliches besondert. Demgegenüber haben Prädikate aus verschiedenen Regionen sachlich in keinem Sinn etwas gemeinsam (außer dem analytisch Kategorialen, der analytischen Form), und werden sie an dasselbe Substrat geknüpft gedacht, so stoßen dabei im Substrat, das von den verschiedenen Prädikaten hier in verschiedener Region gefordert und in der Evidenz anschaulich repräsentiert sein muß, die verschiedenen Regionen zusammen, die nichts gemeinsam haben. Solche Prädikate „haben miteinander nichts zu tun", sie haben keine mögliche sachliche Einigkeit und keinen sachlichen Streit, der selbst höhere Gemeinsamkeit der Gattung voraussetzt. Sie verbinden, gibt sachlich unsinnige Ansätze.

1) Rein grammatischer Sinn und Unsinn, statt grammatischer Sinn auch grammatische Bedeutung.

2) Formal logischer, genauer gesprochen analytischer Sinn und Unsinn (analytischer Unsinn oder Widerspruch), analytische Unverträglichkeit.

3) „Synthetischer", sachlicher Sinn und Unsinn. Unsinn der Synthesis von regional Heterogenem (ein Dreieck ist leichtsinnig).

4) Innerhalb jeder Region der Widersinn in Form der Unverträglichkeit regional einstimmiger Prädikate.

Was rein grammatisch einen einheitlichen Sinn hat, dessen Elemente rein grammatisch einstimmig sind, kann analytisch widersinnig sein (analytisch widersprechend). Was analytisch einstimmig (widerspruchslos) ist, kann regionaler Widersinn sein (regional widersprechend sein, zusammengegliedert sein aus Bedeutungselementen, die regional sich ausschließen). Was regionale Einheit des Sinnes hat, also in eine Region hineingehört, kann sachlich möglich sein und nicht nur regional sinnvoll einheitlich oder sachlich unmöglich.

Danach haben wir:

1) eine reine Grammatik: Bedingung der Möglichkeit grammatischer Einheitlichkeit, Formenlehre grammatisch möglicher Bedeutungen.

2) Formale Analytik, Formenlehre möglicher Widerspruchslosigkeit oder möglicher analytisch einstimmiger Bedeutungen.

3) Formale Synthetik, Formenlehre der Regionen und möglicher regional einstimmiger Sätze, Bedeutungen.

4) Wesensgesetze der Verträglichkeit und Unverträglichkeit als sachliche Möglichkeit, Unmöglichkeit, Notwendigkeit in jeder Region.

Das Allgemeine, wie jede Gegenständlichkeit, kann in verschiedenen Weisen bewußt sein, und nur eine Weise ist die der ursprünglichen Gegebenheit aus ursprünglicher Erzeugung. Eine sinnliche Gegenständlichkeit ist ursprünglich gegeben durch Wahrnehmung und in ihrem vergangenen Sein ursprünglich gegeben durch anschauliche Wiedererinnerung. Sie kann aber auch unanschaulich gegeben sein, z.B. durch eine symbolische Anzeige bloß angedeutet ohne jede wirkliche Vergegenwärtigung, die ihr Sein im zeitlichen Werden nach allen Zeitphasen der Dauer intuitiv wieder erzeugte. Ebenso kann eine kategoriale Gegenständlichkeit bewußt sein in unanschaulicher Weise, etwa durch eine Anzeige, sprachlich durch eine Nennung. Sagen wir Pythagoras-Satz, so ist damit z.B. eine Anzeige vollzogen, die keineswegs das kategoriale Gebilde, das da gemeint ist, wirklich vor unser Auge stellt. Kategoriale Gegenständlichkeiten sind nur eigentlich und wirklich gegeben durch wirklichen Vollzug der betreffenden kategorialen Akte, und diese Akte müssen wirklich vollzogen sein an ihrem unterliegenden intentionalen Material. Es gibt hier also verschiedene Stufen der Eigentlichkeit und Uneigentlichkeit der Gegebenheit kategorialer Gegenstände. Sie können ganz uneigentlich gegeben sein. Es können dann die kategorialen Akte eigentlich vollzogen sein, also ein wirkliches kategoriales Gebilde als Erzeugnis erwachsen, während das Bildungsmaterial uneigentlich in Leervorstellungen Vorgestelltes ist. Dieses kann dann seinerseits anschaulich gemacht werden. Vielleicht ist es selbst wieder eine kategoriale Gegenständlichkeit. Wir werden also wieder auf kategoriale Akte geführt, wodurch das Gebilde hergestellt wird, das vordem leer vermeintes war usw. Das kategoriale Denken, Werten, Wollen, das Reich der frei erzeugenden Subjektivität schafft Gebilde immer höherer Stufen und jedes solche Gebilde ist nach der Erzeugung nicht verloren; zur Kenntnis gekommen, ist es bleibendes geistiges Eigentum, ein Etwas, auf das das Ich zunächst in einem leeren Richtungsstil des Meinens zurückkommen, das es identifizieren und das es durch Wiedererzeugen sich bestätigen und wieder zu eigentlichem Besitz bringen kann.

ERGÄNZENDER TEXT VII

(vornehmlich zum 2., 4. und 5. Kapitel des 1. Abschnittes)

*Zur Kritik der formalen Logik und ihre Reform zu einer vollen universalen Ontologie*[1]

⟨I. Formale Ontologie als Problem⟩
Die Korrelationen: Die idealisierende-naive Logik setzt voraus wahres Sein, Wahrheit, Möglichkeit der Erkenntnis, mögliche Wissenschaft. — Sie setzt diese Korrelationen voraus und sucht Gesetze, Normen der Verwirklichung der im voraus als möglich vorausgesetzten Wissenschaft. Aber das tiefere Problem sind diese Idealisierungen selbst und ⟨die⟩ Möglichkeit der Wissenschaft im erkenntnistheoretischen Sinn.

Zunächst kann, und systematisch geordnet (obschon naiv, nicht geleitet von vorangehenden Prinzipien einer Systematik), eine formale, mathematische Ontologie entworfen werden. Was kann von Irgend-etwas — in der letzten, aber auch universalsten Allgemeinheit „Gegenstand-überhaupt" apriori ausgesagt werden, zunächst ohne jene Korrelationen thematisch hereinzuziehen, es sei denn als Exempel für „Irgend-etwas".

Man sieht dann freilich, daß die meisten Sätze, die man da aufstellt als Sätze über Sätze und Sinn, ohne formal-ontologisch über Gegenstände-überhaupt zu urteilen, ausgesprochen werden können. Das ergibt dann die Idee und damit die Möglichkeit einer Analytik der Sätze, die nicht über die Möglichkeit von Gegenständen, sondern von Gegenstandssinnen und prädikativen Inhalten als bloßen Sinnen apriori Wahrheiten feststellt. Möglichkeit sagt hier ⟨nicht⟩ mögliches Sein und nicht mögliche Wahrheit. Die Analytik enthält gar nicht den Begriff der Wahrheit und des wahren Seins unter ihren thematischen Grundbegriffen. Anderseits liegen in der Formenlehre der Sinne und der Analytik der Konsequenz die Bedingungen der Möglichkeit wahren Seins von Gegenständen überhaupt und auf sie bezüglicher Sachverhalte, so daß die Analytik von der Ontologie des Etwas-überhaupt anzueignen ist. Die Analytik, universal ausgebildet, führt zur *mathesis*

---

[1] Zum größeren Teil wohl aus 1926 — Anm. d. Hrsg.

*universalis*, die *eo ipso* beziehbar ist auf alles Mögliche — wobei sie selbst keine Fragen nach ontologischen Möglichkeiten stellt außer den Möglichkeiten für Sinnhaftigkeit und Widerspruchslosigkeit.

Erweiterung durch das formal-reduktive Verfahren, das zu den letzten Substraten in der analytischen Sphäre führt und zu einem formalen Begriff von Individuum (mathematisches Individuum).

Sofern wir nun die Korrelation zum urteilenden und evtl. einsehenden, begründenden Subjekt nehmen, erwächst ein neues Apriori formal-ontologischer Art, nämlich ohne was kein möglicherweise Seiendes, Etwas, denkbar ist. Es sind die methodologischen Einsichten. Die „gerade" und naive Ontologie erwächst durch urteilende und begründende Betätigung, deren Ergebnisse sind die Begriffe und Sätze, die gemäß der Analytik den Wesensgesetzen der Widerspruchslosigkeit genügen müssen. Wird auf diese Betätigung reflektiert und damit Ergebnis als Ergebnis des Tuns angesehen, so gewinnt die ontologische Analytik den Aspekt eben der methodischen Leistung und ihre Satzformen, Schlußformen, Beweisformen sind Gebilde, deren analytische Gesetze Normen für die Methode ⟨sind⟩, in sich Erzeugungswege in der Folge und im Zusammenhang der Erzeugnisse bergend, bergend durch die offenbare Korrelation. Alles ist jetzt teleologisch geordnet und die Gesetze sind „selbstverständlich" auszusprechen als Gesetze des vernünftigen, erkennenden Handelns, als welches ein Konsequenzhandeln sein muß, dessen Erzeugnisse in Zusammenhängen der Satzkonsequenz, der analytischen Gründe und Folgen verlaufen müssen bzw. in Zusammenhängen durchgängiger Widerspruchslosigkeit. Erkenntnispraktisch heißt es dann: Habe ich geurteilt *alle A sind b*, so darf ich kein Urteil fällen bzw. keins stehen lassen der Form *irgendein A ist nicht b* usw.

Diese methodologische Wendung, die meist ohne klares Bewußtsein ihrer Eigenart vollzogen wurde, als eine ausdrücklich thematische Wendung zur Betrachtung der Handlungen und Erzeugnisse betrifft hier nur die Erzeugnisse, die da analytische Sinne heißen. Und zudem: Sie betrifft das Subjekt und sein Handeln nur in der Einstellung der Praxis und reflektiv auf die Praxis. Aber die apriorische Korrelation zwischen Gegenstand und Subjektivität und von Urteilsgebilde, Gebilde einsichtig notwendiger Konsequenz oder Einstimmigkeit, trägt weiter. Nicht nur kann apriori gefragt werden nach der „Methode", die zu dem analytischen Sinn selbst führt, und nach der Methode, in der Widerspruch, Einstimmigkeit, Konsequenz etc. zutage tritt, und schließlich nach der Methode, in der Wesensnotwendigkeiten, Wesensgesetze als analytisch-ontologische gewonnen werden.

Aber nicht nur all das. Überlegen wir: Das, worüber ich immer Aussagen mache und Wahrheiten aufstelle — das muß selbst sein und möglicherweise sein, das mag für mich fraglos sein, wie das ⟨Sein⟩ dieser Dinge vor mir, ja einer Welt, „in der ich bin", aber es ist doch selbst Meinung, Glaube, vielleicht wohl begründete oder zu begründende Gewißheit; aber jedenfalls es ist, was es für mich ist, immer nur aus

## ERGÄNZENDER TEXT VII 417

meinem Glauben, das Wort im weitesten Sinn genommen. Daß Irgendetwas sei oder möglicherweise sei, soll aber, da ich hier Wissenschaft suche, nicht bloße Meinung sein. Ich spreche zwar in formaler Allgemeinheit und stelle in solcher Allgemeinheit und dabei apodiktische
5 Gesetze auf — für alles Mögliche, möglicherweise wahrhaft Seiende, also nicht bloß für Gemeintes, vermeintlich Seiendes.

Kann ich und muß ich nicht Auskunft darüber geben, wie Meinung überhaupt, Glaube überhaupt, im besonderen prädikatives Urteil überhaupt zu einem wahren Sein und zu dessen wahren Sachverhalten
10 kommen? Natürlich nicht in der Besonderheit der Methode, die besondere Gegenstände (wahrhaft seiende) fordern, sondern in formaler Allgemeinheit. Sich vom wahren Sein „überzeugen" ist doch ein Tun, dessen Ergebnis eben dieser subjektiv sich ergebende Charakter der Wahrheit, des Endes in der Fülle der Selbsthabe ist. Und das betrifft
15 dann nicht nur die Substratmeinungen, durch die die Substratgegenstände für mich wahr sind, sondern auch alle weiteren auf die Substrate bezogenen Meinungen, wie alle prädikativen Urteile, Theorien etc.

Also genügt es nicht in dem äußerlichen, werktätigen Erkenntnis-
20 handeln stehenzubleiben und in der Einstellung als Erkenntnishandelnder das Handeln und sein Werk vor Augen zu haben und darüber apriori etwas festzustellen (formal-logische Noetik oder Urteilspraktik), sondern ich muß die in verwirrend mannigfaltigen Modis meinende, glaubende und dabei so und so wechselnd tätige Subjekti-
25 vität und alles, was dabei sichtlich werden kann, zum Thema machen, und in allen vielgestaltigen Wandlungen; — das aber aus formalontologischem Interesse, in formal allgemeiner Betrachtungsweise, und in der Frage: wiefern hier apriorische Notwendigkeiten herrschen, ohne die wahres Sein für das erkennende Subjekt nicht da sein könnte, ohne
30 die Erkenntnismodi und mit ihnen untrennbar zusammenhängende Modi leeren, blinden, unklaren Meinens ⟨wären⟩, ohne die wahres Sein ein Begriff wäre ohne einen ursprünglich verständlichen und damit wissenschaftlich verwendbaren Sinn.

Sowie wir im besonderen in der fertigen Leistung, die die Analytik
35 als analytischen Sinn voraussetzt, die Korrelation haben zwischen dem Setzen und dem Satz, und dann in den weiteren in der Vollendungsstufe verlaufenden Leistungen die Korrelation Schließen und Schluß (analytischer Grund — analytische Folge, in Einheit), Beweisen und Beweis, so haben wir für alle Schichten und Stufen des glaubend-
40 meinenden Lebens und des Aktlebens der Subjektivität überhaupt die Korrelation Noesis und Noema, wobei wir auf seiten des Noema haben irgendeinen Sinn im noematischen Wie der Gegebenheitsweise, Erscheinungsweise, Bewußtseinsweise, lauter vieldeutige Worte, die aus dem Studium der Phänomene selbst wissenschaftlichen Sinn und
45 Gehalt gewinnen müssen.

Also wir können sagen, die formale Ontologie fordert gemäß den apriorischen Zusammenhängen, in denen jedes Etwas-überhaupt als

Seiendes überhaupt steht, eine andere, noch viel tiefere Methodenlehre als eine solche, die uns die Analytik bietet, aber auch nur als ein Methodenstück einer sehr viel weiter reichenden Praktik des Erkannten und Erkennens bietet: Sie fordert eine radikale Erkenntnistheorie als apriorische (formale) Wissenschaft von der erkennenden-leistenden Subjektivität, die das erkennende „Bewußtsein" und das in ihm Bewußte als solches in seinen noetischen und noematischen Gestalten in seinen Wesensgesetzen klarlegt, aber auch das erkennend aktive, affizierte und auf Grund der Affektion synthetisch verknüpfende und ausweisende Ich; sofern aber das der erkennenden Aktion Voranliegende der Affektion selbst wieder, und nicht bloß aus erkennender, sondern aus anderweitiger axiologischer und werktätiger Aktion stammen kann, so reicht die Untersuchung, die da erforderlich ist, in die ganze passive und aktive Subjektivität hinein.

Die naiv anfangende Ontologie (formale Logik und Mathematik) hat als Exempel eine Welt und evtl. ideale Welten von Seiendem vor sich, und in ihrer allgemeinen Betrachtung ist wahres Sein in seiner Möglichkeit etwas Selbstverständliches, worauf nur zu fragen sei, was für dergleichen allgemein an Sätzen und apriori auszusagen sei.

Seiendes als Exempel und als Möglichkeit, es zu erwerben, ist hier vorausgesetzt, als Möglichkeit, es ⟨in⟩ irgendeiner Weise erkennend zu verwirklichen. Das bleibt außerthematisch, wie sehr es zum Thema einer radikalen, formalen Ontologie gehören müßte. Wie die Einstellung der Erkenntnispraktik nicht minder naiv bleibt, ist schon gesagt worden. Es ist beizufügen, daß durch den so naheliegenden Übergang in die praktische Einstellung die prädikativen Sätze und Theoriengebilde eben als Gebilde der Subjektivität sichtlich werden und dann freilich sofort die Schwierigkeit, die Idealität des Seins dieser Gebilde als eine Art Ansichseins gegenüber der praktischen Sphäre zu verstehen. Erst eine radikale Erkenntnistheorie bringt zur Erkenntnis, daß wahres Sein jeder Art (Substratsein und prädikative Wahrheit) dem Erkennenden zu eigen wird als in seinem subjektiven Bewußtsein, in seinem passiven und aktiven Leisten, ihm entgegen wachsende Bildungen, und daß sie apriori nur nach einer Wesensgesetzmäßigkeit des Bewußtseinslebens und in Beziehung auf sein Bewußtseins-Ich Sinn und Wahrheitsgestalt annehmen können.

Wie in diesem Rahmen die echten Probleme der immanenten Konstitution des Ansichseins alles Wahren, und sogar jenes Ansichseins der nicht bloß mir, der ich jetzt die Wahrheit einsehe, sondern jedermann identisch zugänglichen Welt und ⟨des⟩ sonstigen intersubjektiv identischen Seins, gelöst ⟨werden⟩ und der scheinbare Widerstreit zwischen Subjektivität der Erkenntnis und Objektivität des Erkannten (das doch in der Erkenntnis als ihre Leistung Erkanntes ist) sich auflöst — das gehört natürlich in das Hauptthema der Erkenntnistheorie selbst.

Diese Einführung der Erkenntnistheorie ist aus der Kritik der Unzulänglichkeit einer naiven formalen Ontologie erwachsen. Aber diese Kritik zeigt, daß eine solche naive Ontologie eben nicht so naiv anfangen und fortgehen darf. Es ist kein Grund, hier nach der formalen Logik die Erkenntnistheorie folgen zu lassen, es sei denn, daß man aus speziell logischen Bedürfnissen, wie ich in den *Logischen Untersuchungen*, von der Unklarheit der formalen Logik betroffen, in solche Kritik und formale Erkenntnistheorie hineingeführt wird.[1]

An sich müßte sie der Anfang sein. Sie selbst freilich ⟨ist⟩ in der Hinsicht naiv, daß sie wissenschaftliches Erkennen übt und wissenschaftliche Wahrheiten gewinnt, wo für sie doch Wissenschaft und Wahrheit und Erkenntnis das große Thema ist. Anderseits könnte man den naiven ontologischen Weg fortsetzen und das hieße eben, blind sein für die Korrelation, mit der wir oben begonnen haben. Ehe ich darüber weiter einiges sage, wäre aber näher zu erwägen, inwiefern denn, wenn das Korrelationsapriori voraus erkannt ist, für mich eine weitere Überlegung von vornherein eingesehen werden kann, daß es unangemessen sei, eine formal allgemeine Wissenschaft, die das Apriori für möglicherweise Seiendes überhaupt sucht, mit einer logischen Analytik zu beginnen, ehe man Bewußtsein und Bewußtes, Meinen und Gemeintes, tätige Erkenntnisleistung des Ich und Konstitution von wahrhaft Seiendem für das Ich und aus seiner Leistung her studiert hat.

Stellen wir folgende Überlegung an, um das zu zeigen: Eine formal apriorische Wissenschaft über Seiendes überhaupt ist *eo ipso* eine Wissenschaftslehre, eine allen Wissenschaften überhaupt, „an sich" vorangehende, auf sie alle ihrer Möglichkeit nach bezügliche Wissenschaft, ihnen gegenüber also voraussetzungslos. Denn — naiv gesprochen: Da liegt eine naive Voraussetzung der Wissenschaft Erstrebenden — alle Wissenschaft bezweckt Erkenntnis, Erkenntnis von Wahrheit, jede hat ihr Gebiet, sie sucht das Universum von Wahrheiten für das Gebiet als ein wie immer in sich geschlossenes Universum von Seiendem.

Eine Wissenschaft von Seiendem überhaupt in formaler Allgemeinheit ist Wissenschaft von möglicherweise Seiendem, Wissenschaft nicht von dem faktisch und schon faktisch festgestellten Seienden, sondern von dem als seiend denkbaren, möglichen. Die Erkenntnis der Möglichkeiten geht der der Wirklichkeiten vorher.

Da die formale Ontologie über keine faktische und über keine sachlich bestimmt geartete Wirklichkeit als solche etwas aussagt, hat sie von den sachhaltigen Wissenschaften nichts zu lernen. Demgegenüber darf keine Wissenschaft etwas darüber aussagen, was die formalontologischen Wahrheiten verletzt; diese sind dazu berufen als Normen zu fungieren, nach denen alle Wissenschaften und alle prätendierten Wahrheiten sich zu richten haben, sonst wären sie vor der

---

[1] Als ob an sich formale Logik vorangehen müßte, um zur Begründung der Erkenntnistheorie zu kommen!

Frage der Wirklichkeit nicht einmal mögliche Wahrheiten. Für alle Wissenschaft ist Wahrheit eine Frage — aber daß Wahrheit ist, ist vorausgesetzt —, sie steht im Suchen nach Wahrheit, weil im Erkenntnisabsehen überall Falschheit droht; und festgestellte Wahrheit ist einerseits Erkenntniswerk, anderseits ist sie Norm für das künftige urteilende Erkennenwollen und erspart zugleich die künftige neue Erkenntnisbemühung in bezug auf das schon Festgestellte. Sich danach hinfort richten schützt vor Irrtum. — Die Wissenschaftler setzen die Erkennbarkeit, also das Sein von Wahrheit und wahrhaft Seiendem eben damit voraus, daß Wahrheit erzielt und als Falschheit verfehlt werden kann.

Wenn nun eine formale Ontologie ins Spiel gesetzt werden will, die im voraus für alles Mögliche in seiner Möglichkeit Wahrheiten sucht oder Wahrheiten sucht für das Universum des möglichen wahrhaft Seienden überhaupt und mögliche darauf bezügliche Wahrheiten, so steht auch sie vor Wahrheit und Falschheit, nämlich vor der Frage nach der Wahrheit möglicher Wahrheit oder der wahrhaften Möglichkeit von Wahrheit, denn auch über die Möglichkeit von Wahrheit kann man sich täuschen.

Will sie für mögliche Gegenstände überhaupt, für ,,Irgend-etwas-überhaupt" wahr aussagen, so muß es ihr Erstes sein, zu überlegen, wie ,,mögliche Gegenständlichkeit überhaupt" sich als solche ausweist gegenüber einer vermeinten Gegenständlichkeit, die sich als nicht mögliche ausweist.

Offenbar kommt es darauf an, sich in reiner Phantasie in ein meinendes Bewußthaben von Gegenständlichkeiten hineinzuversetzen und hier zunächst an Exempeln, und in der Einstellung, die sie eben als beliebige, frei variable Exempel behandelt, ⟨sich⟩ einer Grundmöglichkeit zu versichern, der Möglichkeit, daß überhaupt Irgend-etwas gemeint wird; wieder an Exempeln in reiner Möglichkeit sich zu versichern der Möglichkeit von Meinungen, die nicht ,,bloß" Meinungen sind, sondern in denen die Meinung Erkenntnis, evidente Habe des Gemeinten, die evidente Erzielung als Gemeintes ,,selbst" ist.

Wenn nun der radikale Ontologe generelle Wahrheiten sich zur Einsicht bringen will, die für alles wahre Sein überhaupt gelten, so muß er also dafür sorgen, daß er in den Möglichkeiten reiner Evidenz lebt und sich Alles von leerer Meinung vom Leib hält. Er darf nicht naiv über Gegenstände überhaupt sprechen, er muß sich dessen versichern, daß er wahrhaft von wahrhaft Seiendem (in der Möglichkeit) spricht; also er muß sich der reinen Evidenz versichern, er muß sich klar machen nicht nur überhaupt den Unterschied zwischen Meinen und Evident-Haben bzw. Meinung und Meinung in der Weise des Evidenten ,,selbst". Er muß darauf Rücksicht nehmen, daß auch Evidenzen mit bloßen Gehalten unerfüllter Meinung behaftet sind und daß auch Evidenzen täuschen können bzw. miteinander streiten und in ungeschlichtetem Streit stecken können.

Eine radikale Ontologie wird also, und zwar als ihr erstes Thema,

diesen Übergang von der naiven Hinnahme von Seinsmöglichkeiten
zu Seinsmeinungen und so zu den Korrelationen von Gegenstand zu
Meinung und Sinn, weiter zu den noetischen und noematischen Gegebenheitsweisen und zum meinenden und erkennenden Subjekt neh-
5 men müssen. In der formalen Einstellung auf das Etwas-überhaupt
und ‹das,› was dazu gehört, wird sie zunächst nicht das mögliche Etwas,
sondern evidentes Etwas und Meinen von Etwas in all solchen Modis
vor Augen haben müssen und thematisch behandeln. Und dann
natürlich die Weisen, wie Meinung zur Begründung wird, zur Erkennt-
10 nis, und welche Stufen der Erkenntnis in relativer Vollkommenheit
und Unvollkommenheit in formaler Allgemeinheit als Möglichkeiten
in Betracht kommen müssen.

Erst wenn alle diese subjektiven Erkenntnismodi und die zugehörigen korrelativen Modi, in denen Etwas-überhaupt als Vermeintes und
15 dann als Wahres sich gibt, durchforscht und thematisch klar bestimmt
sind, kann gefragt werden, wiefern zur Feststellung möglicher Wahrheit
in vorzüglichem Sinn voraus etwa gehören muß die Herstellung
deutlicher Meinungen, eines analytisch deutlichen Sinnes und evtl. in
einer besonderen Leistung auf Grund vorgängigen vagen Meinens mit
20 einem vagen, noch nicht verdeutlichten Sinn. Weiter kann dann etwa
nachgewiesen werden, daß apriori nur solche analytisch deutlichen Sinne wahr sein können, die gewisse Sinnesformen haben.

Es kann also eine Formenlehre der Sinne (sprachlich: der Bedeutungen) ausgebildet werden als ein formales Apriori, systematisches
25 Apriori, und dann übergeführt werden in eine Analytik der Widerspruchslosigkeit als Bedingung möglichen wahren Seins und möglicher
prädikativer Urteilswahrheit. Dann entspringen also Grundbegriffe
und Grundgesetze der Analytik und im allgemeinen, weiterreichenden Milieu radikale subjektive Zusammenhänge, die apriori vorange-
30 hen. Aber freilich ergibt sich damit nur ein kleinerer Ausschnitt der
Gesetzmäßigkeiten, die aufzustellen Sache einer formalen Ontologie
wäre. Es wäre hier nur hinzuweisen auf Kants transzendentale Analytik, ja seine ganze transzendentale Theorie, die freilich nur ein Keim
von dem ist, was in Wahrheit und als Ontologie geleistet werden müßte.
35 Nämlich die formale Betrachtung kann einen verschiedenen Sinn
und damit verschiedene Stufen haben.

1) Die Allgemeinheit des Formalen kann den Sinn haben des Allgemeinen, unter dem jeder einzelne Gegenstand steht; es kann nach dem
Apriori gefragt werden, nach den universalen Wahrheiten, die für jeden
40 Gegenstand, für Irgendetwas-überhaupt Geltung haben. a) Hierher
gehört z.B. die Wahrheit, daß jeder Gegenstand einen gegenständlichen
Sinn hat. Ferner die gesamten Wahrheiten der Formenlehre analytischer Sinne. Denn alle Formen, die sie systematisch aufstellt, sind
Formen von Erzeugnissen, und zwar von solchen, die man von jedem
45 gegenständlichen Sinn, also auch Gegenstand aus erzeugen kann. b)
Ebenso ist es klar, daß die pure Analytik der Konsequenz lauter auf
jeden möglichen Gegenstand bezügliche Wahrheiten herstellt und

nicht nur, sofern sie alle Bezüglichkeit auf Sinne haben, sondern auch insofern als jede als Wahrheit für mögliche Gegenstände selbst apriori umgewandelt werden kann. c) Aber dieselbe formale Allgemeinheit hat das große Reich der Korrelationswahrheiten, die nun auch das Irgend-etwas-Meinen, und zwar glaubend Meinen, betreffen, und in allen wesensmäßigen Abwandlungen, die ein Meinen haben kann und damit „noematisch" das Gemeinte als solches.

Der Modus des Vagen, der Modus der Deutlichkeit, in dem der analytische Sinn zur Selbstgegebenheit kommt, der Modus der Selbstgebung; aber auch, was durch apriorische Möglichkeiten der Verbindung, der Synthesis für Irgendetwas und sein Meinen erwächst, so das „Identische", in dem ein Vages als dasselbe in ein Deutliches übergeht; und ein Deutliches, aber bloß Vorgemeintes und leer Gemeintes in ein Selbstgegebenes als dasselbe in der Fülle und im synthetischen Übergang als ⟨sich⟩ bewährend. Oder der Modus der originalen wahrnehmungsmäßigen Selbsthabe und der der wiedererinnerungsmäßigen oder vorher schon der retentionalen, des noch im Griff Habens, oder der Appräsentation, der Mithabe als mitseiend mit einem original Gegebenen; ebenso vom Ich und der Art seiner Beteiligung her stammende Formen wie das Aufmerken, allgemeiner das primäre Auf-etwas-gerichtet- und Damit-beschäftigt-Sein oder das sekundäre Im-Blickfeld-Haben als mit In-seinem-Griff-⟨Haben⟩ oder das hintergrundsmäßige gar nicht Im-Griff- und doch mit Im-Blickfeld-Sein. Ferner die Ichakte im ausgezeichneten Sinn und ihre subjektiven Abwandlungen, das doxische Gerichtet-Sein und sich Betätigen, das axiotische und das praktische Gerichtet- und Beschäftigt-Sein, die Modi des spezifischen Thematisch-Seins, wie etwas als Erkenntnisthema haben oder als wertendes Thema (in wertender Einstellung) oder als praktisches Thema, und die thematischen Wandlungen und die damit vonstatten gehenden Sinneswandlungen.

Das alles und in seiner verwirrenden Vielgestaltigkeit betrifft alles und jedes, was für das Ich als wirklich und möglich erkennendes „da"-sein und Erkenntnisthema werden kann, ist Thema von Wesenserkenntnissen, die auf alles und jedes unter dem Gesichtspunkt der Methode Beziehung haben, nach denen Deutlichkeit und Klarheit, nach denen feste Sinne und feste Wahrheiten erwachsen können. In diesen formalen Betrachtungen ist abgesehen von dem besonderen Was der Gegenstände. Geht das Interesse der Ontologie auf wahres Sein in seiner Möglichkeit, so kommt all das in Betracht, denn diese Möglichkeit ist konkret für das Subjekt nur in den „subjektiven Modis" und in einer Methode, die als möglicherweise praktisch anzustrebende nach ihren Wesensformen und Gesetzen und nach der Wesensmöglichkeit dieser Praxis selbst erforscht werden muß.

In dieser formalen Betrachtung bleibt offenbar das Was der vermeinten Gegenstände unbestimmt und frei variabel. In der Evidenzstufe, in der der analytische Sinn gegeben ist, wie immer aus vagen Meinungen ausgebildet, entspricht ihm die unbestimmte Leere, in der die

Termini in der formalen (mathematischen) Allgemeinheit gedacht sind, eben in der Weise unbestimmt offener Variabler, als Modi des leeren Sinnes Etwas-überhaupt. Vorausgesetzt ist dabei nur, daß die Termini in Identität erhalten bleiben. — Die vorausgesetzte Identität
5 im formalen Allgemeinheitsbewußtsein hat natürlich für den umgriffenen Umfang einzelner Möglichkeiten und in der Anwendung die Bedeutung, daß die jeweilig bestimmten gegenständlichen Sinne in ihrem Was evidenter Weise als identische ausweisbar seien.

2) Nun kann man aber auch die Materie in eine formale Betrachtung
10 einbeziehen und nicht bloß in dieser Weise von mathematischen Variablen. Die formale Allgemeinheit kann mit anderen Worten einen neuen Sinn annehmen.

Zeigen wir das in der Sphäre der Analytik. In dieser geht in Korrelation mit der Variabilität der Termini die Forschung auf die Gestalten
15 der analytischen Sinne und die Gegenstände selbst (die Substratgegenstände und die auf sie bezüglichen Sachverhalte, Urteilsverhalte). Es sind Gestalten von Erzeugnissen, von Gebilden, gebildet aus Substraten, die dann in das erzeugte Gebilde selbst eingehen und in ihm Form annehmen, an der Gesamtgestalt des Gebildes als seine Teile
20 Anteil habend. Sofern aber iterativ jedes Gebilde selbst wieder ein Gegenstand ist und zum Substrat von Bildungen werden kann, und aller der Bildungen, die die Formenlehre der analytischen Sinne herausstellt, kann ein Substrat auch innere Form haben, eben selbst schon Gebilde sein.

25 Der Übergang in eine neuartige Formbetrachtung ist nun für die Analytik selbst die mit ihren eigenen Mitteln zu vollziehende apriorische Reduktion auf letzte Substrate, womit sich zugleich ein Aufbau aller erdenklichen Sinnesformen aus ihnen ergibt.

Die zweite formale Betrachtung steht nun in der Frage, welche
30 ,,Formen" letzter Substrate apriori vorgezeichnet sind, während wir bei dieser Frage immer noch in der Einstellung auf Irgend-etwas-überhaupt bzw. alles und jedes verbleiben. Form sagt jetzt nicht Gestalt von Erzeugnissen — Erzeugnissen von urteilenden und in erweiterter Betrachtung (die aber wieder in urteilende umgewandelt
35 werden kann) von sonstigen Setzungsaktionen (wertenden, bezweckenden, handelnden). Form besagt hier vielmehr eine oberste Allgemeinheit und, da die Frage nach den apriori überhaupt vorgezeichneten Formen ist, eine aus der Gesamtheit oberster Allgemeinheiten, in die sich jedes Substrat, also jede mögliche Gegenständlichkeit einordnen
40 muß.

Hierbei ist nun besonders zu beachten, daß es sich bei diesen obersten Substrat-Allgemeinheiten zwar um das Was möglicher Gegenständlichkeiten handelt, aber nicht überhaupt um Gattungen und höchste erreichbare Gattungen, sondern um solche, und das gibt hier
45 die Auszeichnung, die durch die Form-Allgemeinheit Etwas-überhaupt und letztes Substrat Etwas-überhaupt vorgeschrieben sind.

Ferner die universale Betrachtung, die hier in apriorischer Allge-

meinheit gefordert ist, betrifft ineins alle Korrelationen, in denen Etwas und Alles und jedes Etwas als erkennbares denkbar ist. Es ist keineswegs beschränkt die Rede von möglichen Dingen, von möglichen Realitäten im natürlichen Sinne, von möglichen Gegenständen, deren
5 Sein „objektives" Sein ist, von jedermann als dasselbe erkennbar und bestimmbar in Wahrheiten an sich, die eben jedermann in absolut identischem Aussagesinn bewähren kann, und im Modus der Endgültigkeit. Alles Objektive und das Weltall (im gewöhnlichen Sinn das All ⟨der⟩ gemeinsamen objektiven Welt) ist ein Erkenntnisziel be-
10 sonderer Art, als Zweckidee objektiv wissenschaftlicher Erkenntnis selbst ein subjektives Gebilde, und so ist das objektiv wahre Sein in jedem Fall und in jeder Erzielung und in jedem approximativen Angebot immer nur ein besonderes Subjektives, ein Werkgebilde, wie es sonstige genug gibt. Seine apriorische Möglichkeit, alles zu seinem
15 möglichen Werden und seinem bleibenden Sein aus diesem Werden (ja schon das selbst subjektiv einsehbare, also erzeugbare mögliche) Gehörige gehört natürlich mit in den Bereich der universalen Seinsforschung. Aber eben auch all das, was voran liegt und was vorobjektiv in seiner Weise auch gemeint und erkannt werden kann und Sub-
20 strat für mögliche Wahrheiten, mögen sie auch „subjektive" heißen, ⟨werden kann⟩.

Es ist durchaus nötig, sich nun eine Vorstellung von der Aufeinanderbezogenheit und der systematischen Ordnung von phänomenologischen und ontologischen Materien zu machen. Die logische Ontologie
25 als die *mathesis universalis* spricht nicht vom kategorialen Wesen der Individualität, sondern vom Gegenstand überhaupt als Substrat von Prädikationen; sie ist die formale Wissenschaft von Gegenständen überhaupt, vom wahren Sein überhaupt bzw. bestimmender Wahrheit überhaupt. Die Ontologie des individuellen Seins, die formale Ontolo-
30 gie im spezielleren Sinn, formale und erste „Metaphysik", hat also das Apriori der Individualität zu entwickeln. Natürlich gilt auch alles „Mathematische" für das Individuelle und die mathematischen Kategorien für den Umfang der Kategorien der Individualität. Aber diese Kategorien, die Kategorien Gegenstand und die Abwandlungen
35 von Gegenstand, wandeln sich alle in besonderer Weise, insbesondere wenn wir sie auf Individualität beziehen. So vor allem die Begriffe Wesen, Gattung, Art, Ganzes, Teil usw. Diese Begriffe zu „entwickeln" und das zur Form der Individuation als solches ⟨Gehörige⟩ (also die Individuation von Allgemeinheiten zu individuellen „Din-
40 gen", Einzelnheiten) nach seiner apriorischen und formalen Gesetzmäßigkeit zu entwickeln, ist die Aufgabe.[1] Hierher gehört die Lehre von der Zeit, immer in formaler Allgemeinheit, das heißt, wenn Zeit und Materie der Zeit (Fülle realen Zeitinhaltes) unterschieden werden, so ist die Materie bloß formal (als Kategorie der formalen

---

[1] Aber sind Wesen, Gattung, Art Begriffe der Analytik? Und nicht vielmehr Allgemeines, Besonderes, höhere und niedere Allgemeinheit. Schon da also vorsichtiger!

Metaphysik) eingeführt, während jede wirkliche sachhaltige Besonderung „variabel" bleibt. Die aristotelischen Kategorien sind Kategorien der Individualität. Sie gehören also in die formale Metaphysik (mit geringer Reinigung).
5 Ist das eine klare Aufgabenstellung? Verlasse ich die Analytik der Konsequenz und gehe in die Wahrheitslogik über — wo stehe ich da? Nenne ich mir gegenüber nicht bloß leer Vorstelliges, in leerer Weise Gedachtes, sondern Ich und Mannigfaltigkeit der „Erfahrung", Mannigfaltiges sich mir in Gewißheit als seiend Gebendes und darauf be-
10 zogen und zu beziehen Gedachtes, Gewertetes etc. Ich und Umwelt — aber auch Irreales, Ideales ist als seiend „gegeben". Also Erfahrung im allgemeinsten Sinn als Selbstgebung, als „Evidenz" und die Fragen der „Ausweisung", „Begründung".
Formal ist hier das Allgemeinste: die Rückbeziehung alles nicht
15 selbstgebenden Urteilens auf Selbstgebung, auf Erfahrung. In dieser Allgemeinheit wird nicht einmal ein Begriff endgültiger Wahrheit als Maß aufzuweisen sein und nicht der logische Grundsatz vom ausgeschlossenen Dritten. Anderseits habe ich Exempel der Apodiktizität und die reale Welt als Exempel, als ein unendliches Gebiet, von
20 dem ich mindest ⟨für⟩ selbstverständlich halte, daß es ein Feld endgültiger Wahrheit ist. Ich habe also das Thema Endgültigkeit und Apodiktizität.
Aber ist Ich und Umwelt etwas, das in leerer Allgemeinheit begriffen werden kann und muß? Ich habe ein Reich der Erfahrung. Kann
25 ich nicht die Möglichkeiten der Erfahrung als reine Möglichkeiten durchforschen, das Universum der reinen Möglichkeiten als erfahrbar? Und kann ich nicht fragen: Welche Grundarten von Erfahrung und Erfahrenheiten gibt es in idealer Möglichkeit für ein Ich überhaupt und in idealer Notwendigkeit sogar? Welche Grundarten von zugehörigen
30 Erfahrungsausweisungen und wann gehört Wahrheit im Sinn von Endgültigkeit und intersubjektiver Gültigkeit ⟨da⟩zu? Leitung ⟨durch⟩ die exemplarische Idee der Endgültigkeit, durch Apodiktizität. Ich kann dann fragen, kann ich nicht über Ich und Umwelt apodiktische Erkenntnis gewinnen, und apodiktische über mögliche
35 Erkenntnisse, Erfahrungen, Einsichten etc. von Wahrheiten als nach ihrem Ursprung apodiktische — eingesehen in Apodiktizität?

⟨II.⟩ Formale Analytik und formale Seinslogik
1) Eine erste Analytik ist die Analytik der Konsequenz bzw. Widerspruchslosigkeit. Ich frage hier noch gar nicht nach Wahrheit, sondern
40 ich stehe bewußt in der Sphäre der bloßen Doxa, der Urteilsmeinung und ich mache mir meine Meinung bloß deutlich. Meine Frage ist die der Konsequenz. Was kann ich nicht urteilen, nachdem ich so und so geurteilt habe, was muß ich urteilen, weil ich so und so geurteilt habe — als darin notwendig beschlossen, und zwar ohne Möglichkeit, mir
45 Urteilssubstrate bzw. ihr wahres Sein selbst und damit Wahrheit und Möglichkeit meiner Urteile in Erwägung zu ziehen. Deutlichkeit ist von

Klarheit, Evidenz des Urteilssinnes, des Gesetzten als Satzes zu unterscheiden von der Evidenz der Wahrheit des Satzes. Form und Materie sind hier gefährliche Worte. Urteile, ob sie nun bloß deutliche oder auch klare Einsichten sind, können der „Bedeutung" nach dasselbe
5 Urteil sein. Dasselbe Urteil als derselbe Satz, dieselbe Bedeutung können unter Formbegriffen gedacht werden, Kategorien, Urteilen etc. Das Variable dieser Form heißt Materie. Und entsprechend haben wir eine Formenlehre der Sätze, welche das Unterscheidende der Materie unbestimmt allgemein, variabel sein lassen.
10   Urteile als Urteile, Sätze als Sätze sind „Bestimmungen" von Substraten und verschieden gerichteten Abwandlungen von Bestimmungen als Bestimmungen.
   Hier ist die Hauptsache, diejenigen Formbegriffe zu schaffen, welche sich eben auf Urteile als Urteile beziehen, auf die Funktionen der
15 Bestimmung. Was hier variabel bleibt, sind die Substrate und die auf ihr unterscheidendes Was zurückbezogenen „Termini".
   Es handelt sich also um ein systematisches Entwickeln der in urteilenden Leistungen an beliebigen Substraten zu gewinnenden „Urteilsformen", Allgemeinheiten für mögliche Urteile überhaupt.
20   2) Beliebige Substrate! Aber Substrate gewinnen durch Urteile mit ihren Sinn, als an ihnen niedergeschlagenen (attributiven) Sinn.
   Wir können nun fragen: Was läßt sich über Urteilssubstrate überhaupt aussagen, sofern sie selbst aus Urteilen hervorgegangen sind.
   — Wir kommen formal, aber nicht analytisch formal zur Unterschei-
25 dung von Substraten, die im Urteilen überhaupt vorgegeben sein können und daß solche als letzte Substrate vorgegeben sein müßten.[1] (Die Gesetzmäßigkeiten des Aufbaus möglicher Urteilsformen bzw. von möglichen Urteilen überhaupt in Hinblick auf die Form ergeben Gesetzmäßigkeiten für die iterative Bildung von Substraten mit Urteils-
30 gehalt.) Die Gesetze der Konsequenz als pure Urteilsgesetze hinsichtlich ihrer Urteilseinstimmigkeit beherrschen natürlich alles, was hier auftreten kann bis zu den letzten Substraten. In den Terminis treten ferner Sachgehalte hervor, expliziertes und allgemein gefaßtes Was des Substrats. Das Allgemeine ist selbst Urteilsleistung. Wir haben also
35 wieder die Fragen nach den niedersten und letzten Allgemeinheiten — und so überhaupt für alle Funktionen, die zum Urteil als Urteil gehören, ohne Frage, wie es mit der Wahrheit steht. Alle diese Funktionen können in der Unklarheit walten, aber in der Deutlichkeit zu fester Bestimmtheit des Urteilssinnes gebracht werden.
40   Mit all dem überschreiten wir nicht die analytische Logik. Wir verdeutlichen die Sätze und „analysieren" sie nach dem, was in ihren Konsequenzen beschlossen ist an möglichen Sätzen, an urteilbaren Ur-

---

[1] Vorgegeben sein müßten? Nein. Konsequenterweise muß ich für jedes Urteil über $S\alpha\beta\gamma$, das ich fälle, auch urteilen $S$ *ist* $\alpha$ etc. Das sind eben analytisch folgende Urteile. Aber ich komme schließlich auf nicht analytische Urteile zurück, wie $S$ *ist* $\alpha$, wo $S$ nicht mehr „beschlossen" ist in anderem.

teilen für den, der die Ausgangssätze geurteilt hat. Also eigentlich ist hier gar nichts Neues. Nur die Ausgangspunkte sind geschaffen für eine synthetische Logik. Was läßt sich über die letzten Substrate aussagen — ihre Möglichkeit möglicher Wahrheit — und für die
5 ihnen zukommenden Begriffe, was für Möglichkeits- und Wahrheitsgesetze bestehen hier, die ihnen sachlich zukommen im Rückgang zur Selbstgebung?[1]

Ich kann also von Individualität in der formalen Analytik nichts aussagen, es sei denn, was zu dem Formalen „letztes Meinungssubstrat"
10 gehört und was in der analytischen Konsequenz davon liegt, was ein völlig Leeres ist. Das letzte Substrat ⟨hat⟩ immer Zeitlichkeit im Sinn enthalten. Das mag sein: Aber analytisch ist das nicht einzusehen, denn das liegt nicht in der formalen, analytisch reduktiven Bestimmung eines letzten Substrat-Etwas. Aber es liegt in der Möglichkeit
15 eines Gegenstandes überhaupt und eines letzten Substrat-Gegenstandes.

Auch über Genus und Spezies und niederste Differenz kann ich im eigentlichen Sinn gar nichts analytisch aussagen. Ich kann nur sagen, ein letztes Substrat hat auch letzte Prädikate, das ist solche, die nicht
20 gemeint sind als allgemein bestimmt durch höhere Allgemeinheiten. Aber das ist etwas ganz anderes.[2]

Es ist nun aber die Frage, wie nach der reinen Analytik eine formale Logik der Wahrheit (bzw. der Möglichkeit, der möglichen Wahrheit für mögliche Gegenstände) systematisch zu gestalten wäre und darin eine
25 formale Ontologie im Sinne einer echten „Ontologie", einer Formenwissenschaft von möglichem individuellem Sein.

In einer Analytik der Widerspruchslosigkeit habe ich nicht nach Unterschieden subjektiv und objektiv wahren Urteilens zu fragen, da ich überhaupt thematisch noch keine Wahrheitsfrage ⟨habe⟩; und was
30 die Analytik feststellt, das bindet sich an keine Welt, keine objektive Wahrheit im Gegensatz zu bloß subjektiver etc. So wenn sie sich recht versteht und sich, wie es unbedingt notwendig ist, wirklich als pure Analytik etabliert. Erst wenn eine Wahrheitslogik in Frage ist, werden Seins- und Wahrheits-Unterschiede bedeutsam. Aber wiefern alles
35 Wahrheitsstreben letztlich auf objektive Wahrheit gerichtet sein kann oder muß und alle Urteilsbedeutungen Durchgangsglieder für objektive Urteile ⟨sind⟩, das alles muß erst herausgearbeitet werden.

Bedeutsam ist der neue Begriff des Formalen und, wenn man will, noch des Analytischen, der also nicht mehr das Analytische der leeren
40 Konsequenz betrifft. Das Formale betrifft jetzt mögliches Etwas in

---

[1] Ich habe nicht letzte Substrate, die „allem Urteilen vorangehen", weil die analytische Logik nicht fragt, woher wir die Urteile haben.

[2] Letztes Meinungssubstrat. — In der formalen Logik gibt es das nicht, sondern nur Substrat, das noch keine Bestimmung in den Urteilen hat, in denen es auftritt. Aber soviel kann ich doch sagen, alle Urteile führen auf Urteile über Substrate zurück, in denen noch nichts von „Niederschlägen" der Attribution meinungsmäßig liegt. Ja richtig, aber genau besehen ist das eben nicht mehr analytische Einsicht.

seinen möglichen Modalitäten. Wir stehen jetzt von vornherein in der Sphäre des „Evidenten", sich durch Selbstgebung erfüllenden Substratsatzes und prädikativen Satzes und in der Sphäre von Doxa überhaupt als sich erfüllender bewährender Doxa — und ihren Korrelaten.

Was kann hier „formale" Allgemeinheit näher bestimmen? Nun zunächst, daß Etwas eben zur Evidenz als Selbstgebung und zur Wahrheit Gegenständlichkeit in allgemeinster Allgemeinheit gehört, was die Bedingungen der Möglichkeit dafür sind, daß aus Wahrheiten der ersten relativen Stufe endgültige Wahrheiten werden, aus subjektiven objektive; dann, was die Bedingungen der Möglichkeit einer Allheit zusammenstimmender, für jedermann immer wieder ausweisbarer und so intersubjektiv endgültiger Wahrheit sind.

Hier kommen wir auf „formale" Begriffe verschiedener Stufe. Formal sind die allgemeinsten Begriffe der Wahrheits- oder Seinslogik, die zwar der Anschauung entnommen werden müssen, exemplarischen Evidenzen, in denen aber die Materie der Wahrheiten (der seienden und korrelativ das Materiale der selbstgebenden Evidenzen) frei variabel ist und nur die „Form" von Evidenz und Wahrheit und Sein etc. bestimmt herausabstrahiert wird und die Gesetze bestimmt.

Evidente Schöpfung von Formbegriffen der formalen Seinslogik (gegenüber der formalen Bedeutungslogik).

Der Formbegriff „Wesen überhaupt", „Eidos", eine offene Vielheit von selbstgegebenen Wesen und selbst gebenden Wesenserschauungen, jede aus einer offenen Mannigfaltigkeit von Einzelnheiten des betreffenden Wesens in der Wesensvergleichung und -deckung das identische Wesensallgemeine erfassend. Vergleichung höherer Stufe bezogen auf die Form der Induktion und korrelativ die Form des Eidos, wobei der „Gehalt", das, was das eine vom anderen unterscheidet, variabel bleibt (irrelevant). Ich sagte Eidos, ebenso doch für jedes Gewinnen von einem Allgemeinen und dem Allgemeinen als Allgemeinen, dem „Begriff" als Begriff.

Kann man sagen, der Begriff des Begriffes erwachse aus analytischer Evidenz, schon in der leeren analytischen Logik, wenn eben Begriff so viel heißt wie Allgemeines von Einzelnheiten? In analytischer Evidenz erwachsen die Begriffe der analytischen Form, Begriffe so gut wie andere entsprungen, aber hier Begriffe aus dem Reich der analytischen Sinne, z.B. kategorisches Urteil, attributive Bestimmung etc.

Der analytische Sinn ist selbst ein Ideal-Allgemeines, dessen Identität unempfindlich ist gegen die Unterschiede der Klarheit, gegen die Unterschiede zwischen leerer Meinung und Erfassung des „Es selbst", des Wahren. Der bloße Sinn in Vergleichung mit bloßem Sinn ergibt Allgemeinheiten des Sinnes: Sinn „Haus", rundes Viereck etc., Sinn (Urteil) „Gott ist gut", „ein Dreieck hat (überhaupt) zur Winkelsumme ⟨2 R⟩ etc."

Ich unterscheide den allgemeinen Sinn „ein Dreieck überhaupt", „ein Pferd überhaupt" etc. in Allgemeinheit als „allgemeinen Sinn",

Sinn einer subjektiven Allgemeinheit in einem allgemeinen Überhaupt-Urteil. Oder die Sinne: „Rot ist eine Farbe", „c ist ein Ton" u. dgl. und darin die Sinnesform „Eigenschaftsart" einer „Eigenschaftsgattung" usw.

5 Sowie der Sinn „Haus" Haus-Gemeintes ist und nicht selbst Haus, also die Setzung des Sinnes (und die ursprüngliche Erfahrung dieses Sinnes als Sinnes) nicht Setzung eines Hauses (und nicht ursprünglich erfahrende Setzung), so ist auch der Sinn „Gattung" und „Art" nicht Gattung und Art, und der Sinn „Allgemeines" (Allgemeinheitsverhalt,
10 Subjekt Allgemeinheit etc.) nicht das Allgemeine selbst, das Gesetz selbst, der Begriffsinhalt selbst, das Geurteilte selbst (die Wahrheit).

Nun finde ich in der Vergleichung von Sinnen mancherlei Sinnesgemeinsames und Allgemeines der einzelnen Sinne. Aber es ist die Frage, ob jedes sich so gebende Allgemeine ein Wesensallgemeines ist, das den
15 Sinnen rein als Sinnen als Wesensallgemeines einwohnt. Vergleiche ich meine Sinne Kreis, Ellipse etc., so finde ich das gemeinsame Allgemeine Kegelschnitt. Aber inwiefern finde ich dieses Gemeinsame in den Sinnen? Ist es rein aus den Sinnen Kreis etc. zu schöpfendes? Ich „weiß", daß ein Kreis ein Kegelschnitt ist etc.; deutlicher, ich hatte
20 früher so geurteilt und so haben für mich Kreis, Ellipse etc. bleibend die attributive Bestimmung Kegelschnitt als Niederschlag von den früheren Urteilen her. Es kann auch sein, daß eine Antizipation durch Analogie mich veranlaßt, ein *a* als Kegelschnitt aufzufassen, d.i. in einer attributiven Bestimmung. Dann finde ich also eine Reihe von
25 komplexen Sinnen vor und in der Vergleichung ein ihnen Gemeinsames als Element der Komplexe. Aber die anderen Elemente, der „Kreis", die „Ellipse" etc. haben damit nicht ein Sinnesallgemeines. Die Komplexe als ganze genommen haben freilich ein Allgemeines, wie eben solche, die einen Teil gemeinsam haben.

30 Man könnte hier aber fragen, ob, wenn wir die Beispiele ändern und etwa rot, blau etc. nehmen, nicht ein Allgemeines des Sinnes als Farbe mit gemeint ist. Aber auch da sehen wir: Ein bloßer Sinn rot und blau gibt aus sich kein Allgemeines als evident zu schöpfendes Sinnesallgemeines her. Im Vagen mag (wo eben nicht, was da rot etc. meint,
35 klar gedacht wird) ein Bewußtsein von Gemeinsamkeit erwachsen. Aber wie sehr ich eine gemeinte Gemeinsamkeit dann herausheben kann als ein Gemeinsames eben, das da und dort gemeint ist, so habe ich damit nicht ein gemeinsames Wesen zur Evidenz gebracht, das die beiden Sinne als Sinne haben.

40 Anders verhält es sich mit den Sinnesformen. Es ist dabei zu beachten, daß auch eine Sinnesform vage gegeben sein kann, und so überhaupt ein Satz als Satz, seine Glieder als Satzglieder, seine sachhaltigen Begriffe als ⟨sachhaltige Begriffe⟩. Aber wenn ich mir den Sinn zur Deutlichkeit gebracht habe und nun einen deutlichen, explizierten
45 Sinn habe, dann kann ich in der Vergleichung der explizierten deutlichen Wesensgemeinsamkeiten als solcher die bloßen Sinne finden.

Was für allgemeine Wesen sind hier also in Sinnesevidenz zugänglich? Die Evidenz der Deutlichkeit, in der ich Substrate in verschiedenen Sätzen, eigenschaftliche Begriffe, Relationsbegriffe in verschiedenen Sätzen oder an verschiedenen Stellen eines Satzes als identische meine — das gehört zur Voraussetzung. Was ich aber durch Vergleichung in Wesensevidenz gemeinsam finden kann, das kann nie ein Gemeinsames verschiedener Substrate, verschiedener sachhaltiger Begriffe etc. sein, sondern nur das „Formale".

Aber hier ist zu beachten, daß das Recht dieser Behauptung eben seinen Grund hat in der Einstellung der Analytik und in dem sie leitenden Grundbegriff des analytischen Sinnes. Denn derselbe Sinn heißt hier eine Identität des Gemeinten, die unempfindlich sein soll gegen alle sachhaltige Klarheit und Selbstgebung. Also wie unklar auch die Substrate und die verschiedenen Termini vorstellig sind, wie viel oder wie wenig Sachliches, also sachliche Beschaffenheit aus ihrer Vorstellung zu schöpfen ist — wenn sie nur evidentes Identitätsbewußtsein des Sinnes, evidentes Bewußtsein desselben Vermeinten mit sich führen (und mit einem vorausgesetzten, nicht weiter begründeten Recht), dann sind aus den identischen Sinnen (deren jeder sozusagen ein einmaliger ist) Wesensbegriffe und ⟨aus⟩ dem gegebenen Sinn Wesenseigenschaften zu schöpfen und dann selbstverständlich nur Formbegriffe und Formeneigenschaften, das sind Allgemeinheiten und allgemeine Eigenschaften, in denen der „Gehalt" der Termini, das durch ihre „Selbstgebung" evident zu Machende, unbestimmt und frei variabel bleibt im Fall der Einstellung auf das Eidos. Eben damit scheidet sich also hier das „Etwas", das aus keiner sachlichen Evidenz bestimmte als leer gemeintes (evtl. das! aber leer) und das allgemeine Etwas-überhaupt, mit all seinen Modalitäten als Substrat-Etwas, eigenschaftliches etc. Das ist das Reich der Formen, der Etwasheiten.

So steht es mit der Vergleichung von Sinnen „ihrer bloßen Sinnesform nach" unter Irrelevanz des Sinnesgehaltes, was eben die Stufe der Form, der Modalität des Etwas macht, in verschiedener Stufe. Eine Form kann rein vorgegeben sein in reiner Abstraktion, indem der Gehalt, der Kern der Termini irrelevant und frei variabel wird. Nehme ich ihn aber wieder bestimmend hinzu und analysiere ihn, so finde ich evtl., daß er wieder „syntaktische Formen" enthält etc.

Reduktion auf letzte Kerne und die letzten Gesamtformen. Syntaktische Formen und Kernformen und absolute Kernformen (Adjektivität, Relativität, Substantivität). Hier gehört jede Allgemeinheit zur analytischen Form, der syntaktischen: der zur Bestimmung als Bestimmung, zur Prädikation als Prädikation gehörigen, die man an jedem „Etwas-überhaupt" — mag es selbst schon „bestimmt" sein oder nicht — vollzogen denken kann durch Prädikation.

Wie steht es mit den Kernformen? Die Schwierigkeit dürfte folgende sein. Syntaktische Formen im Unterschied von ihren Kernen können wir evidenter Weise im analytischen Sinn erfassen. Innerhalb der gesamten analytischen Form läßt die Variation der Kerne (nicht wirkliche Variation, sondern unbestimmte Vagheit) doch noch Kernformen als zur Gesamtform selbst gehörig bestehen. Darum haben wir Substantivität, Adjektivität etc. als Formmomente in den Urteilsformen.

Wann kommen wir über das Analytische hinaus zu Strukturen, zu Allgemeinheiten, die zwar noch allgemein zum Etwas-überhaupt gehören, aber synthetisch sind, der Anschauung bedürfen? Aber sagt das nicht, wir gehen in die Wahrheits- und Möglichkeitssphäre über? Hier könnte man sagen: Schon der Unterschied des Sinnes rot, des Sinnes grün bedarf der Anschauung. Ja, aber meine ich rot als verschieden von grün, so ist für mich der Sinn verschieden, so könnte man antworten. In der analytischen Gesetzessphäre kommt es nun gar nicht darauf an, ob dieser und jener Sinn verschieden ist, sondern ob ich so meine und meine Meinung konsequent identisch und verschieden Gemeintes als verschieden halte.

Anderseits aber der Sinnbegriff, der Formbegriff kategorisches Urteil etc., ist ein wahrer Begriff; die Meinungen als Meinungen, die Urteile als Urteile sind an ein Formensystem gebunden, und diese Formen sind echte Wesensbegriffe, Begriffe von möglichen Meinungen, von analytischen Sinnen. Die Voraussetzung der analytischen Logik hinsichtlich der Termini und schließlich ihrer letzten Kerne ist, daß sie in Identität gehalten bleiben und Unterschiedenheit, ohne Frage nach wahrer Identität und Verschiedenheit ihres Wesens und damit nach dem ausweisenden Was, das identisches oder verschiedenes wäre — was schon eine Wahrheitsfrage ist. Die Meinungen werden nicht begründet, nicht ausgewiesen, nicht geklärt, und mögen sie auch dasein, in Klarheit, größerer oder geringerer, vor Augen stehen; es ist nach dem Was selbst, nach dem Möglichen und Wahren nicht gefragt, es ist außerhalb des Interesses.

Nun ist zu beachten, daß alles, was in der analytisch-logischen Sphäre auftritt (im Umfange des Themas), Sinn von ist und nicht ein Selbst, also Sinn von, Meinung von einem Gegenstand und kein Gegenstand, von einem Sachverhalt und nicht ein Sachverhalt, von einem Allgemeinen, nicht ein Allgemeines selbst usw. Überall ist nur die Frage: Wenn Meinungen der und der reinen Form vorausgesetzt sind (wenn eben wirklich in dieser Form gemeint worden ist und gemeint wird) — was muß in Konsequenz davon gemeint werden oder kann nicht gemeint werden, bestimmt nach der Form: daß jeder Gegenstand unter Begriffen steht, daß er ein eigenes Wesen hat, seine relativen Bestimmungen usw. Das alles sind keine Behauptungen der Konsequenz.

Setze ich einen Gegenstand — urteile ich mit dem Sinn „Etwas", Substrat-Etwas zunächst —, was muß ich dann konsequenterweise weiter urteilen bzw. kann ich nicht urteilen in reiner Konsequenz, in leer-formaler. Das ist die Frage oder eine der Fragen. Und in welchen Formen kann ich, ohne die Konsequenz zu verletzen, die formale, urteilen, daß ich urteilend notwendig Gegenstände habe, über die ich urteile, Substrate für Bestimmungen (das ist analytisch geredet); ebenso daß ich auf Substrate in meiner Meinung kommen muß, die

„letzte", selbst nicht mehr so und so bestimmte sind, daß ich über Allgemeines und Besonderes urteilen kann, Allgemeinheit dann sich auf einen Umfang bezieht; das ist analytisch geredet. Und ich habe Konsequenzgesetze des Urteilens für Allgemeinheit und Besonderheit. Ebenso daß ich auf Einzelnheiten kommen muß im Sinne der Meinung selbst, wenn ich sie verdeutliche, die den Charakter „letzter Einzelnheiten" haben, nicht mehr Allgemeinheiten sind, ebenso daß der Übergang von einer Meinung zur Meinung über eine Meinung möglich ist, das kann ich sagen, obschon es die Frage ist, ob man das noch analytisch nennen soll. Erst recht der Übergang in das Bewußtsein.

Ich darf aber nicht sagen, wenn ich einen Gegenstand meine, wenn ich über ihn urteile, so muß ich ihm ein Eigenwesen zuschreiben — was doch hieße, daß ich ⟨über⟩ ihn in Konsequenz bestimmte Urteile fällen muß oder muß fällen können, durch die er sich bestimmt. Ich kann aber in Konsequenz nur sagen, wenn ich so und so urteile in den und den Formen, muß ich oder kann ich nicht etc.; welche Urteile von ihm gelten müssen, wenn er in Wahrheit ein Gegenstand ist, davon ist nicht die Rede, sondern welche Urteile ich nicht ohne Widerspruch unterlassen, welche ich nicht fällen kann, ohne Widerspruch zu begehen etc.

⟨III. Zu den Problemen: Verhältnis Sinn-Gegenstand, letzte Substrate, Apodiktizität⟩

Einstellung auf Gegenstände, auf gegenständlichen Sinn, auf das Wie der Gegebenheitsweisen, auf das Wie des „Ich denke". Dabei kann ich gerichtet sein auf den Sinn des Gegenstandes (der selbst noch thematisch bleibt), auf das Wie seiner Gegebenheitsweise in einem Urteilen, Erfahren etc. und auf all das ineins. Aber es kann auch ein gegenständlicher Sinn, das Wie der Gegebenheit, das Urteilen etc. rein zum Thema werden, ohne daß der betreffende Gegenstand Thema bleibt.

Ein Gegenstand ist Thema geradehin — in mannigfaltigen Erfahrungen, Leervorstellungen als dieser selbe, Thema der Erkenntnis, die auf wahres Sein in Kenntnisnahme gerichtet ist. Der Sinn des Gegenstandes bereichert sich, wenn die Kenntnisnahme fortschreitet und immer Neues von ihm zur Kenntnis kommt. Der Gegenstand ist Thema in bestimmenden Urteilen, Identisches mannigfaltiger auf ihn bezogener Urteilsverhalte (seiner Sachverhalte), auf ihn bezüglicher prädikativer Sinne. Anstatt daß der Gegenstand Thema ist oder während er als Thema außer Spiel gelassen wird, kann der gegenständliche Sinn und können die Urteilssinne zum Thema werden, zum Thema eines Urteilens, das auf Erkenntnis, auf Erzielung von Wahrheit gerichtet ist.

Ich kann nun thematisch abzielen auf apriori reine Erkenntnis von Gegenständen überhaupt, in der formalen Allgemeinheit des Irgendetwas-überhaupt. Das bezeichnet das Thema einer „formalen Ontologie". Ich kann aber auch, statt über irgendwelche Gegenstände schlecht-

hin Wahrheit zu suchen (sie als Erkenntnisthema ⟨zu⟩ haben), über
sie als bloß vermeinte, als bloße Gegenstandssätze (Sinne) meines
Urteilens oder irgendwelcher Urteile (Glaubensakte) Erkenntnis
suchen. Ich kann auch, wo ich urteilend in Erkenntniseinstellung bin,
5 diese Erkenntniseinstellung inhibieren (mein Absehen auf Erkenntnis
der betreffenden Urteilsthemen zurückstellen oder fallenlassen) und
mein Erkenntnisinteresse auf die Sätze als Sätze, Substratsätze, bestimmende Sätze etc. richten. Dann ist das erkennende Urteilen ein
reines Erkennen des Sinnes. Offenbar gilt das in apriorischer Allge-
10 meinheit: Dergleichen erkenntnisthematische Wendung ist, was
immer ich beurteilen und erkennen will, möglich. Und es ist nun weiter
möglich ein rein apriorisches Urteilen über Sinne überhaupt. Hier
müßte nun der reine Begriff des analytischen Sinnes festgestellt werden und kontrastiert mit dem Sinn im wechselnden Modus noematischer
15 Gegebenheitsweise. Es ist eine apriorische Wissenschaft von den analytischen Sinnen zu etablieren, und zwar in formaler Allgemeinheit.
Apriori hat jedes Etwas seinen Sinn; also der Form ,,Etwas-schlecht-
hin", ,,Gegenstand" entspricht Sinn von Etwas. Apriori hat jedes Etwas seinen Sinn und entspricht dem geraden Urteilen und Erkennen-
20 wollen von Etwas ein solches, und zwar reines, für den entsprechenden
Sinn. Und so in beliebiger Iteration: Aber umgekehrt ist nicht jedes
Etwas ein Sinn.

Also das universale Apriori für Sinne überhaupt deckt sich nicht
mit dem Apriori für Irgendetwas-überhaupt. Das Universum der Sinne
25 ist untergeordnet dem Universum der Gegenstände überhaupt. Anderseits umgreift in gewisser Weise doch das Universum der Sinne das
der Gegenstände, sofern eben jeder Gegenstand einen Gegenstandssinn hat und, wie sich dann weiter zeigt, das Sinnesapriori für die Erkenntnis des gegenständlichen Apriori eine große Relevanz hat.

30 Die formale Sinnenlehre hat es zu tun mit Gegenstandssinnen überhaupt und all den Formen von Sinnen, die von dem Sinn Irgend-etwas
ausgehend für ihn frei tätig gestaltet werden können oder gestaltet
gedacht werden können. Apriori ist jeder Gegenstandssinn, ,,Etwas",
mögliches Substrat für bestimmende Sachverhaltssinne (prädikative
35 Sätze, Urteile), wie korrelativ jedes Vorstellen von Etwas, jedes schlicht
darauf setzend gerichtete Meinen (Substratglaube) in bestimmendes
Urteilen übergehen kann. Ein geschlossenes Apriori der Sinne hält
sich in dieser Korrelativität von Substrat-Etwas als Sinn und prädikativem Etwas, prädikativem Satz. Das ergibt eine geschlossene
40 Formenlehre und eine geschlossene Analytik der Konsequenz bzw. der
Widerspruchslosigkeit, eine *mathesis universalis.*

Aber durch ein reduktives Verfahren kann von jedem Etwas ausgehend zurückgefragt werden nach den letzten Substraten, den letzten
in verschiedenem, apriori zu erfragendem Sinn. Also das führt auf eine
45 formale Idee von letzten Substraten und auf eine Radikalisierung des
ganzen Aufbaus der Formen und analytischen Zusammenhänge, in der
alles auf die letzten Substrate zurückbezogen ist. Dasselbe gilt für die

Radikalisierung der letzten Termini als der in der formalen Betrachtung in unbestimmter Allgemeinheit verbleibenden Variablen in den festen Formen.

Man kann nun weiter zum apriorischen Erkenntnisthema machen die wechselnden noematischen Gegebenheitsweisen der Sinne und wieder in der Interessenrichtung auf die formale Allgemeinheit, auf das, was apodiktisch einsehbar ist von jedem setzbaren Etwas-überhaupt, ohne Frage nach dessen Erkenntnis. Es ist apriori als irgendein besonderes, bestimmtes gesetzt und dann in bestimmenden Urteilen als prädikativ so und so bestimmtes und in den damit weiter zusammenhängenden Bestimmungsmodalitäten gesetzt und setzbar. Apriori ist aber in der Einstellung auf das für „Etwas-überhaupt" als setzbares Gültige einzusehen, daß derselbe jeweilige Sinn in verschiedenen Wie-Gestalten auftreten kann, wie er auch Sinn ist in verschiedenen Akten des „Ich denke". Richten wir den Blick auf das „Noematische", auf den vermeinten Gegenstand in seinem Wie der Erscheinungsweise (Gegebenheitsweise oder wie immer wir das spezieller ausdrücken) und nicht auf die Ichakte, auf die verschiedenen Weisen der Ichbeteiligung und was in diese Richtung gehören mag, so kann nach einem rein noematischen Apriori gefragt werden, das offenbar untrennbar ist von dem Sinnesapriori, wie freilich auch von dem „noetischen" ichlichen Apriori.

So können wir z.B., von der Form „letztes Substrat" ausgehend[1], fragen, wie irgendein Gegenstand, der uns in dieser Form gegeben ist (Natürlich im Glauben sind für uns Gegenstände da, gelten sie uns, sind sie uns gegeben.), sich ausgibt: als Erfahrung, als Wahrnehmung, als Erinnerung, als unwahrgenommen und doch „mit da" ineins mit Wahrgenommenem (appräsent), als klar oder unklar vorstellig in dem oder jenem Modus, z.B. erinnert, aber unklar, vielleicht als völlig leer vorstellig usw. Wenn ein Gegenstand rein als für uns geltend, als gesetzt, somit rein als Sinn bald so, bald so gegeben ist, kann auch auf den Modus geachtet werden seiner Selbigkeit in mehreren solcher durch Identitätsverknüpfung einiger Gegebenheitsweisen, aber immer in Blickrichtung auf den „Gegenstand" und das an ihm sichtliche Wie (er, als wie er sich darbietender, erscheinender, phänomenaler ist) und nicht auf das, was wir, ihn „habend", erfassend, identifizierend, von einer Gegebenheitsweise zur anderen dabei übergehend und evtl. wieder zurückgehend, dabei tun, kurz auf die ichlichen Modi. Wir können uns dabei beschränken — wir betrachten reine Modi der Wahrnehmungsgegebenheit, wo also in irgendeinem Fall der vermeinte Gegenstand im Modus leibhaftiger Gegenwart phänomenal charakterisiert ist, und wir können nun, wenn ein letztes Substrat in mannigfaltigen Wahrnehmungen oder einer Kontinuität stetig ineinander übergehender Wahrnehmungen oder Wahrnehmungsphasen leib-

---

[1] hier verstanden als letztes sachliches Individuum gegenüber dem letzten ichlichen Individuum.

haftiges ist, fragen, was in dieser Form stetiger Leibhaftigkeit als Inhalt, besser als Inhaltsform notwendig auftritt — auf das formal Allgemeine eines letzten, aber wahrnehmungsmäßigen Substrates und evtl. auf die zu diesem inhaltlich-formal Allgemeinen besonders sich
5 beziehenden Gegebenheitsweisen, immer aber in apodiktischer Notwendigkeit. Wir würden so auf die Zeitstrukturen, auf die Beschreibung eines wahrnehmungsmäßigen letzten Substrates als Zeitgegenstand und auf den „subjektiven" Wandel seiner Zeit in zeitlichen Orientierungsmodi stoßen usw.

10 Was macht gegenüber der Gegebenheitsweise der Wahrnehmung das Eigentümliche derjenigen der Retention, der Wiedererinnerung aus; was ist in der klaren Wiedererinnerung als Gehalt eines letzten Substrates gegeben, inwiefern gleiches, und doch wieder anders charakterisiert als in der Wahrnehmung usw.? Oder wenn wir bestimmende
15 Urteile (die vermeinten Urteilsverhalte) in Hinsicht auf ihre Gegebenheitsweise befragen, entspricht hier nicht als zu ihnen gehöriges mögliches Gegebenheitsvorkommnis der Leibhaftigkeit der Wahrnehmung die Evidenz, in der der Urteilsverhalt „selbst" in seiner originalen Selbstheit gegeben ist. Wie unterscheidet sich die Gegebenheit, und
20 zwar die evidente, wenn das Urteilen thematisch auf die Urteilssubstrate gerichtet war und wenn der Sachverhalt als Sachverhalt thematische Gegenständlichkeit (Gegenständlichkeit in einem ausgezeichneten Sinne) wird usw.

Hier tritt also im Zusammenhang der noematischen Wesensfor-
25 schung das Problem der Selbstgebung und der Evidenz als Bewährung an erfüllender Selbstgebung hervor und damit im Substratsatz oder prädikativen Satz das wahrhaft Seiende, das Wahre als ursprüngliches Phänomen — anderseits aber das Falsche, der trügerische Schein mit dem zugehörigen Apriori. Hier stößt man auch an Beispielen auf die
30 Auszeichnung der Apodiktizität und der mit ihr gegebenen Endgültigkeit. Man sieht sogleich die universale Bedeutung derselben, sofern man daran denkt, darauf verweist, daß die ganze Untersuchung selbst, die ganze apriorische Sinnenlehre und „synthetische" Mathematik ein universales Gebiet apodiktischer Gegebenheiten ist und eine univer-
35 sale Bedeutung für alle Urteilsgegebenheiten hat. Bei dieser besonderen Art von evidenten Gegebenheiten, die da apodiktische heißen, haben wir das Eigentümliche, daß wir natürlich wieder apodiktisch dessen gewiß werden, daß wir, wie und wann immer über dasselbe Thema urteilend, nie auf eine Evidenz stoßen könnten, die zu seiner
40 Durchstreichung nötigen könnte, oder daß das Unwahre, Nicht-Seiende für dieses Thema immer ausgeschlossen bleibt (NB: soweit irgend diese Urteile in demselben Sinn zu wiederholen sind). Erforschen wir die reinen Möglichkeiten sowohl synthetisch einstimmiger Urteile als auch die Möglichkeiten synthetisch unstimmiger bzw. die Möglich-
45 keiten offener Urteilsmannigfaltigkeiten, auf dieselben Substrate bezogen, in denen, wenn ihre Synthesis zu aktuellem Vollzug kommt, Unstimmigkeit hervortritt, Einstimmigkeit in Unstimmigkeit sich

wandelt, so haben wir durch diesen ausgezeichneten Fall der Apodiktizität — zunächst für mein solitäres Urteilen — eine „Wahrheit" ausgezeichnet gegenüber sonstigen Wahrheitsgegebenheiten als „endgültige Wahrheit". — Genauer: Apodiktische Urteile mit dem Sinn,
5 der selbst überzeitlich und evtl. übersubjektiv ist — gegenüber den nachher besprochenen apodiktischen Urteilen mit zeitgebundenem Sinn, im übrigen aber endgültig über die Zeit reichend, die der Sinn umspannt. — Wahrheit tritt auf, allgemein gesprochen, als Bewährungscharakter in der Evidenz, als Selbstgebung, und solange keine Gegen-
10 evidenz auftritt, bleibt meine Glaubenssetzung, mein Urteil identischen, analytischen Sinnes mit dem ihm zugehörigen Setzungssinn „wahr" ausgestattet. Apodiktische Urteile haben das Eigene, daß sie, einmal wahr, für immer (und wenn der analytische Sinn ein objektiv-intersubjektiver ist, auch für jedermann) wahr bleiben; ja dieses „wahr" ist
15 hier nicht an das Faktum der Bewährung gebunden, auch insofern, als einzusehen ist apodiktisch, daß, wann immer ich vor der Bewährung das Urteil angesetzt denke, wann immer ich hätte so geurteilt und hätte so urteilen können, ich damals auch hätte es in seiner Wahrheit einsehen können und niemals in seiner Falschheit. Apodiktische Wahr-
20 heit ist übersubjektive, überzeitliche Wahrheit in Endgültigkeit.

Doch finde ich in der Überschau exemplarischer Fälle und Möglichkeiten auch noch andere ausgezeichnete Wahrheitsformen. So gegenüber der Überzeitlichkeit der apodiktischen Wahrheiten die subjektive Zeitgebundenheit der immanent singulären Wahrheiten, wie: ich nehme
25 jetzt wahr, ich höre einen Ton, die okkasionell sind: Wahrnehmend sage ich so und während der Wahrnehmung habe ich das Wahrgenommene, und ich meine es, sehe es. Auch hier habe ich eine gewisse Apodiktizität, nämlich apodiktisch ist, daß das Immanente jetzt ist und dann, daß es so eben gewesen ist in dem Sinn, in dem ich es noch habe.
30 Eine Gegenevidenz ist hier mit gleichem zeitgebundenem Sinn ausgeschlossen.

# ERGÄNZENDER TEXT VIII

(Zu den §§ 80, 105)

⟨*Übergang von der Welt des praktischen Lebens und ihren okkasionellen Urteilen zur wissenschaftlichen Enthüllung ihrer Horizonte*⟩[1]

Im Leben ist die Welt in der Beständigkeit eines Glaubens. Aber es ist ein Unterschied, wie der Glaube der Welt und der Glaube einzelner Realitäten — der uns besonders „beschäftigenden" — lebendig ist. Und so auch in der Wissenschaft. Die Sonderwissenschaften haben ihre Sondergebiete: Natur, Menschheit, Kultur, tierisches Sein, Pflanzenwelt etc.; und für eine jede liegt die aktuelle „thematische" Setzung des Gebietes voran, eben in der Form des ihm vorausgesetzten, von jedem Wissenschaftler aktuell urteilsmäßig vollzogenen Themas, mag sich dann auch der Unterschied wiederholen: Auf dem thematischen Grunde des Gebietes werden Einzelurteile gefällt, ohne daß immer wieder aktuell das Universalthema in einer neuen Setzung gesetzt wird. Sie ist habituelle thematische Grundsetzung. Die Welt aber wird nur im Willen zu einer universalen Wissenschaft, eben der Weltwissenschaft thematisch. Man kann sagen, wenn Wissenschaft überhaupt historisch als universale begann, als Allwissenschaft, so ging historisch das universale Thema voran, und Sonderwissenschaft war dann innerhalb desselben eine erkenntnispraktische Einschränkung auf ein Sonderthema — im Dienste der Universalwissenschaft. Aber nur soweit sich dieses traditionale Bewußtsein erhielt, blieb es so. Verselbständigung der Sonderwissenschaften besagt, daß dieser Zusammenhang verfiel, außer Wirksamkeit geriet, wo nicht gar bewußt fallen gelassen wurde.

Das ändert aber nichts daran, daß der Weltglaube oder daß das Vorgegebensein der Welt als zweifellos seiendes Universum (als Universum und nicht als zusammenhangsloser Haufen) das Urteilsfundament für alle positiven Wissenschaften ist. Der betätigte Glaube des einzelnen, des partialen Weltgebietes hat nicht zufällig neben sich den unthematischen Weltglauben, sondern sie sind untrennbar voneinander. Das Gebiet ist bewußt als Gebiet der Welt, das Ein-

---

[1] Zwischen 1922/23 u. 1926 — Anm. d. Hrsg.

zelne bewußt als weltlich Einzelnes, seine Dauer als Dauer in der universalen Zeit, der Weltzeit, seine Örtlichkeit und Gestalt als Stelle im Raume, als Gestalt im Raume usw. Das Universum, der über das Einzelne hinausreichende Welthorizont als Horizont eines
5 Seinsuniversums, worinnen das Seiende ist, ist untrennbar mitgeglaubt, auch wenn es nicht aktiv bestätigter und ausgesprochener Glaube ist. Was da angedeutet ist, wird freilich vom positiven Forscher nie ausgelegt: diese Untrennbarkeit und die Art, wie im Seinsglauben jeder Art Welt immer mitgeglaubt ist, und was dieser Weltglaube selbst
10 für merkwürdige Besonderheiten hat unter dem Titel der Horizontmäßigkeit, subjektive Zeit-Räumlichkeit, subjektive Orientierungsstruktur mit ihren tieferen subjektiven Horizonten der perspektivischen Erscheinungsweisen. Aber mindest in Richtung auf die urteilsmäßige Seinsidentität der Erfahrenheiten ist die Verflechtung des
15 einstimmig Erfahrenen und somit zweifellos für uns Seienden mit Seiendem seiner näheren und weiteren Umgebungen etwas Vertrautes und dem Forscher im Blick Liegendes; das Thematische bleibt ihm nicht isoliert in seinem thematischen Universum (seinem Gebiet), er fragt notwendig, wo er Seiendes, wie es ist, erforschen will, nach den
20 Zusammenhängen. Wenn das spezielle Universum dabei in Sonderung thematisch ist und bleibt, so kann das nur angehen, weil es eine abstraktive Betrachtung zuläßt, weil die in ihr verlaufenden Sonderzusammenhänge eine relative Geschlossenheit haben.

Wir haben also eine, unbekannt wie, aus dem Erfahrungsstrom un-
25 seres wachen Lebens, des einzelsubjektiven und vergemeinschafteten, erwachsene zweifellose Seinsgewißheit von der Welt und innerhalb derselben bzw. als ein zugehöriges Strukturmoment (eines vielleicht als wesensnotwendig zu erweisenden — wovon wir hier aber nichts wissen) jeweils eine konkrete Situationsgegenwart und somit auch für
30 unsere Erinnerungsvergangenheit gewesene Situationen — vertraut in ihrer Typik, bestimmt als Typik einer anschaulichen Umwelt, die ihre besonderen beschränkten Horizonte hat (innerhalb des Welthorizontes) und von einem jeweiligen praktischen Interesse hinsichtlich des praktisch in Frage Kommenden bestimmt ist; Arbeitssitua-
35 tion, Reisesituation, Marktsituation, Erholungs- und Spielsituation etc.

Waches Leben ist Leben in Aktivität, obschon auf dem Grunde der Passivität. Leben in Aktivität ist in ihr und durch sie hindurch strebend leben, auf etwas hinauswollen. Im weitesten Sinne ist waches
40 Sein Sein in irgendeiner Praxis (worunter ein Sonderfall ist die des theoretischen Interesses oder auch nur des Interesses der bloß betrachtenden Neugier, die eine sonstige Praxis etwa durchbrechen mag), und jede Praxis hat ihre praktischen Horizonte; die Praxis greift aktiv in den allgemein sonst passiven (inaktiven) Gang der Erfahrung ein,
45 sie setzt den Boden der vorgegebenen Welt, wie sie aus Passivität und Aktivität für uns geworden ist, voraus, schafft an diesem Boden mit, sofern, was in ihr und durch sie wird, selbst weltlich ist und im Erfah-

rungsglauben als weltlich und zunächst nahweltlich seiend auftritt.

Das ist nicht genau richtig.
Die literarischen Gebilde, ebenso die geäußerten Sprachgebilde gehören zur Welt als „Äußerungen", sie sind dann Kulturgebilde. Aber
5 die reinen Idealitäten, die evtl. da geäußert sind, gehören nicht als Bestandstücke zur Welt. Wie verhält es sich mit den aus Denktätigkeiten der Begriffs- und Urteilsbildung auf Grund der Erfahrung der Erfahrungswelt zuwachsenden Denkbestimmungen und den Urteilen selbst über die Welt? Wie mit der durch Idealisierung der Natur als
10 exakte Natur gewonnenen Idee? Wir müssen doch sagen: Wie immer die Natur zur Vorgegebenheit gekommen ⟨sein⟩ mag, auf dem Grunde der unbekannten Konstitution der jeweils passiv-rezeptiven Erfahrung vollzieht das Denken neue konstitutive Leistung und schafft die exakte Natur als Idee einer im Unendlichen liegenden absoluten Natur-
15 realität, die in den iterativ ins Unendliche erstreckt gedachten Erscheinungssysteme. Die letztlich seiende Welt der Realitäten ist das Universum von Substraten für ideale Wahrheiten an sich, von an sich ihnen zukommenden Prädikaten etc. Die Aussagen selbst, die Prädikate selbst haben Weltlichkeit in ihrer Art als Aussagen, die Weltliches
20 bestimmen, und ihre Art des Ansichseins, nicht als Realitäten, sondern als identische prädikative Bedeutungen, für jedermann herstellbar und identifizierbar als dieselben Seienden — seiend aber nicht wie Realitäten.

Ebenso ja schon für eine jede ästhetisch vorgegebene Welt. Sie ist
25 Welt von ästhetischen Realitäten, auf sie beziehen sich Wahrnehmungsurteile, sie ästhetisch bestimmend, aber nicht selbst ästhetische Realitäten etc.

Der praktische Blick, der der praktischen Intention und ihrer Erfüllung (als Verwirklichung), bestimmt, was für den Erfahrenden eben
30 in den Blick tritt, auch von den Seinshorizonten des Seinsglaubens, der immerfort seine Universalität in sich trägt. Für den Erfahrenden sagt nicht für den theoretisch Erfahrenden oder sonstwie „Betrachtenden", sondern es sagt, daß alles, was im Bewußtseinsfelde, im Felde der jeweiligen Umwelt (Welt für uns) und im besonderen der praktischen
35 Umwelt (der unserer Vorhaben) auftritt, eben vorweg als für uns seiend auftritt in einer Weise, daß wir uns (in dem Aktus der Erfassung, evtl. der Näherbetrachtung, evtl. der Betrachtung im theoretischen Interesse) in der Einstellung einer Urteilsaktivität (speziell zunächst etwa der aktiv erfahrenden, aktiv wahrnehmenden, erinnernden etc.) des
40 Seins bemächtigen, es nach seinem „wie es ist" befragen, sein Wahrhaftsein kritisieren können etc.

Was ist nun okkasionelle (Situations-)Wahrheit?
Ich stehe in der altvertrauten Situation, z.B. im Kaufhaus; was darin zur Einheit der Situation gehört, das ist altbekannt im Allge-
45 meinen, im Typischen, und ist in Sonderheit bestätigt seiend, von dem

Besonderen der besonderen im Verlauf zusammenstimmenden Erfahrung aus aufgefaßt und verstanden. Die so beschaffene Gesamterfahrung mit den praktischen Horizonten bestätigt sich in sich selbst durch Erfüllung der praktischen Intentionen. Der Kaufmann bietet Ware entsprechend den Anforderungen, im Wandel der Erfahrung stimmt es, der Kaufmann mißt so viele Meter, dann schneidet er ab, ich kann nachmessen, mich überzeugen usw.

Hier ist eine beständige Erfahrungsevidenz, ein Zusammenhang der sinnlichen Erfahrungen, der auf sie gebauten praktischen Intentionen; das ihnen gemäß Erwartete erfolgt, und so, daß alles wieder sinnlich zusammenstimmt. Die Evidenz als wahrnehmungsmäßige Erfüllung im Einheitszusammenhang der Gesamtapperzeption hat ihren Boden in der allgemein typisch bekannten Situation, die im voraus apperzipiert ist und sich mitbestätigt als so geartet, ohne daß ihre Voraussetzungen weiter ausgelegt wären; all das Mitgemeinte unter dem Titel Geschäft, Kaufmann, Usancen des Verkaufens, das bleibt unexpliziert, ist nicht selbst in ursprünglicher Evidenz freigelegt und hat doch durch indirekte Bestätigung als Mitapperzipiertes seine Bekräftigung.

Die Erfahrungsgewißheit in ihrer fortgehenden Selbstbestätigung, in ihrer Weise als Erfahrungsgewißheit (gleichgültig woher motiviert) anzufangen und als Gewißheit nicht nur fortzugehen, sondern in Bestätigung der darin beschlossenen und dann immer wieder neu motivierten Intentionen zu verlaufen, begründet nun auch die Erfahrungsaussage, die deskriptive, wie wir sagen könnten, wenn das nicht zu sehr wie theoretisch interessierte Leistung klingen würde. Freilich erfordert die Begrifflichkeit der Aussage, wenn sie vollkommen evident werden soll, eine besondere Weise des Vollzugs des begrifflichen Bedeutungsbewußtseins, eine Ursprünglichkeit der Begriffsbildung, die hier fehlen wird. Aber eine gewisse Evidenz wohnt der deskriptiven Aussage ohne weiteres ein, für den der die Worte in ihrer Bedeutung kennt und sie in getreuer Anpassung an die Erfahrung gebraucht.

Was charakterisiert nun gegenüber den deskriptiven Aussagen des Alltags die wissenschaftlichen Aussagen? Die okkasionellen oder Situations-Aussagen — sie beziehen sich auf eine konkrete Situation, in der lebend das Ich seine Erfahrungsevidenz hat und an ihr genug hat, sofern es sie nur fortschreitend erweitern kann, seinen praktischen Intentionen gemäß. Okkasionelle Urteile brauchen nicht anschaulich, evident zu sein; sie weisen dann auf eine praktische Situation hin, in der ich nicht gegenwärtig schon stehe, in die ich aber kommen könnte, oder in der, ohne sie selbst zu haben, Andere stehen. Von der Gegenwart erstreckt sich als Wahrnehmungsumwelt (aktuelles Wahrnehmungsfeld der Welt) die weitere Umwelt, von der Nähe in die Weiten übergehend, ,,in Gedanken" gehe ich evtl. auch über in neue und neue praktische Situationen als mögliche. Die orientierte Gegebenheitsweise der Welt ist auch eine orientierte für wirkliche und mögliche Praxis, meine eigene und die der Gemeinschaft, in ihr der Anderen etc. Jedermann, der in einer Situation steht, weiß darin ge-

mäß seinem bisherigen erfahrenden Leben einigen Bescheid oder lernt sie kennen und Bescheid gewinnen. Und als praktischer Mensch bedarf er da keiner anderen Evidenz als der der Erfahrung und der deskriptiven Ausdrücklichkeit. Sofern er Bescheid weiß, auch darin
5 wie man in jede der typisch möglichen und bekannten Situationen eintreten kann und sich darin zu benehmen hat, wie man darin Erfahrung und Erfahrungskunde gewinnt, sofern braucht es auch für die fernen, nicht selbst durchlebten, nicht individuell aktualisierten Situationen nichts anderes als die Erfahrung, als sie aufsuchen, verwirklichen, da-
10 nach tun auf dem Grunde der zugehörigen Erfahrungspassivität.

Das Bedürfnis nach einer anderen Art des Urteilens. Praktische Relativität der okkasionellen Urteile.

Urteile im theoretischen Interesse — besagt das: vollkommen evidente, ,,adäquate", ,,die" Welt ,,vollkommen erkennen"? Aber welchen
15 Sinn kann das haben? Das Objekt *in infinitum* erscheinend mit Vorbehalt; Vorgriff; und *in infinitum* würde sich Neues ergeben; immer neue Antizipation richtet sich auf neue Gehalte, die, wenn sie sich erfüllt, Neues am Seienden und neues Seiendes ergibt. Wissenschaft geht auf Unendlichkeit, Unendlichkeit der Relativität der Urteils-
20 geltung ineins mit Unendlichkeit des vermeinten Seins. Präsumierte Wirklichkeit ist unendlich und steht in der Unendlichkeit der gesetztvorausgesetzten Welt. Empirische Präsumtion ist Vorglaube an Unbekanntes nach Analogie des Bekannten, in immer neuen Stufen ,,Apperzipierten". Die apperzeptive Struktur der Welterfahrung als
25 iterative Nah-Fern-Struktur, als systematische Struktur von ,,Perspektiven", Erscheinungen von, die iterativ vorgezeichnet und herzustellen sind, ,,wenn keine zufälligen Hemmungen der erzeugenden Freiheit im Weg stehen". Die Welterfahrung: von der nächsten Gegenwart als Erfahrungsgegenwart aus, Gegenwartswelt, mit Nähe und
30 Ferne, Horizont und Ferne etc. Von der Gegenwart aus die Freiheit der Phantasie, sich die leer vorgedeuteten sichtigen und unsichtigen Fernen iterativ vorzustellen in konsequent einstimmiger möglicher Erfahrung, obschon in vielen Fortgangsrichtungen, Dimensionen möglicher Erfahrungssysteme. Vorstellungsmäßige Auswertung des
35 Seins der Welt, wie sie erfahren wird und erfahrungsmäßig sein könnte. Disjunktive Möglichkeiten, ,,eine" vorgezeichnet, aber alle in der Einheit einer Form. Korrelativ: Form der Erscheinung und Erscheinungssystematik und Form der ,,voraussichtlich" seienden Welt.

Universale Form der Welt — in Überschau über die möglichen Wand-
40 lungen im Faktum: Übergang zur reinen Form, der eidetischen Erkenntnis der Form. Evidenz der Form.[1] Im Durchlaufen der Möglichkeiten und in ihrer Iteration Formerkenntnis für die gegebene Welt und jede mögliche gültig. (Idealform, die alle Zufälligkeiten der Nähe

---

[1] Dazu gehören also die Ausführungen über das Problem der Evidenz der Möglichkeit der Welt, dessen Lösung die konstitutiven Untersuchungen sind.

und Ferne überwindet und Iterationen ins Unendliche führt.) Was sie leistet für die faktische Welt.

Sie zeichnet in exakten Begriffen (Grundbegriffen) die Form vor für alles Erfahrbare, und erfahrbar in der Kontinuität möglichen einstimmigen „Seins", und darin liegt auch, in Hinsicht auf die Erscheinungsweisen als relatives Sein, die Form derselben, und zwar die iterative. Die faktische Erfahrung und Induktion nunmehr bewegt sich in diesem Rahmen und bestimmt die besonderen Erscheinungssysteme und damit exakte Approximationen an das Seiende, das, solange Erfahrung einstimmig ist, vorausgegebene.

Näherbetrachtung: Form der ästhetischen Erscheinungswelt.

Die Welt als Einheit meiner „Erscheinungen", in ihren orientierten Gegebenheitsweisen. Die Welt nicht nur als Einheit meiner Erscheinungen, sondern auch der Erscheinungen aller Anderen, die mit mir da sind, von mir selbst in Erscheinungen erfahren sind, oder, wenn nicht unmittelbar erfahren sind, so doch mittelbar als evtl. da seiende erschlossen sind oder zu erschließen sind.

Wie immer ich die mir geltende Welt umdenke, notwendig ist sie in dieser Art Erscheinungwelt für mich, der ich dabei mit umgedacht bin in meine Möglichkeiten und für eine mit daseiende Gemeinschafts-Möglichkeit von Anderen. Und dabei gehört zur Form der Welt einerseits die invariante Form ihrer selbst; d.i. als identische im Wechsel der subjektiven Gegebenheitsweisen oder Erscheinungen, als immerfort durch Erscheinungen hindurch und ohne Ende erscheinende hat sie eine herauszuarbeitende Idealform. Anderseits hat sie darin ihre Form, daß sie jeweils eine Erscheinungsform hat. Alle Bestandstücke der Idealform, idealer Raum, ideale Weltzeit, ideale Dinge und Dingkausalitäten etc., haben ihre Erscheinungsformen, also ihre Totalität: die Welt als Idee (als „Ideal", das sich in allen Erscheinungen darstellt) hat jeweils ihre totale Gegebenheitsweise als Welt, wie sie jeweils erscheint (Welterscheinung), und jede Welterscheinung hat Raumerscheinung, Zeiterscheinung, in den Erscheinungsformen Dingerscheinungen, Gestalterscheinungen, Qualitätserscheinungen, Kausalerscheinungen etc.

Was hier Dingerscheinung etc. heißt, das sind die Erfahrungsdinge und die Erfahrungswelt des vorwissenschaftlichen Lebens. Was in ihnen erscheinen heißt, ist die durch Iteration (als *in infinitum* fortgehend gedachte) der Annäherung und Entfernung sich konstituierende Idee, als „im Unendlichen liegende".

Anderseits sind die „Dinge der Erfahrung des Lebens" selbst erscheinende von Erscheinungen, sie sind im Endlichen liegende, also erreichbare Optima, endliche typische Limes (analog wie reines Rot im Sinne des Erfahrungslebens), auch intersubjektiv durch Typendeckung solcher Optima erwachsende typische Optima.

Die Erscheinungen zweiter Stufe sind hier die Ferndinge, die ihre Optima haben im Ding der vollkommenen Nähe. Aber jedes Fernding und schließlich das Nahding selbst ist Einheit von Erscheinungen, seine Gegebenheitsweisen als einseitige sind Perspektiven mit zugehörigen Horizonten und im vollseitigen Durchlaufen derselben wäre das Fernding optimal gegeben. Das alles hat seine Form. Die Ferndinggestalt, die Ferndingqualität etc. Und jedes hat sein System von Sonderperspektiven, die Perspektiven sind durch ihre jeweiligen systematisch verweisenden Horizonte. Im verwirklichenden Ablauf ergeben sie die Fernqualität selbst etc. So optimal und zunächst für die optimale Oberflächenerscheinung, und aus Oberflächenerscheinungen baut sich dann das körperliche Ding selbst auf — was wieder zu nicht ganz leichten Beschreibungen führt. Aber auch damit wären die Beschreibungen der Konstitution der Erfahrungsdinge durch Erscheinungen, die selbst Einheiten von Erscheinungen höherer Stufe sind usw., nicht zu Ende.

Alle Erscheinungen sind „subjektiv", des Erfahrenden Erscheinungen, des erfahrenden Einzelsubjektes und der miteinander wirklich und möglicherweise Erfahrenden. „Jeweils" ist die Welt gegeben, in „jeweiligen" Erscheinungen. Jeweils der okkasionelle Ausdruck ist ein Ausdruck der subjektiven Zeitlichkeit, der einzelsubjektiven und intersubjektiven, bezogen auf das innersubjektive Leben eben als zeitliches. Diese Zeitlichkeit ist nicht Welt-Zeitlichkeit, als welche ja erst in den synthetischen Lebensprozessen und Lebenskomplexen sich konstituiert. Alles Leben vollzieht sich durch Erscheinungen hindurch, es hat immer schon Erscheinungen und alle seine Praxis setzt sie voraus, geht durch sie hindurch, konstituiert damit neue Erscheinungen — und evtl. auf ihnen beruhende Gebilde, wie die kategorialen, die aber selbst wieder ihre Gegebenheitsmodi haben, also in gewisser Weise wieder ihre Erscheinungen, durch die hindurch sie ihre Identität konstituieren und als Themen für irgendeine, ob theoretische oder sonstige Praxis fungieren können — für die Subjektivität in ihrem Leben und Streben. Im menschlichen Leben ist immerfort Welt vorgegeben als seiende Welt, aber diese Welt ist nicht die im wissenschaftlichen Denken denkmäßig ausgestaltete; diese letzte ist darum nicht eine andere Welt hinter der Welt des erfahrenden Lebens. Es ist dieselbe Welt, nur daß die okkasionelle Relativität ihres Seinssinnes in Rücksicht gezogen und im „idealisierenden" Denken der ganze Horizont möglicher und vorgezeichneter Abwandlungen der Okkasionalität, also Abwandlungen dieser Relativität, erschlossen und der Selbsterhaltung des Seienden, des Identischen im Wandel dieser Relativitäten *in infinitum* nachgegangen wird. Das Ding des Lebens, die Welt des Lebens, erhält einen einsehbar ihm zuzuweisenden Horizont, es wird zur Erscheinung in Erscheinungsmannigfaltigkeiten; jede Vervollkommnung des Mikroskops liefert eine Verwandlung eines optischen Nahdinges in eine bloße Fernerscheinung für ein neues besseres Nahding, für dasselbe Ding, noch besser, reicher etc. gesehen. Und konzipiert wird die Möglichkeit, immer wieder so Besseres einmal herstellen zu können: jedes Ende ist zufällig und ideell könnte es immer weitergehen — das identische Ding ist *in infinitum* erscheinendes, in der Weise einer Unendlichkeit von immer besseren Erscheinungen eines gewissen Stiles, eines Stiles der Approximation. Die Gestalt des Dinges selbst wird in dieser Reihe oder würde in ihr immer „genauer" gesehen; jede neue in ihrer größeren Genauigkeit mag „Ungenauigkeiten" korrigieren, aber es gehört eben zu derselben „wahren" Gestalt, daß sie in jeder Stufe der Approximation in bestimmter Weise erscheint und in jeder einen Spielraum von offenen Ungenauigkeiten hat, die im Fortgang je eine neue Erscheinungsweise ergeben müssen, die unter seinen Möglichkeiten auswählt und die entsprechende korrigiert; nämlich korrigiert wird das vermeintliche Selbsthaben des Dinges selbst (statt seiner Erscheinung), als ob die Gestalt wirklich endbestimmte wäre und nicht einen Erscheinungshorizont von Möglichkeiten, einen Spielraum beschlösse.

Die Welt des praktischen Lebens ist nicht eine Scheinwelt, eine Welt, die in Wahrheit nicht ist, nämlich darum, weil sie „bloß subjektiv-relativ" sei, eine „bloß erscheinende". Als sich in der Einstimmigkeit der sie konstituierenden Erscheinungsabläufe ausweisende hat sie vielmehr ihre volle Wahrheit (ihr wahres Sein), zu der eben ihre Relation gehört, und diese wird nicht aufgehoben dadurch, daß diese Wahrheit in ein Approximationssystem von einer ihm eigentümlichen Begründung und Wahrheit hineingestellt wird und den Charakter einer wahren Erscheinung, und zwar einer Approximation für ein darin erscheinendes irrelatives Ding an sich, für eine Idee erhält, das trotz seiner Idealität in jeder Approximation in der als Wahrheit begründeten unendlichen Reihe von Approximationen selbst gegeben ist, selbst gegeben wie in einer Erscheinung das Erscheinende, durch sie hindurch, nur daß eben hier das Hindurch auf eine unendliche Reihe verweist als eine Reihe der Approximationen, die keine Enderscheinung haben kann.

Ist die Erkenntnis gewonnen, daß die wirklich „anschauliche" Welt, die ästhetische, als eine *in infinitum* relative aufzufassen ist und als jeweiliges Glied einer Approximationsreihe *in infinitum*, so ergibt sich einerseits die Aufgabe der Wissenschaft, die Form der Welt als unendliche Idee systematisch zu bestimmen, als reine Form für jede mögliche, in Approximationen sich konstituierende Welt. Dazu die Aufgabe, die Wesensform einer Weltapproximation als solcher einer menschlichen Umwelt, einer ästhetischen (anschaulichen) Welt, und eines Approximationssytems, das in sich eine „absolute" Welt als Idee konstituiert, zu beschreiben, es in Wesensbegriffen auszulegen.

Beides ist untrennbar. Die wissenschaftliche Beherrschung der Formensystematik der ästhetischen Welten, der approximativen Erscheinungsweisen der Welt in idealer Exaktheit, ist die methodische Voraussetzung für die wissenschaftlich bewußte Herausarbeitung des Logos dieser Idealwelt. Sie ist ja die aus dieser Erscheinungsmannigfaltigkeit geschöpfte, aus ihr herauszuschauende und zu bestimmende Einheit. Freilich zwingt das, in gleichem Sinne weiter zurückzugehen, zurück auf die Erscheinungskonstitution verschiedener Stufen, die alle wesensnotwendig sind, wenn Welt als Welt des Lebens und diese dann wieder als Approximation für eine ideal-exakte Welt möglich sein soll.

Eine Schöpfung der exakten Welt aus einer Überschau über die Relativitäten der Erscheinung des vorwissenschaftlichen Erfahrungs-
5 lebens derart, daß man sich mit dem begnügt, was die Vertrautheit mit dessen Verläufen an die Hand gibt, ohne daß man die Typik der Erfahrungsgegebenheiten und der Erfahrungswelt in wissenschaftlicher Sorgsamkeit und Strenge fest bestimmt, ist eine wissenschaftliche Naivität. So bedarf es einer Wissenschaft von den subjektiven
10 Gegebenheitsweisen von der Welt bzw. den Gegebenheitsweisen unter dem Titel der Welt vorwissenschaftlichen Lebens. Und diese Wissenschaft führt immer tiefer ins „Subjektive" und schließlich in eine konkrete Wissenschaft von der Subjektivität als einer solchen, für welche Welt da sein kann und im wachen Gemeinschaftsleben immer da ist.
15 So ist Wesensallgemeinheit.

Was nun das Faktum dieser Welt anlangt und die universale Tatsachenwissenschaft von der Welt, so ergibt das auf wesensmögliche Welt und Welterscheinung bezogene Wesensapriori methodisch Normen. Es ist damit methodisch vorgezeichnet die Form aller ver-
20 nünftigen Fragen: die ontologische Form, an die jedes mögliche On und jeder mögliche Zusammenhang von Onta innerhalb einer erdenklichen Welt gebunden ist. Es ist der Logos für jede mögliche Empirie, darunter für jede mögliche real-logische Induktion vorge- ⟨zeichnet⟩, und nur von daher eine „Theorie der Induktion".
25 Faktisches, Einzelnes oder Gebietsallgemeines (Natur, Seele, Gemeinschaft etc.) ist wesensmäßig nur gegeben durch Ästhetisch-Faktisches, das seine subjektive Erscheinung ist — wenn wir seiende konkrete Welt (Welt an sich) als notwendige unendliche Antizipation gewonnen haben. Wir kennen nun schon seine Wesensform, wir können
30 unter sie subsumieren, wir haben das Faktische als Approximation gedacht, in einem Approximationshorizont. Aber zunächst können wir nichts anderes als es in seiner ästhetischen Anschaulichkeit beschreiben und individuell bestimmen, freilich in seiner okkasionellen Relativität stehend und damit die Beschreibung relativierend.
35 Zur konstitutiven Form der Welt gehört, daß sie für die Subjektivität eine konkrete Formtypik hat, in jeder ästhetischen *Occasio* eine gewisse Stabilität der Typen und der Verwandlungen, Veränderungen in typischen Verläufen. Man muß die Dinge, die Dingkonstellation, die Veränderungskonstellation wiedererkennen können, ohne dergleichen
40 könnte keine Praxis denkbar sein, auch keine Wahrnehmungspraxis, eine Praxis des Kennenlernens. Umgekehrt, Welt kann für uns nur sein und erfahrbar sein in einer relativ verharrenden Typik, wobei eine allgemeinste Form als Wesensform durch diese in der Instabilität doch stabile Typik sich durchhalten muß. Aber die Erkenntnis der
45 Wesensform ist noch nicht die der faktischen Form und Formtypik der jeweiligen subjektiven Umwelt.

Im Rohen kennt jeder diese Typik, d.i. sie ist ihm apperzeptiv vertraut, er erkennt jede Situation ihrer Typik nach; und nur so hat er allgemeine Sprache und natürliche Praxis. Aber für die Wissenschaft erwächst die Aufgabe, die Typik der faktischen Lebensumwelt systematisch zu erforschen und, von den Nähen zu den Fernen fortschreitend, die gesamte Typik zu beherrschen, die im Rahmen der wirklich zugänglichen Welt sich hält und nicht bloß analogisch antizipierte Fernwelt bleibt. Dieser Unterschied ist selbst vermöge der vorausgesetzten Unendlichkeit der Welt ein wesensnotwendiger.

Hier liegt die Aufgabe der naturhistorischen Deskription (aber auf die ganze Welt, nicht bloß auf die Natur bezogen). Freilich weiß der Naturhistoriker, daß alle die Dinge in ihrer individuellen Typik und die allgemein-typischen Klassen und Arten von umweltlichen Realitäten und die Weisen ihres typisch kausalen Verhaltens bloße Erscheinungen einer absoluten, einer ideal seienden Welt sind. Aber das hebt nicht seine notwendige Aufgabe auf, das Individuelle und Konkrete in dieser Weise, und zwar als bloße Erscheinung zu beschreiben. Die menschliche Praxis fordert es, die Welt in ihrer konkreten Anschaulichkeit, und zwar die Lebenswelt (mag sie auch bloße Erscheinung sein) kennen zu lernen, da sich auf sie das handelnde Leben bezieht. Und die Wissenschaft kann sich der Aufgabe nicht entziehen im Dienste der Praxis. Anderseits besteht nun die Aufgabe der ,,erklärenden" Tatsachenwissenschaft, das anschaulich konkret Seiende, das Typische in seiner Individualität, in seiner Gattungsmäßigkeit, in seinen empirisch allgemeinen Konstellationen und Kausalitäten Erforschte auf die Welt als letzte Idee zu beziehen, also auf die ,,rationale", die Wesensform der Welt als unendlicher Idee, also das Empirische als Erscheinung zu behandeln in der Frage des darin erscheinenden Idealen. Darin liegt aber, auf Grund einer Weltontologie und der durch sie erforschten totalen Unendlichkeiten der möglichen Phänomene und der in ihnen konstituierten Welteinheit alles Konkrete und Individuelle der Erscheinung ,,rational" zu erkennen, das darin notwendig gedachte Konkrete und Individuelle der Welt als Idee denkend zu bestimmen, in ,,rationalen" Begriffen, in rationalen Wahrheiten.

ERGÄNZENDER TEXT IX

(Zum Schlußwort)

---

⟨*Die protologische Funktion der transzendentalen Ästhetik*⟩[1]

Betrachten wir nun den Gegenstand der äußeren, d.h. der Wahrnehmung von räumlich Seienden, von „Dingen" der Natur, der „objektiven Welt", und betrachten wir sie rein als Gegenstände ihrer Wahrnehmung, also vielmehr die Dingwahrnehmungen und ihren gegenständlichen Sinn, so sind diese Wahrnehmungen „rezeptive"; sie sind nicht Wahrnehmungen, in denen der Wahrnehmende seine Gegenstände (wenn auch aus vorgegebenen Gegenständen) aktiv erzeugt. Die wahrnehmungsmäßige Dauer ist bei jedem Gegenstand ein in Passivität Werdendes und nur rezeptiv Erfaßbares. Aber dasselbe gilt von der Zeitfülle ganz und gar hinsichtlich des raum-dinglichen Wahrnehmens.

Die Grundgesetzlichkeit des Zeitbewußtseins schreibt jedem wirklichen Wahrnehmen und so auch diesem dinglichen eine Form vor; auch dies, daß verschiedene Wahrnehmungen von demselben nicht „gleichzeitig" (in der immanenten Zeit), sondern nur sukzessiv auftreten können; auch dies, daß die immanente Zeit „individuiert", daß nacheinander auftretende Wahrnehmungen nicht identisch dieselben Wahrnehmungen sind und sein können; für Dingwahrnehmungen aber auch, daß die Gegenstände individuell sind, d.i., daß ihre Zeitstrecken und Zeitstellen verschieden sind und daß Wahrnehmungen von demselben nur möglich sind als Wahrnehmungen von demselben in verschiedener Zeitlage (in der objektiven Zeit, verstanden als der der Wahrnehmungsgegenstände).

Betrachten wir nun mannigfaltige raumdingliche Wahrnehmungen, wiefern sie zur Synthesis der gegenständlichen Identität kommen können — also, wie eben gesagt ist, als ein erstes Gesetz nur im Nacheinander der Wahrnehmungen —, so gibt uns wesensmäßig jede Ausgangswahrnehmung, die wir konkret als Beispiel nehmen, die Leitung für die Konstruktion der hier bestehenden Möglichkeiten. Die Wahrnehmung in ihrem Strömen, das uns selbst und seiner Leistung nach jetzt nicht interessiert, läßt uns eben scheiden zwischen dem eigentlich

---

[1] November 1925 — Anm. d. Hrsg.

Wahrgenommenen und dem Plus an leerer Meinung, und dabei spielt auch eine wesentliche Rolle die subjektive Passivität oder Aktivität, das Bewußtsein: ich kann die Augen bewegen, mit den Händen etc. tasten, dabei nähertreten oder wieder zurücktreten, herumgehen etc.,
5 wobei ich den Unterschied des unwillkürlich subjektiven Tuns, eines triebmäßig Verlaufenden habe oder den der Aktivität in dem prägnanten Sinn eines zwecktätigen Gerichtetseins. Ich kann aber auch all das inhibieren und bloß zusehen, wie das wahrnehmungsmäßig Gegebene von selbst läuft. Das, was da in der aktuellen Wahrnehmung
10 geschieht und getan ist, das kann ich mir auch in seinen Möglichkeiten vorstellig machen. Als Wahrnehmender habe ich notwendig mein System praktischer Möglichkeiten des Ich kann, mein vertrautes Feld dieses Ich kann, mein System der in diesem Bewußtsein ins Spiel zu setzenden ,,Wahrnehmungstätigkeiten". Freilich auch Hemmungen
15 sind möglich, aber sie sind das Anomale, das zunächst außer Spiel gelassen sein kann. Folge ich dem Ordnungssystem dieses Systems der Wahrnehmungstätigkeiten, so erhalte ich als zugehörig — in der Phantasie, aber im Ansatz ,,gesetzt, daß ich so tat" — mögliche Wahrnehmungsverläufe; und zwar für dasselbe Ding, das Ding meiner
20 exemplarischen Ausgangswahrnehmung ist.

Außer diesen Möglichkeiten für die Erstreckung einer Dingwahrnehmung, ohne die eine solche Wahrnehmung nicht denkbar wäre, haben wir die Möglichkeit, daß in Intervallen der Unwahrgenommenheit Wahrnehmungen vollzogen sind, im Bewußtsein dasselbe wahr-
25 zunehmen, was früher schon wahrgenommen war. Zunächst in der Form des Wiedererkennens, wobei zum Wesen desselben gehört, daß ich, der Wahrnehmende, eine Erinnerung nebenher stellen kann, eine leere von ähnlichem Charakter wie eine Retention oder durch Aktualisierung eine anschauliche Wiedererinnerung, die sich mit der Wahr-
30 nehmung synthetisch einigt im Bewußtsein desselben Gegenständlichen und das Wiedererkennen selbst erkenntlich macht als eine Überschiebung der Wahrnehmung mit einer Leer-Erinnerung.

So habe ich also die Möglichkeit, die Synthesen zu studieren, die für eine Wahrnehmung in ihren möglichen Fortführungen in kontinuier-
35 lich sich anschließende neue Wahrnehmungen sich ergeben; und ebenso für Synthesen getrennter Wahrnehmungen. Statt eine wirkliche Wahrnehmung zum exemplarischen Ausgang zu nehmen, kann ich auch eine Reproduktion oder eine freie Phantasie einer Wahrnehmung nehmen (d.i., ich vollziehe eine Wiedererinnerung oder freie Phantasie
40 eines Dinglichen); aber so, daß ich die Einstellung auf die vergegenwärtigte Wahrnehmung nehme und nicht die Einstellung, in der ich auf dem Boden der Gegenwart ⟨stehe⟩, auf das Vergangene, und zwar Erinnerte, oder auf die Phantasiedinglichkeit als gegenwärtig vorschwebendes ,,Bild".

45 Tue ich das — also jetzt nicht in Richtung auf die Zeitlichkeit (abgesehen von den Besonderungen, die sich hier ergeben sollten) —, so ist jetzt mein Blick gerichtet auf die Zeitfülle, auf das, was sich

durch die werdende Dauer erstreckt — wahrnehmungsmäßig und zugleich mit einem Horizont, der sich in der Forterstreckung der Wahrnehmung (in der immanenten Zeit) in den neuen Strecken wahrnehmungsmäßig erfüllt und den Glauben der früheren Wahrnehmung
5 bestätigt —, was sich mit dem Wahrgenommenen der früheren Strecke kontinuierlich einigt, obschon diese immer mehr aus der wirklichen Wahrnehmung entschwindet. Dieses Entschwinden ist Sich-Wandeln in Retention, die in ihrer Art das früher Wahrgenommene „behält" und im Fluß der Abwandlung einen Fluß der kontinuierlichen Deckung im
10 Selben innehält.

Jede Wahrnehmung läßt sich „wiederholen", in Form einer Wiedererinnerung sich nochmal durchmachen und so wiederum. — In dem Nacheinander der Wiederholungen gründet ein Einheitsbewußtsein der Wiederholung als solcher, ein Bewußtsein der Selbigkeit, wobei auch
15 diese Wiederholung „wiederholt" und in der Aktualität der Wiedererinnerung das Bewußtsein der gegenständlichen Identität des nacheinander Wiederholten ursprünglich erzeugt werden kann. Das Wiederholungsbewußtsein ist eine ausgezeichnete Form des Identitätsbewußtseins, und dasjenige, in dem Identität ursprünglich konstitutiv ge-
20 geben ist, also die ursprünglich selbstgebende Leistung dieses Bewußtseins.

Studiere ich so eidetisch Dingwahrnehmung überhaupt, so finde ich als Invariante, daß das Räumliche notwendig eine, wenn auch wandelbare, Raumgestalt hat und, mit einer abermals wandelbaren Raumfülle,
25 eine Qualität. Raumgestalt besagt hier irgendwie gestaltete Extension; vielleicht sage ich besser eine wandelbare, dem jeweiligen Ding eigene Extension als Grundbestand des gegenständlichen Sinnes.

Damit sind zweierlei Wesensbeschreibungen vorgezeichnet unter der Voraussetzung der Einheit eines Dings bzw. der Mannigfaltigkeit von
30 Wahrnehmungen, die als kontinuierliche Wahrnehmungssynthesen ein Ding-Identisches als ihr Wahrgenommenes haben und sollen haben können. — Die andere geht auf die Qualitäten und zugleich auf ihre Beziehung zur Extension.

Doch sehr wichtig ist, sich klar zu sein, was hier Wahrnehmung oder
35 eigentliche Wahrnehmung begrenzt bzw. welche Schichte der Synthesen mannigfaltiger „Wahrnehmungen" wir abstraktiv verfolgen. Das Wahrnehmen ist das ⟨das⟩ Ding selbst gebende Bewußtsein, diese Selbstgebung hat aber Stufen und Schichten. Das sagt: Enthülle ich eine Wahrnehmung, gehe ich ein in die von ihr aus vorgezeichneten
40 möglichen Wahrnehmungen von demselben gemäß den systematischen Richtungen meines Ich kann so und so wahrnehmend vorgehen und zum „Gegenstand selbst" mir Zugang verschaffen bzw. verschafft denken, und gemäß den möglichen Vorkommnissen, die dabei und evtl. in meinem Stillhalten vorausgesehen werden können als Mög-
45 lichkeiten — so ist ein an sich erstes System der Wahrnehmungssynthesen ausgezeichnet, nämlich sofern es alle die Wahrnehmungsmöglichkeiten umfaßt, in denen sich mir das Ding selbst gibt, wie es in

jeder Hinsicht, in jeder entfaltenden kontinuierlichen Wahrnehmungsreihe selbst und für sich genommen zu „sehen" ist (um es optisch auszudrücken). Ich betrachte „das" Ding für sich allein, ich isoliere damit abstraktiv die Wahrnehmung, ich richte darauf in dieser Vereinzelung
5 meinen aufmerkenden und evtl. einzel-betrachtenden Blick; ich lasse den Zusammenhang mit anderen Wahrnehmungen, die Wahrnehmungen anderer Dinge sind, und nicht minder alle sonstigen Bewußtseinserlebnisse, in denen das „Weltall" mir bewußt wird, außerhalb meiner thematischen Einstellung, außer Spiel. Vielleicht hat jede Wahrneh-
10 mung, was ihr Wahrgenommenes anlangt, aber auch nach anderen Seiten, ihre Motivationsverflechtungen und korrelativ das Wahrgenommene seine ihnen zugewandten Leer-Horizonte. Diese kommen nicht zur Enthüllung, wenn ich rein auf diese Dinge hier meiner jetzigen Wahrnehmung (oder meiner möglichen Wahrnehmung) hinsehe
15 und dem gesamten Zusammenhang möglicher Wahrnehmungen nachgehe, in denen dies „Gesehene" (natürlich evtl. Getastete, Geschmeckte, Gehörte etc.) sich allseitig enthüllen müßte.

Ich halte mich dabei rein an das, was dabei von dem Wahrgenommenen wirklich zur Selbstgebung kommt, und nur das verknüpfe ich
20 synthetisch zum wahrgenommenen Ding selbst. In dieser Einstellung werden die anderen Leer-Horizonte (andere als hier im Befragen des Gesehenen, wie es an und für sich selbst aussieht und ist, kommen gar nicht zur Weckung und werden nicht Richtungslinie für ein enthüllendes Interesse) verhüllt, verschlossen bleiben. Ein so gerichtetes Wahr-
25 nehmen mit zugehörigem universalem synthetischem System möglicher Wahrnehmungen heißt sinnliches Wahrnehmen oder Wahrnehmen im ersten und engsten Sinn, aber wohlgemerkt sinnliches Dingwahrnehmen, und das Wahrgenommene heißt sinnliche Erscheinung, sinnliche Apparenz, was also ein großes Thema ist. Ebenso bestimmt
30 sich der weitere Begriff sinnlicher Erfahrung, wozu die Anschauungsmodalitäten der Wahrnehmung gehören.

Demgegenüber können wir unsere thematische Einstellung, also unseren thematischen Umgriff erweitern, wir können in thematische Rücksicht nehmen, daß jede Wahrnehmung in einem endlosen Zu-
35 sammenhang mit mannigfaltigen anderen koexistenten oder nicht koexistenten, retentional noch geltenden oder in der Weise der Protention antizipatorisch geltenden Wahrnehmungen steht, in einem endlosen Geltungszusammenhang, nämlich aus für immerfort in Geltung stehenden oder neu in Geltung gesetzten Wahrnehmungen.
40 Dieser Zusammenhang ist wiederum ein Zusammenhang der Synthesis, soweit er aktualisiert ist, einer aktuell vollzogenen Synthesis; aber nun nicht mehr jener bloßen Synthesis, in der mannigfaltige Wahrnehmungen zur Einheit kommen als Wahrnehmungen eines und desselben Dinges, sondern in den jetzigen Synthesen und der sie alle
45 umspannenden universalen Synthese werden als Identitätseinheiten bewußt und im originalen Vollzug auch original gegeben reale Beziehungen und Verbindungen, so Verbindungen von Dingen zu ein-

heitlicher Dingverbundenheit, reale Beziehungen verschiedener Dinge, reale Kausalitäten mit den realen Eigenschaften, die den Dingen als Substraten solcher Beziehungen und Verbindungen zuwachsen.

Es ist hier zu bemerken, daß schon in der Synthesis, die ein einzelnes
5 Ding enthüllend konstituiert, reale Beziehungen ihre wesentliche Rolle spielen, aber es sind diejenigen, in denen die inneren Eigenschaften des Dinges und es selbst als ihr Einheitssubstrat sich konstituieren. Es sind die Relationen, die den möglichen inneren Prädikationen zu Grunde liegen, die des „ist" und des „hat", wobei die Teile zunächst nicht
10 als Dinge gelten, die auch für sich als einzelne Dinge sein könnten bzw. im Ganzen sind, ohne ihr einzelnes Sein völlig einzubüßen, wie das bei Dingverbundenheiten der Fall ist, wo die Glieder Dinge sind, und anderseits, daß aus Gliedern Zusammengesetztes doch auch als Ding gesehen werden kann.

15     Was die neu auftretenden Verbindungen und Beziehungen anlangt, so sind sie verschiedener Art: Kollektion (Mehrheit), Gleichheit, Ähnlichkeit und ihr Gegenteil (Heterogenität wie zwischen Physischem und Psychischem), Gattung und Art von Realität und Beziehungen der einzelnen Realitäten zu Gattung und Art und dieser
20 untereinander, Gesetz, das sich auf einen Umfang von Realitäten bezieht, u. dgl., logische Beziehungen und Vorkommnisse überhaupt, aber real logische.

Räumliche und zeitliche Relationen zwischen Dingen. Abhängigkeiten der Veränderungen (und Unveränderungen). Zu Gegenständen
25 überhaupt — als Wahrnehmbarkeiten in einem weitesten Sinn — gehört alle logische „Form", die Grundformen von logischen „Abwandlungen" des Gegenstandes überhaupt als Substrat-Etwas. Damit auch der Gegensatz der von H u m e gesehenen, aber verfehlt beschriebenen „Ideen"-Relationen, Ideenverbindungen, gegenüber den
30 „Tatsachen"-Relationen; die einen auf zusammenhängendes Bewußtsein, Bewußtsein, das Zusammenhänge konstituiert, beschränkt, die anderen nicht. Ich darf wohl sagen: Zusammenhang, im weitesten Sinn Koexistenz, in der Einheit einer Zusammengeltung Befaßtsein ⟨dessen⟩ (natürlich in Bezug auf die Geltung erteilende Subjektivität),
35 was für sich einzeln als seiend in Geltung steht, ist ein allgemein Logisches und schafft schon in der formalen Mathesis die Einheit eines Gebiets, einer möglichen Seinsmannigfaltigkeit, für die „Axiome" gelten; Aussagen, die eben über Zusammenhänge und zu ihnen gehörige, Zusammenhänge voraussetzende, Relationen Feststellungen machen.

40 Es kann keine Wissenschaft von den roten Dingen überhaupt geben, weil rot kein Begriff ist, der Zusammenhang ausdrückt; aber von den Dingen überhaupt, da Dinge als Dinge notwendig in der Einheit eines universalen Zusammenhangs stehen; aber auch von den Zahlen als Zahlen — der Zahlenreihe usw. Also nicht von „Tatsachen" im Sinn
45 von individuellen Tatsachen und von einer Sphäre der Empirie ist in der formalen Mathesis die Rede. Erst wenn wir von ihr zurückgehen auf individuelles Sein, kommen wir auf individuelle Zusammenhänge

und die Frage, wie weit sie notwendig reichen müssen etc. Dann verwandelt sich der formale Gegensatz in einen Gegensatz im Reich eines möglichen Universums von individuell Seiendem und einer Welt. Das ist eine sehr wichtige Bemerkung für die Logik der Mannigfaltig5 keiten als solche einer möglichen Wissenschaft *in forma* und im Kontrast zu einer Logik der Realität.

Es ist nun klar, daß, wenn wir das System der Denkleistungen abziehen, das die Logik auf Idee, auf begrifflich-mathematisch gefaßte Form und Gesetze bringt, die aber in der Konkretion alles konstitu10 tiven Lebens eben in individueller Besonderung ihre Funktion üben, von Gegenständen überhaupt nicht mehr die Rede sein könnte, selbst nicht von immanenten Gegenständen, von intentionalen Erlebnissen etc. Im Leben, bewußtseinsmäßig sind Gegenstände nur im Funktionieren dieser Leistungen bewußte Gegenstände und ist Bewußtsein 15 selbst Bewußtsein von Gegenständen, von Irgend-etwas, und ist dann natürlich auch das Ich für sich selbst und in seinem Bewußtseinsleben sein Leben selbst nur als ein irgend-etwas Bewußtes durch ,,Gegenstandsbewußtsein'', d.i. durch konkret geübte logische Leistung. Nur ihre allgemeine Fassung und Formulierung ist Sache logischer 20 Arbeit als einer objektivierenden höheren Stufe.

Fragen wir von da aus nach einer Abgrenzung der konstitutiven Forschung in der vorlogischen, nämlich vor der logisch-mathematischen Leistung liegenden Sphäre, so können wir nirgend das Vorlogisch-Logische sozusagen ausschalten. Aber das können wir sagen: 25 ⟨was⟩ das an sich Erste im Kreis dieses Vorlogisch-Logischen und eine für sich zu betrachtende Leistung ist; nämlich die Einheit der allseitig kontinuierlich fortzusetzenden sinnlichen Wahrnehmung und die in kontinuierlichem Einheitsbewußtsein — nicht im relationellen, beziehentlichen Identitätsbewußtsein — sich konstituierende Einheit. 30 Dann freilich können sich teils solche Identifizierungen anschließen, teils die ,,Partial-Identifizierungen'' besonderer Art, die eigenschaftlichen und so überhaupt die inneren Beschaffenheiten konstituierenden. Dadurch erwächst dann die Einheit als substratmäßig ,,bestimmte'' durch die aktuell erwachsenden ,,Attribute''. Geht man nun 35 so fort, dann erweitert sich schon der Begriff des Wahrnehmens in diesem ursprünglich konstitutiven Erfassen der Eigenschaften, der Bestandstücke, der Substrateinheit als sich attributiv bestimmender — dieses Erfassen auf Grund aktiver Leistungen, die wir etwa als protologisch oder urlogisch bezeichnen könnten, als allgemeinen Aus40 druck für das Logische vor dem eigentlichen Logos und gar dem Logos in der Gestalt wissenschaftlicher Logik. Es folgen dann natürlich nach die neuen Leistungen unter dem Titel einer Mehrheit von Dingen als wahrnehmungsmäßig konstituierter, wobei das, was Mehrheit zu Mehrheit macht, das Zusammen-Seiende, nicht bloß Sache der ,,sinn45 lichen'' Anschauung ist, wie diejenige, die zu jedem einzelnen für sich gehört, damit es sich in Selbstgebung ausweise.

Mehreres zunächst in der Kontinuität einer Wahrnehmung, die

eben mehreres Einzelnes wahrnimmt, aber in ihrer kollektiven Kontinuität kontinuierlich die Mehrheit wahrnimmt, ist ein selbstverständlich „zusammenhängendes" Bewußtsein. Wenn die andere Möglichkeit erwogen wird und Mehrheit so gegeben ist, daß die Einzelnheiten in
5 „getrennten" wirklichen und möglichen Wahrnehmungen gegeben sind, dann ist sie nicht mehr als Mehrheit wahrnehmungsmäßig gegeben (also ursprünglich selbst da, als gegenwärtige Wirklichkeit oder gewesene), sondern nur die einzelnen sind es, und sie als Ganze bedürfen der Ausweisung. Es muß dann eine kontinuierlich einheitliche
10 Gesamtwahrnehmung herstellbar sein, die das Geforderte leistet. Es ist dann die Frage, was darin liegt, und so hätte man überhaupt fortzugehen. Überall sind auch zu erforschen die Voraussetzungen der Möglichkeit, z.B. für die Einzelnheit, die Abhebung vom Hintergrund und die Notwendigkeit, daß eben dieser Kontrast von Gegenstand und
15 Hintergrund besteht, wobei dieser Hintergrund noch nicht Raum besagen muß, nämlich als wahrnehmungsmäßig konstituierter, ⟨der⟩ nur durch den Hinblick auf den Hintergrund schon zu aktualisieren wäre. Mehrheit, und beliebig zu erweiternde, führt auf zeitlichen und räumlichen Zusammenhang. Es fragt sich, wann Mehreres erfahrbar
20 sein kann: Ich muß zeitlich von dem Einen zu dem Anderen „hinkommen" können, von dem Früheren zum Späteren, und die Zwischenzeit muß gegeben sein können. Das ist nur möglich in der Einheit stetiger Erfüllung. Ebenso muß ich für eine Zweiheit von Dingen von dem Einen zum Anderen hinkommen können, von der einen konkreten räum-
25 lichen Gegenwart A zu der anderen konkreten räumlichen Gegenwart B, aber so, daß beides ineins Gegenwart, räumliche Gegenwart, koexistent ist und erfahren ist. Deutlicher: Die beiden in getrennten, also zeitlich im Verhältnis gesonderten, nacheinander stehenden Wahrnehmungen sollen eine Mehrheit — eine Koexistenz er-
30 geben; in der Sukzession soll gegenständliche Koexistenz liegen; darin ist beschlossen Gleichzeitigkeit, obschon, was vom Einen wahrgenommen ist und vom Anderen, nicht gleichzeitig ist. Also muß das Frühere fortdauern, ohne daß jetzt eine Wahrnehmung für diese Dauer besteht, die Wahrnehmung muß sich fortführen lassen in eine Wahr-
35 nehmung, die mit der gegenwärtigen Wahrnehmung des anderen Dinges koexistiert, und ähnlich für das zweite Ding hinsichtlich einer Strekke der Unwahrgenommenheit, um mit dem anderen Gegenstand in seinem früheren Zeitbestand koexistieren zu können. Es muß also eine Einheit der Raumwahrnehmung herstellbar sein (oder sie müßte
40 als Wahrnehmungsmöglichkeit Bestand haben), in der eben beides ineins, die Mehrheit als Mehrheit konstituiert wäre. Ausweisung einer Mannigfaltigkeit von Dingen, gar einer Welt, die war und jetzt noch ist, während doch nur einzelne Dinge und Dingmehrheiten und nur gelegentlich und mit dem zufälligen Zeitgehalt gegeben waren, setzt
45 also voraus die Herstellung einer kontinuierlich „möglichen" Wahrnehmung all der einzelnen zusammen, und zwar kontinuierlich weiter zu bilden — solange die Welt bestehen bleibt.

Damit haben wir noch keinen unendlichen Raum und keine unendliche Zeit — nicht nämlich als endlos offen.

ERGÄNZENDER TEXT X

(Zum Schlußwort)

*Versuch, die Idee der transzendentalen Ästhetik zu umgrenzen*[1]

Wir scheiden: die Ontologie einer möglichen Welt überhaupt —
eine Ontologie einer Subjektivität, für die eine Welt als Erfahrungsumwelt gegeben ist, also einer Subjektivität, die eine Welt in Erfahrungsgeltung hat und nun, in die erfahrene „hineinlebend", sich irgendwie verhält — wie eben eine Subjektivität, in Weisen, die einer Subjektivität wesensmöglich, wesensnotwendig sind.

1) Ontologie einer möglichen Welt — einer Welt, die denkbar ist als seiend in Wahrheit. Geradehin vorausgesetzt, es sei eine Welt — was sind die Bedingungen der Möglichkeit ihres wahren Seins, wie immer wir sie uns sonst denken mögen, wie immer wir die exemplarisch faktisch gegebene variiert denken mögen, wenn wir nur voraussetzen, sie sei – in Wahrheit.

2) Setzen wir nicht voraus, es sei eine Welt; aber setzen wir voraus, es sei eine Erfahrung als Welterfahrung; eine Erfahrung ist nicht denkbar denn als Erfahrung einer Subjektivität; wir lassen offen, ob das ein singuläres Ich sei oder ein Wir, und fragen zunächst nicht weiter nach der erfahrenden Subjektivität — soviel nachher zu fragen sein mag. Wir haben jedenfalls vorausgesetzt, eine Subjektivität erfahre eine Welt in dem Sinn, daß dabei nicht etwa mit vorausgesetzt ist, diese Welt sei in objektiver Wahrheit, sondern nur, daß im Erfahren selbst als Bewußtsein dies liegt, daß es Welterfahren sei, also erfahrend Meinen, es seien die und die mundanen Objekte, und über die Einzelheiten hinaus, es sei „die" Welt. Wie müssen wir uns erfahrendes Leben denken, damit darin als Erfahrenes eine Erfahrungswelt als subjektiv geltende Meinung sei; bzw. versetzen wir uns in ein erfahrendes Leben (nehmen wir das Faktum und ohne Interesse gerade an diesem Faktum, also es frei variabel sein lassend), denken wir, es sei und bleibe „Welterfahren" — was kann dann von der erfahrenen Welt rein als solcher notwendig ausgesagt werden?

Ich kann dabei meiner Variation und Wesensforschung spezielle Richtung geben auf eine vereinzelte Objektwahrnehmung — eine

---

[1] 1924-26⟨?⟩ — Anm. d. Hrsg.

äußere Wahrnehmung. Äußere Wahrnehmung = das da ist für mich ein Ding im Modus des leibhaft Da, und jeweils in dem und dem sonstigen subjektiven Modus von der und der Seite, nah oder fern, rechts oder links etc.

5 Z.B. „äußere" Wahrnehmung ist in sich selbst Dingwahrnehmung; immanent in sich trägt sie das Ding in Anführungszeichen, den gegenständlichen Sinn Ding. Halte ich die Wesensart dieser äußeren Wahrnehmung oder Erfahrung und damit die Wesensart ihres gegenständlichen Sinns fest, gehe ich also von dem Exempel aus und variiere frei,
10 erhalte aber in aller Variation die allgemeinste Einheitsdeckung, die das allgemeinste Wesen hervortreten läßt, dann kann ich fragen, welche Sinnesstrukturen, Sinneskomponenten und -formen muß ein so gearteter gegenständlicher Sinn möglicher äußerer Erfahrung notwendig in sich tragen? Ich kann weiter überlegen, immer in apriori-
15 scher, also reiner Wesenseinstellung, welche wesentlichen Wandlungen kann eine solche Wahrnehmung erfahren, während sie doch Wahrnehmung verbleibt, in welchen kontinuierlichen Wandlungen steht sie entweder notwendig oder welche kann sie annehmen, welche Synthesen kann sie annehmen und was ergibt sich dann hinsichtlich der
20 bloß intentionalen Gegenständlichkeit, rein als gegenständlicher Sinn? Man wird dann allerlei finden, was in entsprechender Modifikation auch in die Ontologie der Natur eingeht, aber Ontologie selbst treibt man damit nicht. So z.B.: Finde ich im Dingerfahren als solchen Zeitbestimmung als Sinneskomponente, überhaupt eine Zeitform mit einer
25 Zeitfülle, und finde ich auf seiten dieser Zeitfülle ein räumlich Geformtes, eine räumliche Gestalt mit Qualitäten, welche der Gestalt Raumfülle geben u. dgl., so finde ich das als notwendige Sinnesstrukturen, notwendig für jede erdenkliche äußere Erfahrung hinsichtlich ihres Erfahrenen. Und ich finde es für das erfahrene Ding nur als
30 erfahrenes, d.h. ohne Rücksicht auf Fragen möglichen wahren Seins.

Ich finde, rein an das Eigenwesen der Wahrnehmung mich haltend, daß ein wahrgenommenes Ding seine zeitlichen, räumlichen, qualitativen Bestimmungen hat, d.h., es erscheint in solchen.

Natürlich gehen also notwendig Sinnesstrukturen möglicher Er-
35 fahrenheiten in die ontologischen Bestimmungen mit ein, gehen ihnen aber notwendig vorher. Eine ganze Schichte ontologischer Wahrheit wird sich abgrenzen, welche aus dieser transzendentalen Ästhetik her zu übernehmen war. Das gilt in allen Allgemeinheitsstufen.

Es ist eine philosophische Frage von größter prinzipieller Dignität,
40 zunächst einmal herauszustellen, welche Wesenseigenschaften Gegenständen schon dadurch zukommen, daß sie überhaupt erfahrbar sind, oder besser, welche ihnen notwendig aus dem Grunde zukommen müssen, damit sie überhaupt und apriori sollen erfahrbar sein können. Die Frage klingt so und kann so gemeint sein, als ob die Wirklichkeit von
45 Erfahrungsdingen vorausgesetzt wäre. Aber es ist wichtig, daß wir jede Voraussetzung von wirklicher und möglicher Welt inhibieren können. Wir halten uns, wie ich immer wieder betone, rein an das Wesen

der Erfahrung und an das, was sie als Dingwahrnehmung in sich selbst ihrem gegenständlichen Sinn vorschreibt. Welche Sinnesstruktur haben gegenständliche Sinne von Wahrnehmungen und Erfahrungen ganz allgemein als Erfahrungen ⟨von⟩ individuellen Gegenständen überhaupt und in regionaler Besonderung? Welche prinzipiellen Grundarten von individuellen Erfahrungen sind zu unterscheiden und welche Strukturen haben darin ihren korrelativen gegenständlichen Sinn?

K a n t hat den berühmten Satz ausgesprochen: Die Bedingungen der Möglichkeit der Erfahrung sind Bedingungen der Möglichkeit der Gegenstände möglicher Erfahrung. In unserer Problemsphäre hat der Satz den klaren Sinn: Jede Wesensstruktur des gegenständlichen Sinnes, die durch das Wesen der Erfahrung als individueller Erfahrung überhaupt apriori gefordert ist und, regional besondert, jede Wesensstruktur, die im besonderen z.B. für äußere Erfahrung als physisch dingliche Erfahrung gefordert ist, ist ohne weiteres und in Notwendigkeit eine Wesensstruktur für mögliche individuelle Wirklichkeit überhaupt, für eine mögliche wahre Natur überhaupt etc. Die Rechtfertigung der wahren Wirklichkeit ist ja Rechtfertigung dafür, daß das Wahrgenommene in seiner Struktur in der Tat ist.

Es gibt hier mehr Probleme, als man zunächst denken möchte, und wir werden auch solche noch in einiger Ausführung kennen lernen. Im voraus noch ein Beispiel! Gegenstände möglicher Erfahrung sind notwendig erfahren als Zeitgegenstände, als erfüllte Zeiten. Was macht hier die Möglichkeit aus oder wie muß die Füllung der Zeitform erfolgen, damit sich in der Erfahrung e i n Gegenstand aussondert? Welches sind die ursprünglichen Prinzipien, die vom Gesichtspunkt des bloßen Sinnes möglicher Erfahrung aus Einheit und Mehrheit als Bestimmungen des Sinnes notwendig machen? Nehmen wir einen ungegliederten Gegenstand wie z.B. einen sich gleichmäßig hinziehenden Ton oder die Bewegung eines leuchtenden Punktes. Wir sprechen hier davon, daß wir uns dieses Eine geteilt denken können. Das sagt, daß wir Teilungen hineinfingieren können. Erst dadurch, daß wir es tun, kommt in den Sinn eine Teilung hinein, die in der ursprünglichen und nicht umfingierten Erfahrung eben nicht da ist. Wir vollziehen also eine Sinnesänderung, und offenbar durch die umfingierende Phantasie eine gleichartige, wie sie in der Erfahrung selbst auftreten könnte, eben in Form „wirklicher Teilung". Aber was macht da die Teilung, die in den Sinn Mehrheit hineinträgt? Offenbar ist die Art, wie die Zeitform mit qualifizierendem Zeitinhalt erfüllt ist, und zwar immer in der Erfahrung, eine besondersartige und eine das Gattungsmäßige der über die Zeitphasen sich erstreckenden Qualitäten betreffende. Nachbarteile müssen sich voneinander abheben, müssen qualitativ differieren. Also den spezifischen Differenzen der Qualitäten ist hier eine gewisse Regel vorgeschrieben. Aber welche? Das sind wissenschaftliche Probleme. Gewisse gesetzliche Bedingungen der Sinneseinheit müssen, so sehen wir, erfüllt sein, damit ein Gegenstand erfahrbar ist, und gewisse andere, damit eine Zweiheit und Mehrheit erfahrbar sei. Und die

Fragen differenzieren sich, je nachdem wir Mehrheit in der Koexistenz und Mehrheit in der Sukzession, spezieller dann Mehrheit gleicher Gegenstände, sei es in Koexistenz oder in Sukzession erwägen. Warum können wir in der Koexistenz mehrere gleiche Farbendaten empfinden und nicht mehrere gleiche Töne? Warum besteht in der Einheitlichkeit eines Sehfeldes mögliche Gleichheit in der Koexistenz, während die beiden Sehfelder sich partiell decken und Gleiches korrespondierender Punkte und Stücke zur Einheit zusammenfließt? Warum gibt es im Gehörfeld nicht Gleiches, und ist es überhaupt somit ein Feld? Sollten derartige Fragen nicht mit den hier berührten Problemen nah zusammenhängen und schon auf sinnestheoretische Fragen zurückgehen?

Auch die Fragen der Einheit und Mehrheit werden zu besonderen Fragen in jeder regionalen transzendentalen Ästhetik, z.B. in der Region Physisches, Natur: Was ist von seiten der regionalen Gattung „physisches Ding" als gegenständlicher Sinn notwendige Bedingung dafür, daß ein Ding als für sich „gesondert" seiendes soll erscheinen, als Ding für sich soll erfahrbar sein? Äquivalent die Frage: Welche Wesensbedingungen, daß ein Wahrgenommenes als solches, als etwas für sich, das Ich soll affizieren und zu einem thematischen Akt soll motivieren können.

Um Bedingungen der Möglichkeit der Erfahrung in Hinsicht auf den möglichen Erfahrungssinn handelte es sich also in dieser Sphäre. Doch ich bin noch ein Wort schuldig bezüglich des kantischen Satzes. Warum sind eigentlich notwendige Sinnesstrukturen von Erfahrungstypen Quellen apriorischer ontologischer Gesetze? Warum Bedingungen, die der Sinn möglichen Erfahrungen vorschreibt, Bedingungen wahren Seins entsprechender Gegenstände? Natürlich vermittelt hier folgender Gedanke, der freilich nicht in unseren Zusammenhang hineingehört. Kein Reales, kein individueller Gegenstand als in möglicher Wahrheit seiender ist denkbar, der nicht möglicherweise erfahrbar, und letztlich, der nicht wahrnehmbar wäre. Jedem wahren Gegenstand entsprechen also im Reich möglicher Erfahrung Wahrnehmungssinne; er tritt in die Erfahrung dadurch, daß sie ihren Sinn haben und daß er es ist, auf den sie sich mit diesem Sinn „beziehen". Ist er wirklich, so ist er wirklich mit dem und dem Sinn, den das wahre Urteil aus der Erfahrung schöpft und dann urteilsmäßig denkend weiter bearbeitet.

Schreibt nun die Erfahrung ihrem Sinn durch ihre Wesensart Gesetze vor, so würde die Verletzung dieser Gesetze durch einen prätendierten Gegenstand besagen, daß er kein möglicher Erfahrungsgegenstand sein, also prinzipiell auch nicht existieren könnte. In der Tat sind also noematische Gesetze präjudizierend für Gesetze wahren Seins, für ont⟨ologische⟩ Gesetze.

Mit Rücksicht auf die höhere und eigentliche Objektivierung, die allererst die Erkenntnis vollzieht, sind solche Fragen aber äquivalent mit den Fragen: Was sind die Bedingungen der Möglichkeit dafür, daß ein Wahrgenommenes als solches ein aktuelles Ich für sich soll affizieren und in ihm einen eigenen thematischen Akt soll motivieren können; was sind die Bedingungen der Möglichkeit dafür, daß für das Ich wirklich ein Gegenstand für aktuelle Wahrnehmungen bereit ist und weiterhin bereit für Erkenntnisakte, die den erfaßten Gegenstand identifizierend erkennen, erkennend bestimmen. Ein Gegenstand, der für uns keine Abhebung hat in der zufälligen Erscheinungsweise, in der er sich gibt, kann für uns kein Erkenntnisgegenstand, kein Gegenstand erfassender Wahrnehmung sein, solange das der Fall ist. Ein Gegenstand aber, für den das prinzipiell und für jede erdenkliche Erscheinungsweise gilt, der also jede mögliche Abhebung ausschlösse, könnte für niemand Gegenstand sein und wäre überhaupt ein Nonsens. Ändert sich ein Gegenstand in eigenem Sinn so, daß er in einen anderen überfließt und damit die Bedingungen des Eigenerscheinens prinzipiell einbüßt, dann verliert er notwendig auch das Eigensein, und dann ist eben nur e i n Gegenstand da statt der mehreren; das aber, wenn zu zeigen ist, daß Wirklichsein und mögliches originär gebendes Bewußtsein voneinander unabtrennbar, sozusagen unlösbar verhärtete Begriffe sind.

In dieser Hinsicht ist aber in klärender Weise und am besten zu sagen: Von dem wahren Gegenstand, einem Gegenstand, der in Wahrheit ist, ist sinnvoll doch nur zu reden in Relation zu irgendeiner Meinung, einer Doxa, einer subjektiven Seinsgeltung, die sich auf ihn bezieht, einer Meinung, die entweder ich habe oder irgendjemand hat. Es ist der gemeinte Gegenstand in Wahrheit, wenn diese Kritik intersubjektiv durchgeführt werden kann im Sinne einer Rechtfertigung. Zum Wesen jeder Rechtfertigung gehört aber, daß sie auf originäre Selbstgebung zurückführt, zur Sphäre direkter Erfahrung, der der gemeinte Gegenstand angehören muß; und damit zu seiner möglichen Erfahrung selbst und der Möglichkeit, sie im Zusammenhang der Erfahrung selbst rechtfertigen zu können. Das aber sagt nicht nur, es muß mir und jedermann möglich sein, den gemeinten Gegenstand zu erfahren, sondern die jeweilige Erfahrung muß dann sich im „Kontext" der universalen wirklichen und möglichen Erfahrung als hineinstimmend einfügen und sich so in ihrem Fortgang und in Methoden der Erfahrungsrechtfertigung (Experiment, Beobachtung) konsequent bewähren. Wahres Sein führt also auf mögliche Erfahrung und Methoden ihrer Rechtfertigung. Somit müssen notwendig Strukturen des Gegenstandes als gegenständlichen Sinnes einer Erfahrung überhaupt von ihm und seinesgleichen überhaupt zugleich Strukturen des wahren Gegenstandes sein, das ist auch jeder solchen Erfahrung zukommen, welche die Proben der Rechtfertigung besteht und ihre Gültigkeit ausweist.

TEXTKRITISCHER ANHANG

# TEXTKRITISCHE ANMERKUNGEN

## *Allgemeine Vorbemerkung*

Der vorliegende Band der Husserliana ist in zwei Teile gegliedert. Der erste Teil (Haupttext) enthält die Darstellung der *Formalen und Transzendentalen Logik* (samt III Beilagen). Der zweite Teil (Ergänzende Texte) enthält Texte Husserls von sehr unterschiedlicher Art. Sie reichen von einer Prospektanzeige bis zu Arbeitsmanuskripten und mehr oder weniger ausgearbeiteten Vorlesungsunterlagen. Die Originale der Ergänzenden Texte III–X sind von Husserl in Gabelsberger Stenographie geschrieben. Sie liegen im Husserl-Archiv in Löwen. Da bereits im Haupttext drei relativ geschlossene Untersuchungen enthalten sind, die Husserl selber ,,Beilagen" genannt hat, und da die für den zweiten Teil des Bandes von uns ausgewählten Arbeiten Husserls nicht den Charakter selbständiger, in sich geschlossener ,,Abhandlungen" haben, sind die abgedruckten Texte ohne nähere Differenzierung allgemein als ,,Ergänzende Texte" bezeichnet worden.

Im Haupttext und in den Ergänzenden Texten stehen alle Zusätze, die vom Herausgeber stammen, in spitzen Klammern, ‹ . . . ›. Dasselbe gilt innerhalb Husserlschen Textes in den textkritischen Anmerkungen. Im Haupttext und in den Ergänzenden Texten sind Anmerkungen des Herausgebers als solche kenntlich gemacht.

In den folgenden kritischen Anmerkungen ist der Text des Herausgebers kursiv, Husserlscher Text dagegen ,,normal" gesetzt.[1] Der Ausdruck Originalpaginierung bezieht sich im textkritischen Anhang auf die sich in den Originalmanuskripten findende Paginierung von Husserls eigener Hand. Als Archivpaginierung wird die Seitennumerierung bezeichnet, welche im Husserl-Archiv durchgeführt worden ist. Bei der Angabe der Archivpaginierung bedeutet ein a hinter der Seitenzahl die ,,Vorderseite" und ein b hinter der Seitenzahl die ,,Rückseite" des betreffenden Blattes.

Die Husserlschen Eingriffe in Buch- und Manuskripttext sind nach Einfügungen, Ergänzungen und Randbemerkungen aufgegliedert worden. Einfügung sind alle Textzusätze Husserls genannt worden, deren Einfügungsort von Husserl selber genau gekennzeichnet worden ist. Als Ergänzungen sind die Husserlschen Texteingriffe bezeichnet, deren genauer Ort

---

[1] Fremdsprachliche Ausdrücke, die im Text alle kursiviert sind, sind auch in den textkritischen Anmerkungen kursiv belassen worden.

im Text von Husserl nicht eindeutig fixiert worden ist. Der Übergang derartiger Zusätze Husserls zu denjenigen, die im folgenden Randbemerkungen heißen, ist fließend. Auch die Randbemerkungen stellen oft Zusätze Husserls zum Text dar, deren genaue Zugehörigkeit zur jeweiligen Textstelle nicht eindeutig aus der Husserlschen Schreibweise hervorgeht. Sie haben aber auch öfter den Charakter von zusätzlichen Bemerkungen, die den Textzusammenhang unterbrechen, problematisieren, spätere Hinweise geben o. ä. Die Randbemerkungen sind vom Herausgeber nach seiner Beurteilung des jeweiligen Textzusammenhanges entweder im Text berücksichtigt oder in die textkritischen Anmerkungen verwiesen worden.

Die textkritischen Anmerkungen bedienen sich folgender Abkürzungen:

| | |
|---|---|
| *Einf.* | Einfügung |
| *Erg.* | Ergänzung |
| *Rb.* | Randbemerkung |
| *V.* | Verbesserung |
| *gestr.* | gestrichen |
| *m. Bleist., m. Rotst. etc.* | mit Bleistift, mit Rotstift etc. |
| *Bl.* | Blatt |
| *Fußn.* | Fußnote |
| *Hrsg.* | Herausgeber |
| *Ms.* | Manuskript |
| *u.* | und |
| *urspr.* | ursprünglich |

TEXTKRITISCHE ANMERKUNGEN ZUM HAUPTTEXT

(S. 5–335)

*Vorbemerkung*

*Die Grundlage des Haupttextes bildet, wie bereits in der Vorbemerkung des Herausgebers zum Haupttext erwähnt, der Buchtext der ,,Formalen und Transzendentalen Logik'', der im Jahre 1929 im Verlag M. Niemeyer (Halle a.d. Saale) herausgekommen ist. Das Werk erschien zur gleichen Zeit im Jahrbuch für Philosophie und Phänomenologische Forschung Bd. X (Hrsg. E. Husserl) und separat — als ,,Sonderdruck'' aus dem ,,Jahrbuch''. Druckvorlagen irgendwelcher Art zum Buchtext der Formalen und Transzendentalen Logik sind nicht aufgefunden worden.*

*Der Haupttext ist nach dem Text desjenigen Exemplars des ,,Sonderdrucks'' der Formalen und Transzendentalen Logik gestaltet, das sich in Husserls eigener Bibliothek befand und in das er 1937 anläßlich einer Wiederlektüre des Werkes mit Bleistift Anmerkungen eingetragen hat. Dieses ,,Handexemplar'' befindet sich jetzt im Husserl-Archiv in Löwen.*

*Auf der vorderen Deckel-Innenseite des Handexemplars ist von Husserl oben mit Tinte zum größeren Teil in Langschrift, zum geringeren Teil in Kurzschrift vermerkt* Das Msc. des Textes (excl. Beilagen) abgeschlossen 23. Jan. 1929. Beilagen und Corr‹ectur› des Druckers in Tremezzo von der 3. Maiwoche an. Dann Abschluß der Corr. in Freiburg bis etwa Ende Juni (Beifügung der 3. Beilage). *Unmittelbar unter dieser Notiz mit Tinte steht mit Bleistift in Kurzschrift folgende Bemerkung Husserls* Zum ersten Mal neu durchdacht und wieder mir zu eigen gemacht März 1937 (Abschluß der Depressionsperiode). *Auf der gegenüberliegenden Seite hat Husserl mit Bleistift einige zu korrigierende Druckfehler des Textes der Formalen und Transzendentalen Logik vermerkt.*[1]

*Da die wichtigeren Adnotationen Husserls bereits in einem Apparat zum Haupttext aufgeführt worden sind, finden sich in den folgenden textkritischen Anmerkungen zum Haupttext nur noch Wortwiederholungen, Gliederungshinweise, Stichworte sowie An- und Unterstreichungen, die Husserl im Jahre 1937 in sein Handexemplar des Werkes eingetragen hat. Eindeutige grammatische und stilistische Korrekturen sind nicht vermerkt worden.*

---

[1] *Im Handexemplar liegen ferner noch zwei Blättchen mit weiteren Druckfehlerberichtigungen.*

## Textkritische Anmerkungen

**37**,12–14 *gestrichelte senkrechte Linie am Rande* || **93**,5–8 *senkrechter Strich am Rande* || **94**,7–10 *senkrechter Strich am Rande* || **94**,23 *Umstellung von* auf das *zu* das auf || **95**,21 *Schrägstrich am Rande* || **96**,21–23 *gestrichelte senkrechte Linie am Rande* || **98**,19 *zwei Schrägstriche am Rande;* prägnante *unterstr.* || **99**,1 *zwei Schrägstriche am Rande* || **99**,32 *zwei Schrägstriche am Rande* || **100**,9 *zwei Schrägstriche am Rande* || **101**,13–16 *senkrechter Strich am Rande* || **106**,18–21 *senkrechter Strich am Rande* || **106**,38 *Handexemplar unter Seite 89* p. 84 || **107**,13–16 *senkrechter Strich am Rande* || **114**,25–28 *senkrechter Pfeil nach unten am Rande* || **116**,4 *Schrägstrich am Rande* || **116**,14 *Schrägstrich am Rande* || **121**,14 *Schrägstrich am Rande* || **126**,14 *zwei Schrägstriche am Rande* || **126**,26 naiv-geradehin *unterstr.* || **127**,11 kritischen *unterstr.* || **129**,12–13 *Stichwort am Rande* = kritische Einstellung des Theoretikers || **129**,23–24 *Stichwort am Rande* theoretisches Interesse || **129**,35 *Stichwort am Rande unterstr.* Beruf; berufsmäßige Konsequenz *unterstr.* || **132**,11–12 *spitze, hinweisende Klammer am Rande; danach* 1) Wahrheit als Urteilsrichtigkeit || **132**,32 *zwei Schrägstriche am Rande* || **133**,6–7 *spitze hinweisende Klammer am Rande; danach* 2) Wahrheit als Wirklichkeit || **133**,16–19 *Stichwort am Rande* entsprechender Doppelsinn von Evidenz || **133**,25–26 *Stichwort am Rande* der weitere Begriff der Wirklichkeit || **133**,31–32 *zwei Schrägstriche am Rande* || **134**,3–4 *Stichwort am Rande* „wissenschaftliche Vernunft" || **134**,6–7 *senkrechter Strich am Rande* || **134**,29–30 *Stichwort am Rande* Erkenntnis || **181**,16 Erkenntnis *unterstr.* || **200**,30 ebenfalls *Wortwiederholung am Rande* || **209**,34 *nach* Widerspruchslosigkeit *Einf.* eine Ergänzung || **221**,18–21 *senkrechter Strich am Rande* || **241**,24–26 *gestrichelte senkrechte Linie am Rande* || **243**,31–33 *senkrechter Pfeil nach unten am Rande* || **248**,28–29 *gestrichelte senkrechte Linie am Rande* || **249**,9–10 *von* Das Erste *bis* als solcher *unterstr.* || **249**,13 Sinnes *unterstr.* || **250**,1–4 *senkrechter Strich am Rande* || **250**,27 *Schrägstrich am Rande* || **250**,29 (Anm.) *vor* Hauptpunkte *Handexemplar gestr.* Die || **251**,5–8 *senkrechter Strich am Rande* || **290**,15–17 *gestrichelte senkrechte Linie am Rande* || **296**,17–18 *nach* äquivalent *Handexemplar Einf.* gesprochen || **297**,13 ästhetischen Welt *unterstr.* || **298**,21 *Schrägstrich am Rande* ||

# TEXTKRITISCHE ANMERKUNGEN ZU DEN ERGÄNZENDEN TEXTEN

(S. 339–458)

*Vorbemerkung*

*Die im vorliegenden Band als Ergänzende Texte veröffentlichten Ausführungen Husserls entstammen zum überwiegenden Teil Arbeitsmanuskripten aus den zwanziger Jahren.*[1] *Sie sind teilweise flüchtig skizziert, teilweise aber auch gründlicher durchgearbeitet. Die ,,Kurz-Beilagen'' I und II sind bereits vorliegenden Drucktexten entnommen worden. Alle anderen Ergänzenden Texte gehören zu Manuskripten, die von Husserl nicht ausdrücklich für eine Publikation vorgesehen worden sind. Husserl hat in einigen von ihnen auf ihre Zugehörigkeit zur Formalen und Transzendentalen Logik verwiesen. Mehrere Manuskripte enthalten Überlegungen, die in das spätere ,,Logik-Buch'' eingegangen sind. Manche dienen der Klärung von Zusammenhängen, die ihre endgültige Gestaltung erst 1928 gefunden haben, manche betreffen Dinge, die in der gedrängten Darstellung des ,,Logik-Buches'' nicht ausführlich dargestellt werden konnten. So bieten die Ergänzenden Texte im großen und ganzen einen Einblick in die Werkstatt des Denkers Husserl, der sein Schaffen an Problemen im Umkreis der Formalen und Transzendentalen Logik erhellt. Es ist mit ihnen nicht der Anspruch einer Gesamtdarstellung der logischen Studien des späten Husserl verknüpft. Diese muß einem gesonderten Ergänzungsband vorbehalten bleiben. Soweit wie möglich ist versucht worden, größere zusammenhängende Textpartien aus Manuskripten oder kleinere Manuskripte möglichst ganz wiederzugeben. Da die Ausführungen Husserls nicht für eine Veröffentlichung vorgesehen gewesen sind, haben sie auch keine Publikationsreife erreicht. Sie sind als Ergänzungen zur maßgeblichen ausgearbeiteten Darstellung des Haupttextes zu studieren.*

*Die Ergänzenden Texte III und IV gehören zur Einleitung und zum Anfang der Vorbereitenden Betrachtungen der Formalen und Transzendentalen Logik. Durch sie wird u.a. der Zusammenhang weiter geklärt, in dem die Formale und Transzendentale Logik mit den ,,Analysen zur passiven Synthesis'' (Husserliana Bd. XI) und der genetischen Urteilstheorie des von Landgrebe redigierten Husserl-Werkes ,,Erfahrung und Urteil'' (4. A. Hamburg 1972) steht. (Vgl. die allgemeinen Anmerkungen des Hrsg. zum Erg. Text IV S. 470 f.)*

---

[1] *Die zahllosen Unterstreichungen Husserls, die sich in den Manuskripten finden, sind im Druck normalerweise nicht berücksichtigt.*

*Der Ergänzende Text V behandelt Fragen in concreto, die in § 6 des Haupttextes nur angedeutet sind und besonders für den zweiten Abschnitt des Werkes von Wichtigkeit werden, auf die Husserl aber im thematischen Rahmen des zweiten Abschnittes nicht mehr ausführlich zu sprechen kommt. Die Ergänzenden Texte VI und VII enthalten Studien Husserls, die zum ersten Abschnitt der „Logik" gehören, in dem sich die letzte aus Husserls Feder stammende Gesamtdarstellung der Problematik der formalen Logik im Rahmen der Phänomenologie findet. Der Schwerpunkt der Ergänzenden Texte liegt auf den Texten, welche den Vorbereitenden Betrachtungen und dem ersten Abschnitt zugeordnet sind.*

*Der zweite Abschnitt des Logik-Buches hat einen anderen Charakter als der erste. Er enthält den eigentlichen Rückgang von der formalen zur transzendentalen Logik. In ihm kommen Grundbegriffe und (genetische) Zusammenhänge der späten Phänomenologie in einigen Stücken ausführlicher, in anderen knapper zur Sprache. Da das Thema hier nicht mehr in engen Grenzen fixiert ist, sondern die Gesamtproblematik der Phänomenologie aufgerollt wird, ist die Auswahl der Ergänzenden Texte für diesen Abschnitt problematischer gewesen als für den ersten. Sie ist notgedrungen sporadisch geblieben. Wir haben uns auf den Versuch beschränkt, durch kürzere Manuskriptstücke (Ergänzende Texte VIII bis X) einige wenige Hauptstellen des zweiten Abschnittes zu konkretisieren und zu „vereindeutigen". Für ihre Auswahl sind vornehmlich folgende Fragen maßgeblich gewesen: In welchem Sinne und in welcher Weise ist die „Welt des Lebens" Grundlage und Unterstufe aller höherstufigen logischen Tätigkeiten und ihrer Ergebnisse? Was ist die Aufgabe einer transzendentalen Ästhetik als Wissenschaft von der „vorlogischen Lebenswelt"?*

*Textkritische Anmerkungen*

Ergänzender Text I (S. 339–341)

*Die Selbstanzeige des Verfassers findet sich auf den Seiten 3–5 eines Prospektes des Verlages M. Niemeyer (Halle/Saale). Der Prospekt trägt die Aufschrift* Werke Edmund Husserls und des phänomenologischen Forscherkreises. *Die folgenden textkritischen Anmerkungen beziehen sich auf die von Husserl korrigierten ersten Druckproben der Selbstanzeige des Verf. Der Titel des Prospektes lautete vor der Korrektur* Werke Edmund Husserls und seiner Schule des phänomenologischen Forscherkreises. *Der Prospekt und die (fotokopiert vorliegenden) von Husserl korrigierten ersten Druckproben der Selbstanzeige finden sich im Husserl-Archiv in Löwen unter der Signatur* K VIII 16.

**339**,2 *Mit* Selbstanzeige des Verfassers *ist die Anzeige der Formalen und Transzendentalen Logik durch Husserl unterzeichnet;* Selbstanzeige des Verfassers *statt urspr.* Die vorstehenden Bemerkungen stellte der Verfasser dem Verlag auf dessen Bitten zur Verfügung || **339**,22 *nach* in der neuesten Zeit *gestr.* wie man sagen darf || **340**,5 *zur* „transzendentalen Phänomenologie" im Sinne seiner „Ideen" *V. für der* „transzendentalen Phänomenologie" der „Ideen" ||

## Ergänzender Text II (S. 342)

*Der Erg. Text II gibt die Ausführungen zur Formalen und Transzendentalen Logik wieder, die sich in der Darstellung des Husserlschen Werks im ,,Philosophen-Lexikon. Handwörterbuch der Philosophie nach Personen" (Hrsg. W. Ziegenfuß. 1. Bd. A–K, Berlin 1949. S. 575) finden. Sie entstammen der Feder Eugen Finks und sind von Husserl selber durch seine Unterschrift autorisiert. Die Unterlagen der Darstellung finden sich im Husserl-Archiv in Löwen unter der Signatur: Eugen Fink, Grammata PII$_2$ 44 ff.*

## Ergänzender Text III (S. 343–350)

*In diesem Erg. Text ist der größte Teil des Manuskriptes B IV 8 abgedruckt. Einige kleine Passagen des Manuskriptes, die im Erg. Text ausgelassen worden sind, finden sich in den folgenden textkritischen Anmerkungen.*

*Das Umschlagblatt des Manuskriptes ist ein Schreiben der Verlagsbuchhandlung F. Meiner vom September 1927. Bl. 2 des Manuskriptes ist auf den 9.4.1934 Kappel datiert und enthält einige schlagwortartige Angaben zu Themen des folgenden Manuskripttextes sowie einige Andeutungen zum Verhältnis Umwelterfahrung — Mathematisierung. Dieses Bl. ist später eingelegt. Es wird hier nicht abgedruckt. Der mit Bl. 3 des Manuskriptes beginnende Text ist mit Tinte stenographiert und mit Bleist., Blaust. und Rotst. bearbeitet. Bl.3 trägt oben mit Bleist. die Datierung* Anfang November 1926, *darunter findet sich mit Blaust. ein Hinweis Husserls auf die Anzahl der beschriebenen Bll. des Manuskriptes 1–7. Die Bll. 3–9 sind entsprechend mit Blaust. von 1–7 paginiert. Das Umschlagblatt des Manuskriptes 1/10 trägt auf Seite 1 mit Blaust. in eckigen Blaustiftklammern die Überschrift des Manuskriptes* Weg der formalen und transzendentalen Logik. *Das Manuskript stammt wohl (mit Ausnahme von Bl.2) aus 1926.*

*Seite 1a enthält folgende Inhaltsangabe des Manuskriptes* Nov. 1926. Erste Philosophie. Wie ist der Weg einer radikal zu begründenden Wissenschaft? Gewonnen soll werden eine vernünftig leitende Idee von Wissenschaft. Erste Vorbesinnung von der natürlichen Positivität aus, überleitend in eine formale Logik der Aussage. Formale Mathesis als formale Wahrheitslogik. Dann materiale, konkrete Logik; dann transzendentale Ästhetik. Und so ständige Rückfrage. Bruchstück. *Darunter aus späterer Zeit, wie auch die Überschrift, von Husserl eingefügt* cf. den Gang der formalen und transzendentalen Logik von 1929. *Bl. 3a beginnt mit folgendem Text* ,,Meditationen über erste Philosophie". <*Anführungszeichen Einf. m. Blaust.*> Einleitende Meditationen über die Motive eines neuen Anfangs und von Meditationen dieses neuen Anfangs. ,,Umsturz" aller Wissenschaften. Besinnung über Wesen und Möglichkeit einer Wissenschaft und schließlich einer Universalwissenschaft oder über ihren ,,Sinn"; sie ist ein Praktisches, also über ihren praktisch vernünftigen Sinn und ihre Methode. *Daneben am Rande folgende Themenangabe zum Manuskript* Thema: Der natürliche Weg der Positivität. Einklammerung aller vorgegebenen Wissenschaften, allgemeine Vorbesinnungen, überleitend in eine formale Lo-

gik der Aussage und formale Mannigfaltigkeitslehre, Konsequenzlogik — formale Wahrheitslogik, dann ein ganz Neues: die materiale, konkrete Logik — transzendentale Ästhetik etc. *Danach beginnt der abgedruckte Erg. Text, der bis zum Ende des Manuskriptes (S. 9b) geht.*
**343**,6–7 Mag es auch sein, daß *Bleist.-V. für* gehört || **343**,9 gehört *Einf.* || **343**,10–11 nämlich nicht eine Wissenschaftstheorie voraussetzen *Einf. m. Bleist.* || **343**,16–20 *von* Das ist natürlich *bis* in seiner Möglichkeit. *Rb. m. Bleist.* || **343**,26 *Rb.* vgl. Vorlesung 5. XI. 26 || **343**,24–28 *von* und, als unbeteiligter Zuschauer *bis* eigener unbeteiligter Zuschauer. — *V. am Rande für* und alle ihre eigenen Ergebnisse und ursprünglichen Evidenzen erzeugt || **343**,29 thematisch *Einf.* || *Ms.* die *statt* denen || **343**,32 *Rb. m. Bleist.* Aber ist das dann, was wir als traditionelle Logik kennen ? || **344**,3 seiende *Einf.* || **344**,5 *Rb. m. Bleist.* Was für seiende Welt? — doch die der lebendigen Erfahrung, also in der Relativität der Situation und des ,,Wir" || **344**, 10 etc. *Einf. m. Bleist.* || **344**,12 zunächst *Einf. m. Bleist.* || **344**,15 *Rb.* Zuerst ohne Heranziehung der Intersubjektivität. Warum das nicht empfindlich wird. || **344**,16 *Ms.* Leitung ‹?› *statt* Leistung || **344**,17 wie *Einf. m. Bleist.* || **344**,22 Scheinbar ist es *Einf. m. Bleist.* || *nach* Naturwissenschaft *gestr.* ist es || **344**,23 exakten *Einf. m. Bleist.* || **344**,25 *Rb. m. Bleist.* Aber: In der exakten Naturwissenschaft selbst ist das ja nicht thematisch. || **344**,26–27 wie es scheint *Einf. m. Bleist.* || **344**,27 *nach* eine *gestr.* wesentlich || Anderseits *Bleist.-V. für* Allerdings || **344**,28 *nach* Aber sobald die *gestr.* Herstellung || **344**,30 *nach* und mit einer *gestr.* einzigen || **344**,34 *Rb. m. Bleist.* Das ist nur scheinbar anders. Beiderseits ist schon vorausgesetzt, daß Ich auf dem methodisch naiven ‹Boden› der Mathematik bzw. der Naturwissenschaft bin — und dieses setzt Rücksicht auf Intersubjektivität voraus. || **344**,38 das Ziel und *Einf.* || **344**,41 *Ms.* alle *statt* aller || **344**,42 und zunächst *Einf. statt urspr. Gedankenstrich* || **345**,9 eingeklammerten *Einf.* || **345**,10–12 *von* nachverstehend *bis* zu gewinnen, *Rb.* || **345**,15–18 *von* Das fordert *bis* auf Grund der Erfahrung etc. *Rb. m. Bleist.* || **345**,19 *nach* wäre, nicht *gestr.* einmal || **345**,24–26 *von* Also Einstellung, *bis* gegeben hätte. *Rb.* || **345**,25 *Ms.* wären *statt* wäre; *nach* aufzubauen wären *gestr.* unmittelbare und mittelbare Wahrheit etc. || **345**, 29–31 *von* Aber da *bis* als Problem. *Einf. m. Bleist.* || **345**,37 *nach* sonstigen Lebens *im Ms. das folgende Anakoluth* Beginnt man mit verschiedenen Aussagegestalten, unterscheidet man Aussage als Wortlaut, als Wortlauttypus und Aussagesinn und was dazu gehören mag, dann hat man nach Aussonderung der urteilenden Aussagen bzw. Aussagebedeutungen zu achten auf die wirklichen Urteile (nicht Quasi-Urteile), die wirklichen Sätze, und damit die Wege einer rein grammatischen Satzlehre (Urteilssatzlehre) zu gehen; die Elementarform des Satzes als kat‹egorischen› (bestimmenden, zusprechenden und absprechenden) und die Abwandlungsformen zu immer neuen Satzgestalten. *dazu folgende Rb.* Nicht zu übersehen: Die erste ideale Einheit ist die der Aussage in meiner Sprache: Identität des ,,Wortlautes" und Identität als Wort eindeutig festen Sinnes; in zweiter Stufe: Identität der Aussage als Identisches der deutschen, der französischen etc. Aussage, der schon idealisierten. || **345**,39 *Ms.*

sie *statt* ihn || **345**,41–45 *von* ich muß ihn wohl *bis* Evidenzart. *Einf.* || **345**,45 recht *Einf.* || **346**,3 *nach* und mir *gestr.* Klarheit und || **346**,6 in voller Allgemeinheit *Einf.* || *nach* Allgemeinheit *gestr.* Selbsthabe ineins mit Antizipation, vorgreifende Meinung, des näheren Appräsentation, Evidenz als Selbsthabe gegenüber Evidenz als Bewährung? || **346**,12–13 in der Selbsthabe der Substrate *Einf.* || **346**,17 *Anführungszeichen m. Bleist.* || **346**,29 Erzeugen und *Einf.* || **346**,33 *nach* Formenlehre. *m. Tinte u. Blaust. gestr.* mit letzten Substraten, letzten logischen Abwandlungen im Fall der Reduktion auf das „Letzte", das noch zur apriorischen Theorie mitgehört. In der Lehre von der formalen Wahrheit, das System der Erzeugungen, in dem aus vorgegebenen Substraten die logisch-kategorialen Abwandlungen erzeugt werden und damit in den jeweils gegebenen Fällen aus unmittelbaren Wahrheiten mittelbare. Diese Mittelbarkeit der Ableitung der allgemeinen Form nach verfolgen, besagt aber nur die Herausstellung der apriori möglichen Formen zu erzeugender Wahrheiten in einer systematischen Aufeinanderfolge, wobei die späteren die früheren erzeugungsmäßig voraussetzen. Das gilt aber schon für die systematische Ordnung der Formenlehre, in der die späteren Satzformen aus den früheren abgeleitet werden, sofern die Bedeutungen mittelbar sind. || **347**,9 *Ms.* Noetisches *statt* Noetische || **347**,10 *Ms.* den *statt* der || **347**,12 *Ms.* den *statt* der || **347**,19 Her- *Einf. m. Bleist.* || **349**,4 und dann auch der bewährten Wahrheit *Einf.* || **349**,5–6 und der Wiederherstellung der Bewährung *Einf.* || **349**,26–27 und der Sinn von seiender Welt ist vorweg schon intersubjektiv *Einf. m. Bleist.* || **349**,34 in idealer Vermöglichkeit *Einf. m. Bleist.* || **349**,39 *Ms.* ich die *statt* die ich || **349**,45 erzeugten *Einf.* || **350**,1 in Abstraktion *Einf.* || **350**,2 *Rb. m. Bleist.* Beständige Rückfrage || **350**,8 Aussage- *Einf.* || **350**,10 *nach* „transzendentale Ästhetik". *folgt im Ms.* cf. „Formale und transzendentale Logik" in ihrem Gang zur Reduktion. ||

### Ergänzender Text IV (S. 351–378)

*Der Erg. Text IV entspricht den Blättern 3–36 (Archivpaginierung) des Manuskriptes F I 37, welches insgesamt den Anfangsteil der von Husserl im Wintersemester 1920/21 erstmals gehaltenen Vorlesung über transzendentale Logik (in 114 Bll., die in 2 Umschläge aufgeteilt sind) enthält. Das Hauptumschlagblatt 1/88 des Manuskriptes trägt mit Blaust. die Aufschrift Vorlesung transzendentale Logik 1920/21. Wiederholt und (l e i d e r umgearbeitet) 1923 S‹ommer› und abermals (zum Teil verbessert, zum Teil verdorben) 1925/26. (Vgl. weiter zum Umschlagblatt und zum Zustand des Konvoluts F I 37 die textkritischen Anmerkungen d. Hrsg. in Husserliana Bd. XI. S. 443 ff.) Auf Bl.3a des Manuskriptes findet sich am Rand mit Rotst. die Datierung WS 1920/21; darunter steht mit Blaust. wiederholt S/S 1923, wiederholt W/S 1925/26. Auf Bl.14a ist nochmals mit Tinte vermerkt WS 1920/21. Der im vorliegenden Band abgedruckte Anfang von F I 37 dürfte zum größten Teil bereits zur Vorlesung von 1920/21 gehört haben. Einige kleinere, vereinzelte Blätter der Darstellung betreffende spätere „Einlagen" sind möglich.*

*Bl.2 von F I 37 ist ein vereinzeltes Blatt, das Überlegungen zu den Begriffen „Thema, theoretisches Interesse" enthält, die einem späteren Zusammenhang des Manuskriptes zugehören. Dieses Blatt ist hier nicht abgedruckt. Die Blätter 3–36 in der Archivpaginierung decken sich in folgender Weise mit der in Bleist. durchgeführten Originalpaginierung des Manuskriptes: Bl.3–13 der Archivpaginierung = Bl.1–11 der Originalpaginierung. Bl.14 Archivpaginierung ist mit ad 11 bezeichnet und gehört zu Bl.11 Originalpaginierung (=Bl.13 Archivpaginierung). Die Originalpaginierung geht anschließend lückenlos von 12–21 weiter (=15–24 Archivpaginierung). Die Blattnummer 22 fehlt in der Originalpaginierung. Die Bll.25 u. 26 der Archivpaginierung entsprechen den Bll.23 u. 24 der Originalpaginierung. Bl.27 Archivpaginierung ist mit zu 25 als zu Blatt 25 der Originalpaginierung (=Bl.28 Archivpaginierung) gehörend gekennzeichnet. Es ist unmittelbar vor Bl.28 abgedruckt. Es folgen die Bll.28 u. 29 in der Archivpaginierung (=25 u. 26 Originalpaginierung). Die 3 folgenden Bll. (Archivpaginierung 30–32) sind mit I, II, III bezeichnet. Auf Bl.30 steht oben mit Blaust. Einlage bei 26. Es schliessen sich in der Archivpaginierung die Bll.33–35 an (=27–29 Originalpaginierung). Den Abschluß des Erg. Textes bildet ein kleines eingelegtes Blättchen (Archivpaginierung 36), das mit ad 28 u. 29 überschrieben ist. Dieses Blatt ist wohl von Husserl später eingelegt worden. (Es beginnt auf S. 377 (unten) mit der Feststellung* Unklar ist die Einführung des Begriffes Sinn *und enthält kritische Anmerkungen zu den unmittelbar vorhergehenden Ausführungen zum Thema Wahrnehmungssinn.)*

*Die Bll.37–Anfang 69a von F I 37 sind in Husserliana Bd. XI als Erg. Texte veröffentlicht. (Vgl. die Anm. des Hrsg. in Husserliana Bd. XI S. 444.) — Dort sind nicht die wohl aus dem Zusammenhang der Originalpaginierung von F I 37 stammenden, in F I 37 aber fehlenden Bll.51–57 (Originalpaginierung) abgedruckt. Diese Blätter finden sich jetzt im Manuskript A VII 14 (=Bll.85–92 der Archivpaginierung). Sie sind im Erg. Text X des vorliegenden Bandes berücksichtigt. (Vgl. die textkritischen Anmerkungen zum Erg. Text X S. 505 f.) — Die abschließenden Bll.69–113 aus F I 37 bilden Einleitung und ersten Abschnitt des Haupttextes von Husserliana Bd. XI.*

*Damit liegt jetzt das Manuskript F I 37 als erster Teil der von Husserl mehrmals gehaltenen Vorlesung über transzendentale Logik im wesentlichen vollständig gedruckt vor. Es kann vom Leser aufgrund der obigen Hinweise und der erwähnten Anmerkungen in Husserliana Bd. XI in seiner durch die Archiv- und die Originalpaginierung fixierten Ordnung rekonstruiert werden. — Husserl hat die einleitenden Betrachtungen zur Vorlesung über transzendentale Logik aus F I 37 zum Teil wörtlich als Einleitung in die Formale und Transzendentale Logik übernommen. Das war deswegen möglich, weil die Vorlesung über transzendentale Logik und die Formale und Transzendentale Logik unterschiedliche Stellen innerhalb desselben Gesamtzusammenhangs zum engeren Thema haben. Ausführlicher behandelte Stücke aus diesem Gesamtzusammenhang, auf den das Interesse der „logischen Studien" des späten Husserl gerichtet ist, liegen in den „Analysen zur passiven Synthesis", in „Erfahrung und Urteil" sowie in der „Formalen und Transzendentalen Logik" vor. Es dürfte nicht möglich sein, hinter die jetzt aus diesen*

*Werken insgesamt sich abzeichnende Gesamtgestalt der „logischen Studien" des späten Husserl zurückzugelangen.*
**351**,3–5 *Überschrift d. Erg. Textes u. Titel des 1. Abschnittes v. Hrsg.* ||
**351**,7 *nach* einer *gestr.* transzendentalen || **351**,9 und normativen *Einf.* ||
**351**,11 *nach* gestaltet hat *Bleistiftkreuz* || **351**,13 *nach* nimmt, die *m. Tinte u. Blaust. gestr.* in der p l a t o n i s c h e n Dialektik und damit || **351**,18 *nach* als solcher. *m. Tinte gestr.* von ihrem Apriori; *es folgt m. Blaust. kreuzweise gestr.* Wissenschaft ist ein allgemeiner Name für eine Art zweckmäßiger Leistungen, wissenschaftliche Erkenntnisse sind zweckmäßig gestaltete Gebilde. Die Idee der Wissenschaft ist die reine Zweckidee, die in apriorischer Allgemeinheit gedacht das universale Erkenntnisziel bezeichnet, in dem sich das zwecktätige Interesse, also hier in der Wissenschaft das theoretische Interesse, vollendet befriedigen würde. Und zu dieser Zweckidee gehören in selbstverständlicher Konsequenz mit die Arten und Formen zwecktätiger Leistungen, welche in idealer Allgemeinheit gefaßt die apriorische Erfordernis der Erzielung eines solchen Zieles darstellen, also zur Vollendung <*Ms.* vollendeten *statt* Vollendung> des Erkenntnisinteresses notwendig geforderte Mittelglieder sind. || **351**,19 *nach* Die Logik als *gestr.* apriorische || **351**,19–20 *nach* Wissenschaft von dem *gestr.* gesamten || **351**,28 *nach* Typen *m. Bleist. gestr.* und empirische Normen || **351**,29–30 die in aller Auswirkung eines rein theoretischen Interesses *Einf.; es folgt m. Tinte u. Blaust. gestr.* geleitet von der zunächst || **351**,30 *nach* Zweckidee *m. Tinte u. Blaust. gestr.* wie sie in Erwägung reiner Möglichkeiten ihrer Erfüllung *radierte Lücke* theoretisches Interesse erweckt ist, die reine Möglichkeit dieser Zweckidee selbst als reine Möglichkeit || **351**,31–**352**,1 *von* Immerfort *bis* zu ihnen hinleiten *Einf.; es folgt m. Blaust. gestr., m. Lücken infolge Radierens (in diesem Text mehrere Streichungen m. Tinte)* Möglichkeit verbleibend, will sie, was hierin beschlossen ist, intuitiv entfalten, also die Wesensformen echter Erkenntnisse, die als wissenschaftliche möglich sind, der Erkenntniskomplexionen, die als Erkenntnismethoden zulässig sind, die höhere Gestaltung zu universalen Theorien, die ein Erkenntnisgebiet universal umspannen <*von* die höhere *bis* umspannen *Erg.*>. In den so gewonnenen Evidenzen, betreffend den echten Zielsinn wissenschaftlicher Erkenntnis und die dazu beschlossenen reinen Möglichkeiten || **352**,1 In all dem *V. für ausradierten Text* || **352**,5 *nach* die Methoden echte *m. Blaust. gestr.* ihre Wahrheit begründende || **352**,11 *nach* als solcher. *m. Bleist. u. Blaust. gestr.* mit all den systematischen Möglichkeiten möglicher besonderer Wissenschaften, die aus der Allgemeinheit der Idee selbst hervorgehen mögen. || **352**,14–15 *nach* Richtlinien. *gestr.* erwachsen || **352**,17 *nach* Wort in *gestr.* besonderen Sinn || **352**,18 *nach* heutzutage *gestr.* hier || **352**,22 sogar *Einf. m. Bleist.* || **352**,25–26 *von* nicht anders als *bis* Astronomie *Einf.* || **352**,30 *nach* gemäß, *m. Blaust. gestr.* sich || **352**,30–34 *von* nun ab *bis* logische Rechtfertigung *Einf. statt urspr., m. Tinte u. Blaust. gestr.* sich von Grund aus reformierend, eine bewußt normgerichtete Wissenschaft in bewußt normgerichteter Methode sich gestaltet oder mindestens sich zu gestalten strebt. || **352**,34 nicht mehr bloß naive *V. für* eine bewußt aus Prinzipien sich rechtfertigende || **352**,35 *nach* Interesse sein.

*m. Tinte u. Blaust. gestr.* eine Wissenschaft, die nicht naiv erkennen, sondern sich in logisch gerechtfertigten Methoden bewußt gestalten *dafür zwischen den Zeilen eingefügt von* Jeden Schritt *bis* rechtfertigen. || **352**,37 Also *Einf. m. Bleist.* || **352**, 46 *nach* Skepsis *gestr.* und erwuchs || **353**,2 *nach* begründen. *gestr.* und zwar auf || **353**,3 natürlich *Einf. m. Bleist.* || **353**,8 Und *Einf. m. Bleist.* || **353**,9 wirklich *Einf. m. Bleist.* || Doppelpunkt *Einf. m. Blaust.* || **353**,11 höheren *V. für* höchsten || **353**,12 Indessen *Einf. m. Bleist.* || **353**,19–20 *von* zwar nicht *bis* aber doch *Einf.* || **353**,20 *nach* Stufe, *gestr.* aber doch || **353**,22 apriorischen *Einf. m. Bleist.* || **353**,26–27 *von* verlor *bis* begreiflich: *Einf.* || **353**,34 dieses *V. für* das || **353**,37 in der neuesten Zeit *Einf. m. Bleist.* || **354**,4 *vor* Der Mangel *m. Tinte u. Blaust. gestr.* einzelne wissenschaftliche Erkenntnisse und Erkenntnismethoden beherrschen, aber niemand mehr da ist, der die ungeheuren Reiche aller Einzelwissenschaften zusammen beherrschen, über ihre Erkenntnisschätze frei verfügen, sie überschauend genießen könnte. || *Ms.* Die *statt* Der; *es folgt gestr.* Grund- || *nach* scheint *gestr.* mir || **354**,5 zu sein *Einf. m. Bleist.* || er betrifft *Einf.* || **354**,6 *nach* Vereinheitlichung *gestr.* und äußere Ordnung || **354**,7 der Wissenschaften *Einf. m. Bleist.* || **354**,8 derselben *Einf. m. Bleist.* || **354**,11 theoretisch-objektiv *Einf. m. Bleist.* || **354**, 13 *Ms.* deren *statt* die || **354**,14 würden und *Einf. m. Bleist.* || *Ms.* seiner *statt* seine || **354**,18–19 *nach* einzuordnen, *gestr.* der ein aus prinzipiellen Einsichten verstehbarer und daher alle Sonderheit mit universalem Geiste || **354**,20–21 *nach* zu verstehen. *m Blaust. gestr.* von dem aus allen Einzelheiten eine systematische Erleuchtung zuteil werden könnte. Es fehlt in Bezug darauf auch an einer notwendig parallel laufenden phänomenologischen Forschung, einer transzendentalen Urquellenforschung, die ineins mit der universalen Systematik der Erkenntnisgegenstände und ihrer Theorien, der; *statt des gestr. Textes Einf. von* Aber es fehlt *bis* aller Erkenntnis || **354**,22 *von* die tiefste *bis* aus der *Einf.* || **354**,23 *nach* Bewußtseins *z.T. m. Tinte, z.T. m. Blaust. gestr.* nachging und die somit alle Objektivität auf die konstituierende Subjektivität systematisch zurückbezöge. Doch das ist vielleicht zu schwierig. || **354**,23–26 Also es fehlt eine systematische *Einf. m. Bleist.; von* Grundwissenschaft *bis* verschaffte *Einf. m. Tinte* || **354**,26 *nach* verschaffte *der folgende Text kreuzweise m. Bleist. durchstr.; der erste Satz bis zum Doppelpunkt m. Blaust. gestr.* Aber es ist nur ein anderes und populäres Wort, wenn ich sage: Die ‹*Ms.* Den *statt* Die› heutigen Wissenschaften, so sehr sie zu Anfang den Jünger begeistern und in der Tat geistig bereichern, lassen ihn, und uns alle, schließlich doch tief unbefriedigt, weil ihnen, wie wir fühlen, der philosophische Geist fehlt, der Geist der letzten prinzipiellen Reinheit und der letzten und allseitigen Klarheit aus Prinzipien und zuhöchst aus prinzipiell verstehender transzendentaler Aufklärung. Eben darum fühlen wir, daß wir durch sie, wie sie es schließlich doch prätendieren, nicht weiser und besser werden. Fassen wir die Idee der Logik so weitherzig, so groß, wie es meines Erachtens geschehen muß, so wäre auch ein äquivalenter Ausdruck für das Gesagte, daß unseren Wissenschaften die Logik fehlt, die ihnen, als entsprechend hoch entwickelte Ideenwissenschaft, voranleuchten und über ihnen stehend sie durchgeistigen könnte. Nur zu sehr hat der praktische Trieb den reinen Erkenntnistrieb, den Trieb zur Theorie im höchsten und philosophisch radikalsten Sinn überwuchert. Der theoretische Mensch philosophiert nicht, weil es ihm Spaß macht, sondern weil er als theoretischer Mensch sonst nicht selig werden, nicht ein reines theoretisches Gewissen gewinnen kann. ‹*von* Der theoretische Mensch *bis* gewinnen kann. *Einf.*› Nur zu sehr haben die Wissenschaftler die Logik als eine Sphäre methodologischer Besinnungen betrachtet, die ihnen in abstrakter Allgemeinheit nur in den Anfängen nützlich sein mochten, aber jetzt, in den Zeiten entwickelter Wissenschaften nur spezial-wissenschaftlich besondert Zweck hätten, daß sie also von dem Spezialforscher selbst im Zusammenhang mit seiner spezialwissenschaftlichen Arbeit zu leisten seien. Aber die Logik ist nicht bloß dazu da, eine Technik für eine gewisse Sorte nützlicher Geistesleistungen auszubilden, die man wissenschaftliche Theorien nennt, und die doch, wie die Prinzipienstreitigkeiten in allen Wissenschaften zeigen, den theoretischen Trieb nirgends voll befriedigen können. || **354**,31 objektive *V. für* wissenschaftliche || **354**, 33 *nach* zu bringen. *runde Rotstiftklammer offen* || **354**,41 der phänomenologischen *Einf.* || **354**,41–44 *Text von* eine Klärung *bis* erforscht *im Ms. in eckigen Blaustiftklammern; Gedankenstriche vom Hrsg.* || **354**, 41–42 eine Klärung, welche *Einf.* || **354**,45 *nach* verständlich. *Punkt m. Blaust. für durchgestr.* und || **354**,46 aber auch *Einf. m. Bleist.* || **355**,4 Wissenschaft und *Einf. m. Blaust. statt urspr.* und || **355**,7 *nach* Welt *m. Blaust. gestr.* und ihres wahren Seins aus theoretischer Wahrheit || **355**,9 und Normen- *Einf.* || *nach* aller *gestr.* letzten || **355**,11 selbst die *Einf.* || **355**,13 notabene *Einf.* || **355**,25–26 *von* Geist *bis* gekommen ist *in eckigen Blaustiftklammern* || **355**,28 *nach* ist die *gestr.* wesentliche || *nach* ihnen mit *gestr.* Prinzipien || **355**,30 *nach* macht *gestr.* durchleuchtend || **355**,31 *nach* bloße *ausradiert* empirische || **355**,33 *nach* nennt; *gestr.* und || eine Technologie *Einf.* || **355**,35–38 *von* vorangehen *bis* werden können *in eckigen Rotstiftklammern* || **355**,35–36 verstehend *Einf.* || **355**,36 objektiven *Einf.* || **355**,37 und zwar *Einf.* || **355**,40 *nach* sind, *gestr.* sich || **355**,44 *nach* freilich erst *Einf., wieder m. Rotst. gestr.* die Transzendentalphilosophie erweist, warum sie es als Fachwissenschaften und als positive Wissenschaften notwendig sein müssen; || *nach* freilich erst *wiederholt Ms.* erst || **355**,44–45 die transzendentale Logik *Bleist.-V. für* sie || **355**,47 können *Einf. m. Bleist.* || **355**,40–**356**,3 *von* aufzutreten und in solcher *bis* ursprünglich sein wollte. *Einf.; danach folgender mitten im Satz beginnender, in eckigen Rotstiftklammern stehender Text* ... Funktion hat und ich müßte zugleich erkennen, daß jene großen Denker mit ihren vermeinten Überschwenglichkeiten eben auf diese universale Idee innerlich hinauswollten, wie wenig sie auch schon dazu kamen, sie greifbar und systematisch auszugestalten. || **356**,4 in *V. für* nach || **356**,6 diese Logik *Bleist.-V. für* sie || **356**,7 nicht nur *Einf.* || **356**,8 *nach* Disziplinen, *m. Tinte u. Blaust. gestr.* wenn ich also nur Teile und dazwischen die Erörterung allgemeiner Gesichtspunkte bevorzuge, so wird doch die ganze Weise der Behandlung auch hinsichtlich der traditionellen Gebiete ihr Licht von den allgemeinen prinzipiellen Stellungnahmen empfangen. Das wird Ihnen vielleicht einige Vorstellung geben von einer sehr viel fruchtbareren, an aufklärenden Einsichten ungleich reicheren Wissenschaft als derjenigen Logik, die bald als ,,reine Logik", bald als ,,apriorische Methodologie" in so vielen alten oder neueren Gestaltungen vorliegt. ‖ 356,11 *nach* werden muß. *gestr.* und ‖ 356,13 einer *Einf. m. Bleist.* ‖ 356,14 so bilden *Einf. m. Bleist.* ‖ 356,15 *nach* Untersuchungen *gestr.* sind ‖ *nach* denen in *gestr.* formaler ‖ 356,18 *nach* beschäftigen. *m. Bleist. quer durchstr.* Ehe wir an die Sachen herantreten, nur noch ein methodisches Wort: Meine Darstellung soll nicht die in den objektiven Wissenschaften gewohnte dogmatische sein, die feste Ergebnisse mitteilt und dann hinterher erläutert und begründet, sondern eine den lebendigen Gang der Forschung wiedergebende sein. Sie soll den Erkenntnis Suchenden zum selbstdenkenden Erzeugen der Erkenntnis emporleiten. Diese Art der Behandlung unserer Themen ist der Eigenart der Philosophie die angemessenste und zudem übrigens auch der gegenwärtigen philosophischen Lage, mit ihrem Wirrwarr unklarer Theorien. Die Philosophie als Wissenschaft, die letzte Klarheiten und Einsichten sucht, muß alle Erkenntnis im Selbstwerden darstellen aus den Ursprüngen ⟨*Ms.* ursprünglichsten *statt* Ursprüngen⟩ vortheoretischen Lebens, in demjenigen Werden, in dem für den Nacherzeugenden die vollkommene Einsicht entspringt. Und nun beginnen wir schlicht und ganz voraussetzungslos mit einer Anknüpfung an den Namen unserer Wissenschaft. ‖ 356,19–20 *Titel m. Bleist. am Rande* ‖ 356,25 *nach* darlegen, *gestr.* dann vorreichen ‖ 356,27 *nach* Sache *m. Bleist. gestr.* oder der besagte Sachverhalt ‖ 356,28–29 sozusagen *Einf.* ‖ 356,29 der *Blaust.-V. für* die ‖ *nach* geistige *m. Blaust. gestr.* Behauptung, der ‖ *nach* Behauptungssatzes, *eckige Blaustiftklammer offen* ‖ 356,30 dabei *Einf.* ‖ 356,31 *nach* Lehrsatz *gestr.* den Satz ‖ als das, was *Einf. m. Bleist. für gestr. unleserlichen Text* ‖ 356,31–32 *nach* Satzausdruck *gestr.* und … Satzsinn ‖ 356,32 *Ms.* meint *statt* gemeint ‖ ist *Einf. m. Bleist.* ‖ 356,33 *Ms.* den *statt* der = *V. für ausradiertes Wort* ‖ *Ms.* zugehörigen *statt* zugehörige; als Sinn zugehörigen *V. für ausradierten Text* ‖ 356,36 *nach* Behaupten *gestr.* selbst ‖ sonstige *Einf.* ‖ 356,41 an *Bleist.-V für* haben ‖ 356,43 einsichtiges oder *Einf.* ‖ 356,43–44 *nach* gerichtetes *gestr. Einf.* oder sie erzielendes ‖ 356,44 *nach* Denken, *gestr.* auch vernünftiges Untersuchen und Überlegen ‖ *nach* auch *gestr.* Vernunfteinsicht ‖ 357,1 *nach* eine *gestr.* allerprägnanteste ‖ *nach* Prägung *gestr.* aller ‖ 357,5 *nach* gemeint, *gestr., in umgekehrter Richtung stehend* Das Wort Logos, von dem der Name Logik abgeleitet ist, hat verschiedene Bedeutungen: es besagt Wort und Rede ‖ 357,10–11 von Dabei ist *bis* zu finden. *Einf. m. Bleist.* ‖ 357,13–14 begrifflicher *Einf.* ‖ 357,14 *nach* wissenschaftlicher, *gestr.* führt natürlich ‖ 357,15 *nach* habitueller *gestr.* Eigenheiten, entsprechend ‖ 357,16 *nach* fraglichen *m. Blaust. u. Tinte gestr.* richtigen und einsichtig zu rechtfertigenden ‖ 357,18 dieser *V. für* Normative der ‖ *nach* Vernünftigkeit *gestr.* Richtigkeit und einsichtige Rechtfertigung besagen können, und was hier an Erforschbarem vorliegt ‖ 357,19 Spezifische des *Einf.* ‖ 357,20 *nach* Unterscheidung *gestr.* von Gutem und Schlechtem ‖ 357,23 *nach* Gedanken. *gestr.* und speziell wissenschaftliche. Nun das weist wieder ins Normative, es weist auf die höhere Vollkommenheit. || **357**,27 *nach* zurück. *m. Tinte u. Blaust. gestr.* auf die erste Bedeutungsgruppe, die wir für Logos aufgeführt. Und das insbesondere, weil die Lehre von der denkenden Vernunft und Wissenschaft, die Wissenschaftslehre, eben das begriffliche Denken nicht isolieren kann und das Denken überhaupt unerforscht läßt. || **357**,28 normalerweise *Einf.* || **357**,30 *nach* gebunden sind, *gestr.* und in den höheren Gestaltungen die wissenschaftlichen Ergebnisse || **357**,31 *nach* bedient, *gestr.* Gedanken als ausgesagte Gedanken, als Prädikationen kritisiert und || **357**,32 zunächst *Einf.* || **357**,35 *nach* Logos. *m. Blaust. kreuzweise durchstr.* ... hat, und in dieser wertgehaltenen, und im voraus erstrebten Auszeichnung, zum bleibenden geistigen Erwerb wird. Was normiert wird, ist eben bald die Rede, bald der in ihr zum Ausdruck gekommene Gedankengehalt, oder auch das in ihr sich auszeichnende Denken, oder auch hinsichtlich des wahrhaften Seins die besagten und bedachten Sachen. — Die Richtung, die die Bedeutungsverengung auf die Wissenschaft angenommen hat, gibt dann eine besondere Leitung. Sie deutet darauf hin, daß die betreffenden geistigen Vermögen und geistigen Akte, daß die normbedürftigen Typen von Aussagen und Gedankengebilden in den Wissenschaften als solchen eine herrschende Rolle spielen, daß gerade die Wissenschaften als solche und in allen ihren Feststellungen eine letzte vollendete Normgewißheit erstreben und vielleicht eine besonders ausgezeichnete, und eine höchst zu bewertende, vermöge deren eben die wissenschaftliche Vernunft und ihre Erzeugnisse hinausgehoben erscheinen gegenüber der naiven Alltagsvernunft. *dazu am Rande m. Blaust.* 0 || **357**,36 *nach* Logischen *m. Blaust. gestr.* die noch keinen Sinn von einer Normierung aufgenommen haben || sind diese *Bleist.-V. für* hätten wir genauer zunächst || **357**,37 *nach* Gedachtes. *gestr.* mit den zugehörigen Vermögen || **357**,40 *nach* höhere *gestr.* stufige || **357**,42 *nach* Vernunft, *gestr.* zunächst || **357**,46 *nach* wie die *gestr.* einer künstlerischen und einer || *nach* sprachlich *gestr.* belegendem || **358**,2 *nach* Literatur *gestr.* und Wissenschaft || **358**,3 *Titel m. Bleist. am Rande* || **358**,4 viel-fältig *Bleist.-V. für* weit-fältig || **358**,6 Fürs erste *V. für* Zunächst || **358**,7–8 *von* hier eine *bis* übersehen dürfen. *Einf. für urspr. m. Blaust. gestr.* scheiden müssen zwischen dem Sprachlichen selbst und der eben erwähnten literarischen und sonstwie objektiven Äußerung. Die Realisierung und eventuell bleibende Dokumentierung nämlich: || **358**,11 und Aussagesatze *Einf.* || **358**,16 *nach* wiederholtes *gestr.* Lesen und in bestimmter Lautierung die Reden || **358**,31 *nach* Zeichen *m. Tinte u. Blaust. gestr.* mit denen sich ein Aussprechen und || **358**,31–32 *nach* vollzieht, *m. Tinte u. Blaust. gestr.* in dieser von anderen Arten von Zeichen sich die Eigenart eines Ausdrückens || **358**,32 und in vieler Hinsicht *Einf.* || **358**,33 Eins davon ist die *V. für* Das eine, was uns hier interessiert, ist eine gewisse || **358**,34 *nach* pflegt. *gestr.* und evident hervortritt mit der notwendigen Scheidung, die wir zwischen dem Sprachlichen, dem grammatischen Bestand selbst und seinen realen Verkörperungen machen mußten. Das können wir auch so ausdrücken: *Text von* und evident *bis* zwischen dem *in runden Blaustiftklammern* || **358**,36 bloß *Einf.* || **358**,45 Töne *Einf.* || **358**,46 *nach* auch die *gestr.* realen || **359**,2 und ihrem Anschauen *Einf.* || **359**,2–5 *von* Wie die eine Sonate *bis* der Reproduktion. *Einf.* || **359**,10 *nach* aber es *gestr.* sondern || **359**,34 *vor* Die prinzipiellen *m. Tinte u. Blaust. gestr. u. radiert, z.T. nicht mehr lesbar* Die Wissenschaftslehre und zwar ... || **359**,35 der *V. für* des || **359**,36 Objektivitäten *V. für* objektiven || **359**,38–39 in erster Linie *V. für* wie sie später selbst sehen werden || **359**,39 das *V. für* die; *nach* das *gestr.* die Einheit des gegen || **359**,42 Ästhetikers *V. für* Wissenschaftlers || **359**,43 *nach* nicht *Ms.* als || **359**,44 *nach* oder *Ms.* als || **360**,8 historischen *Einf.* || *nach* Gebilde *gestr.* innerhalb || **360**,9 *nach* Kulturwelt ein *gestr.* vermittelnder || **360**,15 *nach* Logiker *gestr.* dessen Arbeitsrichtung gegenüber der sprachwissenschaftlichen freilich noch nicht berücksichtigt ist. || **360**,15–17 *von* Und dasselbe *bis* sprachlich Ausgedrückte *von dünnem Bleistiftstrich gestreift, gestr.* ‹?› || **360**,18 *Titel m. Bleist. am Rande* || **360**, 29–30 *nach* wir diese *gestr.* Rede vom Ausdrücken schon dadurch || **360**,31 *nach* jedem Worte *zunächst m. Tinte u. Blaust. gestr.* mit jeder vereinheitlichten und zuletzt für sich geschlossenen Wortverbindung, die wir; *dann zwischen den gestr. Text eingefügt* etwas gemeint ist, *dies Eingefügte wieder m. Bleist. gestr.; statt des gestr. Textes Einf.* und mit || **360**,32–36 *von* nämlich wo *bis* als was sie sagt. *Einf. m. Bleist., z.T. m. Tinte überschrieben* || **360**,44 *nach* können *gestr.* nun || **360**,45 *Ms.* daß *doppelt* || **360**,46 *nach* soll, *gestr.* vermöge welcher || **360**,46–**361**,1 *nach* besteht *gestr.* kommt || **361**,1–2 *von* bzw. parallel *bis* verstehende Subjekt *Einf.* || **361**,7 *nach* vollzogen. *gestr.* und mit den dadurch mit sinngebender Beseelung durchleuchteten Worten: beides || **361**,8 und sonst noch *Einf.* || **361**,13 *nach* bleiben also *gestr.* auch || **361**,17–18 *von* Außer Betracht *bis* psychische Erlebnisse, *Einf.* || **361**,20–21 aber natürlich nur *Einf. u. von* soweit in *bis* ich sage dir ... *Einf.; Anführungszeichen v. Hrsg.* || **361**,22 der behauptenden Aussage *Einf.* || **361**,23–24 *nach* wir mit dem *gestr.* Äußern der Worte oder dem Innern || **361**,28 eben der, etwas auszudrücken *Einf.* || **361**,29 *nach* des Sprechens *gestr.* nämlich zur Funktion der Sinngebung || **361**,29–31 *von* also jedes Erlebnis, *bis* es heißt Denken, *Einf.* || **361**,32 *nach* Vermuten *unleserlich gestr. Text* || **361**,33–34 wie ich gleich bemerken möchte *in eckigen Bleistiftklammern* || **361**,34–37 *nach* bestimmende ist *gestr.* wir; *der folgende Text bis* wissenschaftlich zu überschauen *in eckigen Bleistiftklammern* || **361**,39 Reiche *Einf. m. Bleist.* || **361**,40 *nach* möglicher Sinne *gestr.* Konstitution || **361**,41 *nach* entsprechend. *gestr.* Reiche || **361**,45 Es *Bleist.-V. für* Vielleicht || **362**,2 wird *Bleist.-V. für* würde; *Ms. folgt z.T. m.Bleist., z.T. m. Tinte u. Blaust. gestr.* Aber vorläufig lassen wir noch diese Feinheit und erforschen naturgemäß zuerst den Umfang und die Wesensumgrenzung der Denksphäre unseres weitesten Begriffes. Befaßt sie alle ‹psychischen Erlebnisse› überhaupt oder sind nur gewisse ausgezeichnete zur Funktion der Sinngebung befähigt, bilden unsere Denkerlebnisse also eine bei aller Vielartigkeit fest umgrenzte Klasse? Überlegen wir. || **362**,2–8 *von* Wir erforschen vielmehr *bis* jetzt klar machen *Einf.* || **362**,5 *nach* Zuhören *gestr.* und Lesen eine sinngebende Leistung vollziehen || **362**,6 *Titel vom Hrsg.* || **362**,21 *nach* gehaßt, *gestr.* und || **362**,23–24 der freilich in dieser

Weite nicht üblich ist *Einf. m. Blaust.* || **362**,23–26 *Rb. m. Blaust.* Phänomen des Interesses im engeren Sinn 26 — das wache Leben — *ego-cogito* || **362**,39 *nach* Betätigende *gestr.* das Ich, von ihm geht alles aus oder in es strahlt es wieder zurück || **362**,42 Wort *Einf.* || **363**,5 die durch ihre Ichzentrierung wesensmäßig gegeben ist *Einf.* || **363**,6 hier *Einf.* || **363**,9 *nach* stecken *gestr.* und in dem sie || **363**,10–11 *von* oder ein Erlebniskomplex *bis* Zusammengebautes *Einf.* || **363**,12 Wachheits- oder *Einf.* || **363**,13 Pol *Einf.* || **363**,14 dieser Erlebnisse *Einf.* || *nach* beteiligt, *gestr.* aufweisbar || **363**,14–22 *von* an ihnen als ihrem Ausstrahlungspunkt *bis* auf sein intentionales Thema *Einf.* || **363**,23 die *Einf.* || **363**,29 *nach* Pol. *gestr.* Ich derselbe, der da wahrnimmt, bin der da urteilt, will usw., und was da Ich heißt und in absoluter Evidenz gegeben ist, ist absolut Identisches und Eines. || **363**,30–31 *von* das aber nur *bis* erfaßbar ist *Einf. in eckigen Blaustiftklammern* || **363**,38 seinen *V. für* allen || **363**, 38–39 *nach* ego cogito *m. Rotst. gestr., in runden Blaustiftklammern stehend,* ich nehme wahr, ich fühle, ich will, alles ineins ich denke; *daneben am Rande m. Bleist.* 0 flüchtig! || **363**,41–42 *nach* erfasse, *gestr.* näher || **363**,42–47 *von* nie fehlen können *bis* beschäftigt bin *Einf., Ms. folgt gestr.* meinem Wahrnumgsfeld, aus dem gesamten Gesichtsfeld || **363**,44 *Ms.,* daß *das statt das* || **364**,1 wird *Bleist.-V. für* kann das auch || **364**,6–7 *von* und mit all dem *bis* noch im Griff. *in eckigen Blaustiftklammern* || **364**,7 *nach* Weise *gestr.* in diesem Griff || **364**,8 als waches Ich bin ich *V. für* das Ich ist als waches || **364**,12 aber *Einf. m. Bleist.* || **364**,13 nicht *Einf. m. Bleist., Ms. folgt gestr.* aber || taub *Bleist.-V. für* nicht zu sprechen, es hört nicht daraufhin. || *Stichwort am Rande m. Blaust. in eckigen Bleistiftklammern* Affektion || **364**,19 als *Einf.* || **364**,21 *nach* es können *m. Tinte u. Blaust. gestr.* während solcher wirklichen Wahrnehmungen und sonstiger wirklicher Ichakte || **364**,25 wegdrängen *Bleist.-V. für* wegtreiben || *nach* nicht dabei *gestr.* es ist für dergleichen Hintergrunderlebnisse und ihre Gegenstände und Gefühlswerte nicht wach || **364**,28 *nach* aufgenommen werden *gestr.* nicht in; *danach Einf.* Erst wenn es sie vollzieht, gewinnen sie || **364**,32 *nach* usw. *gestr.* Willenserwägung oder bejahe den auftauchenden Willensentschluß || **364**,36 *nach* Fall *gestr.* der gesamte Strom des Erlebens || *nach* Akte *m. Blaust. gestr.* der Wachheit || *nach* da ist. *m. Rotst. quer gestr., in eckigen Blaustiftklammern* Es gliedert sich nun der gesamte Erlebnisstrom fürs erste in die spezifischen Ichakte, in denen das wache Ich lebt und in die Hintergrunderlebnisse, in denen es nicht lebt als aktueller Zentrierungs- und Vollzugspunkt. Dabei ist es evident, daß dieses aktuelle oder wache Ich selbst nie isoliert auftreten kann und nicht selbst den Charakter eines Erlebnisses hat, sondern nur ist, was es ist, als das *ego* in einem *ego cogito*. *zu Beginn des folgenden Textes Rb.* „Akt im spezifischen Sinn", *der folgende Text außer m. Rotst. zum großen Teil auch m. Blaust. gestr.* Wir nennen nun einen Akt im spezifischen Sinn jedes Erlebnis, das in dieser Art ein Icherlebnis, ein *ego cogito* ist, ob wir dabei in theoretischen Zusammenhängen Anlaß haben, von dem Aktzentrum Ich, dem Subjekt der spontanen Aktivität oder Passivität ausdrücklich besonders zu sprechen oder nicht. Jedes solche Akterlebnis || **364**,39 Jeder Akt im spezifischen =*Einf. von* *neuem Satzanfang für gestr. Text; Stichwort am Rande ,,intentionales Erlebnis"* || **365**,1 *universales Bleist.-V. für ausradiertes Wort* || **365**,1–2 *das durch und durch Bewußtseinsleben ist Einf. m. Bleist.* || **365**,3 *des spezifischen Ichbewußtseins Bleist.-V. für das spezifische Ichbewußtsein* || **365**,4 *nach* Leben *m. Blaust. gestr. Einf.* wie vorhin erwähnt || **365**,11 *nach* haben. *gestr.* von ihnen || **365**, 14 spezifische *Einf.* || **365**,27–28 *nach* Hintergrunderlebnisse *m. Rotst. quer durchstr. Text m. Streichungen, Klammern u. Bleist.-V. (= S. 23a des Ms.)* Natürlich wissen wir von einem Hintergrund und seiner Eigenart nur dadurch, daß jedes intentionale Hintergrunderlebnis in einen Akt sich wandeln kann, daß es in den Lichtkreis der spezifischen Wachheit eintreten kann und daß wir dann rückgreifend das Erlebnis in seinem früheren Modus der Unwachheit finden können und natürlich dadurch, daß das Ich zum aktiven Zentrum seiner Intentionalität wird. Z.B. eine Hintergrundwahrnehmung, eine Hintergrunderinnerung erfährt diese Modifikation, wenn Ich mich dem Wahrgenommenen oder Erinnerten zuwende, es erfasse, mich daran betätige. Ebenso kann ein Urteil, ein theoretischer Gedanke zunächst im Hintergrund als Einfall auftreten, oder ein Wunsch oder ein sonstiges intentionales Gebilde in einer Hintergrundintentionalität auftauchen, dann aber wird das Ich für diesen Gedanken, für diesen Wunsch wach und vollzieht ihn neu und aktuell, in einem aktuellen Urteilen oder Wünschen. Umgekehrt können unsere Akte in Hintergrunderlebnisse sich wandeln, ja es ist ihr Schicksal, daß sie es schließlich immer tun müssen. Z.B. ich fälle einen Urteilsakt, oder einen Wunsch, einen Willensakt; wenn ich mich dann aber ganz anderen Dingen zuwende und mich an ihnen betätige, ist der frühere Akt als Akt nicht mehr vorhanden, und doch ist er nicht in ein Nichts verwandelt. Auch wenn ich das Urteil nicht im Griff behalte (wie ich es tue im Zusammenhang einer theoretischen Erörterung, in der ich es noch weiter gebrauchen kann), ist das Urteil in gewisser Weise, gleichsam schlafend noch da, es ist im Hintergrund noch bewußt, aber in der wesentlichen Modifikation eben des Hintergrundes. *zu diesem Text Rb. m. Blaust.* Das habe ich mündlich an früherer Stelle gesagt! || **365**,30 *nach* Akten *gestr.* zwar einerseits || *nach* modifiziert sind *gestr.* und anderseits || **365**,31–33 *von* so daß wir *bis* dieselben. *Einf.* || **365**,38 *nach* umgekehrt. *gestr.* wenn ein Akt seinen eigentlichen Aktcharakter eingebüßt hat || **365**,38–39 Urteilen *V. für* Urteil || **365**,39 Urteilen *V. für* Urteil || **365**,40 *nach* von genau demselben. *gestr.* Und der Gegenstand der Wahrnehmung ist sogar genau in der Erscheinungsweise, von denselben Seiten, mit denselben Bestimmungen erschienen, der Urteilsgegenstand || **365**,41–47 *von* Daß die Erlebnisse im Übergang *bis* dann wieder patent, *Einf. statt folg. quer m. Blaust. gestr. Textes* In der Bewußtseinsbeziehung auf die bewußte Gegenständlichkeit, Wahrnehmungsgegenständlichkeit, Urteilsgegenständlichkeit usw. ändert sich überhaupt nichts, nur eben, daß im Hintergrund der Ichvollzug fehlt. Aber eben das gibt doch wieder dem ganzen Erlebnis einen völlig anderen Modus. Die beständigen Wandlungen, welche vollzogene Akte in entsprechende Hintergrundmodi von gleichem intentionalen Gehalt überführen, machen die Redeweise unvermeidlich, der Akt rücke in den Hintergrund oder versinke in ihn, verliere dann seine Aktualität, werde zum potentiellen oder latenten Akt. Oder auch seine Intentionalität sei nur eine latente. Sie werde eine patente, wenn der Akt eben zum patenten und das ist wieder wirklichen Akt wird, zu einem wirklichen *ego cogito*. || **366**,3 ihn *Bleist.-V. für* es || *nach* macht, *gestr.* eben für uns das Argument bewußt macht || **366**,4 *nach* ist eine *gestr.* schlafende || Intentionalität *Einf. m. Bleist.* || *nach* bis wir *gestr.* uns || *nach* gewissermaßen *gestr.* darauf stürzen || **366**,6 *nach* vollziehen. *m. Bleist. gestr.* Hier wären freilich noch viele verfeinernde Beschreibungen möglich; aber wir haben schon von den wundersamen Eigentümlichkeiten der Bewußtseinsphänomene so viel kennengelernt, daß wir für unser Thema den erwünschten Nutzen ziehen können. *zu diesem Text Rb. m. Bleist.* Das ist nicht das eigentliche Thema der Vorlesung. || **366**,7–8 *Titel vom Hrsg.* || **366**,9–10 des Denkens ineins mit der Rede, das an ihr die sinngebende Funktion übt *V. für* das wir dem rein sinnlich-sprachlichen Gehalt in Reden und auch Lesen gegenüberstellten. Wir können jetzt sagen: || **366**,13–14 *von* Das betrifft *bis* sinngebende Denken. *Einf., der folg. Schluß der Einf. wieder m. Blaust. gestr.* Es besteht in Denkakten || **366**,13–16 *Text von* Das betrifft *bis von* Akten *in eckigen Blaustiftklammern; noch innerhalb der eckigen Klammern d. folg. m. Blaust. gestr. Text* In ihnen vollzieht das Ich die aktuelle Sinngebung des zusammenhängenden Ausdrucks || **366**,17 *nach* in diesen Akten *gestr.* und ihrer patenten Intention || **366**,18 *nach* „ausdrücken". *m. Blaust. gestr.* Der Hörende, Lesende hat korrelative Phänomene, indem er die Meinung aufnimmt, vollzieht auch er Denkakte, in denen er auf das mit den Worten Ausgedrückte gerichtet ist. Doch lassen wir jetzt die genauere Überlegung des Unterschiedes der Denkakte, die der Hörende, der Nachverstehende vollzieht, gegenüber den Akten des aktuell Redenden noch unberücksichtigt. Bevorzugen wir ausschließlich den Redenden und, wie wir wollten, ohne ihn sich ... *Fortsetzung des Textes ausradiert* || **366**,19 ferner *Bleist.-V. für* dann || **366**,19–24 *Rb. m. Rotst.* Unterschiede innerhalb der Patenz. Das spezifische Meinen. || **366**,25 *nach* auf sie *gestr.* in aktivem Bewußtsein || *nach* gerichtet *wiederholt Ms.* gerichtet || **366**,27 diese *Bleist.-V. für* dies:*; nach* diese *m. Blaust. u. Tinte gestr.* in den Kreis des spezifisch wachen Bewußtseins oder || **366**,29 *nach* Ichbeteiligung. *m. Blaust. wieder gestr. Einf.* Aber auch noch ein Weiteres ist zu nennen, worauf der Ichblick ruht || **366**,31 *nach* ihnen *m. Bleist. gestr.* wie wir sagten || **366**,32 *nach* Ineinander *unleserlich gestr. Text* || **366**,33 der Einheit des *Bleist.-V. für* des || **366**,38–42 *von* Sowie wir *bis* Ausdrücke. *in eckigen Blaustift- und Bleistiftklammern* || *danach folgt gestr.* Ich sage nun || **366**,45 reine *V. für* wache || **367**,3 *Stichwort am Rande m. Blaust.* Interesse und Thema *darunter m. Blaust.* durchsehen! || **367**,4 wie *V. für* in die || **367**,9 grammatisches *Einf.* || **367**,12 wesentlich *V. für* ganz || **367**,12–14 *von* Die einen und andern Worte *bis* Mal nicht. *Einf.* || **367**,15 könnte *V. für* kann || **367**,17 *Ms.* Gegenständen *statt* Gegenstand || **367**,20 *nach* für das *gestr.* Subjekt || *nach* Thema ist *gestr.* der Akt die Form des thematisch Interessierten hat. Sind nun, indem wir sprechen, unsere Worte in unserem Ichblick, aber nicht

⟨als⟩ unser Thema bewußt, so haben wir || **367**,23 ist *V. für* heißt || **367**,24–26 der in der Weise des Interesses auf ein im Aktgehalt liegendes Thema gerichtet ist *V. für* des in der Weise des Interesses auf einen Aktgehalt als Thema gerichteten Aktes || **367**,25–26 *nach* gerichtet ist. *Einf., wieder gestr.* Auch || **367**, 28 *nach* anhaftet, *gestr.* bestimmt sich dann näher || **367**,29 eine *V. für* seine || **367**,30–31 *nach* thematischen Sinn. *gestr.* Thema, als was in Rede steht als Sache des ausdrücklichen Interesses || **367**,37 *nach* Zeichens *gestr.* selbst ein || **367**,37–38 zuwiderlaufende *V. für* Zuwiderlaufendes || **367**,38 sie *V. für* ein || *Ms.* zu trotzen *statt* zum Trotz; zu *Einf. m. Bleist.* || **367**,38–39 *Ms.* zu Trotz *statt* zum Trotz || **367**,39 es ist ein phänomenologischer Charakter *Einf.; es folgt gestr.* wenn man sich ihm primär zuwendet || **367**,41 *nach* Sinn *gestr.* oder Bedeutung || **367**,43 Akte im Modus der *Einf. m. Bleist.* || **367**,47–**368**,7 *Text von* Selbstverständlich *bis* „Gemeintes". *in eckigen Rotstiftklammern* || **368**,3 *Ms.* kann *statt* können || **368**,11 *nach* in der *gestr.* fragenden Rede ist es eine Frage-Meinung usw. || **368**,12 *nach* fragenden Rede *Ms.* ist || **368**,14 synthetisch miteinander verknüpft zur Einheit eines Aktes *Einf.* || **368**,15 ihren einzelnen Worten und Sätzen *Einf. m. Bleist., m. Tinte überschrieben* || **368**,16 *nach* wir eine *gestr.* vielgliedrige || **368**,17 verknüpfen *V. für* verzahnen || *nach* für *gestr.* unser || **368**,18–19 und nun einheitlich sinnvollen *Einf. m. Bleist., m. Tinte überschrieben* || **368**,19 *nach* konstituieren. *m. Bleist. gestr.* in der ein einheitlicher Gedanke zum Ausdruck kommt. || **368**,22 *Rb. m. Rotst.* Doppelschichtigkeit in der Bedeutungsschichte. Ein spezifisches Meinen || **368**,25–26 zugleich *Einf.* || **368**,28–30 *von* Wir haben *bis* charakterisiert. *Einf. m. Bleist., z.T. m. Tinte überschrieben* || **368**,31 des Denkens eine *Einf. m. Bleist.* || **368**,31–33 *von* mit der zugleich *bis* hervortreten wird *Einf.* || **368**,32 *nach* Neuartiges *gestr.* allgemein || **368**,39 *nach* „meint". *gestr.* Er meint, was die Worte aussagen. || **368**,42 *nach* hat es *m. Bleist. gestr.* ein ganz anderes Gewicht || **368**,44 dieses *V. für* das || **368**,45 wie *Bleist.-V. für* und || **368**,46 Allerdings *V. für* Anderseits || **369**,1 aber *Einf. m. Bleist.* || **369**,2 speziell *Einf.* || die Worte *V. für* sie || **369**,7 Besonders *Einf.* || **369**,8 grammatischen Themen *V. für* grammatisches Thema || **369**,9 diese Themen *V. für* dieses Thema || **369**,12 im prägnanten Wortsinn *Einf.* || **369**,15 Akte *Einf.* || **369**,18 *Ms.* Thema *statt* Themas || **369**,20 *Ms.* Akt *statt* Akte || **369**,19–23 *von* Der Ausdruck Meinen *bis* Akt überhaupt *Einf.* || **369**,21 *Ms.* gebrauchen *statt* bezeichnen || **369**,24 mit evtl. vielen Sonderthemen *Einf.* || **369**,27 eingeflochten als *Einf.; Ms. folgt gestr.* ein meinender || **369**,28–30 *von* die Worte *bis* gehört *statt* urspr. das Wort „Interesse" angedeutet, gehört || **369**,35 und Vorgängen *Einf.* || **369**,36 in *V. für* mit || mit *V. für* an || **369**,37 *nach* ihnen *gestr.* mehr oder minder interessiert || **369**,42 *nach* nun aber *Ms.* in || noch für einen Augenblick in die spezielle *Einf.* || **369**,43 *nach* zurück, so *z.T. m. Blaust., z.T. m. Tinte gestr.* gehört es zum Wesen jeder aktuell und normal fungierenden Rede, daß beständig das eine und nur das eine Glied der Aktverbindung (in dem der Sinn bewußt ist) die Gestalt eines thematischen Interesses haben kann und haben muß. Diese aber denke || **369**,44 *nach* thematischer *m. Tinte u. Blaust. gestr.* und der Hinweisfunktion || **369**,46 vollständiger ausgedrückt *Einf.* || **369**,47 *nach* normalen *gestr.* fungierenden || **370**,1 *nach* Interesse. *m. Blaust. gestr.* Es || Wortzeichen *Einf. m. Bleist.* || **370**,9 sozusagen *Einf.* || **370**,10–11 *von* und daß man *bis* Sollen verletzt. *Einf.* || **370**,13 vor allem *V. für* und damit || **370**,18 *nach* Willensmeinung. *gestr.* Indem wir jetzt die nötigen Scheidungen vollziehen und näher erwägen, werden wir zugleich die Denkakte selbst näher charakterisieren lernen, die korrelativ mit ihren Sinnesgehalten dazu berufen sind, logische Untersuchungsthemen zu werden. *unterhalb dieses Textes nicht-gestr. Bemerkung m. Blaust.* Fortsetzung der sachlichen Untersuchung (alter Text) 27 || **370**,23 *nach* hinausführen. *gestr.* und || **370**,23–26 *von* Eigentlich drängte *bis* wollen nun *Einf.* || **370**,34 *nach* auf die *gestr.* Sprache zur || **371**,1 *nach* die *gestr.* echte || **371**,2 *nach* überhaupt. *gestr.* Diese zunächst unklare und sehr unbestimmte Leitidee einer Weltwahrheit oder einer Wahrheit, die || **371**,2–3 *von* Unter dem Titel *bis* forschenden Interessen *Einf.* || **371**,4 *nach* Weltgebiet *gestr.* umspannt || *nach* erkennen *gestr.* und die in einem rein theoretischen Streben systematisch erzielt werden sollte, sollte || **371**,4–5 Diese zunächst unklare Leitidee der Wissenschaft *Einf.* || **371**,13 Weisen des *Einf.* || **371**,18 auf das Erkennen *Einf.* || **371**,30–32 *von* und die Blickrichtung *bis* der Theorie. *Einf.* || **371**,34–35 *von* Einsicht *bis* auf Wahrheit. *Einf.* || **371**,36 *Ms.* Sätzen *statt* Sätze || **371**,37 Folgesätzen *V. für* neuen Sätze || **371**,43 bloß *Einf.* || **371**,44 *nach* Satz, *gestr.* Grundsatz oder Lehrsatz || **371**,45–47 *von* In diesem Sinne *bis* Urteil. *Einf.* || **372**,1 richtete *Bleist.-V.* für richtet || **372**,6 elementare Urteils- *Einf.* || **372**,7–9 *von* Hierher gehörte *bis* heißen. *Einf.* || **372**,8 gehörte *Bleist.-V. für* gehört || **372**,15 *nach* prinzipiell *gestr.* Falschheit ergeben || **372**,27 *nach* in der Tat *gestr.* den || **372**,32 gerichteten *Einf.* || **372**,33–34 also in Hinsicht auf eine Kritik der Erkenntnis *Einf.* || **372**,35 *nach* Theorie *gestr.* der || **372**,37–38 *von* obschon *bis* prätendierte *Einf.* || **372**,42 fühlte *Bleist.-V. für* fühlt || **372**,43 *Ms.* standen *statt* war || **372**,43–44 dieses Nebeneinander *Einf.* || **372**,44 *nach* Bedeutungslogik *gestr.* und zudem in ihrer merkwürdigen, obschon selten eigestandenen Verwandtschaft mit der analytischen Mathematik — neben || **372**,45 *nach* Untersuchungen *gestr.* und Streitigkeiten || **373**,1–2 *nach* was es *gestr.* in der || **373**,2 *Ms.* sogenannten *statt* sogenannte || *nach* dunkel. *Einf. in eckigen Klammern, m. Tinte gestr.* In diese Unverständlichkeit erschien auch die formale Mathematik einbezogen, deren nahe Verwandtschaft mit der Syllogistik und deren Zugehörigkeit zu einer formalen Theorie möglicher Wahrheit in neuester Zeit immer dringender empfunden wurde. || **373**,3 *nach* die *gestr.* neue || **373**,9–12 *von* und sie fragt *bis* verständlich machen. *Einf.* || **373**,13 *nach* gemacht *gestr.* von || **373**,14 *nach* des Bewußtseins *gestr.* zu Bewußtsein || **373**,16 verborgene *V. für* ausradiertes Wort || **373**,20 Hinweis am Rande *m. Bleist.* Beilage, dazu Bleistiftzeichen || **373**,20–23 Text *von* Geht man *bis* Schließens usw. *in eckigen Bleistiftklammern* || **373**,28–30 *von* So führt *bis* zurück. *Einf.* || **373**,31 *nach* Da zeigt sich *gestr.* sofort || *Ms.* Teil *verschrieben statt* Titel ‹?› || **373**,34–36 *von* wobei *bis* fungieren kann. *Einf.* || **373**,37 *vor* Wir *m. Blaust. gestr.* So ist es überhaupt. || spezifische *Einf.* || *nach* Denken, das *gestr.* so weit ist || **373**,41

Akte und *Einf.* || **373**,43 *nach* vorsprachliches *gestr.* ist || ein solches *Einf.* || **373**,45 *nach* zu sein. *Bleistiftkreuz* || **374**,5–6 *von* Wir wollen *bis* sinngebendes. *V. für* Wir gehen nun zum dritten der von uns aufgestellten Titel über ‹und› knüpfen hier an. *danach folgender m. Blaust. gestr. Text* Wir schieden ja, den Bedeutungen des Wortes Logos entsprechend, Rede, Denken, Gedachtes. Während der Untersuchung des zweiten Titels nötigte uns freilich die Betrachtung der Beziehung des Denkens zum Reden selbst, darauf achtsam zu werden, daß auch der Titel Wort oder Rede eigentlich ein Doppeltitel ist, daß nämlich das Wort selbst betrachtet werden muß und anderseits das Bewußtsein, und zwar Aktbewußtsein, in dem das Wort für uns da ist. Ebenso scheidet sich uns also auf der Sinnesseite das denkende Meinen und das in ihm Gemeinte. *hierzu Stichwort m. Blaust. am Rande* Meinen und Meinung || **374**,6–7 Und wir hatten schon *V. für* Und es hatte sich || **374**,8 *Ms.* der Gedanke *statt* den Gedanken || **374**,10 *nach* Urteil selbst *gestr.* die Wünsche im || *Ms.* der *statt* den || **374**,12 *nach* gebraucht, *gestr.* in seinem weiteren wie auch in dem engeren Sinn thematischen Meinens || **374**,13 *vor* In der *gestr.* Mindest || **374**,16 *nach* Unterscheidungen *gestr. Einf.* größte wissenschaftliche Interessen berührt werden || **374**,16–17 *von* für alle diese *bis* insbesondere *Einf.* || **374**,17 auch *Einf. m. Bleist.* || **374**,18 *nach* Disziplinen *gestr.* zugehören, alles abhängt || sind *Bleist.-V. für* ist || **374**,19 *nach* Wichtigkeit *m. Blaust. gestr.* Indem wir diese Unterscheidungen vollziehen und näher erwägen, werden wir zugleich die Denkakte selbst näher charakterisieren lernen, die, wie korrelativ ihre Sinnesgehalte, dazu berufen sind logische Untersuchungsthemata zu werden. *dazu Hinweis m. Blaust., wieder m. Blaust. gestr.* Beilage 3.Bl. || **374**,20–22 *von* Daß hier *bis* Einsichten. *Einf., statt folgender, wieder gestr. Einf.* Freilich haften an der Klärung des dem Denken als Gedanke, Meinung oder auch „Sinn" Einwohnens ‹*Ms.* einwohnt *statt* Einwohnens› und des Wie dieses Einwohnens große Probleme und Schwierigkeiten. || **374**,22–23 *von* Wir scheiden *bis* Sinn selbst *V. für* Wir sagen also, Meinen ist nicht Meinung, der sinngebende Akt ist nicht der Sinn selbst. || **374**,23 *Ms.* der *statt* den || *Ms.* der *statt* den || **374**,28 und vielleicht verleihen zu können *Einf.* || **374**,32 spezifisch *Einf.* || **374**,32–33 thematisch *Einf.* || **374**,33 thematischen *Einf. m. Bleist.* || **374**,34–37 *von* Gehen wir *bis* hoffnungslos ist. *Einf. m. Bleist.* || **374**,38 *Titel vom Hrsg.* || **374**,39 äußeren *Einf.* || **374**,40 unverändert dastehenden *Einf.* || **374**,42 wir sehen ihn *V. für* betrachten ihn || **374**,43–45 *Stichwort am Rande m. Rotst. u. Tinte* Wahrnehmung und Wahrnehmungssinn || **375**,5–8 *von* Dieser Wandel *bis* aufmerkendes Bewußtsein. *Einf.; Ms. folgt gestr.* Von ihm sagen wir, daß || **375**,8 *Ms* vom *statt* von einer || *Wendung Bleist.-V für*$_k$ *ausradierten Text* || **375**,9 Prägnanter *V. für* Besser || *von Wendung V. für ausradierten Text* || **375**,9–20 *von* und am besten von *bis* auf das äußere Objekt *Einf.; statt urspr. m. Blaust. gestr.* In dieser natürlich-naiven Einstellung auf ein Ding, auf einen vor uns stehenden Baum, sind die unaufhörlichen Wandlungen unseres Erlebens, die unaufhörlichen Wandlungen der Erscheinungsbilder von ihm bewußt, aber nicht im thematischen Blick; sie sind nicht erfaßt, nicht unser Betrachtungsgegenstand. || **375**,14 in *V. für* aus || **375**,17 äußeren *Einf.* || **375**,21 reflektive *Einf.* || **375**,23 -bilder *V. für* -erlebnisse || **375**,25 zeitlich *Einf.* || **375**,26 *bei* wir finden es *im Ms.* wir *und* es *V. m. Bleist. für Ausradiertes* || **375**,26–27 (und es ist anders gar nicht denkbar) *in Bleistiftklammern statt urspr. Kommata* || **375**,28 hat *Einf.; es folgt m. Tinte u. Blaust. gestr.* meint ihren erscheinenden Gegenstand. Aber dieser, in jeder als || **375**,31 derselbe; derselbe *Einf. m. Bleist.* || **375**,32 *nach* Erscheinungen *gestr.* derselbe || Und *Einf. m. Bleist.* || **375**,35 und zeitlich außereinander *Einf.* || **375**,38 die stetig *V. m. Bleist. für Ausradiertes* || **375**,39 *nach* Wir nennen nun *m. Bleist., Blaust. u. Tinte gestr.* dieses in der Reflexion auf die Erlebnisse (das heißt in dieser thematischen Blickwendung auf das Wahrnehmungserleben selbst und seine Gehalte) evident hervortretende Selbige und alles, was wir an ihm finden, also das in der kontinuierlichen oder diskreten Identitätssynthese normaler Wahrnehmungen durch Reflexion evident bewußte Identische als das überall Vermeinte bzw. im Wechsel der Erscheinungen erscheinende Identische den Sinn aller dieser Wahrnehmungen. Im voraus sage ich: *von* als das überall *bis* dieser Wahrnehmungen *urspr. Abschluß des Satzes nach* hervortretende Selbige || **375**,41–43 *von* Im voraus *bis* Das sagt, *Einf. m. Bleist.* || **375**,43 wir können *V. m. Bleist. für Ausradiertes* || **375**,44 *nach* machen, *gestr.* können und stets || **375**,45 Strecken *V. für* Phasen || **375**,46 gesonderten *Einf.* || **376**,1–2 *Rb.* Das ist aber ein zweiter Begriff von Sinn = 0 || **376**,2 Überall *V. m. Bleist. für Ausradiertes* || gegenständlichen *Einf.* || **376**,3 *nach* Erlebnisse. *Einf. m. Bleist., wieder gestr.* und alles, was wir an ihm selbst finden, wenn auch wechselnd, rechnen wir zum Sinn, als wechselnden Modus. Doch wird uns das auf Scheidungen führen, die wir mit der Begriffsbildung Sinn werden verbinden müssen. *Ms. folgt m. Bleist. gestr.* In der Tat hat in dieser Art jedes Bewußtsein seinen Sinn. || **376**,1–3 *Stichworte am Rande m. Blaust., in eckiger Bleistiftklammer* Sinn als „immanenter oder intentionaler Gegenstand" || **376**,11 oder Negation *V. für unleserlich Durchstrichenes* || **376**,13–14 nicht zu bestreitendes *Einf.* || **376**,14 *nach* Erfahrung *gestr.* oder sonstwie || **376**,15 *nach* Baum *gestr. Einf. für* uns || **376**,17 rechtfertigenden Ausweisung *V. für* Erweisung || **376**,18–19 gegenständlicher *Einf.* || **376**,20 Wahrnehmungsobjekt *V. für* Ding || **376**,21 nichts weniger als *Einf.* || wirkliches *Einf.* || **376**,22 *nach* Wahrnehmende *gestr.* hier || *nach* vollzogen hat, *gestr.* ob || **376**,22–23 *von* die er und *bis* neue Erfahrungen *Einf.* || **376**,29 naiv *Einf.* || **376**,30 *nach* Daseinsgewißheit *gestr.* als wirklich || **376**,31 zu setzenden *V. für* gesetzten || **376**,33 Es ist uns einerlei *Einf.; Ms. folgt gestr.* hat, oder || möglichen als *Einf.* || **376**,33–34 zu begründenden *Einf.* || **376**,35 unserer *V. für* der || **376**,40 *nach* übereinstimmen. *m. Tinte u. Blaust. gestr.* Dieses allen solchen Wahrnehmungen unter allen Umständen einwohnende identische Baum-Erscheinende, der erscheinende Baum als solcher, ist der Sinn und || **376**,40–43 *von* Wir können das *bis* unabtrennbaren Sinn. *Einf.; Ms folgt gestr.* wie aus ihren evidenten Identifizierungen hervorgeht || **376**,43 evident *Einf.* || **376**,44 aber Immanentes *V. für unleserlich gestr. Text* || **376**,47–377,4 *von* vom Gegenstand der Wahrnehmung *bis* Baum als solchen. *V. für m. Blaust. u.*

*Tinte gestr.* und spricht man immer vom Wahrnehmungsgegenstand, wo man dieses immanent Identische der Wahrnehmung meint. || **377,5** *nach* etwa im *gestr.* Kino || *Ms. zweimal* und || **377,6** entspricht nichts in der Wirklichkeit *V. für* existiert nicht in der Wirklichkeit, sondern nur in meinem || **377,9–10** Ding schlechthin, d. i. kein Ding in der faktischen Natur = *Einf., z.T. m. Bleist., z.T. m. Tinte;* nach ist kein Baum, kein *urspr. Schluß des Satzes:* Naturobjekt || **377,15–16** *Anführungszeichen m. Bleist.* || **377.27** *Ms.* Aspekten *statt* Aspekte || **377,32** *Ms.* kommt *statt* kommen || **377,32–35** *von* Vom Sein dieses Erlebnisses *bis* weiter beurteile. *Rb. m. Bleist.* || **377,37** was *V. für* wovon ||

## Ergänzender Text V (S. 379–393)

*Der Erg. Text V umfaßt den größeren Teil des Manuskriptes A III 9. Das Manuskript enthält im Umschlag 1/25 23 Blätter (=Bll. 2–24 Archivpaginierung). Es ist von Husserl auf Seite 1 in folgender Weise datiert St. M⟨ärgen⟩ 1920; einiges aus 1921. Auf Bl. 12a findet sich mit Bleist. die Zeitangabe wohl auch St. Märgen 1920; auf Bl. 15 steht ebenfalls m. Bleist. St. M. 1920. Der Text des Manuskriptes ist mit Tinte stenographiert und mit Rotst., Blaust. und Bleist. bearbeitet. Auf der Vorder- und Rückseite des 1. Blattes finden sich die folgenden ausführlichen Inhaltsangaben zum Manuskript* Subjektivität und Objektivität. Verschiedene Begriffe von Objektivität (Erfahrbarkeit, Transzendenz, intersubjektive Erkennbarkeit). Einteilung objektiver Gegenstände. cf. am Schluß entsprechende Ausführung von 1921.

„σ 1–3" Das ideale Erkenntnissubjekt „Jedermann". α 1 ff. Das Ansich, Wahrheiten an sich, 1) die jedes mögliche freie Erkenntnissubjekt erkennen kann — Reich formaler Rationalität und sein formal Subjektives in Beziehung auf sich selbst. Die Unendlichkeit der „rein rationalen" Gegenstände ein konstruierbares System, eine definite Mannigfaltigkeit; 2) Scheidung: objektive, nicht-objektive Gegenstände. Immanente Gegenstände nur für ein Subjekt. Anamnesis für immanente Hyle und für rein rationale Gegenstände. Immanente und transzendente Gegenstände in Beziehung auf den Unterschied: adäquat anschaubar und nicht adäquat anschaubar; die ersteren die immanenten im erweiterten Sinne.

α 3) Die transzendenten Gegenstände zerfallen in reale (=individuell transzendente Gegenstände) und irreale. Sinne als irreale Gegenstände (auf Individuen bezogene Sinne, Wahrheiten); rationale Gegenstände als ideale, adäquat erschaubare Gegenstände.

Das kontingente Apriori. Eingangsblatt. Kontingente Gegenstände. Transzendente Gegenstände nur gegeben als in der Immanenz konstituiert. Sinnliche Konstitution, kategoriale Konstitution. Subjektive und objektive Gegenstände. Das Problem der Möglichkeit der Wahrnehmung β, ein fundamentales Problem: Kontingenz und formales Apriori im Verhältnis zueinander.

Aus 1921: Objektive Erfahrung und solipsistische Erfahrung. Universum wechselseitiger Verständigung. Objektivität als Intersubjektivität, Erfahrbarkeit und Erkennbarkeit = die kategoriale Form der Objektivität. Stufengang; das erste Objektive der fremde Leib, dann das Subjekt etc., Probleme der Stufen der Objektivität. Wahrheiten an sich, Wissenschaften, die nur relative intersubjektive Geltung haben. Absolut objektive Wissenschaften, Objektivität in „allen" Domänen, erweiterter Wahrheitsbegriff.

*Die Bll. 2, 3 und 4 bilden den 1. Abschnitt des Erg. Textes. Nicht abgedruckt sind die Ms.-Bll. 6–10, die in einem Sonderumschlagblatt 5/11 liegen. Die Bll. 12–14, die von Husserl mit σ1, σ2 und σ3 paginiert sind, stellen den 2. Abschnitt des Erg. Textes dar. Es folgen als Anfang des 3. Abschnittes die Bll. 15 u. 17, welche die Original-Blaustiftbezeichnung α1 u. α2 tragen. Bl. 16 ist mit Bleist. als zu α 2 gehörig gekennzeichnet. Es wird daher nach Bl. 17 abgedruckt. Es folgen als Abschluß des Erg. Textes die 3 Bll. 18–20 des Manuskriptes, original mit Blaustift als α3, α4, α5 paginiert.*

*Die letzten beschriebenen Blätter des Manuskriptes (Archivpaginierung 21–24) sind nicht abgedruckt. (Die 3 ersten dieser Blätter sind von Husserl m. Blaust. als β1, β2, β3 beschriftet. Das abschließende Bl. 24 ist ein von Husserl nicht gekennzeichnetes Einzelblatt, wohl aus einer anderen Abfassungszeit.)*

**379**,3–5 *Überschrift des I. Abschnittes* = *Zusatz m. Blaust. über Seite 2* ‖ **380**,14 *allgemeinen Einf.* ‖ **380**,24 *nach* übrig? *im Ms. folgender unvollständiger Satz* Nämlich ich habe nicht nur die logische Form der allgemeinsten ont. Logik, ein Etwas von Eigenschaften. Ich sehe vielmehr *Satz bricht ab; nach* vielmehr *der Anfang von Seite 3a m. Tinte u. Blaust. gestr.* Nach diesen wenig klaren Meditationen wiederholen wir: 1) Logisch-Mathematisches ist Gemeingut. Die logisch-mathematischen Wahrheiten sind objektiv, sind Wahrheiten an sich. Die logischen Gegenständlichkeiten sind Gegenständlichkeiten an sich. Was besagt dieses an sich? Für jedes Subjekt ist diese Welt des Mathematischen zugänglich und als absolut identische erkennbar — für jedes Subjekt, das wir uns fingieren als frei denkend, und jedes Denksubjekt können wir uns als frei fortdenkendes fingieren.

*zum gestr. Text m. Blaust. gestr. Erg. am Rande* Die Gegenstände, deren Sein in der ursprünglichen Konstitution besteht, die mit ihr anfangen und aufhören, sind nicht wiederholt wahrnehmbar und sind in perzeptiver Kenntnisnahme ursprünglich erkennbar nur auf Grund ihres ursprünglichen Konstituiert-gewesenseins, ihrer Erinnerung. Aber wenn sie wiederholt wahrnehmbar sind in perzeptiven Kenntnisnahmen, die getrennt sind durch Zeiten, wo die Gegenstände nicht ursprünglich konstituiert waren? Wie erkenne ich die Identität eines Phantoms? Daß es nicht aufgehört hat und wieder angefangen hat, das kann ich gar nicht erkennen. Die Möglichkeit einer kontinuierlichen Wahrnehmung ist denkbar, aber nicht motivierbar. ‖ **380**,34 *nach* die Ms. *für* ‖ **380**,36–37 aber nicht jedes mögliche Ich *Erg.* ‖ **380**,44 *Doppelpunkt Einf. v. Hrsg.* ‖ **381**,4 letzt *Einf.* ‖ **381**,8 *Ms. gibt statt* gehören ‖ **381**,7–8 *Rb.* Relativ gilt das für alle rationalen Wahrheiten überhaupt ‖ **381**,12 *nach* erschauen *gestr.* und dann ‖ **381**,16 daß in ihr *Einf.* || **381**,27 *Stichwort am Rande* Ein Fundamentalproblem; *danach m. Bleist.* NB || Beispiele: *Einf.* || **381**,30 *Rb.* kontingentes und formales Apriori in ihrem Verhältnis zueinander || **381**,32–33 usw. Nun überlegen wir *Einf.* || **381**,44 *Ms.* müssen *statt* müsse || **382**,13 *Hinweis am Rande* cf. Rand; *m. Blaust.* NB || **382**,15 formal apriorische *Einf.* || **382**,27 *nach* Möglichkeit *gestr.* dieser || **382**,33 kein *Einf.* || **383**,3–8 *von* Noch eine *bis* aktives Ich. *Erg. am Rande* || **383**,9 *Der Titel* Das ideale Erkenntnissubjekt *über Seite 12a hinter spitzer Klammer übergeschrieben.* || **383**,29 seine *Einf.* || **384**,7 *über* freiem *Ms.* frei || **384**,17 erwägen *V. für* bedenken || **384**,26–27 wesensmäßig zusammengehörige *V. für gestr.* von eigener Art || **384**,27 *Ms.* einem *statt* einen || **384**,28 *von* als *bis* Möglichkeit *Einf.* || **384**,32 *Rb. m. Blaust.* neu ausarbeiten || **384**,35 abgewandeltes *Einf.* || **384**,37 mit- *V. für* von seiten des Ich || **384**,38 wie auch *V. für* oder || *von* (eines *bis* überhaupt) *Einf.* || **384**,43–44 *von* wenn *bis* verfügt *Einf.* || **384**,30–**385**,4 Text *von* Immer wenn ich *bis* das es als nicht wahr erkennt *Einf.* || **385**,5 ein *V. für* mein || **385**,6 z.B. *Einf.* || **385**,7 logische Bildungen vollzieht oder Möglichkeiten von solchen *V. für* Möglichkeiten entwirft || **385**,8 es nicht *Einf.* || **385**,10 *nach* das es *gestr.* vielmehr gar nicht || **385**,13 z.B. *Einf.* || **385**,16 möglichen *Einf.* || **385**,17–18 *von* aber auch *bis* übe. *Einf.* || **385**,26 *Ms.* seine Freiheit denkenden Tuns ‹denkenden Tuns *Einf.*› *statt* Freiheit seines denkenden Tuns || **385**,27 *nach* eines *gestr.* Aktes || *nach* Handelns *gestr.* und die zugehörigen Motivationen sind nicht Aktmotivationen, wie sie die Akte in freien Zusammenhängen bestimmen, sondern passive Motivationen || **385**,30–31 so auch der Denkfreiheit *Erg.* || **385**,31 *Ms.* Jede *statt* Jedes || *nach* logische *gestr.* über überhaupt || **385**,31–**386**,2 *von* Thema birgt in sich *bis* das Ziel der Wahrheit stellt. *Einf.* || **386**,11–12 *von* oder, sich *bis* entnimmt; *Einf.* || **386**,14 *nach* Ich *gestr.* das || **386**,15–17 *von* Ziele der *bis* bestimmt ist. *V. für ursp.* Aktmotivationen der doxischen Sphäre bestimmt ist || **386**,27 *das erste* als *der Zeile Einf.* || gedacht wird *Einf.* || **386**,29 *Rb. m. Blaust.* Die beiden letzten Blätter in übler Disposition geschrieben; neu ausarbeiten; der Hauptsache nach ‹der Hauptsache nach *V. für* einiges› wohl sicher ‹sicher *Einf.*› doch brauchbar. || **386**,31 mögliches *Einf.* || **386**,32 *nach* denkend *gestr.* oder || **386**,40–47 u. **387**,44–45 Fußn. = Rb. || **387**,1 *nach* Ich *gestr.* für || **387**,2 *von* die und *bis* das und *Einf.* || **387**,4 realiter *Einf.* || **387**,5 Gebilde *Einf.* || **387**,9–18 *von* Ich kann mir auch *bis* so doch nicht die durch Farbe. *Einf.* || **387**,15 *nach* seine *gestr.* immer || **387**,18–19 Was die Materie anlangt? *V. für urspr.* Aber bezieht sich das nicht eigentlich bloß auf die Sphäre der reinen Aktmotivationen und so auf die reinen Wahrheitsgesetze? Aber nein. || **387**,19 Farben sind und *Einf.* || **387**,20 notwendig *Einf.* || apriori *Einf.* || **387**,23 *nach* weiterdenkt *im Ms. der folgende, Bl. 15 a (= α1) einleitende, Satz* Das an sich Seiende, das Substrat von an sich zusammenseienden Prädikaten, von Wahrheiten an sich, objektiven Wahrheiten. || **387**,27 *nach* das *gestr.* seine || **387**,28 *nach* könne *gestr.* ein Subjekt || **387**,29 *nach* Horizont *gestr.* Bereich || **387**,37 *nach* mögliche *gestr.* wie || **388**,10 *Doppelpunkt Einf.* d *Hrsg.* || **388**,31 *nach* daß es *gestr.* sich || **388**,35 *Hinweis am Rande* vgl. die Beilage 1–3, Versuch einer näheren Ausführung 1–3 (= *nicht abgedruckte Bll. 21–23*)

|| *nach* jedes *gestr.* ideale Vernunft-Ich nur || **388**,37–38 in gewissem Sinne *Einf.* || *Rb* percipiert sein = originär konstituiert sein oder gewesen sein || **388**,39–40 nicht percipiert sind oder gewesen sind. *eingefügter Schluß des Satzes statt urspr., gestr.* nicht erkannte sind (erkannte in einem beliebig bestimmten Zeitpunkt der immanenten Erkenntniszeit). || **388**,41 Der ideale Gesamtumfang *Einf.*; *das anschließende der V. für die* || **389**,2 reell *Einf.* || *nach* formal *gestr.* logisch || **389**,10 Ms. er *statt* es || **389**,22 anschaubare *V. für* erkennbare || **389**,23 anschaubare *V. für* erkennbare || rein *V. für* formal || **389**,24 erschaubar *V. für* erkennbar || **389**,27 nach allem, was er in sich ist *Einf.* || **389**,30 und vorigen *Einf.* || **389**,31 individuell *V. für* reell || **389**,32 individuell *V. für* reell || **389**,37–38 konstituierte *V. für* erschaubare || **389**,38 *nach* überhaupt *gestr.* erschaubar || **389**,41 *Fußn. 1 = Rb. m. Bleist.* || **389**,42–47 u. **390**,44–46 *Beginn d. Fußn. 2* = Immanent im weitesten Sinn bestimmt durch Adäquation = *Rb.; der folgende Text d. Fußn.* = *Erläuterung zur Rb.* || **390**,2 originär *Einf.* || **390**,20–21 *nach* adäquat wahrgenommen *Seite 16 b ganz gestr. Der Text dieser Seite lautet* Nicht adäquat zu gebende Gegenstände können wir transzendente nennen. Das wäre ein neuer Begriff von Transzendenz: Wir müßten dann scheiden individuell (real) transzendente und ideal transzendente: Die realen, transzendenten Gegenstände sind transzendente Individuen, die idealen Transzendenzen sind ideale Gegenstände, die nicht adäquat gegeben sein können. Da alle formal-idealen Gegenstände nach dem Obigen adäquat gegeben sein können und sogar für jedes mögliche Vernunft-Ich, so fragt es sich, ob es andere ideale Gegenstände gibt, die nicht adäquat gegeben sein können; und wieder für die nicht jedem möglichen Vernunft-Ich adäquat zu gebenden Gegenstände ist doch zu sagen, daß sie einem Ich, dem sie so nicht gegeben sein können, transzendent sind. Es würden sich danach scheiden: an sich transzendente Gegenstände, die jedem möglichen Ich transzendent sind und relativ transzendente Gegenstände; Gegenstände, die an sich „immanent" adäquat konstituierbar sind, die aber nicht das für ein jedes Ich sind, wie für dieses also.

Der Begriff des Immanenten besagt: Gegenstände sind nicht denkbar ohne ein Ich, das sie erkennen, originär erfassen kann, und sie heißen immanent, wenn es ein Ich gibt, das sie originär erkennt oder erkennen kann, transzendent, wenn es kein ‹kein *Einf., Ms. folgt* ein› Ich gibt, das sie ‹*Ms. folgt eingefügtes* nichts› erkennen kann?

Wir müssen genauer sein: Immanente Gegenstände sind Gegenstände, deren Wesen es ist, adäquat erkennbar zu sein. Transzendente Gegenstände aber das sagt: Zum Wesen der einen gehört ein mögliches Ich, das sie adäquat wahrnimmt, zum Wesen der anderen kein mögliches Ich, das sie wahrnimmt. *quer zum Text am Rande:* Scheidung der Gegenstände in solche, die nur ein Ich wahrnehmen kann und in solche, die mehrere Iche wahrnehmen können. Die einen heißen *Text bricht ab* || **390**,22–23 *Rb.* Erweiterter Begriff von Transzendenz. Individuell, real ‹real *Erg. m. Bleist.*› immanente — individuell transzendente Gegenstände; ideal, irreal ‹irreal *Erg. m. Bleist.*› immanente — ideal transzendente. *darunter m. Bleist.* siehe unten || **390**,24 die transzendenten *V. für* immanente ||

**390**,25 = *Einf. m. Blaust.* || — *Einf. m. Blaust.* || **390**,28 *nach* ideal *gestr.* transzendent || **390**,34–42 *Rb.* Idee als Überzeitliches, Irreales. Sinne als ideale Gegenstände: bessere Terminologie statt „ideal" vielmehr irreal || **390**,40 *nach* individuierenden *gestr.* aber || **390**,43 Sinne *V. für* Ideen || **390**,42–**391**,3 *Rb.* reale Gegenstände = Individuen = individuierte Konkreta || **391**,4–12 *Rb. m. Bleist.* vielleicht daher besser: individuell gebundene irreale Gegenstände || **391**,16 *nach* daß *gestr.* es || **391**,17 Nun aber *V. für* Allgemeiner aber || **391**,18 ersteren *Einf.* || **391**,21 *nach* Diese *gestr.* rein || **391**,22–25 *von* wohin *bis* auszeichnenden *im Ms. in eckigen Klammern; nach* gelten *im Ms. runde Klammer offen; die entsprechende geschlossene runde Klammer von Husserl durch die geschlossene eckige Klammer überschrieben* || **391**,26–27 *Rb.* Rationale („apriorische") Gegenstände = ideale, adäquat erschaubare Gegenstände || **391**,27–39 *Rb.* Eine Einteilung der rationalen Gegenstände (der apriorischen) in material oder kontingent apriorische und in formal oder absolut apriorische, absolut rationale. || **391**,28 mögliche *Einf.* || **391**,39 *Stichwort am Rande* Begriff der Kontingenz || **391**,41 *nach* nur *unleserlich gestr. Text* || **391**,43–47 *Fußn.* = *Rb.* || **392**,1–2 *Klammern vom Hrsg.* || **392**,2 *Ms.* b) das *statt* das b) || **392**,4 zunächst *Einf.* || **392**,7–9 *von* Dann die *bis* Güter *Einf.* || **392**,10 originär *Einf.* || **392**,12 *nach* absolut *gestr.* reale || **392**,16–17 Ding- *Einf.* || **392**,26 *nach* Dingliche Transzendenzen *unleserlich gestr. Text* || **392**.35 *Anführungszeichen m. Blaust.* || **392**,35-36 *Ms.* bestimmten *statt urspr.* bestimmen || **392**,38–39 *von* oder einer *bis* Wiedererinnerung) *Einf.* || **392**,40 *nach* wenn *Ms.* nicht || nie *Einf.* || **392**,43 z. B. *Einf.* || **392**, 45–47 *Rb. hinter spitzer Klammer* Unsere definierte Transzendenz gegenüber der Möglichkeit ‹Möglichkeit *Einf.*› der Adäquation, originäre Erschauung und Transzendenz im Sinn der Objektivität || **393**,3 *Ms.* (nicht-objektiv ist) *statt* (nicht-objektiv) ist || **393**,3–4 *von* bloß subjektiv *bis* wieder *Einf. statt gestr.* der Wahrnehmung und Erinnerung gegenüber wieder || **393**,7–8 *Rb.* Wahrnehmung, nicht gerade Erfassung || **393**,9 aktuelle *Einf.* || **393**,10 *nach* und *gestr.* dabei || **393**,11 in *Einf.* || **393**,16 ins Dasein *Einf.* || **393**,17 *nach* sich *gestr.* als || **393**,19 *nach* Phantom, *Ms.* nicht || **393**,20 *Hinweis am Rande* dagegen und dafür Beilage *m. Blaust.* 6 Bl. || **393**,22–23 *von* doch nur *bis* Phantom ist *Einf.* || **393**,23 *Ms.* er *statt* es || **393**,29–30 *Rb.* Und diese muß die Gestalt der kausalen haben. Das Jetzt muß das Nicht-Jetzt, das Hier muß das Dort binden; und das im Sinne der Erfahrungsgegenständlichkeit selbst. ||

Ergänzender Text VI (S. **394–414**)

*Der Erg. Text VI gibt den größten Teil des Manuskriptes A I 30 wieder. Das Manuskript enthält in einem Umschlagblatt 1/36 zwei kleine Sonderkonvolute (Umschag 2/7 u. Umschlag 8/28), an die sich der Rest der Ms.-Blätter 29–35 anschließt. Das Umschlagblatt 1/36 trägt folgende von Husserl wohl 1929 oder später notierte Aufschriften* Formale Logik und Erkenntnislehre 1925. Zur eventuellen Ergänzung oder Nachprüfung der „formalen und transzendentalen Logik" von 1929 (= *Überschrift des Erg. Textes*), *und* jedenfalls genau zu beachten für das neue logische Buch über die Grundformen der Erkenntnisinhalte (der ursprünglichen Urteilsinhalte); aber auch zu den ‹Cartesianischen› *Meditationen;* zum Schluß eine Tafel der verschiedenen Begriffe von ,,Widersinn". *darunter mit Blaust.* kategoriale Denkakte. *Das erste kleine Konvolut des Manuskriptes (Bll. 2–7) wird im Erg. Text nicht abgedruckt. Der Erg. Text beginnt mit Blatt 9a, dem ersten Blatt des Konvolutes 8/28. Das Umschlagblatt 8 dieses Konvolutes ist folgendermassen beschriftet* Formale Logik als Logik der Formen bestimmender Sätze. (= *Überschrift des 1. Abschnittes*) Formale Ontologie und Kategorienlehre. Oct. 1925; Wichtiges, zum Teil Grundlegendes; *daneben mit Bleist.*

Begriff der Kategorien, Wichtiges 1 ff.; *darunter mit Blaust. gestr.* Voran 1 wichtiges Blatt; jede Logik schließt das Unsinnige aus — sie setzt voraus, daß das Denken sich auf ein Gebiet bezieht; *links am Rande m. Bleist.* 7 Bl.

*Bl. 9a ist auf* Oct. 1925 *datiert. Auf dem durchstr. Bl. 16a findet sich am Rand m. Bleist. vermerkt* Mit den neuen Zusätzen am Schluß (1925). *Das Manuskript könnte insgesamt aus 1925 stammen.*

*Bl. 9a trägt m. Bleist. den Hinweis* 7Bl. *Die Bll. 9–15 in der Archivpaginierung sind von Husserl entsprechend m. Bleist. von 1–7 paginiert. Sie bilden den 1. Abschnitt des Erg. Textes. Die Bll. 16–19 der Archivpaginierung, in der Originalpaginierung als 1+, 2+, 3+ u. 4+ gekennzeichnet, bilden den 2. Abschnitt. Der 3. Abschnitt enthält die Bll. 20–23 (m. Bleist. in der Originalpaginierung von 1a–4a numeriert). Auf Bl. 20 ist oben m. Rotst.* gut *vermerkt, daneben m. Blaust.* NB. *Die Bll. 24 u. 25 machen den ersten Teil des 4. Abschnittes aus. Das halbe Blättchen 24* (= *Originalkennzeichnung* Beilage zu $A_1$, *m. Blaust.* NB) *folgt im Drucktext auf Bl. 25 der Archivpaginierung, das original m. Tinte u. Blaust. als* A *u.* $A_1$ *gekennzeichnet ist (am Rand Hinweis* Beilage). *Die beiden letzten Bll. des Konvolutes 8/28, 26 u. 27 in der Archivpaginierung (Originalkennzeichnung m. Blaust.* $A_2$ *u.* $A_3$), *sind im Erg. Text nicht abgedruckt. (Vgl. dazu die textkritische Anmerkung zu S.* 409, *11.) Die Bll. 29 u. 30 in der Archivpaginierung, von Husserl m. Blaust. als* I (NB) *u.* II (NB) *beschriftet, bilden den mittleren Teil des 4. Abschnittes. Die keine Originalpaginierung aufweisenden Bll. 31 u. 32 stellen den letzten Teil des 4. Abschnittes dar. Im 5. Abschnitt des Erg. Textes sind die letzten 3 Blätter des Manuskriptes (33–35) abgedruckt. (Die Bll. 33 u. 34 sind m. Rotst. als* I *u.* II *gekennzeichnet. Bl. 33 weist zusätzlich m. Rotst. ein* NB *auf. Bl. 35 weist keine Numerierung von Husserls Hand auf.)*

**394**,7 analytische *Einf. m. Bleist.; vor* Die analytische *gestr.* Zunächst ||
**394**,7–12 *Rb.* Formale Bedeutungslogik, Logik bloßer ,,Sinne", Kategorienlehre der Satzsinne. Grundlegend || **394**,14 *Ms. ist statt* sind || *nach* Kunstlehre *gestr.* und die logische Wissenschaft || **394**,22 *nach* daß *wiederholt Ms.* daß || **395**,7 *nach* kann *gestr.* über *und* ein‹?› || **395**,37 *über* ihn *gestr.* mich || **395**,45–**396**,2 *Rb.* Jede Betrachtung der Meinungen setzt sie natürlich in Beziehung auf Subjekte, die aktuell meinend, glaubend sind, für die Meinungen das Was ihres aktuellen Meinens sind ‹*Ms. ist statt* sind› || **396**,8–9 *Stichwort am Rande* analytisch logischer Sinn ||

bzw. Unterscheidung *Einf.* || **396**,12 oder nicht identische *Einf.* || **396**,13 oder nicht identische *Einf.* || **396**,14 *nach* andere *gestr.* worin Welt der || **396**,18 analytisch *Einf.* || **396**,21 *nach* erscheint *gestr.* adäquate Erscheinung || **396**,26 *nach* Konsequenz-Logik *gestr.* denn formale Klarheits- und Wahrheitslogik || **396**,31–39 *Rb.* Gegenständliche Sinne gegenüber anschaulichen Erscheinungen (mit Fülle) in der sinnlichen Sphäre. Erweiterung der Idee einer formalen Bedeutungslogik: Begrenzung des Sinnes der *mathesis universalis* gegenüber dieser Erweiterung. || **396**,32 sinnlich *Einf.* || **396**,36 deutlich *Einf.* || **396**,46 *Anführungszeichen m. Blaust.; nach* Sinnes" (*m. Blaust. gestr.* des Logischen || **396**,47 *Hinweis am Rande* Frage der Formenlehre bloßer Gegenstandssinne || **397**,4 selbst *Einf.* || **397**,11 die Modalitäten *Einf.* || auch Gleichheit, Ähnlichkeit *Erg. am Rande* || **397**,16–17 *von* als apophantische *bis* Weite *Einf.* || **397**,19 *Ms.* Bestimmung *statt* Bestimmungen || **397**,20 und letzten Kerne *Einf.* || **397**,23–28 *Rb.* Formale Logik der letzten Substratsinne; oberste Kategorie als Kategorie von Substratsinnen, aber dann *eo ipso* von Substraten als möglichen || **397**,24 und bestimmenden Inhalten *Einf.* || **397**,28 *Ms.* Bezügliches *statt* Bezügliche || **397**,30 *Ms.* gemäß der *statt* gemäß den || **397**,36 *nach* als *gestr.* Gegenstands || **397**,37 möglichen *Einf.* || *Stichwort am Rande* Individuen || **397**,38 sinnlicher *Einf.* || **397**,42–43 *von* (als *bis* Urteilssubstrate) *Einf.* || **398**,6 letzten *Einf.* || **398**,10 *Ms.* welchen *statt* welches || *nach* urteilend *gestr.* denke || **398**,37 *Ms.* streiten *statt* streitet || **398**,38–39 *von* mit anderen *bis* jeden dann *Einf.* || **398**,45–**399**,11 *von* Es ist zu bedenken *bis* durch die Substratkategorie *Einf.* || **399**,5 *nach* da *wiederholt Ms.* da || **399**,14 *nach* sich *gestr.* im weitesten Sinne || **399**,16 *nach* vorgenommen werden *m. Tinte u. Blaust. gestr.* oder auf diejenigen Sätze (Urteile), die als Sätze auf Sätze hin (auf vorgesetzte Sätze, auf „Gründe" hin) charakterisiert sind || **399**,17–18 *nach* Urteilen *gestr.* oder Sätzen || **399**,20 unmittelbar *Einf.* || **399**,22 *nach* mittelbar *gestr.* durch || **399**,24 könnte *statt* urspr., *gestr.* müßte. || **399**,24–25 von vornherein *Einf.* || **399**,38 *nach* genügt *gestr.* auch || **399**,47 frei *Einf.* || **400**,18 *nach* offenbar *Einf. m. Bleist.* 1); *dazu Frage am Rande* 1) Ist das richtig? || **400**,20 *nach* widersprechend ist *gestr.* oder || **400**,22 Bestimmungs-*Einf.* || **400**,26 *nach* oder nicht. *im Ms. folgender Text* (= *S. 14b untere Hälfte u. S. 15 a obere Hälfte*) Aber nun die formale Arithmetik, die formale Ontologie überhaupt, das formale Erzeugen, das Erzeugen von Formen, von leeren ‹leeren *Einf.*› Substratgegenständen für mögliche Bestimmungen, Formen, die nicht aus Bestimmungsformen als solchen hervorgehen, Einheit und Mehrheit, Mehrheitsformen als Mengenformen, Formen der Bildung von Unendlichkeiten bzw. Formen von Unendlichkeiten selbst, Verwandlungsformen und daraus erwachsend Formen von Ganzen und von Teilen. Diese Formen treten dann als Substratformen von Sätzen auf und werden nun in Beziehung auf ihre Widerspruchslosigkeit ausgelesen bzw. hinsichtlich ihrer Konsequenz und Inkonsequenz betrachtet werden können.

Mannigfaltigkeitslehre: Voraussetzung einer offenen Mehrheit sachlich unbestimmt bleibender Gegenstände, bloß bestimmt gedacht als Substrate von Bestimmungssätzen, die als allgemeingültige für sie in „Axiomen"

(Postulaten) festgelegt sind; und zwar so, daß darin Substratbildungen in iterativen Operationen herstellbar vorausgesetzt sind.

Wann ist damit eine definite „Mannigfaltigkeit" definiert, wann ist jede rein grammatisch mögliche Formbildung entscheidbar nach Konsequenz und Inkonsequenz, nach formaler Möglichkeit als Widerspruchslosigkeit oder als Widerspruch? Die Prüfung evtl. Nachweisung der Einstimmigkeit der Grundlagen und ihrer formalen Independenz reicht nicht hin für Definitheit im hier formulierten Sinne. Kann man sagen, daß nur fest bestimmende Sätze (Formen derselben im Rahmen der Grundlagen) definite Entscheidung haben können, nicht aber Existenzialsätze ‹*nach* Existenzialsätze *gestr.* und zwar negative› mit unbestimmten Offenheiten.

*nach* Offenheiten. *der folgende Text (= Seite 16a) m. Bleist. diagonal gestr.* Formale Ontologie und Ontologie der Natur. Die Frage ist, was kann ich über Gegenstände überhaupt aussagen in formaler Allgemeinheit, ohne mich an ein sachhaltig bestimmtes Gegenstandsgebiet zu binden, ohne sachhaltige Arten von Gegenständen zu bevorzugen? Frage ich, was gilt für die Natur überhaupt, so setze ich Naturgegenstände, ich bin in der urteilenden Einstellung (bzw. der doxischen Einstellung), in der Naturgegenstände für mich Wirklichkeiten sind. Ich habe eine unbestimmt allgemeine Sphäre von seienden Gegenständen, aber bezogen auf die sie alle einigende Natur. Und ich frage, was gilt für solche Gegenstände? Ich urteile dabei auch hypothetisch: Gesetzt unter Umständen der und der Art wären Gegenstände ausgestattet mit solchen Kräften, sie bewegten sich mit solchen Beschleunigungen etc., dann müßte der und der gegenständliche Effekt hervortreten. Ich urteile in Gewißheit, in Wahrscheinlichkeit. Ich beurteile auch Wahrscheinlichkeiten und Möglichkeiten. Ich urteile auch über Existenz oder Nicht-Existenz.

So in jeder Sphäre, z.B. in der mathematischen: Ich urteile über die Zahlen der Zahlenreihe. Ich habe ein gegebenes Seinsfeld. Die Zahlenurteile, Zahlbegriffe sind hier so wenig meine Themen wie in der Naturwissenschaft die naturwissenschaftlichen Begriffe und Urteile.

*Zum Anfang des gestr. Textes folgende Randbemerkungen: m. Rotst.* NB; *m. Bleist.* NB; = kurz gesagt: Ich kann urteilen über Gegenstände überhaupt (die Gegenstände), über Gegenstände der Natur ganz allgemein, über Zahlen überhaupt der Zahlenreihe. *darunter m. Bleist.* mit neuen Zusätzen am Schluß (1925) || **400**,28 *Der Anfang des 2. Abschnittes schließt im Ms. als S. 16b unmittelbar an den in der textkritischen Anmerkung wiedergegebenen gestr. Text an.* || *die Einf.* || **400**,33 1) *m. Blaust. überschrieben* || **400**,42 doch *Einf. m. Bleist.* || **400**,42–43 *Ms.* beschränkt ‹?› || **400**,46 2) *m. Blaust. überschrieben* || **401**,12 *nach* reinem Ich *gestr.* in jedem || **401**,19 ebenfalls *Einf. m. Bleist.* || **401**,20 *nach* der *gestr.* auch || **401**,33–34 *Hinweis am Rande* Apriori im ersten und universellsten Sinn || **401**,37–38 *Hinweis am Rande* Apriori im zweiten Sinn || **402**,2 *Anführungszeichen Einf. m. Bleist.* || **402**,3 *nach* Sinne *gestr.* anschaulich || **402**,3–6 *Rb.* Versuch, einen weiteren Begriff von analytischem Urteilen herauszustellen || **402**,4 analytischen *Einf.* || **402**,6 = nicht identisch *Erg.* || *Anführungszeichen m. Blaust.* || *nach* „widersprüchlich" *gestr.* Ist nun nicht jedes reine Überhaupt-Urteilen, Urteilen in reiner Allgemeinheit, ein ausschließlich auf den Sinn bezogenes Urteilen? Aber was soll das sagen? Ich urteile doch nicht über den Sinn Dreieck. || **402**,7–8 *von* gegenständlichen Sinn *bis* oder nicht *Erg. statt urspr., gestr.* Sinn, ich kann auch sagen den grammatischen Sinn || **402**,24 *nach* oder *unleserlich gestr.* Text || **402**,25 *nach* Unverträglichkeit *gestr.* in der Anschaulichkeit || **402**,26 den Unterschied *Einf.* || **402**,29 inhaltlich *Einf.* || **402**,30 *nach* unbestimmt *unleserlich gestr. Text; davor eingefügte Frage:* Kann man ernstlich von einer Zweigliederung ‹?› dann sprechen? || **402**,38 daß sie *Einf.* || **402**,39 *vor* explizieren *Ms.* zu ‹?› || **402**,40–44 *von* Es ergibt sich *bis* heraus‹zu›stellen *Einf.* || **403**,3 *Ms.* lernt *statt* gelernt || **403**,5 *nach* Zeitgestalt. *gestr.* Also ist es doch richtig || **403**,6 *vor* Es ist anderes *gestr.* Also ist es doch wieder richtig || **403**,6–7 leere oder ‹*nach* leere oder *unleserlich gestr. Text*› intuitive ‹*Ms.* intuitiven *statt* intuitive› Wesen als Vollsinne *statt urspr., gestr.* (noematische und nicht noetische) || **403**,11–17 *Rb.* Begriff = Bedeutung, überhaupt Vermeintes als solches, also auch die Sätze, die Urteile „als solche" befassend — aber in freier Variation des anschaulichen Gehaltes, der die Bedeutung zur Bedeutung im Wie der Erscheinungsweise macht. || **403**,11–12 über Reich des „Begriffs" *Erg.* ‹?› die formale ‹–› das der || **403**,12 formale *Erg.* || **403**,13 die reale Ontologie das *Einf.* || Logik *Einf. m. Blaust. statt urspr.* Sie || **403**,14 *nach* auch sagen. *Einf., unter d.* Seite Hier ist natürlich nicht das Ende. Es ist noch Vieles ungeklärt geblieben und noch Wichtigses zu sagen. || **403**,21 *nach* Wahrheit *im Ms. folgender Text* Wie ist zu scheiden: Analytischer Sinn und intuitiver = Erscheinungs- ‹= Erscheinungs- *Einf.*› Sinn, analytische Gedanken (und zwar Urteilsgedanken) und intuitive Gedanken „selbst"? Analytische Begriffe = logische Bedeutungen ‹= logische Bedeutungen *Einf.*› und Begriffe als intuitive ‹*Ms.* intuitives *statt* intuitive› Wesen = Erscheinungen; der bloß gegenständliche Sinn oder der bloß prädikative Sinn ‹*nach* Sinn *gestr.* unabhängig von der Thesis› und das gegenständliche Wesen, der prädikative Sachverhalt selbst als bloßes Wesen, als Möglichkeit. ‹*nach* Möglichkeit *gestr.* Das ist hier verworren stehen geblieben.› || **403**,22 Titel = *Anfangsworte von Seite 20a des Ms.* = *Textanfang des 3. Abschnittes* || **403**,23–29 *von* nennen wir solche *bis* zum Ausdruck kommen *Einf.* || **403**,26 *nach* Akte sind *gestr.* in formaler Allgemeinheit gesprochen || **403**,35 *Ms.* fundiertem *statt* fundierten || **403**,45 *nach* der Unterschied *gestr.* ein || **404**,1 *Ms.* die *statt* den || **404**,32 *nach* damit *gestr.* so || **404**,33 *nach* „Anschauung *gestr.* d.i. || **404**,36 in Evidenz *statt urspr.* evident || **404**,38–40 *von* die im Charakter *bis* ferner darauf *Einf.* || **404**,42 partielle *Einf.* || **404**,44 oder wirklich *Einf.* || **405**,3–4 auszuführen *Einf.* || **405**,5 *nach* „mögliche" *gestr.* vorausgesetzte || **405**,18 Denk- *Einf.* || **405**,21 Denk- *Einf.* || **405**,22 Denk- *Einf.* || **405**,22–27 *Rb.* Die apophantischen Akte zerfallen dann in unerfüllte (partiell oder ganz unerfüllte) und in erfüllte. Die apophantischen Akte machen die Urteilssphäre im spezifischen Sinn aus; genauer Urteil im prägnanten Sinn = ein selbständig abgeschlossener Denkakt, evtl. durch Auslesung aus einem weiteren Zusammenhang zur Selbständigkeit gebracht || **405**,23 kategorialen *Einf.* || **405**,29 exemplarische *Einf.* || **405**,34 geschlossenen *Einf.* || **405**,34–36 *Rb. m. Bleist.* niedere ,,Denk"akte (vorbegriffliche) und höhere des Logos || **405**,40 *Ms.* alle *statt* aller || Akte *Einf.* || **405**,41–42 *nach* Im besonderen *gestr.* Sinn || **405**,42 *nach* ausgezeichnet *gestr.* eigentlich kategoriale || **405**,42–43 *von* zur Norm *bis* Akte *Einf.* || **405**,43–44 evidenten *V. für* in Evidenz vollzogenen || **405**,47 *nach* durch *gestr.* das Kat. || werden *V. für* liefern || **405**,47–**406**,1 *von* und dadurch *bis* erhalten *Einf.* || **406**,4 urteilenden *Einf.* || **406**,6 logischen *Einf.* || **406**,7–8 *von* Damit *bis* der Logik *Einf.* || **406**,9 *nach* etc. *gestr.* Es gibt || **406**,12 *Anführungszeichen m. Rotst.* || **406**,23 Neues *Einf.* || **406**,26–27 der Einfachheit halber *Einf.* || **406**,31 *nach* Redeweise *gestr.* und Denkweise || **406**,38 schlichte *Einf.* || **406**,46 *Ms.* jede *statt* jedes || **407**,1 *von* ähnlich *bis* Disjunktion *Einf.* || **407**,24 *vor* Viele Urteilserlebnisse *Ms.* Ein und dasselbe Urteil || **407**,30 *Anführungszeichen m. Rotst.* || man kann nun sagen *Einf.* || **407**,33 *Ms.* ist (als einer Evidenz) *statt* (als einer Evidenz) ist || **407**,46 -deutlich *V. für* klar || -deutlichkeit *V. für* Klarheit || **408**,1 als dasselbe *Einf.* || **408**,9 *nach* deutlichen *gestr.* und || **408**,13 *nach* mögliches *gestr.* Urteil || **408**,14 analytisch *Einf.* || **408**,21 sachhaltigen *Einf.* || **408**,26 *vor* Mannigfaltigkeit *Ms.* 1) || **408**,32 *nach* Klarheit *gestr.* Evidenz, in der ich || **408**,46–47 *von* (die *bis* Logik) *Einf. m. Bleist.* || **409**,11 *mit* vollziehbares Urteil. *schließen die Bll. 25 u. 24 ab. Ihnen folgen die zwei letzten Bll. (26 u. 27) des Konvolutes 8/28, die weitgehend aus Stichworten und unfertigen Satzstücken bestehen. Ihr Text wird im folgenden wiedergegeben.*

Das Formale im Reich der Möglichkeit und Wahrheit. — ,,Sätze" als analytische Einheiten, als mögliche Urteile (mögliche Denkinhalte). Mögliche Sachverhalte (mögliche Urteile in ihrer relativen und schließlich vollkommenen Fülle). Formale Gesetze für mögliche Urteile überhaupt, Gesetze für Sätze, die einstimmig sollen urteilbar sein können, die, wenn sie gesetzter prädikativer Sinn sind, sollen gesetzt bleiben können. Formale Gesetze für mögliche Sachverhalte, für mögliche Wahrheiten überhaupt oder formale Gesetze dafür, daß ,,Wahrheiten" sollen Wahrheiten und mögliche Wahrheiten sollen mögliche Wahrheiten bleiben können. Wahrheiten hier als Evidenzen, als evidente Urteile, prädikative Selbstgegebenheiten. Diese können aber mit Präsumtionen behaftet sein oder selbst Präsumtionen, Erwartungen sein; evidente, die ursprünglich präsumieren und anschauliche Gehalte in der Form der ,,kommenden" bieten und so sonst. Eine Evidenz kann im Fortschreiten zu neuen Evidenzen erhalten bleiben und ,,bekräftigt" werden, in der Synthesis durch neue ihr aus neuen Evidenzen zuwachsende Fülle bereichert werden, oder sie kann berichtigt werden, aufgehoben. Ich kann hinsichtlich der Substrate an Erkenntnis zunehmen, sie bleiben gegeben und selbst erfaßt, selbst gesetzt und nehmen reicheren Bestimmungsgehalt an, und der alte bekräftigt sich. Ich kann aber auch genötigt werden, das schon evident Gegebene preiszugeben: Widerstreit materialer.

Was hier Sachverhalt heißt, ist nicht Sachverhalt schlechthin und zugleich ⟨zugleich *Einf.*⟩ absolut gesprochen: nicht absolut wahrer Satz, das Korrelat einer vollkommenen Evidenz, die keiner Fülle mehr bedarf und keine Aufhebung mehr zuläßt. — Wahrheit als Idee in der empirischen Sphäre.

Wenn ich ein Wahrnehmungsurteil vollziehe, so setze ich urteilend-einsehend schlechthin, was ich „sehe", und das so schlechthin Gesetzte ist nicht bloß Satz, sondern „Erkenntnis" im noematischen Sinn.

Formale Wissenschaft von den Sätzen, Denkinhalten (bzw. von Denkgegenständen als identischen Substraten von Denkinhalten und evtl. beliebig mannigfaltig zusammengesetzten Denkinhalten). Formale Wissenschaft von den „Erkenntnisinhalten" bzw. von Erkenntnisgegenständen als Substraten von Erkenntnisinhalten — von möglichen Erkenntnisinhalten, die nämlich immer wieder ‹immer wieder *Einf.*› als solche sind; d.i. sind als Erkanntheiten irgendeines Erkennenden, sollen sein können ‹sein können *V. für* immer wieder als solche sein›, die immer wieder sollen erkennbar sein können; von Gegenständen, die ‹*nach* die *gestr.* was› immer weiter ‹*nach* weiter *gestr.* erkannt werden› sollen erkennbar sein können (als dieselben, die erkannt sind ‹*Ms.* sein *statt* sind› und in „Geltung bleiben").

Analytische Logik — Erkenntnislehre. Gesetzmäßigkeiten des „synthetischen" Denkens, des sachlich ‹sachlich *Einf.*› evidenten Denkens, Konsequenz in der Erkenntnis als Erkenntnis.

Das urteilende Denken in Beziehung auf bloße Denkeinheiten, auf bestimmt gegebene oder im formalen Überhaupt. Das erkennende Denken in Beziehung auf bloße Denkeinheiten, analytische Erkenntnis. Denkinhalte von Denkinhalten in beliebiger Stufe. ‹Denkinhalte in beliebiger Stufe *Erg.*› Das erkennende Denken in Beziehung auf Sachen, in Beziehung auf Reales in einem weitesten Sinn. Singuläre Erkenntnis, Erkenntnis von singulären Realitäten. Allgemeine Erkenntnis (überhaupt, universell-partikulär) in Beziehung auf Realitäten, Erkenntnis im prägnanten Sinn realer Erkenntnis. Letztlich bezieht sich oder ist zu beziehen alle Erkenntnis, unmittelbar oder mittelbar, auf Reales. Wissenschaft von Realem überhaupt; Wissenschaft, die Wahrheit über das Reale, über Reales selbst und in Wahrheit finden will. Diese Wissenschaft geht auf reale Erkenntnis in prägnantem Sinn, adäquat oder der Idee nach *in infinitum* bewährbare Erkenntnis.

Das Universum möglicher Erkenntnis als Einheit bezogen auf einen Urteilenden überhaupt oder eine Universalität von miteinander Urteilenden — das Universum als solches möglicher, immerfort identisch verbleibender ‹identisch verbleibender *Einf.*›, also absolut einstimmig-evident verbleibender; das Universum des ‹des *V. für der*› wahrhaften Seins ‹Seins *Einf.*› als Korrelat einer universalen Theorie, eines universalen Systems evident begründeter Urteile, deren Evidenz immer wieder nacherlebt, nachgestaltet werden kann und im Fortschreiten der Erkenntnis nie durch sachlichen Widerstreit zu betreffen ‹ist›.

Urteile müssen preisgegeben werden bzw. können nicht als Urteile (als Überzeugungen) festgehalten werden, wenn sie ‹*nach* wenn sie *unleserlich gestr. Text*› festgehaltenen Urteilen widersprechen. Urteile können nicht preisgegeben werden, wenn sie evident sind und solange nicht andere Evidenzen gegen sie streiten. Unmittelbar und apodiktisch evidente ‹Urteile› innerhalb der Grenzen ihrer Apodiktizität sind absolut fest.

Die Formenlehre der Realitätsurteile und näher der Erkenntnisurteile und der ihnen einwohnenden Erkenntnisgegenständlichkeiten bzw. möglichen Realitäten.

Ontologie der Realitäten, und zwar formale Ontologie der Realitäten als Logik der Realität. Logik der Erkenntnis und Wahrheit: 1) ‹1) *Einf. m. Blaust.; Rb.* Offenbar soll hier Erkenntnis allgemeiner verstanden werden; nicht als Erkenntnis der Realität, sondern als Erkenntnis überhaupt.› Wie wir Denkgegenstände abstrakt fassen und setzen können, so können wir auch Erkenntnisgegenstände (als mögliche Erkenntnisgegenstände, aber darum noch nicht als wahrhaft seiende) setzen, und so, wie wir Denkinhalte als analytisch deutliche Urteilsinhalte setzen können, so Erkenntnisinhalte als evidente (wenn auch unvollkommen evidente) Urteilsinhalte. Dann können die sachhaltigen ‹*Ms.* sachverhaltige *statt* sachhaltige› Materien (die Kerne) als frei variabel genommen werden, und wir gewinnen eine formale Logik der Erkenntnisgegenstände und Erkenntnisinhalte. — 2) ‹2) *Einf. m. Blaust.*› Der Grenzfall innerhalb dieser Logik ‹ist› dadurch bestimmt, daß wir zusammennehmen solche Erkenntnissysteme, die sich zu voller Universalität weiten und dabei in dieser Universalität ‹in dieser Universalität *Einf. m. Bleist.*› jeden sachlichen Widerstreit ausschließen oder in denen ausschließlich apodiktische Erkenntnisse auftreten, apodiktische Gewißheiten, apodiktische Präsumtionen, darunter ‹darunter *Einf.*› apodiktische Präsumtionen für den Bestand universaler Systeme der Erkenntniseinstimmigkeit. Das ist der Fall der Logik der Wahrheit. ‹*nach* Wahrheit *gestr.* oder die› 3) ‹3) *Einf. m. Blaust.; Rb. m. Bleist.* 1) und 2) ist dann gegenüber der Logik der Widerspruchslosigkeit eine formale Logik der möglichen Wahrheit; aber es herrscht noch kein spezifischer Sinn von Realität› Was ist dann die reale Ontologie, die Wesensgesetzlichkeit von erkennbaren (erfahrbaren) Realitäten im spezifischen Sinn ‹im spezifischen Sinn *Einf. m. Bleist.*›, die unter der Idee oder idealen Supposition stehen, daß sie sich *in infinitum* ausweisen würden? Es ist eine formale Disziplin, sofern sie zwar auf Anschauung zurückgeht, aber doch die Kerne frei variabel bleiben: nur aber so die sachhaltige Evidenz erhalten bleiben soll. Es bleiben dann noch übrig ‹dann noch übrig *Einf.*› die besonderen, kontingenten ‹kontingenten *Einf. m. Bleist., zum Teil m. Tinte überschrieben*› und die zugehörigen materialen Wesensgesetze.|| **409**,12 *vor* Den Logos stellt man wirklich her *im Ms. zu Beginn von Bl. 29 folgender Text* Analytischer Sinn. Die identische Meinung, als welche soweit selbst hergestellt wird, als man die Termini keiner Klärung unterzieht. Der logisch analytische Sinn, *daneben am Rande m. Blaust.* NB, *m. Bleist.* 0 || **409**,12–18 *Rb.* Der logische Satz ist aber die Idee einer wirklichen oder möglichen eigentlichen Erzeugung. Mein aktuelles Urteil kann dann aktuelle, bloß logische Setzung sein, die den bloßen Satz als aktuelles Urteil geurteilt hat. || **409**,19 logische *Einf.* || **409**,20–21 dieses Urteils ist *Einf.* || **409**,21 urteilenden *Einf.* || **409**,22–24 *Rb.* Gemeintes oder zu Meinendes, und von mir oder von jedem sonst ||

**409**,26–27 (urteilend oder quasi-urteilend) *Erg.* || **409**,28 1) *Einf. m. Rotst.* || **409**,29–30 *von* oder geurteilt *bis* möglichen Urteils *Einf.* || **409**,30 2) *Einf. m. Rotst.* || **409**,32 *Stichwort am Rande* wirkliche und mögliche Wahrheit || **409**,34 möglichen *Einf.* || **409**,41 analytisch *Einf.* || **409**,42 urteile darüber *statt urspr.* beurteile || **409**,45 notwendig *Einf.* || **410**,6–7 *von* — eine logische *bis* voraussetzt *Erg.* || **410**,7 *vor* So können *urspr., gestr.* So wenn || analytischen *Einf.* || **410**,9 vorangehende *Einf.* || **410**,12 *nach* uns *gestr.* evtl. || **410**,16 absolute *Einf.* || **410**,17–18 voll explizierten *statt urspr., gestr.* vollständigen und absolut || **410**,28 *nach* -analytischen *gestr.* Satz || **410**,29 absolut *Einf.* || **410**,30 mindestens *Einf.* || **410**,32–34 *von* Sätze, deren *bis* zurückführt *Einf.* || **410**,35–36 *Anführungszeichen m. Rotst.* || **410**,36 *nach* Sätze" *gestr.* oder analytisch schlechthin || Rahmenbegriff *V. für* Begriff von einer notwendigen Allgemeinheit || **410**,38 *nach* logisch *gestr.* analytisch || **410**,39 *nach* und *gestr.* analytisch || **410**,40 freilich *Einf.* || **410**,41–42 *nach* sind *gestr.* Jeder analytisch wahre Satz (dieses Begriffs) ist, *statt dessen Einf. von* Alle *bis* Widerspruch || **410**,42–43 rein logischen *V. für* analytischen || **411**,1 rein logischen *Einf.* || **411**,4–6 *Alle Anführungszeichen vom Hrsg.* || **411**,17 *Doppelpunkt vom Hrsg.* || **411**,25 *nach* Gesetztes überhaupt etc. *im Ms. der folgende letzte Satz von Seite 31a* Die formale Logik und Ontologie, die Wissenschaft von Gegenständen überhaupt, von Sachverhalten überhaupt rein formal, d.i. von Denkgegenständen (logischen Gegenständen, in allen möglichen logischen Formen, rein logischen Bestimmungsweisen bestimmt gedacht), von Denkinhalten, logischen Sachverhalten, d.i. von allen möglichen Sätzen als Denksätzen, als Sätzen, die rein durch die logische Form bestimmt gedacht sind. || **411**,26 *Rb. über S. 33a* nicht besprochen ist die tautologische Konsequenz; z.B. A und B ist, also ist Nicht-A nicht || **411**,30 *nach* Sinn *gestr.* Zunächst können wir sagen oder zuerst, sie gehören zu den geurteilten Sätzen oder zu den geurteilten Sätzen rein als ideal identischen || **411**,37–38 ein und *Einf.* || **411**,38 oder Bedeutung *V. für* ein und derselbe Sinn || *nach* wir *gestr.* eingefügtes auch || **411**,39 *nach* zurückkommen *gestr.* Urteilen ist von vornherein Urteilen || **411**,44 eine *Einf.* || **411**,46 subjektiven *Einf.* || **411**,47 Urteils- *V. für* subjektiven || **412**,2 ont. *Einf.* || **412**,5 *nach* vielgestaltig *gestr.* aus Sätzen || **412**,6 *nach* gebaut *gestr.* aus selbständig ablösbaren oder unablösbaren || **412**,8 oder Momenten *Einf.* || **412**,12 *von* wie alles *bis* Auszuführende *Erg.; offene Klammer v. Hrsg.* || **412**,14 modalen *Einf.* || **412**,14–15 *nach* Gewißheit *gestr.* was in jedem Fall || **412**,16 *Titel dem Husserlschen Inhaltshinweis auf Umschagblatt 1 entnommen* || **412**,17 formaler Unsinn *Erg.* || **412**,18 inter- *Einf.* || **412**,19 unsinnige *V. für* widersinnige || **412**,28–30 *von* nämlich *bis* leichtsinnig. *Einf.* || **412**,30 jederzeit *Einf.* || **412**,33 *nach* gewinne *gestr.* oder die Verknüpfung, die ich im Lesen des Satzes und im Vollzug des prädikativen „Gedankens vollziehe" || **413**,2–4 *von* nach sachlicher *bis* unsinnig; *Einf.* || **413**,5 *nach* anderen *gestr.* entweder || **413**,22 mögliche *Einf.* || **413**,23 *nach* sachliche *gestr.* Gemeinsamkeit, bzw. || **414**,4 *nach* Bedeutungen *gestr.* die regionale Einstimmigkeit || **414**,7 *nach* jede *gestr.* kat. || **414**,7–15 *Rb. hinter spitzer Klammer* Jede Gegenständlichkeit, auch die kategoriale, ist Identisches

‹?› verschiedener möglicher Bewußtseinsweisen; nicht selbst gebender und selbst gebender etc. || **414**,11 anschauliche *Einf.* || **414**,23 intentionalen *Einf.* || **414**,39 *nach* identifizieren *gestr.* tätig im Erfahren ||

Ergänzender Text VII (S. 415–436)

*Der Text ist dem Manuskript A III 6 entnommen. Er umfaßt die hier in einem Sonderumschlag 74/98 liegenden Blätter 76–97 (mit Ausnahme der Bll. 75 (unbeschrieben) sowie 80 und 81). Der Gesamtumschlag des Manuskriptes 1/99 trägt mit Blaust. die Aufschrift* Bernau. Ontologisches. Bernauer Msc. über Individuation. — 1918 Bernau. Individuation. Beilagen von 1926. Formale Logik als Problem. *Der Teilumschlag 2/18 enthält mit Blaust., zum Teil mit Tinte überschrieben, die genaueren Angaben der Gesamtthematik des Manuskriptes* Bernau 1918, April (durchaus wichtig: gelesen Osterferien 1926). Stufengang der Ontologien von der formalen Analytik bzw. math. Ontologie *(mathesis universalis)* aus zur Ontologie der Individualität.

*Das Manuskript dürfte zum größeren Teil aus 1918 stammen, zum kleineren Teil aus 1926, zu anderen Teilen evtl. auch noch aus anderen Jahren. Der Text scheint von Husserl mehrmals (z.B. 1926, 1930) durchgearbeitet und ergänzt worden zu sein. Die Blätter des Manuskriptes sind innerhalb verschiedener Sonderumschläge, vielleicht zu verschiedenen Zeiten, umgeordnet und numeriert worden. Daher können evtl. manchmal Blätter aus verschiedener Abfassungszeit zusammenliegen.*

*Das Umschlagblatt 74/98 des wiedergegebenen Textzusammenhanges ist oben rechts mit Rotstift mit D2 gekennzeichnet, darunter ist mit Tinte das Datum* Herbst 1926 *eingetragen, links am Rand findet sich ein Hinweis mit Blaustift* Zu Bernau „Syst." *Das Umschlagblatt trägt folgende Aufschriften und Bemerkungen* Reflexionen im Anschluß an die Versuche von 1918, einen Weg von der formalen analytischen Logik zu finden zu einer formalen Logik der Individuation. — Zur Kritik der formalen Logik und ihre Reform zu einer vollen universalen Ontologie. *(Die letzte Bemerkung ist als Überschrift des Ergänzenden Textes genommen worden.)*

*Der folgende Text lautet* Formale Analytik und formale Seinslogik (formale Ontologie des individuellen Seins überhaupt). Grundbegriffe der Seinslogik. Begriffe wie Gattung und Art etc. keine analytischen Begriffe usw.; *dazu Randbemerkung mit Tinte* wichtig; *darunter mit Rotst.* auch zur Begrenzung des „Formalen".

Ein wichtiges Ergebnis der nicht ganz gereiften Bernauer Meditationen von 1918 war diese reinlichere Klarheit über den Unterschied einer analytischen Logik selbst unter Fassung als Logik möglicher Wahrheit, möglichen wahren Seins überhaupt und formaler Seinslogik, die dann wieder in allen Korrelationen genommen werden muß. Seiendes = zeitlich Seiendes. Die Kritik der Logik muß noch weiter geführt werden durch Abbau in den stillschweigenden Voraussetzungen: Intersubjektivität, Einzel-Subjektivität, immanente Sphäre — transzendente Sphäre etc.

Auch zu dem im systematischen Aufbau einer Philosophie notwendigen

„wissenschaftstheoretischen" Anfang einer Klärung der Idee Wissenschaft und ihrer konstitutiven Grundbegriffe gehörig, die evtl. zu einem Aufbau einer Logik der Form mit dient.

*Das erste beschriebene Blatt (76) des Konvoluts ist auf Oct. 26 datiert und enthält Vorbemerkungen Husserls zu einem Teil des folgenden Textes, die wohl nachträglich geschrieben worden sind. Ihr erster Teil lautet* Diese neun guten Blätter können angesehen werden als eine Kritik der naiven formalen Logik (*mathesis universalis*) und, obschon nicht weiter ausgeführt, einer Kritik einer naiven (mundanen) Ontologie und damit natürlich auch als Grundstück einer Erwägung, wie eine voll zureichende Ontologie aufgebaut werden müßte. Der Anfang einer solchen Kritik fehlt nur insofern, daß die Absicht einer solchen Kritik ausgesprochen und daran die Scheidung der Korrelationen, mit denen die vorliegende Meditation anfängt, geknüpft werden müßte. Daß man in der naiven Evidenz doch etwas leisten kann, zeigt sich gerade an der historisch fehlenden Unterscheidung der Stufen einer Logik. *Die letzten Vorbemerkungen dieses Blattes bilden den 1. Absatz des Ergänzenden Textes. Auf dem nicht abgedruckten Bl 82 steht mit Bleist. die Datierung* Todtnauberg 1926 Ostern. *Auf Bl. 86a findet sich am Rande vermerkt dazu* f.S. Bemerkungen von 1926. *Auf Bl. 94 steht wiederum die Zeitangabe* Todt‹nauberg› 1926 Osterferien. *Der Erg. Text VII dürfte zum größeren Teil aus 1926 stammen. Er ist zumindest 1926 in seiner jetzigen Gesamtgestalt von Husserl zusammengestellt und durchgearbeitet worden.*

*Die Blätter 77–80 in der Archivpaginierung sind von Husserl mit Bleist. von 2–5 numeriert. Die Bll. 81 u. 82 sind eingelegt, entstammen aber einem anderen Zusammenhang und werden hier nicht wiedergegeben. Der Text von Bl. 80 wird auf Bl. 83 unmittelbar weitergeführt. (Vgl. hierzu die textkritische Anmerkung zu S. 420,43–44.) Auf den Bll. 83–85 der Archivpaginierung wird die Originalpaginierung mit den Ziffern 6, 7, 8 fortgesetzt. (Bll. 76a(unten)–86(Ende) = 1. Abschnitt des Erg. Textes.)*

*Die folgenden Blätter gehören thematisch zwar zusammen, sind aber von Husserl in unterschiedlicher Weise durch Numerierung geordnet worden. Bl. 87 trägt mit Bleistift die Hinweise* 8 Bl. Noten, Reflexionen zu 16–25, zu Syst. *Eine Bleistiftnumerierung reichte ursprünglich über Bll. 87–93 der Archivpaginierung von 1–8 (wobei Bl. 90 die Seitenzahlen 4 u. 5 zu tragen scheint). Diese ursprüngliche Numerierung ist von 1–3 für die Bll. 87–89 der Archivpaginierung erhalten geblieben. Ab Bl. 90 setzt dann eine korrigierende Blaustiftpaginierung ein, die von 1–4 auf den Bll. 90–93 der Archivpaginierung reicht. (Bll. 87–93 = 2. Abschnitt des Erg. Textes.) Auf Bl. 94 beginnt eine neue Originalpaginierung mit Bleist., die von 1–4 bis zum Ende des Konvoluts reicht. (= Bll. 94–97 der Archivpaginierung = 3. Abschnitt des Erg. Textes.)*

**415**,19 *nach* „Irgend-etwas" *eckige Bleistiftklammer offen; Ms. folgt* 2) ‖ **415**,20–22 *Ms. m. Bleist. am Rande* 0 ‖ **415**,26 *nach* apriori *gestr.* Aussagen ‖ **415**,28 *Ms.* des *statt* der ‖ **415**,33 *Ms.* anzueignen ‹?› ‖ **416**,1 *nach* Mögliche *Ms. runde Klammer offen; Gedankenstrich Einf. d. Hrsg.* ‖ **416**,6 *nach* (mathematisches Individuum) *waagerechter Strich m. Blaust. am Rande;*

## ZU DEN ERGÄNZENDEN TEXTEN 499

*darunter m. Blaust. z.* A; *m. Bleist.* von hier || **416**,7 *vor* Sofern *Ms.* 3) || **416**,14–20 *Rb.* Analytik und ihre Normen der Methode — unter naiver Voraussetzung aber der ,,Möglichkeit" des Seins, der Möglichkeit der Erkenntnis, der Möglichkeit der Wissenschaft. || **416**,20–21 teleologisch *Einf.* || **416**,22 *nach* vernünftigen *gestr.* Handelns, des || **416**,28 *nach* usw. *Ms.* 4) || **416**,34 apriorische *Einf.* || **416**,36 notwendiger *Einf.* || **416**,39 Einstimmigkeit *Einf.* || **416**,42 *nach* Überlegen wir *gestr.* Aber solche Fragen greifen weiter zurück || Das *Einf. m. Blaust.* || *Rb. m. Blaust.* Übergang in das Sachliche, die Substrate || **417**,12 *nach* Tun *gestr.* als || **417**,16 *nach* für mich *gestr.* möglicherweise || sind *V. für* sein || **417**,19 Erkenntnis- *Einf.* || **417**,20 stehenzubleiben *Einf.* || **417**,22 Urteils- *Einf.* || **417**,23 in verwirrend mannigfaltigen Modis *Einf.* || **417**,25 *nach* alles, was *Ms.* ich || **417**,26 das aber *V. für* obschon || **417**,28 *Doppelpunkt = Einf. m. Blaust.* || **417**, 29–30 ohne die *Bleist.-V. für* oder || **417**,33 wissenschaftlich *Einf.* || **417**,42 *Ms.* in *statt* im || **417**,46 Also *Einf. m. Rotst.* || **417**,46–**418**,2 am Rande hinter senkrechtem Strich *m. Blaust.* A || **418**,2 *nach* ein *gestr.* Exempel || **418**,8–14 *von* aber auch *bis* Subjektivität hinein *Einf.* || **418**,12 und *Einf. m. Bleist.* || **418**,16 evtl. ideale *Einf.* || **418**,20 es zu erwerben *Einf. m. Bleist., m. Tinte überschrieben* || **418**,21 als Möglichkeit es *Bleist.-V., m. Tinte überschrieben, für* und Korrelat || *nach* Weise *Ms.* es || **418**,22 Das *V. für* Es || außer- *Einf.* || **418**,23 formalen *Einf. m. Blaust.* || **418**,24 Erkenntnis- *Einf.* || **418**,25–30 *von* Es ist beizufügen *bis* zu verstehen *Einf.* || **418**,27 *nach* Subjektivität *gestr.* angesehen || **418**,31 *nach* daß *gestr.* für den Erkennenden || *Klammern = Einf. m. Bleist.* || **419**,6–17 Text *von* Es ist kein Grund *bis* sage, wäre aber *in eckigen Blaustiftklammern* || **419**,20–25 *von* eine formal allgemeine *bis* studiert hat. *Einf.* || **419**,26 *von* Stellen wir *bis* zeigen *Einf.* || **419**,31–32 *von* naiv *bis* Erstrebenden *Einf.* || **419**,30–35 *von* Denn — naiv *bis* von Seiendem *Klammer am Innenrand des Bl.; Rb. m. Bleist.* Vorausgesetzt also, daß es Wissenschaften ,,gibt", möge auch keine bereits faktisch verwirklicht sein, bzw. daß es Gegenstände gibt, ,,Gebiete" möglicher Wissenschaften und mindest, daß das möglich ist etc. || **419**,38 *Ms.* festgestelltem *statt* festgestellten || **419**,42 um solche etwas aus- *Kreis m. Bleist.* || **419**,43 von den *Bleist.-V für* die || **419**,41–43 *Rb.* Bloß mit 2 Worten die Voraussetzung des wissenschaftlichen Strebens herausstellen. Der Anfang ist doch danach Naivität, Voraussetzungen geradehin. || **419**,48–49 *Fußn. = Rb. m. Bleist.* || **420**,2–3 *von* aber daß *bis* vorausgesetzt *Einf.* || **420**,8–11 *von* Die Wissenschaftler *bis* werden kann. *Rb.* || **420**,14 das Universum des *Einf.* || **420**,15–19 *Rb.* Die Wissenschaftler setzen ihr Gebiet und dafür Sein von Wahrheit voraus <voraus *Einf.; statt urspr.* (und von wahrhaft Seiendem) voraus. Die Logik muß diese Voraussetzung in Frage stellen> und stehen vor der Frage, wie diese Wahrheit zu erkennen sei. Der Logiker ebenso in formaler Allgemeinheit, wie ist Sein überhaupt und dafür Wahrheit überhaupt auszuweisen. || **420**,17–18 *von* oder der *bis* von Wahrheit *Erg.* || **420**,25–33 Text *von* Offenbar *bis* ,,selbst" ist. *in eckigen Bleistiftklammern* || **420**,34 radikale *Einf. m. Blaust.* || **420**,42 des *V. für* der || **420**,43–44 *Der Satz, dessen letzte Worte unten auf Bl. 80b lauten,* daß auch Evidenzen mit bloßen wird *unmittelbar zu Beginn von Bl. 83a fortgesetzt mit den Worten* Gehalten unerfüllter Meinung. *Die dazwischen liegenden Bll. 81 u. 82 enthalten hier nicht berücksichtigten Text aus einem anderen Zusammenhang.* || **420**,47 *oben am Rande d. S. 83a m. Blaust.* zA || **421**,3 weiter *Einf. m. Bleist.* || **421**,11 als Möglichkeiten *Einf.* || **421**,23 Doppelpunkt *Einf. d. Hrsg.* || **421**,25 systematisches Apriori *Erg.* || **421**,27 prädikativer *Einf.* || **421**,27–32 *Rb. m. Blaust.* so wie in der Ausarbeitung || **421**,35–36 *am Rande m. Blaust.* zA || **421**,40 a) *Einf. m. Blaust.* || **421**,45 b) *Einf. m. Blaust.* || **421**,46 lauter *Einf.* || **422**,3 c) *Einf. m. Blaust.* || **422**,8 *oben am Rande d. S. 84a m. Blaust.* zA || **422**,14 synthetischen *Einf.* || **422**,16 wieder- *Einf.* || **422**,19 der Art *Einf.* || *statt* vom Ich und der Art seiner Beteiligung her *Ms.* vom Ich her und der Art seiner Beteiligung || **422**,23 -feld *Einf. m. Bleist.* || **422**,42 und Gesetzen *Einf.* || **423**,3 Sinnes *Einf.* || **423**,5 *nach* natürlich *gestr.* in der || **423**,9–12 *Rb. m. Blaust.* Bisher war formale Allgemeinheit rein durch die Synthesen bestimmt; *darunter m. Bleist.* cf. die Blätter 1–4 || *Text von* Zeigen wir *bis* schon Gebilde sein *in eckigen Blaustiftklammern* || **423**,25–27 *Rb. m. Blaust.* Reduktion auf letzte Substrate || **423**,26 *nach* Mitteln *gestr.* analytisch reduktive und natürlich apriorische Erwägungen || **423**,30 ,,Formen'' *Einf.* || **423**,33 *Ms. zu* von Erzeugnissen *Erg. m. Blaust.* Syntax || **423**,36 handelnden *Einf.* || **423**,39–40 *nach* einordnen muß. *gestr.* Diese Allgemeinheiten sind es, auf die eigentlich die Kategorienlehre seit Aristoteles hinauswollte. Freilich ohne bis zum tiefsten Sinn der Frage vorzudringen und bis zu der radikalen Universalität, die allein hier den echten Sinn ermöglicht. || **423**,41 *nach* diesen *gestr.* Kategorien || **424**,6 absolut *Einf.* || **424**,8–9 *Klammern im Ms. Einf. m. Blaust.* || **424**,10 objektiv wissenschaftlicher Erkenntnis *Einf.* || **424**,15–16 *Klammern v. Hrsg.* || **424**,22 *mit* Es ist durchaus nötig *beginnt Bl. 86. Dieses Bl. ist wohl älteren Datums und von Husserl hier eingefügt worden. Es enthält auf der Vorderseite in den Textzusammenhang passende Überlegungen, denen sich auf der Rückseite Bemerkungen von 1926 anschließen. Husserl hat rechts oben m. Bleist. vermerkt dazu f.S.* Bemerkungen von 1926; *vgl. die textkritische Anmerkung zu S. 425,5* || **424**,28–29 *von* vom wahren *bis* Wahrheit überhaupt *Einf.* || **424**,37–38 *Anführungszeichen m. Bleist.* || **424**,39 Allgemeinheiten *V. für* allgemeinen Wesen || **424**,39–40 *Klammern Einf. m. Bleist.* || **424**,40 Einzelheiten *Erg.* || *Ms.* ihrer *statt* seiner || **424**,45–46 *Fußn. = Rb.* || **425**,5 *am Rande m. Blaust.* N.B.; *mit* Ist das eine klare Aufgabenstellung? *beginnen die späteren Bemerkungen auf Bl. 86b aus 1926; vgl. textkritische Anmerkung zu S. 424,22* || **425**,18–22 *von* Anderseits *bis* Apodiktizität *Einf.* || **425**,24 und muß *Einf. m. Bleist.* || **425**,36 *nach* Ursprung *gestr.* apriori || **425**,37 Formale Analytik und formale Seinslogik *Überschrift zu S. 87a m. Blaust.; darunter der folgende Text m. Blaust. und zum Teil m. Bleist. gestr.* Der große Fortschritt, der in diesen Blättern von 16 ab vollzogen ist, kann so weiter geklärt werden; *über der Seite m. Bleist.* 8 Bl. Noten; zu Syst.; Reflexionen zu 16–25; *darunter Rb. m. Blaust.* Einzelnes brauchbar; Wesen, Gattung, Art keine analytischen Begriffe, f. S.; *die Rückseite von Bl. 87 ist in umgekehrter Richtung mit einem Text aus einem anderen Zusammenhang beschrieben und m. Blaust.*

## ZU DEN ERGÄNZENDEN TEXTEN          501

*gestr.* || **425**,39–**426**,12 *Text von* Ich frage hier *bis von* Bestimmungen als Bestimmungen. *in eckigen Bleistiftklammern* || **426**,16 *nach* „Termini" *eckige Bleistiftklammer geschlossen* || **426**,24 aber nicht analytisch formal *Erg. m. Bleist.* || **426**,27–30 *von* (Die Gesetzmäßigkeiten, *bis* Urteilsgehalt.) *im Ms. in eckigen Bleistiftklammern* || **426**,28 möglichen *Einf.* || **426**,39 *Hinweis m. Bleist.* s. die späteren Blätter || **426**,42 möglichen *V. für* wirklichen || **426**,43–46 *Fußn.* = *Rb.* || **426**,44 folgende *Einf.* || **427**,4 — ihre Möglichkeit möglicher Wahrheit *Einf. m. Bleist.* || **427**,6 bestehen hier *Einf. m. Bleist.* || **427**,9 *Anführungszeichen m. Bleist.* || **427**,22 *vor* Es ist nun *Einf. m. Bleist.* 2) || **427**,26 *Stichwort m. Rotst. am Rande* Formale Seinslogik || **427**,27 der Widerspruchslosigkeit *Einf.* || **427**,28 *nach* objektiv *gestr.* gültigen || **427**,29 thematisch *Einf.* || Wahrheits- *V. für* Gültigkeits- || **427**,31–33 *Rb.* Dasselbe gilt natürlich von der Formenlehre der Bedeutungen. || **427**,34 *Bindestriche = Einf. m. Blaust.* || **427**,39 noch *Einf. m. Bleist.* || **427**,41–42 *Fußn. 1 = Rb. m. Bleist.* || **427**,43–47 *Fußn. 2 = Rb. m. Bleist.; darüber senkrechter Pfeil m. Blaust.* || **428**,6 *Anführungszeichen m. Bleist.* || **428**,8 Gegenständlichkeit *Einf.* || **428**,10 relativen *Bleist.-V. für* subjektiven || *nach* Stufe *gestr.* objektive || **428**,10–11 aus subjektiven objektive *Einf. m. Bleist.* || **428**,12 für jedermann *Einf.* || **428**,15 oder Seins- *Einf.* || **428**,18 Materiale *V. für* Bestimmte || **428**,19 und Sein *Einf.* || **428**,21 von *Blaust.-V. für* der || **428**,23 *vor* Der Formbegriff *Ms. Einf. m. Bleist.* 1) || *Anführungszeichen m. Rotst.* || „Eidos" *Einf.* || **428**,37 *Stichwort am Rande* die analytischen Formbegriffe || **428**,46–**429**,2 *senkrechter Pfeil m. Rotst. am Rande* || **429**,11 *nach* (die Wahrheit). *folgender Text m. Blaust. gestr.* Nun finde ich in der Vergleichung von Sinnen Sinnesgemeinsames, Gemeinsames als Allgemeines. Nicht alles Gemeinsame von Sinnen, das sich als Allgemeines der verschiedenen Sinne gibt, ist aber in Wahrheit ein wirkliches Sinnesallgemeines, ein Allgemeines der Sinne als Sinne, und ein solches, das in eine analytische Theorie der Sinne hineingehören könnte als „logischer" Begriff. Vergleiche ich die Sinne Kreis, Ellipse etc., so haben sie, könnte man sagen, das Gemeinsame Kegelschnitt: Ich meine das nämlich, ich „weiß" das. Da hat jedes in sich aufgenommen aus entsprechenden Urteilen die Attribution Kegelschnitt. Erst die Sinnesverallgemeinerung „attributive Bestimmung" liefert eine analytische Form, die es eben fordert, daß die Sinnesmaterie außer Betracht bleibt. Form ist nicht jede beliebige Allgemeinheit von Sinnen. Nur eine solche Verallgemeinerung führt auf eine reine Form, die den Sinn in eine Modalität des Etwasüberhaupt verwandelt. Die Herausstellung des Etwas und seiner Modalitäten, das ist das Problem der Unterscheidung von Form und Materie. || **429**,12–15 *senkrechter Pfeil m. Rotst. am Rande* || **429**,43 *nach* als *Ms. Anführungszeichen* || **430**,13 *nach* und *gestr.* damit || **430**,17–18 *Klammern im Ms. Einf. m. Blaust.* || **430**,18 *Ms.* ist *statt* sind || **430**,19–20 und aus dem gegebenen Sinn Wesenseigenschaften *Einf.* || **430**,21 und Formeneigenschaften *Einf.* || **430**,21–22 und allgemeine Eigenschaften *Einf.* || **430**,24–28 *von* Eben damit *bis* Etwasheiten = *Fortsetzung des Textes am Rande; darin Einf.* (evtl. das! aber leer) || **430**,30–31 *von* was eben *bis* macht *Einf.* || **430**,37 und absolute Kernformen *Erg.* || **430**,39 *nach* analytischen Form *gestr.* Welche Allgemeinheiten des Sinnes sind analytisch? || **430**,46–47 nicht wirkliche Variation, sondern unbestimmte Vagheit *Erg.; Klammern v. Hrsg.* || **431**,8 *über* Sinnes *Erg. m. Bleist.* Wesens || **431**,8–14 *Rb. m. Bleist.*?! Das Wesen ist das Anschauliche des Sinnes, das Eidos das Allgemeine des Wesens || **431**,16–18 *senkrechter Pfeil m. Blaust.* am Rande || **431**,18–20 *senkrechter Pfeil m. Rotst.* am Rande || **431**,22 ihres Wesens *Einf. m. Bleist.* || **431**,43 leer- *Einf.* || **431**,46 Klammern v. *Hrsg.* || **432**,1 *Anführungszeichen m. Bleist.* || **431**,45–**432**,4 *senkrechter Pfeil m. Rotst. am Rande* || **432**,1 *Anführungszeichen m. Bleist.* || **432**,6–7 *Anführungszeichen m. Bleist.* || **432**,14 *Ms.* es *statt* er || **432**,24 *Stichwort am Rande* die Korrelation || **432**,24–25 *Rb. m. Bleist.* nur das unterstreichen || **432**,31–32 *Stichwort am Rande m. Blaust.* über Gegenstände urteilen || **432**,39–40 *Stichwort am Rande m. Blaust.* über entsprechenden Sinn urteilen || **432**,45–46 *Stichwort am Rande m. Blaust.* formale Ontologie über Gegenstände || **432**,46–**433**,4 *Stichwort am Rande m. Blaust.* mathematische Analytik über bloße Sinne || **433**,23 nach überhaupt *gestr.* ist kein || **433**,23–24 *Rb. m. Blaust., zum Teil m. Bleist. überschrieben* Gegenstand ≠ Sinn; Sinn ≠ Gegenstand || **433**,24–25 Das Universum der Sinne ist *V. für urspr.* Sinne sind || **433**,30 *vor* Die formale *Ms.* 3) || **433**,30–33 *Rb. m. Bleist.* 0 || **433**,34 prädikative *Einf.* || **433**,35 *Ms.* jede *statt* jedes || **433**,36 Meinen *V. für* Meinung || **433**,45 *nach* formale *gestr.* Typik || *nach* letzten *gestr.* eines || **434**,4 *vor* Man kann nun *Ms.* 4) || **434**,17 *Klammern im Ms. Einf. m. Blaust.* || **434**,26 *nach* Wahrnehmung *gestr.* das heißt || **434**,30 *nach* Gegenstand *Ms. runde Klammer offen* || **434**,45–46 *Fußn. = Rb.* || **435**,7 wahrnehmungsmäßigen *Einf.* || **435**,33 ,,synthetische'' *Einf.* || **435**,35–42 *Rb. m. Bleist.* Wichtiges, aber nicht schön ausgearbeitet || **435**,42 geschlossene Klammer v. *Hrsg.* || **435**,43 reinen *Einf.* || **436**,1 wir *V. für* ich || *nach* durch *gestr.* den || **436**,4–8 *von* Genauer: *bis* umspannt *Erg. am Rande; Gedankenstriche vom Hrsg.* || **436**,9 als Selbstgebung *Einf.* || **436**,11 Setzungssinn *Einf.*||

Ergänzender Text VIII (S. **437–446**)

*Dieser Erg. Text gehört zum Manuskript B I 12, und zwar zum Teilstück B I 12/III (im Umschlag 17/49). (Zur Charakterisierung des Manuskriptes vgl. die Anmerkungen des Hrsg. in Husserliana Bd. VIII S. 563.) Im Erg. Text werden die Ausführungen der Blätter 21–30 der Archivpaginierung wiedergegeben. Sie sind in der Originalpaginierung m. Blaust. als II$_\pi$, III$_\pi$ usw. bis X$_\pi$ numeriert. Bl. 22 der Archivpaginierung, m. Blaust. als* Beilage ad III *gekennzeichnet, wird im Anschluß an Bl. 23 (= III) abgedruckt. (Auf S. 23a ist unten am Rand m. Blaust.* Beilage *vermerkt.) Die Blätter des Manuskriptstückes B I 12/III liegen in einem Umschlag ohne weitere Aufschriften. Eine Datierung findet sich nur auf Bl. 46, und zwar auf SS 1926. Die abgedruckten Bll. stammen aus dem Zeitraum 1922/23–1926. Der Text ist mit Tinte stenographiert. Er ist vornehmlich mit Blaust. bearbeitet. Bl. 21 beginnt mit einigen Bemerkungen zur horizonthaften Vorgegebenheit der* Welt *Vorgegebenheit der Welt – als Seinsglaube, der durch den Horizont hindurchgeht, und Horizont, das besagt nicht nur der momentane meiner*

momentanen Gegenwart, und in seiner Beweglichkeit, sondern subjektiver Zeithorizont der Vergangenheiten, schließlich durch die Generationen hindurch, und aller darin wieder implizierten Horizonte, wie anders der vorgerichtete Horizont der Zukünftigkeit.
**437**,7 *nach* beschäftigenden" — *gestr.* aktuell || **437**,9 Kultur *Einf.* || **437**,12 urteilsmäßig *Einf.* || **437**,17 *nach* nur *gestr.* in der || *nach* universalen *gestr.* thematischen Setzung || **437**,19 historisch *am Anfang d. Zeile Einf.* || als Allwissenschaft *Einf. m. Blaust.* || **437**,31 Welt- *Einf.* || **438**,7 *nach* freilich *gestr.* zumeist || **438**,11 subjektive Zeiträumlichkeit *statt urspr., gestr.* zeitlich und subjektiv und || **438**,12 tieferen *Einf.* || **438**,20 spezielle *Einf. m. Blaust.* || **438**,27 zugehöriges Strukturmoment *Einf. statt urspr., gestr.* zu ihrem ihr || **438**,29 *nach* wissen *gestr.* Strukturstück || *nach* jeweils eine *gestr.* personale Weltsituation und eine zu || **438**,34 *nach* Kommenden *gestr.* mit || **438**,39–40 *nach* waches Sein *gestr.* ein im || **438**,46 für uns *Einf.* || **438**,46–47 *am Rande m. Blaust.* Beilage || **439**,1–2 *nach* auftritt. *Einfügungszeichen m. Blaust., dazu am Rande Hinweis m. Blaust.* Das ist nicht genau richtig. Im Anschluß an diesen Hinweis wird das Beilagenblatt 22 (= Beilage ad III π) abgedruckt. Sein Text reicht von Die literarischen Gebilde bis ästhetische Realitäten etc. || **439**,6 *nach* Welt *gestr.* und wieder || **439**,30 auch *Einf. statt urspr., gestr.* nämlich was || **439**,34 Um- *statt urspr., gestr.* Gegenwart || (Welt für uns) *Einf.* || **439**,40 *Anführungszeichen v. Hrsg.* || **439**,45 *nach* seiend *gestr.* und dazu die || **440**,25 wie *V. für* nach || **440**,41 aktuelles *Einf.* || **441**,13 besagt das *Einf.* || **441**,13–14 *nach* evidente *Ms. Fragezeichen* || **441**,14 *nach* adäquate *Ms. Fragezeichen* || vollkommen erkennen *im Ms. in Anführungszeichen m. Blaust.* || **441**,18 *Ms.* Seiende *statt* Seiendes || **441**,26 *nach* Erscheinungen von, die *m. Blaust. gestr.* die vom tätigen Subjekt her || **441**,29 Gegenwarts- *V. für* Nah- || **441**,34 Vorstellungsmäßige *Einf. m. Blaust.* || **441**,35 *nach* und *wiederholt Ms.* und || **441**,37 *Doppelpunkt Einf. m. Blaust.* || **441**,38 *nach* Form der *gestr.* möglich || *Erg. am Rande* Wandlung in Überführung in immer neue Gegenwarten und ihre Synthesis in der Einheit einer Erfahrungserkenntnis ‹Erfahrungserkenntnis *V. für* Welterkenntnis› von einer Seite, einem Teile, einem zeiträumlich begrenzten der Welt. || **441**,44–45 *Fußn. = Rb. m. Blaust.* || **442**,6 als *Blaust.-V. für* des; des *V. für* der || *Ms. urspr.* des relativen Seins *statt* als relatives Sein || **442**,8 *nach* Erscheinungssysteme *gestr.* in Appr. || **442**,10 *nach* vorausgegebene. *im Ms. der folgende (Bl. 25b (unten) u. 26a (obere Hälfte)), zum größten Teil stichwortartig abgekürzte Text* Natur, Geist, Geschichte als Form, in Formbegriffen exakt bestimmt und als normativer Rahmen und als Grundstück der Methode strenger Erkenntnis. Apodiktische Form unter Voraussetzung der Möglichkeit einstimmiger Erfahrung. Apodiktisch gültige Formbegriffe. Erkenntnis des Faktums gewinnt Anteil an der Apodiktizität — die Erkenntnis in apodiktischer Methode. Apodiktische formale Logik und apodiktische Strukturenlehre der Welt in ihren materialen Formen, apodiktische Wissenschaftslehre für die Weltwissenschaften als apodiktische praktische Methode der induktiven Erkenntnis auf Grund der rationalen Form.

Die deskriptive Welterkenntnis — die „bloß subjektive", die der Welt

504      TEXTKRITISCHE ANMERKUNGEN

in der subjektiven Typik — in der praktischen Umwelt und sich erstreckend in Präsumtion in die Weiten, die aber nicht ausweisbar sind, wenn keine Zugangsmöglichkeiten. Es ist also Erfahrungskenntnis der Umwelt in Erfahrungsbegriffen — historische Welterkenntnis, zugänglich für jedermann, jeden Normalen, jedermann, der mit mir in derselben ‹*nach* derselben *gestr.* Erfahrungswelt als „Erscheinungs"› Umwelt steht, aber in dem Sinne, daß ‹*nach* Sinne, daß *gestr.* er mit mir kommuniziert und Anteil hat an meiner aktuellen Gegenwart› er mit mir in derselben Lebens- und damit Erfahrungsgemeinschaft steht, in der dieselbe umweltliche Typik sich ursprünglich ‹ursprünglich *Einf.*› konstituiert; genauer, in dem Rahmen möglichen Zugangs, möglicher wirklicher Ausweisung.

Deskriptive Wissenschaft ist relativ auf eine einheitliche Menschheit. — Die einzelsubjektiv- und die intersubjektiv-relative Form der Welt als Welt der Erfahrung — die Umweltstruktur. ‖ **442**,11 Näherbetrachtung: *Einf. m. Blaust.* ‖ Form der ästhetischen Erscheinungswelt *Stichwort am Rande m. Blaust.* ‖ **442**,21 *nach* Welt *gestr.* -gegebenheit ‖ **442**,30 totale *Einf.* ‖ **442**,35 Ding- *Einf.* ‖ **442**,47 und schließlich das Nahding *Einf.* ‖ **443**,6 *nach* Horizonte *gestr.* In der ‖ **443**,32 *nach* Denken *gestr.* erst ‖ diese letzte *V. für* sie ‖ **443**,38 *nach* Selbsterhaltung des *gestr.* identisch ‖ **443**,39 in infinitum *Einf.* ‖ **443**,42 *nach* eines *gestr.* relativ ‖ **443**,43 *nach* Fernerscheinung *gestr.* desselben ‖ **443**,45 *nach* Besseres *gestr.* finden ‖ **444**,7 offenen *Einf.* ‖ **444**,17 *nach* -abläufe *wiederholt Ms.* sich ‖ **444**,20–21 *von* von einer *bis* und Wahrheit *Einf.* ‖ **444**,26 *nach* ist, selbst gegeben *gestr.* -heit ‖ *nach* in einer *gestr.* Durchgangs- ‖**444**,33 der Wissenschaft *Einf.* ‖ **444**,34 unendliche *Einf. m. Blaust.* ‖ **444**,39 *nach* auszulegen. *gestr.* Aber was nun anderseits das Faktum der gegebenen Welt und die Aufgabe ihrer wissenschaftlichen Erkenntnis anlangt, so ist folgendes zu beachten ‖ **444**,41 approximativen *Einf.* ‖ **445**,4 Erfahrungs- *Einf.* ‖ **445**,9 *nach* Naivität *m. Blaust. gestr.* und ‖ **445**,19 -zeichnet *Einf. m. Blaust.* ‖ **445**,19–24 *von* Es ist damit *bis* „Theorie der Induktion". *Erg. am Rande* ‖ **445**,28 *nach* notwendige *gestr.* Supposition ‹?› ‖ **445**,44–46 *von* Aber die *bis* Umwelt. *Einf.* ‖ **446**,2 und natürliche Praxis *Einf. m. Blaust.* ‖ **446**,3 faktischen *Einf. m. Blaust.* ‖ **446**,13 *von* und die Weisen *bis* Verhaltens *Einf.* ‖ **446**,15 Individuelle und *Einf.* ‖ **446**,25 letzte *Einf.* ‖ **446**,25–26 *von* die Wesensform *bis* Empirische *Einf.* ‖ **446**,27 *nach* erscheinenden *gestr.* exakten ‖**446**,29 *nach* totalen *gestr.* Form der Konstitution der ‖ möglichen *Einf.* ‖ **446**,31 notwendig *Einf.* ‖

Ergänzender Text IX (S. **447–453**)

*Dieser Erg. Text entstammt dem Manuskript A VII 26, das auf November 1925 datiert ist und im Umschlag 1/16 die Blätter 2–15 in Archivpaginierung enthält. Es sind als Ergänzender Text wiedergegeben Bl. 5b (oben) bis 12a (oben). Diese Bll. stellen in der von Husserl mit Blaust. durchgeführten Originalpaginierung des Manuskriptes die Bll. 5–11 dar. Das Umschlagblatt des Manuskriptes 1/16 trägt mit Blaust. die Aufschrift* Aus transzendentale Ästhetik B. *Der wiedergegebene Text ist mit Tinte stenographiert und weist spärliche Bleistifteingriffe auf. Die Bll. 10 u. 11 der Archivpaginierung sind in der Originalpaginierung in der Reihenfolge umgetauscht und als 9 u. 10 numeriert.*

**447**,25 in der *Einf.* || **448**,4 oder wieder zurücktreten *Einf.* || **448**,5–7 *von* wobei *bis* Gerichtetseins *Einf.* || **448**,20 exemplarischen *Einf.* || **448**,40 *Klammer vom Hrsg.* || **448**,43 *nach* Erinnerte *wiederholt Ms.* nehme || **449**,13 *nach* Wiederholungen *gestr.* geht || **449**,22 Ding- *Einf.* || **450**,5 evtl. einzel- *Einf.* || **450**,8–9 außerhalb meiner thematischen Einstellung *Einf.* || **450**,11 *Ms.* seine *statt* ihre || **450**,24 verhüllt *Einf.* || **450**,25 *Ms.* universalen synthetischen *statt* universalem synthetischem || **450**,32 thematische *Einf.* || **450**,39 neu *Einf.* || **451**,3 Substraten *V. für* Gliedern || **451**,7 *Ms.* konstituiert *statt* konstituieren || **451**,18 und Art *Erg.* || **451**,15–22 *Rb.* Identität als Relation (also mit Substrat und Gegen-Substrat) spielt nur eine Rolle als Frage nach Identität, also überhaupt modalisiert, insbesondere als Nichtidentität: *A* ist etwas anderes, nicht dasselbe, wie *B*, also in Korrelation zu Mehrheit, Zweiheit. || **451**,19 *Ms.* zu *statt* der || **451**,32 *nach* sagen *folgt Ms.* daß || **451**,35 als seiend in Geltung steht *V. für* als seiend Geltung hat || **452**,22–23 *Stichwort am Rande m. Bleist.* die Deskription || **452**,26–27 allseitig *Einf.* || **452**,34 aktuell *Einf.* || **452**,46 *Ms.* gehören *statt* gehört || **453**,7 gegenwärtige *Einf.* || **453**,17 *Ms.* aktualisierend *statt* aktualisieren || **453**,25 A *Einf.* || **453**,26 B *Einf.* || **453**,26–27 *von* aber so, *bis* erfahren ist. *Einf.* || **453**,29–30 *Ms. nach* ergeben *gestr.* darin liegt || **453**,36 einer *V. für* der ||

## Ergänzender Text X (S. 454–458)

*Der Erg. Text X umfaßt die Blätter 85–88 des Manuskriptes A VII 14. Alle diese Bll. gehören zu dem in einem kleinen Sonderumschlag (84/93) liegenden Schlußteil des Manuskriptes. Auf dem Gesamtumschlag (Bl. 1/94) des Manuskriptes A VII 14 (= Umschlag einer Briefsendung des Verlages J.C.B. Mohr/Tübingen vom 25.8.27 an Husserl) findet sich folgende Inhaltsangabe* 1) Vorlesung über die Idee der transzendentalen Ästhetik 1920, 2) 1926 Problem der transzendentalen Ästhetik; *davor mit Blaust.* rückwärts; *darunter mit Grünst. durchgestr. Text; darunter wiederum mit Tinte* 3) wichtige voranliegende Msc. über das Vorgehen einer transzendentalen Ästhetik und zugleich über die rechte Gestaltung ihrer Idee, auch transzendentale Ästhetik und Mathematisierung. *Der Umschlag trägt mit Blaust. das Datum* 1926 *und zweimal das Stichwort* transzendentale Ästhetik.

*Der Sonderumschlag 84/93, in dem sich die oben abgedruckten Blätter finden, trägt folgende mit Blaust. geschriebene Aufschrift* Ausschnitt aus den Vorlesungen von ,,1920" über die Idee ,,transzendentale Ästhetik". (Wiederholung von 1925); *darunter mit Bleist.* p. 51–57. *Die Bll. 85–92 im Sonderumschlag des Manuskriptes A VII 14 gehörten ursprünglich in das Manuskript F I 37. Sie tragen noch die alte Originalpaginierung, die sie im Manu-*

*skript F I 37 hatten* (= 51, 52, 53, ad 53₂, 54, 55, 56, 57). *Vgl. den allgemeinen Teil der textkritischen Anmerkungen zum Erg. Text IV S.* **470**. *Auf Bl. 85 hat Husserl notiert* Versuch, die Idee der transzendentalen Ästhetik zu umgrenzen; nach den Vorlesungen 1920 u. 23. *Auch auf Bl. 88* (= *ad* 53₂ *Originalpaginierung*) *findet sich noch ein Datierungshinweis Husserls* Beilage zu den neuen Blättern (Sommer 24) der Vorlesung von 20/21 (wohl aus dem alten Text). *Diese Hinweise sowie vor allem auch der Inhalt der Bll. dieses Konvolutes nötigen dazu, ihre Entstehungszeit auf die Jahre der Umarbeitung der Vorlesung von 1920/21 festzusetzen. Sie sind wahrscheinlich zunächst in das Vorlesungsms. eingelegt, später aber wieder entfernt worden. Vielleicht sind sie 1924 entstanden.*

*Wir geben im Erg. Text nur die zentralen ersten Teile der Bll. des Sonderumschlags wieder. Der folgende Text des Konvoluts (89–92) wird aber zum Teil in den textkritischen Anmerkungen abgedruckt, weil auch aus ihm noch Husserls spezifische Konzeption einer transzendentalen Ästhetik erhellt. Nicht abgedruckt wird ein allgemeiner „Exkurs über Phänomenologie überhaupt", der von Bl. 89a (unten) bis Bl. 91b (oben) reicht und keine spezifischen Ausführungen zum Thema transzendentale Ästhetik enthält.*

**454**,3 *Überschrift des Erg. Textes* = *Rb.* ‖ **454**,16 *aber Einf. m. Bleist.* ‖ **454**,30 *nach* Faktum *gestr.* als ‖ *nach* es *wiederholt Ms.* es ‖ **454**,33 *Ms.* meine *statt* meiner ‖ **454**,34 *geben Einf. m. Bleist.* ‖ **455**,1–4 *von* Äußere *bis* links etc. *Erg. m. Bleist.* ‖ **455**,12–14 *Rb. m. Bleist.* Die Erfahrung ist konkret die praktische Erfahrung, welche die Weltdinge in ihrer Lebensbedeutung nimmt. ‖ **455**,18 *nach* annehmen *gestr.* z. B. ‖ **455**,30 *möglichen Erg.* ‖ *nach* Seins *gestr.* auch vor aller Frage nach wahrer oder auch nur möglicher Wirklichkeit ‖ **455**,31 *Ms.* Finde ich *statt* Ich finde ‖ **455**,31–32 *von* Finde ich *bis* haltend, daß *Einf.* ‖ **455**,32 wahrgenommenes *statt gestr.* illusionäres ‖ **455**,36–38 *von* Eine ganze *bis* war *Einf.* ‖ **455**,42 besser *Einf.* ‖ **455**,43 und apriori *Einf.* ‖ *nach* können. *gestr.* Man kann aber äquivalent auch dafür sagen ‖ **455**,43–**456**,2 *von* Die Frage klingt *bis* vorschreibt. *Einf.* ‖ **456**,7 *nach* Sinn? *doppelte eckige Rotstiftklammer offen* ‖ **456**,17 *Rb.* nähere Begründung folgendes Blatt 2. Seite ‖ **456**,17–19 *von* Die Rechtfertigung *bis* in der Tat ist. *Einf.* ‖ **456**,24–25 *von* oder wie *bis* aussondert? *Einf.* ‖ **456**,27 möglicher Erfahrung *Einf.* ‖ **456**,35 durch die *Einf.* ‖ **457**,1 *nach* wir *gestr.* Einheit und ‖ **457**,3 *Rb.* ein gleichmäßig grüner Kreis als teilungslose Einheit, anderseits einzelne Folgen auf einem gleichmäßigen Hintergrund ‖ **457**,4 gleiche *Einf.* ‖ **457**,5 gleiche *Einf.* ‖ **457**,6 in der Koexistenz *Einf.* ‖ **457**,7 *nach* Gleiches *gestr.* entsprechender ‖ **457**,13–21 *von* Auch die Fragen *bis* motivieren können. *Rb.* ‖ **457**,21 *nach* können. *Ms.* cf. Beilage ‖ **457**,29–30 nicht in unseren Zusammenhang hineingehört *V. für* einer anderen Sphäre angehört ‖ **457**,30–31 als in möglicher Wahrheit seiender *Einf.* ‖ **457**,33 *nach* Erfahrung *gestr.* entsprechen ‖ **457**,35 *Ms.* „bezieht" *statt* „beziehen" ‖ **457**,37 aus der Erfahrung schöpft *Einf.* ‖ **457**,37–38 denkend weiter bearbeitet *V. für* auseinanderlegt ‖ *Rb. m. Bleist.* cf. auf derselben Beilage ‖ **457**,40–41 durch einen prätendierten Gegenstand *Einf.* ‖ **457**,44 *nach* Gesetze. *m. Blaust. gestr.* Weiterer Schritt:

Die Wesensgesetze der noematischen Konstitution aller notwendigen Sinnesstrukturen ‹sind› Bedingungen der Möglichkeit der Erfahrung als Bedingungen der Möglichkeit der Konstitution in den notwendigen Erscheinungen, deren Einheit die Sinnesmomente sind. *Es folgt auf Bl. 88a m. Tinte u. Blaust. gestr., aus einem anderen Zusammenhang stammender Text so in sich ab, daß ihr ein Ding entspricht* || **457**,45–47 *von* Mit Rücksicht *bis* mit den Fragen. *urspr. m. Tinte gestr., Streichung durch Unterstrichelung wieder aufgehoben (= Anfang v. Bl. 88; Bl. 88 = ad* 53₂) || **458**,4 für aktuelle *Einf.* || **458**,6 *nach* Gegenstand *gestr.* z.B. || **458**,7–8 in der er sich gibt. *Einf.* || **458**,8–9 kein Gegenstand erfassender Wahrnehmung *Einf.* || **458**,10 *nach* aber *Ms.* der || **458**,10–11 *von* für den *bis* der also *Einf.* || **458**,11 *nach* der also *gestr.* in seinem eigenen Sinn || **458**,13 *nach* sich ein *gestr.* abgehobener || in *Einf.* || **458**,14 *nach* überfließt und *gestr.* seine Eigenheit so, daß er || *nach* damit *gestr.* verliert, dann || **458**,16 nur *Einf.* || **458**,22–24 *darüber m. Bleist.* Irgendeine Meinung ist doch nicht Meinung vom wahren Gegenstand || **458**,24 *nach* hat *m. Bleist. gestr.* und die jedermann nachverstehen und einer Kritik unterziehen könnte || **458**,25–26 *nach* intersubjektiv *m. Bleist. gestr.* für jedermann verständlich, aber auch apodiktisch einsichtig || **458**,26 *Rb. m. Bleist.* Soll sie für ‹*Ms. folgt* für› mich das sein, so muß ich sie ausweisen können als die eines anderen, so für ihn, aber auch für mich, daß ich sie nachverstehe als die seine etc. || **458**,34 wirklichen und möglichen *Einf.* || **458**,38 notwendig *Einf. m. Bleist.* || **458**,40 und seinesgleichen überhaupt *Einf.* ||**458**,43 *Der Erg. Text schließt auf Bl. 88b*(unten). *Den Abschluß von Bl. 88b bildet ein kritischer Zusatz Husserls zum voraufgehenden Text, der den Gebrauch des Begriffs Region betrifft. Vor dem oben erwähnten allgemeinen Exkurs über Phänomenologie finden sich auf Bl. 89a noch einige Bemerkungen Husserls zu seinem Begriff der transzendentalen Logik. Diese beiden Textstücke (88b*(unten)*–89a*(unten)*) lauten* Im Text ist beständig von Region die Rede. Stehe ich aber auf dem einzigen Boden möglicher Erfahrung und näher doch (evtl. aufzeigend, daß einzelne Objekte notwendig einen Welthorizont als Erfahrungshorizont fordern) der Welterfahrung, so muß ich von da aus zeigen, daß im universalen Kontext einer Welterfahrung, und zwar nach Seiten der erfahrenen Welt, notwendig eine strukturelle Gliederung ist, die sich unter dem Titel Region ausdrückt. Region ist also zunächst ein Titel (hier in der transzendentalen Ästhetik) nicht für die Struktur einer möglichen Welt, sondern einer Erfahrungswelt als solcher.

In die rein für sich gefaßte transzendentale Ästhetik, so wie ich diese Disziplin definiere (und das im Unterschied zu Kant), gehören aber solche Gedanken selbst noch nicht hinein. Sie fragt noch nicht nach Wesensbedingungen möglichen wahren Seins jeder Region (und speziell etwa nach denen möglicher wahrer Natur), und zwar Wesensbedingungen ‹und zwar Wesensbedingungen *statt urspr., gestr.* als Wesensbedingungen›, welche diesem wahren Sein dadurch notwendig zugehören, daß es von erkennenden Subjekten als wahres Sein muß erkennbar und zunächst muß wahrnehmbar sein können. ‹*Stichwort mit Rotst.* Begriff der transzendentalen Logik› Vielmehr rechne ich alle ‹*Ms. nach* alle *gestr.*› Wesensforschungen wahren Seins› Forschungen, welche die Möglichkeit wahren Seins in ihrer ‹*von* die Möglichkeit *bis* in ihrer *statt urspr.* das Problem möglicher Wahrheit und wahren Seins in seiner› Beziehung zur erkennenden Subjektivität betreffen, zur transzendentalen Logik, so daß also ‹so daß also *statt urspr.* und fasse› die ‹*nach* die *Ms. gestr.* transzendentallogisch auswertende› Forschung der ästhetischen Erkenntnis eine Unterstufe der transzendentalen Logik wäre. Wir können auch sagen, die ‹*von* eine Unterstufe *bis* die *statt gestr.* der Wahrnehmungserkenntnis, der Erfahrungserkenntnis als die unterste Stufe transzendentaler Logik, deren› höhere, die transzendentale Logik selbst betreffe ‹die transzendentale Logik selbst betreffe *Einf.*› die Möglichkeit einer an sich wahren Theorie und Wissenschaft ‹*nach* Wissenschaft *gestr.* Wissenschaft betreffen würde›. Vor allen Fragen nach Wissenschaft, Wahrheit, wahrem ‹*Ms.* wahres *statt* wahrem› Sein in ihrer Beziehung zur Möglichkeit erkennender Subjektivität stehen die Fragen nach den Wesensstrukturen der Erkenntniserlebnisse und zunächst der Wahrnehmungserlebnisse nach reellen und intentionalen Gehalten. ‹*nach* Gehalten *Ms. gestr.* und; *doppelte eckige Klammer m. Rotst. geöffnet = Beginn des allgemeinen Exkurses*›

*Nach dem Exkurs über Phänomenologie im allgemeinen fährt der Text auf Bl. 91b (oben) bis zum Schluß des Manuskriptes (Bl. 92b (Ende)) in folgender Weise fort* Doch kehren wir nach diesem Exkurs zu unserer Sache wieder zurück. Vor aller Tatsachenforschung liegt Wesensforschung: und zwar muß diese ‹muß diese *Einf.*› in Absicht auf absolut geklärte und begründete Erkenntnis zunächst ‹zunächst *Einf.*› Wesensforschung der absoluten Subjektivität sein in ihrer unmittelbaren ‹unmittelbaren *statt gestr.* vollen› intuitiven Konkretion. ‹*nach* Konkretion. *doppelte spitze Klammer m. Rotst. offen*› Diese Wesensforschung hat aber ein gewaltiges Feld vor allen Vernunftfragen und somit vor allen Fragen nach der Wesensmöglichkeit einer objektiven Welt und Weltwissenschaft, sofern sie in der reinen Subjektivität soll erkennbar sein können. Hierher gehören die allgemeinen Strukturfragen des Bewußtseins und seines ‹*nach* seines *gestr.* wesenskorrelativen› ihm wesensmäßig einwohnenden Sinnes, und speziell des „ästhetischen" Bewußtseins in kantischer Rede, also des Bewußtseins des Typus „Wahrnehmung", noch spezieller etwa des Typus „raumdingliche Wahrnehmung". Vollziehen wir methodisch phänomenologische Reduktion, unterlassen wir es in bewußter Absicht, uns naiv auf den Boden der Welt als Wirklichkeit oder auch nur als Möglichkeit zu stellen, dann können wir doch das, was Wahrnehmung und speziell Wahrnehmung von Weltlichem, Wahrnehmung von räumlich-realem ‹*Ms.* realen *statt* realem› Sein heißen kann, als einen Wesenstypus möglichen Bewußtseins in der absoluten Subjektivität betrachten und zum eigenen ‹eigenen *Einf.*› Thema von Strukturforschung und zwar als Wesensforschungen machen. Dann gewinnen wir eine transzendentale Ästhetik in unserem Sinn, ‹*nach* Sinn *gestr.* als› eine Wesenslehre von Wahrnehmung und Wahrgenommenem als solchem, die zunächst keinerlei Urteil über Wirklichkeit, auch nicht über mögliche Wirklichkeit vom Wahrgenommenen abgibt. Erst wenn man in dieser Allgemeinheit Wahrnehmung als solche phänomenologisch erforscht, nach den universalen Strukturen, die jede, auch die hinterher als gültige oder als illusionäre sich herausstellende, Wahrnehmung in sich tragen muß, kann man methodisch dazu übergehen, auch solche Unterschiede zu erforschen, d.i. in eine Wesenslehre von Vernunft und Vernunftgegenständlichkeit einzutreten, und d.i. eben in eine transzendentale Logik und überhaupt eine transzendentale Vernunftlehre. ⟨Rb. Hier ist an die Sphäre des wirklichen Logos, der Theorie gedacht.⟩ Auch in der Wissenschaft und in der Philosophie im höchsten Sinn heißt es *divide et impera*. Die wesentlich zu scheidenden Problemstufen müssen geschieden werden, nur dadurch kann man in philosophischer Einsicht herrschen. ⟨*Rechteckige Klammer m. Rotst. geschlossen; nochmalige Bemerkung Husserls m. Bleist.* bisher Exkurs⟩

Wenn wir nun aber in einer rein vorlogischen Ästhetik Wahrnehmung als solche zum Thema machen, so bezeichnet ⟨bezeichnet *V. m. Bleist. für* ist⟩ die Wesensforschung des der Wahrnehmung als Wahrnehmung einwohnenden gegenständlichen Sinnes und seiner allgemein notwendigen und allgemein möglichen Strukturen offenbar nur eine Forschungslinie. ⟨*Rb.* Eine sonderbare Vergeßlichkeit, daß ich nicht Gemeinschaftserfahrung und solitäre Erfahrung unterschieden habe und dann so gegangen bin: 1) Aufweisung der allgemeinsten Weltstruktur — ganz roh — in Gemeinschaftserfahrung. 2) Für die näher aufklärende Untersuchung die Scheidung der solitären „originalen Erfahrung" und der auf sie reduzierten Welt der Erfahrung und der Gemeinschaftserfahrung und ihrer Welt.⟩ Also ⟨Also *Einf. m. Blaust.*⟩ abgesehen von dem, was die Reflexion auf das Ego, auf den Ichpol des Bewußtseins an Erkenntnissen liefern mag, was eine ganz andere hergehörige Linie wäre, ist doch zunächst darauf hinzuweisen, daß der gegenständliche ⟨gegenständliche *statt gestr.* einheitliche⟩ Sinn nach allen seinen Komponenten ⟨*nach* Komponenten *gestr.* und nach allen Ausgestaltungen⟩, wie sie das Wahrnehmungsurteil expliziert, Zeitdauer, Zeitlage, räumliche Gestalt und Lage, raumerfüllende sinnliche Qualität u. dgl. ⟨*Erg. m. Blaust.* Wendung vom Ontischen zur Phansis⟩, ein identisch Einheitliches ist, das sich in verschiedenen Wahrnehmungen in verschiedener Erscheinungsweise ⟨Erscheinungs- *Einf.*⟩ „darstellt", „abschattet". ⟨*nach* „abschattet" *gestr.* in verschiedenen Erscheinungsweisen gibt⟩ Die einzelne Wahrnehmung hat immanent ihren Sinn, aber apriori können viele, ja ideell unendlich viele Wahrnehmungen in der Synthesis der Identifizierung [1]) ⟨*zu* [1]) *folgende Rb.*: [1]) Soll die Identität selbstgegeben sein, so muß das Verknüpfte in die Einheit eines Kontinuums der möglichen Wahrnehmung zu bringen sein: motiviert.⟩ oder der fließenden Einheit kontinuierlicher Verschmelzung charakterisiert sein als Wahrnehmung von Demselben bzw. demselben Sinnesmoment, derselben Bestimmung. Derselbe gegenständliche Vollsinn, z.B. dieselbe im Wahrnehmungssinn auftretende Färbung, kann sich in unendlich mannigfaltiger Weise darstellen, abschatten, dieselbe eine Gestalt in unendlich mannigfaltigen Gestaltabschattungen usw. ⟨*Rb. m. Bleist.* Also der Gegenstand der Wahrnehmung jetzt als Gegenstand des Wie der Wahrnehmungserscheinungen. Phänomenologie der Phansis⟩ Wir ahnen ⟨ahnen *V. für gestr.* wissen⟩ schon, daß hier ein

Apriori ‹ein Apriori *V. m. Bleist.*› waltet und daß wesensmäßig Sinn nur als identischer wahrnehmungsmäßig ‹wahrnehmungsmäßig *Einf.*› bewußt sein kann, wenn er in irgendeiner solchen Darstellung dargestellt oder abgeschattet erscheint, und wir ahnen schon ‹wir ahnen schon *Einf.*›, daß die unendliche Mannigfaltigkeit offener Möglichkeiten ‹*nach* Möglichkeiten *gestr.* der anderen› solcher Darstellungen keine Willkür ist, sondern ihre Wesensgestalt, ihre systematische Form hat als darstellende Mannigfaltigkeit dieser identischen Einheit.

Danach bedarf es also einer systematischen konstitutiven Wesensbeschreibung; einer Aufweisung der konkreten Mannigfaltigkeiten, in denen sich in Erhaltung synthetischer Identität dasselbe eine Gegenständliche geben kann und unter aufweisbaren Umstandsformen geben muß. Und natürlich führt dann die Untersuchung als allseitige Strukturuntersuchung weiter, nämlich ‹nämlich *Einf.*› in der Frage nach diesen Umständen, sofern sie Wesensumstände sind. Wir müssen es so durch und durch zu verstehen suchen, wie sich das bewußtseinsmäßig sozusagen macht, daß im ruhelos fließenden und dann immer wieder aussetzenden und wieder einsetzenden ‹*von* und dann *bis* einsetzenden *Einf.*› Wahrnehmen doch Identitätseinheit des Sinnes bewußt werden kann und mit einsichtigem Recht ‹mit einsichtigem Recht *Einf.*› bewußt werden muß. Wir müssen dann aber auch verstehen, welche Gegenformen die Synthesis hat als Bruch der Einheit und die dazugehörigen Eigenheiten der Modalisierung. ‹*von* Wir müssen *bis* Modalisierung. *Einf.*› Also nach der Aufweisung der Strukturen des Wahrnehmungssinnes, des ‹*Ms.* der *statt* des› evtl. selbst beweglichen, sich im fortgehenden Wahrnehmen bereichernden und näher bestimmenden Sinnes, müssen alle diese Sinnesvorkommnisse als einstimmige ‹einstimmige *Einf.*› Einheiten von Mannigfaltigkeiten studiert und diese Mannigfaltigkeit selbst und ihr wesensgesetzlicher Ablauf und Ablaufsgestalten und ihre synthetischen Gestalten systematischer Wesensforschung unterzogen werden und dann weiter die Gegenphänomene der Widerstimmigkeit. ‹*von* und dann *bis* Widerstimmigkeit. *Einf.*› Das alles aber nicht im äußerlichen Bereden und Bedenken von oben her konstruieren ‹von oben her konstruieren *Einf.*›, sondern im konkret anschaulichen und dabei eidetischen Aufweisen der Wesensformen und ihrer wesensmäßigen möglichen Abwandlungen. Danach sehen Sie schon voraus, wie ungeheuer sich die Wesensproblematik einer vollen transzendentalen Ästhetik erweitert, wenn wir die ‹die *statt gestr.* das Thema› Wahrnehmung nach allen möglichen Wesensrichtungen und -korrelationen zum Thema machen. Und Sie ersehen, wie mager und hinsichtlich der prinzipiellen Anordnung und Methode ungeklärt die ursprüngliche kantische transzendentale Ästhetik war.

# NACHWEIS DER ORIGINALSEITEN

1. *Haupttext* (S. 5–335)

Der Haupttext des vorliegenden Bandes entspricht dem Text der folgenden Ausgabe: *Formale und Transzendentale Logik*. Versuch einer Kritik der logischen Vernunft. Sonderdruck aus: Jahrbuch für Philosophie und Phänomenologische Forschung. Bd. X. Hrsg. E. Husserl. Halle a.d. Saale 1929. S. 1–298. Max Niemeyer Verlag. Für die Erstellung des Textes wurde das ehemalige Handexemplar Husserls benutzt, das sich heute im Husserl-Archiv in Löwen befindet.

2. *Ergänzende Texte* (S. 339–458)

In der folgenden Übersicht sind in der linken Kolonne die Seitenzahlen und Zeilenziffern der oben abgedruckten Texte vermerkt, in der rechten Kolonne die den angegebenen Seiten und Zeilen dieses Bandes jeweils entsprechenden Signaturen und Blätter der Originalmanuskripte nach der Paginierung des Husserl-Archivs in Löwen.

**339–341  KVIII16**
342        Philosophen-Lexikon. Handwörterbuch der Philosophie nach Personen. (Hrsg.W.Ziegenfuß. 1.Bd.A–K. Berlin 1949. S. 575)

| | | | |
|---|---|---|---|
| 343,3 –350,10 | BIV8,3–9 | 409,12–411,7 | AI30,29–30 |
| 351,6 –368,12 | FI37,3–26 | 411,8 –412,15 | 31–32 |
| 367,2 –368,12 | 27 | 412,17–414,40 | 33–35 |
| 368,12–377,38 | 28–35 | 415,6 –415,12 | AIII6,76a(unten) |
| 377,39–378,8 | 36 | 415,13–420,44 | 77–80 |
| 379,6 –383,8 | AIII9,2–4 | 420,44–425,36 | 83–86 |
| 383,9 –387,23 | 12–14 | 425,37–432,20 | 87–93 |
| 387,26–388,27 | 15 | 432,23–436,31 | 94–97 |
| 388,28–389,36 | 17 | 437,5 –438,23 | BI12,21 |
| 389,37–390,21 | 16 | 438,24–439,2 | 23a–23b |
| 390,21–393,41 | 18–20 | | (oben) |
| 394,7 –400,26 | AI30,9–14b | 439,3 –439,27 | 22 |
| | (Mitte) | 439,28–446,33 | 23b–30 |
| 400,28–403,21 | 16b–19 | 447,4 –453,49 | AVII26,5b(oben) |
| 403,23–407,22 | 20–23 | | –12 |
| 407,24–408,37 | 25 | 454,4 –458,43 | AVII14,85–88 |
| 408,38–409,11 | 24 | | |

# NAMENREGISTER

Aristoteles 12, 53, 76, 80, 84, 85, 97, 157, 305, 306, 372, 425
Becker, O. 327, 333
Berkeley 178, 235
Bolzano, B. 88, 89, 232, 271
Boole, G. 78, 83
Brentano, F. 141 Anm., 170, 218, 252, 268, 305 Anm.
Descartes 6, 8, 11, 234, 235, 236, 238, 263, 264, 286, 288, 339, 353, 363
Erdmann, B. 91 Anm.
Euklid 12, 96, 97, 98, 99, 100, 143, 144, 146, 147, 330, 371, 388
Galilei 6, 297, 353
Grabmann, M. 54 Anm.
Hankel, H. 101
Heidegger 54 Anm., 171 Anm.
Hilbert, D. 101
Hume 175, 177, 178, 218, 235, 262, 263, 264, 266, 267, 268, 272, 451

Kant 12, 19, 67 Anm., 97 Anm., 256, 262, 264, 265, 266, 267, 268, 271, 272, 273, 297, 333, 421, 456, 457
Leibniz 20, 53, 78, 80, 81, 84, 85, 88, 89, 96, 265, 271, 353
Lessing, Th. 142 Anm.
Lobatschewskij 97 f.
Locke 18, 218, 264, 268, 269, 283, 372
Lotze, R. H. 19, 87, 152 Anm., 271, 354
Mach, E. 175
Mill, J. St. 162, 218, 268
de Morgan, L. H. 78
Platon 5, 6, 8, 11, 12, 178, 343, 351, 352, 353
Riemann, B. 97
Riehl, A. 87
Stein, E. 289 Anm.
Vieta 53, 84